辽史纪事本末

一

〔清〕李有棠 撰

崔文印 孟默闻 整理

卷一至卷一九

中华书局

图书在版编目（CIP）数据

辽史纪事本末/（清）李有棠撰；崔文印，孟默闻整理. —北京：
中华书局，2018.8（2024.7 重印）
（历代纪事本末）
ISBN 978-7-101-13305-9

Ⅰ.辽… Ⅱ.①李…②崔…③孟… Ⅲ.中国历史-辽代-纪
事本末体 Ⅳ.K246.104.4

中国版本图书馆 CIP 数据核字（2018）第 128569 号

书 名	辽史纪事本末(全二册)
撰 者	〔清〕李有棠
整 理 者	崔文印　孟默闻
丛 书 名	历代纪事本末
责任编辑	许　桁
封面设计	刘　丽
责任印制	陈丽娜
出版发行	中华书局
	（北京市丰台区太平桥西里 38 号　100073）
	http://www.zhbc.com.cn
	E-mail:zhbc@zhbc.com.cn
印 刷	大厂回族自治县彩虹印刷有限公司
版 次	2018 年 8 月第 1 版
	2024 年 7 月第 2 次印刷
规 格	开本/850×1168 毫米　1/32
	印张 27¾　插页 4　字数 414 千字
印 数	3001 - 3500 册
国际书号	ISBN 978-7-101-13305-9
定 价	78.00 元

辽史纪事本末总目

一

辽史纪事本末

出版说明

　　辽史纪事本末四十卷，清末李有棠撰。它和金史纪事本末是姊妹篇。关于作者李有棠的生平及成书年代等，我们已在金史纪事本末的出版说明中作了介绍，兹不赘叙。

　　本书体例和金史纪事本末一样，分正文和考异两部分，正文"区别条流，各从其类，均以正史为主"；考异则兼采群书，用小注的形式，把诸书异同"分载每条之下……以便观览，而资质证"。（以上引文均见本书凡例）李有棠的考异，确实下了很大的功夫，解决了不少问题。例如辽史卷一六圣宗纪载，开泰七年十一月"壬戌……刘晟为霸州节度使，北府宰相刘慎行为彰武军节度使"。考辽史卷三九地理志，"兴中府，本霸州彰武军，节度"。则霸州节度使即彰武军节度使，同时命两人为一地的节度使实属不可能，故李有棠得出明确的结论说："晟即慎行，纪误分为二事耳。"（卷七）辽史把一人误为二人的情况很是不少，如萧排押与韩宁、只剌里与耶律资忠、只没与质睦等，李有棠都参酌前人研究成果，一一作了考订。此外，李有棠还对它书的有关记载进行了辨证。如李焘续资治通鉴长编云，仁宗天圣八年十二月，有"王询遣御事民官侍郎元颖等来贡方物"的记载，李有棠在考异中对此加按语云："天圣八年系辽太平十年，而询于太平二年十二月薨，见圣宗纪，长编误也。"这些考订，无疑对研究辽史是颇有裨益的。

本书的不足，也和金史纪事本末一样，首先在于截取史文失之粗疏，间有时序之误。如卷九云，会同"二年春三月丁巳，封皇子舒噜为寿安王、雅斯哈为太平王，加王郜检校太尉"。考辽史卷四太宗纪，王郜加检校太尉在二月丁酉。再如卷六，太平"十五年春二月丙寅，博罗满达勒海兰河百八十户来附"。据辽史卷一九兴宗纪，此事在夏四月甲戌。加上版刻之误，本书这类情况就相当不少了。其次就是考异征引过繁，不少与史文关涉不大或根本无关的资料，均全文收录，显得十分臃肿。但本书毕竟搜辑了不少材料，并附在了有关的事件之下，其参考价值还是显然的。本书和金史纪事本末一样，亦没有有关典章制度的专题，是其突出的缺欠。

本书版本亦和金史纪事本末相同，有光绪十九年（1893）初刻本和光绪二十九年（1903）经作者修订后的重刻本。这次整理，即以重刻本为底本，正文校以辽史，（凡未注版本者，皆为我局1974年出版的点校本）间参契丹国志，考异部分的可疑之处，则校核了所征引的原书。

凡删字皆用圆括弧括起，凡增补皆用方括弧括起。本书前原有两个关于本书的奏折，今移置书后作为附录，以资参考。

本书早在 1966 年前就已由<u>孟默闻</u>同志初点完毕，我局<u>崔文印</u>同志在旧稿基础上，对标点进行了复核，并作了分段、校勘，同时还编了<u>辽史人名清元异译对照表</u>附于书后，以便检核。

中华书局编辑部

1981 年 7 月

辽史纪事本末凡例

一、纪事本末一体，肇自有宋袁氏机仲，实为纪传、编年之亚。嗣后沿作者多，历史俱备，惟辽、金尚觉阙如。查辽史原太简略，良由俗少记载；虽太宗会同初，诏编始祖奇善汗事迹，所载甚寡。历朝向置史官，仅修日历。迨兴宗时，因耶律孟简言，命编赫噜、乌哲、休格三传进，始置局编修。时则耶律古云、耶律庶成、萧罕嘉努实任其事，尝上实录二十卷。道宗大安中，史臣复进七帝实录。至天祚帝乾统三年，诏耶律俨纂修诸帝实录，共七十卷，始得勒为成书。金代熙宗、章宗两次续修辽史，逮党怀英致仕，陈大任续成之。元宰相托克托等奉诏纂辑，均本俨、大任二书，但纪载简略。参之五代与宋、金诸史及各传记，间多抵牾。爰不揣谫陋，谨编辽史纪事本末一书，区别条流，各从其类，均以正史为主。间与他史及各传记，事有异同，词有详略，兼仿裴世期补注三国志，及胡身之注通鉴，取温公所著考异三十卷散入各条例，小注双行，分载每条之下，名曰〔考异〕，以便观览，而资质证。

一、通鉴之例，诸帝即位后皆书"上"，间有书"帝"者，又有甫即位而书其谥号者，此沿旧史传写，未及改正。今纪辽各帝事，惟太祖仍旧，余皆即位后书"帝"；至崩，则"某宗""某帝"，随事书之，以归画一。将、相以下，皆书其官，连事类记者，或但书其名，省文，无义例也。纲目于列朝臣工，其间号、官、爵、谥之具否，用笔谨严。兹于辽诸臣，因事则书，不具载，义不主褒贬也。

一、通鉴汇正史之纪传，会而成书。纲目则取法春秋：其所谓"纲"者，大都笔削纪传之书法；其"目"则传志中语也。通鉴因事著之，而纲、目并见，然其编年之例甚严。而考异一书，辨年月之讹舛，尤为详核。纲目以书法为主，于其事之不甚相远者，多汇著之"目"中，中间系以"先是"、"至是"、"初"字、"寻"字之类；其又远者，则递著其年月，而统系之一"纲"下，故其书法严而年月稍宽矣。今撰辽史纪事本末，主于记事汇叙，多仿纲目。而年月之或舛，附见之〔考异〕中，又通鉴之例也。

一、辽史本纪，多据实录；列传，间采家传。所记攻取战伐及聘问诸事，或有近者差数十日，远者差至数月，大抵皆以本国之月日为主。奏报不时，间由传闻之误。至兵事胜败，彼此歧异，今为参互考订，亦附之〔考异〕中，以纪实也。

一、辽史于征战诸事，间称"大军"，多由本国史臣之自尊其君；或称"辽师"、"辽兵"、"辽军"者，则系后世史臣追叙之词。然作本国之史，纪本国之事，尚称为辽，似乎未妥，今一概改为"国兵"。至"大军"则惟中国得称之，辽本偏闰之国，未便僭也。又辽史于行军概曰"征讨"，亦宜稍示区别：兹于属国部族，书"征"、书"讨"；与中国交绥，曰"侵"、曰"攻"、曰"击"。至石晋则或称"伐"，盖彼系辽国所立，而复背盟构怨，则咎由自取，似不能一例论也。

一、契丹国志诸书，多本稗官野史。即如所纪承天后临朝，隆运擅辟阳之宠，辽史不书，但于其宠眷非常，恩赐稠叠，则备载之，亦为尊者讳之意也。至齐天后善琵琶，元妃诬其与乐工通；王称事略乃信为实事。懿德后好音乐，为叛婢单登所告，实由伊逊奸谋；而王鼎焚椒录且载其怀古诸诗。此岂足备正史之采择？今均于〔考异〕中辨明之。

一、刘汉称臣，即为藩属，其与周、宋交绥，辽每出师援应，史纪战事，语甚寥寥。今撰纪事本末，搜采群书，附见之〔考异〕中，以昭详核。

一、北宋和战，最为大局所关，辽史纪载，语归简易，其他或见之列传中。今撰纪事本末，博采各书，考证同异：即如杨太尉、陈家谷殉难，大节凛然；而色珍传有"口称死罪"之语，殊失之诬。其失援被陷，罪在王侁，而潘美不得辞其咎，史未详载。况重熙增币，富郑公力争"献纳"二字，史云"文书称贡"，究非纪实。至萧禧争河东地界，宋用王介甫言，失地七百里，史亦未书。今皆参考互稽，附载之〔考异〕中，以扩闻见。

一、宋、金图燕，信使往来，为谋甚久，史但于天祚帝保大四年载"归地塞盟"之语。至魏王之立，天祚纪谓为萧斡，而纪北辽事，又以为和勒博，无怪续纲目于称奚帝分为二人。李处温援立魏王，自为宰相，嗣惧祸通宋，天祚纪所书甚明；而于北辽纪又谓宰相李纯潜纳宋兵，彼此歧异。今撰纪事本末，于宋、金之交，备载原委。萧斡之即和勒博，谨遵通鉴辑览详为辨证。若李处温之与李纯，是否一人，均附载〔考异〕中，以昭征信。

一、辽国之郡邑沿革，山川分隶，以及关隘、堡镇之建置，地理志所未详者，今皆博采诸史及方舆纪要诸书，逐一分注，以清眉目。而臣工之名字、里居，亦为参考详载。而于一人数名及数人同名者，缕晰条分，以资考证。至通鉴纲目及各史传所载辽国地名、人名，音译互歧，间有讹谬，惟国朝重订辽史，悉遵国语解，用三合音改正；而御批通鉴辑览亦命将满洲、蒙古文字互为参考，详加译改，最为明晰。今谨遵新译，仍注旧作某字于其下，以便省览。

一、史家之例，叙而不断，惟直书其事，而得失劝惩寓焉；若必欲臧否而短长之，非史事也。史评自有专书，四库书别为一类。班、范论次，皆入赞中，通鉴诸论，系之本事下，间采他人评论。参之唐刘知几史通，谓史论之烦，萌于司马，后世作者，本无疑事，辄设论以裁之。岂知史书之大体，载削之指归者哉？今撰纪事本末，详为叙次，末议不参，以归简洁。

　　一、史记、汉书皆有后序，自明其著书之义例。温公通鉴无序，以宋神宗御制序在前也。其释例凡三十六事，见四库书提要中。钱大昕答冯集梧书，谓古来纪传、编年之书，只有本人自序，未有他人代为之序者。盖史以寓褒贬，其用意所在，惟著书人可以自言之。虽各种纪事本末，俱载他人代作之序，究非古也。惟高士奇有凡例四则，观刘知几谓史之有例，犹国之有法，国无法则上下靡定，史无例则是非莫准。今撰纪事本末，不列序而立例，亦犹行古之道耳。

辽史纪事本末卷首

帝系考

太祖皇帝姓耶律氏。讳亿，字安巴坚，原作阿保机，小字阿尔济，一作啜里只。契丹德呼部人。德祖子。母曰宣简萧后。唐咸通十三年生。初为塔玛噶赛特，累擢大德呼府额尔奇木，拜裕悦，总知军国事。梁开平元年丁卯，哈陶津汗殂，始称帝纪元。丙子建元神册，七年改天赞。五年改天显，七月崩于扶余府行宫。在位二十年，年五十五，葬祖陵，追谥升天皇帝，加谥神烈。后舒噜氏，谥淳钦。子四：义宗贝、太宗、章肃帝鲁呼、特哩衮雅尔噶。

太宗皇帝讳德光，字德谨，小字耀库济，原作尧骨。太祖次子。母淳钦萧后。唐天复二年生。天赞元年授大元帅。天显元年七月，太祖崩，太后摄政。二年十一月始即位，不改元。十三年改会同。十年改大同，建国号大辽。是年四月崩于滦城。在位二十一年，年四十六，葬怀陵，追谥孝武惠文皇帝。后萧氏，谥靖安。子五：穆宗、齐王雅斯哈、天德、冀王迪里、越王必舒。

世宗皇帝讳阮，小字乌云，原作兀欲。义宗贝长子。母柔贞萧后。大同元年封永康王。太宗崩，梓宫次镇阳，王即位，自号天授皇帝。改是年为天禄元年，尊父为让国皇帝。五年九月，察克叛，被弑于火神淀，在位四年，年三十四，葬显陵，追谥孝和庄宪皇帝。后萧氏同遇害，谥怀节。子三：庄圣太子哈勒布、景宗、宁王扎穆。

穆宗皇帝讳璟，小字舒噜，原作述律。太宗长子，母靖安萧后。会同二年封寿安王，天禄五年九月即位，自号天顺皇帝，是年改元应历。十九年三月如怀州，为近侍霄格等所弑。在位十八年，年三十九，祔葬怀陵，追谥孝安敬正皇帝。后萧氏，无子。

景宗皇帝讳贤，字贤宁，小字明扆。世宗第二子。母怀节萧后。甫六岁，遇察克乱，穆宗养之永兴宫。穆宗被弑，即位，号天赞皇帝，改应历十九年为保宁元年，十一年改乾亨四年，九月，崩于焦山行宫。在位十三年，年三十五，葬乾陵，追谥孝成康靖皇帝。后萧氏，谥睿知。子四：圣宗、秦晋王隆庆、齐王隆祐、药师奴，早卒。

圣宗皇帝讳隆绪，小字文殊努。景宗长子。乾亨二年封梁王，四年景宗崩，即位，时年十二，母睿知太后摄政。明年改元统和，号昭圣天辅皇帝。三十年改开泰。十年改太平。十一年六月崩于大福河之北。在位四十九年，年六十一，葬庆陵，追谥文武大孝宣皇帝。齐天后萧氏，谥仁德。子五：兴宗、秦王重元、柳城郡王布古德、燕王乌格、南府宰相格尔、混同郡王海古勒。

兴宗皇帝讳宗真，字雅布济，原作夷不堇，小字济古尔，原作只骨。圣宗长子。母钦哀法天后。生，齐天后养为子。三岁封梁王，太平元年册为皇太子。十一年六月，圣宗崩，即位。改是年为景福元年，明年改重熙。法天后诬废齐天后，寻弑之。二十四年八月，崩于南崖之北峪。在位二十四年，年四十。葬庆陵，追谥神圣孝章皇帝。后萧氏，谥仁懿。子三：道宗、宋魏王和啰噶、秦赵王阿林。

道宗皇帝讳洪基，字纳琳，原作涅邻，小字察喇，原作查剌。兴宗长子。母仁懿萧后。六岁封梁王，重熙十一年进王燕，十二年总北、南枢院事，进王燕、赵，二十一年授大元帅，预朝政。二十四年八月兴宗崩，即位，改是年为清宁元年。十一年改咸雍，正月，立子濬为太子。十一年改〔大康〕。（据辽史卷二三道宗纪补）寿隆（按，当作寿昌）七年正月崩于混同江。在位四十六年，年七十。葬庆陵，追谥仁圣大孝文皇帝。前后萧氏，谥宣懿；次后萧氏降惠妃。子一：太子濬。

天祚皇帝讳延禧，字延宁，小字阿果。道宗孙。昭怀太子濬之子。母贞顺萧后。太康元年生。六岁封梁王，进封燕，总北、南枢院事，为大元帅。寿隆（按，当作寿昌）七年正月道宗崩，即位，改是年为乾统元年。谥皇考为顺圣皇帝，号顺宗。十一年改天庆。十一年改保大，五年二月走应州新城东六十里，为金将罗索所获。时宋徽宗宣和七年乙巳也。降封海滨王，以疾终。在位二十四年，年五十四。改封豫王，葬广宁府闾阳县乾陵傍。后萧氏，从帝西狩，以疾崩。子六：晋王额噜温、神历帝雅里、燕王塔鲁、赵王实讷坶、秦王定、许王宁。

辽史纪事本末卷首

纪年表

干支	梁	辽	干支	梁	辽
丁卯	梁太祖开平元年	辽太祖元年	乙亥	梁末帝贞明元年	九年
戊辰	二年	二年	丙子	二年	神册元年（按：史，是年二月建元。）
己巳	三年	三年	丁丑	三年	二年
庚午	四年	四年	戊寅	四年	三年
辛未	乾化元年　五月，改元。	五年	己卯	五年	四年
壬申	二年　六月，子友珪弑晃自立。	六年	庚辰	六年	五年
癸酉	末帝乾化三年　二月，友珪伏诛，均王瑱立。	七年	辛巳	龙德元年	六年（契丹国志天赞元年）
甲戌	四年	八年	壬午	二年	天赞元年（契丹国志二年）（按：史，是年二月改元。）

契丹国志	辽史	五代	干支
三年	天赞二年	唐庄宗同光元年，闰四月，称帝。梁末帝龙德三年，十月，为唐所灭。	癸未
四年	三年	唐庄宗同光二年	甲申
五年	四年	三年	乙酉
天赞六年	天显元年。按：史，是年二月改元，七月，太祖崩。	唐庄宗同光四年，是年四月被弑，克用养子嗣源立，改天成元年。	丙戌
天显元年	太宗天显二年	明宗天成二年	丁亥
二年	三年	三年	戊子
三年	四年	四年	己丑
四年	五年	长兴元年	庚寅

干支	中原纪年	事件	契丹纪年	契丹国志	按语
辛卯	唐明宗长兴二年		天显六年	契丹国志五年	
壬辰	三年		七年	契丹国志六年	
癸巳	四年	十一月，嗣源殂，子从厚立。	八年	契丹国志七年	
甲午	愍帝应顺元年	四月，嗣源养子从珂废帝自立，改清泰元年。	九年	契丹国志八年	
乙未	废帝清泰二年		十年	契丹国志九年	
丙申	三年　晋高祖天福元年	十一月，为晋所灭。	十一年	契丹国志十年	
丁酉	晋高祖天福二年		十二年	契丹国志会同元年	辽。是年国号大……同元年
戊戌	三年		会同元年	契丹国志二年	十一月改元。按：史，是年

干支	晋	会同	契丹国志	干支	后汉·后周	北汉
己亥	晋高祖天福四年	会同二年	契丹国志三年	丁未	汉高祖天福十二年。二月，称帝。	
庚子	五年	三年	契丹国志四年	戊申	乾祐元年。正月，嗣祖，子承佑立。	
辛丑	六年	四年	契丹国志五年	己酉	隐帝乾祐二年	
壬寅	七年。六月，殂，兄子重贵立。	五年	契丹国志六年	庚戌	三年。十一月，郭威篡位，汉亡。	
癸卯	出帝天福八年	六年	契丹国志七年	辛亥	周太祖广顺元年。正月，称帝。	北汉刘崇乾祐四年。正月，称帝晋阳。
甲辰	开运元年。七月改元。	七年	契丹国志八年	壬子	二年	五年
乙巳	二年	八年	契丹国志九年	癸丑	三年	六年
丙午	三年。十二月，为契丹所灭。	九年	契丹国志十年	甲寅	四年。正月，威殂，养子柴荣立，改显德元年。	七年。十一月，崇殂，子钧立。

宋（周）纪年	干支	契丹（辽）纪年
周世宗显德二年	乙卯	大同元年。契丹国志会同十一年。按：史，是年二月，改元建国，号大辽。四月，太宗崩，兄子兀欲立。九月，改天禄元年。契丹国志无改元大同事。
三年	丙辰	世宗天禄二年。契丹国志天禄元年。
四年	丁巳	三年。契丹国志二年。
五年	戊午	四年。契丹国志三年。
六年。六月，荣殂，子宗训立，明年正月，禅位于宋，国亡。	己未	五年。契丹国志四年。按：史，世宗被弑，月，太宗子述律立，改应历元年。契丹国志同。
宋太祖建隆元年	庚申	穆宗应历二年。
二年	辛酉	三年。
三年	壬戌	四年。

北汉刘钧乾祐	应历	干支	宋太祖建隆	北汉刘钧天会
北汉刘钧乾祐八年	应历五年	癸亥	宋太祖建隆四年 十一月改乾德元年。	会七年 北汉刘钧天会元年。
九年	六年	甲子	乾德二年	八年
天会元年	七年	乙丑	三年	九年
二年	八年	丙寅	四年	十年
三年	九年	丁卯	五年	十一年
四年	十年	戊辰	六年 十一月改开宝元年。	十二年。钧卒，养子继恩立，被弑。弟继元立，改广运元年。十三年。
五年	十一年	己巳	开宝二年	北汉刘继元广运二年 十国春秋天会十四年
六年	十二年	庚午	三年	三年 十国春秋天会

宋	干支	辽
宋太祖开宝四年	辛未	应历十三年
五年	壬申	十四年
六年	癸酉	十五年
七年	甲戌	十六年
八年	乙亥	十七年
九年　十月，太祖崩，弟炅立，十二月，改太平兴国元年。	丙子	十八年　契丹国志，是年，穆宗被弑，景宗立，改保宁元年。
太宗太平兴国二年	丁丑	十九年　按：史，是年三月，穆宗被弑，世宗子贤立，改保宁元年。契丹国志保宁二年
三年	戊寅	景宗保宁二年　契丹国志三年

所火。是年五月为宋。十国春秋六年。

北汉刘继元	十国春秋	〔辽〕	契丹国志	〔干支〕	〔宋〕
广运四年	十国春秋天会十五年	保宁三年	契丹国志四年	己卯	宋太宗太平兴国四年
五年	十国春秋天会十六年	四年	契丹国志五年	庚辰	五年
六年	十国春秋天会十七年	五年	契丹国志六年	辛巳	六年
七年	十国春秋广运元年	六年	契丹国志乾亨元年	壬午	七年
八年	十国春秋二年	七年	契丹国志乾亨二年	癸未	八年
九年	十国春秋三年	八年	契丹国志乾亨三年	甲申	九年〔雍熙元年。十一月，改雍〕
十年	十国春秋四年	九年	契丹国志乾亨四年	乙酉	雍熙二年
十一年	十国春秋五年	十年	契丹国志乾亨五年	丙戌	三年

乾亨元年	契丹国志六年	丁亥	宋太宗雍熙四年	统和五年	乙未	宋太宗至道元年	统和十三年
二年	契丹国志七年	戊子	端拱元年	六年	丙申	二年	十四年
三年	契丹国志八年	己丑	二年	七年	丁酉	三年　三月，太宗崩，子恒立。	十五年
四年	契丹国志九年	庚寅	淳化元年	八年	戊戌	真宗咸平元年	十六年
圣宗统和元年	按：《史》，是年九月景宗崩，子隆绪立，圣宗统和元年，《契丹国志》同。是年复号大契丹，《契丹国志》，是年。	辛卯	二年	九年	己亥	二年	十七年
二年		壬辰	三年	十年	庚子	三年	十八年
三年		癸巳	四年	十一年	辛丑	四年	十九年
四年		甲午	五年	十二年	壬寅	五年	二十年

按：史，是年十一月改元。

干支	宋	辽	干支	宋	辽	契丹国志
癸卯	宋真宗咸平六年	统和二十一年	辛亥	宋真宗祥符四年	统和二十九年	契丹国志统和
甲辰	景德元年	二十二年	壬子	五年	三十年／开泰元年	契丹国志开泰
乙巳	二年	二十三年	癸丑	六年	二年	契丹国志二年
丙午	三年	二十四年	甲寅	七年	三年	契丹国志三年
丁未	四年	二十五年	乙卯	八年	四年	契丹国志四年
戊申	太中祥符元年	二十六年	丙辰	九年	五年	契丹国志五年
己酉	二年	二十七年	丁巳	天禧元年	六年	契丹国志六年
庚戌	三年	二十八年	戊午	二年	七年	

干支	宋	辽	契丹国志	注
己未	宋真宗天禧三年	开泰八年	契丹国志七年	
庚申	四年	九年	契丹国志八年	
辛酉	五年	太平元年	契丹国志开泰九年	按：史，是年十一月改元。
壬戌	乾兴元年	二年	契丹国志太平元年	二月，真宗崩，子祯立。
癸亥	仁宗天圣元年	三年	契丹国志二年	
甲子	二年	四年	契丹国志三年	
乙丑	三年	五年	契丹国志四年	
丙寅	四年	六年	契丹国志五年	
丁卯	宋仁宗天圣五年			
戊辰	六年			
己巳	七年			
庚午	八年			
辛未	九年			
壬申	十年			十一月，改明道元年。
癸酉	明道二年			
甲戌	景祐元年			

契丹国志三年	重熙四年	二年	宋仁宗景祐	乙亥		契丹国志六年	太平七年
契丹国志四年	五年	三年		丙子		契丹国志七年	八年
契丹国志五年	六年	四年		丁丑		契丹国志八年	九年
契丹国志六年	七年	五年	元元年。十一月,改宝	戊寅		契丹国志九年	十年
契丹国志七年	八年	宝元二年		己卯	景福元年。子宗真立,改熙。六月圣宗崩,按:《史》,是年十一月改元重	契丹国志十年	十一年
契丹国志八年	九年	三年	元年。二月,改康定	庚辰		契丹国志景福	二年 兴宗景福
契丹国志九年	十年	康定二年	历元年。十一月,改庆	辛巳		契丹国志重熙	元年 重熙二年
契丹国志十年	十一年	庆历二年		壬午		契丹国志二年	三年

干支	宋	辽	契丹国志
癸未	宋仁宗庆历三年	重熙十二年	契丹国志十一年
甲申	四年	十三年	契丹国志十二年
乙酉	五年	十四年	契丹国志十三年
丙戌	六年	十五年	契丹国志十四年
丁亥	七年	十六年	契丹国志十五年
戊子	八年	十七年	契丹国志十六年
己丑	皇祐元年	十八年	契丹国志十七年
庚寅	二年	十九年	契丹国志十八年
辛卯	宋仁宗皇祐三年	重熙二十年	契丹国志十九年
壬辰	四年	二十一年	契丹国志二十年
癸巳	五年	二十二年	契丹国志二十一年
甲午	六年。三月，改至和	二十三年	契丹国志二十二年
乙未	至和二年	二十四年　道宗清宁元年。按：史，是年八月兴宗崩，子洪基立，改清宁元年，志同。	契丹国志二十三年
丙申	三年。九月，改嘉祐元年。	道宗清宁二年	契丹国志二十四年
丁酉	嘉祐二年	三年	
戊戌	三年	四年	

干支	宋	辽	干支	宋	辽
己亥	宋仁宗嘉祐四年	道宗清宁五年	丁未	宋英宗治平四年 正月，英宗崩，子顼立。	咸雍三年
庚子	五年	六年	戊申	神宗熙宁元年	四年
辛丑	六年	七年	己酉	二年	五年
壬寅	七年	八年	庚戌	三年	六年
癸卯	八年 三月，仁宗崩，子曙立。	九年	辛亥	四年	七年
甲辰	英宗治平元年	十年	壬子	五年	八年
乙巳	二年	咸雍元年 按：史，是年正月改元。契丹国志，是年复号辽。	癸丑	六年	九年
丙午	三年	二年	甲寅	七年	十年

左半（乙卯—壬戌）

干支	契丹国志	辽（史）	宋	备注
乙卯	契丹国志咸雍十一年	太康元年	宋神宗熙宁八年	按：史，是年十月改元太康。十一年无改元太康事。
丙辰	契丹国志咸雍十二年	二年	九年	
丁巳	契丹国志咸雍十三年	三年	十年	
戊午	契丹国志咸雍十四年	四年	元丰元年	
己未	契丹国志咸雍十五年	五年	二年	
庚申	契丹国志咸雍十六年	六年	三年	
辛酉	契丹国志咸雍十七年	七年	四年	
壬戌	契丹国志咸雍十八年	八年	五年	

右半（癸亥—庚午）

干支	契丹国志	辽（史）	宋	备注
癸亥	契丹国志咸雍十九年	太康九年	宋神宗元丰六年	
甲子	契丹国志咸雍二十年	十年	七年	
乙丑	契丹国志咸雍二十一年	大安元年	八年	按：史，是年改元大安。三月，神宗崩，子煦立。
丙寅	契丹国志咸雍二十二年	二年	哲宗元祐元年	
丁卯	契丹国志咸雍二十三年	三年	二年	
戊辰	契丹国志咸雍二十四年	四年	三年	
己巳	契丹国志咸雍二十五年	五年	四年	
庚午	契丹国志咸雍二十六年	六年	五年	

辛未	宋哲宗元祐六年	大安七年	契丹国志咸雍二十七年	己卯	二年〔宋哲宗元符〕	五年〔当作寿昌〕（按，）寿隆〔年。〕
壬申	七年	八年	契丹国志咸雍二十八年	庚辰	三年〔崩，弟佶立。哲宗〕	六年
癸酉	八年	九年	契丹国志咸雍二十九年	辛巳	徽宗建中靖国元年	七年〔按：史，是年正月，道宗崩，孙延禧立，改乾统元年。〕
甲戌	九年〔元年。四月，改绍圣〕	十年	契丹国志咸雍三十年	壬午	崇宁元年	二年〔天祚帝乾统〕
乙亥	绍圣二年	寿隆元年〔契丹国志作寿昌〕		癸未	二年	三年
丙子	三年	二年		甲申	三年	四年
丁丑	四年	三年		乙酉	四年	五年
戊寅	五年〔元年。六月，改元符〕	四年		丙戌	五年	六年

丁亥	乾统七年	宋徽宗大观元年	乙未	宋徽宗政和五年	天庆五年		
戊子	八年	二年	丙申	六年	六年		
己丑	九年	三年	丁酉	七年	七年	金太祖天辅元年，正月称帝。	
庚寅	十年	四年	戊戌	八年。十一月，改重和元年。	八年	二年	大金国志天辅元年。
辛卯	天庆元年	政和元年	己亥	重和二年，二月，改宣和	九年	三年	大金国志二年
壬辰	二年	二年	庚子	宣和二年	十年	四年	大金国志三年
癸巳	三年	三年	辛丑	三年	保大元年	五年	大金国志四年
甲午	四年	四年	壬寅	四年	二年。正月，金克辽，天祚出奔，魏王淳立，改元建福，六月没。	六年	大金国志五年

	癸卯	甲辰	乙巳	丙午	丁未	戊申	己酉	庚戌
金太祖天辅七年，八月，太祖殂，弟太宗立，改天会，嗣后另见金史表。天祚子雅里改元神历，五月，敌烈立；十月卒。			二月，天祚为金擒，辽亡。					
保大三年		四年	五年　按：史，是年为					
宋徽宗宣和五年		六年	七年，十二月，传位子桓。	钦宗靖康元年	二年，四月，五月，二帝北狩，康王构即位南京，改建炎元年。	高宗建炎二年	三年	四年

西辽德宗大石延庆	干支		宋高宗绍兴	干支		宋高宗绍兴	干支
	辛亥	延庆八年	九年	己未	康国六年	十七年	丁卯
西辽德宗大石延庆元年	壬子	九年	十年	庚申	七年	十八年	戊辰
二年	癸丑	十年	十一年	辛酉	八年	十九年	己巳
三年	甲寅	康国元年	十二年	壬戌	九年	二十年	庚午
四年	乙卯	二年	十三年	癸亥	十年　是年，大石殁，子夷列幼，遗命，皇后权国。	二十一年	辛未
五年	丙辰	三年	十四年	甲子	感天后咸清元年	二十二年	壬申
六年	丁巳	四年	十五年	乙丑	二年	二十三年	癸酉
七年	戊午	五年	十六年	丙寅	三年	二十四年	甲戌

是年，夷列殁，子幼，遗命，以妹普速完权国。

		宋高宗绍兴			宋孝宗隆兴	承天后崇禄	
咸清四年	乙亥	二十五年	绍兴五年	癸未	元年	元年	绍兴十三年
五年	丙子	二十六年	六年	甲申	二年	二年	
六年	丁丑	二十七年	七年	乙酉	乾道元年	三年	
七年（是年，后卒，子夷列立。）	戊寅	二十八年	八年	丙戌	二年	四年	
仁宗绍兴元年	己卯	二十九年	九年	丁亥	三年	五年	
二年	庚辰	三十年	十年	戊子	四年	六年	
三年	辛巳	三十一年	十一年	己丑	五年	七年	
四年	壬午	三十二年（六月，禅位太子昚。）	十二年	庚寅	六年	八年	

干支	宋	西辽	干支	宋	西辽	干支	宋
辛卯	宋孝宗乾道七年	承天后崇禄七年	己亥	宋孝宗淳熙六年	天禧二年	丁未	宋孝宗淳熙十四年
壬辰	八年	八年	庚子	七年	三年	戊申	十五年
癸巳	九年	九年	辛丑	八年	四年	己酉	十六年　二月，禅位太子惇。
甲午	淳熙元年	十年	壬寅	九年	五年	庚戌	光宗绍熙元年
乙未	二年	十一年	癸卯	十年	六年	辛亥	二年
丙申	三年	十二年	甲辰	十一年	七年	壬子	三年
丁酉	四年	十三年	乙巳	十二年	八年	癸丑	四年
戊戌	五年	十四年　夷列次子直鲁古。是年，后被弑，古立。直鲁古天禧元年	丙午	十三年	九年	甲寅	五年　七月，禅位太子扩。

是年秋出猎，仍乃蛮主屈出律伏兵擒之，西辽亡。

天禧十年	十一年	十二年	十三年	十四年	十五年	十六年	十七年
乙卯	丙辰	丁巳	戊午	己未	庚申	辛酉	壬戌
宋宁宗庆元元年	二年	三年	四年	五年	六年	嘉泰元年	二年
天禧十八年	十九年	二十年	二十一年	二十二年	二十三年	二十四年	二十五年
癸亥	甲子	乙丑	丙寅	丁卯	戊辰	己巳	庚午
宋宁宗嘉泰三年	四年	开禧元年	二年	三年	嘉定元年	二年	三年
天禧二十六年	二十七年	二十八年	二十九年	三十年	三十一年	三十二年	三十三年
辛未							
宋宁宗嘉定四年							
天禧三十四年							

按，钱塘汪君远孙作辽史纪年表，自太祖迄天祚九主，凡二百一十九年，而以契丹国志与史异者，附注于后。别为西辽纪年表，始宣和甲辰，迄嘉定辛未，三主二后，几九十年。据钱氏大昕十驾斋养新录以驳正万氏斯同纪元汇考之误。源委秩然，了如指掌。第揆诸纲目大书分注之例，稍有未符。爰不揣谫陋，合为一表。其间正、闰叙次，略为变通，庶不失先河后海之义云尔。

　　萍乡李有棠苔生甫谨识。

辽史纪事本末卷一

太祖肇兴

后梁太祖开平元年（丁卯九〇七）春正月庚寅，辽太祖自称天皇帝。

太祖之先，出自炎帝，〔考异〕后周书尝称辽为炎帝后，而耶律俨，谓系轩辕之裔。俨志晚出，当从周书。世为森济原作审吉国。有葛乌（兔）〔菟〕（据辽史卷六三世表改）者，世雄朔陲，号“东胡”，汉时为冒顿汗所灭，保鲜卑山，称鲜卑氏。

魏青龙中，部长（轲）（据辽史卷六三世表删）比能为幽州刺史王雄所害，散徙潢水之南，〔考异〕顾祖禹方舆纪要云，潢河，在克什克腾界，蒙古名锡喇穆棱，东北流，会诸水，径巴林及科尔沁等境入于辽，即辽河之西一源也。齐召南水道提纲云，大辽水，即潢水，古称饶乐水、滥真水、托纥臣水、吐护真水，皆即此河。今蒙古称西喇木伦，犹汉言黄河也。按，富郑公行程录云，自中京正北行四百八十里，度潢水石桥，旁有饶州，盖唐朝尝于此置饶乐州。**黄龙之北。**

晋时普回子莫那自阴山欧阳忞舆地广记云，阴山，古北戎地。东西千余里，为匈奴苑囿。战国属赵，武灵筑长城，自代并阴山下至高阙为塞。秦逐匈奴，自榆中并河以东属阴山，为三十四县。汉初，复为匈奴据，武帝收复，置阴山县，属西河郡。匈奴失之，每过此，未尝不哭。东汉省入西安阳，属五原郡。唐因之，与通济县均隶安北大都护府。**南徙，始居辽西。**方舆纪要云，古顺州，隋置，以处粟末靺鞨，寻改为辽西郡。唐为辽西县。辽废县，仍号顺州，在柳城燕郡之北。**九世为慕容晃所灭，复窜松漠之间。**〔考异〕杨慎丹铅录云，晋书，慕容氏邑于紫蒙之野，辽尝取以名馆，盖以慕容自比也。韩魏公奉使过紫蒙，遇风，诗云："草白冈长暮驿赊，朔风终日起平沙，寒鞭易促障泥跃，冷袖难胜便面遮。回岭卷回云族破，远天吹入雁行斜。土囊微乞缄余怒，留送归程任摆花。"见安阳集。又，王珪诗亦有"雷急紫蒙催玉勒，日长青琐听薰弦"之句。 潘永因宋稗类钞云，宋人送人使辽诗，多以青琐对紫蒙，即指此。按：地理志，永平府有紫蒙县，本汉镂芳县地。后汉书，镂芳作镂方。祝穆元混一方舆胜览载入大兴府。今莫详其处矣。

魏时始号契丹。有奇善汗原作奇首可汗。**者，生都庵山，其八子，后分为八部。**〔考异〕营卫志云，一、锡万丹，原作悉万丹；二、赫特赫，原作何大何；三、佛佛页，原作伏

（佛）〔弗〕郁（据辽史卷三二营卫志改）；四、裕噜，原作羽陵；五、锡琳，原作日连；六、博恰，原作匹絮；七、理，原作黎；八、图噜，原作吐六于。

地理志云，今永州木叶山有始祖奇善汗庙在南，克敦庙在北，并八子像在焉。每行军必祭之。魏书，何大何作阿大何，伏佛郁作具伏郁，匹絮作匹黎尔，吐六于作叱六手。世表，锡万丹作欣服万丹，（按辽史卷六三世表云，献文时……始班诸国末，欣服。万丹部……以名马文皮来贡。考魏书卷一〇〇契丹传，亦云得班飨于诸国之末，"莫不思服"。则"欣服万丹"显系断句有误。）佛佛页作伏弗郁，锡琳作日速。又谓：若奇善汗、和拉汗、苏汗、兆古汗，皆辽之先，而世次不可考。太祖纪赞云：可知者，自奇善汗始。所载各异。魏末，美佛赫原作莫弗贺。〔考异〕世表作莫弗纥，系一官。乌云原作勿于畏高丽蠕蠕魏书，东胡苗裔也，姓郁久闾氏，神元末，掠得一奴，字之曰"木骨间"。"木骨间"者，首秃也，与郁久闾声相近，故子孙因以为姓。初依纯突邻部，得百余人，死，子车鹿会雄健，有部众，自号柔然。世祖以其无知，状类虫，故号为蠕蠕。侵逼，帅众万余口内附，居白狼水东。〔考异〕隋书作白貔河。

北齐时，尝犯塞，军败，复为突厥所逼，附高丽。

隋开皇间，款塞内附，部落渐众，依赫辰原作纥臣水在辽西正北二百里。见营卫志。而居。地亘数百里，分为十部。史逸其名。〔考异〕邵经邦宏简录云，与库莫奚同类异种。其居曰枭罗个没里，乃鲜卑故地。隋书云，大业初入寇，诏韦云起护突厥兵讨败之。世表只云大业七年入贡，未言入寇事。稍异。

唐武德初，其君达呼尔原作大贺氏〔考异〕王偁东都事略云，契丹之先，有一男子乘白马，一女子驾灰牛，相遇于辽水上，遂为夫妇，即大贺氏也。世表未载。阻冷陉山方舆纪要云，在福余卫境，潢水之南，黄龙府之北。〔考异〕钦定日下旧闻考引问次斋稿云，居庸亦谓之冷陉。稼堂杂钞云，居庸亦曰冷陉。陉又作硎。新唐书，孙佺为幽州都督，率兵十二万讨奚李大酺，分三屯，以副将李楷洛、周以悌领之。次冷陉，楷洛与大酺战，不胜是也。述征记，太行，首始河内，至幽凡八陉：一、轵关陉；二、太行陉；三、白陉；四、滏口陉；五、井陉；六、飞狐陉；七、蒲阴陉；八、军都陉。军都，即居庸也。太行山，山海经作五行山。列子作大形山。张鷟朝野金载云，佺出军日，白虹垂头于军门，大星落营内。军行后，幽州界内乌鸦、鸱鸢并随军去。经二旬，军没，乌、鸢食其肉焉。李处郁谏，薛讷寓书，皆不听。张庚通鉴地理通释纠缪云，通鉴注，陉北，冷陉山之北。　按，冷陉山在今兀良哈境。以自固，臣于突厥，为俟斤。其帅孙敖曹等尝来朝。贞观中，和卓原作纥主〔考异〕唐书作辱纥主，下文有辱和卓，世表此处漏"辱"字。珠奇原作据曲。〔考异〕唐书作曲据。来归，置元州，以珠奇为刺史。酋长库克原作窟哥。〔考异〕徐梦莘北盟会编作摩会。举部内属，置松漠都督，封无极男，赐姓李，仍分为八部。〔考异〕营卫志云，唐太宗以德济部为峭落州，赫伯部为弹汗州，都（呼）〔呼〕部（据道光四年殿本辽史卷三二营卫志改，下同）为无逢州，芳阿部为羽陵州，图勒彬部为日连州，（芮）〔芮〕奚部（据道光四年殿本辽史卷三二营卫志改）为徒河州，卓津部为万丹州，富部为匹黎、赤山二州，并元州及松漠府为十州。　唐书地理志，德济作达稽，赫伯作纥便，都（呼）

〔呼〕作独活，芳阿作芬阿，图勒彬作突便，卓津作坠斤，富作伏。又，日连作白连，徒河作徒何。世表，芳阿作芬问。此唐初八部也。至约尼氏八部，则一、达尔札；二、伊斯珲；三、舍珲；四、诺尔威；五、颇摩；六、讷古济；七、济勒勤；八、实衮。合始祖聂呼别统（塔喇）〔德呼〕部（据道光四年殿本辽史卷三二营卫志改）并约尼氏，共为十部。亦见营卫志。而欧阳修五代史云，八部：一、但（利）皆〔利〕（据新五代史卷七二四夷传改）；二、乙室活；三、实活；四、纳（尼）〔尾〕（据新五代史卷七二四夷传改）；五、频没；六、内会鸡；七、集解；八、奚嗢。叶隆礼契丹国志，但利皆作祖皆利，乙室活作乙室语，频没作类没。（按，据契丹国志卷首契丹国初兴本末，乙室活、频没皆未误。）路振九国志，纳尼作纳尾，云，地方三千里，属县四十有一。御批通鉴辑览云，一、达尔节；二、伊斯缂；三、舍缂；四、纳斡；五、丕勒牟尼；六、讷古济；七、济勒锦；八、希斡。纪载各殊。至太祖析九帐三房，族列二十部，圣宗增为（五）〔三〕十四部（据辽史卷三三营卫志改），天下莫强矣。**显庆中，以辱和卓为刺史，库克死，与奚叛命，行军总管阿实达**原作阿史（那）〔德〕（据辽史卷六三世表改）**枢宾出沙砖道，擒松漠都督鄂博库，**原作阿不固。〔考异〕新唐书作阿卜固。**献东都。库克孙尽忠与敖曹曾孙万荣为归诚州刺史者，**〔考异〕库克孙曰（金）〔奎〕玛里（据道光四年殿本辽史卷六三世表改），弹汗州刺史；曰尽忠，松漠都督。马端临文献通考及旧唐书均以尽忠为库克曾孙。敖曹曾孙，新唐书作孙。归诚州系羁縻州，纲目作妫州，冯智舒直作诚州，且译为湖南之靖州，谬甚。**杀赵文翙以叛，武后遣曹仁师等伐之，屡败唐兵。嗣尽忠死，万荣复炽，寻为张九节**

所杀，**达呼尔氏微**。别部长**果珍**原作过折。代之。**果珍寻灭**。〔考异〕世表云，开元二年，尽忠从父弟失活归唐，拜都督，封松漠郡王，置静析军，为经略大使。寻死，诸弟继立，均为衙官格图肯所弑。降突厥，张守珪破走之。果珍斩格图肯以降，封北平郡王，复为其下聂呼所弑，契丹中衰。　唐书，永乐公主为东平王外孙杨元嗣女，下嫁失活。明年，失活死，赠特进。　又，新、旧唐书，格图肯作可突于。陈桱五代史补编云，尽忠死，传从弟失活。失活传沙固，为可突于杀。弟郁于嗣。郁于死，弟咄于嗣，可突于复逐之。弟邵固立，可突于杀之，立屈列以附于突厥。张守珪讨杀可突于，诏封过折为北平王。　王应麟玉海云，开元五年，失活死，弟娑固袭封。有可突干者，勇悍得众。娑固欲去之，反为所攻。娑固死，可突干遣使谢罪，诏赦之，许邵固袭王。明年，可突干入朝，不为宰相李元纮所礼，鞅鞅去。后二年，遂杀邵固，立屈烈，降突厥。忠王浚率节度赵含章击破之，可突干走奚，众降。明年盗边，为守珪破灭。所载各异。

　　德呼原作迭剌。部长**聂呼**原作涅里。〔考异〕汪辉祖辽史同名录云，卷十六圣宗纪，开泰九年奚王都监；卷二十五道宗纪大安五年知北院大王事，迁辽兴节度；卷三十天祚纪，北辽宣帝小字；卷六十二刑法志，天祚时行军将军，五人同名涅里。又，世表作泥礼，亦作泥里，陈大任作雅里，系一人。**立达年札里**原作迪辇（纠）〔祖〕里（据辽史卷三二营卫志改）。〔考异〕世表作徂里，亦作祖里。陈桱五代史补编作组里。**为苏尔威汗**，原作阻午可汗。**更号约尼**亦作要尼，原作遥辇。**氏。天宝四年降唐，赐姓名李怀秀。寻叛唐**，〔考异〕唐书，天宝四载，李怀秀降，拜松漠都督，封崇顺王。以宗室出女独孤氏为静乐公主妻之，是岁杀公主，叛。通考略同。遣将珠勒格、科里原作只里姑、括里。拒安禄山兵潢水，大败之。唐更封且乐原作楷落。〔考异〕唐书作楷洛。为恭仁王，楷洛子，即光弼，营州柳城人。而聂呼辅之，立制度，置官属，势益强。〔考异〕世表云，契丹王齐苏，号伊兰汗，（亦）〔原〕（据道光四年殿本辽史卷六三世表改，下同）作耶澜可汗。会昌中授云麾将军。又，实呼号巴拉汗，（亦）〔原〕作巴拉可汗。咸通中两入贡，时河北道隔，世次不可考。　王溥五代会要云，唐会昌中，幽州张仲武表其王屈戌，请赐印篆为"奉国契丹之印"。按，屈戌即齐苏，亦见高丽古今注。李焘续通鉴长编云，溥，榆次人，宋史本传作并州祁人。　萧罕嘉努〔传〕（据辽史卷一〇三萧韩家奴传补）云，先世约尼氏温之后，温亦作洼，国祚中绝。自聂呼立苏尔威汗，大位始定。今以唐史、辽史参考，达呼尔氏绝于实古，亦作邵固。聂呼所立，则怀秀也。其间唯库哩、果珍二世。库哩乃格图肯所立，不知其世系，为果珍杀。果珍以别部长为聂呼杀。唐史称聂呼为格图肯余党，则温汗者，殆为库哩耶？　按，库哩原作屈列，唐书及通考均作屈烈。所载各异。

聂呼生必塔。原作毗牒。必塔生海兰。原作颏领。海兰生努尔苏。原作耨里思。〔考异〕世表云，为太祖四代祖。官德呼部额尔奇木，曾败安禄山兵，适当怀秀之世。所载又异。大度寡欲，令不严而人化，国势复振，是为肃祖。后萧氏，小字卓沁，原作卓真，生四子。乾统三年，追尊昭烈皇后，与肃祖同谥。见王圻续文献通考谥法考。肃祖生萨刺达，原作萨刺德。是为懿祖。后萧氏，小字伊勒希，原作牙里辛，生男女七人。<u>乾统</u>三年，追尊<u>庄敬皇后</u>，与<u>懿祖</u>同谥。<u>懿祖</u>生<u>伊德实</u>，

原作<u>匀德实</u>。〔考异〕卷五十八<u>仪卫志</u>，<u>太祖</u>弟，同名<u>匀德实</u>。**教**
稼善牧，国益殷富，是为玄祖。后<u>萧氏</u>，小字<u>鄂尔多</u>，原
作<u>月里朵</u>。<u>玄祖</u>为<u>朗德</u>所害，后嫠居，恐不免，命四子往依邻家<u>塔</u>
<u>雅克</u>，乃获安。<u>太祖</u>生，后惧有阴图害者，命鞠之别帐。<u>重熙</u>中追
尊<u>简献皇后</u>，与<u>玄祖</u>同谥。**玄祖生色勒达，**原作<u>撒剌的</u>。〔考
异〕<u>萧罕嘉努</u>传作<u>鲁</u>，<u>叶隆礼契丹国志</u>作<u>斡里</u>，<u>赵志忠北庭杂记</u>作
<u>干里</u>。今从纪。**仁民爱物，始置铁冶，是为德祖，即太**
祖父也。世为约尼部额尔奇木，原作<u>夷离堇</u>。〔考异〕<u>通鉴</u>
<u>辑览</u>作<u>额勒金</u>。<u>萧罕嘉努</u>传，<u>重熙</u>十三年，疏请依<u>唐</u>典追崇四祖，
许之，始行追崇<u>玄</u>、<u>德</u>二祖之礼。 <u>续通考</u>云，<u>辽</u>初诸帝各有庙。
又有原庙，如<u>凝神殿</u>之类。仪制简朴，有太古之风焉。<u>统和</u>十三年，
始奉安<u>景宗</u>及太后石像于<u>延芳淀</u>。十四年二月，复奉安二像于<u>乾州</u>。
<u>开泰</u>元年十二月，奉迁<u>南京</u>诸帝石像于<u>中京观德殿</u>；<u>景宗</u>及<u>昭德后</u>
石像于<u>上京五鸾殿</u>。八年正月，建<u>景宗</u>庙于<u>中京</u>。九年十二月，诏
中外建<u>太祖</u>庙，皆从古制。<u>重熙</u>十三年，用<u>萧韩家奴</u>言，追尊四祖
为皇帝。<u>太康</u>二年八月，修<u>乾陵</u>庙。其一代庙制，可考者如此。**执**
其政柄。弟苏呀，原作<u>述澜</u>。〔考异〕<u>皇族表</u>，<u>实噜</u>字<u>述澜</u>，系
一人，惟作兄，稍异。<u>皇子表</u>，<u>德祖</u>兄三人：长、<u>玛鲁</u>，早卒；次、
<u>扬珠</u>，为<u>德呀</u>部<u>额尔奇木</u>；三、<u>实噜</u>，为<u>裕悦</u>。考<u>百官志</u>，<u>裕悦</u>班
百僚之上，非有大功德者不授。<u>太祖</u>纪云，伯父当国，疑即咨焉。
当即<u>实噜</u>也。**北征西讨，已有广土众民之意，至太祖**
受哈陶津汗之禅，约尼原作<u>遥辇</u>。〔考异〕<u>新唐书</u>作<u>沁丹</u>。
氏遂亡。〔考异〕<u>世表</u>，名<u>钦德</u>，原作<u>痕德堇可汗</u>，<u>实呀</u>之族，是

为哈陶津汗。光启中，抄掠奚、室韦诸部落，皆役服之。数与刘仁恭相攻。晚年政衰，安巴坚代立。

　　太祖姓耶律氏，〔考异〕世表作锡里氏，与达呼尔、约尼号"三耶律"。　宏简录，谓辽始兴之地名世里，译为耶律，故以为姓。与欧史同。陈桱五代史补编号审吉氏。　按，耶律亦作移剌，译音之转也。世与耶，声不相近，疑为"也"字，"也"与"耶"正相转。见钱大昕潜研堂集。　周春辽诗话云，迭烈部长雅里分三耶律为七：一、遥辇；二、大贺；三、世里。三者之名尚已，盖本当时部族之号。至阿保机始以为姓，后又总称耶律也。契丹世系，本不足信，大约由鲜卑而宇文，由宇文而契丹。隋、唐之际，号大贺氏，遥辇为大贺之更号。世里即遥辇之别支，三者同原，非萧氏比也。契丹字书为"移剌"，汉字书为"耶律"。国语解云，无考。就金人"移剌"为"刘"观之，知本契丹语，而金人沿之也。太祖命耶律族姓刘氏，则耶律特契丹语改为"刘"字，后人附会为一耳。迭烈作移剌，正所谓因部族为姓也。叶志曰，以所居之地，名世里，著姓。世里者，上京东百里地名也，今名世里没里。以汉语译之，谓之"耶律"。亦与欧史同。而元许衡遗书，亦谓辽主一姓刘。太祖纪及叶志未载。为契丹德呼部辖塔哩原作霞濑益，亦作锡喇伊色哩。锡林原作石烈乡，耶律穆噜原作弥里，亦作密拉。人。讳亿，字安巴坚，亦作按巴坚，原作阿保机。〔考异〕赵志忠阴山杂录云，番名阿保谨。而李琪金门集有赐契丹诏，乃称阿保机，当时书诏，不应有误。见厉鹗辽史拾遗。　按，安巴坚，满州语"大理"也，旧作阿保机，今译改；而金门集赐诏作阿布机。详归田录。小字多尔济。原作啜里只唐咸通十三年生。母曰宣简萧后，小字伊木沁，原作岩母斤。约尼氏宰相剔剌女。

生男女六人，长子<u>太祖</u>。<u>重熙</u>中追尊<u>宣简皇后</u>与<u>德祖</u>同谥。梦日堕怀中，有娠。及生，室有神光异香，祖母<u>简献皇后</u>异之，鞠为己子。既长，身长九尺，关弓三百斤。为<u>塔玛噶赛特</u>。原作<u>挞马（绒）〔狨〕沙里</u>（据<u>辽史</u>卷一<u>太祖纪</u>改）。<u>陈樫五代史补编</u>云，犹中国扈从官。数立功，国人服之，号为<u>阿主沙里</u>。〔考异〕<u>皇族表，楚国王扬珠孙珊苏库</u>亦为是官，但上多一"捕"字，疑衍。时<u>小黄室韦</u>不附，以计降之。攻克<u>裕尔库</u>原作<u>越兀</u>及<u>乌尔古</u>、原作<u>乌古六奚</u>、<u>毕沙叙</u>原作<u>比沙（绒）〔狨〕</u>（据<u>辽史</u>卷一<u>太祖纪</u>改）。诸部。

　　<u>唐天复</u>元年，岁辛酉，<u>哈陶津汗</u>立，以为本部<u>额尔奇木</u>，专征讨；连破<u>室韦</u>、<u>伊济</u>原作<u>于厥</u>及<u>奚</u>帅<u>锡尔格</u>，原作<u>辖剌哥</u>俘获甚众。

　　明年秋七月，以兵四十万伐<u>河东</u>、<u>贞观</u>中，分天下为十道。<u>河东</u>领<u>蒲</u>、<u>晋</u>、<u>绛</u>、<u>汾</u>、<u>隰</u>、<u>并</u>、<u>南汾</u>、<u>箕</u>、<u>沁</u>、<u>岚</u>、<u>石</u>、<u>忻</u>、<u>代</u>、<u>朔</u>、<u>蔚</u>、<u>泽</u>、<u>潞</u>等州。　<u>方舆纪要</u>云，<u>河东太原府</u>，一名<u>并州</u>，<u>唐</u>为<u>北都</u>，<u>后唐</u>为<u>西京</u>，又改<u>北京</u>。〔考异〕<u>尚书集注</u>云，<u>舜</u>以<u>冀</u>、<u>青</u>地广，始分<u>冀</u>东<u>恒山</u>之地为<u>并州</u>。　<u>周礼全解</u>云，<u>冀</u>在<u>商</u>离而为二，故有<u>冀</u>而有<u>幽</u>；在<u>周</u>离而为三，故有<u>冀</u>，又有<u>幽</u>、<u>并</u>，故<u>周</u>之<u>冀州</u>小于<u>禹贡</u>。　<u>尔雅疏</u>云，<u>禹</u>别九州，有<u>青</u>、<u>徐</u>、<u>梁</u>，而无<u>幽</u>、<u>并</u>、<u>营</u>，是<u>夏</u>制也，<u>周礼</u>有<u>青</u>、<u>并</u>、<u>幽</u>而无<u>徐</u>、<u>梁</u>、<u>营</u>，是<u>周</u>制也；此有<u>徐</u>、<u>幽</u>、<u>营</u>而无<u>青</u>、<u>梁</u>、<u>并</u>，是<u>殷</u>制也。见<u>日下旧闻考</u>。　<u>舆地广记</u>云，<u>河东路</u>领<u>太原</u>、<u>潞</u>、<u>晋</u>、<u>麟</u>、<u>府</u>、<u>绛</u>、<u>代</u>、<u>慈</u>、<u>隰</u>、<u>忻</u>、<u>汾</u>、<u>泽</u>、<u>宪</u>、<u>岚</u>、<u>石</u>、<u>辽</u>、<u>丰</u>、<u>威胜</u>、<u>平定</u>、<u>岢岚</u>、<u>宁化</u>、<u>火山</u>、<u>保德</u>、<u>晋宁</u>。<u>太原府</u>，<u>秦</u>置，<u>汉</u>因之，兼置<u>并州</u>。<u>魏</u>、<u>晋</u>为

太原国，后复旧。唐初为北都，改太原府，领河东节度。后为刘崇据。宋因唐旧。县九：阳曲、太谷、榆次、孟、寿阳、交城、文水、祁、清源。（河）〔代〕北（据辽史卷一太祖纪改），〔考异〕永乐大典作代北。兵卫志云，太祖伐代北，克郡县九，俘九万五千口。是河北即代北之讹。　方舆纪要云，代州在太原府北三百五十里。

舆地广记云，代州，赵武灵置雁门郡，后魏为繁畤郡，后周为肆州，隋改代州，唐因之。县四：雁门、崞、五台、繁畤。**攻下九郡。九月，城龙化州于潢河之南**。地理志云，龙化州为兴国军，太祖于此建东楼。十三年，于城东金铃冈受尊号，改元神册。太宗升观察为节度，隶彰愍宫，治龙化县。〔考异〕陈樾五代史补编云，龙化州为始祖奇善汗故地，称龙庭，古汉安平县。

明年春，下女直，复攻克河东怀远等军。冬十月，引军略蓟北，方舆纪要云，蓟州在顺天府东二百里。秦置渔阳郡，晋为燕国及北平郡地，后魏仍置渔阳郡，隋废，立元州，大业初复故。唐废郡，属幽州，开元十八年置蓟州。辽为尚武军。〔考异〕王应麟通鉴地理通释云，武王封黄帝之后于蓟，又封召公于北燕。或曰黄帝之后封于蓟者已绝，成王更封召公奭于蓟为燕。经典释文云，黄帝姓姬，君奭即其后。朱彝尊主之。　帝王世纪云，召公为文王庶子。苏辙古史考云，系周之支族。未知孰是。沈括梦溪笔谈云，予使辽，入界，见大蓟茇如车盖，中国无此大者，其地名蓟，恐因此，如扬州宜杨，荆州宜荆之类。　释智朴盘山志云，独乐寺在蓟州治西南，辽时重修，有翰林承旨刘成碑，统和四年孟夏立石。其文略曰："故尚父秦王请谈真大师入独乐寺，修观音阁，以统和二年冬十月，再建上下两级，东西五间，南北八架，大阁一所，重塑十一面观世音菩萨像。"元好问中州集云，晋行军司马韩继宁从出帝北迁，居析津。曾孙知白仕辽为中书令；孚为平章事。赐田盘山，遂为渔阳人。　郭造卿碣石丛谈云，蓟镇三屯，城东北二十五里为芹菜山，辽进士冯唐卿于山前结芦种芹，自结三屯营，居中，为本道重镇。东至山海关三百五十里，西至黄花镇四百里。纪要又云，石门镇，在蓟州东六十里。其中洞门，俗呼石门口。宋宣和五年，辽萧斡败宋兵于石门镇，遂陷蓟州。俘获以还。先是俘奚七千户，徙饶乐之清河，方舆纪要云，唐置饶乐都督府，以饶乐水为名，古营州地，明大宁卫也。辽统和中始城其地，即中京大定府。至是创为奚德呼部，分十三县。拜太祖裕悦，原作于越总知军国事。

明年春三月，广龙化州之东城。〔考异〕赵志忠北庭杂记云，太祖于所居大部置西楼，即上京。于其南木叶山置南楼，于其东置东楼，于其北三百里置北楼，四季常游猎于四楼之间。陈樫五代史补编云，建东楼以纪功。方舆纪要云，东楼为龙化州；西楼为祖州；复于永州建南楼，在临潢南，亦曰永昌军，木叶山在焉。其北楼未载。九月，讨黑车子室韦，唐卢龙节度使即幽州节度使，唐亦称芦龙。考见下。刘仁恭，深州乐寿人。〔考异〕孙光宪北梦琐言云，仁恭尝梦佛旛于手指飞出。占者曰："君年四十九，必有旌幢之贵。"后果为幽帅。遣养子赵霸率兵数万来救。霸至武州，考详后。太祖谍知之，伏劲兵桃山下，遣室韦人摩哩原作牟里诈称其酋长所遣，约霸兵会平原；既至，伏发，擒霸，歼其众，乘胜大讨室韦。〔考异〕司马光资治通鉴云，唐天复三年十一月，唐卢龙节度使刘仁恭习知契丹情伪，常选将练兵，乘秋深入，逾摘星岭击之，契丹畏惧。每霜降，仁恭辄遣人焚塞下野草，契丹马多饥死，常以良马赂仁恭买牧地。阿保机遣其妻兄阿钵将万骑寇榆关，仁恭遣子守光戍平州，伪和，设宴，犒赏于城外；酒酣，执之以入，虏众大哭，后以重赂赎还。按，此事在去年，附载于此。

明年秋七月，唐河东节度使李克用沙陀部人，国昌子，平黄巢乱，封晋王。〔考异〕孙光宪北梦琐言云，克用生时，红光烛室，白气充庭，井水暴溢。及年十二三，能连射双凫，至树叶、针锋、马鞭皆能中之。曾于新城北以酒酹毗沙门塑像，请交谈，天王披甲持矛，隐隐出壁间。或所居帐内，时如火聚及龙形，人咸异之。尝随父国昌征庞勋军，阵出没如神，呼为飞虎子。眇一目，号"独眼龙"。或云睛斜，非眇也。使来乞盟。冬十月，会克用于云州，舆地广记云，云州，本戎狄地，战国属赵。秦、汉、晋属雁门、定襄、代三郡。后魏徙都平城，立司州。唐置北常州，后改云州，复为云中郡，升大同军。县一。云中，本平城县，后魏改太平，隋亦曰云内，唐改定襄。〔考异〕方舆纪要云，唐为大同军。辽建为西京大同府。府南六十里怀仁县，唐云中县地，辽置。因阿保机与克用会东城，取怀想仁人之意，因名。约为兄弟；宴酣，克用借兵以报刘仁恭木瓜涧之役，〔考异〕欧史云，仁恭叛晋，克用以兵五万击仁恭，战于安塞，克用大败。薛居正五代史亦云，攻安塞，大败于木瓜涧。许之。遂进兵击仁恭，拔数州，徙其民而归。〔考异〕欧史及纲目、通鉴，均云约共击梁。此云击仁恭，异；惟宏简录同。 陈𢙀五代史补编云，克用遣康令德通好，会云中，进击仁恭，拔数州，期共击梁，许之。或劝克用于会拘之，不允。嗣阿保机知之，乃背盟，更附梁，克用恨之。通鉴目录系于梁开平元年后。 唐太祖纪年录云，太祖以阿保机族党稍盛，召之。天祐二年五月，阿保机领其族众三十万到东城帐中言事，握手甚欢，约为兄弟。旬日去，留男骨都舍利首领沮禀梅为质。见辽史拾遗。　按，云中之会，辽史在天祐二年乙丑，薛史在天祐四年丁卯，所载互异。见杨复吉辽史拾遗补。

　　明年春二月，复击仁恭，还击山北奚，破之。汴州方舆纪要云，古豫州境，唐号汴州，亦曰宋州宣武军。朱梁升为东京开封府。〔考异〕吴处厚青箱杂记载诏，略云："兴王之地，受命之邦，集大勋有异，庶方沾庆泽，所宜加厚，故圭、沛著启祚之美，襄、邓有建都之荣；用壮鸿基，且旌故里。"　舆地广记云，汴州，春秋为卫、陈、郑三国境。东魏置开封郡，兼立梁州，后周改汴州，唐因之，领宣武节度。县十四：开封、祥符、尉氏、陈留、雍邱、封邱、中牟、阳武、酸枣、长垣、东明、扶沟、鄢陵、咸平。

　　于慎行谷城山房笔麈云，五代及宋以洛阳为西京，汴梁为东京。

　　王鸣盛十七史商榷云，晋、汉、周皆都此，惟后唐都洛阳。朱全忠，宋州砀山人，初名温，唐赐今名。父诚，生子三，全忠居季。遣人浮海奉书币来聘。〔考异〕耶律都沁传，梁遣使求辕轴材，太祖难之。都沁曰："梁名求材，实觇吾轻重。宜答曰：'材之所生，必深山穷谷，有神司之，须白鼻赤驴祷祠，然后可伐。'如此，必语塞。"果然。纪未载。都沁字敌辇，六院部人。祖巴古济，约尼氏，时再为额尔奇木。耶律朗德等既害玄祖，暴横益肆，巴古济以计诱其党，悉诛之。都沁幼有志节，太祖为裕悦，常居左右，天显二年卒。十一月，遣兵讨奚、霫诸部及东北女直之未附者，悉破降之。十二月，哈陶津汗殂，遗命禅位于帝。吓噜等劝进，太祖三让，从之。遂于明年岁丁卯春正月，设坛于舒伊旺尼珠珲温，原作如迂王集会埚。

即位改元。〔考异〕<u>欧史</u>云，<u>遥辇</u>次立，为<u>刘仁恭</u>所攻，八部谓其不任事，选于众，得<u>安巴坚</u>代之。然则立由公议，非遗命。又谓，<u>安巴坚</u>既立，值中国多故，<u>汉人</u>归者众，告以中国之主无代立者。因立九年，更不求代。诸部责之，乃请自为一部，帅种落居古<u>汉城滦河</u>上，筑城种田。以计诱八部大人来会，尽杀之，并为一部。与<u>唐书</u>、<u>通鉴</u>、<u>叶志</u>合。　<u>世表</u>，钦德政衰，八部大人，法（当）〔常〕（据<u>辽史</u>卷六三<u>世表</u>改）三岁代。<u>安巴坚</u>自为一部，不受代，自称王，亦未言遗命及诱杀八部大人事。　<u>贾纬备史</u>云，<u>后唐武皇</u>会<u>阿保机</u>于<u>云中</u>，<u>阿保机</u>曰：“我<u>蕃</u>中酉长，旧法三年则罢。若他日见公，复相礼否？”<u>武皇</u>曰：“我受朝命镇<u>太原</u>，亦有迁移，但不受代，何忧罢乎？”<u>阿保机</u>用其教，不受代。<u>赵志忠北庭杂记</u>云，时有<u>韩知古</u>、<u>韩颖</u>、<u>康枚</u>、<u>王奏事</u>、<u>王郁</u>，皆中国人，共劝<u>太祖</u>不受代。

　<u>薛史</u>云，<u>阿保机</u>于<u>漠北</u>作<u>西楼</u>邑，屋门皆东向，如车帐法。城南别作一城以实<u>汉</u>人，名<u>汉城</u>。城中有佛寺三，僧尼千人。　<u>宋白续通典</u>云，<u>契丹</u>居<u>辽泽</u>之中，<u>潢水</u>南岸。其地东南接海，东际<u>辽河</u>，西包<u>冷陉</u>，北界<u>松陉山</u>。东西三千里，地多松柳，泽多蒲苇。<u>汉城</u>在<u>檀州</u>西北五百五十里，城北有<u>龙门山</u>，山北有<u>炭山</u>，山西界连<u>室韦</u>。其地<u>滦河</u>上源，西有<u>盐泊</u>之利，则<u>后魏滑盐县</u>也。滑盐本<u>汉</u>县，故城在今<u>热河</u>西南。<u>炭山</u>，在今<u>宣化府独石口</u>外。　<u>续通考</u>云，<u>太祖</u>元年正月己未，白气贯日。尊母<u>萧氏</u>为皇太后，立皇后<u>萧氏</u>。北宰相<u>萧实喇</u>、原作辖剌南宰相<u>耶律乌鲁斯</u>原作欧里思，亦作沤里思。六院额尔奇木，巴古济后。〔考异〕<u>陈浩辽史</u>考证云，卷八十五<u>萨哈勒传</u>，父，南宰相<u>欧里斯</u>，系一人；卷八十一<u>欧里思传</u>，西南招讨；卷十九<u>兴宗纪</u>，<u>重熙</u>十三年知<u>黄龙府</u>事，亦作<u>欧里斯</u>，均另一人。　按，<u>太祖</u>朝为北宰相者，<u>实喇</u>外，尚有<u>萧敌鲁</u>、<u>耶律迪里古</u>、<u>耶律迪辇</u>、<u>萧实鲁</u>、<u>萧阿古只</u>、<u>萧霞的</u>，惟

実鲁以谋反诛。均见太祖纪。又，萧痕笃见本传。为南宰相者，乌鲁斯外，尚有耶律苏，亦见太祖纪。率群臣上尊号曰天皇帝，后曰地皇后。

二月，征黑车子室韦，降其八部。

夏四月丁未朔，唐朱全忠废其主，寻弑之，而自立，国号梁，遣使来告。〔考异〕欧史，梁王即位在四月，其明年正月弑济阴王。此系之四月，系传闻之误（按，据旧唐书卷二○哀帝纪，朱弑济阴王在天祐五年二月二十一日，与欧史异）。济阴王，梁谥为哀帝，后唐明宗追谥昭宣光烈皇帝。

秋七月乙酉，（幽）〔平〕州（据辽史卷一太祖纪改）〔考异〕杜佑通典云，颛顼都帝邱，其地北至幽陵。楚辞注云，幽陵，犹幽州也。尧典云，宅朔方，曰幽都。山海经云，北荒有幽都之山。淮南鸿烈解云，西方有不周之山，曰幽都之门。舜典曰，流共工于幽州，州名始此。 通典注云，幽州，因幽都山以为名。 尚书集注云，即东北医无闾之地。梁载十道志云，殷省幽并冀。 周礼总义云，殷复旧。周以幽州兼殷之营州。 乐史太平寰宇记云，汉初为燕国，武帝置十三州，改为幽州。唐初设总管府，管幽、易、平、檀、燕、北燕、营、辽八州，领县八。天宝初改范阳军，宝应中李怀仙降，称卢龙军。 舆地广记云，幽州为燕国。秦立上谷郡，汉号广阳郡，东汉兼立幽州，前燕慕容俊都此。隋立涿郡，唐为幽州。县九:蓟县、幽都、广平、潞、武清、永清、安次、良乡、昌平。续通考云，辽为南京幽都府卢龙军，开泰中改永安析津府，领顺、檀、涿、易、蓟、景六州；析津、宛平、昌平、良乡、潞、安次、永清、武清、香河、玉河、潮阴十一县。纪载各殊。刘守光兄守奇率众来降，置之平卢城。时守光囚其父仁恭，自称节度使。〔考异〕通鉴云，仁恭筑馆大安山上，怒其子守光烝其妾罗氏，逐之。会梁兵攻城，拒却之，令部将李小喜攻大安山，虏仁恭，囚之别室。弟守奇奔河东。未言降契丹，且作弟，异。　方舆纪要云，大安山在房山县北八十里，山高险。薛居正曰大安，幽州西名山也。史称仁恭于此创宫观，师炼丹羽化之术于方士王若讷，因割蓟县分置玉河县以供给之。　唐书云，仁恭筑馆大安山，掠子女以充之。招浮屠讲法，禁南方茶，自撷山为茶，号山为大恩以邀利。

冬十月乙巳，讨黑车子室韦，破之。

二年（戊辰九〇八）春正月癸酉朔，御正殿，受百官及诸国使朝。辛巳，始置特哩衮，原作惕隐典族属，以皇弟萨喇原作撒剌。〔考异〕皇子表无名撒剌者。皇族表，赫噜子撒剌，未仕。惟呼克字锡兰，原作率懒，太祖即位，为特里衮，或音近致讹。　汪辉祖辽史同名录云，卷七穆宗应历十七年鹿人，被杀；卷十五圣宗开泰四年，侍御；卷六十五公主表，世宗女；卷七十三赫噜传，赫噜子；卷九十九耶律萨喇传，始平节度，六人同名撒剌。为之。河东李克用卒，子存勖嗣，遣使吊慰。存勖，克用长子，即后唐庄宗。母曹氏。〔考异〕薛史云，庄宗袭位，遣使告哀于契丹，略以金缯，求骑兵救潞州。答曰："我与先王为兄弟，儿即吾儿也。岂有父不救子耶？"许出师，会潞平而止。纪未载。　孙光宪北梦琐言云，庄宗年十一，从晋王平王行瑜，献捷，昭宗一见异之，谓有奇表，抚其背曰："我儿将来之国栋，勿忘忠孝。"赐鸂鶒酒卮、翡翠盘。十三读春秋，略知大义。骑射绝伦，殆刘聪比。昭宗谓此子可亚其父，时因号亚子。

夏五月癸酉，遣萨喇讨乌丸、黑车子室韦。

冬十月己亥朔，建明王楼。筑长城于镇东海口，遣轻兵取托欢原作吐浑叛入室韦者。〔考异〕续通考，是年八月，幽州进合欢瓜。 通鉴目录，是年梁赐阿保机诏，欲与共灭沙陀，然后封册。 王钦若册府元龟云，梁建国，阿保机遣使贡名马、女口、貂皮，求封册。梁与书曰："朕今天下太平，惟太原未服，卿能长驱兵甲，径至新庄，为我翦彼仇雠，便行封册。"纪均未载。

三年（己巳九〇九）春二月丁酉朔，梁遣郎公远来聘。〔考异〕通鉴，梁开平元年五月，契丹遣袍笏梅老来通好；帝遣太府少卿高顼报之。二年五月，契丹遣使随高顼入贡，且求册命。帝复遣司农卿浑特赐以手诏。是契丹聘梁，二年中连有两使，而纪未书，但书郎公远，是梁之专使，非报使也。修史者，各尊其本国如此。按，薛史于是年二月书契丹贡良马。欧史于袍笏梅老来，系之元年四月；而五月戊寅书契丹遣使者来。二年二月、五月两书遣使者来。王溥五代会要，二年五月之使名解里。贡细马、貂裘，男口一，名苏；女口一，名辔述律。后贡朝霞锦。前国王钦德及大臣皆有贡献。纪载各殊。

三月，沧州舆地广记云，春秋为赵、齐二国境，宋置乐陵郡，元、魏为沧水郡，寻立沧州，隋改棣州，后复旧，唐号景城郡。县五：清池、无棣、盐山、乐陵、南皮。〔考异〕方舆纪要云，在河间府东百五十里，汉、晋为渤海郡地，即横海军。节度使刘守文为弟守光所攻，乞兵讨之。命皇弟锡里原作舍利〔考异〕锡里，满州语"选拔"也，旧作（敕例）〔舍利〕（据辽史卷一太祖纪改）。今译改。素、〔考异〕皇子皇族表，太祖弟无名素者，惟苏于神册三年为特里衮，或是年先为锡里。汪辉祖辽史同名录云，卷二太祖纪，皇弟，南宰相；卷四太宗会同四年，吐谷浑夷离堇；卷二十二道宗清宁九年护卫；卷六十三世表，辽先世遥辇；卷十二圣宗统和五年，遥郡刺史；卷九十六耶律良传，良小字，道宗时中京留守，六人同名苏。　陈士元诸史夷语云，太祖有从兄名铎骨札，以本帐下蛇鸣，命知蛇语者神速姑解之。知蛇谓穴旁下有金，铎骨札掘之，乃得金，以为带，名龙锡金。纪未载。额尔奇木萧达鲁原作敌鲁。率师会守文于北淖口。进至横海军近淀，一鼓破之，守光溃去。因名北淖口为会盟口。〔考异〕欧史云，时守文讨守光，败于芦水及玉田，乃乞兵契丹。明年，守文将吐浑、契丹兵四万战于鸡苏砦，守光兵败。守文呼曰："毋杀吾弟。"遂为守光将元行钦所擒。薛史但言率沧、德之师讨之，未言契丹兵。鸡苏砦在蓟州西。册府元龟云，守光擒守文，复縶之别室，进攻沧州。宾佐吕兖、孙鹤推守文子延祚为帅。守光携守文于城下，攻围累月，城中乏食，人相屠杀以供军，号"宰杀务"。危酷之状，远古未闻，未几降。守光以子继威为沧帅，张万进佐之。所载较详。

　　冬十月己巳，遣鹰军讨黑车子室韦，破之。是年闰八月，契丹遣首领葛鹿等使梁，贡甲、马、鞍、辔等物。见册府元龟。

　　四年（庚午九一〇）秋七月戊子朔，以后兄萧达鲁原作敌鲁，卷七十三有传。〔考异〕汪辉祖辽史同名录云"卷七穆宗应历十七年鹰人被杀，卷十五圣宗统和二十八年右皮室详衮，卷六十二刑法志，兴宗时，乌尔古德呼部详衮，卷一百一萧呼敦传曾祖，卷一百八〔有〕（据文义，参辽史同名录卷五补）传，〔姓耶律〕，（同上）统和时节度，六人同名敌鲁。为北府宰相。冬十月，乌满〔原作乌马〕山奚（依例，据道光四年殿本辽史卷一太祖纪补）**库济**原作库支。及**札鲁特**、原作查刺底**超默特**原作锄勃德**等叛，讨平之。**〔考异〕王溥五代会要，是年四月，契丹遣实柳梅老使梁朝贡。纪未载。

五年（辛未九一一）**春正月丙申，亲征西部奚。奚阻险，叛服不常，数招谕弗听。是役所向辄下，遂分兵讨东部奚，亦平之。于是尽有奚、霫之地。**〔考异〕营卫志云，太祖灭奚，置奚王府，分六部：曰约啰；曰伯特；曰敖拉；曰玛展，曰绰啰；曰托辉。设官主之，曰奚六部大王。赵志忠北庭杂记云，太祖一举并吞奚国，仍立奚人为奚王，命契丹监押兵甲。旧唐书云，霫为匈奴别种，在京师东北五千里。东接靺鞨，西至突厥，南至契丹，北与乌罗浑接地。周二千里，四面皆山环绕。善射猎，好以赤皮为衣缘。妇人贵铜钏，衣襟上下悬小铜铃。有都伦纥斤部落四万户，胜兵万余人。志云，东胡别种，曰霫，唐时居鲜卑故地，一名白霫，寻内附，号居延州。**东际海，南暨白檀，**方舆纪要云，白檀废县在密云县南，辽号武威军。〔考异〕顾炎武昌平山水记云，密云山一名横山，郡所以名也。县南二十里为白檀山，汉所以名县也。　高士奇塞北小钞云，潮河，在密云山东南，自古北口流入县界，西南流至顺义，合于白河。**西逾松漠，北抵潢水。**方舆纪要云，奥支水出冷陉山南，下流入于潢水。**凡五部，咸入版图。**

三月，次滦河，方舆纪要云，源出宣府卫西二十里之炭山，流经云州，入旧开平卫境及古北口边外，由蓟州遵化县入内地。经永平府迁安县东至府西，合漆河，经滦州东，至乐亭县入海。〔考异〕吴曾能改斋漫录云，窦苹新唐书音训，本纪滦河曰"滦，力官切。滦水出契国都山"，诸书、山海经并无此字，惟见于切韵。又，忠义列传滦河曰，音栾。今大辽平州，东临滦河，是也。按北鄙须知，大辽有滦州，西至燕京五百里，有滦河县，至滦州四十里，平州西，至燕京八百里。以此见滦河县在平州西，窦以为在东，非也。厉鹗云，滦州所统，辽史止义丰、马城、石城三县，并无滦河，北鄙须知误也。高士奇松亭行纪云，滦水，前皆无名。汉书地理志，辽西郡肥如县注，元水东入濡水，濡水南入海阳。颜师古曰，濡音乃官反。辽史黄洛水，北出卢龙山南，流入于濡水。而五音集韵云，濡水名，一作溧，在辽西肥如、海阳。濡，奴官切，盖音滦也。方以智通雅云，濡，乃官反。今字书、韵书失此音。据此，则今水有滦而无濡，且溧、滦字形相似，岂古或通用而然耶？　按迁安，本汉令支县，辽为安喜县，金改今名。白夏迁安县志云，龙纪城在县北二十里，辽萧后所筑。潘敦复乐亭县志云，唐开元中置马城县，在今治西北。辽于今治置乐安镇，乃属马城。金于乐安镇置乐亭县。刻石纪功。复略地蓟州。

夏五月，皇弟埒克原作剌葛。〔考异〕仪卫志作剌哥，系一人。等谋反，赦不诛，出埒克为德呼部额尔奇木。

秋八月甲子，刘守光僭号幽州，称燕。〔考异〕通鉴云，守光改元应天。受册之日，契丹陷平州，燕人惊扰。洪遵泉志云，守光时铸钱，其面文曰应元天宝，背曰万。　薛史云，守光僭号，庄宗遣太原少尹李承勋往，使强行朝礼，不屈，会王师至，竟殁于燕中。　史记世家，武王封召公于北燕。汉书地理志注，蓟故燕国，召公所封。史记正义云，召公始封，盖在北平无终县，以燕山为名，后强盛，并蓟，徙居之。索隐云，北燕在今幽州蓟县故城是也。　郑樵通志都邑略，北燕都蓟，幽州治。　罗泌路史国名纪，南燕为伯鲦国。后稷妃，南燕姞氏也。又，东燕亦伯爵，至召公始封。地逼近山戎。六国时浸大，并渔阳、上谷、右北平、辽东、西诸郡地为北燕。盖别于南燕、东燕而名之也。　薛大训神仙通鉴云:刘元英，字宗城，号海蟾子，初名操，字昭远，后得道，改称焉。燕地广陵人。明经擢第，仕守光为相，崇黄、老教。有道人来谒，自称正阳子，为演清净无为之宗，金液还丹之要。既竟，索鸡卵十枚，金钱十文，以一文置几上，累十卵于钱，若浮图状。海蟾惊曰:"危哉!"道人曰:"人居荣禄之场，履忧患之地，其危有甚于此者!"尽以钱擘为二，置之去。因大悟。翌早，解印从道。诗曰:"抛离火宅三千指，屏去门兵十万家。"纪实也。后遇吕洞宾，得金丹秘旨，往来终南、太华间。结张无梦、种傲，访陈希夷为方外交。有诗集及还丹篇行世。　按，都印三余赘笔云，道家有南、北二宗。南宗自东莱少阳君得老聃之道，授汉钟离权，权授唐进士吕岩，岩授辽进士刘操。

六年（壬申九一二）春二月戊午，亲征刘守光于幽州。

夏四月，梁郢王友珪弑父自立。〔考异〕五代史载在六月。

秋七月丙午，亲征珠巴克，原作术不姑。降之，俘获数万计。〔考异〕兵卫志云，是年秋，亲征巴延国，俘获数万。按，巴延原作背阴，或作术不姑。命弟垎克分兵攻平州，舆地广记云，商为孤竹国，秦、汉为辽西、右北平二郡地，元魏兼立平州，隋为北平郡，唐因之。县三:卢龙、石城、马城。〔考异〕方舆纪要云，后魏置，古辽西郡地。北齐为北平郡。唐同光初陷于契丹，号辽兴军。金建为南京，即今永平府。还，与诸弟复谋叛，称兵阻道。寻遣人谢罪，释之。〔考异〕册府元龟云，

乾化二年十月，契丹蜀括梅老等朝贡，纪未载。　通鉴云，是年，
晋遣周德威会镇定兵攻燕，守光遣将单廷珪出战，遇于龙头冈。德
威奋挝击廷珪坠马，生擒，置于军门。

七年（癸酉九一三）春正月甲辰朔，晋王李存勖
拔幽州，擒刘守光。〔考异〕通鉴云，乾化三年，晋周德威攻
幽州，守光求援契丹，以其无信，竟不救。三月，晋将刘光濬克古
北口。燕居庸关使胡令圭等奔晋。十一月，晋王自将围燕，李小喜
逾城出降，遂克其城，擒仁恭及其妻妾。十二月，守光奔燕乐，为
田父张师造所擒，及其妻祝氏与三子。事在梁均王嗣立后，纪系之
正月，在嗣立前，与薛史并异。纪误。张昭周太祖实录云，时燕城
危蹙，守光召元行钦部下诸将谓其必败，赴召无益，乃推为留后。
行钦曰："我为帅，亦须归幽州。"众然之。　寰宇分合志云，卢龙
藩镇，二十八易帅，历一百四十八年。　宋白续通典云，燕乐，汉
厗奚县地。五代时废为燕庄，地平旷可屯。　旧唐书，燕乐县，初
治白檀城，长寿二年移治新兴城。所载较详。甲寅，太祖师次
赤水城，方舆纪要云，在西宁镇西南，吐谷浑所筑。隋属河源郡，
唐为赤水道。管下别有曼头城。弟埒克等乞降，遣使抚谕。

三月癸丑，次芦水，弟埒克等犯行宫。

夏四月，亲帅师追埒克等至昭图原作札（渚）〔堵〕
河（据辽史卷一太祖纪改）。

五月癸丑，北宰相迪辇悉擒之，党与皆伏诛。
语详埒克事中。

是年二月甲戌朔，梁均王友贞讨杀其兄友珪，
嗣立。〔考异〕太祖纪载十一月祠木叶山。还，省风俗，召高年，

议朝政，定吉、凶仪则。礼志所载诸仪实昉自太祖也。礼志于丧葬仪，第详书葬圣宗及道宗仪，太祖所定之仪不载。或其仪虽定自太祖，而详尽委曲至葬圣宗、道宗时而始备耳。

八年（甲戌九一四）春正月甲辰，以赫噜原作曷鲁为德呼部额尔奇木，呼哩原作忽烈。〔考异〕卷六十五公主表，忽烈尚圣宗女泰哥，另一人。为特哩衮。

冬十月甲子朔，建开皇殿于明王楼基。

九年（乙亥九一五）春正月，乌尔古部叛，讨平之。

夏六月，幽州军校齐行本率其族及其部曲男女三千人叛晋来降，诏授检校〔尚书〕（据辽史卷一太祖纪补）、左仆射，赐名乌云。原作兀欲寻亡去，幽帅周德威字镇远，小字阳五。朔州马邑人。纳之。诏索不遣，乃议攻晋。〔考异〕续通考云，是年君基太乙神数见，诏图其像，至神册三年，诏建道观。

神册元年（丙子九一六）春二月丙戌朔，太祖在龙化州，群臣上尊号曰大圣大明天皇帝，后曰应天大明地皇后。大赦，改元神册。时梁末帝名友贞，更名瑱。贞明二年也。〔考异〕纲目系于是年十二月，想据遣告之辞。薛史不载建元事，至太宗方纪天显之名，疑当时未得其传故也。

三月，以赫噜为阿勒达尔原作阿卢朵里。〔考异〕赫噜传作阿鲁敦。裕悦，百僚进秩有差，立子贝原作倍为皇太子。

夏四月乙酉朔，幽州节度使卢国用叛晋来降，授留后。（按，考旧五代史卷九七卢文进传，文进字国用。本卷下文云："二年二月，晋新州裨将卢文进叛晋……来降。"则此处云"叛晋"似误。）

秋七月壬申，亲征突厥、托欢、（党）项、小蕃、沙陀考均详卷六。诸部，悉平之，俘其酋长及户万〔五〕（据辽史卷一太祖纪补）千六百，铠仗、牲畜无算。

八月，拔晋朔州，在大同府西南二百八十里。通鉴地理通释云，朔州马邑郡，魏武帝置新兴郡，晋改晋昌，后魏置怀朔镇及朔州，隋为马邑郡。领善阳、马邑二县。〔考异〕乐史太平寰宇记引搜神记云，昔有人筑城于武周塞内以备胡。城屡崩，忽有马驰走反覆，父老异之，因依走迹以筑城，乃不崩，遂号马邑。 祝穆舆地要览云，统万城，赫连勃勃于无定河北、黑水之南筑。李吉甫元和郡县志云，句注山，在鄯阳县东八十里。许尔忠朔州志云，句注塞，赵襄子以其姊为代王夫人，欲并代，约代王遇于此。 潘自牧记纂渊海云，雁门关在马邑县东南七十里。 夏之璜塞外囊中集云，新高山城对岸山有寺，踞其巅。一塔凌虚，岩峦特异。其寺云是辽后所建，遗迹犹存。作造经楼诗曰："山巅一塔傍溪流，殿阁遥疑小十州。是否当年萧后建，红酥犹腻造经楼。"擒节度使李嗣本。〔考异〕通鉴云，自麟胜攻晋蔚州，破之。注，麟胜至蔚州，中间悬隔云、朔。蔚州恐当作朔州，则此作朔州，可正通鉴之误。 薛史云，晋王北征，至代州北，闻蔚州陷，班师。 嗣本传谓，契丹三十万攻振武，嗣本拒战累日，力竭，城陷，举族陷虏，八子唯四子存。 欧史云，契丹寇蔚州，执嗣本。本传谓本姓张，雁门人，为振武节度，号威信可汗。契丹克蔚州，嗣本战没。　二史均作蔚州。
欧史引本传又谓战没。所载各异。

　　冬十一月，攻蔚、新、武、妫、儒五州，方舆纪
要云，蔚州在大同府东南三百五十里。新州本北燕州，今宣化府保
安州。武州，唐置，一曰毅州，今宣化府。妫州、儒州，古上谷郡
地。唐置妫州，后改妫川郡，今怀来卫，是即延庆州。又析置儒州，
辽号缙阳军，治缙山县。〔考异〕通鉴地理通释云，蔚州，后魏置怀
荒、御夷二镇及灵邱郡。后周置蔚州。隋属雁门、上谷二郡。唐贞
观五年，破突厥，复故地，天宝曰安边郡，至德曰兴唐郡，领灵邱、
飞狐、兴唐三县。新州，唐置，领县四：永兴、矾山、龙门、怀安。
　　舆地广记云，唐末置，后唐升威（塞）〔胜〕军（据舆地广记卷一
九改，下同）。武州，唐末置，领文德一县，后唐改毅州。妫州、妫
川郡，北齐立北燕州，后周曰燕州，唐更名，治怀戎。儒州，唐末
置。　王存元丰九域志云，领晋德一县，李心传朝野杂记作晋山县。
石麟山西通志云，金河十寺，在蔚州东南八十里五台山下，寺俱辽
统和间建。刘生和蔚州志云，汉文帝庙在蔚州南关，辽穆宗建，石
碣存焉。李吉甫元和郡县志云，天池在静乐县北燕京山上，周回八
里。　玉海云，嘉祐元年，辽萧扈来贺正，言阳武庙天池寨侵北界，
诏馆伴王洙指图道本末。　陈师道后山谈丛云，潘美为并帅，代之
北都山有天池焉，岁遣通判祭之，其后惮远而罢。久之，契丹遣祭
焉，又易其屋记至熙宁中始有其地。凡数岁，使传往来，卒不能辨
而与之。　刘必绍保安州志云，燕尾河在州东南三十里，桑乾与浑
河合流如燕尾然，下流入芦沟桥。见辽志。　孙世芳宣府镇志云，
西望山在宣府城北三十五里，上有辽国西望山舍利碑。　姜南蓉塘
诗话云，统幕之地，（有）〔在〕（据文义改）隆庆州西南八十里，
辽主游幸，尝建大幕于此，因名。今讹为土木，正统北狩，即此地。

谢庭珪隆庆州志云，缙阳山，在永宁县城北。有缙阳观，辽时所建，今遗迹尚存。 按新州，金为德兴府，明为保安州。妫州，明为隆庆州。儒州，明为永宁县。斩首万余级。自代北至河曲，逾阴山，尽有其地。遂改武州为归化州，妫州为汙原作可汙州。置西南招讨司，选有功者领之。其围蔚州，敌楼无故自坏，众军大噪，乘之，不逾时而破。时梁及吴、越二使皆在焉，诏引环城观之。

〔考异〕薛史云，晋以张温为武州刺史。同光初，契丹陷妫、儒、檀、顺、平、蓟六州。武州独全，改刺蔚州。与史不合。

十二月，收山北八军。〔考异〕通鉴目录，是岁，契丹攻晋李存璋于云州，晋主自将救之，寻引去。纪未载。方舆纪要云，存勖置团练于新州，总山后八军，升为威（塞）〔胜〕军，兼领妫、儒、武三州。辽克新州，改为奉圣州武定军，领州三、县四。

二年（丁丑九一七）春二月，晋新州裨将卢文进范阳人。叛晋，杀节度使李存矩克用子。〔考异〕通鉴目录作李矩。来降。进攻其城，拔之。刺史安金全代北人。遁，以文进部将刘殷为刺史。〔考异〕薛史云，存矩为晋帝诸弟。治兵失政，御下无恩，故及于祸。帝以契丹主纳叛背盟，驰书让之。

欧史云，文进为刘守光骑将，降庄宗，授寿州刺史，属其弟存矩。存矩募兵出马，求文进幼女为侧室，因与乱兵杀之，反攻新州，不克。攻武州，又不克，遂奔契丹。所载较详。 按文进杀存矩始末，通鉴与马令南唐书小异。寿州属吴，文进无遥领刺史之理，从马令作蔚州为是。见辽史拾遗。

三月辛亥，攻幽州，节度使周德威以幽、并、镇、定、魏五州兵拒于居庸关之西，合战于新州东，大破之，斩首三万余级，杀李嗣(本)〔恩〕（据辽史卷一太祖纪改）之子武八。

夏四月〔考异〕薛史四月辛卯，梁以右千牛卫大将军刘璩充契丹宣谕使。欧史同。纪未载。壬午，围幽州，不克。

六月乙巳，望城中有气如烟火状，太祖曰："未可攻也。"以大暑霖潦，引师还。留赫噜、卢国用守之。〔考异〕欧史云，初，幽州北七百里有榆关，下有榆水，通海。自关东北循海有道二，狭处才数尺，旁皆乱山，高峻不可越。旧置八防御军，募士兵守之。田租皆供军食，岁致缯纩以供衣。每岁早获，清野坚壁以待契丹，至则闭壁不战，俟其去，选骁勇据险要之，契丹常失利走，由是不敢轻入寇。及周德威镇卢龙，恃勇不设备，遂失渝关之险，契丹每刍牧于营、平间。至是卢文进教之为土山地道以攻城，日杀千计。　新唐书云，唐置东、西硖石、绿畴、米砖、长杨、黄花、紫蒙、白狼、温沟、白望、昌黎、辽西十二戍以扼之。　方舆纪要云，幽、平之间，以金坡、居庸、古北、松亭、榆关等五关为形胜，而榆关为最。唐天复三年，契丹将阿钵寇榆关，时刘守光戍平州，诱执之。梁乾化中，榆关遂为契丹所取。　宋白续通典云，榆关东临海，北有兔耳山、覆舟山，山皆斗峻，山下寻海岸，东北行，狭处才通一轨，三面皆海，北连陆关，西乱山至进牛栅，凡六口，栅戍相接。此天所以限戎狄也。

秋八月，李存勖遣李嗣源本名邈佶烈，父电，无姓氏，后为明宗。等救幽州，赫噜等以兵少而还。〔考异〕通鉴云，李嗣源与从珂等距幽州数十里，与契丹力战，大败之，俘斩万计，嗣源入幽州。　薛史明宗纪云，帝请突骑五千为前锋，会军易州，衔枚前行。八月发上谷，阴晦而雨，仰天祈祝，即时晴霁。循大房岭而进，与从珂奋击，大败敌众，挟其酋帅还。欧史以请骑五千为符存审事，且有阎宝名。　契丹国志云，时文进与契丹攻幽州且二百日，城中危困，晋王亲将兵救之始解去。述律后兄述鲁，官统军使，从围幽州，机巧善智，城垂克，会救至，退师，改授奚王府监军，军于屈烈，尚奥哥公主。　公主表，名质古，下嫁后弟萧室鲁。幼为奥姑。辽俗，凡婚、燕礼，推女子可尊者坐于奥，曰奥姑。未封，卒。乐史太平寰宇记云，大防山在良乡县西北三十五里，山下有石穴。　史恒德涿鹿记云，房山在涿郡西北五十里，北接居庸，东抵渔阳，西连紫荆，所谓幽、燕奥室也。　曹学佺名胜志云，大房山南，晋霍原隐处。　黄榜房山县志云，孔水洞，在房山东北，其上悬岩千尺，其下石窦如门，流水涌出，深不可测。时有白龙出游，人闻丝竹之音。开元间，旱，投以金龙玉璧，祷之即应。　刘侗帝京景物略云，房山县西南有白带山，生芯题草，又曰芯题山，藏石经者千年矣。故曰石经山，亦曰小西天，即涿鹿山也。　按汉书地理志，清河郡有芯题县。颜师古注：芯，古莎字。又，六聘山在房山县西三十里。见明一统志。按六聘山，其地甚广，天开寺其下院，孤山则下中院，兜率寺为上方院，而总名之曰六聘山天开寺。见朱彝尊日下旧闻。

三年（戊寅九一八）春正月丙申，以皇弟安图原作安端为大内特哩衮，命攻云州〔考异〕册府元龟云，李存璋为大同防御使，时契丹陷蔚州，营于鱼池，阿保机遣人驰木书求略于存璋，斩使不报，遂攻云州。存璋悉力拒战。城中旧有铁车，镕为兵器授军士。贼乃退。所载较详。及西南诸部。

二月癸亥，城皇都，以礼部尚书康默记充版筑使。〔考异〕陈樾五代史补编云，梁贞明四年，契丹城临潢以为都，即龙眉宫。地沃壤，负山扼海。　地理志云，上京临潢府，本汉辽东郡西安平之地，太祖取天梯、〔蒙国〕、（据辽史卷三七地理志补）博啰等三山之势于苇甸，射金龊箭以识之，曰龙眉宫。涞流河绕京三面，东入于曲江，其北东流为按春河。故城在今巴林东北，以临潢水，故名。辖军府州城二十五，统县十：临潢县，太祖以燕、蓟俘户置；长泰县，以渤海国长平县民置，定霸县，以扶余府强师县民置；保和县，以渤海国富利县民置；潞县，以幽州潞县俘户置；渤海县，本东京人因叛徙置；兴仁县，开泰二年置；宣化县，本辽东神化县民，太祖破鸭渌府徙置。余详卷二十七。　胡峤陷北记云，上京西楼有邑屋，市肆，交易无钱而用布，有绫锦诸工作。宦者、翰林、伎术、教坊、角觝、儒、僧、尼、道士，中国人并、汾、幽、冀为多。　元遗山文集费县令郭明府墓碑云："公讳峤，字子崇。族郭氏，世家临潢之长泰。曾大父英，潜德勿耀。大父愿诚，辽因进士擢由左班殿直，仕至侍御史。"史未载。

夏四月乙巳，皇弟特尔格原作迭烈哥谋叛，赦之，诛其弟伊德实原作寅底石妻纳尔珲。原作涅里衮

五月乙亥，诏建孔子庙、佛寺、道观。

四年（己卯九一九）春二月丙寅，修辽阳故城，以汉民及渤海户实之，改为东平郡，置防御使。史称本朝鲜地，后为渤海大氏所有，号中京显德府。〔考异〕刘效祖四镇三关志云，太祖并渤海，尽有辽军，置东平郡，修复故城，铸铁凤镇之，因号铁凤城。天显三年，升为南京，复立中书省，号大辽，改东京辽阳府。辖军府州城八十七，统县九。辽阳县，本渤海常乐县，仙乡县，本渤海永丰县，仙人白仲理，炼丹点金救百姓。鹤野

县，渤海为鸡山县，昔丁令威化鹤来归，即此。析木县，〔本汉望平县地，渤海为花山县。紫蒙县，〕（据辽史卷三八地理志补）本汉镂芳县，渤海为紫蒙县。兴辽县，本汉平郭县，唐元和中，渤海王仁秀更今名。又肃慎、归仁、顺化共九县。见方舆纪要。（按，上述引文均见辽史卷三八地理志，非引自纪要）地理志云，一名天福城，幅员三十里，有八门，外城曰汉城。又，辽州始平军，本佛宁国城，渤海为东平府，督伊、蒙、陀、黑、北五州。太祖伐渤海，先克东平府，改号辽州东平军。太宗更为始平军。治辽滨县，故城在沈阳中卫西北百八十里，此唐书所谓新城，非故城也。又伊、蒙、陀、黑、北，唐书北作比。林本裕辽载云，始平军界内有蛇山、狼山、黑山、巾子山。 高士奇扈从东巡日录云，始平军有羊肠河，源出白蛋山。

九月，征乌尔古部。道闻太后不豫，日驰六百里还，侍疾愈，复还军中。

冬十月丙午，次乌尔古部，天大风雪，不能进，祷于天，俄顷霁。命皇太子将先锋军进击，破之，俘生口万四千二百，器甲、牲畜无算。自是举部内附。〔考异〕营卫志，太祖取于骨里户六千，神册六年析为乌尔古纳喇及图鲁二部。属国表，亦于是年载师次骨里国，分路击之，举国内附。是骨里即于骨里之误。兵卫志云，神册四年，亲征裕库呼国原作于骨里。俘获万四千二百口，与征乌尔古事合。是于骨里又即乌尔古矣。所载各异，未知孰是。 王祎大事记续编云，梁贞明五年十二月，契丹陷唐营州，时辽神册四年也。纪未载。秦

五九

再思洛中纪异云，卢文进说契丹征诸路甲马寇幽州，设围攻之。庄宗赴救，契丹退，以赵思温为营州团练使。未期契丹围营州。逾年，朝廷未暇救，粮草俱尽，思温欲自杀，左右谏止。阿保机誓不杀，乃投戈。　按思温之获，史系之天赞二年克平州时。稍异。

五年（庚辰九二〇）春正月乙丑，始制契丹大字，未几成，颁行之。〔考异〕陶宗仪书史会要云，辽太祖用汉人，以隶书之半增损之，制契丹字数千，以代刻木之约。其字如嫊脵也敕友走用马尽急之类，是也。　又，王易燕北录，载长牌七十二道，上国书敕走马字ﾚ㇁⿰；银牌三道，上国书朕字嬔；木刻子牌十二道，上国书急字㽵；旗上国书⿰，乃军字也。契丹字可考见者如此。

永乐大典引纪异录云，渤海既平，乃制契丹大字三千余言，在天显元年。与纪异。按耶律图鲁卜传，幼聪敏嗜学，太祖器重之。及制契丹大字，图鲁卜赞成为多。时罗卜科亦以佐助功，俱授林牙。纪均未载。仪卫志云，银牌二百面，长尺，刻以国字，文曰宜速。又曰敕走马牌国有重事，帝以牌亲授使者，手劄给驿马若干；驿马阙，取他马代。法：昼夜驰七百里，次五百里。所至如天子亲临，须索更易无敢违者。使回，帝亲受之，手封牌印郎君收掌。

夏五月庚辰，有龙见于伊喇原作拽剌山阳水上，太祖亲射获之，藏其骨内府。〔考异〕沈括梦溪笔谈云，太祖所射龙，一角，尾长，足短，身长五丈，舌二尺有半，形如剑。洪皓续松漠纪闻作长十余丈，云其骸尚在金国内库，悟室长子源尝见之。尾鬣支体皆全，双角为人截，与余所藏董羽画出水龙相似，盖其背上鬣不作鱼鬣也。　洪迈夷坚志云射龙于西楼，长（千）〔十〕（据夷坚志甲卷一阿保机射龙条改）余丈，即腾空，迸坠于黄龙府西，相去千五百里，长才数尺。元好问续夷坚志作身长五尺，舌二寸有半，南渡贞祐初尚存。郭造卿碣石丛谈云，太祖极长大，其靴可纳城台僧顶。<u>富郑公行程录</u>云，<u>祖州</u>有<u>祖山阿保机</u>庙，所服靴尚在，长四五尺许。<u>游幸表</u>亦云长五尺。

秋八月辛未，亲征党项诸部。

秋九月己丑朔，<u>梁</u>遣<u>郎公远</u>来聘。<u>薛史</u>，是岁，<u>梁</u>以供奉官<u>郎公远</u>为<u>契丹</u>欢好使。壬寅，太子率<u>额尔奇木裕勒沁</u>原作（汗）〔污〕里轸（据<u>辽史</u>卷二<u>太祖纪</u>改）。〔考异〕卷七十五<u>耶里迪里</u>传字兀里轸。<u>神册</u>三年，<u>赫噜</u>卒，命<u>迪里</u>为<u>德呼</u>部<u>额尔奇木</u>。污兀音同。此之<u>裕勒沁</u>，系称<u>迪里</u>字。等略地云内、天德。

冬十月辛未，攻天德。<u>地理志</u>云，<u>天德</u>军隶<u>丰州</u>，本<u>中受降城</u>。<u>唐开元</u>中废<u>横塞军</u>，置<u>天安军</u>于<u>大同川</u>。<u>乾元</u>中改<u>天德</u>，移<u>永济栅</u>，今治是也。<u>辽</u>置招讨司，以国族为节度。〔考异〕<u>张钦大同志</u>云，<u>宜山</u>在府城西北五百余里，古<u>丰州</u>境，山上有九十九泉，流为<u>黑河</u>。<u>牟那山</u>，在<u>朔州</u>城三百里，<u>隋大同</u>旧墟在此。山近有<u>钳耳觜城</u>及<u>秦长城</u>。<u>明一统志</u>云，<u>王昭君</u>墓在古<u>丰州</u>西六十里，名<u>青冢</u>。<u>振武县</u>北七十里有<u>黑沙</u>迹。又，<u>天德山</u>在<u>朔州</u>北，<u>汉李陵</u>自居延行至<u>天德山</u>，即此。<u>张鹏翮漠北日记</u>云，距<u>青冢</u>十里有<u>振武城</u>废址，曾出一碑，曰唐振武节度使墓志，亦汉字。癸酉，节度使<u>宋瑶</u>降。复叛，攻拔其城，擒<u>瑶</u>及家属，徙其民于<u>阴山</u>南。师还。（按，据<u>辽史</u>卷二<u>太祖纪</u>师还在十二月。）

六年（辛巳九二一）夏五月丙戌朔，诏定法律，<u>刑法志</u>云，<u>辽</u>制，刑凡四：死、流、徒、杖，及籍没、黥刺之法。<u>重熙</u>五年新定条制成，颁行诸道。本<u>太祖</u>以来法令，参考古制，凡五百四十七条。<u>咸雍</u>六年，命<u>伊逊</u>更定，续增既繁，犯者日众。<u>大安</u>五年，诏复旧法。又，<u>开泰八年</u>，以窃盗赃十贯者死为太重（按，据<u>辽史卷六一刑法志</u>，为"以窃盗赃满十贯，为首者处死"。则此处所叙不确），增至二十五贯，后增至五十贯。三犯黥额，徒三年；四黥面，徒五年；五则处死。 <u>吴曾能改斋漫录</u>云，<u>辽</u>法，为盗者，一犯黥其腕，为贼字，再犯文其臂，三犯文其肘，四犯文其肩，五犯则斩。不须按籍，而辜不可掩。 <u>武珪燕北杂记</u>云，正月十三日，放<u>契丹</u>人做贼三日，盗及十贯上者，依法行遣。 <u>洪皓松漠纪闻</u>云，<u>金</u>治盗最严，每捕获治罪外，皆十倍责偿，唯正月十六日，则纵偷以为戏。亦有与室女私约，至期窃去，女愿留则听之。自<u>契丹</u>以来皆然，今燕亦如此。所载较详。**正班爵**。<u>辽</u>官制，视前代为简。<u>百官志</u>，分六等，以尊卑为次，品秩不可辨，黜陟之法亦未详，除、授、迁、调又参差不齐。然<u>仪卫志</u>有一品至九品服饰，则品秩原昭然。至勋臣之加上柱国及开府仪同三司者，亦间或一见。至官员犯罪，又有追夺告身之罚，特典章阙佚，作史者无从考订。见<u>陈浩辽史考证</u>。**画前代直臣为招谏图。诏长吏四孟月询民利病。**

冬十月癸丑朔，晋<u>新州</u>防御使<u>王郁</u>以所部山北兵马内附。〔考异〕<u>通鉴</u>，郁为<u>处直</u>孽子，无宠，奔晋，为<u>新州</u>团练使。<u>叶志</u>同。<u>薛史</u>云，<u>新州</u>刺史<u>王郁</u>叛入<u>契丹</u>，<u>李嗣肱</u>进兵定<u>妫</u>、<u>武</u>、<u>儒</u>三州，授山北都团练使，纪载各判。 <u>姚颛唐明宗实录</u>云，<u>庄宗</u>未即位，<u>郁与卢文进</u>相继入<u>辽</u>，皆驱率数州士女，为虏南藩，教其织纴工作，中国所为，虏中悉备。<u>契丹</u>所以强盛、侵凌中国者，以得<u>文进</u>、<u>郁</u>，故同光之世，为患尤深。**丙子，太祖率诸军入<u>居庸关</u>。**〔考异〕<u>乐史太平寰宇记</u>云，<u>居庸关</u>，<u>北齐</u>改为纳款。有<u>军都山</u>，一名<u>居庸山</u>，在县西北十里。<u>淮南子</u>云，天下九塞，<u>居</u>

庸是其一。　程大昌北边备对云，太行山，南自河阳、怀县迤逦北出，直至燕北，无有间断。自麓至脊，皆陡峻不可登，独有八处，粗通微径，名曰陉。居庸即其最北之第八陉，东西横亘五十里，中间通行之地，才阔五步。　舆地广记云，昌平北十五里有军都陉，西北三十五里有纳款关，即居庸故关，亦曰军都关。　方舆纪要云，在昌平西北三十里，去关十七里有八达岭，为往来冲要，此中国控扼契丹之险，即石门关也。

十一月癸卯，下古北口。方舆纪要云，在密云县东北百二十里，亦曰虎北口，两崖壁立，凡四十五里，为险绝之道。〔考异〕罗璧识遗云，关外虎北口，即汉上谷郡。其山西连太行，东通辽海，狼居胥山为襟带。南北路绕两崖间，彭文子谓隘如线，侧如倾，其峻绝天，其降趋井，下有洞，巨石磊块，凡四十五里，艰折万状。山外寒气，先山南两月。燕东百里曰榆关，循海方有狭径，实辽东诸州之障。沈括云，檀州东北五十里有金沟馆。自馆少东北三十余里至中顿，折北行峡中，济滦水，通三十余里，钩折，投山隙以度，所谓古北口也。韩琦安阳集过虎北口诗云："东西层巇郁嵯峨，关口才容数骑过。天意本将南北限，即今天意又如何。"古北口萧寺刻苏辙道中诗云："乱山环合疑无路，小径萦回长傍豁。仿佛梦中寻蜀道，兴州东谷凤州西。"辙于元祐间使辽，馆伴侍读学士文师儒，能诵洵轼文及辙茯苓赋，此盖奉使时作。见高士奇塞北小钞。辙栾城集又载古北口寺诗云："独卧绳床已七年，往来殊复少情缘。魂归故国鸟飞处，身在中原山尽边。梁市朝回尘满马，蜀江春近水浮天。枉将眼界疑心界，谁信逍遥物外篇。"按，金沟馆即金沟淀，辽主尝于此过冬。自此无里堠，但以马行记日，约其里数。见王文正上辽事。丁未，分兵略檀、顺、安远、三河、良乡、望都、潞、满城、遂城等十余城，俘其民徙内地。地理志云，檀州武威军，本燕渔阳郡地，汉为白檀县，统密云、行唐二县。顺州归化军，秦上谷、汉范阳境，治怀柔县。安远城，在蓟州城西北，唐末置安远军。三河，本汉临朐县地，唐析潞县置。良乡，燕为中都县，汉改望都，太祖置，属平州。潞，唐为元州，贞观中仍今名。　方舆纪要云，望都，阿保机掠定州望都县民置，即古海阳城，今庆都县。潞，今通州。满城，本后周永乐县，隋改。遂城，宋为威卤军，为沿边要地。〔考异〕刘敞公是集檀州诗云："穷谷回看尽，孤城平望遥。市声衙日集，海盖午时消。冠带才通汉，山川更入辽。春风解冰雪，最觉马蹄骄。"每旦，海气如雾，至午消尽，时谓"海盖"。　通鉴地理通释云，顺州，顺义郡，在范阳城。唐天宝中治宾义县。　王存元丰九域志云，化外顺州，领宾义。唐置突厥州，顺州，贞观四年平突厥，以其部落置幽、灵之境，后侨治幽州。史称州南有齐长城，东北有华林、天柱二庄。辽建凉殿，春赏花，夏纳凉。乐史太平寰宇志谓顺州顺义郡领宾义一县，乃指范阳城，即今顺州。归顺州、归化州领怀柔一县，即今顺义县。明一统志云，黍谷山在怀柔县东四十里，跨密云县界，亦名燕谷山。畿辅山川志云，辽尝建避暑殿于黍谷山上。　庞元英文昌杂录云，余使北，过顺州，有黍谷坊，接判王仲渊指谓副使文供备曰：观此可知其寒也。　刘向别传曰，燕地谷美而寒，不生五谷。邹子吹律，召温气至，五谷生，名黍谷。辽士多燕人，颇知问学也。潞沙笔缀云，通州至京中途有高米店，或呼高碑店。　按洪皓松漠纪闻云，潞县三十里至高亭，三十里至燕京之高米店。或即高亭。"高""交"音讹。（按，此处引文与松漠纪闻殊不相类。纪闻卷下云：由三河县"三十里至潞县，三十里至交亭，三十里至燕"。无"高亭"、"高米店"之称。）

十二月癸丑，王郁率众来朝，太祖呼郁为子，赏赉甚厚，徙其众于潢水南。太子率郁略地定州，〔考异〕舆地广记云，中山府，尧始封地。春秋为鲜虞，战国为中山国，为魏并。汉置中山郡，改为国。后燕慕容垂都此。唐立定州，升义武军，今为定武军。县七：安喜、无极、曲阳、唐县、望都、新乐、北平。朱彝尊日下旧闻云，太祖略定州，破行唐，尽驱其民，北至檀州，择旷土居之，凡置十砦，仍名行唐县。所载较详。康默记攻长芦。（晋）〔唐〕（据辽史卷二太祖纪改）义武节度使王处直养子都囚其父，自称留后。　　欧史，处直，京兆万年人。处存弟。处存卒，逐其侄郜而代之。都即刘云郎妖人李应得之遗。处直官副大使。闻处直使郁略契丹，令犯塞解镇州围，遂作乱，处直见杀。〔考异〕通鉴云，都时典新军，虑郁夺其处，阴与书吏和昭训谋劫处直。会处直与张文礼宴城东，暮归；都以新军数百伏于府第，大噪，劫之，曰：将士不欲以城召契丹，请令公归西第。乃并其妻妾幽之。都自称留后。所载较详。癸亥，围涿州，续通考云，古上谷郡地。唐为范阳，改涿州，宋因之，辽置永泰军。〔考异〕通鉴地理通释云，涿州、涿郡，唐大历四年，节度朱希彩析幽州之范阳、归义、固安置，治范阳。　　许亢宗奉使行程录云，黄帝与蚩尤战于涿鹿之野，即此。　　乐史太平寰宇记云，涿水源出县西土山下，东北流，经县北五里，又东北流注圣水。应劭注汉书云，涿水出上谷涿鹿县，水西入海。十三州志云，涿郡南有涿水，北至上谷为涿鹿河，其支流入匈奴，中曰涿邪水。　　郦道元水经注云，楼桑里，汉昭烈旧里也。　　唐舜卿涿州志云，独鹿山即涿鹿山，在州城西十五里。　　于奕正天下金石志云，涿鹿山云居寺续镌石经记，赵遵仁撰。清宁四年碑记，略曰：燕都之有五郡，民最饶者，涿郡首焉。涿郡之有七寺，境最胜者，云居占焉。寺〔自〕（据辽文汇卷七补）隋朝所建，号自唐代所赐。山在郡之西北五十里，寺在山之阳。寺之东〔望〕（同上书补），有峰最高，（颜）〔故〕（同上书改）曰东峰。峰顶上有石室七焉，经贮是室。先（是）〔自我朝〕（同上书改）太平七年，会故枢密直学士韩公〔讳〕（同上书补）绍芳牧是州，因从政之暇，命从者游是山，诣是寺，陟是峰；暨观游间，乃（是）〔见〕（同上书改）石室，内经碑且多，依然藏贮。遂召当寺耆秀，询以初迹，代去时移，（询）〔细〕（同上书改）无知者。既而于石室间取出经碑，验（石）〔名〕（同上书改）对数，得正法念经壹部，全七十卷，计碑二百一十条；大涅槃经一部，全四十卷，计碑一百二十条；大华〔严〕经（同上书补）一部，全八十卷，碑二百四十条；大般若经五百二十卷，碑一千五百六十条。又于左右，别得石，记曰，幽州沙门释静琬，精有学识，于隋大业中，发心造石经一藏，以备法（减）〔灭〕（同上书改）。遂于幽州西南白带山上，凿为石室，以石勒（金）〔经〕（同上书改），藏诸室内，满即用石塞户，以铁锢之。其后，虽成其志，未满其愿，以唐贞观十三年奄化归真、门人导公继焉：导公没，有仪公继焉；仪公没，有暹公继焉；暹公没，有法公继焉。自琬至法，凡五代，不绝其志。乃知自唐以降，不闻继造，佛之言教，将见其废耶？〔公〕（同上书补）一省其事，喟然有兴复之叹，以具上事，奏于天朝。我圣宗皇帝，锐志武功，留心释典，暨闻来奏，深快宸衷。乃（命）〔委〕（同上书改）故瑜珈大（法）师〔法〕（同上书乙正）讳可玄，提点镌修，勘讹刊谬，补缺续新，琬师之志，因此继焉。迨我兴宗皇帝之绍位也，孝敬恒专，真空夙悟，常念经碑数广，匠役程遥，借檀施则岁久难为，费常住则力乏焉办。重熙七年，于是出御府钱委官吏贮之，岁析轻利，〔俾〕（同上书补）供书经镌碑之价，仍委郡牧提点，以时系年，不暇镌勒。自太平七年至清宁三年，中间续镌，造到大般若经八十卷，计碑二百四十条，以全其部也。又镌到大宝积经一部，全一百二十卷，计碑三百六十条，以成四大部数也。都总合经碑二千七百三十条。清宁三年五月十二日，大宝积初成，郡守萧公讳惟平召余谓曰：四大部经，今续镌毕，见闻之下，幸会攸难，愿制好词，以为刊记。余罔愧孱芜，直以为记。清宁四年三月一日记。

沙门志才云居寺续秘藏石经塔记云：古之碑者，用木为之，乃葬祭飨聘之际，所植一大木，而字从石者，取其坚久也。秦汉已降，凡有功德政事亦碑之。欲图不朽，易之以石，虽失其本，从来所尚，不可废焉。浮图经教，来自西国，梵文贝叶，此译法言，尽书竹帛，或邪见而毁（坏）〔灭〕（据辽文汇卷八改），或兵火而焚爇，或时久而蠹烂，孰更印度求诸与？有隋沙门静琬，深虑此事，厉志发愿，于大业年中至涿鹿山，以大藏经刻于贞珉，藏诸山窦。大愿不终而奄化，门人（道）〔导〕公（同上书改）、仪公、暹公、法公，师资相踵，五代造经，亦未满师愿。至辽，刘公法师，奏闻圣宗皇帝，赐普度坛利钱续造，次兴宗皇帝赐钱又造。相国杨公遵勖、梁公颖，奏道宗皇帝，赐钱，造经四十七帙，通前上石，共计一百八十七帙，已厝东峰七石室内。见今大藏仍未及半，有通理大师，（淄）〔缁〕（同上书改）林拔秀，名实俱高，教风一扇，草偃八纮。其余德业，具载宝峰本寺遗行碑中。师（于）〔因游〕（同上书补）兹山，寓宿〔其寺〕，（同上书补）有续造念，兴无缘慈，为不请友，至大安九年正月一日，遂于兹寺（放）开〔放〕（同上书乙正）戒坛，士庶道俗，入山受戒，巨以数知〔海会之众〕（同上书补），方尽暮春，始得终罢。所获钱施乃万禩，付门人右街僧录通慧圆照大师善定校勘刻石。石类印版，背面俱用，镌经两纸。至大（定）〔安〕（同上书改）十年，钱已尽，功且止，碑四千八十片，经四十四帙。题名目录刻如左，未知后代谁更继之。又有门人讲经沙门善锐，念先〔师〕

（同上书补）遗风，不能续扇，经碑未藏，或有残坏，与定师共议募功，至天庆七年，于寺内西南隅，穿地为穴，道宗皇帝所办石经大碑一百八十片，通理大师所办石经四千八十片，皆藏瘗地穴之内。上筑台砌砖，建塔一座，刻文，标记石经所在。刺史李嗣弼昭义节度使克修子。以城降（按，据辽史卷二太祖纪，李降在癸酉）。乙亥，晋王存勖至定州，都迎之。存勖引兵趋望都，遇托诺原作（妥）〔秃〕馁，（据辽史卷二太祖纪改）一作托辉，系奚酋。军五千骑，围之，存勖力战，不解。李嗣昭本姓韩，字进通，汾州太谷人。领骑三百来救，国兵少却，存勖乃得出。〔考异〕薛史云，时庄宗讨张文礼于镇州，契丹三十万奄至，庄宗击之，被围数十重，不解；嗣昭引三百骑横击，出入数四，翼庄宗出。所载略异。寻与大战，不利，引还。存勖至幽州，遣二百骑蹑国兵后，〔国兵〕（据辽史卷二太祖纪，依文例补）反击，悉擒之。己卯，还次檀州，幽人来袭，击走之，擒其裨将。诏徙檀、顺民于东平、沈州。薛延宠全辽志云，沈阳中卫在辽阳城北百二十里，唐时渤海置沈州，辽置兴辽军，后改昭德军。〔考异〕欧史云，阿保机攻中山，渡沙河，都告急，庄宗来救，相遇于新城。晋兵自桑林驰出，人马甲兵，光明烛目，虏骑愕然，稍却，晋军乘之，遂大败。值沙河冰薄，皆陷没，退保望都。会大雪，人马饥寒，多死。顾卢文进曰："天未使我至此。"乃引去。然自此有轻中国心。　通鉴云，晋王至新州，闻契丹前军涉沙河，将士皆失色，请还师，郭崇韬、李嗣昭不可，遂引五千骑出桑林，契丹惊走，分兵逐之，获其子。趣望都，追击，大败之。逐北至易州，值大雪，人马多死。

责王郁，縶之。自是不听其谋。薛史谓，获毡幕、羊、马无算，晋帝追袭至幽州乃还。纲目系于明年正月，与史异。郁本传，后官至政事令。　许亢宗奉使行程录云，离雄州三十里至白沟巨马河，过河三十里到新城。阿保机败于新城，即此。旧为契丹边面，自结好后，楼壁犹存，在无极县西二十八里。

天赞元年（壬午九二二）〔考异〕契丹国志，神册五年后即天赞元年。纪书于六年后。今从纪。春二月庚申，复徇幽、蓟地。癸酉，改元，赦军前殊死以下。

夏四月甲寅，攻蓟州。戊午，拔之，擒刺史胡琼，以卢国用、尼噜古原作涅鲁古。典军民事。壬戌，大飨军士。癸亥，晋王存勖围镇州，舆地广记云，真定府，春秋属晋，秦属钜鹿郡，汉立恒山郡，避文帝讳，改常山，东汉为常山国，后周并立恒州，唐升成德军，避穆宗讳，改镇州，五代为真定府，晋曰顺德，汉曰成德，今因之。县九：真定、藁城、栾城、元氏、井陉、获鹿、平山、行唐、灵寿。〔考异〕方舆纪要云，汉、魏为常山郡，唐曰恒山郡，亦曰恒州，改今名，即真定府，亦为成德军。时晋王渡滹沱河，决漕渠以灌城，未下。　通鉴目录，王自攻镇州，杀韩正时。纪均未载。张文礼燕人，赵王镕养为子，号王德明，杀镕自立。求援，命郎君德哷、原作迭烈将军康末怛往击，败之，杀其将李嗣昭。〔考异〕通鉴云，嗣昭为镇兵射矢中脑而卒，非契丹所杀。辛未，拔石城县。〔考异〕乐史太平寰宇记云，石城，汉旧县，取碣石立如城以名之。秦始皇使燕人卢生求羡门，刻碣石，汉武帝登之望海，当山有大石如柱，号天桥柱，立巨海中，状如人造，然非人力所能成。　李昉太平御览云，大碣石山，王莽改碣石，汉昭帝尝登之望海，勒名于此。宛转有石，如甬道数十里。当山顶望之，大石如柱形，往往而见立海中，潮水大至及退，不动、不没，不知深浅，名天桥柱，岂昭帝亦指此以为碣石耶？　阎若璩潜邱劄记云，前汉志，右北平郡骊成县有大碣石山，后汉志辽西郡临榆县有碣石山，文颖汉书注，碣石山在辽西累县；魏收地形志，肥如县有碣石山；隋志，卢龙县有碣石山；唐志，平州石城县有碣石山；明一统志，碣石山在昌黎县西北二十里。诸书不同，然绵跨各地，故班固云大碣石山。今人第因天桥柱属诸昌黎，隘矣。　郭造卿永平府志云，元张勘滦州石城姜将军斩蛟庙碑曰："后唐潞王清泰间，将军镇榆关碣石之石城县，坤方，山曰唐麓，趾曰唐溪。临溪形势幽阻，林壑疏迤，将军卜城居之。溪有蛟，岁为害，奔雷走电，激波溢涯，将军领众斩蛟于溪上，民乃安。后葬南山，冢若高山，至今民念功建庙。将军夫人有二，男女各七，配享，以上巳诞日致祭。元至元丙子缮祠，壬午毕。为记。　按天宝之元，破石城，次年陷平州，置滦州以领之。后唐天成之元，平州归唐，三年复归辽。至清泰建元，则历七年，安有唐将军镇此地？傥有之，辽事也。

五月丁未，张文礼卒，子处瑾遣使来谢。〔考异〕欧史云，天祐十八年正月，张文礼弑其君镕来请命，授留后。八月，遣符习、阎宝、史建塘讨之，取赵州，文礼死，子处瑾拒守。九月，建塘战死。十九年三月，宝兵败，嗣昭代；四月，战死。十月，李存审克镇州。　薛史云，时李再丰送款于存审，中夜登城，获处球、处瑾、处琪并其母、及高蒙、李薭、齐俭等，磔文礼尸于市。纪未书。且文礼卒在去年，纪作是年，又异。

六月，遣鹰军击西南诸部，以所获赐贫民。

冬十月甲子，分德呼部为二院。实纳齐原作斜涅赤为北院额尔奇木；乌苏原作缩思为南院额尔奇木。以户口滋繁，统辖疏远，分北达宁额原作大浓兀为二部，续通考云，据地理志所载，上京道，户八万七千一百。中京道，户一万九千外，不可计者尚多。南京道，户二十五万七千。西京道，户十五万九千。嗣后历朝征讨，所俘民户，多置郡县以领之。太宗天显四年二月，阅遥辇民户籍。大同元年，籍上京户丁，以定赋税。圣宗统和九年七月，通括户口。十五年三月，通括宫分人户。道宗咸雍时，遣使括三京隐户，不得，以耶律引吉代之，得三千余户。马人望为三司度支判官，会搜括户口，未两旬而毕，同知留守萧保先怪而问之。曰："民户若括之无遗，他日必长厚敛之弊，十得六七足矣。"保先曰："君虑远，吾不及也。"太康九年六月，诏诸路检括逃户，罪至死者原之。大安三年二月，以民多流亡，除安泊逃户征偿法。〔考异〕元好问中州集云，辽掠中国人及奚、渤海诸国生口，分赐贵近或有功者，大至一、二州，少亦数百，皆为奴婢，输租于官，且纳课给其主，曰二税户。　范镇东斋纪事云，辽使有冯见善者，予接（判）〔伴〕（据东斋纪事补遗改）劝酒，见善曰："劝酒当以其量，否则，如徭役而不〔分〕（同上书补）户等高下也。"以此知辽徭役亦以户等，中国可不量户等役人耶？**立两节度使以统之**。续通考云，辽外官：南面五京留守司，设正副官及知事、少尹、同知、同签之属；其按察刑狱使，分决刑狱使，采访使，不常设。各京设处置使，钱谷，设转运使，西南、西北诸夷，东京设安抚使，南面边防，设建、霸、宜、泉、锦五州制置使，南面各州军，设节度使，其北面著帐郎君，有节度使，所掌非军民事。至诸路将官：北面上京路，控制诸奚，设诸军都虞候司；辽阳路诸司控制高丽，设都部署司，及契丹、奚、渤海四军都指挥司；南京诸司备宋，有都元帅府、都总管府；西京都司御夏，有西南安抚使司、都招讨司、大详稳司；西北诸司控制西北诸国，有西北招讨司，各处详稳司，总领司、部署司、都统司；东北诸司控制东北诸国，有兵马详稳司。诸路均设兵马都总管及指挥、都监诸官。

十一月壬寅，命皇次子耀库济原作尧骨为大元帅，略地蓟北。〔考异〕余靖武溪集契丹官仪云，辽掌兵者，燕中有元帅府，杂掌番、汉兵，太弟总判之。有南北二王府，分掌契丹兵。乙室王府次之。奚王府掌奚兵，在中京之南。元帅府守山前，有府官、统军，掌契丹、渤海之兵；马步军司掌汉兵。乙室王府守山后，又有云、应、蔚、朔、奉圣等五节度营兵，逐州置乡兵。西南招讨掌河西边事；西北招讨掌挞、笪等边事；东北则挞领相公掌黑水等边事；正东则注展相公掌女真等边事。部族大小各有节度使。从（征）〔行〕（据武溪集卷一八契丹官仪改）兵则行宫都部署主之，宿卫兵则大内有点检正副官，及左右等五北室。辽谓金刚为北室，取其坚利也。汉人又有控鹤等六军。 按北室即皮室，御帐亲军也。又十院宫使，阿保机以下，每主嗣位，则立宫置使，领臣僚；每岁所献生口及所得外国物，每宫户口钱、帛，供人主私费，犹中国内藏，间亦从征。续通考云，北面有大将军府，曰大将军、上将军、将军、小将军。外设大详稳司与之并，所属护军司，有护军、司徒等官。又，诸路兵马统署司，有都统、副统等官。其分主军政：有东都省太师，西都省太师之官。纪载各殊。

二年（癸未九二三）春正月丙申，耀库济克平州，获刺史赵思温、本传，字文美，卢龙人。仕刘仁恭，为周德威擒，授平州刺史。二年来降，从征渤海，为汉军都团练使。后事太宗，历南京留守。卒，赠太师、魏国公。子延昭、延靖，官至使相。〔考异〕王恽秋涧集题辽太师赵思温族系后云，辽氏开国二百载，跨有燕、云，雄长东夏。虽其创业之君，规模宏远，守成之主，善于继述；亦由一时谋臣猛将，与夫子孙蕃衍众多，克肖肯构，有以维持藩翰。赵公早以骁勇善战受知太祖，烜赫贵显。生子十有二人，其后支分派别，官三事使相、宣徽、节度、团练、观察、刺史，下逮州、县职二百余人，迄今燕故老谈勋阀富盛，照映前后者，必曰韩、刘、马、赵四大族焉。呜呼！盛哉。孟子称故国，非谓乔木而有世臣者，其是之谓与？裨将张崇（按，新五代史卷四七、旧五代史卷八八皆有传，并作张希崇。盖"希"与天祚帝延禧之"禧"同音，避讳而去之）。

二月，如平州。甲子，改平州为卢龙军，置节度使。〔考异〕欧史云，契丹以卢文进为卢龙节度使，居平州，岁引契丹入寇，杀掠吏民，卢龙巡属为之残弊。 陈樫五代史补编云，契丹授卢国用为节度。国用即文进也。按文进字大用，疑即国用。见钱大昕潜研堂集。 徐铉稽神录云，文进尝于绝塞射猎，方正昼，忽阴晦，众星粲然，众皆惧，问蕃人，所谓"笪却日"也，此地以为常，寻当复矣。顷之，乃明，日犹午也。又于无定河见一人脑骨一条，大如柱，长七尺。见钱易南部新书。 马令南唐书云，初，文进攻新州，不克，夜走，坠堑，一跃而出；明日视之，乃郡之黑龙潭，绝岸数丈，深不可测。尝有大蛇至座间，引首及膝，文进取食，饲之而去。因自负，反复南北，终无挫衄焉。所载甚异。

三月，军次箭笴山，考详卷三十八。讨叛奚呼逊原作胡损。〔考异〕太宗纪作胡逊，系一人。获之，射以鬼箭，诛其党三百人。置奚托辉原作堕瑰〔考异〕圣宗纪作堕隗，系一部。部，以布抡原作勃鲁恩权总其事。

夏四月癸丑，命耀库济攻幽州，迪里原作（送）

〔魏〕烈（据辽史卷二太祖纪改），字裕勒沁，六院部巴古济后。辨见上。徇山西地，所至城堡皆下；太祖嘉其功，锡赉甚厚。庚申，耀库济军幽州东，节度使符存审宛邱人，克用养子，改姓李，字德详。战，败之，擒其将裴信父子，遂抵镇州，拔曲阳，下北平。

五月戊午，师还。癸亥，大飨军士，赏赉有差。

秋七月，前北府宰相萧阿古齐〔原作萧阿古只〕（依例据辽史卷二太祖纪补）徇地燕、赵，王郁从攻，下磁窑务。

是年闰四月，晋王存勖称皇帝，国号唐。十月己卯，灭梁。〔考异〕叶梦得石林燕语云，梁庄肃公，景祐中监在京仓。南郊赦，录朱全忠后，庄肃上疏罢之，曰："全忠，叛臣也，何以为劝？"仁宗善之，擢审刑院详议官。记其姓名，遂见进用。　通鉴云，契丹入唐幽州。　王溥五代会要云，梁灭之后，契丹主率兵直抵涿州。时幽州、安次、潞、三河、渔阳、怀柔、密云等县皆陷。十二月进次岚州。此后侵晋无虚月。纪均未载。　方舆纪要云，安次县有石梁城，在旧州头东南三十里。崧州城，相传辽古刺王置。常道城在旧州头西五里，魏主璜封常道乡公，北魏主宏封宇文英常道乡公，皆此。元为东安州，明降县。　张文举东安县志云，桃水，首受涞水，分流至安次入河。见汉志。定觉寺在县西北七十里，辽天庆间张铣重建。辽中丞韩泽墓在县西北五十里，乾统八年葬。地理志云，渔阳，汉旧县，今属蓟州。　桑钦水经云，渔阳县有鲍邱水，从塞外来，南过县东及潞县西，雍奴县北，屈东入海。　黄图杂志云，辽时渔阳有独乐道院，沙门圆新居之。见盘山感化寺窣堵坡记。静安寺在渔山西，旧名醴泉院，辽道宗赐额净名寺，金改今名。见盘山志。又，会同九年九月，阅诸道兵于渔阳枣林淀。见本纪。　周仲土怀柔县志云，县东南三十里有呼奴山，汉邓训、任兴屯兵，防匈奴乌桓于此。　宋白续通典云，密云县即汉厗奚县旧治。"厗"音"蹄"。　刘效祖密云县志云，县东北八十里普济寺，辽统和五年建，清宁二年重修，内有显公和尚祠、冶山上寺、冶山下寺，辽重熙八年建。又，刘存规字守范，辽检校司空、御史大夫，卒于应历五年，葬密云县嘉禾乡，有墓志。　徐昌祚燕山丛录云，密云有大古墓，围十余里，高与山等，昔人欲发之，将及墓门，有犀蜂飞出螫人，遂不敢发。相传以为辽太后所葬。

三年（甲申九二四）春正月，遣兵略地燕南。

夏五月，徙蓟州民实辽州地。

六月乙酉，诏曰："上天降监，惠及烝民。圣主明王，万载一遇。朕既上承天命，下统群（臣）〔生〕（据辽史卷二太祖纪改），每有征行，皆奉天意。是以机谋在己，取舍如神，国令既行，人情大附。舜讹归正，遐迩无怨。可谓大含溟海，安纳泰山矣！自我国之经营，为群方之父母。宪章斯在，（元）〔胤〕（据辽史卷二太祖纪改）嗣何忧？升降有期，去来在我。良筹圣会，自有契于天人；众国群王，岂可化其凡骨？三（月）〔年〕（据辽史卷二太祖纪改）之后，岁在丙戌，时值初秋，必有归处。然未终两事，岂负亲诚？日月非遥，戒严是速。"闻者惊惧，莫识其意。是日，大举亲征托欢、党项、准布原作阻卜等部。命太子监国，耀库济从行。〔考异〕耶律都沁传，时将伐渤海，谏曰："陛下先事渤海，则西夏必蹑吾后，请先西讨，庶无后顾忧！"太祖从之。纪未载。

秋七月辛亥，哈喇原作曷剌。〔考异〕卷四，会同九年，准布部额尔奇木曷剌，另一人。等击索欢纳原作素昆那。山东部族，破之。

八月乙酉，至乌尔古原作乌孤山。甲午，次古单于国，登阿勒坦音德尔原作阿里典压得斯山。

九月丙申朔，次古回鹘城，勒石纪功。丙午，遣骑攻准布。南府宰相苏季父房，太祖弟，字伊勒都堪。等略地西南，未几献俘。丁巳，凿金河水，取乌山石，辇致潢河、木叶山，以示山川朝海宗岳之意。甲子，诏礧丕勒汗原作辟遏可汗。故碑，以契丹、突厥、汉字纪其功。是月，破呼穆苏原作胡母思山诸蕃部。次伊德实原作业得思山，以赤牛、白马祭天地。〔考异〕礼（记）〔志〕（据辽史卷四九礼志改）载祭山仪甚详。续通考云，辽祠木叶山，本所以祀天地。然外又有独祀天者，有并祭天地者，诸帝纪可考也。然祭天地，亦不专于木叶山，如太祖天赞三年七月至乌尔固山以鹅祭天；四年闰十二月，以青牛、白马祭天地于乌山是也。有不至木叶山而望以祭之者，如圣宗开泰元年正月望祠木叶山是也。有不亲祭，遣官代者，如圣宗统和五年七月将伐宋，遣使祭木叶山是也。至祭天地之物，青牛、白马及赤、白羊，或酒脯，或鹅物，自不一。又或因物为吉征而祀者，如圣宗统和四年以自落鹍及驯狐祭天地是也。又，礼志：有拜日仪，圣宗统和元年十二月千龄节祭日月。四年十二月祭日月，为驸马萧勤德祈福。 兵卫志，凡举兵，祭告天地日神。则拜日之仪，有独拜日者，有兼拜月者。拜月仪，志虽未载，其仪当与拜日等。见陈浩辽史考证。 王易燕北录云，契丹如见月蚀，各备酒馔相贺，戎主次日亦有宴会。如日食，即尽望而唾之，仍背日坐。礼志未载。

　　冬十月丁卯，军于巴尔斯原作霸离思山，遣兵逾流沙，拔浮图城，尽取西鄙诸部。

　　十一月乙未朔，获甘州回鹘舆地广记云，甘州本戎狄地，秦、汉为匈奴据，昆邪王居之，汉武时来降，置张掖郡，北凉沮渠蒙逊都此，西魏为西凉州，改甘州，因州东甘峻山为名。县二：张掖、删丹。五代时为回鹘牙帐。都督必里克，原作毕离遏因遣使谕其主乌穆珠汗。原作乌母主可汗军抵巴克实原作霸室山。〔考异〕欧史云，契丹患女真、渤海在其后，欲击渤海，惧中国乘其虚，乃遣使聘唐以通好。同光间，使者再至。而于明宗纪书是冬契丹侵渔阳，李嗣源败之于涿州。李琼传谓是年契丹犯塞，明宗出涿州与战，不胜，引去，晋高祖独战不已，被围；琼引高祖衣遁，至刘李河，琼先至南岸，以长矛援出之，获免。所载互异。薛史云，二年五月，幽州言契丹营于州东南，渤海遣使贡方物。七月，契丹东攻渤海；九月，回军。 王溥五代会要云，是年三月，契丹寇新城。七月，攻渤海。九月，为室韦、女真、回鹘所侵。十二月，寇岚州。 契丹国志云，契丹就唐求幽州处卢文进，不许。谋南侵，恐渤海掎其后，先遣兵击辽东。命秃馁及卢文进据平、营等州扰燕地。师攻渤海，无功，还。纪均未载。

　　四年（乙酉九二五）春二月丙寅，耀库济略党项，未几献俘。乙（未）〔亥〕（据辽史卷二太祖纪改），萧阿古齐略燕、赵还，进牙旗兵仗。

三月丙申，太祖飨军于水精山。南攻小蕃，下之。皇后、皇太子迎谒于扎里河。秋，还宫。

冬十一月丁酉，幸安国寺，饭僧，赦京师囚，纵五坊鹰鹘。

十二月乙亥，诏曰："所谓两事，一事已毕，惟渤海世仇未雪，岂宜安驻?"乃举兵亲征渤海，后及太子皆从。

〔闰月〕（据辽史卷二太祖纪补）己酉，次色克原作撒葛山。丁巳，次商岭，夜围扶余府。〔考异〕新唐书，夫余故地为夫余府，常屯劲兵捍契丹，领扶、仙二州。 按夫余，国名，在汉元菟郡北，为今海城、盖平、复州，自开元以北千余里皆夫余之境。南、北朝为慕容氏所侵，走保沃沮；又为百济侵，徙近燕，寻被高句骊据。唐灭高丽，入于渤海。辽并渤海以为东京王都。通州，金为隆州，属上京路，有东西二金山，亘三百余里，与乌梁海接境。隋、唐伐高丽，所谓出夫余道者，盖尝由此。又，夫余本涉地，故魏略云，王印文曰："涉王之印。"谓本涉地，而夫余居之。其旧国为豆莫娄，在勿吉北千里。 契丹国志云，正月，攻幽州。十二月，攻蔚州，唐遣李嗣源击之。 薛史云，二月，嗣源奏涿州东南杀败契丹，生擒首领三十人。六月，云州上言，去年契丹从碛北归帐达靼，因相掩击。其首领裕悦族帐，自碛北以部族、羊、马三万来归。 王溥五代会要云，二月，寇幽州，为王师所败，俘其首领衢多等。五月，遣使拽鹿盂等来贡方物。 纲目云，五月，寇幽州。　陈樧五代史补编云，十一月，萧阿古只寇幽、蔚州。　册府元龟云，同光三年十月甲子，差寿州刺史米海金押国信赐契丹王及回使梅老秃里等辞，赐物有差。均与纪异。　孙光宪北梦琐言云，明宗微时，随蕃将李存信宿雁门逆旅，媪方娠，不时具食，腹中儿语曰："天子至，宜速具食。"媪遽起，奉庖爨甚谨，帝诘之，以实对。后果如其言。

天显元年（丙戌九二六）〔考异〕契丹国志于天赞四年后，尚有五年、六年。太宗即位，犹称天赞六年，即是年。史载天显元年太祖崩，后摄政。二年十一月太宗即位，不改元，仍称天显。欧史云，德光立三年，改元天显，当明宗天成三年。沈炳震廿一史四谱云，德光元年丁亥为天显二年，当明宗天成二年，在位二十年。

按辽纪干支，与五代史注悉合。唯辽史以太祖丙戌为天显元年，五代史则以戊子为天显元年，故史称天显十一年改元会同，而五代史则谓十三年改元会同。所载各异。至唐明宗之立，在天显元年四月，计辽太宗之立，实后一年余七月。而契丹附录谓德光与明宗同年而立，为三年改元之证，故与史不符。未知孰是。春正月己未，白气贯日。庚申，拔扶余城，诛其守将。〔考异〕王溥五代会要系之九月。　耶律迪里传，扶余城既拔，留迪里与伊德实守之。纪未载。丙寅，命特哩衮安图、前北府宰相萧阿古齐等将万骑为先锋，遇逩撰老相兵，破之。是夜围辉罕城。原作忽汗城，即故平壤城，号中京显德府，渤海王所都，因河得名。以地理及音译考之，当在今呼尔哈河。河源出吉林乌拉界，会毕尔腾湖，东流经故会宁城北，又九十余里，绕宁古塔城南，北流七百里入混同江。　旧唐书云，渤海上京在忽汗河之东，为肃慎故地。　新唐书志云，自安东都护府经盖牟城及渤海长岭府，千五百里至渤海王城。城临忽汗海，其西南三十里有古肃慎城。明一统志言金灭辽，设都于渤海上京，是忽汗城实与古肃慎城、金会宁城相近，均在今宁古塔境。其北即黑水境。辽史以辽阳当之，失之远矣。　耶律哈里传，原作海里，字萧尔珉，从征渤海，将约尼纠破辉罕城，班师，卒。纪未载。庚午，驻军城南。辛未，谭撰素服，稿索牵羊，率僚属三百余人出降，太祖优礼释之。甲戌，诏谕渤海郡县。丙子，遣近侍康末怛等十三人入城索兵器，为逻卒所害。丁丑，谭撰复叛，进攻，拔其城，遂获谭撰及其族属。

二月壬辰，以青牛、白马祭天地。大赦，改元天显。丙午，改渤海为东丹国，辉罕为天福城。地理志云，本朝鲜地，唐灭高丽，置安东都护府。后为大氏所据，保挹娄之东牟山。武后时，为契丹尽忠所逼。有乞乞仲象者，渡辽水自固，封震国公。子祚荣称王，并吞海北地方五千里；兵数十万，传十二世，至彝震僭位改元。有五京、十五府、六十二州。辽改东丹国。〔考异〕文献通考云，渤海本粟末靺鞨，俗谓王曰"可毒夫"，对面呼圣主，笺、表呼基下。　洪皓松漠纪闻云，渤海去燕京千五百里，以石累城足，东并海。右姓曰高、张、杨、窦、乌、李。部曲、奴婢皆无姓，从其主（按松漠纪闻卷上渤海国条云："部曲、奴婢无姓者皆从其主。"这里转述显系有误）。妇人最悍妒，不容其夫有侧室及他游。男子多智谋，骁勇出他国右，至有"三人渤海当一虎"之语。契丹战，则用为前驱。　续通考云，祚荣，开元七年殁，私谥高；子武艺谥武；子钦茂谥文；子嵩邻谥康；孙华玙谥成；子元瑜谥定；弟言艺谥僖；弟明忠谥简；从父仁秀谥宣。此渤海私谥，历代沿袭可考者如此。详谥法考。　按，唐书及通考，自祚荣已谥高，王子武艺改元，仁安、钦茂、元〔义〕（据唐书卷二一九渤海传补）徙上京，又徙东京。自祚荣至彝震，无不称号改元。史未得其实。　方舆纪要云，挹娄城，铁岭卫南六十五里，本挹娄国地，渤海置兴州，辽号（中）兴〔中〕军（据读史方舆纪要卷三七挹楼城条乙正）。东牟山在沈阳中卫东二十里。　舆地广记云，辽东，秦立，二汉因之，后为公孙度据，魏、晋亦曰辽东郡，后慕容廆居之，元、魏时，高丽都焉，唐李勣灭之，得城百七十六，置都护府于平壤以统之，上元三年徙辽郡故城，仪凤二年又徙新城，开元二年徙平州，寻徙辽西故郡城，至德后废。领羁縻州十四：新城、辽城、哥勿、建安，皆设都督府。又，南苏、（本）〔木〕底（据舆地广记卷十二改）、盖牟、代那、仓岩、磨米、积利、（黍）〔黎〕山（据舆地广记卷一二改）、延津、安市。　明一统志云，辽河，源出塞外，自三万卫西北入境，南经铁岭、沈阳之西境，广宁之东境，南至海州卫西南入海，行千三百五十里。唐太宗征高丽至辽泽，泥淖二百余里，布土作桥；既济，撤之，以坚士心。即此。　薛延宠全辽志云，辽河，城西北百里，源出�鞨北、建州城东诸山，经涂山至洪州傍崖头、牛家庄，出梁房口入海。　元遗山文集王黄华墓碑云，王乐德居渤海，辽太祖平渤海，封其子为东丹王，都辽阳。乐德之曾孙继远，仕为翰林学士，因迁家辽阳。继远孙〔中作〕（原缺，据金文最卷九二王黄华墓碑补）使咸饰，避大延琳之难，迁渔阳。咸饰孙六宅使、恩州刺史叔宁迁白霫。六宅生永寿，居韩州，辽天庆中迁盖州之熊岳县。　按，县西至海十五里，傍海有熊岳山，今望海山，在盖平县西南三十五里，其山傍海，辽史熊岳，疑即此。册太子贝为人皇王以主之。以皇弟特尔格为左大相，渤海老相为右大相，渤海司徒大素贤为左次相，耶律伊济原作羽之为右次相。本传，迪里弟。时人心未安，特尔格不逾月，卒。伊济莅事，勤恪，威信大行。赦其国内殊死以下。

三月戊午，遣伊勒希巴原作夷离毕康默记、左仆射韩延徽攻长岭府。〔考异〕新唐书云，长岭府，营州道也。渤海时，领瑕、河二州。瑕州无考，当为附郭之州，辽废。河州，辽为德化军，在黄龙府北，有军器坊。己巳，安图等攻安边、鄚颉、定理三府，〔考异〕新唐书云，安边府领安、琼二州。琼州，辽废，无考。安州刺史隶北女直兵马司，其地应在开原边外。地理志云，韩州本果啰国，高丽置鄚颉府，督鄚、颉二州。渤海因之，今废。唐太宗置三河、榆河二州。圣宗并二州置，隶延昌宫使，治柳河县。又鄚颉，唐书作鄚高。定理府，本挹娄国地。元一统志云，渤海建定理府，督沈、定二州。领定理、平邱、岩城、慕美、安夷、沈水、安定、保山、能利九县。后罹契丹兵火，其定州与县并废，即沈州，为兴辽军，又更昭德。按挹娄疆域与肃慎同。史云处长白山北，东滨大海，不知其北所极，则今东三省皆挹娄地。奉天之承德、铁岭亦挹娄界。其与肃慎稍异者，惟今开原县，周、秦以前属肃慎，汉属扶余国界。其故地之见于史传者，若渤海之定理府安定郡，辽、金之沈州、双州、兴州皆是。而沈州，挹娄县之遗，今犹有挹娄城，在铁岭县南六十里，明为懿路城，设左右千户府。均平之。甲申，幸天福城。乙酉，班师，以大諲撰举族行。〔考异〕欧史明宗纪，天成元年即位，为同光四年，乃天显元年。纪于四月书渤海大諲撰使大陈琳来；七月使大昭佐来。王溥五代会要亦同。又于四年五月书高正词入朝，拜洗马。长兴以后，屡使朝贡，至周显德元年七月止。时渤海久亡，犹书朝聘，未详所指。东国通鉴云，高丽，太祖九年春，契丹灭渤海，大諲撰降。于是渤海世子大光显及将军申德、礼部卿大和钧、均老司政大元钧、工部卿大福谟、左右卫将军大审理、小将冒豆干、检校开国男朴渔、工部卿吴兴等，率其余众奔高丽者数百户。王赐光显姓名王继，附宗籍使奉其祀，僚佐皆赐爵。　钦定满洲源流考云，辽纪称天显元年破忽汗城，获王大諲撰，遂并其地，改渤海为东丹国。而诸书皆云取夫余一城，以封托云。太祖既崩，渤海王复攻夫余，不克，似諲撰尚在。而宋太宗时有赐渤海琰府王之诏。徽宗时，登州有置戍巡防渤海之奏，似其国至北宋末犹存。考之薛史及册府元龟，諲撰既俘，统兵攻夫余城者为王之弟，即辽纪所载渤海诸州为辽攻得者，惟忽汗城及西、南二京。南京止南海一府；西京未得者，尚有东平、安远等六府。其东北之境，并未属辽。即长岭、南海、鄚颉、定理诸府，亦屡平屡叛。圣宗十四年，纪云，渤海侵铁骊，遣奚王讨之，不能克。二十一年，纪云，渤海来贡。是忽汗破后，境地与辽接者虽已入辽，而国人收合余烬，则自立王。故五代史、宋史、宋会要、通鉴、通考，皆谓止取夫余一城也。册府元龟又有后唐遣人送渤海王宪归国之文，必王之子弟留中国者。长兴、清泰间，使命往来，则仍世君其国可知。第为辽所隔，石晋又臣辽，遂不复至耳。

夏四月，唐李嗣源反，郭从谦弑其主存勖，嗣源遂称帝。

五月辛酉，南海、〔考异〕新唐书，沃沮故地为南京，曰南海府，领沃、晴、椒三州。南海，新罗道也，本沃沮国地。故县六：沃沮、鹫岩、龙山、滨海、升平、灵泉，皆废。金改为海州，后为澄州。唐李勣攻卑沙城，即此。治临溟县。按，后汉书、魏志、通考，俱有东沃沮、南沃沮、北沃沮之文，无大君长，邑落各自有地，或在挹娄南北，或属元菟，或属乐浪，或属句骊，东滨海，南接涉。其地当在今吉林乌拉之南，近长白山，殆纳沁库、呼讷、纳噜诸窝集之地欤？定理二府复叛，耀库济讨平之。

六月丙午，次慎州，唐遣姚坤以国哀来告。〔考异〕纲目云，唐明宗立，遣供奉官姚坤告哀于契丹主，欲求河北，不得，复求镇定、幽州，给坤纸笔，令为状，不可。遂囚之。太宗立乃放归。　陈桱五代史补编云，时主闻庄宗弑，对坤恸哭，曰："我朝定儿也。""朝定"犹华言朋友也，谓其声色游畋宜及此。杨伯岩臆乘作朝定真冷。"真冷"，遗命也。出庄子山木篇。　按庄子山木篇，舜之将死，真冷禹曰。注云，"真冷"二字，乃其命之误。又异。薛史云，阿保机问姚坤："汉收得西川，信否？"曰："然。"曰："闻西有剑阁，兵马从何过得？"坤曰："川路虽险，然先朝收复河南，有精兵四十万，良马十万，但通行处便去得，视剑阁如平地耳。"阿保机善汉语，谓坤曰："吾解汉语，历口不能言，惧部人效我，令军士怯弱故也。"王溥五代会要云，正月，契丹使梅老鞋里来，共三十七人，贡马三十四，诈修和好。欧史亦书美楞锡里来。纪均未载。

秋七月丙辰，铁州地理志云，本汉安市县。薛仁贵从征高丽，白衣登城。即此。〔考异〕方舆纪要云，在盖州卫东北七十里。唐攻安市城，不克，引还。咸亨三年，高丽复叛，遣高侃败之于安市城，即此。渤海改铁州，领仁城、河瑞、仓山、龙珍四县。辽治汤池县故城，在今奉天府盖平县东北六十里。　鸭江行部志云，汤池县本辽时铁州，以其东有铁岭，故名。今废铁州，以汤池县属盖州。刺史卫钧反，耀库济攻拔之。辛未，卫送大諲撰于皇都西，筑城以居之。赐諲撰名曰乌勒呼，原作乌鲁古妻曰阿勒札。原作阿里只。〔考异〕卷二十一道宗纪，清

宁七年南院大王同名。<u>卢龙行军司马张崇</u>叛，奔<u>唐</u>（按考
<u>旧五代史</u>卷三九<u>明宗</u>纪，<u>张崇</u>奔<u>唐</u>在<u>天成</u>三年，即<u>辽天显</u>三年闰八
月，与<u>通鉴</u>卷二七六合，疑此处误。又<u>薛史</u>与<u>通鉴张崇</u>皆作<u>张希
崇</u>）。甲戌，次<u>扶余府</u>，不豫。是夕，大星陨于幄
前。辛巳，黄龙见，入于行宫，有紫黑气蔽天，〔考
异〕<u>续通考</u>云，<u>太宗会同</u>二年，<u>赵思温</u>家有星陨于庭，<u>思温</u>卒。九年
五月，大星昼陨。九月庚子，<u>西京</u>星陨如雨。<u>景宗保宁</u>五年四月丙
申，白气昼见。<u>道宗寿隆</u>七年正月壬戌朔，夜，白气如练，自天而
降，黑云起于西北，疾飞有声，时有青、赤、黑、白气相杂而落。
是日遂崩，年五十五。〔考异〕<u>地理志</u>云，<u>太祖</u>崩于<u>东楼龙化
州</u>。疑误。 <u>王溥五代会要</u>云，九月二十七日，<u>阿保机</u>殂。<u>薛史</u>作
七月二十七日。所载各判。皇后称制决事。

八月辛卯，<u>康默记</u>攻下<u>长岭府</u>。甲午，后奉梓
宫西还。<u>耀库济</u>讨平诸州，奔赴行在。乙巳，<u>人皇
王贝</u>继至。

九月丁卯，梓宫至<u>皇都</u>，上谥升天皇帝，庙号
<u>太祖</u>。加谥神烈。〔考异〕<u>欧史明宗</u>纪云，七月，<u>契丹</u>使梅老迷
骨来。十月，使没骨馁来告哀，废朝三日。<u>王溥五代会要</u>，告哀使
名设骨馁。 <u>薛史</u>云，八月，<u>幽州</u>奏<u>契丹</u>寇边。十一月，<u>青州</u>奏<u>契
丹</u>先攻过<u>渤海</u>。自<u>安巴坚</u>死，虽退师，尚留兵马在<u>扶余城</u>。今<u>渤海
王弟</u>领兵攻围，想系传闻之误。 <u>册府元龟</u>云，<u>天成</u>元年七月，<u>契
丹</u>遣梅老里述骨之进内官一人，马二匹，地衣、真珠装，金钏、金
钗等。九月，<u>赵德钧</u>奏，<u>先羌军</u>将陈继威使<u>契丹</u>还，称<u>阿保机</u>死。
八月三日，灵柩发<u>扶余城</u>。十三日至<u>乌州</u>，始见其妻。二十七日至

龙州，其妻令继威归本道；仍遣捗括梅老押马三匹，充答信问使来。所载较详。**以明年八月葬祖陵，置祖州天城军节度使以奉陵寝。**〔考异〕**永乐大典**云，本年九月葬于木叶山，置祖州。

一统志云，木叶山在克什克腾旗北。太祖陵在巴林旗北，废祖州界。是太祖葬祖州，不葬木叶山也。 **地理志**云，祖州本辽右八部绅穆哩地。太祖置西楼，建城，号祖州，以昭烈、庄敬、简献、宣简四祖所生之地，故名。内城有殿曰两明，奉安祖考御容。曰二仪，以白金铸太祖像。曰黑龙，曰清秘，各有太祖微时兵仗服物。太祖陵凿山为殿，曰明殿。殿南岭有膳堂，门曰黑龙。东偏有圣踪殿，立碑，述游猎事。殿东有楼，立碑，纪创业功。皆在州西五里，太宗建，隶宏义宫。统县二、城一：长霸县以龙州长平县民置；咸宁县本长宁县，以辽阳俘户置。越王城，裕悦实噜西伐托欢、党项俘户置。 **方舆纪要**云，在临潢西南四十里，亦曰天成军。越王城在州东南二十里。实噜作述鲁，太祖伯父绅穆哩作世没里。**富郑公行程录**云，祖州亦有祖山，山中有阿保机庙，御靴尚存。又四十里至上京临潢府。自过崇信馆即契丹旧地，盖其南皆奚地也。所载均较详。

建升天殿于所崩行宫，在扶余城西南两河之间，以扶余府为黄龙府。

辽史纪事本末卷二

垺克等之叛　察克事附

太祖即位之五年（辛未九一一）夏五月，皇弟垺克、原作剌葛，字绥兰，原作率懒。〔考异〕陈浩辽史考证云，卷五十五仪卫志又作剌哥，系一人。卷三太宗纪天显十二年郎君剌哥，另一人。特尔格、原作迭剌，字伊勒都堪，原作云独昆。〔考异〕陈浩辽史考证云，卷一，太祖七年、八年又作迭剌哥；神册三年又作迭烈哥，均系一人。卷一百十，伊逊父迭剌；卷六，穆宗应历十年，罪人迭剌哥；卷四，太宗会同元年，迭烈哥，均另一人。伊德实、原作寅底石，字爱新，亦作阿辛。〔考异〕陈浩辽史考证云，卷五十八仪卫志又作匀德实，系一人。安图原作安端，字隈隐。〔考异〕陈浩辽史考证云，卷三，太宗天显十二年，国舅安端，另一人。谋反。安图妻讷默库原作粘睦姑知之，以告，得实。

太祖不忍加诛，乃与诸弟登山刑牲，告天地为誓，赦其罪，出埒克为德呼原作迭剌部额尔奇木，原作夷离堇封讷默库为晋国夫人。

六年（壬申九一二）秋七月丙午，亲征珠巴克，原作术不姑降之。命弟埒克分兵攻平州。

冬十月戊寅，埒克破平州，还，复与安图等反。壬辰，太祖还，次北阿噜原作阿鲁山，闻叛兵阻道，引兵南出十七泺。翼日，次七渡河，诸弟各遣人谢罪。仍许以自新。〔考异〕耶律古传，尝从太祖略地山右。会李克用于云州，古侍，克用曰：“是儿骨相非常，不宜使在左右。”以故太祖颇忌之。时方西讨，诸弟乱作，太祖闻变，问古与否？曰无。喜曰：“吾无忧矣！”趣召古议。古陈殄灭之策，后皆如言。纪未载。古为巴古济孙，字蕭尔琨，初名实默克，仕终右皮室详衮。

七年（癸酉九一三）春正月甲寅，王师次赤水城。弟埒克等乞降。太祖素服，乘赭白马，肃侍卫以受之。埒克等引退，数遣使抚谕之。

三月癸丑，次芦水，弟特尔格图为奚王，与安图拥千余骑至，绐称入觐。太祖怒曰：“尔曹始谋逆乱，朕特恕之，使改过自新，尚尔反覆，将不利于朕！”遂拘之。以所部分隶诸军。而埒克引其众至伊苏济勒原作乙室堇淀；具天子旗鼓，将自立，宣简太后阴遣人谕令避去。会玛古纳、古尔原作蜎姑乃、怀里阳言车驾且至，众溃，北走，太祖以兵追之。

埒克遣伊德实径趋行宫，焚辎重、庐帐，纵兵大掠。舒噜原作述律后急遣舒古鲁原作蜀古鲁〔考异〕陈浩辽史考证云，卷五十八，仪卫志又作曷古鲁，系一人。救之，仅得天子旗鼓而已。〔考异〕仪卫志云，辽自达呼尔氏摩欢受唐鼓纛之赐，是为国仗。其制甚简，太宗伐唐、晋以前，所用皆是物也。凡十二神纛；十二旗；十二鼓；曲柄华盖；直柄华盖。约尼末之遗制：迎十二神纛，天子旗鼓，置太子帐前。诸弟埒克等叛后，仅得天子旗鼓。太宗立，置旗鼓、神纛于殿前。圣宗以轻车（都尉）〔仪卫〕（据辽史卷五八仪卫志改）拜帝山。盖辽自失活入朝于唐，缲古兄弟继之，尚主封王，饫观上国。开元东封，实古扈从，目见耳闻，歆羡帝王之（辉）容〔辉〕（据辽史卷五八仪卫志乙正）有年矣。至太宗入汴，席卷法物，辇致（上）〔中〕京（据辽史卷五八仪卫志改），然后累世之所欲者，一举而得之。于是秦、汉以来帝王法物，尽入于辽。至卤簿仪仗，人数马匹，载于太常卿徐世隆家藏辽朝杂礼者，不具述焉。若天显四年，太宗幸辽阳府，人皇王备乘舆羽卫以迎；乾亨五年，圣宗东巡，东京留守具仪卫迎车驾，此故渤海仪卫也。其党珊苏库原作神速姑。〔考异〕陈浩辽史考证云，卷六十四皇子表，卷六十六皇族表，均讹作神速。系一人。复劫西楼，焚明王楼。太祖至土河，秣马休兵，若不为意。诸将请急追之，太祖曰："俟其远遁，人各怀土；怀土既切，其心必离，引军乘之，破之必矣！"尽以所俘获分赏将士。

夏四月戊寅，北追埒克。次穆噜，原作弥里闻诸弟面木叶山射鬼箭厌禳，乃执叛人嘉哩原作解里〔考异〕汪辉祖辽史同名录云，卷一，太祖八年哈达拉子；卷三，天显九年伊喇；卷十，圣宗统和九年渤海塔玛；卷十一，统和四年黄皮室详衮；卷十二，统和五年御盏郎君班祗候；卷十三，统和十三年长宁节度；卷三十九地理志，榆州，太宗时横帐人，卷六十一刑法志，会同四年通事；卷七十六，传，图鲁卜部令公，十人同名解里。又，开泰八年西南招讨；太平四年彰德节度；耶律韩留传，重熙时枢密，三人同呼萧解里，疑即与长宁节度系一人。**向彼，亦以其法厌之。**〔考异〕汪邵韩韩门缀学云，辽有射鬼箭之刑。　按他书亦称攒矢、丛矢，而鬼箭之名，乃辽所独也。**至达抡**原作达里淀，**选轻骑追及布札尔**原作培只河，**尽获其党辎重、牲口。先遣兵伏其前路，命北宰相达鲁**即敌鲁，原作迪里古。〔考异〕陈浩辽史考证云，卷一，太祖四年，以萧敌鲁为北府宰相；卷七十三敌鲁传，拜北宰相，率轻骑追埒克等。是迪里古乃敌鲁声近之转，系一人。又，本年伊实府人迪里古以从逆诛，另一人。**为先锋，进击之。埒克等众溃至柴河，伏发，合击，大败走之。其党库克克济**、原作库古只〔考异〕陈浩辽史考证云，卷七，穆宗应历十五年，库古只奏室韦亡入德呼，另一人。**摩多**原作磨朵**皆面缚请罪。师次昭图**原作札堵河，**大雨暴涨。**

　　五月癸丑，遣北宰相迪辇〔考异〕敌鲁传，字迪辇，此特称其字耳。　汪辉祖辽史同名录云，卷三，太宗天显八年特哩衮；卷五十九食货志，乾亨时伊实威部下妇人，三人同名迪辇。**率骁骑先渡，遂擒埒克等于榆河。前北宰相萧实噜**、原作实鲁〔考异〕汪辉祖辽史同名录云，卷一，太祖神册二年，后弟；卷三，太宗天显八年，冠；十二年，侍卫，四人同名实鲁。　按后弟实鲁原作室鲁，尚济古尔公主，尝将兵讨裕库埒；卷四十五百官志著帐郎君约尼裕悦；卷六十六皇族表，太祖系雅尔噶子；卷八十一，传，圣宗北枢密韩王，四人同名室鲁。伊德实自到不殊。〔考异〕陈樫五代史补编云，涅里衮、阿钵被获，寅底石自到不殊。稍异。壬戌，埒克等至行在，太祖还，至大岭。时军久出，辎重不相属，士卒煮马驹为食，孳畜道毙者什七八，物价十倍，资械委弃，狼藉数百里。因更埒克名巴尔。原作暴里。

六月壬辰，次狼河，获逆党伊埒、穆尔，原作雅里、弥里。生埋之铜河南轨下。放所俘还，多为裕库呀原作于骨里所掠。遣兵驰击，夺还之。庚子，次阿敦泺，以养子纳喇苏原作涅里思附诸弟叛，以鬼箭射杀之。其余党六千，各以轻重论刑。以额尔奇木纳尔珲原作涅里衮。〔考异〕汪辉祖辽史同名录云，卷一百十二布达传，字涅烈衮，即涅里衮；卷一，伊德实妻；卷三，太宗天显三年，特哩衮；十年，宰相；卷十五，圣宗开泰四年，平章，五人同名涅里衮。诱诸弟为乱，不忍显戮，命自投崖而死。纳尔珲名希达，原作辖底肃祖曾孙，太祖之叔父。黠而辨，险佞者多附之。其子达勒达原作迭里特，字海兰。亦从死。〔考异〕希达传，字纳尔珲，初与实噜同知国政。及实噜遇害，奔渤海，归国，益为奸恶。太祖将即位，让希达，辞，命为裕悦。乃自将伐西南诸部，与埒克作乱，北走至榆河被获。与此合。惟传作缢死，稍异。　按太祖纪，即位元年以从弟达勒达为德呀部额尔奇木。达勒达原作迭栗底。考皇子表无名迭栗底者，惟希达子名迭里特；卷一百十二希达传，太祖称为叔父，其子乃太祖从弟。又迭里特传，太祖即位，拜德呼部额尔奇木，是迭栗底即系迭里特。

秋八月己卯，幸龙眉宫，辇逆党二十九人，以其妻女赐有功将校。所掠珍宝、挚畜，还主；亡其本物者，命责偿其家；不能偿者，赐以其部曲。〔考异〕刑法志云，籍没之法，始自太祖为塔马噶赛特时，奉哈陶津汗命，按裕悦实噜遇害事，以其首恶家属没入斡里。及舒噜后析出，以为著帐郎君，世宗诏免之。其后内外戚属及世官之家，犯反逆等罪，复没入焉；余人则没为著帐户；其没入宫分、分赐臣下者亦有之。　按续通考，实噜作室鲁，害之者为蒲古只三族。斡里作瓦里。太后、太妃皆有著帐诸局。叛逆家属，执事禁卫，故辽多变起肘腋也。官制：北面有著帐郎君院，官曰著帐郎君。节度使曰司徒。又有祗候郎君详稳司，及左右详稳司等官，而南面又设殿中监，惟少府监不设，事寄于殿中司。

(九)〔十〕(据辽史卷一太祖纪改)月癸未，伊实原作乙室府人达鲁、原作迪里古穆呼尔原作迷骨离。部人托里原作特里〔考异〕汪辉祖辽史同名录云，卷十八，兴宗重熙六年，都部署；卷六十五公主表，道宗女，三人同名特里。以从逆诛。

八年(甲戌九一四)春正月甲辰，裕库呼部人塔勒满原作特离敏执逆党布呼、原作怖胡伊拉齐原作亚里只等十七人来献，太祖亲鞫之。辞多连宗室，乃杖杀首恶布呼，余并原释。裕悦绥兰原作率懒之子华格，原作化哥〔考异〕陈浩辽史考证云，卷三，太宗，天显十年，伊喇；卷四，会同五年，客省使；卷七，**穆宗**，<u>应历</u>十九年太尉；卷十一，**圣宗**统和四年<u>云州</u>节度；又御盏郎君；卷十五，<u>开泰</u>二年北枢密，**幽王**；卷十七，<u>太平</u>六年林牙；卷二十四，<u>太康</u>八年，金吾卫大将军，九人同名化哥，又作猾哥。见<u>萧阿古只传</u>。至兴宗末逆党<u>萧格</u>，小字<u>猾哥</u>，另一人。屡蓄奸谋，**太祖**每优容之，而反覆不悛，召群臣正其罪，并其子**罕札**俱凌迟死，分其财以给卫士。〔考异〕宏简录云，<u>隋国王实噜</u>，字苏呀，原作<u>述兰</u>，其子<u>猾哥</u>，即<u>华格</u>，尝教<u>安端</u>谋逆；性阴险，初烝父妾，惧事彰，与<u>克萧</u>、<u>台哂</u>等共害其父，归咎<u>台哂</u>，获免。**太祖**即位，姑示含容，拜惕隐，复预诸弟乱，与子<u>痕只</u>俱伏诛。　按<u>台哂</u>一作<u>特依顺</u>。<u>痕只</u>即<u>罕札</u>。　续通考云，<u>实噜</u>，一作<u>释鲁</u>。<u>元祖</u>子。骈胁多力，贤而有智，为遥辇氏于越，始教民种植桑麻。被弑，年五十七。<u>重熙</u>时追封<u>隋国王</u>。孙<u>休哥</u>封<u>宋王</u>，曾孙<u>陈留</u>封<u>宿国王</u>，其后又有<u>仙童</u>封<u>许国公</u>。见<u>封建考</u>。有司所鞫逆党三百余人，狱既具，**太祖**以人命至重，死不复生，命赐宴一日。酒酣，歌舞，或戏射、角觝，尽欢。明日，乃以轻重行刑。首恶**埒克**，其次**特尔格**，**太祖**犹弟之，不忍寘法，杖而释之。以<u>伊德实</u>、<u>安图</u>性本庸弱，为**埒克**所使，悉贳其罪。前裕悦<u>哈达拉</u>原作<u>赫底里</u>子<u>嘉哩</u>、**埒克**妻<u>实喇勒济</u>原作<u>辖剌己</u>实预逆谋，命皆绞杀之。<u>伊德实</u>妻<u>聂呀</u>，原作<u>涅离</u>。〔考异〕<u>陈浩辽史考证</u>卷云，一、<u>神册</u>三年，<u>伊德实</u>妻<u>纳尔珲</u>，原作<u>涅里衮</u>，系一人。又卷一，**太祖纪**狱官，伏诛，亦名<u>涅里</u>，另一人。胁从，<u>安图</u>妻<u>讷默库</u>，尝有忠告，并免。因谓左右曰："诸弟性虽敏黠，而蓄奸稔恶。尝自矜有出人之智，安忍凶狠，谿壑可塞而贪黩无厌。昵比群小，谋及妇人，同恶相济，以危国祚。虽欲不败，其可得乎？北宰相实噜妻伊埒达衮_{原作余卢睹姑}于国至亲，一旦负朕，从逆病死，此天诛也。嘉哩幼与朕同寝食，眷遇之厚，冠于宗属，亦与其父背大恩而从不轨，兹可恕乎？"

秋七月丙申朔，有司上诸帐族与谋逆者三百余人罪状，皆弃市。太祖叹曰："致人于死，岂朕所欲！若止负朕躬，尚可容贷。此曹恣行不道，残害忠良，涂炭生民，剽掠财产，有国以来所未尝有。实不得已而诛之。"〔考异〕刑法志云，太祖初年，庶事草创，犯罪者量轻重决之。其后治诸弟逆党，权宜立法：亲王从逆，不磬诸旬人，或投高崖杀之；淫乱不轨者，五车辗裂之，逆父母者视此；讪詈犯上者，以烈铁锥撺其口杀之。从坐者，量罪轻重杖决。杖有二：大者重钱五百，小者三百。又为枭磔、生瘗、射鬼箭、炮掷支解之刑。归于重法。闲民使不为变耳。岁癸酉，下诏曰："朕自北征以来，四方狱讼，积滞颇多，今休战息民，群臣其副朕意，详决之，无或冤枉！"乃命北宰相萧敌鲁等分道疏决。有辽钦恤之意，（昭）〔昉〕（据辽史卷六一刑法志改）见于此。神册六年，克定诸夷，诏大臣定治契丹及诸夷之法，汉人则断以律令，仍置钟院，以达民冤。至太宗时，治渤海人，一依汉法，余无改焉。

神册二年（丁丑九一七）夏六月乙巳，埒克因太祖南征，与其子萨布、巴里岱_{原作赛保里}。〔考异〕皇族表，埒克子二：一系赛保，今改萨布；一系中京留守拔里得，今改巴

里岱。此之里，疑即拔里得也。**叛入幽州**。〔考异〕宏简录云，剌
葛，字率懒。是年与子赛保里叛入幽州，为人所杀。 通鉴云，契
丹主弟撒剌阿拨，即剌葛，号北大王。谋乱，兵败被囚，期年释之，
率其众奔晋。晋王养为假子，拜刺史。胡柳之战，以其妻子奔梁。
后唐同光元年，诏敬翔、李振首佐朱温，共倾唐祚；撒剌阿拨叛兄
弃母，负恩背国，宜与赵岩等并族诛于市。按巴哩岱传，字海兰。
太宗即位，以亲爱见任。会同七年，从伐晋，拔德州，擒刺史师居
璠等。九年，再举兵，降杜重威，战功居多。入汴，授安国节度，
总领河北道事。世宗立，迁中京留守，卒。其复国未详何时。所载
均异。

三年（戊寅九一八）春正月丙申，以安图为大内
特哩衮，原作惕隐命攻云州及西南诸部。

夏四月乙巳，特尔格谋叛，事觉，知有罪当
死，预为营圹，而诸戚请免。太祖素恶其〔弟〕（据
辽史卷一太祖纪补）妻纳尔珲，曰："纳尔珲能代其死
则从。"纳尔珲自缢圹中，乃赦特尔格不诛。

天显元年（丙戌九二六）春二月丙午，渤海平，
改为东丹国，册太子贝原作倍为人皇王以主之。命特
尔格为左大相，未几卒。〔考异〕宏简录云，迭剌性敏给，太
祖常称其智。能通回鹘言语，因制契丹小字，数少而该贯。纪未载。
又命伊德实为政事令，辅东丹王，舒噜后使人于路
缢杀之。重熙中追封许国王。〔考异〕宏简录云，字阿辛，
后遣司徒划沙杀于路。 续通考云，寅底石后有斡特剌，封漆水郡
王，乾统中封混同郡王。

三月，安边、郑颉、定理三府叛，遣安图讨平之。太宗立，委任如常，至世宗时，出主东丹国，封明王。其子察克，原作察割字乌新，原作欧辛善骑射，太祖自其幼时即谓有反相。世宗立，安图阴怀二志，察克劝其归命，寻封为泰宁王。会安图为西南面大详衮，〔考异〕索伦语"理事官"也。旧作详稳，今译改。见日下旧闻考。察克佯与父恶，阴遣人白于帝，帝召领钮祜禄原作女石烈军，出入禁中，数被恩遇。耶律乌哲原作屋质白其奸，帝不信。

天禄五年（辛亥九五一）秋九月庚申朔，世宗自将南征，次归化州尚和原作祥古山，祭让国皇帝于行宫。群臣皆醉，察克与耶律瑸都原作盆都，亦作盆哥。等作乱，遂弑之，及太后，因僭号。乌哲以兵围行宫，察克并弑皇后。仓皇出阵，众溃，知事不济，与林牙耶律迪里谋出降。穆宗因遣迪里诱执，旋杀之。本传，原作敌猎，字乌纳，原作乌辇。六院卓巴勒子。少多诈。察克叛，穆宗用其计诱杀之，凡胁从无一被害者，皆其力也。后未显用，居常怏怏，卒以谋立隆科，凌迟死。诸子皆伏诛。〔考异〕宏简录云，察割名麻答（按，考辽史卷一一二察割传，察割字欧辛，未云其名麻答。）性酷虐。太祖见其目若风驼，面有反相，谓近侍曰："朕若独居，勿令入门。"后作乱，夜阅内府，见玛瑙盘曰："此希世宝，今为我有"。其妻曰："寿安及屋质在，吾属无噍类，此物何益？"寻被诛。本传谓为隆科手刃，升南京留守。赦安图通谋罪，放归田里，其党皆诛死。〔考异〕萧塔剌葛传，字陶哂。六院部人。性刚直。官国舅〔别部〕（据辽史卷九〇萧塔剌葛传补）敌史。或曰察克有异志。塔喇噶曰："彼纵忍行不义，人孰肯从！"他日侍宴，酒酣，提其耳强饮之，曰："上固知汝傲狠，然以国属，使在左右，若长恶不悛，自取赤族祸。"察克强笑曰："何戏之虐也！"及为北府宰相，察克果作乱，塔喇噶骂曰："吾悔不杀此逆贼。"寻被害。按传在卷九十，尝坐叔祖特依顺谋杀实噜，没入（宏）〔弘〕（据辽史卷九〇萧塔剌葛传改）义宫。累官宰相，死察克难，即是人。而卷八十五，塔列葛传，重熙间以世选为北府宰相。八世祖珠鲁名见外戚传。盖塔列葛系特依顺之侄，塔喇噶系特依顺侄孙，同为北宰相，惟外戚表未载塔喇噶名。伊德实子琉格，原作留哥。〔考异〕汪辉祖辽史同名录云，卷一百一萧陶苏斡传，伯父亦名刘哥；卷六十一刑法志，开泰中近侍，三人同名留哥。世宗朝为特哩衮，琉格弟琔都为皮室详衮，均与萧翰谋逆，释不诛。琉格后请帝博，欲因进酒弑逆，帝觉之，不果，被囚。一日，召琉格，锁项以博，帝问："汝实反耶？"誓曰："臣有反心，必生千（项）〔顶〕（据辽史卷一一三刘哥传改）疽。"贳之，乌哲固争。命按问，具服。诏免死，流于乌尔古部，果以生千顶疽死。琔都复预察克之谋，凌迟死。异母弟二人：科科里、原作化葛里希斯，原作奚塞亦以谋反诛。〔考异〕萧（翰）〔干〕传（据辽史卷八四萧干传改，下同），察克乱作，其党和尔郭勒济与〔干〕善，使人召之，〔干〕曰："吾岂能从逆臣？"缚其人送寿安王。贼平，帝嘉其忠，拜群牧都林牙。耶律哈里传，察克之叛，其母达鲁与焉。遣人召哈里，拒之。乱平，达鲁以子故，获免。哈里历南院大王。方伎传，魏璘善卜，察克谋逆，问之，璘始卜，谓曰："大王之数，得一日矣，宜慎之!"及乱，果败。察克传均未载。　　按察克叛党有胡古只，见萧（斡）〔干〕传。又皇族表，元祖系岩术子迭剌部夷离堇胡古只，另一人。岩术作岩本，纪、传均作岩木。安图传作元祖长子，皇子表列为第二。皇子表，扬珠二子，和尔郭勒济，即胡古只；摩绰原作术掇，皇族表作末掇。安图传，祖春博里，皇族表亦列为扬珠子，皇子表无其名。所载各异。

辽史纪事本末卷三

东丹建国

　　<u>太祖</u>神册元年（丙子九一六）春三月丙辰，立子<u>贝</u>原作倍为皇太子。<u>贝</u>，一名<u>突欲</u>，小字<u>托云</u>。一作托允。〔考异〕<u>宏简录</u>云，字<u>图敏</u>。<u>太祖</u>长子。母曰<u>舒噜</u>原作述律后。性聪敏好学，外宽内挚。<u>太祖</u>尝问祀神何先？群臣以佛对。太子曰："<u>孔子</u>大圣，万世所（宗）〔尊〕（据辽史卷七二义宗倍传改）宜先。"即立<u>孔子</u>庙，命太子春秋释奠。〔考异〕续通考云，史称<u>辽</u>之<u>义宗</u>。可谓盛矣。其始，慕<u>太伯</u>之贤，而为让国之谋；终疾<u>陈恒</u>之恶、而为请讨之举。志趣之卓，盖已见于早岁先祀<u>孔子</u>之言。终<u>辽</u>之世，贤圣继统，皆其子孙，至德之报昭然矣。按，<u>辽</u>自<u>太祖</u>置<u>上京</u>国子监，设祭酒、司业、监丞、主簿。时<u>南京</u>立太学，<u>圣宗</u>统和十三年九月，

九九

赐南京太学水硙庄一区。道宗清宁元年十二月，诏诸州设学养士，颁五经及传疏，置博士、助教各一员，属县附焉。六年六月，中京置国子监，命以时祭先圣先师，所载甚详。

四年（己卯九一九）冬十月丙午，命太子将先锋军进击乌尔古原作乌古部，破之，俘获万计。自是举部来附。

五年（庚辰九二〇）秋九月壬寅，命太子率兵略地云内，攻天德，拔其城而还。

六年（辛巳九二一）冬十二月庚申，太子率王郁略地定州，师还，至顺州，幽州指挥使王千率众来袭；耶律图鲁卜原作突吕不。本传，官检校太傅。〔考异〕陈浩辽史考证云，卷九十六萧乐音奴传，六世祖奚六部详稳，另一人。射其马蹄，擒之。〔考异〕宏简录云，六年命经略燕地，至定州，太祖方与李存勖相拒云碧店，引兵驰赴，击走之。纪未载。

天赞三年（甲申九二四）夏六月乙酉，太祖亲征托欢、原作吐浑党项、准布原作阻卜等部，诏太子监国，次子大元帅耀库济原作尧骨从行。

四年（乙酉九二五）冬十二月乙亥，太祖亲征渤海，皇后、太子皆从。

天显元年（丙戌九二六）春正月庚申，攻拔扶余城。太祖欲括户口，太子谏曰："今始得地而料民，民必不（堪）〔安〕（据辽史卷七二义宗倍传改）。若乘破竹势，径造辉罕原作忽汗城，破之必矣！"从之。是月丁丑，克其城、<u>渤海</u><u>大諲撰</u>出降，遂改<u>渤海</u>为<u>东丹</u><u>国</u>，<u>辉罕</u>为<u>天福城</u>。册太子为<u>人皇王</u>主之，称制行事，建元<u>甘露</u>。仍赐天子旌旗，置左、右、太、次四相及百官，一用<u>汉</u>法。岁贡布十五万端，马千匹。<u>太祖</u>谕曰：“此地濒海，非可久居，留汝抚治，以见朕爱民之意。”

三月丁卯，幸<u>人皇王宫</u>。癸未，宴<u>东丹</u>国僚佐，颁赐有差。甲申，幸<u>天福城</u>，驾将还，<u>贝</u>作歌以献，陛辞。<u>太祖</u>曰：“得汝治东土，吾复何忧！”<u>贝</u>号泣而退。遂班师。次<u>扶余城</u>，<u>太祖</u>崩，<u>舒噜</u>后称制，决军国事。未几，奉梓宫还。<u>耀库济</u>讨平诸州，奔赴行在，<u>人皇王</u><u>贝</u>继至。<u>元一统志</u>，东丹王故宫在<u>辽阳路</u>。按，本路图册在府东北隅，有让国皇帝御容殿。

二年（丁亥九二七）冬十一月壬戌，<u>人皇王</u><u>贝</u>请立<u>耀库济</u>为帝，后许之。先是，中子<u>耀库济</u>，一名<u>德光</u>，为后所钟爱。自为大元帅，战功屡著，威行万里。至是行至<u>西楼</u>，命与<u>贝</u>均乘马立帐前，谓诸将曰：“二子皆吾爱之，莫知所立，汝曹择可立者，执其辔。”诸将知后意，争曰：“愿事元帅。”后曰：“众之所欲，吾安敢违！”遂立<u>太宗</u>。时<u>贝</u>亦谓公卿曰：“大元帅功德及人神，中外攸属，宜主社稷。”乃与群臣请于太后而让位焉。〔考异〕<u>契丹国志</u>云，<u>突欲愠</u>，欲奔<u>唐</u>，后遣归<u>东丹</u>。<u>欧史</u>云，<u>阿保机</u>死，长子<u>突欲</u>当立，母<u>述律</u>

遣其幼子安端少君之扶余城代之，将立为嗣。然尤爱德光，诸部希其意，共立德光。薛史，安端作阿敦。史未载。 安图传，父迪里，为南院额尔奇木，会后欲以大元帅嗣位，迪里建言帝位宜先嫡长子，东丹王赴朝，宜立。由是忤旨，以党附下之狱，讯鞫加炮烙，不伏，杀之，籍其家。贝传未书。

四年（己丑九二九）夏四月甲寅，太宗幸天城军，谒祖陵。辛酉，人皇王贝来朝。

秋八月癸卯，幸人皇王第。

冬十月壬寅，复幸其第。

五年（庚寅九三〇）春二月丙辰，太宗与人皇王朝太后。

三月辛未，人皇王献白纻。乙酉，宴其僚属于便殿。

夏四月乙未，诏人皇王先赴祖陵谒太祖庙。丙辰，太宗与人皇王会祖陵，遣归国。

秋九月，诏锡里原作舍利布琳原作普宁抚慰人皇王。庚辰，命置仪卫。

冬十月戊戌，遣使赐之胙。甲辰，人皇王进玉笛。

十一月，东丹国奏人皇王浮海赴唐。时太宗既立，见疑，以东平为南京，徙贝居之，尽迁其民。又置卫士阴伺动静。贝既归国，命王继远撰建南京碑，起书楼于西宫，作乐田园诗。唐明宗闻之，遣人跨海持书密召贝。贝因畋海上。使再至，贝谓左右曰："我以天下让主上，今反见疑，不如适他国，以成吾吴泰伯之名。"立木海上，刻诗曰："小山压大山，大山全无力。羞见故〔考异〕洪皓松漠纪闻作当。乡人，从此投外国。"携高美人，载书浮海而去。〔考异〕耶律伊济传，人皇王奔唐，伊济镇抚国人，一切如故，加守太傅，迁中台省左相。尝劾奏左次相渤海苏不法事。先是，表奏请徙东丹国民于梁水，使就故乡，又获木、铁、盐、鱼之利，从之。时称其善。 按太祖纪，天显元年，以渤海司徒大素贤为左次相，伊济为右次相。宏简录亦作大素贤。是苏即大素贤。纪及贝传俱未载。

六年（辛卯九三一）春三月丁亥，人皇王贝妃萧氏率其国僚属来见。

七年（壬辰九三二）夏四月甲戌，唐遣使来聘，致人皇王贝书。

八年（癸巳九三三）冬十一月辛丑，太皇太后崩，遣使告哀于唐及人皇王贝。

九年（甲午九三四）夏四月，唐李从珂欧史云，母、魏姓，镇州人。先适王姓，生从珂。嗣源战河北，掠平山，得魏氏为妾，以从珂为养子，初名阿三。后自焚死，称废帝。薛史作末帝。弑其主从厚嗣源子，初封宋王，后谥闵帝。欧史作愍帝。而自立，人皇王贝自唐上书请讨之。

十一年（丙申九三六）冬〔闰〕（据辽史卷三太宗纪补）十一月庚午，太宗自将援石敬瑭。唐主从珂兵败，遣人杀人皇王贝遂自焚死。先是，贝越海自登州古东牟郡，今升为府。〔考异〕舆地广记云，春秋为牟子国。秦属齐郡，汉、晋属东莱郡，魏置东牟郡，唐立登州，后仍旧。今县四：蓬莱、黄县、牟平、文登。奔唐。唐以天子仪卫迎贝，贝坐船殿，众官陪列上寿。至汴，见明宗。明宗妻以庄宗后夏氏〔考异〕契丹国志作庄宗后宫夏氏。　王溥五代会要云，庄宗昭容夏氏封號国夫人。薛史云，明宗入洛，庄宗宫人数百，悉令归其骨肉，惟夏氏无所归，后以赐李赞华。均不言其为庄宗后。孙光宪北梦琐言云，庄宗嫡夫人韩淑妃、伊德妃。晋末契丹入中原，石氏乞降。契丹主大张宴席，其国母、后、妃列坐同宴，王嫱、蔡姬之比也。　欧史云，韩淑妃、伊德妃居太原，晋高祖反时，为契丹所虏。李昭玘乐静先生集记残经云，南台古刹，有佛书数百卷，多唐季五代时所书，字画精劲。有毗奈耶杂事一卷，伊德妃造。初，刘后以微贱得立，性佞佛，惟写佛书馈僧、尼。妃为此经，岂非畏后所逼耶？后有燕国夫人印，盖未晋封时所书也。赐姓东丹，名赞华。复赐姓李，改瑞州为怀化军，拜节度使，兼领瑞、慎等州观察使。〔考异〕契丹国志作瑞、镇。　五代志，唐长兴二年置怀化军于慎州，兼领瑞州，寻改昭化军。时州地半没于契丹，盖遥领也。王存元丰九域志云：慎州领逢龙一县，瑞州领远来一县，在羁縻十四州之内。"纪载各判。时明宗长兴元年也。〔考异〕契丹国志作二年事。册府元龟云，长兴二年三月，中书门下奏："东丹王突欲远泛沧波，来归皇化；既服冠带，难无定名。并惕隐等，顷以力助王都，罪同秃馁，爰从必死，并获再生。每预入朝，各宜授氏，庶使族编姓谱，世荷圣恩；况符前代之规，永慰远人之望。自突欲以下，请列赐姓名云云。"寻移镇滑州，舆地广记云，古豕韦氏国。秦、汉属东郡，晋为陈留、濮阳二国，宋曰兖州，后魏置东郡，隋置杞州，后为滑州，改兖州，唐复旧，更名灵昌郡，升义成军，改宣义。今为武成军。县三：白马、韦城、胙城。〔考异〕册府元龟云，赞华镇滑州，多不法。久之，入觐，乞留阙下，求移许州。明宗欲允之，因枢密范延光言乃止。促令归滑。欲自裁。召对，复改言乞削发为僧，且言使者之言，如水上画字，不可据。又云，长兴二年五月，青州上言："有百姓过海北樵采，得东丹王堂兄京尹污整书，问慕华行止，愿修贡。"闰五月，青州进呈东丹国首领耶律羽之书二封。　契丹国志云，三年授义成节度使，选朝士为僚属辅之。但优游自奉，不预政事，明宗嘉之。所载各判。遥领虔州舆地广记云，古百越地，战国吴起相楚，平百越。秦属九江郡，二汉属豫章郡，晋置南康郡，隋置虔州，唐因之，复为南康郡，后唐升昭信军。今县十：赣县，虔化、兴国、信丰、雩都、会昌、瑞金、石城、安远、龙南。节度使。贝虽在异国，常思其亲，问安之使不绝。〔考异〕宏简录云，部曲五人，皆赐姓名。　欧史云，赐罕只曰罕友通，穆葛曰穆顺义，撒罗曰罗宾德，易密曰易师仁，盖礼曰盖来宾，以为归化、归德将军、郎将。又赐前所获赫邈曰狄怀惠，涅列曰列知恩，蓟剌曰原知感。福郎曰服怀造，竭失讫曰乙怀宥。余皆赐姓名。所载较详。尝市书至万卷，藏于医巫闾绝顶之望海堂。地理志云，山南去海百三十里，后世宗于此置显州。本渤海显德府地。〔考异〕方舆纪要云，山在广宁西五里，岩洞泉壑，种种奇胜，号为北镇。　明一统志云，舜封十二山，以此为幽州之镇。其山掩抱六重，因名六山，一名十三山。见高士奇扈从东巡日录。　胡峤北行记云，十三山去燕二（十）〔千〕（据新五代史卷七三四夷传引此文改）里，辽史，燕王讨武朝彦至乾州十三山，即此。　按医巫闾山在今广宁县西四十里，周二百四十里，十三山在今锦县东七十五里，周二十里，峰有十三，故名。见满州源流考。　元好问中州集，载金蔡太常珪题医巫闾诗云："幽州北镇高且雄，倚天万仞蟠天东。祖龙力驱不肯去，至今鞭血余殷红。崩崖暗谷森云树，萧寺门横入山路。谁道营邱笔有神，只得峰峦两三处。我方万里来天涯，坡陁缭绕昏风沙。直教眼界增明秀，好在岚光日夕佳。封龙山边生处乐，此山之间亦不恶。他年南北两生涯，不妨世有扬州鹤。" 通阴阳，知音律，精医药、砭炳之术。工辽、汉文章，尝译阴符经。善画本国人物，如射〔骑〕、（据辽史卷七二义宗倍传补）猎雪骑、千鹿图，皆入宋秘府。〔考异〕薛史云，长兴三年二月，李赞华献契丹地图。　欧史云，突欲归中国，载书数千卷，赵延寿每假其异书、医经，皆中国所无者。　蒋一葵尧山堂外纪云，东丹有文才，通古今。习举子，每通名刺，称乡贡进士黄居难，字乐地，以拟白居易字乐天。宣和书画谱云，东丹王画，多写贵人、酋长，不作中国衣冠，亦安于所习也。议者谓马尚丰肥，笔乏壮气，其确论欤？今御府所藏十有五：双骑图一，猎骑图一，雪骑图一，番骑图六，人骑图二，千角鹿图一，吉首并驱图一，射骑图一，猎骑图一。又胡瓌有平远番部卓歇图一，麃幕卓歇图一，史谓之卓帐。周密志雅堂杂钞云，王介甫有赞华番部行程图。　胡应麟诗薮云，世传东丹千角鹿图，李伯时临之，董北苑有跋，宣和画谱列其目焉。　米芾画史云，东丹王、胡瓌蕃马见七、八本，虽好，非斋室清玩。　李廌画品云，秘阁有李赞华画鹿角，直而岐出，故画录云千角鹿，实则角上横出者众也。陶毂清异录云，东丹王买巧石数峰，目为"空青府"。　江少虞宋事类苑云，东丹王能为五言诗，其子兀欲亦善丹青。　郭若虚图画见闻志云，范阳胡瓌工画蕃马，用笔精劲，至穷庐什物，射猎生死物，靡不精奇。凡画驼、马、鬃尾、人衣、毛毳，以狼豪缚笔疏渲之，取其纤健也。有阴山、七骑、下程、控马、射雕等图。　刘道醇五代名画补遗云，璆，山后人，善画蕃马，不减东丹王。王得马骨，璆得马肉，有射雕、陷鹰等图传世。子虔，有父风。参牛戬画评。萧瀜官南枢密，亦善画，道宗清宁中，以义宗千角鹿图赐焉。见王星聚绘事备考。　邓椿画继云，燕人吴九州善画鹿，穷尽蕃鹿之态：牛鹿、马鹿养茸、退角、老嫩之别，无不曲肖。　夏文彦图绘宝鉴云，涿郡高益工画佛、道、鬼、神、蕃、汉人马。太宗朝潜归宋，以画名授待诏。有南国斗象、卫士骑射、蕃汉出猎等图传世。所载较详。**然性残酷，嗜杀，好饮人血。婢妾微过，常加刲灼。夏氏惧，求削发为尼。**〔考异〕孙光宪北梦琐言云，虢国夫人，最承庄宗宠遇，后嫁突欲。少长宫掖，不忍见其凶残，求离婚，归河阳节度夏鲁奇家，今为尼也。所载稍殊。**至是，从珂为敬瑭所逼，召贝欲与俱焚，贝不从，遣壮士李彦绅害之，时年三十八。僧为收瘗之。敬瑭入洛，丧服临哭，以王礼权厝。后太宗改葬于医巫闾山，谥曰文武元皇王。**〔考异〕续通考作文武元皇帝。　宏简录、契丹国志均云，害贝者为宦者秦继旻、皇城使李彦绅二人。晋赠赞华燕王，送丧归其国。后太宗破晋，求得继旻、彦绅杀之，以其家产赐其子兀欲。　薛史云，晋天福元年十二月，遣前单州刺史李肃部署归葬本国。二年正月丙子归葬，辍朝一日。　张齐贤洛阳搢绅旧闻记云，肃奉命出使，忧沮涕泣，妻张氏出金珠，直数十万，使赠戎王左右，果得归，并得厚赐。奏进，获迁官。妻为全义女也。　王溥五代会要云，时契丹王母舒噜氏以其子托欲丧归国，遣使朝贡。纪未载。**世宗即位，谥让国皇帝，**〔考

卷三　东丹建国

一〇七

异〕续通考云，统和中，更谥文献皇帝。重熙末，增谥文献钦义皇帝。详谥法考。庙号义宗，陵曰显陵。〔考异〕辽东志云，世宗以人皇王爱医巫闾山水奇秀，因葬焉。山形掩抱六重，于中作影殿，制度宏丽。许亢宗奉使行程录云，突欲葬此山在显州，离州七里别建乾州，以奉陵寝。所载较详。二后谥曰端顺，曰柔贞。

五子：长世宗，次隆科，原作娄国字密逊。原作勉辛。官武定节度使。〔考异〕册府元龟云，时戎主命兀欲弟留珪为滑州节度，处东丹旧地。未知即隆科否？察克原作察割作乱，手刃之，改南京留守。应历中谋逆，事觉，按问不服。穆宗曰："朕为寿安王时，卿数以此事说我，今日岂有虚乎？"隆科不能对。及余党尽服，遂缢于汗州原作可汙州两谷。诏有司择绝后之地以葬。次舒。原作稍。封吴王，官上京留守，见景宗纪。次隆先，字团隐。母大氏。封平王，留守东京，薄赋省刑，恤贫，好荐士。与耶律实噜原作室鲁〔考异〕续通考云，倍弟牙里果子。统和末，为北院大王，封韩王，官惕隐。又，北院大王奚底，亦牙里果子。同讨高丽有功，师还，卒，葬道隐谷。博学能诗，有阆苑集行世。〔考异〕续通考作道隆，景宗保宁元年封平王。其子辰格原作陈格，亦作陈哥，见卷九景宗纪保宁十年。〔考异〕陈浩辽史考证云，卷十七，圣宗太平八年西北路巡检另一人。坐事诛。次道隐，母高氏。生于唐，兵乱，僧匿养之。还京，封蜀王。性沉静，有文武才。留守南京，号令严肃，民获安业。改封荆王，卒，追封晋王。

辽史纪事本末卷四

赫噜佐命 　萧达鲁等附

太祖即位之元年（丁卯九〇七）春正月，命赫噜原
作曷鲁。〔考异〕满州语，车辐也。旧作喝鲁，今改。汪辉祖辽史同
名录云，卷一神册元年，德哷部额尔奇木葛鲁等率百僚请上尊号，
卷六十六皇族表，乌苏子喝鲁因考：卷七十三耶律曷鲁传，乌苏之长
子，会群臣请立太祖，曷鲁劝进，嗣为德哷部额尔奇木，请建元，
率百僚上尊号。所载悉合。是曷鲁，葛鲁、喝鲁，均系一人。又，
卷六穆宗应历二年、阿克苏锡琳额尔奇木；卷七应历十七年豕人被
杀；卷九景宗乾亨元年准布特里衮；卷十六圣宗太平元年，党项长；
卷六十六皇族表，懿祖系北院大王；卷七十属国表，天祚天庆五年
族人，七人同名曷鲁。总军国事。赫噜字琨，原作控温一
字洪隐，德哷原作迭剌部人。祖实默克，原作匣马葛简

献皇帝兄。父乌苏，原作偶思约尼原作遥辇时为本部额尔奇木。原作夷离堇赫噜其长子也。〔考异〕陈浩辽史考证云，皇族表曰，系出懿祖。考皇子表，懿祖四子:元祖第三，苏拉早卒，塔拉第二，尼古察第四，并无匣马葛之名。卷七十三曷鲁传亦未书懿祖后。卷七十五迪里传，六院部巴古济后，原作蒲古只。父乌苏，兄赫噜，弟伊济。伊济子和哩因。考列传，都沁、乌鲁斯、吼、雅里、纽斡哩、哈尔吉、浩善、纳延、珠展、德哷等诸人，皆巴古济后，与赫噜并无亲疏之分。其所别为简献兄者，非嫡兄，不过同族，初非懿祖后也。

性质厚，幼与太祖游，从父实噜原作释鲁。〔考异〕汪辉祖辽史同名录云，卷二十、卷六十四、六十六并同；卷三十七地理志作述鲁；卷四十五作室鲁。均系一人。特奇之。既长，与太祖易裘马为好（按，辽史卷七三曷鲁传云："太祖既长，相与易裘马为好"，则言太祖既长，此处所叙颠倒），然赫噜事之弥谨。会实噜为其子华格原作（猾）〔滑〕哥（据辽史卷七三曷鲁传改）所弑，太祖归罪特依顺为解。自是赫噜常佩刀侍后，以备不虞。

无何（按，"无何"，辽史卷七三曷鲁传作"居久之"），其父乌苏病，谓之曰："安巴坚原作阿保机神略天授，汝率诸弟赤心事之。"及太祖视疾，乃执其手曰："尔命世奇才。吾儿赫噜者，他日可委任，吾已谕之矣。"

太祖为塔玛噶赛特，原作挞马（绒）〔狨〕沙里（同上书改）参预部族事，赫噜招小黄室韦来附。太祖知其贤，军国事非赫噜议不行。会讨裕尔库原作越兀与乌尔古原作乌古部，赫噜为前锋，战有功。

太祖为德呼部额尔奇木，将兵讨奚部，其酋珠尔原作术里垒险，莫能下，命赫噜持一笴往谕，为所执，因说之曰："契丹与奚本一国。汉人杀我祖奚首，额尔奇木怨刺骨，日夜思报仇。顾力弱，使我乞援，传矢示信耳。〔考异〕仪卫志云，木箭，内箭为雄，外箭为雌，皇帝行幸则用之。礼志勘箭仪，帝乘玉辂，至内门，北（面）〔南〕（据辽史卷五一礼志改）臣僚于辂前对班立。勘箭官执雌箭，门中立。东上阁门使诣车前，执雄箭，在车左（右）〔立〕（同上书改），受箭行勘；勘毕，开门，唤仗御箭一只，敕付左金吾仗行勘；勘毕，付阁门使进入，阁使转付宣徽。如勘契之仪。木契正面为阳，背面为阴，阁门唤仗则用之。朝贺之礼，宣徽使请阳面木契至殿门，以契授西上阁门使行勘，勘契官执阴木契云，内出唤仗木契一只，准敕付左右金吾仗行勘；勘毕，还授阁门使上殿纳契，宣徽使受契，阁门使下殿奉敕唤仗。 沈括梦溪笔谈谓勘箭本胡法，宋初用之，至熙宁时始罢。今云传矢示信亦其国俗。额尔奇木受命于天，抚下以德，故能有此众。今奚杀我，违天背德，不祥莫大焉。且兵连祸结自此始，岂尔国利乎！"珠尔悦，乃降。

太祖为裕悦，原作于越秉国政，欲命赫噜代为额尔奇木，辞。从讨黑车子室韦，幽州刘仁恭遣其将赵霸来援，赫噜伏兵桃山，俟其半过，与太祖合击，大破之，室韦遂降。太祖会李克用于云中，赫噜侍，克用心壮之，曰："伟男子为谁？"太祖曰："吾族赫噜也。"

会约尼哈陶津汗原作痕德钦可汗殂，群臣奉遗命请立太祖，辞曰："昔吾祖聂呼原作雅里尝以不当立而辞，今若等复为是言，何欤？"赫噜进曰："曩吾祖时，遗命弗及，符瑞未见，特为国人所推戴耳。今先君言犹在耳，天人所与，若合符契，不可违也。"太祖曰："遗命固然，汝焉知天道？"赫噜曰："闻裕悦之生，神光属天，异香盈幄，梦受神诲，龙锡金佩。天道无私，必应有德。我国削弱，齮龁于邻部日久，故生圣人兴起之。汗知天意，故有是命。且约尼九营棋布，非无可立者，臣民属心裕悦，天也。天时人事，几不可失。"太祖犹未许。是夜，独召赫噜责之，对曰："在昔，聂呼辞位而立苏尔威原作阻午为汗，相传十余世，纪纲隳坏，委质他国，若缀旒然。兴王之运，实在今日。"太祖乃许之。命赫噜总军国事焉。

始置行营腹心部，选诸部豪健二千余充，以赫噜及萧达鲁原作敌鲁总之。时制度未讲，用度未充，扈从未备，而诸弟埒克等往往觊非望故也。

五年（辛未九一一）夏五月，皇弟埒克等谋反，命赫噜总领军事讨平之。

八年（甲戌九一四）春正月甲辰，以赫噜为德呼部额尔奇木。时更兵燹，赫噜抚辑有方，畜牧益滋，国愈富庶。

九年（乙亥九一五）春正月，乌尔古部叛，赫噜等讨破之。自是震慑不敢复叛。

神册元年（丙子九一六）春二月丙戌朔，赫噜等率百僚请上尊号，三表乃允。拜赫噜为阿勒达尔原作阿鲁敦，辽言"盛名"也，又作阿卢朵里裕悦。原作于越。〔考异〕续通考云，辽北面于越府，有大于越，无职掌，班百僚上，非有大军功者不授。终辽之世，以于越得重名者三人：耶律曷鲁、屋质、仁先，谓之三于越。所载较详。时伐西南诸夷，数为前锋。

二年（丁丑九一七）春（二）〔三〕（据辽史卷一太祖纪改）月，从侵幽州。与唐节度使周德威战汗州西，败之，遂围幽州。太祖因暑雨班师，留赫噜与卢国用守之；俄救兵至，遂退。

三年（戊寅九一八）秋七月己酉，皇都毕工，燕群臣以落成。赫噜遘疾卒，年四十七。既葬，赐名其阡谥达，原作宴答山曰裕悦（谷）〔峪〕（据道光四年殿本辽史卷七三赫噜传改）。诏立石纪功。太祖流涕曰："斯人若登三五载，吾谋蔑不济矣！"后太祖二十一功臣，各有拟，以赫噜为"心"云。清宁间命立祠上京。子塔拉、原作惕剌萨喇原作撒剌俱不仕。

弟迪里，原作觊烈。字裕勒沁。原作兀里轸，一作汗里轸。考详卷一。赫噜卒，为德呼部额尔奇木，屡从征有功，官终南京留守。弟伊济，原作羽之小字乌里。原作兀里初为中台省右次相，以镇抚有功，加守太傅，迁左相。子和哩，终东京留守。

同时，萧达鲁，原作敌鲁字敌辇。舒噜原作述律皇后弟。其母为德祖女弟。达鲁性宽厚，膂力绝人。太祖潜藩，日侍左右，凡征讨必与行阵。既即位，与弟阿古齐、原作阿古只，一作遏古只。〔考异〕汪辉祖辽史同名录云，卷一神册二年及卷六十七外戚表叙作阿骨只；神册三年及卷七十三传作阿古只，均系一人。卷九十六萧惟信传，祖知平州；卷一百四耶律古云传，父节度使，三人同名阿古只。耶律实噜原作释鲁俱总宿卫。达鲁拜北府宰相，世与其选。

及征奚与讨刘守光，达鲁略地海滨，杀获甚众。未几，埒克等作乱，溃而北走。率轻骑追之，兼昼夜行。至榆河，败其党，获埒克以献，赏赉甚渥。复讨西南夷，论功最。神册三年十二月卒。

达鲁有胆略，临阵亲冒矢石，所向必克。在太祖功臣列，喻以"手"云。

弟阿古齐，字萨巴。原作撒本骁勇善射，临敌敢前。每射甲楯辄洞贯。太祖立。总腹心部。埒克叛，舒噜后军黑山，阻险自固。太祖命阿古齐统兵往卫之。逆党不敢犯。埒克北走，与达鲁追擒于榆河。

从讨西南夷有功，又徇下山西诸郡县，败周德威军。神册三年，拜北府宰相，世其职。天赞初，与王郁略地燕、赵，破磁窑镇。〔考异〕册府元龟云，庄宗同光初，沧州奏侦间契丹国舅撒剌宴送羊马于幽州，申和好。二年八月，幽州进契丹国舅撒剌宴书。按，是时为辽天赞初，舒噜后弟萧阿古只为北府宰相，略地燕、赵，所谓撒剌宴疑即阿古只也。本传云，字撒本。见辽史拾遗。太祖西征，悉委以南面边事。

攻渤海，拔扶余城，败老相兵三万。复与康默记讨平叛党，会鸭渌府援兵七千至，势甚张，独帅麾下击败之，斩馘二千（按，辽史卷七三阿古只传作"三千"）余，遂克辉发原作回跋城。以病卒。功臣中喻为"耳"云。

子安团，官右皮室详衮。原作详稳

耶律实纳齐原作斜涅赤字萨喇。原作撒剌。〔考异〕辽言酒尊曰"撒剌"，系辽国语，仍旧。六院部人。太祖即位，掌腹心部。天赞初，分德呼为北、南院，实纳齐为北院额尔奇木。太祖西征，至流沙，军威大振，诸夷溃散，实纳齐奉诏抚辑之。从讨渤海，破扶余城，与大元帅率众夜围辉（发）〔罕〕城（据道光四年殿本辽史卷七三实纳齐传改）。大谞撰降。俄复叛，命诸将分地攻之。诘旦，感励士卒，鼓噪登陴，敌震慑，莫敢御，遂克之。天显中卒，居佐命功臣之一。

侄隆科、原作老古。〔考异〕汪辉祖辽史同名录云，卷六穆宗应历二年司徒；卷七应历十六年，枢密使门吏，被杀；卷二十四道宗大安二年裨将，四人同名老古。颇德。隆科，字萨兰。原作撒懒其母，舒噜后姊。从平垿克乱，授右皮室详衮，典宿卫。从侵燕、赵，与唐兵战云碧店，被创，卒。佐命功臣其一也。

颇德，字乌库哩。原作兀古邻天显初，为左皮室详衮，典宿卫，迁南院额尔奇木，治有声。援石敬瑭，降张敬达。会同初，为德哷部大王，加采访使，卒官。〔考异〕皇族表云，不知世次，北院额尔奇木实纳齐，右皮室详衮隆科，大院佛德，政事令特烈；北院大王赫噜，原作曷鲁；南院大王乌页。按，六人，本传均称尼古察后，表谓不知世次者，但不知为尼古察几世孙耳。 宏简录云，统和二年，颇德为南京统军使。四年，败宋人于固安，俘获甚众，擢检校太师。传未载。

又，耶律欲稳传，图噜卜部人。祖塔雅克，约尼时为北边伊喇，配享庙庭。太祖始置宫卫，欲稳首附宫籍。及平垿克乱，迁奚德哷部额尔奇木。从征渤海有功，天显初卒。后诸帝取其子孙为友，宫分中称八房，皆其后也。弟辖里，终奚六部图哩。

康默记，本名照。少为蓟州衙校，太祖得之，隶麾下。一切蕃、汉相涉事，折衷悉合。时诸部新附，文法未备，默记论决轻重，不差毫厘，人咸谓不冤。拜左尚书。神册三年，建皇都，默记董役，百日讫事。五年，为皇都伊勒希巴。原作夷离毕后太祖师出居庸关，将汉军进逼长芦水寨，俘馘甚众。

及征渤海，默记分兵薄东门，先登，克其城。复与韩延徽下长岭府。军还，所下城邑复叛，又与阿古齐讨平之。太祖崩，命营山陵，毕，卒。为佐命功臣之一。

孙、延寿，官保大节度使。

高模翰一作高谟翰。〔考异〕欧史作高牟翰。一名松，渤海人。有膂力，善骑射，好谈兵。太祖平渤海，模翰避地高丽，王妻以女，因罪亡归。坐使酒杀人，下狱，太祖知其才，赦之。

天显十一年（丙申九三六），唐将张敬达等攻太原，石敬瑭告急，命模翰等将兵赴援，大破敬达军，太原围解。太宗赐以酒馔，复战，又败之，敬达走保晋安寨。寻为杨光远杀之以降，诸州悉下。太宗谓之曰："朕自起兵，百余战，卿功第一，虽古名将无以加。"乃授上将军。会同元年，册礼成，宴百官，指模翰谓曰："此国之勇将，朕统一天下，斯人力也！"

及晋背盟，出师南侵，模翰为统军副使兼总左、右铁鹞子军，下关南城邑数十。时杨覃赴乾宁军，被围，模翰与赵延寿往援。俄有光自模翰目中出，萦绕旗矛，燄燄如流星久之。模翰喜曰："此天赞之祥也！"遂进兵，杀获甚众。以功加侍中，晋太傅。以麾下三百人破晋杜重威军十万，杀其将梁汉璋，手诏褒美，比李陵。令守中渡（寨）〔桥〕（据辽史卷七六高模翰传改），复败晋兵，重威降。及入汴，加特进，封悊郡开国公。迁镇中京。应历中，历中台省左相，卒。

辽史纪事本末卷五

韩延徽辅政 韩知古等附

太祖神册元年（丙子九一六）春二月丙申，太祖称帝，以韩延徽守政事令、崇文馆大学士，中外事悉令参决。延徽，字藏明，幽州安次人。幼英敏，事刘仁恭，为观察度支使。后守光为帅，时与六镇构怨，延徽力谏，不听；遣之来聘，不屈，太祖留之，使牧马于野。舒噜原作述律后言于太祖，乃召与语，引为谋主。攻党项、室韦诸部，其谋居多。因请树城郭，分市里，以居汉人之降者。又为定匹偶，教垦艺，以生养之，〔考异〕续通考云，国中官田许人耕种，始圣宗统和七年五月，诏燕乐、密云二县荒地，许民耕种，免其赋役。十五年二月，诏品官旷地，令民耕种。三月，募民耕滦州荒地，免其赋税十年。道宗咸雍十年三月，诏南京:除军营地，余皆得耕种。天祚乾统七年五月，诸围场隙地，纵民樵采。所载甚详。由是逃亡者少。

久之，思归，赋诗见意，遂奔晋（按"晋"，辽史卷七四韩延徽传作"唐"）。已而，与他将王缄〔考异〕契丹国志及通鉴俱作幕府掌书记。不协，惧及祸，乃省亲幽州。匿故人王德明舍。德明问所适，曰："吾将复走契丹。"德明不以为然。延徽曰："彼失我，如失左右手，其见我必喜。"既至，太祖问故。对曰："忘亲非孝，弃君非忠。臣虽挺身逃，臣心在陛下。臣是以复来。"太祖大喜，待之益厚，因赐名实喇。原作（匝）〔匣〕列（据辽史卷七四韩延徽传改）"实喇"，辽言"复来"也。嗣晋三使来，延徽寓书〔于晋王〕，（据契丹国志卷十六韩延徽传补）叙所以北去之意，且以老母为托，并曰："延徽在北，契丹必不南牧。"故终同光世，兵不深入，延徽力也。

天赞四年（乙酉九二五）冬十二月乙亥，太祖征渤海，韩延徽从行。

天显元年（丙戌九二六）春正月己巳，渤海大諲撰乞降，复叛，韩延徽与诸将破其城，以功加左仆射。又与康默记攻长岭府，拔之。师还，值太祖崩，哀动左右。

太宗朝封鲁国公。从援石晋，得幽、燕地，兼枢密使同平章事。使晋还，改南京三司使。〔考异〕食货志云，赋税之法，自太祖任韩延徽，始制国用。太宗籍五京户丁以定赋税。圣宗初年，以上京"云威户赀贝实饶，善避徭役，遗害贫民，遂勒各户，凡子钱到本，悉送归官，与民均差。统和中，耶律昭言，西北之众，每岁农时，一夫侦候，一夫治公田，二夫给纠官之役。当时（治）〔沿〕（据辽史卷五九食货志改）边各置屯田戍兵，易田积谷以给军饷。故太平七年诏，诸屯田在官斛粟，不得擅贷；其屯者力耕公田，不输赋税，此公田制也。余民应募，或治（在官）（同上书删）闲田，或治私田，则计亩出粟，以赋公上。各部大臣从上征伐，俘掠人户，自置郛郭，为头下军州。凡市井之赋，各归头下，惟酒税赴纳上京，此分头下军州赋为二等也。先是，辽东新附地不榷酤，而盐曲之禁亦弛。冯延休、韩绍勋相行继变法，遂起延琳之乱。南京岁纳三司盐铁钱折绢，大同岁纳三司税钱折粟。开远军故事，民岁输〔税〕（同上书补）斗粟折五钱。耶律穆济守郡，表〔请〕（同上书补）折六钱，亦皆利民善政也。延徽传未载其制国用事。

世宗天禄（三）〔五〕（据辽史卷五世宗纪、卷七四韩延徽传改）年（辛亥九五一）夏六月，河东使请行册礼，帝召延徽定其制。延徽奏一从太宗册晋帝礼。从之。明年春二月，建政事省，改延徽南府宰相，设张里具，称尽力吏。

穆宗应历中致仕。子德枢镇东平，诏许每岁东归省。九年卒，赠尚书令，世为崇文令公。

先是，延徽南奔，太祖梦白鹤自帐中出；比

还，复梦入帐中。诘旦，谓侍臣曰："延徽来矣！"
已而果然。太祖初元，庶事草创，延徽为之营都
邑、建宫殿、正君臣、定名分，法度井然，为佐命
功臣之一。

子德枢，由特进太尉，授辽兴节度使，威惠大
行。入为南院宣徽使、（同）〔门下〕（据辽史卷七四韩德
枢传改）平章事，封赵国公。

孙绍勋，仕至东京户部使。会大延琳叛，被
执，不屈死。绍芳，重熙间参知政事兼侍中。以谏
征元昊，出为广德节度使。闻兵败，呕血卒。孙资
让，寿隆（中）〔初〕，（据辽史卷七四韩绍芳传改）拜中书
侍郎、（同）（同上删）平章事，改镇辽兴。〔考异〕宏简
录，资让，大安八年参知政事，改中京留守。稍异。钱大昕潜研堂
金石文跋尾云，右玉石观音像诗碑。首唱者崇禄大夫，检校太师、
行鸿胪卿英辨大师赐紫沙门智化。和之者兵部尚书兼门下侍郎平章
事郑若愚，左仆射兼中书侍郎平章事韩资让，兵部尚书、兴中尹赵
廷睦，诸行宫都部署尚书左仆射梁援，特进礼部尚书参知政事赵长
敬，观书殿学士、翰林学士、行尚书礼部侍郎、知制诰马元俊，中
大夫昭文馆直学士、知御史中丞、开国侯刘环，度支使、金紫崇禄
大夫、行尚书礼部郎史仲爱，乾文阁待制、史馆修撰曲正夫，朝请
大夫、守秘书监、开国伯、赐紫金鱼袋王执中，南面统行宫都部署
□□□尚书、吏部员外郎于复先，前枢密院吏房承旨、行殿中少监
王仲华，朝议大夫、知制诰、开国子孟初，朝散大夫、司农少卿、
知大定少尹、赐紫金鱼袋张识，司农少卿、知度支副使杨涤瑕，守

殿中少监、知析津县事李师范，□□□□□（□）〔行〕（据金石文跋尾卷一七补改）御史中丞、赐紫金鱼袋李□□，提点乳法、守将作监张□□，内藏副都监、朝散大夫、尚书虞部郎中借紫寇□□殿中丞、直史馆张𪩘，左承制、阁门祇候韩汝砺，崇禄大夫、检校司徒辨慧、诠正大师、赐紫沙门善□。凡二十二人。书石并篆额者：门人讲华严经苾刍、性煦也。立碑年月，则寿昌五年九月也。辽史韩延徽传，资让，寿隆（中）〔初〕（同上书改）拜中书侍郎、平章事。道宗纪，寿隆三年四月，南府宰相赵延睦出知兴中府事；九月，以梁援为汉人行宫都部署。碑载三人结衔，皆与史合。碑有平章事郑若愚，参知政事赵长敬，而辽史无之，惟本纪寿隆元年见参知政事赵孝严，六年，见宰相郑颢，官同姓同，而名则互异，不可解也。见杨复吉辽史拾遗补。

同时有韩知古者，蓟州玉田〔考异〕王大智玉田县志云，燕昭王墓在无终山。九州记，古渔阳北无终山上有昭王墓。熊相蓟州志云，徐无山在玉田县城东北二十里，后汉田畴避难于此。开山图载，山出不灰之木、生火之石。乐史太平寰宇记云，无终山一名翁同山，又名阴山，在渔阳县西北四里。 神仙传云，仙人帛仲理，辽东人。隐居无终山，和丹炼金，以救百姓。 干宝搜神记云，无终山有阳雍伯玉田。阳雍伯，洛阳人。父母没，葬此山。上无水，汲水作义浆以饮者。有人遗石子一升，种之，后得五双白璧，以聘徐氏女，得为妻。石邦政丰润县志云，大天宫寺在城西南，辽清宁元年盐监张日成建，有塔十三级。初名南塔院，寿昌三年赐额极乐院。至金、宋修好，行府悉寓此。天会五年敕赐今名。丰润本玉田永济务，今置永济县，大安初改今名。人也。善谋，有识量。幼为舒噜后兄欲稳〔考异〕陈浩辽史考证云，卷七十三约尼常衮欲稳，另一人。所得。后来媵，知古后焉。久未得见，因其子匡嗣得亲近太祖，因间言之。召见，与语，知其贤，命参谋议。神册初，遥授彰武节度使。〔考异〕太祖纪，未建元之三年，破刘守光，诏左仆射韩知古建龙化州神德碑。是知古在神册前已官左仆射。与传异。七年，诏群臣分决滞讼，以知古总其事。传未载。久之，信任益笃，总知汉儿司事，兼主诸国礼仪。时仪法疏阔，知古援据故典，参酌国俗，与汉仪杂就之，使国人易知而行。〔考异〕续通考云，穆宗立，诏朝会用嗣圣皇帝故事，用汉礼。有正旦、冬至、朝贺仪，常朝起居仪，正座仪，帝后及太后生辰朝贺仪，宰相中谢仪，拜表仪，立春、重五、重九仪，再生礼、贺祥瑞仪，平难仪，皇帝受册仪，太后册仪，纳后、册后、册太子仪，贺生皇子仪，册王妃、公主仪，公主下嫁仪，宋使见帝及曲宴、朝辞、贺生辰仪，见太后及朝辞仪，高丽使，夏使各仪均详礼志。巡狩所至，有问圣体仪，车驾还京仪，勘箭仪。又，辽代著礼书者，有耶律庶成、萧韩家奴。外有辽朝杂礼。均见黄虞稷金陵黄氏书目。

进左仆射，与康默记将汉军征渤海有功，迁中书令。天显中〔卒〕（据辽史卷七四韩知古传补），为佐命功臣之一。

子匡嗣，以善医直长乐宫，后视之犹子。应历十年，为太祖庙详衮。原作详稳。

景宗在藩邸，与之善。即位，拜上京留守。封燕王，改南京留守。终西南招讨使，赠尚书令。〔考异〕景宗纪，乾亨元年，匡嗣降封秦王。传未载。其为西南招讨使，传载在乾亨二年，纪系之三年。又异。

子德源，官平章事、节度使。〔考异〕德源传（统和）〔保宁〕（据辽史卷七四韩德源传改）中，官崇义、兴国二军节度。按，德源以乾亨初卒，不应卒在先而仕反在后，则统和当系保宁之误。

德让，即隆运。

德威，〔性〕（据辽史卷八二耶律德威传补）刚介，善驰射。屡历行阵，仕至开府、平章事，〔卒〕（同上补）赠侍中。子帕克戬，原作雾金终彰国节度使。二孙：色实，原作谢十。〔考异〕陈浩辽史考证云，卷十七圣宗太平八年，永兴宫都部署色实，另一人。官特哩衮；原作惕隐达噜噶原作涤鲁。〔考异〕兴宗纪，重熙十二年，特哩衮敌鲁古封漆水郡王、西北招讨使，十五年，坐赃免官，十七年复封爵。事绩悉与传合，是涤鲁即系敌鲁古。官南府宰相，封汉王。

德崇，善医，累官武定节度使。子制心，官南院大王，封燕王，〔卒〕，（据辽史卷八二耶律制心传补）赠政事令。制心，以皇后外弟，恩遇日隆，每内宴欢洽，辄避之。后不悦。制心曰：“宠贵鲜能长保，以是为忧耳！”太平中，制心一日沐浴更衣卧，家人闻丝竹之声，俄而逝矣。追封陈王。守上京时，酒禁方严，有捕（送）〔获〕（同上改）私酝者，一饮而尽，笑而不诘。卒之日，部民若哀父母。

德凝，谦逊廉谨。保宁中，迁护军司徒。开泰间，累迁护卫太保、都宫使，崇义节度使，〔考异〕圣宗纪，统和三年由彰武节度使徙崇义。则开泰当系统和之讹。终大同节度使。子果桑，原作郭三。〔考异〕汪辉祖辽史同名录云，卷十七兴宗重熙十年石硬寨太保，卷二十五道宗大安八年奚六部图哩，三人同名郭三。官天德节度使。孙高嘉努，原作高家奴。〔考异〕陈浩辽史考证云，卷十九兴宗重熙十二年延昌宫使，另一人。官南院宣徽使；果实，原作高十官辽兴节度使。〔考异〕宏简录云，涤鲁封隋王，高十官南府宰相。稍异。

张砺，磁州人。仕唐为翰林学士。从赵德钧援张敬达，兵败，来降。〔考异〕契丹国志云，磁州滏阳人。初从继岌入蜀，为掌书记。潞王时以翰林学士为行营判官。兵败，随德钧入契丹。　册府元龟云，初为举子，在梁依翰林学士李愚，贞明中，自河阳北归庄宗，版授太原府掾，出入崇、达之间，揄扬愚之节概，及愚所为文仲尼遇颜回寿、夷齐非饿等篇，人望风称之。

通鉴云，天成元年正月，马彦珪奉刘后教，害郭崇韬并其子廷诲、廷信，左右皆窜匿，独掌书记张砺诣魏王府恸哭久之。　薛史云，砺字梦臣，祖庆，父宝，世为农。幼嗜学，有文藻。唐魏王班师，砺从副招讨任圜东归。至利州，会康延孝叛，回据汉州，圜奉魏王命讨延孝。砺请伏精兵，诱以赢卒，延孝本骁将，睹之殊不介意，及战酣，发精兵击之，延孝果败，被擒。四月五日至凤翔，内官向延嗣奉庄宗旨，〔令〕（据旧五代史卷九八张砺传补）诛延孝。监军李延袭阻之，圜未决。砺曰："明公血战擒贼，安得违诏养祸，是破槛放虎，自贻其咎也。公若不决，余自杀此贼！"圜遂诛延孝。天成初，明宗召为翰林学士，历礼、兵二部员外郎。未几，父姜卒，托故归滏阳，闲居三年。识者鄙之。所载较详。太宗见其刚直，有文彩，授翰林学士。临事尽言，无所避，益重之。寻谋亡归，为追骑获。太宗责通事高彦英不善遇，杖之，而谢砺。

会同初，升承旨，兼吏部尚书。从入汴，诸将萧翰、耶律郎五、满达原作麻答辈肆杀掠，砺奏曰："今大辽始得中国，宜以中国人治之，不可专用国人及左右近习。苟政令乖失，则人心不服，虽得之，亦必失之。"不听。改右仆射，兼平章事。〔考异〕欧史云，德光给赵延寿貂蝉冠，砺三品冠服。砺不肯服，延寿别为王者冠，砺亦冠貂蝉冠以朝。仪卫志云，太宗定衣冠之制，北班国制，南班汉制，各从其便。国服中有祭服，辽以祭山为大礼，服饰尤盛。大祀帝服：金文金冠，白绫袍，红带。小祀帝服：硬帽，红缂丝龟文袍。后戴红帕，服络缝红袍。臣僚、命妇服饰，各从本部旗帜之色。朝服：帝服，实鲁衮冠，络缝红袍，垂饰犀牛带错，络缝靴，谓之国服衮冕，太宗更以锦袍、金带。公服：谓之"展裹"，著紫。重熙末，诏八房族巾帻。清宁（中）〔初〕（据辽史卷五六仪卫志改）诏非勋戚后及有职事人，不带巾。皇帝紫皂幅巾，紫窄袍，玉束带，或衣红袄。臣僚亦幅巾，紫衣。田猎服：帝幅巾，擐甲戎装，以貂鼠或鹅项、鸭头为扞腰。蕃、汉诸司使以上并戎装，衣皆左衽，黑绿色。至汉服中，祭服，终辽之世，郊邱不建，大裘冕服不书。衮冕，祭祀宗庙，遣上将出征、饮至、践祚、加元服、纳后若元日朝会则服之。金饰，垂白珠十二旒，以组为缨，色如其绶，（鞋）〔靰〕（同上改）纩充耳，玉簪导。玄衣、纁裳十二章。朝服：帝服通天冠，加金博山，附蝉十二，首施珠翠，绛纱袍，冬至受朝，元日上寿则服之：皇太子受册，元旦、冬至入朝，服远游冠，三梁，加金附蝉九，首施珠翠。三品以上进贤冠，三梁，宝饰。五品以上进贤冠，二梁，金饰。公服：帝服翼善冠，朔视朝用之。柘黄袍，九环带，白练裙襦，六合靴。一品至五品，冠帻缨，簪导，绛纱单衣，白裙襦，革带（按，<u>辽史</u>卷五六<u>仪卫志</u>云，"带钩𫐐，假带方心……"未称"革带"）。常服曰"穿执"，言穿靴、执笏也。帝，柘黄袍衫，折上头巾，九环带，六合靴，起自<u>宇文氏</u>。太子进德冠，九琪，金饰。五品以上，幞头，紫袍，牙笏。六品以下，幞头，绯衣，木笏。八品九品，幞头，绿袍。　<u>契丹国志</u>云，番官戴毡冠，上以金华为饰，或加珠玉、翠毛，<u>盖汉魏</u>时辽人步摇冠之遗制。又，丈夫武缘巾，绿花窄袍，中单多红绿色。贵者被貂裘，以紫黑色为贵，青为次。又有银鼠，尤洁白。贱者被貂毛、羊鼠、沙狐裘。弓以皮为弦，箭削桦为竿，鞴勒轻快，便于驰走。　<u>孟元老东京梦华录</u>云，正旦大朝会，<u>辽</u>大使顶金冠，后檐尖长如大莲叶，服紫窄袍、金蹀躞，副使展裹金带，如汉服。　<u>沈括梦溪笔谈</u>云，带衣所垂蹀躞，盖欲佩带弓剑、帉帨、算囊、刀砺之类。　<u>江休复嘉祐杂志</u>云，青貂穴死牛腹掩取之，紫貂升木射取之，黄色乃其老者。银貂最贵，主服之。驼鹿重三百斤，效其声致之，茸如茄者，切食之。所载各异。

　　未几，<u>太宗</u>崩。<u>砺</u>在<u>恒州</u>，<u>萧翰</u>与<u>满达</u>以兵围其第，数之曰："汝何故言国人不可为节度使？及留我守<u>汴</u>，汝独以为不可。又谮我与<u>嘉哩</u>原作解里好掠人财物、子女。今必杀汝！"趣令锁之。<u>砺</u>抗声曰："此国家大体，安危所系，吾实言之。欲杀即杀，何以锁为！"<u>满达</u>以<u>砺</u>大臣，不可专杀，救止之。是夕，<u>砺</u>愤恚卒。〔考异〕<u>册府元龟</u>云，<u>砺</u>官翰林，<u>开运</u>末，与<u>虏居南松门</u>之（右）〔内〕（据<u>册府元龟</u>卷七九六改），轩辖交织，多继烛接（语）〔洽〕（同上改），无倦色。因密言曰："契丹用法如此，岂能久处汉地"，（按，同上书，"契丹"作"胡"，"汉地"作"京师"，此皆系引者妄加改动）及北去，道路有觞酒豆肉，必遗故客属僚。死之日，囊装惟酒食器皿而已，识者高之。　薛史云，砺平生抱义怜才，急于奖拔，闻人之善，必攘袂以称之；见人之贫，则倒箧以济之，故死之日，中朝士大夫皆叹惜焉。传均未载。

日下旧闻考云，燕京琉璃厂有辽御史大夫李内贞墓，其志石则乾隆三十六年工部郎中孟澍得之窑厂，文云："大辽故银青崇禄大夫、检校司空、行太子左卫率府率、御史、上柱国、陇西李公讳内贞，字吉美，汧沔人。唐庄宗举秀才，除授将（作佐）〔仕〕（据辽文汇卷四改）郎，试秘书省校书郎，守雁门县主簿，次授儒林郎，试大理寺〔丞〕（同上书补），守妫州怀来县丞。乱后归辽，太祖一见器之，加朝散大夫、检校工部尚书兼御史中丞、赐紫金鱼袋，兼属珊部提举使。太宗初，改银青光禄大夫、检校尚书、右仆射兼御史大夫。世宗加检校尚书左仆射。故燕京留守南面行营都统燕王达喇，以公才识俱深，委寄权要，补充随使左都押衙中门使兼知厅勾次、摄蓟州刺史，次授都（举）〔峰〕（同上书改）银冶都监。景宗改检校司空兼御史大夫、上柱国、次行太子左卫率府率。保宁十年六月一日，薨于卢龙坊私第，年八十。其年八月八日，葬于京东燕下乡海王村。按，内贞仕辽，官品甚崇，而国史无传，附载于此。陈士元诸史夷语云，应天皇后从太祖征讨，所俘人有技艺者，置之帐下为属珊部，盖比珊瑚之宝云。

辽史纪事本末卷六

西北部族属国叛服

太祖即位之元年（丁卯九〇七）春二月，黑车子室韦八部降。〔考异〕部族表作正月。

冬十月，讨黑车子室韦，破之。〔考异〕部族表作十一月。杜佑通典云，室韦有五部，后魏末通焉。并在靺鞨北路，出柳城东北，近者三千五百里，远者六千二百里，诸部不相统摄。一、南室韦；二、北室韦；三、钵室韦；四、深末怛室韦；五、大室韦。突厥常以吐屯、潘垤统领之。至唐分为九部。宋祁云："室韦为契丹别种，居东胡北边，盖丁宁苗裔。地据黄龙北，傍猛越河，西南去长安七千里，地分七部。宋白续通典云，室韦别种为黑车子，距汉界千余里。胡峤陷北记云，黑车子善作车帐，其人知孝义，地贫无所产。室韦有三：一、室韦；二、黄头室韦；三、兽室韦。地多铜、铁、金、银，人工巧，器皆精好，善织毛锦。地尤寒，马溺至地成冰堆。在今黑龙江西北。食货志云，坑冶之制，自太祖并室韦，地产铜、铁、金、银，其人善作铜、铁器。又，曷术部多铁，"曷术"，国语铁也，一作哈准部。置三冶：曰柳湿河，曰赛音楚古尔苏，曰手山。神册初，平渤海，得广州（按，据辽史卷二太祖纪平渤海在天显元年。此作神册，似误），本渤海铁利府，改为州，地亦多铁。东平县本汉襄平县故地，产铁（矿），（据辽史卷三八地理志删，下同）置采炼者三百户，随赋供纳。以诸坑冶多在国东，故东京置户部司，长春州置钱帛司。太祖征幽、蓟，师还，次山麓，得银、铁（矿），命置冶。圣宗太平间，于潢河北阴山及辽河之源，各得金、银矿，兴冶采炼。自此迄天祚，国家皆赖其利。又，兴宗重熙二年十二月，禁夏国使沿私市金、铁。道宗清宁八年十一月，禁南京不得私货铁。咸雍六年七月，禁鬻生、熟铁于回纥、阻卜等界。见续通考。

　　二年（戊辰九〇八）夏五月癸酉，命皇弟特哩衮原作惕隐萨喇原作撒剌讨乌丸及黑车子室韦。

　　三年（己巳九〇九）冬十月己巳，遣鹰军讨黑车子室韦，破之。西北乌梁海〔考异〕部族表作喑娘改，属国表作干朗改，未知孰是？部族进牵车人。〔考异〕张舜民使辽录云，契丹上京，有人见二青衣驾赤犊车出，其中别有天地，花木繁茂，云此是兜元国也。表未载。

　　四年（庚午九一〇）冬十月，乌满原作乌马山奚库济原作库支及札鲁特、原作查剌底超默特原作锄勃德等部叛，讨平之。

　　五年（辛未九一一）春正月丙申，太祖亲征东、西〔部〕奚（部），（据辽史卷一太祖纪乙正）平之。于是尽有奚、霫之地，五部咸入版图。〔考异〕唐书，贞观末，奚内附，以其地为饶乐府，而以阿会部为弱水州，处和部为祁黎州，奥失部为洛环州，度稽部为太鲁州，元俟折部为渴野州，皆统于营州。武后时叛附契丹。开元二年，奚部李大酺来降，授饶乐都督。元和初，奚王海落可入朝，封郡王。唐末徙居阴凉川，地方三千里，为契丹灭，复徙琵琶川，去幽州数百里，今大宁卫废利州境。通典云，库莫奚，其先，东部鲜卑别种，为慕容晃所灭，窜居松、漠，分五部：一、辱纥主；二、莫贺弗；三、契个；四、木昆；五、室得理。每部置俟斤一人。后唯阿会氏最盛，唐末受制于契丹。有去诸者，徙妫州，依北山而居，自别为西奚；而东奚在琵琶川者亦为契丹并。详文献通考。　欧史云，五部奚：一、阿荟；二、啜米；三、粤质；四、怒皆；五、黑纥支。　王溥五代会要，啜米作啜末，粤质作奥质，怒皆作奴皆，黑纥支作黑讫支。　薛史云，奚之先，为匈奴破，保乌丸山，分五姓，皆有辱纥主为统领。　金史云，库莫奚历元魏、周、隋、唐皆兵强，后契丹破之，西保隆科，留者臣契丹，号东、西奚。有五世族，与契丹世为婚姻，附姓舒噜。凡十三部，二十八落，一百一帐，六十二族。所载各异。胡三省通鉴注云，沈括言奚人业伐山种、陆种、斫车。契丹之车皆资于奚。　按，辒车之制，如中国后广前杀而无股，材俭易败，不能任重而利于行山；长毂广轮，轮之牙，其厚不能四寸，而辀之材不能五寸。其乘牛，驾之以橐驼，上施旒，惟富者加毡幰文绣之饰。

秋七月壬午朔，锡尔丹原作斜离底。洎诸蕃使来贡。

七年（癸酉九一三）冬十月戊寅，和州回鹘来贡。

〔考异〕王溥唐会要云，贞元五年，回纥使李义进请因咸安公主下降，改纥为鹘字，盖欲夸其国俗俊健如鹘也。本匈奴别种，先曰袁纥，曰乌护，曰乌纥，曰韦纥，后为回纥。居薛延陀北娑陵水上，去长安七千里。初附突厥，唐贞观末，击杀薛延陀可汗，内附，九姓，凡十一部。暨灭突厥，势益强。唐末为黠戛斯所破，后遂微。其别部在甘州等处者，屡贡中国。见唐史诸书。

九年（乙亥九一五）春正月，乌尔古原作乌古部叛，讨平之。

神册元年（丙子九一六）秋七月壬申，太祖亲征突厥、〔考异〕册府元龟云，突厥，本匈奴别种，居金山之阳。金山形似兜鍪，其俗谓兜鍪为突厥，因以为号。 方舆纪要云，初为西方小国，姓阿史那氏，世居金山。至土门始强大，嗣灭柔然，漠北皆属，地方万里。唐执颉利，遂内附。天宝四载，回纥击杀白眉可汗，突厥乃灭，今盖其遗种也。托欢、原作吐浑。〔考异〕吐浑、吐谷浑，系二国，纪、表屡见。今将吐浑改托欢，吐谷浑仍旧，以示区别。 王溥五代会要云，吐浑本吐谷浑也。唐咸通中酋长赫连铎从平徐方有功，授振武节度。复盗据云中，后唐武皇逐之。其部族散居蔚州界。有白承福者，依中山地石门为栅，庄宗赐姓名李绍鲁，拜节度。晋割隶契丹，为安重荣诱归国；契丹来索，晋高祖命张澄驱还旧地。党项、〔考异〕册府元龟云，党项种有岩昌白银狼，东接临洮，西距叶护，南北数千里，处山谷间。每姓别为部落，大者五千余骑，小亦千余骑。其人喜盗窃而多寿，往往至百五六十岁。

王溥五代会要云，古析支地，汉西羌别种。东至松州，南接春桑、述桑诸羌，北连吐谷浑，亘三千余里。有数姓：为细封氏、费听氏、析利氏、野辞氏、房当氏、米禽氏，拓跋氏最为强。居庆州者号东山部，居夏州者为平夏部。　五代史有折氏、野利氏，而无析利氏、野辞氏。方舆纪要云，又黑党项在赤水西，雪山党项居雪山下，姓破丑氏。　按，党项有二：在银夏以北居川泽者为平夏党项，在安盐以南居山谷者为南山党项。所载各异。小蕃沙陀本西突厥处月别种。地在北庭大碛金婆山之阳，蒲类海之东，姓朱耶氏，其后北徙，遂为后唐。今巴里坤西北路天山北有大碛，即其地。诸部，皆平之，俘其酋长及器械无算。

二年（丁丑九一七）春三月己未，裕库呼原作于骨里叛，命实噜原作室鲁以兵讨之。

三年（戊寅九一八）春正月丙申，以皇弟安图原作安端为特哩衮，讨西南诸部。

四年（己卯九一九）秋九月，征乌尔古部，还，侍太后疾。愈，复还军中。

冬十月丙午，命太子将先锋兵击破之，俘获无算。自是举部来附。以乌尔古、奚为图噜、原作图卢纳里、原作涅离阿尔威〔考异〕续通考作奥畏。三部。师次裕库呼，原作于骨里分路击之，举国内附。

天赞元年（壬午九二二）夏六月，遣鹰军击西南诸部，以所获赐贫民。

冬十月甲子，分德呼原作迭剌部为二院。

二年（癸未九二三）春三月戊寅，讨奚呼逊，原作胡损获之，置奚托辉原作堕瑰部。〔考异〕陈士元诸史夷语云，奚酋胡损门名堕瑰，太祖灭奚，因其门名置为堕瑰部。

夏六月辛丑，波斯国来贡。〔考异〕王溥唐会要云，国在京师西万五千三百里。西域诸故事，大祆者皆诣波斯受法焉。以六月一日为岁首。地多名马及骏犬，今所谓波斯犬也。册府元龟云，波斯国，其先有波斯匿王者，子孙以王父字为氏，因为国号。方舆纪要云，在拂菻之东，汉西域条支国也。纪载各判。

三年（甲申九二四）夏六月乙酉，西讨托欢、党项、准布。原作阻卜，一作卓本布。

秋七月辛亥，哈喇原作曷剌等击索欢纳原作（索）〔素〕昆那（据辽史卷二太祖纪改）山东部族，破之。

八月，遣骑攻准布（按，据辽史卷二太祖纪，攻阻卜（即准布）在九月丙午）。

九月，破呼穆苏原作胡母思山番部。

冬十月丁卯，遣兵逾流沙，拔浮图城，尽取西鄙诸部。寻获甘州回鹘乌穆珠汗。原作乌母主可汗。〔考异〕太祖纪作遣使谕降，不言"获"，今从属国表。

四年（乙酉九二五）春二月丙寅，大元帅耀库济原作垚骨略党项，献其俘。前后从征万里，所向有功。

冬十一月，日本国（按，据辽史卷二太祖纪，"日本国来贡"在十月庚辰）、〔考异〕文献通考云，倭在韩及带方郡东南大海中。恶倭音，更号日本。宋雍熙元年，本国僧奝然等浮海献铜器十余事，并本国职贡、今年代纪各一卷。国中有五经及佛书、白居易集七十卷。土宜五谷而少麦，交易用铜钱，文曰"乾文大宝"。国王姓王，传袭至今六十四世、文武僚吏皆世官。东奥州产黄金，西别岛出白银以为贡。玉海云，奝然言国中多中国典籍，因出孝经一卷，越壬正孝经新义一卷。元丰元年闰正月，日本僧仲回贡方物。乾道九年五月贡方物。所载甚详。**新罗国**〔考异〕王溥五代会要云，汉乐浪郡地。南邻高丽，西接百济，东西千里，南北二千里。唐封乐郎郡王，号其国为鸡林州，世以金氏为都督。　文献通考云，新罗东滨大海，杂有华夏、高丽、百济之属，兼有沃沮、不耐、韩涉之地。后唐同光元年，王金朴英遣使朝贡。后汉书涉貊亦属乐浪，有果下马，高三尺，乘之可于果树下行。　徐坚初学记，涉国出果下马，汉时献之，高三尺。　册府元龟云，涉貊南接辰韩，北与高句丽、沃沮接，东穷大海。朝鲜之东，皆其地也。**来贡。**

天显元年（丙戌九二六）**春正月，太祖亲征渤海国，平之。其安边、鄚颉、定理三府寻叛，复定。**

二年（丁亥九二七）**冬十二月，女直国遣使来贡。**

三年（戊子九二八）太宗不改元。**春正月己未，黄龙府罗宁**原作罗涅河**女直达啰克**原作达卢古**来贡。**

夏五月丁卯，命林牙图鲁卜〔考异〕蒙古语"形势"也，旧作突吕不，今译改。**讨乌尔古部，寻献俘。**

秋（七）〔**八**〕（据辽史卷三太宗纪改）**月，突厥来贡。**

冬十一月丙子，布古德原作鼻骨德。〔考异〕天祚纪，原作鼻古德，百官志作鼻国德，又作鼻德骨，亦作鼻骨，均系一部。**来贡。**

五年（庚寅九三〇）**夏六月己未，达鲁特**原作敌烈德。〔考异〕部族表作德呼，云原作敌烈得。卷十五开泰四年作迪烈得；百官志又作迪烈德，均系一部。毕沅续通鉴作德呼勒，为辽外十部之一也。来贡。

秋七月壬申，<u>乌尔古</u>来贡。

六年（辛卯九三一）春正月甲子，西南边将以慕
化<u>哈噶斯</u>原作辖戛斯，疑即<u>黠戛斯</u>。在废<u>庭州</u>北七千里，即古<u>坚
昆国</u>。欧史契丹附录，辖戛在<u>妪厥律</u>之西。胡峤<u>陷北记</u>云，契丹西
则<u>突厥</u>、<u>回纥</u>，西北至<u>妪厥律</u>。地苦寒，水出大鱼，多黑、白、黄
貂鼠皮，诸国仰之。其西<u>辖戛</u>，又其北<u>单于</u>、<u>突厥</u>，皆与<u>妪厥律</u>略
同。所载各异。<u>国</u>人来。乙丑，<u>达鲁特</u>来贡。

七年（壬辰九三二）冬十一月丁亥，遣使存问<u>呼
哩</u>原作<u>获里</u>国。丁未，<u>准布</u>贡“海东青”鹘。

八年（癸巳九三三）春正月戊子，<u>女直</u>来贡。庚
子，命皇弟<u>鲁呼</u>原作<u>李胡</u>率兵伐<u>党项</u>，克之。寻遣使
来贡。

夏六月甲寅，<u>准布</u>来贡。甲子，<u>回鹘阿尔斯兰</u>
原作<u>阿萨兰</u>来贡。

十年（乙未九三五）春三月戊午，<u>党项</u>来贡。

夏四月，<u>吐谷浑</u>酋长<u>推勒伊德</u>原作<u>退欲德</u>率众内
附。〔考异〕<u>会海菁华</u>云，本<u>辽东鲜卑</u>也。<u>西晋</u>时酋帅<u>徒何涉归</u>生二
子：庶长曰<u>吐谷浑</u>，正嫡曰<u>若洛廆</u>。伐统部落，别为<u>慕容氏</u>。浑分七
百户，因马斗，度<u>陇</u>，止<u>枹罕</u>，子孙据有<u>甘</u>、<u>松</u>之南，<u>洮水</u>之西，
极于<u>白兰</u>，在<u>益州</u>西北。有<u>青海</u>，周回千余里。海中有小山，产马，
号龙种，时称<u>青海骢</u>焉。　宋白<u>续通典</u>云，<u>吐谷浑</u>谓之<u>退浑</u>，盖语
急而然。<u>圣历</u>中，<u>吐蕃</u>陷<u>安乐州</u>，众东徙，散在<u>朔方</u>。　<u>方舆纪要</u>
云，在<u>陕西</u>塞外古<u>析支</u>地，<u>廆</u>庶兄<u>吐谷浑</u>度<u>陇</u>居<u>洮水</u>，保<u>白兰山</u>，

地方数千里，称<u>河南王</u>。孙<u>叶延</u>，因号其国曰<u>吐谷浑</u>。唐初<u>李靖</u>讨之，<u>伏允</u>走死，自是始衰。<u>龙朔</u>三年为<u>吐蕃</u>灭，此盖其遗裔也。

<u>紫阳纲目</u>云，<u>吐谷浑</u>自号<u>河南王</u>，有子六十人。长子<u>吐延</u>嗣，为<u>羌</u>酋所杀；子<u>叶延</u>立，孝而好学，以为<u>礼</u>公孙之子，得以王父字为氏，乃自号其国曰<u>吐谷浑</u>。又云，鲜卑谓兄为<u>阿于</u>。<u>吐谷浑</u>西徙，<u>庞</u>追思之，为之作<u>阿于</u>之歌。

十一年（丙申九三六）夏四月癸酉，<u>女直</u>诸部来贡。

六月戊午朔，<u>布古德</u>来贡。乙酉，<u>吐谷浑</u>来贡。

秋七月壬辰，<u>佛古宁</u>原作蒲割頞公主率<u>三河乌尔古</u>来朝。<u>伊奇理</u>原作于厥里来贡。〔考异〕<u>太宗纪</u>未载，今从部族表。

十二年（丁酉九三七）冬十一月丁卯，<u>铁骊</u>来贡。〔考异〕<u>通典</u>云，<u>铁勒</u>之先，<u>匈奴</u>苗裔也。自<u>西海</u>之东，依据山谷，并有君长，属东西两<u>突厥</u>。性凶恶，善骑射，<u>突厥</u>用以制北荒十六国。<u>慕容垂</u>时北塞，<u>后魏</u>末<u>河西</u>，并云有<u>敕勒</u>部。<u>铁勒</u>，盖言讹也。<u>金史</u>云，<u>奚</u>有其地，号称<u>铁勒</u>州，亦作<u>铁骊</u>州。纪载各异。

会同元年（戊戌九三八）春二月壬午，<u>室韦</u>进白麛。戊子，<u>铁骊</u>来贡。

秋八月戊子，<u>女直</u>来贡。庚子，<u>吐谷浑</u>、<u>乌孙</u>、<u>通典</u>云，国名号<u>大昆弥理</u>。<u>赤谷城</u>去<u>长安</u>八千九百里，内地五千里。行国，随畜牧，与<u>匈奴</u>同俗。<u>靺鞨</u><u>欧史</u>云，<u>黑水靺鞨</u>本号<u>勿吉</u>。东至海，南界<u>高丽</u>，西接<u>突厥</u>，北邻<u>室韦</u>，古<u>肃慎氏</u>地。众分数十部，<u>黑水靺鞨</u>最处其北，劲悍，无文字之记。皆来贡。

三年（庚子九四〇）春二月庚子，<u>乌尔古</u>遣使献<u>伏鹿国俘</u>，赐其部<u>额尔奇木</u>_{原作夷离堇}旗鼓以旌其功。

秋八月乙巳，<u>准布</u>及<u>呼里</u>_{原作赁烈}国来贡。

九月壬午，边将奏破<u>吐谷浑</u>，擒其长。

<u>珠巴克</u>_{原作术不姑}三部人来贡（按，据辽史卷四<u>太宗纪</u>，是年九月壬午以后，仅记有<u>晋</u>、<u>女直</u>、<u>吴越</u>来贡，未及其他）。

四年（辛丑九四一）春正月，<u>纳喇</u>、_{原作涅剌。〔考异〕卷二十二作<u>捏剌</u>；卷六十九作<u>尼剌</u>，系一部。}<u>威</u>_{原作乌瑰}二部，<u>伊实</u>、_{〔考异〕<u>唐古特</u>语"智慧"也。旧作乙室，今译改。}<u>丕勒</u>、_{原作品}<u>图吉</u>_{原作突举}三部均来上<u>党项</u>俘获。

夏六月，<u>阿勒达</u>_{原作阿里底}来贡。_{纪未载，今从部族表。}

冬十一月庚午，<u>吐谷浑</u>请降，抚谕之。

五年（壬寅九四二）夏六月丁巳，<u>托克托呼</u>、_{原作徒睹（姑）〔古〕（据辽史卷四太宗纪改）}<u>苏色</u>_{原作素撒}国人来贡。

冬十月己巳，诏征诸路兵。遣将军<u>默赫特</u>_{原作密骨德}伐党项。

六年（癸卯九四三）夏六月丁未朔，<u>铁骊</u>来贡。己未，<u>奚超默特</u>部进白麝。_{〔考异〕<u>太宗纪</u>超默特作<u>楚库勒</u>，原作<u>锄骨里</u>。考部族表，六年六月<u>锄勃德</u>部进白麝，恐系一部。}

七年（甲辰九四四）夏六月乙巳，<u>绅穆哩</u>、_{原作纤没}

里约罗_{原作要里}诸国来贡。

秋八月辛酉，回鹘遣使请婚，不许。

八年（乙巳九四五）夏六月戊辰，回鹘来贡。辛未，吐谷浑、布古德来贡。辛巳，黑车子室韦来贡。

冬十一月戊戌，女直、铁骊来贡。

十二月乙丑、戊辰，腊，赐诸国贡使衣、马。

九年（丙午九四六）春正月庚子，回鹘来贡。丁未，女直来贡。

二月戊辰，布古德奏军籍。

三月己亥，吐谷浑军校苏咩_{原作恤烈}献生口千户，授检校司空。

夏四月辛酉朔，吐谷浑伯克齐_{原作白可久}来附。

秋七月癸丑，女直来贡。乙卯，以准布酋长哈喇_{原作曷剌}。〔考异〕太祖纪天赞三年将，另一人。为本部额尔奇木。

穆宗应历元年（辛亥九五一）冬十二月壬子，铁骊、布古德来贡。

二年（壬子九五二）春二月癸卯，女直来贡。

夏四月己亥，铁骊进鹰鹘。

冬十月戊申，回鹘及哈噶斯来贡。

三年（癸丑九五三）秋（七）〔八〕（据辽史卷六穆宗纪

改）月，<u>吐蕃</u>〔考异〕册府元龟云，在<u>长安</u>西八千里，本汉<u>西羌</u>地，后<u>魏神瑞</u>初，<u>南凉秃发樊尼</u>率众西奔，建国<u>羌</u>中，开地千里，以<u>秃发</u>为国号，语讹谓之<u>吐蕃</u>。其后浸强，地方万里。<u>欧史</u>云，<u>五代</u>时<u>吐蕃</u>已微弱，<u>回鹘</u>、<u>党项</u>诸<u>羌</u>、夷分侵其地。　<u>续通考</u>云，<u>羌</u>属，其酋<u>发羌</u>、<u>唐旄</u>等居<u>析支水</u>西<u>樊尼</u>，西济河，逾<u>积石</u>，居<u>跋布川</u>，或<u>逻娑州</u>。<u>隋开皇</u>中论赞<u>索</u>居<u>祥河</u>西，灭<u>吐谷浑</u>，尽有其地。<u>贞观</u>时始入中国，后衰，内属者曰熟户，余曰生户。又有<u>小蕃</u>、<u>大蕃</u>、<u>胡母思</u>、<u>山吐蕃</u>之别，姓<u>勃萃野氏</u>，今<u>西藏</u>地是。等国皆遣使来贡。

十三年（癸亥九六三）夏五月壬戌，<u>乌梁海国</u>进花鹿、生麝。

十四年（甲子九六四）秋九月，<u>黄室韦</u>叛。

冬十二月，<u>库克克齐</u>原作库古只。〔考异〕毕沅续通鉴作<u>楚固质</u>。奏，与<u>黄室韦</u>战，败之，降其众。赐诏抚谕。〔考异〕穆宗纪未载战事，今从<u>部族表</u>。<u>乌尔古</u>叛，掠民财畜，详衮<u>僧隐</u>〔考异〕汪辉祖辽史同名录云，太宗纪，会同六年中书令，姓<u>萧</u>；卷十六<u>圣宗太平</u>元年<u>西北路金吾</u>为大将军；卷三十七地理志，<u>丰州</u>，四人同名僧隐。与战，败绩，<u>僧隐</u>及<u>伊实</u>原作乙室〔考异〕毕沅续通鉴<u>僧隐</u>作<u>藏隐</u>，<u>伊实</u>作<u>女实</u>。等死之。

十五年（乙丑九六五）春正月己卯，以枢密使<u>伊勒希</u>原作雅里斯。〔考异〕毕沅续通鉴作<u>雅哩克斯</u>。为行军都统，<u>虎军</u>详衮<u>齐苏</u>原作楚思。〔考异〕毕沅续通鉴作<u>克苏</u>，蒙古语血也，旧作曲枢，今译改。为都监，合诸部兵讨乌尔古部。乌尔古额尔奇木子博勒岱原作勃勃底。〔考异〕毕沅续通鉴作布达齐，云旧作勃勃齐。独不叛，诏褒之。

二月，乌尔古杀其酋长苏尔台原作窒离底降而复叛。〔考异〕部族表系于正月。

三月丁丑，大黄室韦酋长伊聂济〔考异〕部族表云，原作寅底吉，穆宗纪云，原作寅尼吉。系一人。叛，亡入德呼。

夏四月乙巳，小黄室韦叛，〔考异〕部族表，大黄室韦之叛系于二月，小黄室韦之叛系于三月，较本纪均先一月。今从本纪。伊勒希、齐苏等击之，为所败，诏以托里原作秃里。〔考异〕卷六十一刑法志，伊喇秃里，另一人。毕沅续通鉴作图里。代为都统，以农古原作女古。〔考异〕汪辉祖辽史同名录云，太祖纪，神册三年涅里衮奴；卷九十四萧阿鲁带传，父纠，详稳；卷一百章奴传，天祚时叛党，四人同名女古。毕沅续通鉴作尼古。代为监军，率轻骑进讨，仍遣使持诏抚谕。

五月壬申，诏使锡济尔原作寻吉里。〔考异〕毕沅续通鉴作寻支哩。奏，谕之不从。伊勒希以达林、原作挞凛苏二群牧兵追至柴河，与战，不利，室韦酋长伊聂济亡入德呼。德呼寻来降。

秋七月甲戌，乌尔古至河德泺，寻掠上京北榆林（谷）〔峪〕（据辽史卷七穆宗纪改）居民，遣额尔奇木华喇、原作画里。〔考异〕太宗会同四年振武节度耶律画里，另一人。伊勒希巴原作夷离毕察实原作常思。〔考异〕部族表讹作

"常恩"。击之，战不利；复遣林牙萧斡原作〔斡〕〔王〕（同上书改）。卷八十四有传。〔考异〕纪、传，斡、王互见，今俱改斡。汪辉祖辽史同名录云，卷十八兴宗重熙六年使宋；卷二十九天祚保大元年太师；卷九十四耶律纳延传纳延父；耶律世良传小字，五人同名斡。往讨。（按，辽史卷七穆宗纪云："秋七月甲戌，雅里斯奏乌古至河德泺，遣夷离堇画里、夷离毕常思击之。丁丑，乌古掠上京北榆林峪，遣林牙萧干讨之。"这里综述显系有误）。

冬十月丁未，察实与乌尔古战，大败之。

十七年（丁卯九六七）春正月庚寅朔，林牙萧斡、郎君耶律贤适讨乌尔古还，帝执其手，赐卮酒，授贤适右皮室详衮。伊勒希、齐苏、辖里原作霞里三人赐醲酒以辱之。伊勒希巴古云原作骨欲。〔考异〕汪辉祖辽史同名录云，卷十七圣宗太平八年罪人；卷四十七百官志兴宗重熙七年勾管礼信司，三人同名骨欲。献乌尔古之俘。

景宗保宁三年（辛未九七一）春正月甲寅，右伊勒希巴希达满州语门帝也。原作奚底，今译改。乾亨元年为北院大王。皇族表谓系雅尔噶子，太祖孙也。〔考异〕隆运、休格、色珍、托果、萨哈勒传之奚底，均系一人。卷二十一，道宗清宁四年，奚六部大王奚底，另一人。献德呼俘，诏赐有功将士。

二月壬午，遣多和原作铎遏使阿尔斯兰回鹘。

五年（癸酉九七三）春正月甲子，特哩衮休格原作休哥伐党项，破之，献其俘。

二月壬辰，越王必舒原作必摄。字珍戬，原作籛菫，太宗子。复献党项俘获之数。

夏（四）〔五〕（据辽史卷八景宗纪改）月辛未，<u>女直</u>侵边，杀都监<u>达里塔</u>、原作<u>达里迭</u><u>伊喇</u>、〔考异〕满州语"黍"也，旧作拽剌，今译改。<u>鄂啰啰</u>，原作<u>斡里鲁</u>驱掠边民牛马。己卯，<u>阿尔斯兰回鹘</u>来贡。

六月庚寅，<u>女直</u>宰相及<u>额尔奇木</u>来朝。

八年（丙子九七六）秋八月，<u>女直侵贵德州</u>东境。

九月辛未，东京统军使<u>察喇</u>、原作<u>察邻</u>详衮<u>古</u>原作<u>涸</u>奏<u>女直袭归州</u>五寨，地理志云，<u>归州</u>观察，<u>太祖</u>平<u>渤海</u>时置，后废。<u>统和</u>末伐<u>高丽</u>复置，属<u>南女直汤河司</u>。摽掠而去。

九年（丁丑九七七）春正月丙寅，<u>女直</u>遣使来贡。寻复请宰相<u>额尔奇木</u>之职，以次授之。

冬十月甲子，<u>耶律沙</u>以<u>党项</u>降酋<u>克酬</u>、原作<u>可丑</u><u>摩约</u>原作（贺）〔买〕<u>友</u>（据辽史卷九景宗纪改）来见，赐官遣归。

<u>乾亨二年</u>（庚辰九八〇）春三月丁亥，西南招讨副使<u>耶律旺禄</u>、原作<u>王六</u>。〔考异〕<u>汪辉祖</u>辽史同名录云，卷八<u>景宗保宁</u>八年郎君；卷十一<u>圣宗统和</u>四年领国舅军，又是年太师；卷十七<u>太平</u>九年蕃州节度<u>萧王六</u>，<u>公主</u>表<u>圣宗</u>女<u>兴哥</u>下嫁<u>萧王六</u>，疑即此人，五人同名<u>王六</u>。太尉<u>华格</u>原作<u>化哥</u>遣人献党项俘。

<u>圣宗统和元年</u>（癸未九八三）春正月辛巳，<u>耶律苏色</u>原作<u>速撒</u>，字<u>阿敏</u>，官九部都详衮，在边二十年，威信大振，卷九十四有<u>传</u>。〔考异〕卷九十九<u>速撒</u>传<u>上京</u>留守，另一人。献<u>准</u>

布俘。甲申，西南招讨使韩德威奏党项十五部侵边，以兵击破之。苏色遣使来奏〔讨〕（据辽史卷一〇圣宗纪补）党项捷，下诏褒美。

夏五月壬戌，遣北王府耶律普努宁原作蒲奴宁，又作普奴宁。自此至四年冬凡八见，均系一人。〔考异〕卷十八兴宗重熙六年乌尔古达鲁特都详衮蒲奴宁，另一人。以达巴、原作敌毕德呼二部兵助讨西突厥诸部。方舆纪要云，本突厥西部。隋时，部长阿波浸强。至射匮可汗与北突厥为敌，建牙于龟兹北三弥山，拓地益广，西域皆属。唐贞观中，因乱内附。显庆二年，其酋为苏定方所擒，势遂衰。而突驰施始强，并有其地，十姓皆属。天宝后，皆附吐蕃。西南招讨使达罕原作大汉遣伊喇伯勒格原作拔剌哥谕党项诸部，降者甚众，降诏褒美。

六月乙酉，党项酋长执额尔奇木子乌延原作隈引等乞内附，诏抚纳之，仍令韩德威击其未服者，寻遣使来献俘。

冬十月癸巳，苏色奏德呼部及叛番来降，悉复故地。〔考异〕耶律托色传原作题子，官御盏郎君。是年与西边详衮苏色讨图勒舒，大破之，纪、表未载。夏文彦图绘宝鉴补遗云，题子字胜隐，官西南招讨都监。尝从侵宋，宋将有面伤而仆者，题子绘其像以示，宋将咸嗟神妙。传未书。

二年（甲申九八四）春二月丙申，宣徽使（萧）〔耶律〕布琳（据辽史卷一〇圣宗纪改）原作蒲宁奏讨女直捷。

夏四月，同平章事耶律布琳、_{原作普宁}都监萧勤德献征女直捷，授布琳政事令，勤德神武卫大将军，并赐金器。

秋八月辛卯，女直宰相哈里_{原作海里}等八族内附。〔考异〕圣宗纪云，八月，东京留守耶律穆济奏女直珠卜、萨里等八部乞率众内附，诏纳之。所载较详。

冬十一月，苏色等讨准布，杀其酋长达尔罕。原作达刺干

三年（乙酉九八五）秋八月癸酉朔，命枢密使耶律色珍_{原作斜轸}为都统，驸马都尉萧恳德为监军，讨女直。

闰九月丙申，女直宰相哲伯埒〔考异〕属国表云，原作术里补。圣宗纪云，原作术不里。系一人。来朝。

冬十一月丙申，东征女直，都统萧达林_{原作闼览}以行军所经地里、物产来上。

四年（丙戌九八六）春正月甲戌，林牙耶律穆尔古、_{原作谋鲁姑，一作磨鲁姑。}〔考异〕百官志作磨鲁古，系一人。道宗太康三年，左卫大将军谋鲁古，另一人。彰德节度使萧达林_{原作闼览}上东征俘获，赐诏奖谕。丙子，枢密使色珍、林牙勤德等上讨女直生口十余万、马二十余万及诸物。壬午，色珍等克女直，军还，遣近侍尼勒坚_{原作泥里吉}诏旌其功，仍执手抚谕，赐酒果劳之。

二月甲寅，色珍等族帅（按"族帅"不通，疑是"诸

帅")来朝，行饮至之礼，赏赉有差。

六年（戊子九八八）夏（闰五）〔六〕（据辽史卷一二圣宗纪改）月（癸）〔乙〕（同上）酉，额尔奇木鄂勒博原作阿鲁勃送沙州舆地广记云，沙州古三危之地，后入匈奴。汉武置酒泉郡，后分燉煌郡，西凉李嵩据此，元魏兼立瓜州，唐改西沙州，后仍为沙州，没于吐蕃，大中后，首领张义潮以瓜、沙十一州来归，后唐升归义军。县二:燉煌、寿昌。瓜州，晋为晋昌郡，魏国为常乐郡，唐改瓜州为西沙州，析晋昌别立瓜州，后为晋昌郡。县二:晋昌、常乐。节度使曹恭顺还，授裕悦。〔考异〕通鉴云，瓜州自后唐同光初曹义金遣使朝贡中国，至晋天福五年义金卒，七年，沙州曹元忠、瓜州曹元深遣使入朝。周世宗时拜元忠归义节度使;元深为瓜州团练使。　李焘长编云，宋建隆三年正月，加曹元忠兼中书令，元忠子延敬为瓜州防御使，赐名延恭。宋史延敬作延继。咸平五年八月，授宗寿弟宗文知瓜州。　文献通考云，沙州留后曹义金卒，子元忠嗣。太平兴国五年元忠卒，咸平四年封子延禄谯郡王;五年，延禄为从子宗寿杀，权知留后，表求旄节，授节度使。祥符末，宗寿卒，子贤顺嗣，为节度使。　玉海云，"建隆二年十一月，瓜州曹延继贡玉鞍、勒马。太平兴国三年三月，沙州曹延禄贡玉圭。一作玉碗。淳化二年献良玉。景德二年四月，曹宗寿贡良玉、名马。四年五月，贡玉印、名马，赐锦袍、金带。皇祐二年四月贡玉。均未列恭顺名，俟考。

秋七月己亥，遣韩德威讨河、湟诸蕃违命者。

八月，西北路管押详衮舒僧格原作速撒哥献哲琳、原作折立珠噜原作助里俘。东路林牙萧勤德及统军实埒原作石老以击败女直兵，献俘。女直宰相萨喇勒原作斯鲁里。〔考异〕属国表云，原作速鲁里，今从圣宗纪。来朝。

七年（己丑九八九）春二月甲寅，回鹘、师子国方舆纪要云，天竺旁国也，居西南海中。及阿思懒、辖里国来贡。是春，于阗国两次来贡。王溥五代会要云，在京师西九千九百余里，南接吐蕃，西北连疏勒，西南带葱岭，与婆罗门相连。　续通考云，在葱岭北二百里，东抵曲先，北连亦力把力，即瞿萨白那国也。东西五千里，南北千里。汉设都护治之。今在肃州西南六千三百里。辽统和七年、开泰四年俱入贡。金时遣满剌、哈撒、木丁等贡玉璞，金遣使答之。　欧史云，晋天福三年于阗国王李圣天遣马继荣来贡；晋遣张匡邺、高居诲往册为大宝国王，行二岁始至。还，记略曰："国南千三百里曰玉州，汉张骞所穷河源，而山多玉者，即此河源所出。至于阗分为三：东，白玉河；西，绿玉河；又西，乌玉河。每秋水涸，王捞玉于河，国人继之。"玉海云，建隆元年十二月，于阗国李圣文遣使贡玉圭，盛以玉匣，后屡入贡。

周辉清波杂志云，政和间从于阗国求大玉，表至，示译者，方为答诏。表云："日出东方，赫赫大光，照见西方五百国。五百国内条贯主黑汗王表上：日出东方，赫赫大光，照见四天下。四天下条贯主阿舅大官家：你前时要者玉，自家甚是用心，只为难得似你底尺寸。自家已令人两河寻访，才得似你底，便奉上也。"元丰四年于阗国上表称："于阗国偻罗大福力量、知文德黑汗王，书与东方日出处、大世界田地主、汉家阿舅大官家。"　潘永因宋稗类钞云，于阗后果得玉，厚大逾二尺，色如截肪，昔时未有。

夏四月丙辰，以御史大夫乌尔古原作乌骨。〔考异〕景宗纪保宁元年右皮室详衮，另一人。领伊实大王。

冬十一月甲申，于阗张文宝进内丹书。〔考异〕契丹国志云，于阗、高昌、龟兹、大食、小食、甘州、沙州、凉州各国三年一贡，遣使约四百余人，献玉、珠、犀、乳香、琥珀、碙砂、玛瑙器、宾铁兵器、斜合黑皮、褐黑丝、门得丝、怕里阿、褐黑丝。已上皆细毛织成，以二丈为匹。契丹回赐，至少不下四十万贯。

八年（庚寅九九〇）夏四月庚戌，女直遣使来贡。其宰相阿海寻来朝；封顺化王。

秋九月乙亥，北女直四部请内附。

九年（辛卯九九一）春正月甲戌，女直遣使来贡。

八月，进唤鹿人。〔考异〕圣宗纪未载，今从属国表。毕沅续通鉴云，是年十二月，女直首领野里雉上书于宋，言契丹怒朝贡中国，去海岸四百里，下三栅，绝其贡路，求发兵与三十首领共平三栅。帝但降诏抚谕，不出师，其后遂归于辽。纪未载。

是年三月庚子朔，振室韦、乌尔古诸部。

十二年（甲午九九四）秋八月庚辰朔，诏皇太妃（按"皇太妃"，陈汉章辽史索引谓当作"王太妃"）领西北路乌尔古等部兵，抚定西边，以萧达林原作挞凛，以下同，与前文之作闼览者，系二人，说见承天后事中。监其军事。

冬十二月癸巳，女直以宋人由海道赂本国及说乌舍原作兀惹叛，遣使来告。

十三年（乙未九九五）秋七月丁巳，乌舍乌哲图、原作乌昭度，亦作乌昭庆。渤海雅尔丕勒原作燕颇等侵铁骊，遣奚王和硕萧原作和朔奴。〔考异〕毕沅续通鉴作耶律筹宁，系一人。等讨之。

冬十月戊子，乌舍归款。〔考异〕耶律斡拉传，字斯宁，奚德呀部人。官行军都监，从和硕萧讨乌舍乌哲图，数月至其城。乌哲图请降，和硕萧不许，急攻之，不能下。因萧恒德言，略地东南，至高丽北边，比还师，士卒多死。诏夺诸将官，斡拉免议。〔寻〕（据辽史卷九四耶律斡腊传补）加平章事。所载较详。 毕沅续通鉴云，是冬，萧恒德伐富勒莫多部，人户多内附，恒德还。史未载。

十四年（丙申九九六）春三月甲寅，韩德威奏讨党项捷。

冬十月戊午，乌哲图乞内附。

十二月甲子，萧达林诱叛酉阿勒坦原作阿鲁敦。〔考异〕毕沅续通鉴作阿鲁端，系一人。等六十余人斩之，封兰陵郡王。

十五年（丁酉九九七）春正月丙子，河西党项叛，诏韩德威讨破之。癸未，乌舍长武周来降。

三月甲午，皇太妃献西边捷。〔考异〕毕沅续通鉴云，由是，辽之西路，拓地益远，然本纪于妃事甚略，疑后以罪废，当时没其战功耳。

夏五月，德呀八部杀详衮以叛，萧达林追击，败之，杀其部族之半。

秋九月戊子，达林奏讨准布捷。〔考异〕毕沅续通鉴达林作达兰。云，留意人材。时，耶律昭以事流西北部，达兰礼致门下，欲召用，以疾辞。上书言边事，从之，卒能成功。自后诸蕃岁贡方物，往来若一家，因请建三城以绝边患，诏许之，赐诗嘉奖。

命林牙耶律昭作赋以旌其功。表未载。 本传载昭书曰："窃闻治得其要，则仇敌为一家，失其术，则部曲为行路。夫西北诸部每当农时，一夫为侦候，一夫治公田，二夫给纠官之役，大率四丁无一室处。刍牧之事，仰给妻孥。一遭寇掠，贫穷立至。春夏振恤，吏多杂以糠秕，重以掊克，不过数月，又复告困。且畜牧者，富国之本。有司防其隐没，聚之一所，不得各就水草便地。兼以逃亡戍卒，随时补调，不习风土，故日瘠月（削）〔损〕（据辽史卷一〇四耶律昭传改），驯致耗竭。为今计，莫如振穷薄赋，给以牛种，使遂耕获。置游兵以防盗掠，颁俘获以助伏腊，散畜牧以就便地。期以数年，富强可望。然后简练精兵，以备行伍，何守之不固，何动而不克哉？"达林从之。

十八年（庚子一〇〇〇）夏六月，准布叛酋呼纽原作鹘展之弟特彻布原作铁勒不。〔考异〕属国表作铁剌不。率众来附，呼纽无所归，降，诏诛之。

十九年（辛丑一〇〇一）春正月，回鹘进梵僧名医。沈括梦溪笔谈云，幽州僧行均集佛书中字为切韵训诂，凡十六万字，分四卷，号龙龛手鉴，甚有词辨。契丹重熙二年集。契丹书禁甚严，传入中国者法当死。熙宁中有人自虏中得之，入傅钦之家，蒲传正帅浙西，取以镂版。其序末旧题，重熙二年五月序十余字。注一十六万三千四百余字。统和十五年丁酉七月一日癸亥，燕台悯忠寺沙门智光字法炬为之序。 晁公武郡斋读书志云，纪元通谱，隆绪尝改元，统和丁酉，至道三年也，沈存中言末题重熙二年五月序，蒲公削去之。今本乃云统和，非重熙字，存中不见旧题，妄记之耶。序曰："夫声明著论，乃印度之宏纲，观迹成书，实支那之令躅。印度则始标天语，厥号梵文，载彼贯线之花，缀以多罗之叶，开之以字缘字界，分之以男声女声；支那则创自轩辕，制于沮通，代结绳于既往，成进牒以相沿，辨之以会意、象形，审之以指事、转注。洎夫史籀变古文为大篆，程邈变大篆为隶书，蔡邕刊定于石经，束晳推详于竹简。九流竞骛，若百谷之朝宗；七略遐分，比众星之拱极。寻源讨本，备载于埤苍、广苍；叶律谐钟，咸究于韵英、韵谱。专门则字统、说文，开牖则方言、国语，字学于是乎昭矣。刓复释氏之教，演于印度，译布支那，转梵从唐，惟匪差于性相；披教悟理，而必正于名言。名言不正，则性相之义差；性相之义差，则修断之路阻矣。故祇园高士，探学海洪源；准的先儒，导引后进；辉以宝烛，启以随函。郭移但显于人名，香岩惟标于字号。流传岁久，钞写时讹。寡闻则莫晓是非，博古则徒怀愰叹。不逢敏速，谁为编修！有行均上人，派演青、齐，云飞燕、晋；善于音韵，间于字书。睹香岩之不精，寓金河而载缉，九仞功绩，五变炎凉，具辨宫、商，细分喉、齿。无劳避席，坐奉师资；讵假担簦，立祛疑滞。沙门智光，利非切玉，分黍断金，辱彼告成，见命序引。推让而宁容搁笔，俛仰而强为抽毫。刓以新音，遍于龙龛。犹手持于鸾镜，形容斯鉴，妍丑是分，故目之曰龙龛手鉴。总四卷，以平、上、去、入为次，随部复用四声列之，又撰五音图式附于后。庶力省功倍，垂益于无穷者矣。时统和十五年丁酉七月一日癸亥序。"按，辽自太祖始建寺观，至统和中僧尼渐盛，故附录于此。

三月乙酉，西南招讨司奏党项捷。

是秋，复奏讨吐谷浑捷。

八月，达啰克部来降。〔考异〕续通考云，是年达卢骨来贡。太宗三年，达卢古来贡，疑即达卢骨，今改达啰克，均系一部。

二十一年（癸卯—〇〇三）夏四月戊辰，乌舍、渤

海、鄂罗木、原作奥里米。〔考异〕部族表云，原作奥里，系一部。营卫志云，圣宗合奥里三部为一，乃奥里之讹。另一部。伊呼图、原作越里笃伊呼济原作越里吉，又作越里古。〔考异〕重熙六年作越棘。是越棘与越里吉音近致讹，"吉"又讹为"古"。系一部。等五部来贡。

六月乙酉，准布德埒哩原作铁刺里率诸部来附。寻入朝。

二十二年（甲辰一〇〇四）春三月己丑，罢诸蕃部贺千龄节及冬至、重五进贡。

秋七月，富珠哩、原作蒲奴里。〔考异〕旧作孛术鲁，今从八旗姓谱改正。博和哩原作剖和阿里等部来贡。

九（年）〔月〕（据辽史卷一四圣宗纪改）丙午，女直遣使献所获乌哲图妻子。

二十三年（乙巳一〇〇五）春二月乙丑，振党项部。

夏四月己亥，党项来侵，寻入贡。

六月己亥，达旦国九部来贡。〔考异〕李心传朝野杂记云，鞑靼之先，与女直同种，皆靺鞨后。为奚、契丹所攻，部族分散：居混同江者曰女直，乃黑水遗种，居阴山者曰鞑靼。唐末五代尝通中国，皆勇悍善战。近者为熟，远者为生。地不产铁，自金得河东，废夹锡钱；执刘豫，废铁钱，由是秦、晋铁钱皆归焉，遂大作军器，势益强。金置东北招讨司统之。 孟珙蒙达备录云，出沙陀别种，类有三：曰黑；曰白；曰生。 江休复嘉祐杂志云，鞑靼界上猎围中获一野人，披鹿皮，走及奔鹿。　续通考云，鞑靼国有班朱尼河。饮马河旧名胪朐河；元冥河旧名斡难河；清尘河旧名古儿扎河；阔阔纳浯儿海、蒙山海在速儿温都儿之地。他人水，突厥可汗以五月中旬聚此祭天地。

二十四年（丙午一〇〇六）秋八月，沙州炖煌王曹寿〔考异〕文献通考作曹宗寿，史去"宗"字，避庙讳也。见辽史拾遗。遣使来进大食〔考异〕册府元龟云，国名，在南海中。男多黑色，鼻长而大，似婆罗门；女白皙。亦有文字，出驼、马、驴、骡、殺羊等。马大于中国。兵刃劲利，俗好战斗。玉海云，祥符二年，真宗将封禅，七月，大食航主陁婆黎请以方物陪位泰山，十月，其国蕃官李麻律遣使贡玉圭，长尺二寸，自言五代祖得于西天竺，候中国圣主行封禅礼即驰贡。方舆纪要云，本波斯地。唐贞元时在西域为最强，东尽葱岭，西南际海，地方万余里。马及美玉，以对衣、银器等赐之。

二十五年（丁未一〇〇七）秋九月，西北招讨使萧托云原作图玉。讨准布，破之。本传：字兀衍，宰相哈里子。讨平准布还，尚金乡公主，加平章事，因公主杀人，罢使相，卒官详衮。子双宽，南京统军使。孙额图珲，乌尔古德呼部统军使，尚固页公主，以善战名于世。

二十六年（戊申一〇〇八）冬十二月，萧托云奏讨甘州回鹘，降其王伊噜勒，原作耶（勒）〔剌〕里（据辽史卷一四圣宗纪改）。〔考异〕托云传作伊兰，亦作牙懒。毕沅续通鉴作伊拉里克。抚慰而还。

二十八年（庚戌一〇一〇）夏五月乙巳，萧托云伐甘州回鹘，破肃州，舆地广记云，古月氏地，后入匈奴。汉开立酒泉郡，西凉李嵩自炖煌徙此，隋立肃州，唐因之，后为酒泉郡。县三：酒泉、福禄、玉门。俘其民。诏修托辉原作土隗口故城在今肃州西北以实之。

二十九年（辛亥一〇一一）夏六月丁巳，诏萧托云安抚西鄙。置准布诸部节度使。

开泰元年（壬子一〇一二）春正月辛卯，哈斯罕原作曷苏馆大王呼勒希原作曷里喜来朝。

秋八月丙申，铁骊、纳苏原作那沙等送乌舍百余户至宾州，赐丝绢。纳苏乞赐佛像、儒书，诏赐护国仁王佛像一，易、诗、书、春秋、礼记各一部。〔考异〕续通考云，辽一代内府书籍，重熙末始建秘书监收掌之。清宁元年十二月，诏设学，颁五经传、疏。八年十月，禁民间私刊印文字。十一月，诏求乾文阁所阙经籍，命儒臣校雠。咸雍十年十月，诏有司颁行史记、汉书。大安二年，召翰林学士赵孝严、知制诰王命儒等讲五经大义。

冬十一月甲辰，萧托云奏七部太师阿勒达原作阿里底。〔考异〕会同二年九月，准布阿勒达来贡。原作阿离底，系准布长。部族表作阿里底，疑与此之阿里底系一人。因部民怨，杀本部节度使巴罕原作霸暗并屠其家以叛，准布执阿勒达来献，而沿边诸郡皆叛。〔考异〕托云传，七月（按，辽史卷一五圣宗纪，此事系于十一月，疑此处误）锡林太师阿勒达杀节度，西奔鄂尔多城，即龙庭单于城也。俄准布复叛，围托云于哈屯城，势甚张。托云遣兵射却之。明年，华格来救，托云诱诸部悉降。 毕沅续通鉴云，时都监萧孝穆进军哈屯城，准布结五群牧长扎拉阿都等谋中外相应，孝穆悉诛之，余党皆溃。 按，孝穆传，扎拉阿都作扎拉图。孝穆以功迁九水诸部安抚使。所载互异。

二年（癸丑－一〇一三）春正月己未，乌尔古德呀叛，命右皮室详衮延寿〔考异〕汪辉祖辽史同名录云，卷十一圣宗统和七年四月，皇女延寿公主；又御史大夫，卷十七太平八年北德呀节度；卷六十五公主表，昭怀太子女，五人同名延寿。讨之。

是月，达旦国兵围镇州，〔考异〕方舆纪要云，辽置，一曰建安军。在临潢西北三千余里，本古可敦城，捍御突厥、室韦，谓之边防城，其相近者，曰防、维二州，金废。可敦亦作哈屯。地理志云，统和末，皇太妃奏置。选诸部族二万余骑充屯军，凡有征讨，不得抽移。又，静州本泰州金山，天庆六年升置观察。静边城本契丹二十部水草地，屯兵千骑，以防伊济。东南至上京千五百里。招州绥远军，开泰三年以女直户置，均隶西北招讨司。所载较详。州军坚守，寻引去。

三月壬辰朔，枢密使华格原作化哥，字宏隐，孟父房楚国王后，卷九十四有传。〔考异〕卷一百十张孝杰传作化葛，系一人。以西北路略平，留兵戍镇州，赴行在。寻复奉命西讨。乌尔古德呀部，悉复故疆。

秋七月，色珍奏，党项诸部叛者皆遁黄河北模叛山，其不叛者哈坦、原作曷党额勒敏原作乌迷两部，因据其地。今闻前后叛者多投西夏，不纳，遣使就加抚谕，不报；帝怒，欲伐之。遂诏夏合击，仍命

诸军多市肥马。己酉，<u>华格</u>等破<u>准布</u>酋长<u>乌巴</u>原作<u>乌</u>
<u>八</u>之众。<u>乌巴</u>寻入朝，封为王。

冬十一月癸丑，<u>华格</u>以西征有罪，削爵，出为
<u>大同</u>节度使。〔考异〕<u>华格</u>传，时奉命经略西境，与边将深入，
闻<u>蕃</u>部逆命居<u>伊济水</u>，遂进兵。敌望风奔溃，俘获无数。寻以误掠
<u>回</u>部，削<u>齗</u>王爵，以侍中卒。纪未载误掠<u>回</u>部事。又，传载拜<u>上京</u>
留守，迁北院大王。侵<u>宋</u>有功，迁南院，改北院。　<u>宏简录</u>谓由特
哩衮迁北院大王；<u>圣宗</u>纪，时官枢密。纪载各异。

三年（甲寅一〇一四）夏四月癸亥，<u>乌尔古</u>复叛。

秋九月丁酉，<u>八部</u>德呼杀其详衮刷，皆叛，诏
<u>南府</u>宰相<u>耶律乌拉噶</u>原作<u>吾刺葛</u>。〔考异〕卷十八<u>重熙</u>六年<u>耶</u>
<u>律乌鲁斡</u>，疑系一人。招抚之。壬子，<u>耶律世良</u>献德呼
俘。〔考异〕<u>世良</u>传，小字<u>斡</u>，<u>六院部</u>人。才敏给，练达国朝典故。
官平章事。时边部拒命，从<u>华格</u>征讨，为都监。师将退，<u>世良</u>力争，
追敌至<u>安真河</u>，大破之，边境以宁。封岐王，擢北枢密。命选马、
驼于<u>乌尔古</u>部，会德呼部<u>伊喇</u>杀酋长叛，攻陷<u>巨穆古城</u>。<u>世良</u>招降，
悉复故地。　<u>耶律古云</u>传，原作<u>古昱</u>，<u>图鲁卜</u>四世孙。以都监从<u>世</u>
<u>良</u>讨平叛部，以功留镇抚西北部，教之种树畜牧，民以富实。　<u>宏</u>
<u>简录</u>谓<u>古昱</u>以功迁左千牛卫上将军，诏镇西北部，<u>太平</u>七年擢北院
大王。子<u>伊逊</u>，于<u>咸雍</u>九年为<u>中京</u>留守。传均未载。又，传载<u>重熙</u>
二十一年，<u>古云</u>改<u>天成</u>节度使。查<u>兴宗</u>纪，是年无<u>古云</u>改官事。卷
九十二<u>耶律独攦</u>传，父太师<u>古昱</u>，另一人。

是年四月乙亥，<u>沙州回鹘曹顺</u>遣使来贡。〔考异〕
<u>文献通考</u>，<u>曹宗寿</u>子<u>贤顺</u>，此去"贤"字，避庙讳。见<u>辽史拾遗</u>。

四年（乙卯一〇一五）春正月丙戌，诏耶律世良讨达鲁特原作迪烈得。〔考异〕部族表作敌烈德。又，三年，世良献德呼俘。原作敌烈，系一国。部，寻大破之。

夏四月丙寅，枢密使固宁原作贯宁。〔考异〕汪辉祖辽史同名录云，卷十二圣宗统和七年伊实王；卷十九兴宗重熙十年北枢密赵国王，三人同名贯宁。奏大破八部达鲁特，降。诏奖谕。世良进讨叛命乌尔古，歼其众。复讨达鲁特，至清泥埚。时伊济原作于厥既平，朝议内徙其众，伊济安土重迁，遂叛。世良惩创，既破达鲁特，辄歼其丁壮。勒兵渡哈喇原作曷剌河，进击余党，为其将绷果〔考异〕毕沅续通鉴作巴固，云旧作勃括。所袭，军小却。翼日，后军至，绷果诱伊济之众皆遁。世良亟掩之，绷果走免，获其辎重及余党，并迁达鲁特部民，城胪朐河上居之。〔考异〕方舆纪要云，塔懒主城在胪朐河上，金废。胪朐河在临潢西北，下流今鸭子河，入混同江，注于海。西北有皮被河，出回纥北，东南经伊济入胪朐河，合沱漉河入海。辽置城其上，以控北边。去上京千五百里。塔懒主，地理志作塔哩珠。胪朐河，今名克鲁伦河，源出喀尔喀肯特山，流至漠北，与黑龙江合。纪载各异。

七年（戊午一〇一八）春三月丙午，乌尔古部节度使萧布达原作普达，字弹隐。讨叛命德呼，灭之。寻（追）〔遣〕（据辽史卷九二萧普达传改）德呼骑卒，取北准布名马以献，赐诏褒奖。

夏闰四月戊午，吐蕃王巴尔苏原作并里尊奏，朝贡〔乞〕（据辽史卷一六圣宗纪补）假道夏国，从之。按，辽境四至，契丹国志云，东南至新罗国〔西〕，（据契丹国志卷二二四至邻国地里远近补）以鸭渌江东八里黄土岭为界，至保州十一里。次东南至五节度熟女真部族。西北至东京五百余里，系北枢密所辖。次东南至熟女真国，不属契丹，地方千里。西至东京二百余里。东北至生女真国，屡为边患。契丹于南北二千余里沿边创筑城隍防守，征讨历三十年。（南界）（同上书删）西南至东京六百里。东北至屋惹国、阿里眉国、破骨鲁国，均属契丹枢密辖。西至上京四千余里。（至）〔正〕（同上书改）东北至铁离国，不属契丹。西南至上京五千余里。次东北至靺鞨国，无君长，不进贡，惟通贸易。（至）〔西〕（同上书改）南至上京五千余里。次北至铁离喜失牵国，亦无君长，不贡奉。西南至上京四千余里。正北至蒙古里国，南至上京四千余里。次北至（於）〔于〕厥国（同上书改），圣宗时人寇，驸马都尉萧徒欲击破之。东南至上京五千余里。次西北至鳖古里国。次北近西至达打国，男女精骑射，屡败国兵。东南至上京六千余里。西近北至生吐蕃国。西（至）〔北〕（同上书补）党项、突厥等国，不为患，亦不进贡，盖为熟吐浑、突厥、党项等部族所隔。东南至（雪）〔云〕州（同上书改）三千里。　胡峤陷北记云，东至海，有铁甸，人刚勇，地少草木，水浊如血。北牛蹏突厥，人身牛足，地尤寒，水曰瓠𤬑河。东北至袜劫子，髦首，不鞍而骑，善射，遇人辄杀，生食其肉，契丹五骑遇一袜劫子则散走。北狗国，人身狗首，长毛不衣，手搏猛兽，语为犬嗥。其妻皆人，生男为狗，女为人，自相婚嫁，穴居食生。有人自黑车子历牛蹏国北行一年，历四十三城，以木皮为屋，语言不通，至三十三城，得一人，能铁甸语，云地名颉利乌于邪堰。自此以北，龙蛇猛兽，魑魅群行，不可往矣，盖北荒之极也。　续通考云，西蕃有可跋海，周七十余里，东南流至云南，合西珥河。又，黄河在朵甘卫西，直马湖蛮部正西三千余里，去丽江府西北千五百余里。哈喇河出西蕃白狗岭北，西北流五百余里入黄河。庞河源出西倾山。鹏拶河出西蕃鹏拶山。又，析支水，湟水西，宁州东，其宿军谷东流五百里为邂水。哈密有畏吾儿河，城东北三十余里，合罗川卫东南。其西北三百里为甘露川。火州有蒲类海。土鲁番西南二十里为交河。亦力把力有热海，周数百里，夷呼亦息渴儿。撒马儿军有哈剌卜兰河，城东在迭里迷，城南为阿术河，火站河，沙鹿海牙城西，其东为哈卜连河。纪载甚详。

六月丙申，丕勒原作品达啰克原作打鲁瑰部节度使博罗哩原作勃鲁里至必缴原作鼻洒河，遇微雨，忽天地晦冥，大风飘四十三人飞旋空中，良久乃堕数里外。博啰哩幸获免。一酒壶在地，反不移。〔考异〕续通考，六年六月，赐萧德妃死，葬兔儿山西。数日，大风起冢上，昼晦，大雷电而雨，逾月乃止。见圣宗纪。

秋九月庚申，〔考异〕朔考，庚申系朔。佛宁原作蒲昵。〔考异〕百官志作蒲泥，系一国。国奏，〔本国与〕（据辽史卷一六圣宗纪补）乌里国封壤相接，数侵掠不宁。诏谕之。

八年（己未—〇一九）春正月壬戌，封沙州节度使曹顺为炖煌郡王。

三月癸未，辉发原作回跋部太师塔喇噶原作踏剌葛来贡。〔考异〕续通考云，兴宗重熙十二年置回跋部详稳都监，其部长匹迭台扎等尝来朝贡不绝。

九年（庚申—一〇二〇）冬十月戊子，西南招讨司奏党项部有宋犀族，输贡不时，尝有他志，请遣使督之。诏曰："边（部）〔鄙〕（据辽史卷一六圣宗纪改）小族，岁有常贡。边臣骄纵，征敛无度，彼怀惧不能自达耳！第遣清慎官将，示以恩信，毋或侵渔，自然效顺。"并命进节度使韩留治状。壬寅，大食国遣使贡象及方物，为子察克原作册割请婚。明年，遂封王子班郎君和索哩女噶老为公主，嫁之。

太平六年（丙寅—一〇二六）春二月己酉，东京留守巴格原作八哥。〔考异〕公主表，圣宗女同名八哥。奏黄翩领兵入女直界，俘获无算，得降户二百七十。诏奖谕之。

三月，准布来侵，西北招讨使萧惠字伯仁，阿固齐五世孙。击破之。

夏五月癸卯，诏萧惠将兵讨甘州回鹘阿尔斯兰部，征兵诸路，独准布酋长济喇原作直剌。〔考异〕毕沅续通鉴作特剌。后期，立斩以徇。进至甘州，攻围三日，不克而还。时济喇子聚兵来袭，准布酋长乌八〔考异〕毕沅续通鉴作乌拜。密（告来信）〔以告，惠未之信〕。（据辽史卷九三萧惠传改补）会西准布叛，袭三克军，都监尼噜古，原作涅鲁古，一作涅里姑。图吉原作突举部节度使辖里、原作谐里，字乌库勒，图吉部人。额布勒原

作曷不吕。〔考异〕卷九十三讹作阿不吕，系一人。毕沅续通鉴作阿
卜鲁。卷百十五高丽外纪曷不吕，另改赫伯舍。**等将兵三千来
救，遇敌于哈屯城西南，**地理志云，本回鹘哈屯城，原作可
敦，语讹为河董城，久废。辽完葺以防边患。高州界女直，常盗劫
行旅，迁其族于此。东南至上京千七百里。　萧罕嘉努传，重熙初，
尝奏陈自城哈屯，开数千里，西北之民徭役日增，生意日殚。警急
既不能救，叛服亦复不恒。空有广地之名，而无得地之实。今宜结
恩诸部，释罪归地，内徙戍兵，以增保障，外明约束，以正疆界。
每部各置酋长，岁修职贡，叛则讨之，服则抚之，诸部既安，必不
生衅矣。时不能用。　按，罕嘉努原作韩家奴，见卷一百三文学传，
系安图孙，官归德节度。尝与耶律庶成纂实录，有六义集十三卷及
五代史译解。又贞观政要及通历皆奉诏译；策对一卷；太宗功德碑
均出金门。诏补三史艺文志。至卷十八重熙六年都部署，卷九十六
有传，则与道宗清宁九年北宣徽荆王降封兰陵郡王，疑系一人。又，
卷二十二清宁九年副宫使；卷二十三太康三年汉人行宫都部署；卷
二十八天祚天庆五年北枢密；卷一百十四奚和勒博传保大时奚人，
六人同名韩家奴。见陈浩辽史考证。　宋白续通典云，重熙十五年，
诏曰："古之治天下者，明礼义，正法度。我朝世有明德，虽中外向
化，然礼书未作，无以示后世，卿与庶成酌古准今，制为礼典，或
有疑，与南、北院同议。"家奴乃博考经籍，自天子达庶人，情文制
度可行于世、不谬于古者，撰成三卷进之。字休坚，涅剌部人。时
刘辉官太子洗马，亦疏言西蕃为患，士卒遭戍，疲于挽运，然长策
请城于盐泺，实以汉户，使耕田聚粮，以为边费。识者韪之。亦见
文学传。**辖里、额布勒战没**（按，辽史卷一七圣宗纪，太平
六年八月记此事作"监军涅里姑、国舅帐太保曷不吕死之"。与此
异），**士卒溃散。惠仓卒列阵，敌出不意来攻营，众**

请乘时奋击，惠以军疲，未可用，弗听。乌巴请夜斫营，又不许。准布归，乃伏兵击之。前锋始交，敌败走。惠连年征讨，士马疲困，坐左迁，寻改南京统军使。〔考异〕毕沅续通鉴作都指挥使。诏遣特哩衮耶律鸿观、原作洪古，字和尔沁，枢密华格弟，官上京留守，加裕悦。〔考异〕本传，加裕悦在重熙十三年，而兴宗纪十二年八月裕悦鸿观薨。是鸿观之加裕悦，当在十三年之前。林牙华格等往讨之。

八年（戊辰一○二八）春正月庚申，党项侵边，破之。

秋九月癸丑，准布别部长呼兰原作胡懒来降。乙卯，准布长吹古原作（春）〔春〕古（据辽史卷一七圣宗纪改）来降。

冬十一月丙申，以耶律求翰〔考异〕汪辉祖辽史同名录云，卷十八兴宗重熙元年平章；六年宫中都部署，三人同名求翰。为北院大王。

兴宗重熙六年（丁丑一○三七）秋八月己卯，北枢密院言伊哷济部民苦其酋长库春原作坤长。〔考异〕部族表作浑敌。不法，多流亡；诏罢伊哷济等五国酋帅，以契丹一节度领之。营卫志云，五国部：一、博和哩；二、富珠哩；三、鄂罗木；四、伊哷图；五、伊哷济。圣宗时来附，合居本土以镇东北境，属黄龙府。

冬十一月，准布来贡。明年，其酋长通特古斯

原作<u>屯秃古厮</u>。<u>来朝</u>。〔考异〕<u>萧孝友传</u>，时官西北招讨使。先是，

<u>萧惠</u>专以威制<u>西羌</u>，诸夷多叛；<u>孝友</u>下车，厚加抚慰，每入贡辄增

其赐物，遂成姑息，诸<u>夷</u>转益桀骜。论者讥其过中。<u>表</u>未载。

九年（庚辰—一○四○）冬十一月甲子，<u>女直</u>侵边，

发<u>黄龙府铁骊军</u>拒之，以所得<u>女直</u>户置<u>肃州</u>。<u>地理志</u>

云，<u>肃州信陵军</u>，隶<u>北女直兵马司</u>，治<u>德安县</u>。

　十年（辛巳—一○四一）春二月庚辰朔，诏<u>博罗满达</u>

<u>勒</u>原作<u>蒲卢毛朵</u>部归<u>哈斯罕</u>户之没入者使复业。

　冬十月庚寅，以<u>女直</u>太师<u>塔鸦克</u>原作<u>台押</u>。〔考异〕

卷十八<u>重熙</u>二年<u>女直</u>详衮，疑即此人。卷七十三<u>欲稳传</u>，祖<u>台押</u>，

北边<u>伊喇</u>；卷十九<u>重熙</u>十年<u>女直</u>太师，为<u>曷苏馆</u>都大王，均另一人。

见<u>陈浩辽史考证</u>。为<u>哈斯罕</u>（部）〔都〕（据<u>辽史</u>卷一九<u>兴宗</u>

纪改）大王。

　十二年（癸未一○四三）夏六月辛亥，<u>准布大王通</u>

<u>特古斯</u>弟太尉<u>萨哈勒</u>原作<u>撒葛里</u>。〔考异〕卷十二<u>圣宗统和五</u>

年<u>涅剌部</u>节度使，另一人。<u>来朝</u>。

　十三年（甲申一○四四）夏四月己酉，遣<u>东京留守</u>

<u>耶律浩善</u>、原作<u>侯哂</u>，字<u>托纽</u>，北院<u>巴古济</u>后，<u>传</u>在卷九十三。

<u>汪辉祖辽史同名录</u>云，父<u>黄皮室</u>详稳<u>忽古</u>；又，<u>萧忽古</u>，<u>道宗</u>时护

卫将军；<u>外戚表龙虎卫</u>上将军<u>和克</u>亦作<u>忽古</u>，三人同名<u>忽古</u>。知<u>黄</u>

<u>龙府事耶律乌鲁斯</u>原作<u>欧里斯</u>。〔考异〕卷四十八<u>百官志</u>作<u>瓯里</u>

<u>斯</u>，<u>浩善传</u>误作<u>萧欧里斯</u>，均系一人。卷八十一<u>实噜传</u>，子<u>欧里斯</u>，

另一人。见<u>陈浩辽史考证</u>。<u>将兵攻博罗满达勒部</u>。其界内

海兰河户寻来附，招抚之。南院大王果实原作高十奏党项叛附西夏。西南招讨司奏，山西部族节度使屈烈以五部叛入西夏。

五月壬戌，罗汉努奏与党项战不利，招讨使萧布达、四捷军详衮张佛努没于阵。寻赠布达平章事。〔考异〕毕沅续通鉴云，时元昊遣兵助叛党。属国表未载。

十五年（丙戌一〇四六）（春二月丙寅）〔夏四月甲戌〕（据辽史卷一九兴宗纪改），博罗满达勒海兰河百八十户来附。

（夏）（前已补“夏”字，此据文例删）六月甲戌，西北招讨使耶律达噜噶原作敌鲁古。〔考异〕重熙十二年惕隐，封漆水郡王；十四年金吾卫大将军为乙室大王，后见十八、十九年，俱不系姓，均系一人。卷七十五耶律图鲁舒传，父太宗时为夷离堇，另一人。坐赃免官。

秋七月丁未，女直部长札穆原作遮母率众来附，加太师。

十七年（戊子一〇四八）春二月辛巳，振济页稳、原作瑞稳彻木衮原作朝稳部。

秋七月丁未，裕悦玛摩约原作摩梅欲子布格原作不葛一及伯哩原作婆离八部和费延原作虎骴等内附。

八月戊子，遣殿前都点检耶律义先本传，裕悦仁先弟，由祇候郎君班详衮，历南京统军使，封富春王，追土许。等伐富珠哩原作蒲奴里。〔考异〕毕沅续通鉴作富努里。酋托多罗。

原作陶得里。〔考异〕毕沅续通鉴作托德勒。

十八年（己丑—一〇四九）春正月丙辰，**耶律义先**奏**富珠哩**捷，寻执其酋**托多罗**来献；手诏褒奖，封**武昌郡王**。〔考异〕萧珠展传，原作术哲，时为兴圣宫使。从征**富珠哩**，擒**托多罗**，因与**义先**不协，诬**义先**罪，免官，后历北府宰相。佺**药师努**，官右伊勒希巴，**夏**为**宋**攻，求解，使**宋**通好，从之，拜南面林牙，终安东军节度。按，**珠展**为国舅族，**孝穆**弟，**噶济**子。外戚表误列，不知世次，而**药师努**又未载。

三月丁巳，**乌尔古**遣使送款。

夏五月甲辰，**五国**酋长各率所部来附。擢**耶律仙童**为左监门卫上将军。〔考异〕仙童传，**富珠哩**叛，为**五国**节度率师讨之，擒**托多罗**。又击**威部**，降其众，改**彰国**节度，进北院大王，封许国公。而宏简录授左监门卫上将军，在改**彰国**节度之前。又异。毕沅续通鉴仙童作珊图。

二十一年（壬辰—一〇五二）夏六月，遣使诣**五国**及**布古德**部捕"海东青"鹘。本纪未载，今从部族表。

冬十一月甲子，**回鹘阿尔斯兰**遣使贡名马、文豹。

道宗清宁三年（丁酉—一〇五七）春正月乙未，**五国**部长来贡方物。〔考异〕**李焘**长编云，**仁宗嘉祐三年**九月，秦凤经略司言西番**嘉勒斯赍**与**契丹**通姻。先是，**嘉勒斯赍**纳**克垒阿匝尔**等叛归**夏国**，谅祚乘此引兵攻掠境上，**嘉勒斯赍**与战，败之，获酋豪六人，收橐驼、战马颇众，因降**隆博哩**、**恭玛**、**颇克**三族。会**契丹**遣使送女妻其少子**董毡**，乃罢兵归。**契丹**既通姻，数遣使由**回鹘**

路至河、湟间，与嘉勒斯赍约举兵取河西，谓夏国也。欲徙董戬凉州与相近，嘉勒斯赍以道远辞，乃止。契丹之妻董戬也，使久留不还，间蛊其妻；董戬知之，杀使者，置其妻不见。母乔氏劝之，不从。此据高永年陇右日录并汪藻青唐录。　按，嘉祐三年，即道宗清宁四年也。纪未载。

八年（壬寅一〇六二）夏五月，武都温原作五独婉特哩衮图图尔噶原作屯秃葛等乞贡驼、马，许之。

咸雍四年（戊申一〇六八）夏四月戊午，阿尔斯兰回鹘来贡。

六月壬子，西北路雨谷，方三十里。〔考异〕食货志云，道宗初年，西北雨谷三十里，春州斗粟六钱。时西蕃多叛，上欲为守御计，命耶律唐古（省）〔督〕（据辽史卷五九食货志改）耕稼以给西军。唐古率众田胪朐河侧，岁登上熟；移屯镇州，凡十四稔，积粟数十万斛，每斗数钱。迁马人望为中京度支使，视事多岁，积粟十五万斛，辽之农谷于是为盛。而东京如威、信、苏、复、辰、海、同、银、乌、遂、春、泰等五十余城内沿边诸州，各有和籴仓。依祖宗法：出陈易新，许民间自愿假贷，收息二分，所在无虑二三十万石，虽累兵兴，未尝乏用，迨天庆间，金兵大入，尽为所有。所载甚详。续通考系之兴宗重熙中。又异。（按，据辽史卷九一耶律唐古传，唐古于兴宗重熙四年致仕；又据同书卷一〇五马人望传，人望为中京度支使在天祚时，此云"道宗初年"，误）

五年（己酉一〇六九）春正月，准布塔里干叛；诏晋王耶律仁先为西北招讨使，锡鹰纽印及剑，谕以便宜从事。仁先严斥堠，扼敌冲，怀柔服从，庶事整饬。进击塔里干，追杀八十余里，大军继至，大败之。别部来救，不敢战而降。未几，擒其酋长以献，北边遂安。

冬十一月丁丑，<u>五国</u>博和哩部叛，命右伊勒希巴萧素飒字特默，原作特兔。五院部人。〔考异〕<u>毕沅续通鉴</u>作萧<u>苏拉</u>。率兵讨降之。与其酋长来朝，徙北院林牙，改南院副部署。

十二月甲戌，<u>五国</u>来降，仍献方物。

六年（庚戌一〇七〇）春二月丙寅，<u>准布</u>来朝，贡方物。

夏四月癸未，<u>西北</u>招讨司以所降<u>准布</u>酋长至行在。

冬十月壬申，复擒其酋长来献。

七年（辛亥一〇七一）春三月己酉，以讨<u>五国</u>功，加知<u>黄龙府</u>事蒲延等千牛卫上将军。

八年（壬子一〇七二）春正月癸未，以讨北部功，加详衮<u>耶律超</u>原作巢知北院大王事（按，据<u>辽史</u>卷二三道宗纪，耶律巢知北院大王事在二月壬戌），都监萧阿噜岱<u>乌尔古德垶</u>部详衮，〔考异〕<u>宏简录</u>云，以阿噜岱曾论耶律巢功，并赏之。<u>纪</u>未载。时以战多杀人，饭僧<u>南京</u>、<u>中京</u>。〔考异〕<u>苏辙栾城集北还上劄子</u>云，<u>虏</u>主好佛法，能自讲其书。每夏季辄会诸京僧徒及群臣，执经亲讲。所在修盖寺院，僧徒纵恣，小民苦之。<u>魏坤倚晴阁杂钞</u>云，<u>燕京归义寺</u>在<u>善果寺</u>西，辽刹也。天主殿前一碑，无撰书人姓氏，额书弥陀邑特建起院，碑文称:肇自清宁七年买徐员外地，遂为归义寺，备书寺基、墙垣寻尺以及佛像经藏之数。碑阴：首书疏主忏悔师、守司徒、纯慧大师、赐紫沙门守臻，本行僧录、检校司空、精修大师、赐紫沙门智清；次载邑众姓名：开府、守太尉兼中书令、豳国公刘二玄，开府兼侍中、开国公赵徽，建雄军节度使、开国公刘需，谏议马子诠，尚书张挺，中舍李思□，秘书省校书郎刘文，左班殿直韩允，右班殿直王规，燕辽国妃刘萧氏、辽国夫人杜郑氏，其余邑首、邑长、邑正、押司官、印官、副正、副录、知历钱物，名号不一，又数十人。　　按，道宗加僧守志司徒，见于咸雍二年。加圆释、法钧二僧守司空，见于咸雍六年。观此碑，知加司徒、司空者，先有守臻、智清矣。名器之滥，从可知也。游幸表载道宗清宁十年九月幸七金山三学寺。寺在南京城南，但七金山无考。惟兵卫志曰，统和二十三年，城七金山，建大定府，号中京。则七金山在中京。岂另有三学寺耶？抑二事并书耶？耶律楚材湛然居士集，三学寺改名圆明，仍请予为功德主，因作疏曰："粤三学之巨刹，冠四海之名蓝，今改僧而舍尼，遂从禅而革律，邀印公为粥饭头，请湛然为功德主。"张耆蜕庵集，游城南三学寺诗曰："城南多佛刹，结构自辽、金。旁舍遗民在，残碑好事寻。雨苔尘壁暗，风叶石幢深。一饭蒲团了，萧萧钟磬音。"按，兴宗重熙十一年十二月，以宣献皇后忌日，上与太后素服饭僧于三学寺，至明一统志，已无此刹。

九年（癸丑—一〇七三）秋七月戊申，八锡林原作石烈德呼原作敌烈人杀其节度使以叛。己酉，诏威乌尔古原作隗乌古。〔考异〕圣宗纪作威伊济，云原作乌隗于厥，与部族表异。部军分两道击之。时都监耶律都木达兵屯胪朐河，不战。德呼剽掠居民，行军都监萧页鲁原作迁鲁，字和尔沁，五院部人。击败之，尽获其辎重。又败其酋长和卓兵，斩数千级，尽得所掠而还。（页鲁）（据辽史卷九三萧迁鲁传删）值德呼、准布相继寇掠，边人疲弊，援兵不时至，而疆围帖然，皆其力，擢东北路统军都监。

太康元年（乙卯一〇七五）冬十月，西北路叛命酋长希斯、原作遐塔吹丹、原作（离）〔雏〕塔（据辽史卷二三道宗纪改）双宽原作双古。〔考异〕汪辉祖辽史同名录云，卷九十三萧托云传，子南京统军使；卷九十七耶律音济传，音济父；卷一百十四萧塔喇台传，父国舅详衮，四人同名双宽。等来降。〔考异〕耶律大悲努传，字纠坚，王子班聂里古之后，时官右皮室详衮。会准布叛，奉诏招降之。纪未载。

四年（戊午一〇七八）夏六月甲寅，准布诸酋长进良马。

秋九月，五国部长来贡。

冬十一月己丑，回鹘遣使来贡。〔考异〕道宗纪载是年七月甲戌，诸路奏饭僧尼三十六万人。毕沅续通鉴云，道宗末年，群邪并进，贼及骨肉，诸部侵叛，用兵无宁岁。唯一岁饭僧三十六万，一日而祝发者三千人，崇尚佛教，罔知国恤，亡征见矣。晁说之嵩山集云，辽主洪基以白金数百两铸两佛像，铭其背曰："愿后世生中国。"按，本纪载，清宁九年十月，幸兴王寺；咸雍四年二月，颁行御制华严经赞；五年十一月，僧志福加守司徒；六年十二月，加圆释、法钧二僧并守司空；七年八月，置佛骨于招仙浮图，罢猎，禁屠杀；八年七月，以御书华严经五颁示群臣；十二月，赐高丽佛经一藏；<u>大安元年十一月</u>，诏僧尼无故不得赴阙；<u>寿隆六年十一月，召医巫闾僧志达设坛于内殿</u>。

十年（甲子一〇八四）春二月庚午朔，<u>蒙古</u>原作<u>萌古</u>国遣使来聘。

三月戊申，远蒙古国遣使来聘。〔考异〕洪皓松漠纪闻云，<u>盲骨子</u>，契丹事迹谓之<u>朦骨国</u>，即<u>唐书</u>所谓蒙兀部。<u>李心传</u>朝野杂记云，蒙国在<u>女真</u>东北，亦曰<u>萌骨</u>。人不火食，夜中能视。以鲛鱼皮为甲，可捍流矢。<u>绍兴</u>初始叛金，<u>宗弼</u>不能讨，但守要害。至亮时，与<u>鞑靼</u>共为边患。 <u>李焘</u>长编云，元丰六年五月，于阗贡方物，见于<u>延和殿</u>，上曰："离本国几何时？"曰："四年。""在道几何时？"曰："二年。""经涉何国？"曰："道由黄头回纥、草头<u>鞑靼</u>、<u>董毡</u>等国。""留<u>董毡</u>几何时？"曰："一年。""闻<u>鞑靼</u>有无头领部落？"曰："以乏草粟，故经由其地，皆散居也。"上谓<u>张诚一</u>曰："<u>鞑靼</u>在<u>唐</u>与<u>河西</u>、<u>天德</u>为邻，今隔在北境。自<u>太祖</u>朝尝入贡，后道路阻隔，贡奉遂绝，间尝与<u>夏</u>战者，岂此<u>鞑靼</u>耶？"曰："<u>鞑靼</u>与<u>李</u>氏世仇也。"问："道由诸国，有无抄掠？"曰："惟惧<u>契丹</u>耳。"问："所经由去<u>契丹</u>几何里？"曰："千余里。"所载甚详。

夏四月，<u>女直</u>贡良马及犬。嗣后屡次来贡。〔考异〕<u>耶律纳延</u>传，<u>太康</u>中，西北诸部扰边，以<u>纳延</u>季父北院大王<u>卓克算</u>为<u>西北</u>招讨使兼行军都统，讨平之。又，<u>萧素飒</u>传，子<u>穆喇斡</u>，时为马群太保。北部来侵，击破之，迁统军，仍许便宜行事。纪、表均未载。<u>商辂续纲目</u>云，是年复改国号为<u>辽</u>，纪亦未载。

<u>大安二年</u>（丙寅一〇八六）夏六月乙巳，<u>准布酋长余古纳</u>原作<u>古赧</u>及<u>阿达</u>原作<u>爱</u>的来朝，诏<u>燕国王延禧</u>相结为友。

五年（乙巳—〇八九）夏五月己丑，**以准布磨古斯为诸部长**。〔考异〕毕沅续通鉴作玛古苏。云，招讨耶律托卜嘉所荐也。自萧迪噜为招讨使，政务姑息，诸部渐至跋扈；托卜嘉含容尤甚，边防益废，至是复荐玛古苏，卒启边患。纪未载。 赵翼陔余丛考引孟珙蒙达备录，谓北有蒙古斯国，雄于北边，后衰灭。成吉斯起兵，慕蒙古为雄国，始称蒙古。按，蒙古斯即磨古斯，"磨""蒙"声相近也。耶律都勒斡传，原作铎鲁斡，字伊实扬，季父房后，廉约重义。咸雍中官同知南京留守，被召，以部民恳留，赐诏褒奖。大安五年，历南府宰相，卒。所至有声，吏民畏爱。子布库，乌尔古节度，为盗杀。 汪辉祖辽史同名录云，布库作普古；卷三十七地理志，松山州横帐王；卷十七圣宗纪，太平五年北枢密，三人同名普古。又，卷一百十萧十三传，父节度；卷八十二萧扬阿传叛人，均与铎鲁斡同名。

七年（辛未—〇九一）夏六月己亥，**倒塌岭人进古鼎，有文曰："万岁永为宝用。"辛丑，回鹘遣使贡方物，寻献异物，不纳，厚赐遣之。**

八年（壬申—〇九二）冬十月辛酉，**准布磨古斯杀金吾特古斯**原作吐古斯**以叛，时耶律和啰木萨噶**原作阿鲁扫古。本传，字乌库哩，孟父房后，卒官，兼侍中。〔考异〕卷二十六，道宗寿隆六年东京留守何鲁扫古，系一人。 宏简录，寿隆间为东京留守，乾统三年为南院大王。传未载。**知西北招讨司事。值边部额特格尔**原作耶睹刮，又作耶都刮，系一部。**等来侵，诱北准布酋豪磨古斯攻之，俘获甚众，以功加左仆射。复讨额特格尔等，误击磨古斯，北准布**

由是叛命，坐削官。遣奚六部图哩、原作吐里，亦作秃里。耶律果桑原作郭三发诸蕃部兵讨之。

九年（癸酉一〇九三）春二月，磨古斯来侵，和啰木萨噶率兵追之，还，都监萧章吉特原作张九遇贼，与战不利，二室韦、伊喇、原作拽剌北王府、特们、原作特满群牧、宫分等军多陷没。

冬十月庚戌，有司奏磨古斯伪降，已而乘虚来袭，耶律托卜嘉原作挞不也死之。托卜嘉为仁先子，时代和啰木萨噶为西北招讨使。磨古斯之为酋长，托卜嘉所荐，至是诱致之，逆于镇州西南沙迹间，不设备，遂被害。事闻，赠侍中，谥贞悯。准布乌古察原作乌古札，亦作乌古礼。叛，达勒达、原作达里底博索摩原作拔思母并寇倒塌岭，命行军都监耶律辰嘉努原作陈家奴。〔考异〕宏简录作郑家奴。毕沅续通鉴作慎家努，字绵辛，懿祖弟噶拉之裔。按，本传，兄萨木原作撒钵。皇族表未载萨木名。率兵往援。统军使萧休格原作朽哥奏讨准布等部捷。

十一月辛巳，特默原作特末等奏讨准布捷。

十年（甲戌一〇九四）春正月癸未，提克德原作惕德来贡。戊子，乌古察等来降。达勒达、博索摩二部来侵，四捷军都监特默死之。

二月丙午，西南招讨司奏讨博索摩捷。巴雅尔、布琳、原作排雅、仆里通古、原作同葛和克、原作虎骨布格原作仆果等来降。达勒达来侵，山北副部署萧阿嚕岱原作阿鲁带。本传，字伊实扬，威部人。父农古，仕至纠详衮。阿嚕岱由本部司徒历官山北副部署，加同平章事，封兰陵（郡）〔县〕公（据辽史卷九四萧阿鲁带传改），改西北招讨使。即前论耶律巢讨北部功者。传未载。击败之。

夏四月壬寅朔，提克德、敏达苏、原作萌得斯鲁克都原作老古得等各率所部来附，诏复故地。辰嘉努奏讨察察哩原作茶札剌。〔考异〕天祚纪又作茶赤剌，系一部。捷。以知北院枢密（司）〔使〕（据辽史卷二五道宗纪改）事耶律额时埒原作斡特剌。〔考异〕卷九十萧托辉传，太康时臣斡特剌，另一人。为都统，伊勒希巴耶律托多〔考异〕宏简录作吐朵，卷二十五太康九年又作秃朵，系一人。为副统，龙虎卫上将军耶律呼哩原作胡吕，字苏色，宏义宫分人。为都监，讨磨古斯，积庆宫使萧札里原作纠里监战。〔考异〕宏简录载在九年。辛亥，休格奏伯哩原作颇里〔八部〕（同上书补）来侵，击败之。

闰月庚子，达勒达、博索摩二部来降。

五月戊午，西北招讨司奏德哷等部入寇。统军司与战，不利，招讨司以兵击败之，敦睦宫太师爱努原作爱奴及其子死之。时，候者见马踪，意寇至，辰嘉努遣报，爱努视之曰：“此野马也。”将出猎，寇至，爱努战没。有司案辰嘉努，不伏，诏释之。由是感激，后诸部复来侵，辰嘉努率兵三往，皆克，边境遂安。辛酉，以国舅详衮萧阿里_{原作阿烈}。

〔考异〕卷八十四萧讨古传，应历初臣，另一人。皇族表，德祖裔，寅底石子中书令阿烈，当即此人。同领西北路行军事。

六月乙酉，统军使休格有罪，除名。

秋七月，准布来寇倒塌岭，尽掠牧马而去，耶律实噜_{原作石柳}，传在卷九十九，祖独獭官南院大王，与卷九十二四捷军详衮同名。以兵追及，夺还。

九月甲子，德呀诸酋来降，释其罪。额特垿奏破磨古斯。

冬十月癸巳，西北统军司获准布长博硕和、_{原作柏撒葛}富鲁_{原作蒲鲁}等来献。

十一月乙巳，提克德通古、_{原作铜刮}准布迪里_{原作的烈}等来降。达勒达、博索摩二部复来侵，萧阿噜岱击败之。

十二月戊子，西北统军司奏讨磨古斯捷。

寿隆〔考异〕洪遵泉志载寿昌元宝钱引李季兴诸蕃枢要云，契丹主天祚年号寿昌。北辽通书云，天祚即位，寿昌七年改元乾统。予家藏易州兴国寺碑、安德州灵岩寺碑、兴中府玉石观音像唱和诗碑皆寿昌中刻。东都事略、文献通考亦称寿昌，则寿隆乃寿昌之讹也。辽人谨于避讳，道宗乃圣宗孙，而以寿隆纪元，此理所必无者。见钱大昕潜研堂集。 毕沅续通鉴亦作寿昌，而范成大揽辔录又有盛昌六年，未知何指？元年（乙亥一○九五）春正月庚戌，博索摩来侵，萧阿噜岱击败之。

夏四月丁卯，额特垿奏讨额特格尔捷。〔庚寅〕（据辽史卷二六道宗纪补）录西北路有功将士。

六月己巳，围场都管萨巴原作撒八以讨准布功，加镇国大将军。癸巳，准布长约罗岱原作香里底。〔考异〕属国表作秃里底，系一人。及塔玛噶原作图木葛来贡。

秋七月庚子，准布长敏达苏原作萌达斯等来贡。癸丑，伯哩八部来附，进方物。甲寅，额特垿奏讨磨古斯捷，拜西北招讨使，封漆水郡王。

二年（丙子一〇九六）春正月癸卯，西南招讨司讨博索摩，破之。

二月癸亥，振达木琳巴古原作达麻里别古。部。

秋九月丙午，徙乌尔古德呼部于乌纳水，以扼北边之冲。

冬十二月己未，额特垿讨默尔吉，原作梅里吉败之。

三年（丁丑一〇九七）春正月壬寅，乌尔古部节度使耶律辰嘉努以功加尚书左仆射（按，辽史卷二六道宗纪作“右仆射”）。〔考异〕宏简录系之寿隆元年五月。

闰二月丙午，〔考异〕原无闰月。考朔考，闰二月丙戌朔，丙午乃闰月二十一日，今增。准布各酋长请复故地，贡方物，从之。

夏五月癸亥，额特垿讨准布，破之。

秋八月己亥，博罗满达勒部长率其民来归，复来贡。

九月戊寅，额特埒奏讨默尔吉捷，擢南府宰相。

冬十一月丁丑，西北统军司奏讨默尔吉捷。

四年（戊寅一〇九八）夏五月癸酉，纳延原作那也奏讨北边捷。〔考异〕本传，字伊实年，巴古济后。大安十年冬，磨古斯叛，纳延时为倒塌岭节度使，与都监耶律呼哩讨破之。荐呼哩为汉人行宫副部署。寿隆四年，复讨二部有功，拜统军使，边境以宁。道宗纪及表未载十年事。纳延后为中京留守，改北院大王，卒。所至以惠化称。毕沅续通鉴作诺延。按，纳延，蒙古语“八十数”，旧作乃贤，今译改。

五年（己卯一〇九九）春正月乙丑，原作己丑。（按辽史卷二六道宗纪作乙巳，即正月初二）〔考异〕朔考，正月甲辰朔，己丑系二月十六日，而属国表诏伐博索摩列于正月，是系乙丑之讹，今改。诏夏国王李乾顺伐博索摩等部。

夏五月戊辰，以额特埒兼西北招讨使、禁军都统。寻奏讨额特格尔捷。

六年（庚辰一一〇〇）春正月辛卯，额特埒执磨古斯来献。

〔二月〕（据辽史卷二六道宗纪补）诏磔于市。本传，字伊实扬。以平寇功，加守太保，累封混同郡王，北院枢密使，加太师，卒，谥（敏）〔敬〕肃。（据辽史卷九七耶律斡特剌传改）〔考异〕宏简录，大安二年，知枢密院事兼护军都统。乾统二年，又献额特格尔等部捷。准布来侵，复战败之。传均未载。皇族表作许国王，伊德实六世孙。续通考列于第七世，史原本又误列入八世，今改。

夏五月壬午，乌尔古部讨察察哩，破之。

秋七月壬申，额特格尔诸部寇西北路，额特垿击败之，使来献捷。

七年（辛巳——〇一）春正月壬戌朔，帝力疾，御清风殿，受百官及诸国使贺。是夜，白气如练，自天而降。黑云起于西北，疾飞有声。北有青、赤、黑、白气，相杂而落。

天祚帝乾统二年（壬午——〇二）夏五月乙丑，额特垿献额特格尔等部捷。〔考异〕萧道拉传，字绥兰，约尼温汗宫人。乾统元年，为西北招讨使。额特格尔率邻部来侵，道拉逆击，追奔数十里。二年，乘其无备，以轻骑袭之，获马万五千，牛羊称是。纪未载。

秋七月，准布来侵，额特垿等战败之。

三年（癸未——〇三）春正月辛巳朔，女直（枭）〔函〕（据辽史卷二七天祚纪改）萧哈里原作海里首来献。嗣后女直事，均详金人兵起事中。

天庆五年（乙未——一一五）春二月，饶州地理志云，本唐饶乐府地。太祖完葺故垒，有潢河、长水、泺穆丹河。县三：长泺、临河、安民。〔考异〕薛映记云，度潢水石桥，旁有饶州，唐于契丹尝置饶乐府，今渤海人居之。 方舆纪要云，在临潢西南二百三十里，唐贞观中置松漠府于此。阿保机因建为饶州匡义军，治长乐县，今废。渤海古欲等反，自称大王。以萧色佛留原作谢佛留。〔考异〕卷十七，天云军详衮，另一人。等讨之。

兵败，诏萧托斯和原作陶苏斡为都统，往援，复败绩。

夏六月丙辰，招获古欲等。时古欲结构头下城以叛，有步骑三万余，招之不下。托斯和帅兵往讨，擒其渠魁，斩首数千级，得所掠物，悉还其主。纪所载未详，今从托斯和传。字伊实扬，图鲁卜部人，阿尔威部节度哩巴孙。由祗候郎君历同知南枢密，以太子太傅致仕，卒。〔考异〕卷一百七耶律努传，努妻父驸马都尉陶苏斡，另一人。

六年（丙申——一六）秋八月，乌尔古部叛，遣中丞耶律托卜嘉招降之。

冬十一月，东面行军副统玛格原作马哥及伊都原作余睹攻哈斯罕，败绩。诏削玛格官。

七年（丁酉——一七）春正月，孟古、原作女古皮室四部及渤海人皆叛降女直。〔考异〕洪皓松漠纪闻云，渤海值天祚之乱，共聚族立姓，大者于旧国为王，金讨之。军未至，其贵族高氏弃家来降，言其虚实，城复陷。契丹所迁民益繁，至五千余户，胜兵可三万。金人虑其难制，频年转戍山东，每徙不过数百家。至辛酉岁，尽驱以行，其人大怨。富室安居逾二百年，多为园池植牡丹至二三百本，有数十干丛生者，皆燕地所无，贱卖而去。其居故地者，令归契丹。旧为东京置留守，有苏、扶等州。苏与中国登州、青州相值，每大风，顺，隐隐闻鸡犬声。

九年（己亥——一九）夏五月，准布博斯齐原作朴疏只等叛，执招讨使耶律斡里朵，〔考异〕毕沅续通鉴作鄂尔多。都监萧锡里岱，原作斜里得。〔考异〕毕沅续通鉴作色埒德。不屈，死之。

保大二年（壬寅——一二二）夏四月，沙漠以南部族皆降<u>金</u>，帝遁<u>额苏抡</u>。原作讹莎烈。

秋七月丁巳朔，<u>德呼部</u> <u>皮室</u>叛，<u>乌尔古部</u>节度使<u>耶律唐古</u>原作棠古，字富僧额，六院郎君噶拉后。〔考异〕卷九十一<u>唐古</u>传，裕悦<u>乌哲</u>庶子，官<u>党项部</u>节度；卷二十五重熙十九年北枢密副使，历南府宰相，封<u>韩王</u>，三人同名<u>唐古</u>。讨平之，加太子太保。

九月，都统<u>玛格</u>讨叛命<u>德呼部</u>，克之。

是冬，帝由<u>萨里</u>原作扫关出居"四部族"详衮之家。<u>营卫志</u>云，内四部族：曰<u>要尼九帐族</u>，曰<u>横帐</u> <u>三父房族</u>；曰<u>国舅帐巴哩伊苏济勒族</u>；曰<u>国舅部族</u>。〔考异〕<u>续通考</u>云，<u>肃祖</u>长子<u>洽脊</u>之族在五院司。叔子<u>剌葛</u>、季子<u>洽礼</u>，及<u>懿祖</u>仲子<u>帖剌</u>，季子<u>裏古直</u>之族，皆在六院司。此五房者，谓之二院。皇族：<u>元祖</u> <u>伯麻鲁</u>无后。次子<u>岩术</u>之后曰<u>孟父房</u>；叔子<u>释鲁</u>曰<u>仲父房</u>。季子为<u>德祖</u>。<u>德祖</u>之元子为<u>太祖</u>，谓之<u>横帐</u>。次曰<u>剌葛</u>，曰<u>迭剌</u>，曰<u>寅底石</u>，曰<u>安端</u>，曰<u>苏</u>，皆为<u>季父房</u>。此一帐三房谓之四帐。皇族以北、南院治；二院以太内惕隐治；四帐皆统于太内惕隐司。太内惕隐司掌皇族四帐之政教，设惕隐、知事、都监等官。又设四帐都详稳司，掌四帐军马之事，设都详稳、都监、将军等官。分<u>横帐</u>、<u>孟父帐</u>、<u>仲父帐</u>、<u>季父帐</u>。四详稳司外，有舍利司，掌皇族之军政，亦设详稳、都监、将军等官。纳牛马得裹头巾者曰舍利。又，王子院，掌王子各帐之事，官曰王子太师、太保、司徒、司空、郎君、皆北面官。所载甚详。

四年（甲辰——一二四）春正月，帝北遁，<u>玛克实</u>原作谟葛失来迎，防卫尽礼。至乌尔古德呼部，封为神裕悦〔王〕（据辽史卷二九天祚纪补）。是岁，帝出夹山，趋山阴，纳图鲁卜部人额尔克原作讹哥之妻恩克，原作谵葛以额尔克为本部节度使。

五年（乙巳——二五）春正月，党项小呼噜原作斛禄遣人请帝临其地，遂趋天德。过沙漠，金兵忽至，徒步出走，径趋党项，以小呼噜为西南招讨使。二月，帝至应州，为金兵所获。

辽史纪事本末卷七

征抚高丽

太祖即位之（元）〔九〕（据辽史卷一太祖纪改）年
（乙亥九一五）冬十月戊申，高丽遣使进宝剑。高丽为
古箕子始封地。当唐季，高氏政乱国危，其臣王建
以大族承其敝，权知国事，据有三韩。〔考异〕王溥五代
会要云，本扶余别种，国都平壤，即汉乐浪郡故地。东邻新罗，西
至营州，南至百济，北至靺鞨。东西三千一百里。南北千里。国相
号大对卢，外官有傉萨、通使等名。　通鉴云，唐灭高丽。天祐初，
石窟寺眇僧躬义聚众据开州，称王，号大封国。性残忍。海军统帅
王建杀之自立，复称高丽王。后梁龙德二年也。　徐兢宣和奉使高
丽图经云，王氏之先，盖高丽大族。当高氏政衰，国人以建贤，立
为君长。后唐长兴三年，称权知国事，请命于明宗，拜元菟州都督，

充<u>大义军</u>使，封<u>高丽王</u>，<u>晋开运二年</u>卒。　<u>叶梦得石林燕语</u>云，<u>高丽</u>自<u>三代</u>以来见于<u>史</u>者，<u>句骊</u>其国号，<u>高</u>其姓也。<u>隋</u>去"句"字，<u>唐</u>以来止称<u>高丽</u>。<u>五代史记后唐同光元年韩申</u>来，其王尚姓<u>高</u>，<u>长兴</u>中始称权知国事<u>王建</u>。<u>王氏</u>代<u>高</u>，当在<u>同光</u>、<u>长兴</u>间，而<u>史</u>失其传。　<u>孙穆鸡林类事</u>云，<u>建</u>后传位，不欲与其孙，乃及于弟。生女不与国臣为婚，令兄弟自妻之，言<u>王</u>姬之贵，不当下嫁也。国人婚嫁无聘财，男女相欲为夫妇。国城三面负山，北最高峻，有溪曲折贯城中，西南当下流，城周二十余里，亦坚壮。各官月下朝参，文班百七十二员，六拜舞蹈，国王还礼，禀事膝行而前。<u>癸未</u>年，仿本朝铸钱交易，以海东重宝、三韩通宝为记。<u>中边图制考</u>云，<u>朝鲜</u>分其国为八道：中曰<u>京畿</u>；东曰<u>江原</u>，本<u>涉貊</u>地；西曰<u>黄海</u>，古<u>马韩</u>旧地；南曰<u>全罗</u>，本<u>卞韩</u>地；东南曰<u>庆尚</u>，乃<u>辰韩</u>地；西南曰<u>忠清</u>，古<u>马韩</u>之域；东北曰<u>咸镜</u>，本<u>高句骊</u>地；西北曰<u>平安</u>，本<u>朝鲜</u>故地。东、西、南濒海，北邻<u>女直</u>，西北抵<u>鸭渌江</u>。东西二千里，南北四千里。所载互异。**至是始通使焉。**〔考异〕<u>高丽外纪</u>，<u>太祖神册</u>间始进宝剑，<u>天赞三年</u>、<u>天显二年</u>来贡。<u>太祖纪</u>载进宝剑在<u>九年</u>，时尚未建元也。

<u>神册三年</u>（戊寅九一八）春二月，<u>高丽</u>遣使来贡。

<u>天赞四年</u>（乙酉九二五）冬十月辛巳，<u>高丽</u>来贡。

<u>太宗天显十二年</u>（丁酉九三七）秋九月辛未，遣使<u>高丽</u>。〔考异〕<u>通鉴</u>云，<u>高丽王建</u>，是时出兵击破<u>新罗</u>、<u>百济</u>，于是东夷诸国皆附。以<u>开州</u>为<u>东京</u>，<u>平壤</u>为<u>西京</u>，及六府、九节度、百二十部。　<u>隋书</u>：<u>新罗</u>之先，附庸<u>百济</u>。<u>百济</u>，其先出自<u>高丽</u>。<u>东明</u>之后有<u>仇台</u>者，始立国于<u>带方</u>故地，初以百家济海，故名。　<u>李焘长编</u>云，<u>高丽</u>东南临海，西北接<u>辽</u>、<u>女直</u>、<u>黑水</u>。自<u>王建</u>并<u>新罗</u>、

百济之地，至王徽，盖百七十余年。王居蜀莫郡，曰开州，号开城府；新罗曰东州，号乐浪府，为东京，王居东北二十日行；百济曰金州，号金马郡，南十二日行；扶余旧地曰公州，号扶余郡，又南二十日行；平壤曰镐州，为西京。鸭渌江为西北徼，东所临海，水极清，下视十丈；入登州至千里长沙即浊。天圣以前，使由登州入；熙宁以后，皆由明州。言登州路有沙迹，不可行。其自明州还，遇顺风，四日夜抵黑山，已望其国境。自是山入岛屿，安行。便风七日至京口；陆行，两驿至开州。所载甚详。

会同二年（己亥九三九）**春正月乙巳，以受晋上尊号册，遣使报高丽。**〔考异〕郑麟趾高丽史云，太祖二十五年冬十月，契丹遣使来遗橐驼五十匹。王以契丹尝与渤海连和，嗣弃好殄灭，此为无道之甚，不足结邻，流其使三十人于海岛，系橐驼万夫桥下，皆饿死。时会同五年也。　通鉴目录，会同八年，契丹攻晋，高丽王建请于晋帝，共击契丹，助渤海。建卒，子武立，帝遣使谕之，以他为解。　宋白续通典云，晋天福中，有西域僧袜啰来朝，善火卜，俄辞高祖，请游高丽，王建甚礼之。时契丹并渤海之地有年矣。建曰：“渤海本吾亲戚之国，其王为契丹虏，吾欲为朝廷攻而取之，且欲平其旧怨。师回，为言于天子，当定期两袭之。”袜啰还奏高祖，不报。出帝时复奏之，帝遣郭仁遇谕建夹攻。会建卒，武嗣，与大臣不叶，性怯懦，所言皆虚诞耳。王溥五代会要云，晋开运三年，武嗣位，十月，遣广评侍郎朝立珪、前礼宾卿金廉等十八人来朝，命光禄卿范光政、洗马张李凝册武为高丽国王。武卒，子昭立。汉乾祐末年也。　高丽图经云，昭于建隆二年遣使朝宋，加功臣号及食邑。开宝九年，昭卒，子伷立，遣使请命，封为国王。太平兴国七年，伷卒，弟治乞袭封，从之。高丽外纪未载。

圣宗统和元年（癸未九八三）**冬十月，帝将征高**

丽，亲阅东京兵马。

三年（乙酉九八五）秋七月甲辰朔，诏诸路缮甲兵，以备东征高丽。丁卯，遣使阅东京诸军兵器及道路。寻以辽泽沮洳，罢其役。〔考异〕薛应旂通鉴云，太平兴国五年六月，高丽遣使来贡。雍熙二年九月，遣使如高丽。时议伐契丹，以高丽与接壤，数为所侵，命韩国华诏谕发兵西会，高丽迁延，未即奉诏。国华屡檄督催之，得报发兵乃还。时统和三年也。据此，则高丽有发兵会伐之事。外纪未载。

十年（壬辰九九二）冬十二月，遣东京留守萧恒德等伐高丽。〔考异〕恒德传，六年，高丽未附，恒德受诏，率兵拔其边城，王惧，始上表乞降。毕沅续通鉴云，十年冬，高丽遣徐熙、崔亮等军北界，闻辽师攻蓬山郡，获先锋军使尹庶颜等，兵不得进。时高丽成宗文懿王十二年冬十二月事。见东国通鉴。纪及外纪均未载。

十一年（癸巳九九三）春（三）〔正〕（据辽史卷一三圣宗纪改）月丙午，高丽王治遣朴良柔奉表请罪，诏取鸭渌江东数百里地赐之。江在吉林乌喇南，源出长白山。西南流，与朝鲜分界，至凤凰城东南入海。〔考异〕通典云，即古马訾水也。高丽恃此为天险。　唐书云，出靺鞨之白山，色若鸭头，号鸭渌水，历国内城西，与盐难水合，至安市入海。　续通考云，国城西北千四百五十里。其国东、西、南皆濒海，又西大海。在黄州长州镇，东流入大通江。大通江在平壤城东，旧名浿水。又，汉江，国城南十里，源出金刚、五台二山，合流入海。江之南，即古百济国地。月不唐江，黄州安岳县东，西流入大海。大江，灵州东，西北入大通江。大定江，在博州城西。清川江，安州西南流入海，旧名萨水。发卢河，平壤城西熊津，国城南，故百济海口。礼成港，开成府南入海。按，盐难水疑即佟佳江也。在吉林乌拉城南八百二里，亦名通佳江，南流会鸭渌江。明一统志有大虫江，当即佟佳江，源出龙凤山分水岭，西南流，受哈尔敏诸水，鸭渌江自东来会，南入于海。　毕沅续通鉴云，恒德移檄高丽，令具降款。王治数遣使不得要领，徐熙请往。恒德欲令拜于庭。不可，许升堂行礼。恒德责其侵蚀边壤、越海事宋。熙谓："能逐女直，还鸭渌江故地，筑城堡，通道路，则敢不修贡？"恒德奏闻，许罢兵。徐乾学通鉴后编并书于前年，今从史。　东国通鉴云，初，奉使者为监察司宪李蒙戬，还奏，会议，久不报，逊宁遂攻安戎镇，中郎将大道秀，郎将庚方与战，克之。逊宁不敢复进。益促降，复遣阁门舍人张莹往，送还，熙乃往。方逊宁之入寇也，恐喝胁降，群臣或请降，或割地，熙力陈不可。及使契丹，抗礼不屈，终讲和亲，岂下于富弼乎？见东国史略。

十二年（甲午九九四）春二月己丑，高丽来贡。

三月丁巳，遣使请所俘人畜，诏赎还。丙寅，遣使抚谕之。

冬十二月戊子，高丽进妓乐，却之。〔考异〕东国通鉴云，是春二月，萧逊宁致书曰："近奉宣命，但以彼国信好早通，境土相接，虽以小事大，固有规仪，而原始要终，须从悠久，若不设于预备，虑中阻于使人。遂与彼国商议，使于要冲路陌，创筑城池者。寻准宣命，自便斟酌。拟于鸭渌江西创筑五城，取三月初下手修筑。伏请大王预先指挥，从安北府至鸭江东，计二百八十里，酌量远近，并令筑城。所贵交通车马，长开贡觐之途，永奉朝廷，自协安康之计。"三月，遂遣侍中朴良柔如契丹，告行正朔，乞还俘口。六月，遣元郁如宋乞师，不许，优礼遣还，自是与宋绝。

契丹遣崇禄卿萧述管、御史大夫李浣赍诏来抚谕。高丽史同，外纪未载。 薛应旂通鉴云，淳化五年七月，高丽苦契丹侵扰，请伐之；太宗不欲开边隙，诏抚谕之。自是不复入贡。长编载富弼疏，所言亦同。萧恒德传云，是年从和硕萧讨乌舍，进击东南诸部，至高丽北鄙比还，道远粮绝，士马死伤甚众，削功臣号。后坐事赐死，追封兰陵郡王。外纪未书辽兵至北鄙事。

十三年（乙未九九五）春二月甲辰，高丽遣李周桢来贡。

夏五月壬子，高丽进鹰。

冬十月甲申，复遣李知白来贡。〔考异〕西夏于统和九年遣李知白来谢封册，是两国使臣同姓名也。按，圣宗纪，西夏李知白作"杜白"。

十一月辛酉，遣使册王治为高丽国王。寻遣童子十人来学国语。〔考异〕高丽史，进鹰之使为李周桢，即系二月事。复遣左丞宣赵之遴如契丹请婚，以驸马萧恒德女许嫁；史系之十四年，稍异。

十四年（丙申九九六）春三月壬寅，高丽王治表请婚，诏以东京留守萧恒德女嫁之。〔考异〕毕沅续通鉴云，高丽请婚，辽以萧恒德女字之。寻遣韩彦卿纳币。既而王治殂，辽人还其币。据此，是字非嫁也，纪及外纪恐有误。

夏六月己丑，高丽遣使来问起居。后至无时。〔考异〕高丽史云，成宗十五年春三月，契丹遣翰林学士张干、忠正军节度萧熟葛来册王曰："汉重呼韩，位列侯王之上；周尊熊绎，世开土宇之封。朕法古为君，推恩及远；惟东溟之外域，顺北极以来王。岁月屡迁，梯航靡倦。宜举真封之礼，用旌内附之诚。爰采彝章，敬敷宠数。咨尔高丽国王王治，地临鳀壑，势压蕃隅；继先人之茂勋，理君子之旧国。文而有礼，智以识机；能全事大之仪，尽协酌中之体。鸭江西限，曾无恃强之心；凤宸北瞻，克备以时之贡。言念忠敬，宜示封崇；升一品之贵阶，正独坐之荣秩。仍疏王爵，益表国恩，册尔为开府仪同三司、尚书令高丽国王。於戏！海、岱之表，汝惟独尊；辰、卞之区，汝惟全有。守兹富贵，戒彼满盈；无庸小人之谋，勿替大君之命。敬修乃事，用合朝经；俾尔国人，同跻寿域。永扬休命，可不美哉！”王等至，筑坛，备礼受册，大赦。盖统和十四年也。史系之十三年，稍异。

十五年（丁酉九九七）秋七月丙子，高丽遣韩彦敬奉币吊越国公主丧，萧恒德妻也。〔考异〕圣宗纪统和四年，驸马都尉恳德以兵讨女直。十二月，祭日月，为驸马都尉萧勤德祈福。公主表并无此名，他驸马都尉亦无名某德者，以其时考之，或即是恒德。又，统和十年，恒德伐高丽，本纪误作垣德，均系一人。按，恒德传，国舅少父房后，巴雅尔之弟，尚越国公主，拜驸马都尉，迁南面林牙，为东京留守。

冬十一月，王治薨，其侄诵遣王同颖来告。

十二月甲寅，遣使往致祭，诏其侄诵权知国事。〔考异〕东国通鉴云，成宗十六年冬十月戊午，王疾大渐，召侄开宁君诵传位，移御内天王寺，薨。十一月，遣阁门使王同颖告嗣位。十二月，契丹遣千牛卫大将军耶律迪烈来贺千秋节，王迎命告于成宗梓宫前。史于治薨系之十一月，想据遣告之辞，又未载贺千秋事。按，高丽图经，诵为治之弟。又异。

十六年（戊戌九九八）冬十一月，遣使册高丽国王诵。〔考异〕东国通鉴云，穆宗宣让王元年夏四月，契丹以前王薨逝，敕还纳币之物。明年冬十月，复遣右常侍刘绩加册王为尚书令。纪及外纪均未载。

二十年（壬寅一〇〇二）春二月丁丑，高丽遣使来贺伐宋捷。

秋七月辛丑，复遣使来献本国地理图。〔考异〕毕沅续通鉴云，明年，高丽遣其户部侍郎李宣古入贡于宋，且言晋割幽、冀属契丹，遂直趋元菟，屡来攻伐，求取无厌。乞王师屯境上，为之牵制，诏书优答。据此，则高丽复有通宋之事，辽均未之知也。

二十二年（甲辰一〇〇四）秋九月己丑，以南伐宋谕高丽。

二十三年（乙巳一〇〇五）夏五月丙寅，高丽遣使来贺与宋和。〔考异〕东国通鉴云，穆宗宣让王十年春二月，契丹遣耶律延贵册王为开府仪同三司、尚书令兼政事令、上柱国加功臣号、食邑七千户。盖统和二十五年也。纪及外纪均未载。

二十六年（戊申一〇〇八）夏五月丙寅，高丽进龙须草席及贺建中京成。

二十七年（己酉一〇〇九）冬十二月，承天太后崩，遣使报哀于高丽。

二十八年（庚戌一〇一〇）春二月，高丽遣魏守愚来祭。

三月，遣使来会葬。

夏五月，高丽西京留守康肇〔考异〕高丽史、东国通鉴，肇作兆。弑其主诵，擅立诵从兄询。〔考异〕宋史及高丽图经、文献通考均作通卒，弟询立。　毕沅续通鉴云，王治妃皇甫氏，与外族金致扬通。治杖致扬，配远地。治薨，通嗣，皇甫妃摄政，召致扬还，生子，谋立为王。通从弟询，号大良院君，妃忌之，命为僧，遣人潜害，赖寺僧匿免。通疾，谕蔡忠顺辅立询，忠顺召康肇，未至，其父使趣行，乃入。废王通为让国公，寻弑之，杀致扬，迁妃于黄州，迎立询，是康肇之祸，始皇甫妃，且忠顺召之也。　高丽史云，献哀王太后皇甫氏，戴宗女，生穆宗，摄政，居千秋殿，世号千秋太后，忌显宗，令出家，寓三角山神穴，称神穴小君。太后谋害之，不果。忠臣义士，多以非罪陷之。十二年正月，千秋殿灾，移居长生殿。后康兆杀金致扬父子，弑穆宗，迁太后居黄州者二十一年，以显宗二十年薨于崇德宫，年六十六，葬幽陵。　东国通鉴云，致扬，洞州人。诈祝发，出入千秋宫，有丑声，成宗杖配远地，太后召入，贵宠无比，势倾中外。起第三百余间，穷极壮丽，日夜与太后游戏无忌。洞州立祠，曰星宿寺宫。城西北隅立十王寺，图像怪奇，潜怀异志。其钟铭曰："当生东国之时，因修善种；后往西方之日，共证菩提。"王欲黜之，不果。又询寓崇教时，僧梦大星陨于寺庭，变为龙，旋变为人，即大良君也。众多奇之。当忠顺受顾命，出与崔沆议，遣皇甫俞义文演往迎询，会西北巡检使康兆来，遂谋废立。先是，王知致扬谋变，李周桢党附，出之，召兆入卫。兆与吏部侍郎李铉云等领兵至平州，知大良君将至，遣御史金应仁往迎，立之。废王，弑之于积城县，火葬恭陵，谥愍宗。纪及外纪均未载。

秋八月，帝欲发兵讨高丽，萧迪里原作敌烈，字尼噜古，宰相特烈四世孙。〔考异〕特烈本作挞列，亦作挞烈，名列外戚表，而表又未列迪里名。谏曰："国家连年征讨，士卒（抗）〔抚〕（据辽史卷八八萧敌烈传改）敝。况陛下在谅阴，年谷不登，创痍未复；岛夷小国，胜之不武，万一失利，恐贻后悔。不如遣使往问，伏罪则已，否则，俟服除岁丰，讨之未晚。"不听。丁卯，自将伐高丽，询上表乞罢师，不许。〔考异〕李焘长编云，高丽王询权领国事，尝筑六城于境上：曰兴化；曰铁州；曰通州；曰龙州；曰龟州；曰郭州。辽疑贰于己，遣使求六城，询不许，遂举兵奄至城下，焚荡宫室，剽劫居人。询徙居升罗州以避之。兵退，乃遣使请和，辽坚以六城为辞，询即调兵守之。按，圣宗伐高丽，实因康肇弑逆，至索还六城，乃是后事。长编牵合为一，恐系传闻之误。升罗州，辽史拾遗作弁罗州。

冬十一月乙酉，军渡鸭渌江，康肇拒战，败之，退保铜州。〔考异〕东国通鉴云，十一月辛卯，天兵渡鸭渌江，围兴化镇，巡检使扬规、郑成、李守和拒守。以箭封书谕之曰："朕以前王通，服事朝廷，其来久矣。今逆臣康兆，弑君立幼，故亲率精兵，已临国境，汝等擒兆送驾前，便即回兵；不然，直入开京，杀汝妻孥！"癸巳，又敕曰："朕以前王通绍其祖服，为我藩臣，捍御封陲，忽被奸凶所害，朕将精锐，来讨罪人，其余胁从，皆与原免。况汝等受前王抚绥之惠，知历代顺逆之由，当体朕怀，毋贻后悔！"是日，李守和等上表陈谢。甲午，赐镇将等衣物，仍敕曰："省所上表奏，具悉。朕纂承五圣，临御万邦，忠良则必示旌褒，凶逆则须行诛伐。以康兆弑其故主，挟彼幼君，转恣奸豪，大示威福，故亲行诛伐，已临近境。比颁纶旨，式示招怀。遽览封章，未闻归款。汝等必知逆顺，岂可助谋于逆党，不思雪愤于前王。宜顾安危，预分祸福！"乙未，守和又回表曰："臣等昨奉诏泥，辄陈心石，望赐泣辜之惠，切祈解网之仁。"主见表知其不降，丁酉解围，以兵二十万屯<u>麟州</u>南<u>无老代</u>；以二十万兵进至<u>通州</u>，移军<u>铜山</u>下。<u>兆</u>分军为三拒之。<u>丹</u>兵屡退，<u>兆</u>遂有轻敌心。<u>与史异</u>。丙戌，<u>肇</u>复出，<u>右皮室</u>〔考异〕<u>本传</u>作<u>左皮室</u>，稍异。详衮原作详稳<u>耶律达鲁</u>原作<u>敌鲁</u>擒<u>肇</u>及副将<u>李立</u>，追杀数十里，获所弃粮饷、铠仗无算。〔考异〕<u>达噜传</u>，一作<u>达鲁</u>，亦作<u>的琭</u>，字<u>伊聂</u>，<u>仲父房</u>之后。<u>李立</u>作<u>李玄蕴</u>。<u>鸿观传</u>，时官<u>东京</u>留守，为副先锋，与<u>博诺</u>擒<u>肇</u>于<u>铜州</u>。<u>博诺传</u>，率<u>鸿观</u>等击破<u>三水营</u>，擒<u>肇</u>。<u>李元蕴</u>等军望风溃，会大军至，斩三万余级。据此，则擒<u>肇</u>非<u>达鲁</u>一人之力，而<u>玄蕴</u>并未言被擒，所载互异。今从<u>圣宗纪</u>及<u>高丽外纪</u>。<u>鸿观</u>字<u>巴尔诺延</u>，约<u>尼森济汗</u>之后。<u>方舆纪要</u><u>铜州</u>作<u>纲州</u>。未知孰是。

<u>东国通鉴</u>云，<u>契丹</u>先锋<u>耶律盆奴</u>率详稳<u>敌鲁</u>击破<u>三水砦</u>，<u>兆</u>方与人弹棋，镇兵告急，<u>兆</u>不信，言使多人则再告。已而不及，恍惚见<u>穆宗</u>立其后，叱曰："汝奴休矣，天伐讵可逃耶！"<u>肇</u>即脱鍪，长跪请死罪。俄被缚，裹以毡，载之去。<u>李铉</u>云、<u>卢戬</u>、<u>卢颋</u>、<u>杨景</u>、<u>李成佐</u>等皆被执；<u>卢颋</u>、<u>徐崧</u>、<u>卢济</u>皆死。<u>丹</u>兵长驱而进，左右奇军将军<u>金训</u>、<u>金继夫</u>、<u>李元申</u>、<u>宁汉</u>伏兵缓项岭，突出，败之，<u>丹</u>兵小却。<u>史未载</u>。戊子，<u>铜</u>、<u>霍</u>、<u>贵</u>、<u>宁</u>等州皆降，<u>王询</u>乞归附，群臣请纳之。<u>耶律扬珠</u>〔考异〕<u>毕沅续通鉴</u>作<u>瑶珠</u>，云旧作<u>瑶质</u>，字<u>布尔锦</u>，<u>积庆宫</u>人，官<u>四番部</u>详衮。曰："一战而败，遽求纳款，此诈耳！纳之，恐堕其奸计。"已而<u>询</u>果遁，清野无所获。〔其众〕（据<u>辽史</u>卷八八<u>耶律瑶质传</u>补）阻险而垒，攻之不下，<u>扬珠</u>以计降之。都统<u>萧巴雅尔</u>原作<u>排押</u>进至<u>努克特</u>原作<u>奴古达</u>岭，遇敌，率其从子<u>惠</u>，力战破之。辛卯，<u>询</u>上表请

朝，许之。禁军士俘掠。以马保佑为开京留守，旺巴原作王八。〔考异〕毕沅续通鉴作昂克巴。圣宗纪，统和四年，太尉旺布原作王八，另一人。副之。遣太子太师伊林原作乙凛。〔考异〕毕沅续通鉴作伊兰。将骑兵送赴京。壬辰，守将卓思正杀辽使者韩吉逊原作喜孙。〔考异〕东国通鉴作韩杞。等十人，领兵出拒，保佑等还。伊林进兵围其城，思正先遁，遂驻蚌城西。高丽礼部郎中渤海托实原作陀失来降。〔考异〕东国通鉴云，王遣中郎将智蔡文援西京，与军容使崔昌进次刚德镇。甲寅，丹兵陷肃州，卢颋为乡导，与丹人刘经入西京谕降；副留守元宗奭与僚佐崔纬、咸质、杨泽、文晏等，修表欲降。蔡文与昌入城，焚表，伏兵杀颋、经，与巡检使卓思政合兵城守，独大将军郑忠节从之。丹主又使韩杞招降，蔡文使麾下郑仁杀杞等百余人，出击保佑等，败走之。乙凛来攻，复败之。丹主次城西佛寺，思政惧，约将军大道秀夹攻，俄潜遁；道秀遂降。

毕沅续通鉴云，思正杀韩杞等，又围高正使馆；正走，余卒多死。正第进士，官枢密直学士。见本传。庚子，遣巴雅尔、博诺原作盆奴。〔考异〕毕沅续通鉴作敏诺。等围开京，遇高丽兵，败之。王询弃城遁去，遂焚开京，至清江，还。〔考异〕东国通鉴云，己未，统军录事赵元隘守，镇将姜民瞻、郎将洪叶、方休共祷神祠，得吉兆，乃推赵元为兵马使，闭城固守。辛未，王南幸。时智蔡文奔还，奏西京败军状，群臣议降，姜郁赞独劝南行。赐酒食及银鞍辔。王夜与后、妃及吏部侍郎蔡忠顺等出京城。二年正月乙亥朔，城陷，焚烧宫庙，民居皆尽。王次广州，失两王后；蔡文至饶吞驿寻得之。乙酉，丹兵退。又云，显宗元文

王元年秋七月，契丹遣给事中梁炳、大将军耶律允问前王故。高丽
史云，八月，遣内史侍郎平章事陈顾、直中台尚书右丞尹余如契丹。
九月，遣左司员外郎金延保秋季问候，左司郎中王佐暹、将作丞白
日升如东京修好。冬十月癸丑，契丹遣给事中高正、阁门引进使韩杞
来告兴师，参政李礼均、右仆射王同颖如契丹请和。十一月丙子朔，
遣起居郎姜周载如契丹贺冬至，契丹遣将军萧凝来告亲征。续通鉴
作耶律宁。又高正、韩杞，毕沅续通鉴作宣问王询，又系之九月，
纪载各异。

二十九年（辛亥一〇一一）春正月乙亥朔，班师，
〔考异〕徐乾学后编系于二十八年，误。所降诸城复叛。至贵
德州南岭谷，〔考异〕圣宗纪，原作贵州南峻岭谷。按，地理志
有贵德州而无贵州，云，本汉襄平县，为公孙度所据。圣宗升为宁
远军，后更名。统县二：贵德、奉德。今据高丽外纪改正。大雨连
日，马驼皆疲，甲仗多所遗弃，天霁，始渡鸭渌
江。诏罢诸军，以所获颁赐臣工。〔考异〕高丽史云，显
宗二年四月乙丑，遣工部郎中王瞻如契丹谢班师。十月乙丑，遣都
官郎中金崇义如契丹贺冬至。十一月庚午，遣刑部侍郎金殷传如契
丹贺生辰。十二月，契丹杀河拱辰。先是，拱辰见康兆已擒，劝显
宗请和，王笉，得吉卦，乃奉命与高英起同使契丹营，乞班师。往
返二次始得报，拱辰被留，甚蒙宠遇。已而谋归高丽，事泄，被鞫，
不屈，遂遇害。　李焘长编云，契丹大举伐高丽，询与女真合兵拒
之，契丹大败，帐族卒乘羃有还者，官属战没大半，乃令幽、蓟尝
干仕进及稍知书者以补其乏，归取甲胄万副，隆庆疑，不给，拔寨
遁归高丽。又于鸭渌江东筑城，与来远城相望，跨江为桥，潜兵以
固六城。长编系于祥符三年十一月，即辽统和二十八年也。而会要

载询表于祥符七年十二月来，上称庚戌年薔兵奄至城，询徙居升罗州，调兵守六城。又云，祥符三年，契丹大举来伐。　按，庚戌系祥符三年，不知询表何以如此差误。今从宋史高丽传。或契丹是岁两伐高丽，初胜后败耶？又，雄州言契丹败衄之状，上曰："战，危事，盖不得已，非可好也。"东都事略云，伐高丽，大败，将士没者过多。　按，东国通鉴云，二年正月乙亥，契丹陷京城，焚烧宫阙，民居殆尽。乙酉兵退。此高丽人所自言，虽日月稍异，而辽兵实以胜归，特归途遇雨，多所遗弃耳。今从圣宗纪。

开泰元年（壬子—○—二）夏四月庚子，高丽遣蔡忠顺来，乞称臣如旧，诏王询亲朝。

秋八月己未，王询遣田拱之奉表称病不能朝，诏复取六州地。〔考异〕高丽史，拱之官刑部侍郎，系之六月。又云，九月己巳，遣西头供奉官文儒领如契丹来远城。冬十月戊午，遣工部尚书参知政事张莹、礼部侍郎刘征弼如契丹。癸未，契丹使太尉韩邬来。十二月庚寅，张莹与契丹引进使李延宏来。史均未载。

二年（癸丑—○—三）夏六月辛酉朔，遣中丞耶律资忠使高丽，取六州旧地。

秋八月己丑，资忠使还。〔考异〕高丽史云，显宗四年春正月丁酉，遣礼宾少卿张洎如契丹。庚寅，遣中枢院使蔡忠顺如契丹。三月戊申，契丹使左监门卫大将军耶律行平来取六城。夏五月丁酉，契丹来告，改统和为开泰。壬寅，女直引契丹兵将渡鸭渌江，大将军金承渭等击却之。秋七月戊申，契丹复使耶律行平来索六城。所载各异。

冬十月丙寅，详衮张马留〔考异〕毕沅续通鉴作玛啰。献女直人知高丽事者。帝问之，曰："臣三年前为高丽掳，为郎官，故知之。自开京东，马行七日有大砦，广如开京，旁州所贡珍异皆积此。胜、罗等州南，亦有二大砦，所积如之。若大军行由前路，取哈斯罕女直北，渡鸭渌江，并大河而上，至郭州，与大路会，高丽可取也。"帝纳之。〔考异〕徐乾学后编系此事于元年四月。方舆纪要云，郭州在平壤西北，今曰郭州府，所载各异。

三年（甲寅—〇—四）春二月甲子，遣上京副留守耶律资忠复使高丽，取六州。〔考异〕本传作四年，高丽史作显宗六年四月，即开泰四年也。又，资忠作行平，亦作行成，今从圣宗纪。

夏六月，诏国舅详衮萧迪里原作敌烈及东京留守耶律托实原作（国）〔团〕实。（据辽史卷一五圣宗纪改）〔考异〕毕沅续通鉴作达实，云旧作团石。等率兵讨之，造浮梁于鸭渌江，城宣义、定远等州。〔考异〕东国通鉴云，显宗五年冬十月，遣详稳萧敌烈来侵通州，兴化镇将军郑神勇、别将周演击败之，斩七百余级，溺江死者甚众。　毕沅续通鉴云，是年十二月，王询遣奏告使尹证古及女真将军大千机以下凡七十八人如宋贡方物，言契丹阻其道路，久不得通，请降尊号正朔；许之。帝待之甚厚。证古时官工部侍郎，诏登州置馆于海次以待之。按，此时高丽乞和，辽不许，其通宋固宜。长编，大千机作塔沁坚。又载富弼疏，尹证古作丹证古，官工部郎中。　东坡志林云，淮东提举黄实言，见奉使高丽人，言所致赠，作有假金银锭，夷人皆折坏使露胎素，使者甚不乐。夷云："非敢慢也，恐北虏有觇者以为真耳。"由此观之，高丽所得吾赐物，北虏盖分之矣。或者不察，谓虏不知高丽朝我，或谓异时可使牵制北虏，岂不误哉！刘延世孙升谈圃云，吕相端使高丽，过洋，祝曰："回日无虞，当以金书维摩经为谢。"比回，风涛数作，遂取经沈之；丝竹声起舟下，音韵清越，非人间比。经沈，隐隐而去。崔伯易在礼部，求奉使高丽故实，得申公事，故杨康国、钱勰皆写此经往云。　方舆纪要云，开泰三年，契丹取保、定二州，仍置保州，治来远县，亦曰宣义军，即今安州也。所载各异。

四年（乙卯一〇一五）春正月壬寅，东京留守善宁、平章纳尔珲原作涅里衮奏，已总东征大军及女直诸部兵，分道进讨，遂遣使赍密诏军前。

夏四月甲寅，萧迪里等师还。〔考异〕迪里传，军还，加〔同〕（据辽史卷八八萧敌烈传补）平章事，拜上京留守，转东京留守。即前谏发兵者。　续纲目云，契丹遣迪里讨高丽，与女直设奇邀击，契丹大败而还。　高丽史云，显宗六年春正月，契丹作桥于鸭渌江，夹桥筑东西城，遣将攻之，不克。癸卯，契丹围兴化镇，将军高积余、赵弋等击却之。甲辰，又侵通州。三月己亥，侵龙州。史未言兵败，纪载各异。

五月辛巳，命北府宰相刘晟〔考异〕高丽外纪作刘慎行。圣宗纪，开泰七年十一月，以刘晟为霸州节度使，刘慎行为彰武节度使。按，地理志，兴中府，本霸州，即彰武军，晟即慎行，纪误分为二事耳。为都统，枢密使耶律世良副之，殿前都点检萧屈烈〔考异〕高丽外纪作萧实喇。毕沅续通鉴作萧库哩，云旧作虚烈。续通考云，重熙中，官侍中，擢南面统军使，封辽西郡王。　汪辉祖辽史同名录云，卷十统和元年特里衮；卷十九重熙三年山西部族节度，三人同名屈烈。为都监，总兵伐高丽。以晟先携家至边郡，致缓师期，追还之。以世良，屈烈进讨。〔考异〕高丽史云，九月甲寅，契丹使监门将军李松茂索六城。己未，攻通州。癸亥，郑神勇、周演偕散员任意、杨春、孙简、康承颖等引兵出契丹军后，击杀七百余级，神勇等六人死之。丁卯，契丹攻宁州，不克，退。高积余偕苏忠元、高延迪、金克光参等追击，死之，王佐、卢元佐被擒。契丹取兴化、定远二镇，城之。方舆纪要云，开泰中伐高丽，以俘户置高州，领三韩一县。金置节度使，后废。史均未载。　李焘长编云，祥符八年十一月，高丽进奏使御事民官使郎部元与东女真首领阿噜台来贡，主表求历日、尊号，且言契丹于鸭渌江创浮桥，江东筑寨，西女真为乡导。元辞貌恭恪，每宴赐，自为谢表，粗有文采，朝廷待之厚。明年辞还，赐诏书七函，衣币鞍马。元又请录国朝登科记，及赐御诗以归。

　　按，祥符八年，即辽开泰四年也。所载甚详。

五年（丙辰一〇一六）春正月庚戌，世良、屈烈与高丽战于郭州西，大破之，斩首数万级，尽获其辎重。乙卯，师次南海军，世良遘疾，卒。〔考异〕高丽史云，显宗七年春正月甲寅，契丹使十人到鸭渌江，不纳。二月，契丹王美、延相等七人来奔。甲辰，契丹曹思、高忽等六人来投。夏五月辛亥，契丹马儿保保、王保、可新等十三户来投。乙丑，契丹要豆等三人来投。六月戊寅，契丹志甫等三人来投。乙酉，契丹张烈、公现、申豆、猷儿、王忠等三十户来投。秋七月丁巳，契丹由道、高宗等九人来投。八月，契丹朱简、从道等八人来投。九月，契丹罗垦等五人来投。辛未，契丹奉大、高里等十九人来投。冬十一月，契丹匡义儿等十人来投。十二月乙未，契丹瑟弗达等六人来投。纪及外纪均未载。

六年（丁巳—一〇一七）春二月丁丑，诏详衮萧威乌克原作隗洼。〔考异〕卷十圣宗纪，统和二年，五国乌隈于厥节度使亦作隗洼，另一人，姓耶律氏。将本部兵东征高丽。

夏五月戊戌，以枢密使萧和卓原作合卓。〔考异〕毕沅续通鉴作哈绰，字和抡，图鲁卜部人。本传，初以谨恪称，居近职，明习典故，善占对，尤被宠渥，擢北枢密使。伐高丽还，得疾，卒。帝欲临视，辞。会北府宰相萧朴问疾，曰："吾死，君必为枢密，慎勿举胜己者。"朴鄙之。子乌尔古，终本部节度。为都统，汉人行宫都部署王继忠副之，殿前都点检萧屈烈为都监，代世良往伐。赐〔和卓〕（据辽史卷一五圣宗纪补）剑专杀。寻攻高丽兴化军，不克，还师。〔考异〕东国通鉴云，显宗八年夏五月，契丹萧合卓围兴化镇，攻九日，不克。将军坚一、洪光、高义出战，大败之，斩获甚多。 徐兢高丽图经云，天禧中，契丹复破高丽，杀戮其民几尽。王询至弃国而逃于蛤窟。契丹留城中八月，会西北山万松皆作人声，始骇惧而去，盖辽开泰间事。今崧山庙在王府北，出北昌门，行五里许，俯视城中，如指诸掌。其神本曰高山，因夜化松数万，作人语，退丹兵，后封其山为崧以祠之。史均未载。

七年（戊午—一〇一八）冬十月丙辰，以东平郡王萧巴雅尔原作排押。圣宗纪，时官国舅平章事。东国通鉴、东国史略均作萧逊宁。按，逊宁系恒德字，见本传。公主表，景宗四女：观音第一，封魏国公主，嫁宰相萧继先；二，长寿，封卫国公主，嫁宰相萧巴雅尔；三，延寿，封越国公主，嫁萧恒德，皆睿知皇后生。

四，淑格，嫁卢俊，不谐，改适萧实纳，渤海妃生。悉与列传合。李焘长编，景宗公主三人：长，英格，适后弟北宰相留珠格；次，长寿努，适后侄东京留守伯叶；三，延寿努，适伯叶母弟揹头。延寿奴出猎，为鹿触死，萧后缢揹头以殉。揹头一作克图。考巴雅尔即伯叶，恒德即揹头，音近致讹。巴雅尔一作排押，公主表，误作排神，系一人。 续通考云，观音适萧继先；长寿适萧排押，封吴国公主，开泰六年薨；延寿适萧恒德，沈厚执妇道，不以贵宠自骄，早卒，封越国公主，追封赵国；淑哥适卢俊，不谐，改适萧神奴。按，圣宗纪，统和初以皇女长寿嫁宰相萧布希子乌里，亦作吴留：以公主淑格嫁详衮熙姑。又，国舅太师萧达林为子排亚请尚延寿公主，又与表异，未知孰是。为都统，萧屈烈副之，东京留守耶律巴格原作八哥，字乌库哩，五院部人。〔考异〕公主表，圣宗女同名八哥。为都监，复伐高丽。

十二月，与战于茶、陀〔考异〕高丽外纪陀作陁，辽史拾遗茶作荼。二河之间，〔考异〕方舆纪要云，在平壤西北，陀水一名蛇水。唐庞寿恭讨泉，盖苏文败于蛇水，即此。国兵失利，天云、右皮室二军漂没者众；约尼帐详衮阿克达、原作阿果达客省使卓库、原作酌古。〔考异〕景宗纪，保宁六年阁门使，另一人。渤海详衮高清明、天云军详衮哈里原作海里等皆死之。〔考异〕东国通鉴云，显宗九年九月，遣礼宾少卿元承如契丹请和。戊戌，驸马萧逊宁帅兵来侵，号十万。王以平章姜邯赞为上元帅，姜民瞻副之，率兵二十万屯宁州，至兴化镇，伏兵山谷，以大绳贯牛皮，塞大川，贼至，大败之；逊宁趋京城，民瞻追及于慈州来口山，复败之；侍郎赵元击之于马滩，斩获万余级。

十年正月，<u>姜邯赞</u>以<u>丹</u>兵逼城，遣将<u>金宗铉</u>领兵入卫。<u>逊宁</u>兵至<u>新恩县</u>，离京城百里，王命清野以待。<u>逊宁</u>遣<u>耶律好德</u>持书告回师，候骑三百至<u>金郊驿</u>，掩杀之。辛巳，<u>丹</u>兵退至<u>涟渭州</u>，<u>邯赞</u>掩击，斩五百余级。二月，<u>丹</u>兵过<u>龟州</u>，<u>邯赞</u>邀战于东郊，<u>金宗铉</u>赴之。忽风雨南来，旌旗北指；<u>丹</u>兵奔北，追击之<u>涉石川</u>，至<u>盘岭</u>，僵尸蔽野，俘获无算，生还仅数十人，<u>丹</u>兵之败，未有如此时之甚。<u>东国史略</u>云，<u>邯赞</u>等前后战于<u>兴化镇</u>及<u>邑州</u>，大败之；以功加检校太尉、门下侍郎，<u>天水县</u>开国男。<u>毕沅</u><u>续通鉴</u>，<u>姜邯赞</u>作<u>姜郁赞</u>。辽师两败，均作七年冬事。月日互异。　<u>徐兢</u><u>高丽图经</u>云，在家和尚，自为居室，取妇鞠子，趋公赴事；边陲有警，则团结而出，颇勇壮，人自裹粮，故国用不费而能战。<u>契丹</u>为<u>丽</u>人所败，正赖此辈。

　<u>耶律乌鲁斯传</u>，字留隐，<u>韩王</u>实噜子，亦名<u>欧里斯</u>。官右皮室详衮，从伐<u>高丽</u>，<u>巴雅尔</u>等失利，<u>乌鲁斯</u>独全军还，帝嘉赏。终西南招讨使。<u>纪</u>及<u>外纪</u>均未载。

八年（己未—一〇一九）春三月乙亥，<u>东平王</u><u>萧哈纳</u>、_{原作韩宁}<u>东京留守</u><u>巴格</u>、<u>国舅平章事</u><u>萧巴雅尔</u>、<u>林牙</u><u>伊济</u>_{原作要只。〔考异〕本卷伊勒希巴萧要只，另一人。}等坐讨<u>高丽</u>还，失律，数其罪释之。〔考异〕<u>巴雅尔传</u>，国舅少父房后，侵<u>宋</u>屡有功，官北府宰相，封<u>幽王</u>。<u>纪</u>载<u>萧哈纳</u>云，旧作<u>韩宁</u>，与<u>巴雅尔</u>分为二人。<u>毕沅</u><u>续通鉴</u>云，<u>巴雅尔</u>，字<u>韩隐</u>，译音转为<u>韩宁</u>，<u>史</u>误分书耳。今仍从<u>圣宗纪</u>。又，<u>卓行传</u>，<u>巴雅尔</u>有弟名<u>扎拉</u>，字<u>虚辇</u>，官宁远节度。性介特，淡泊自适，退居<u>颉山</u>，屡征不就。<u>耶律资忠</u>重之，目曰"<u>颉山老人</u>"。同时，<u>耶律官努</u>，字<u>奚隐</u>，<u>林牙</u><u>斡鲁孙</u>。初为宿直将军，加<u>归义</u>节度使，辄请致政。与<u>乌里特</u>部人<u>萧哇</u>友善。时称"二逸"。<u>巴格</u>削使相，降<u>西北</u>

路都监；〔考异〕宏简录，后起官东京留守。传未载。先是，师至茶、陀二河间，高丽追兵大至，诸将欲俟其渡两河而后击之，巴格不可，及战，遂败。见毕沅续通鉴。赏有功及恤死事者。

秋八月庚寅，遣郎君赫伯舍原作曷不式，亦作曷不吕等率兵会讨高丽。

冬十二月辛亥，王询遣使贡方物，诏纳之。〔考异〕东国通鉴云，八月，契丹东京使工部少卿高应寿来。遣考工员外郎李仁泽如契丹东京。王宗沐续通鉴，是年七月，高丽遣使求成均。与纪异。

九年（庚申一〇二〇）夏五月庚午，耶律资忠还，询表请称藩纳贡，归所留王人珠垱里，原作只剌里拜林牙。在高丽六年，忠节不屈。〔考异〕毕沅续通鉴云，据圣宗纪，只剌里与资忠分为二人。然当时自资忠外，不闻被留者。资忠，小字扎剌，是即只剌里。使高丽六年，归，为林牙者是也。史或书名，或书字，遂若两人矣。卷一百六，萧札剌官定远节度，另一人。　本传，字乌延，使高丽还，忤权贵，出为上京副留守。四年，再使，留弗遣，著西亭集，眷怀君亲。及还，帝郊迎，同载归，拜林牙。历保安、昭德节度。乌延，一作沃衍，系出仲父房。兄，国留，善属文，圣宗重之，为太后杀，人多冤之。在狱著兔赋、寤寐歌，为世所称。见周春辽诗话。辛未，遣使释询罪。〔考异〕东国通鉴云，显宗十一年春二月，遣李作仁如契丹，请称藩纳贡，归所留耶律行平等。八月，遣崔齐颜如契丹贺千龄节。史作五月，表请称藩，又未列使名，贺千龄，亦阙书。

太平元年（辛酉一〇二一）冬十一月，高丽遣使来贡。〔考异〕徐乾学后编系之十二月。东国通鉴云，显宗十二年春二月，契丹遣御史大夫姚居信来聘。三月，契丹东京使散骑常侍张澄岳来聘。　李焘长编云，天禧五年九月，询遣奏告使御事礼部侍郎韩祚等百七十人来谢恩，且言与契丹修好。表求阴阳地理书、圣惠方，并赐之。　按，礼志载高丽使人见仪甚详。高丽自辽神册间入贡，后至无时，其使之入见，不自王询始也。且询后为钦，钦后为徽，遣使不绝。而礼志于使人见之仪，止书传宣王询安否及使奏询安等语。疑此礼之制定，自圣宗开泰间。契丹国志，凡高丽使进贡归国，契丹必命刺史以上官充使，一行六十人，直送入本国。所载甚详。

二年（壬戌一〇二二）冬十二月辛丑，高丽王询薨。其子钦遣使来报，册为国王，自是朝贡不绝。
〔考异〕徐兢高丽图经云，询卒，子隆立。优游不断，政荒力屈，惮于北虏，复臣事之，贡使又绝。隆卒，私谥曰正，子德王钦立。与史异。　东国通鉴云，显宗十三年夏四月，契丹遣御史大夫萧怀礼等来册封，赐车服仪物，复行契丹年号。八月，契丹东京持礼使李克方来言："自今春、夏季问候与贺千龄、正旦使同行；秋、冬季问候与贺太后使同行。李焘长编云，仁宗天圣八年十二月，王询遣御事民官侍郎元颖等来贡方物。按，天圣八年系辽太平十年，而（珣）〔询〕（据上文及辽史卷一六圣宗纪改）于太平二年十二月薨，见圣宗纪，长编误也。长编又载富弼疏谓，天圣二年，高丽遣使来朝，命柳植馆接，前后四次修贡，均言不愿附契丹，改事朝廷，终不纳。按，天圣二年即太平四年也。又言，天圣三年，契丹尝伐高丽，高丽杀契丹二十万，匹马只轮无回者，故契丹常畏之。时朝廷遣李继使北回所云。东国通鉴又云，显宗十四年四月，契丹遣左散骑常侍武白、耶律克恭册太子钦为高丽国公，盖太平三年也。显宗十九年二月，遣礼部员外郎金哿如契丹东京，契丹遣将军耶律素等来聘，为太平八年。史均未载。

九年（己巳—〇二九）春二月戊辰，遣使赐高丽王钦物。〔考异〕东国通鉴云，显宗二十年九月，契丹东京将军大延琳叛，遣太府丞高吉德告建国兼求援。十二月，兴辽国太师大延定引东北女真与契丹相攻，乞援，召辅臣议，侍中崔士威、平章蔡忠顺言：“兵者危事，不可不慎，彼之相攻，安知非我利？但当修城池、谨烽燧以观变耳！”王从之。明年九月，兴辽国鄂州刺史李匡禄来告急，闻国亡，留不归。遣金哿如契丹贺收东京。契丹遣千牛将军罗汉奴来，诏曰：“近不差人往还，应为路梗。今渤海偷主俱遭围闭，并已归降，宜遣陪臣速来赴国，必无虞患。纪及外纪均未载。

十一年（辛未—〇三一）夏六月己卯，圣宗崩，兴宗立。甲（辰）〔申〕（据辽史卷一八兴宗纪改），遣使告哀于高丽。改元景福。

秋七月丙午朔，高丽遣使吊慰。〔考异〕高丽史云，德宗即位，遣工部郎中柳乔、金行恭如契丹会葬，且贺即位。王可道奏：“契丹通好，每有并吞志。今其主殂，驸马匹梯叛据东京，宜乘此时毁鸭渌江城桥，归我行人，否则，与绝。”附表请，弗许。王从可道议，停贺正使，仍用圣宗太平年号。史均未载。

兴宗重熙四年（乙亥—〇三五）（按，据辽史卷一八兴宗纪、卷一一五高丽外纪，“高丽遣使来贡”当在七年二月丁丑）春二月丁丑，高丽遣使来贡。〔考异〕东国通鉴云，靖宗恭惠王元年五月，契丹来远城牒兴化镇曰：“窃念贵国，原为附庸，先帝每赐优洽，积有岁月，靡倦梯航，昨因伐罪之年，致阻来庭之礼；既剪除于凶逆，合继续于贡输。曷越数年，不寻旧好；累石城而拟遮大路，竖木寨而欲碍奇兵。不知蜀国之中，别有石牛之径，举是役也，深取诮焉。今皇上绍累圣之基堈，统八方之国界，南夏帝王，永慕义而通欢，西土诸王，长向风而纳款。唯独东溟之域，未宾北极之尊，或激怒于雷霆，何安宁于黎庶？"即重熙四年也。六年，东国通鉴又云，靖宗三年十二月，遣殿中少监崔延嘏如契丹奏状曰："当国伏自前皇太后、圣帝：降册命以颁宣，疏土封而定分，但兹东域，仰戴北辰，连年不绝以勤王，递代相传而述职。顷以先臣亡兄，纂承祖业，归附圣朝。闻一德之君临，新颁庆泽；将两条之公事，专奏宸聪。未垂俞允之恩，转积迟疑之虑。自从曩岁以到今辰，虽迭换于炎凉，且久停于朝贡；近蒙睿旨，颇惬鄙怀！谨当遵太后之懿言，固为藩屏；抚小邦之弊俗，虔奉阙庭。更从文轨以输诚，永效梯航而展礼。"史均未载。

七年（戊寅一〇三八）春二月丁丑，高丽遣使来贡。〔考异〕东国通鉴云，靖宗四年三月，崔延嘏还。诏曰："卿世禀声朔，岁奉梯航。近览封章，备观诚恳，嘉叹良多！勉思永图，无旷述职。"八月始行契丹年号，遣持礼使、阁门祇候金华彦如契丹东京。 高丽史云，四年正月，契丹遣马保业来。四月，遣尚书左丞金元冲如契丹谢恩、请年号。七月，元冲还，诏曰："省所上表，夏季起居事，具悉。卿挺生方略，善抚世封，得爱戴于东韩，尽倾虔于北阙。属歊蒸之在候，驰章奏以问安。嘉赐之怀，每兴增切！"又诏曰："省所上表、谢恩并献方物事，具悉。卿权司国宇，钦奉朝廷。昨差使人，远敷忠款：述累世倾输之节，达近年阻限之由；乞重效于梯航，愿永为于藩翰。载观恭顺，寻示允从。烦致谢章，仍陈贡笺。顾阅之际，愧叹良深！"又诏曰："省所奏行用年号事，具悉。卿昨者乞修朝贡，寻允奉陈，使介回旋，知我纪年之号，书文禀用，见其向日之诚。省览叹嘉，不忘于意。"又，五年四月，契丹遣大理卿韩保衡来册王，诏曰："地拱东域，星环北辰，愈坚奉上之心，宜举策勋之典。遐驰使驭，载启王封；是谓恩荣，所宜祗荷！"又官告曰："朕体天洪覆，酌古通规，内则推皇家怀远之诚，外则付王国专征之柄。航栈不可以轻入，车书不可以妄同。庶及群雄，永全大义，与其<u>轩</u>习弧矢而夏陈干戚，曷若周分藩屏而汉誓山河。其有业重桓、<u>文</u>，望高辰、<u>卞</u>；绍祖宗之云始，革先王之不恭。贡土疆而广我提封，奉玉帛而首诸方面。安和是务，忠肃为容。宜举彝章，特敷宠数。权知<u>高丽国王王亨</u>，奇姿玉莹，伟量渊渟。鳌邱耸架海之雄，旁钟秀拔，龙宿挺丽天之采，俯降精英。而自守名区，大开霸府，动静克遵于典则，寐兴能制于骄矜。千里甸畿，先臻富庶，一方民使，咸荷恩荣。成奕世之令名，得殿邦之异略。是用专驰骈辂，远降龙纶。<u>元菟</u>全封，荣加于一字；温貂峻秩，兼示于三师。驭贵崇阶，褒功懿号；广疏井赋，茂奖忠庸。於戏！星辰在拱北之躔，则为合度；<u>江</u>、<u>汉</u>得朝宗之路，乃是安流。勉服斯言，勿烦常训。"<u>史</u>均未载。按，官告系<u>王亨</u>名，亨为钦子。<u>辽史拾遗</u>列于<u>重熙八年</u>，恐误，姑从之。

十二年（癸未—一〇四三）**春三月壬辰，<u>高丽</u>以加上尊号，遣使来**（贡）〔**贺**〕（据辽史卷一九兴宗纪改）。〔考异〕<u>高丽史</u>云，靖宗八年十一月，<u>契丹</u>遣礼部尚书<u>王永言</u>来。诏曰："朕以<u>关南</u>十县，我国旧基，将举兵师，议复土壤。宋朝累驰专介，恳发重言，于旧贡外。别纳金缯之仪，用代赋与之物。再论盟约，永卜欢和。其诸道兵马等优给蠲免赋调，并已放还本部。夫何眇躬，成此美事！今文武百辟，中外庶官，屡拜封章，载稽典故，谓予有元功大略，加予以懿号鸿名，不获固辞，勉依群请。已撰定十一月三日，两宫并行大礼。卿称藩事上，望阙输忠，遐想闻知，必增欢悦。今差<u>永言</u>往彼示谕。"按，上尊号系<u>重熙</u>十一年事，至是始来贺耳。

十五年（丙戌一〇四六）春三月丁酉，高丽遣使来贡。

秋八月癸丑，高丽王钦薨（按，据高丽史卷五，王钦死于甲戌，即重熙三年，卒于本年者为亨），遣使来告。〔考异〕高丽外纪，时王钦屡次入贡。而徐兢高丽图经云，德王钦嗣立，钦子穆王亨皆朝贡不通，朝廷亦罢遣使，亨子徽始条贡方物。兴宗纪及外纪又未列亨名。　高丽史云，靖宗九年十一月辛巳，契丹遣萧慎微、韩绍文等来册封。诏曰："朕猥以眇德，嗣受丕图，赖六圣之垂休，致八方之咸乂。近从群恳，祗受鸿名；凡在照临，毕均庆贺！卿世钦声朔，地袭土茅。航海罄述职之仪，事大竭为臣之节。属陈钜礼，载举彝章；特推进秩之恩，并茂畴庸之数。今遣使持节备礼册命，并赐车、服、冠、剑、印绶及国信等物。"册文曰："朕膺穹昊之寄，绍祖宗之基。四表归仁，偃灵旗而定霸；百官考礼，镂宝册以加尊。遐眷帝臣，践开国社；航海之诚靡怠，带河之誓弥坚。属覃庆之在辰，宜颁恩而及远。式遵徽典，特举宠章。咨尔高丽国王王亨：英哲间时，仁慈缵服，张皇土宇，亘日域以分圻；尊奖天朝，仰宸居而送款。戴舜树弼成之业，匡周规夹辅之勋；化被苍隅，声敷青畎。朕昨戒严驾，巡抚京畿，邦尹展肆觐之仪，都人契来苏之望，干戈不试，狱市惟齐。群方则慕义向风，交驰玉帛；邻国则畏威怀德，增纳金缯。聿臻累洽之期，适享虚名之册。是推皇泽，首及王藩。进绝席之崇资，正专车之峻秩。爰田益赋，美号褒功。是用遣使持节备礼册命。於戏！守君子国，冠诸侯王，论道而为周师，奋庸而登汉相；维坚臣节，以答皇家。享富贵于昌时，传功名于长世；辉流竹素，永惟钦哉！"按，册文系列亨名，辽史拾遗系之重熙二年，钦尚在，亨未立，恐误。今附录于此。史均未载。

十七年（戊子—〇四八）夏四月丙子，**高丽遣使来贡**。〔考异〕高丽史云，文宗元年二月壬戌，契丹遣忠顺节度使萧慎微、〔守〕（据高丽史卷七文宗世家补）殿中少监康化成等来祭靖宗于虞宫，王往参之。九月壬午，福州观察使宋璘来册王，册曰："眷乃马韩之地，素称龙节之邦，代袭王封，品高人爵。分颁金鉴，表荣观于诸侯；申锡彤旅，得专征于四履。爰属杰时之（彦）〔器〕（同上书改），允膺缵服之权；载历藏时，式均徽典。权知国事王徽，应基运之数，钟英异之灵，天麟回首于龟龙，通明嘉瑞；日观编崇于嵩、华，凤焕（函）〔幽〕（同上书改）经，负文武之全材，识忠孝之大本。粤自胜衣有始，构室推良，静守贞纯，动循礼乐。慕桓、文之霸业，精卫、霍之兵符；富厥令图，稔兹淑会。洎帅臣之告阙，亟藩国之归尊，而能惠洽一方，情协群望。（因）〔及〕（同上书改）露章而斯暨，（致）〔故〕（同上书改）宠数以难稽。用显被于紫纶，俾特建于玄社。倚为左相，峻陟三（卿）〔师〕（同上书改），超陟驭贵之阶，优赐褒功之号。盈疏实赋，剧转清勋。於戏！周天王之重非熊，止遥分于齐壤；汉高祖之刑白马，仍纳约于刘宗。顺考古先，罕偕恩礼。用卜悠长之祚，愈坚匡合之诚。勉佩训言，仰迪神祐！"时重熙十六年也。册文系列徽名。按，高丽图经谓钦卒亨嗣，徽于熙宁四年以权知国事，始贡方物。辽史拾遗系之此岁，时代各异。纪及外纪均未载。东国通鉴云，文宗三年正月，契丹遣萧惟德、王守道来册封，并赐车服等物。辽史拾遗载于重熙十八年。

十九年（庚寅—〇五〇）夏四月甲申，**高丽遣使来贡**。

六月甲戌，**遣使来贺伐夏捷**。〔考异〕文献通考云，高丽自王徽以降，虽通使于我，然臣事契丹，诛求不已。辽使至尤倨暴，馆伴及公卿小失意，辄行摔棰。闻我使至，假事相觇，分取赐物。尝诘其西南修贡事，丽人表谢。表略曰："中国三甲子方得一朝，大邦一周天每修六贡"。契丹悟乃得免。　玉海云，建隆三年十一月，高丽王昭来贡。乾德三年正月，献锦罽、刀剑。开宝五年八月，贡方物；九年九月，王伷贡锦罽、漆甲、白毡；十一月，徐昭文往使，遣金行成就学胄监，兴国二年，贡马；三年，贡方物、兵器；五年六月，贡方物；六年四月，贡名马、罽锦、白毡、弓剑；十二月，贡驿角弓、漆甲、大箭、马五十匹；九年十二月，贡罽锦、龙凤袍、弓甲、御马，遣国人入学。端拱元年十一月，贡马。淳化元年十月，贡马、漆弓、漆甲及神龟。寿樽二年二月，贡方物；三年十月，贡马、漆甲、细箭。咸平六年八月，王诵遣使来贡；七年十二月王询遣使来贡。天禧元年十一月入贡，对崇政殿，献金犀带；三年十一月，率东、西女真入见，贡罽锦、漆甲；五年九月，入贡。天圣八年十二月，贡金器，见其使长春殿。自是不通中国者四十三年。所载甚详。

二十三年（甲午—〇五四）夏四月癸卯，高丽遣使来贡。

六月壬寅，高丽王徽请官其子，诏加检校太尉。〔考异〕东国通鉴云，文宗九年五月，契丹遣耶律革、陈颢来册封，并赐车服。后遣萧禄来册王太子为三韩国公。时重熙二十四年。

道宗清宁元年（乙未—〇五五）秋八月，遣使报哀于高丽。赐以先帝遗留物。

冬十一月，使来会葬。〔考异〕高丽外纪云，二年、三年皆来贡。纪均未载。

四年（戊戌一〇五八）春〔正月壬申朔〕（据辽史卷二

一道宗纪补），遣使报太皇太后哀。

夏五月，使来会葬。〔考异〕东国通鉴云，文宗十三年二月，遣奏告使员外郎崔奭珍如契丹。时清宁五年也。又云，文宗十五年，契丹遣工部尚书萧嗽思来。十九年四月，契丹遣耶律宁、丁文通来册王。又遣耶律迪、麻晏加册王太子兼侍中，均赐车服、鞍马等物，当咸雍元年。纪及外纪均未载。

咸雍七年（辛亥一○七一）冬十一月丙午，高丽遣使来贡。〔考异〕庞元英文昌杂录云，熙宁二年，命闽、浙转运使招接高丽入贡。时舟人（传）〔傅〕旋（据文昌杂录卷五改）至彼述朝廷意，王徽甚喜。次年上元，然灯如中华。旋适在彼，见徽，赋感天朝招接，拟侍中华，然灯夜述怀诗曰："宿罪应深近契丹，历年徒贡事多般。忽蒙舜日龙纶召，便侍尧天佛会观。灯焰似莲装阙陷，月华如水泄云寒。夷身幸入华胥境，甚惜今朝漏滴残。"转运张徽上其事。　玉海云，高丽自熙宁三年始，复来贡，四年八月见其使文德殿。嗣后七年正月、九年十一月、元丰三年正月、元祐五年十二月皆入贡。　毕沅续通鉴云，熙宁四年五月，高丽来贡。先是，福建转运使罗拯令商人黄贞招接，徽乃通牒福建，愿备礼朝贡。事闻，朝议谓可结以谋辽，许之。乃遣其侍郎金悌等入贡。自是朝贡相继。高丽史，金悌作金觐，王辟之渑水燕谈作金第。此外尚有朴寅亮，宋代天竹州人。由登州入，后请改由明州，从之。是为宋人谋辽之始。方以智通雅，朴音标。官参政，文词雅丽，与金觐使宋。宋人号二公，诗文为小华集。　潘永因宋稗类钞云，寅亮奉使至明州。象山尉张中以诗送之，寅亮答诗，序有："花面艳吹，愧邻妇青唇之动；桑间陌曲，续郢人白雪之音。"等句。事闻，神宗询"青唇"事，左右莫对，赵元老答以事出太平广记。云，寅亮为国词臣，以罪废，后使宋。诗尤精，如泗州龟山寺诗曰："门前客棹洪涛急，竹

下僧棋白日闲。"士夫称之。尝被海风飘至通州，谢太守曰："望北
斗以乘槎，初离下国；指桃源而迷路，误到仙乡。"词甚切当。　又
朝鲜志云，朴渊在天磨、圣居两山间，有盘石涌出中心，曰岛岩，
昔有朴进士吹笛渊上，龙女感之，引为夫，故名朴渊。上有祠，旱
祷辄应。文宗尝登岛岩，忽风雨暴作，文宗惊怖，李灵干作书数龙
罪投于渊，龙即出其脊，杖之，渊水为赤。　王云鸡林志云，龟山
有佛龛，林木盛，遂传为罗汉。三藏行化至此，涤齿杨枝，插地生
此木，净水所著，今为清泉，国人谓佛法始兴地，极所崇奉。所载
甚异。

　　大康九年（癸亥一○八三）秋八月，高丽王徽薨
（按，据高丽史卷九文宗世家，王徽死于是年七月辛酉）。〔考异〕高
丽外纪，咸雍八年来贡。冬，赐高丽佛经一藏。九年、十年皆来贡。
大康二年，太后崩，遣使报哀，六月，使来吊祭。四年，王徽乞赐
鸭渌江以东地，不许。本纪同。徽字烛幽，谥文宗仁孝王。　叶梦
得石林诗话云，高丽久不入贡，元丰中始来朝，令馆伴张诚一问故。
曰，契丹诛求，实不能堪。徽常诵华严经，祈生中国，梦至京，见
宫阙之盛。作诗曰："恶业因缘近契丹，一年朝贡几多般。移身忽到
京华地，可惜中宵漏滴残。"与前所引文昌杂录略异。　刘延世孙升
谈圃云，契丹有一佛寺，甚壮丽；使者至，必焚香。寺有大佛，银
铸。金钱丰稷奉使，见其供具器皿皆神宗赐高丽之物。又，高丽制
于契丹，使至，令去殿上鸱尾。　李焘长编云，元丰元年正月，命
秘阁校理安焘、著作佐郎林希使高丽。先是，王徽比年朝贡，上嘉
其勤恳，待遇甚厚，遣焘等使其国。俄罢希勿行，以博士陈睦代，
九月回。徽病，表求医，遣翰林医官邢恺、邵化及秦介往，王舜封
押行。回时言徽生辰，辽使马尧封献诗曰："始从钩裂海中天，世世
英雄禀自然；掌上宝符钤造化，胸中神剑画山川。太宗莫取龙川道，

炀帝谁乘鸭渌船；真是金轮长理国，岂论人力四千年。"徽以锦绅八百匹为谢。　叶梦得石林燕语云，元丰三年，高丽入贡，有日本国车一乘，正使柳洪、副使朴寅亮。先致意馆伴曰："诸侯不贡车服，诚知非礼，但欲中朝略见日本工拙尔。"诏许特进。元丰后，待高丽特厚，所过州皆为筑馆，别库储什物，始至守郊，迎饯如之。张安道知南京，独曰："吾尝班二府，不可为陪臣。"屈使通判代，时称得体。又，国朝馆伴契丹，例用尚书学士。元丰中，高丽入贡，以中书舍人毕仲衍馆伴，遂为故事。以陪臣处之，下契丹一等。契丹馆于都亭驿，使命往来，称国信使；高丽馆于同文馆，不称国信，恩数从杀。大观后，余及王将明皆以学士馆伴，升使为国信，一切视契丹。时方经营朔方，赖以为援也。建炎中，余为学士，复差馆伴，辞疾，始复循元丰旧仪。　长编，日本车作本国车，较妥。又云，元丰六年九月，上闻徽卒，令明州择广大僧寺作道场一月，前夕作水陆一会。徽立凡三十六年，遣承议郎杨景略、舍人王舜封往祭奠；朝散郎钱勰、祗候宋球往吊慰。七年十月，以密州商人芊简为三班差使，以之往高丽通国信也。

九月己巳，以徽子三韩国公勋权知国事。

冬十一月甲寅，诏僧善知雠校高丽所进佛经，颁行之。

十二月辛卯，勋薨。〔考异〕东国通鉴云，勋少有疾，居庐哀毁，疾益笃。十月乙未，命母弟国原公运传位，遂薨。遣侍御史李资仁如辽告哀，帝诘问："二君连逝，必有他故，合奏实情。"资仁力辨，语甚切直。帝出御城外毡殿引见慰谕。史均未载。

大安元年（乙丑—〇八五）冬十一月丙辰，遣使册勋（子）〔弟〕（据辽史卷二四道宗纪、高丽史卷九文宗世家附顺宗世家改）运为高丽国王。〔考异〕高丽史云，宣宗思孝王元年四月，辽敕祭使益州观察耶律信、慰问使广州观察耶律彦来。甲戌，祭文宗曰："惟灵，性极礼义之端，体含中和之粹。王爵驭贵，早袭青社之封；木神则仁，全赋东方之气。躬怀忠款以力行，（述）职〔述〕（据高丽史卷一〇宣宗世家乙正）贡仪而岁至。一匡致主，朝廷赖其勋；千里于蕃，生民受其赐。方当拱手以仰成，何意上天之不遗？闻讣悼怀，辍朝增欷。呜呼！岁阴不留，人生如寄。一千年时运之逢，五十载君臣之义；遽藏夜壑之舟，难秘东园之器。宜遄遣于韶音，俾往申于奠礼。魂兮有知，歆此至意！"丁丑，祭顺宗曰："惟灵，辰象纯精，（岳）〔嶽〕（同上书改）渎秀气；庆发世国，才为王臣，甫从英妙之年，爰被宠嘉之命，抚封日域，述职天朝。翊戴输（诚）〔勤〕（同上书改），开庇底义。方茂称藩之绩，遽缠陟岵之忧，议以夺情，俾其袭爵。指韶骈之既驾，闻驿讣之云来。复嗟奸良，益用震悼。何舟壑之不息，乃人琴之俱亡。言念忠图，想见风矩。临遣（输）〔轮〕（同上书改）驭，往陈奠觞。冥神有知，谅我遐思！东国通鉴云，宣宗二年十一月，辽遣保静节度萧璋、崇禄卿温峤来册王，并赐冠冕车马。三年五月，遣知中枢院李子威谢册，命右丞韩莹请罢鸭渌江榷场。五年九月，遣太仆少卿金先锡复请罢榷场，十一月还。诏曰："屡抗封章，请停榷务，谅惟细故，讵假繁辞。迩议便宜，况未创置，务从安帖，以尽倾输，释乃深疑，体予至意！"按，宣宗三年、五年，即辽大安二年、四年也。长编云，元丰八年十二月，高丽贺登宝位，使兵部尚书林概、兵部侍郎李资仁见于紫宸殿。按，元丰八年，即大安元年也。

　　十年（甲戌一〇九四）夏六月，高丽王运薨（按，据高丽史卷一〇宣宗世家，王运死于是年五月壬寅），其子昱嗣，遣使来告，即遣使赙赠。〔考异〕沈括梦溪补笔谈云，元祐六年，高丽使入贡，上元节于阙前赐酒，皆赋观灯诗，时有佳句进奉。副使魏继延句云："千仞彩山擎日起，一声天乐漏云来。"主簿朴景绰句云："胜事年年传习久，盛观全属远方宾。"按，元祐六年，即辽大安七年也。　东国通鉴云，宣宗十一年五月壬寅，王薨，子昱立。十二月，辽敕祭使萧遵列、梁祖述诣魂堂祭宣宗；慰问使萧禠传诏于乾德殿，兼赐赗赠；起复使郭人文等亦于乾德殿传诏，起复为高丽国王。所载较详。

寿隆元年（乙亥一○九五）春二月癸酉，高丽遣使来贡。

冬十一月庚申，高丽王昱疾，命其（子颙）〔叔颙〕（据辽史卷二六道宗纪、高丽史卷一一肃宗世家改，下同）权知国事。昱于三年三月薨，封（颙）〔颙〕为三韩国公。〔考异〕毕沅续通鉴作颙，云，先是，辽欲过鸭渌江为界，高丽上表曰："普天之下，莫非王土王臣，尺地之余，何必我疆我理。"又曰："张汶阳之旧田，抚绥敝邑；回长沙之拙袖，忭舞昌辰。"参政朴寅亮辞也。主善之，议遂寝。纪及外纪均未载。　李焘长编云，元符元年十一月，高丽遣使尹瓘等入贡。　按，二年正月二日，馆伴言高丽使尹瓘等欲十三日朝辞，诏留之。检实录诸书，并无该臣入见月日。王云鸡林志云，元祐五年、元符元年，贡使再至。徐兢高丽图经亦云元祐五年，则已见十二日、五日，独元符元年须别考详，姑附十一月末。　又按，高丽使自元祐时屡至京师，不知王云何故但举两名。岂作书时，只此使贡欤？当考。再，元符元年，即辽寿隆四年也。周煇清波杂志云，路允迪、傅墨卿宣和奉使高丽，其属徐兢仿王云鸡林志为高丽图经，考稽详备，物图其形，事为其说，盖徐素善丹青也。今图亡而经存。兵燹后，徐氏亦失原本。鸡林志四十卷，并载国信所行移案牍，颇宄长。时刘逵、吴拭并命往谕国王（颙）〔颙〕曰："女直人寻常入贡本朝，路由高丽。如他日彼求修贡，可与同来。"（颙）〔颙〕曰："明年本国入贡时，彼国必有人同入京也。"海上结约，兹为祸始。

天祚帝乾统五年（乙酉——一〇五）冬十一月，高丽王颙薨（按，据高丽史卷一二肃宗世家，颙死于是年十月丙寅），其子俣遣使来告。〔考异〕东国史略云，肃宗明孝王七年；辽遣中书舍人孟初来贺生辰，兵部员外郎金缘为馆伴，初见其年少，颇易之。一日，并辔出郊，雪始霁，初唱曰："马蹄踏雪乾雷动。"缘即对曰："旗尾翻风烈火飞。"初愕然曰："天才也！"因相唱和。及别，解金带赠之。　东国通鉴云，肃宗九年四月，辽遣安远节度耶律嘉谟、利州观察使夏资睦来册王为高丽国王；泰州观察使耶律师傅、鸿胪卿张织来册太子为三韩国公，均赐车服等物。　按，肃宗七年、九年，即辽乾统二年、四年也。又云，十年十月丙寅，（颙）〔颙〕（同上书改，下同）薨，俣嗣，遣中书舍人金缘如辽告哀。至，赐宴，将奏乐，辞曰："臣来时，群臣皆服衰绖，今至上国，获蒙赐宴，虽感恩荣，然臣子之情，不忍闻乐。"主许之。见时乞除吉服，学士孟初曰："殿廷服色宜从吉，但除舞蹈可也。"明年正月，辽遣祭奠使耶律演、左企弓来，吊慰使耶律忠、刘企常，起复使刘鼎臣来。　徐兢高丽图经云，运卒，谥宣，子尧立，以病废，其叔熙摄政。尧卒，熙袭，改曰（颙）〔颙〕。崇宁二年，（颙）〔颙〕卒，俣立。以八月十七日为咸宁节，大会贵近于长庆殿。华人在馆者，亦遣官为馆伴，用三部乐。按，崇宁二年，即辽乾统三年，与史异。

方舆纪要云，契丹部酋六哥窜入高丽，据江东城，女真阿骨打遣兵攻灭之。江东城在平壤东，大同江东岸。但谓系宋嘉定九年，误。纪及外纪均未载。

八年（戊子——一○八）夏四月丙申，封俣为三韩国公，赠其父颙为高丽国王（按，据高丽史卷一一肃宗世家，岁丁丑（寿隆三年）十二月，已册王颙为高丽王，岁庚辰（寿隆六年）十月，已册王俣为三韩国公，此处记有误）。

冬十二月己卯，遣使来谢。〔考异〕东国通鉴云，睿宗文孝王三年二月，辽遣崇禄卿张揍来，命王落起复，清安节度使萧良、益州观察使李仁洽来册王，守太尉中书令。明年十二月，遣都官郎中李国琼如辽，奏还女真九城。纪及外纪均未载。

天庆二年（壬辰——一一二）冬十月辛亥，三韩国公俣母卒，来告，即遣使致祭、起复。〔考异〕东国通鉴云，睿宗七年七月己巳，太后柳氏薨，八月丙申，遣殿中监李德羽如辽告哀。辽遣永州观察使耶律固、太常少卿王侁、泰州观察使萧迪来吊祭。金陵黄氏书目云，耶律纯星命秘诀四卷。纯于政和二年使高丽，传其国禅师星命之学。政和二年，即辽天庆二年也。外纪未载。

三年（癸巳——一一三）冬十二月庚戌，高丽遣使来谢致祭及起复。〔考异〕东国通鉴云，睿宗十二年二月，金缘驰奏，金取辽开州，袭来远城，下大夫、乞打、柳白三营，尽烧战舰。统军耶律宁、刺史常孝孙等率其众，载船二百四十艘出泊江头。移牒我宁德镇，以来远、抱州二城归于我，遂泛海而遁。时天庆七年也。纪及外纪均未载。

（天庆）（按本书例删）十年（庚子——一二○）春二月，遣使乞兵于高丽，金人责之，兵不果来，而辽亡矣。〔考异〕张世南游宦纪闻云，余家尝藏高丽使人状数幅，乃宣和六年九月，正使知枢密院李资德、副使礼部侍郎金富辙，至本朝谢恩进奉，各有四六，仿中国体。李云："跂予望之，适江干之骅节；亦既犯高庙嫌讳止，幸堂上之披风。况飞五朵之云，特赐千金之币，礼当拜受，心则愧惶。"金云："穆如清风，幸被余光之照；酌彼行潦，可形将意之勤。幸被宽裕以有容，敢以菲微而废礼。所尘名品，列具梁濡。　按，资德为尚书令资谦弟。富辙兄富轼，博学强识，善属文，知今古。富辙亦有时誉，其命名之意，盖有所慕。文章动蛮貊，此语不诬。是年，又请遣能书者至国，遂命徐兢为国信使，归撰高丽图经上之，徽庙喜，擢宗丞兼掌书学。与前所引清波杂志稍异。　王云鸡林志云，高丽善染彩，红、紫尤妙。紫草大梗如牡丹，捣汁染帛。黄漆生岛上，六月刺取，沉色若金，日暴则干，本出百济，今号新罗漆。又云，王于国中出债收，有陈道曾入其国为商，曰："今以官奴求息，俾之日纳磨丝。貌好者倍其收，若得子，则没入为奴婢。"高丽图经云，普济寺有巨钟，形大而声不扬，上有螭纽，中有双飞仙，刻铭曰："甲戌年铸，用白铜万五千斤"。丽人曰："昔者，置之重楼，声闻契丹，单于恶之，今移于此。"所载甚详。

辽史纪事本末卷八

舒噜太后称制

太祖即位之元年（丁卯九○七）春正月庚寅，立皇后萧氏，群臣上尊号曰地皇后。后讳平，小字月理朵，旧作鄂尔多（按，鄂尔多为清改译，此处当云"旧作月理朵"）亦曰舒噜氏。原作述律氏。〔考异〕宏简录云，辽因突厥旧俗，称后曰可敦，国语谓之忒俚骞。尊称曰耨斡么，亦作改耨，盖以配后土。内称为母，太祖即位，始从唐制称后。本无姓氏，尝慕汉高称刘氏，其后族乙室拔里，亦作伊苏巴里，世任国事，比萧相国，故后称萧氏。舒噜后兄子萧翰妹复为太宗后，故后族皆以萧为氏。此本耶律俨所修实录之说，以姓为太祖所赐，国语解非之，故陈大任不取。而薛、欧二史，皆谓太宗入汴，赐后兄姓名曰萧翰。则萧姓实太宗所赐。乃太祖以前祖妣皆称萧，盖后人所追称也。萧姓于辽最贵，世与宰相选。统辽一代任国事者，惟耶律与萧二族而已。又，契丹外戚，其先曰二舒敏氏：曰巴哩，曰伊苏济勒。太宗入汴，赐外戚小汉姓名曰萧翰，故三姓皆为萧氏。　按，乙室部之先曰撒本，本与兄益古分营而领，曰乙室，曰拔里巳，所谓二审密是也。述律后，回鹘糯思后。糯思一名胡母里。西夏近回鹘，元时尚有此姓。胡母里既改萧氏，二族从之，实非同姓，定著为二。至云萧翰，本契丹大族，其号阿钵，无姓氏。太祖命李崧制姓名，以小汉为萧翰，此宋人之臆度也。其先从隋萧后入突厥，及后还，留辽，为述律氏，辽亡为石抹氏。此元人之附会也。契丹字书为石抹，汉字书为萧，国语解云无考。就金人石抹为萧观之，知契丹语，而金人沿之也。太祖命后族姓萧氏，则述律本回鹘姓改为萧氏，后人附会为一耳。见周春辽诗话。　庞元英文昌杂录云，余尝见枢密都承旨张诚一，说使北闻天皇尝问大臣古英雄为谁？曰："汉高祖。"勋臣为谁？曰："萧何。"因译耶律为刘氏，后亦锡姓萧氏。　武珪燕北杂记云，二月一日，番中萧姓者请耶律姓者于本家筵席，番中呼此节为瑟里呩。六月十八日，耶律姓却请萧姓者，亦如之。史作怦里呩，见礼志。陈浩辽史考证云，国语怦里呩，今改扎拉巴。又谓正旦为乃捏咿呢，今改阿尼雅伊能伊。纪载各异。**其先，回鹘人。父曰巴噶穆尔**，原作婆姑梅里。〔考异〕陈桱五代史补编作容我梅里。地理志作庸安穆噜。**仕约尼**原作遥辇氏，**为额珍尼郭齐喀**，原作阿札割只**娶伊勒都齐**原作匀德恝**王女，生后于契丹右大部**。〔考异〕宏简录，糯思生魏宁舍利，魏宁生慎思梅里，慎思生婆姑梅里，一名曰椀，即后父。谚语，地祇为青牛妪，有童谣曰："青牛妪，曾避路。"及迎后至辽、土二河之间，忽有女子乘青牛车，仓卒不见。　后妃传，诺苏生谭居沙哩勒，谭居沙哩勒生舒舒梅楞，舒舒梅楞生巴噶穆尔，名渊，原作月椀。　汪辉祖辽史同名录，卷十一圣宗统和四年朔州节度；卷二十四道宗太康六年同知北枢密，后屡见，三人同名慎思。又，后兄名欲稳，见卷七十四韩知古传。至卷七十三传，奚迭剌部夷离堇欲稳，另一人。性简重、果断，有雄略。太祖行兵御众，后尝预谋。太祖度碛击党项，留后守其帐，黄头、臭泊二室韦乘虚来袭；后知，勒兵以待，奋击，大破之，名震诸夷。母与姑拜之，皆踞坐受，曰："吾惟拜天，不拜人也。"〔考异〕契丹国志云，男女拜皆同，其一足跪，一足着地，以手动为节，数止于三。彼言捏骨者，即跪也。　文惟简北庭事实云，汉儿士大夫见上位、耆年及久阔交，见则进退周旋，三出头，五折腰，相揖而不作声，谓之哑揖，否则，为山野之人，不知礼法，咸嗤笑之。契丹之人，叉手胸前，亦皆不作声，是谓相揖。所载甚详。

二年（戊辰九〇八）春正月，晋王李克用卒，子存勖嗣。欲结援，以叔母事后。幽州刘守光遣韩延徽来，不拜，太祖怒，留使牧马。后曰："守节不屈，贤者也，宜礼用之。"太祖召与语，大悦，卒引为谋主。吴王李昪献猛火油，以水沃之愈炽。太祖选三万骑以攻幽州。后曰："岂有试油而攻人国？"指帐前树曰："无皮可以生乎？"太祖曰："不可。"后曰："幽州之有土有民，亦犹是耳。吾以三千骑掠其四野，不过数年，困而归我，何必为此！万一不胜，为中国笑，吾士卒不解体乎？"〔考异]宏简录载选骑攻幽州事，但曰"岂有试仇而攻人国者"？并无试火油事。康誉之昨梦录云，西北边防城库皆掘地作大池，纵横丈余，以蓄猛火油，不阅月，土皆黄赤，又别为池而徙焉，否则，火自屋柱延烧矣。猛火油出高丽东数千里。日初出时，因盛夏日力烘石极蘺则出液，他物遇之即为火，惟真琉璃器可贮之。中山府治西有大陂池，人呼海子，郡帅就之以按水战，试猛火油，池之别岸为虏营，用油者以油涓滴入，自火焰中过，则烈焰遽发，顷刻虏营烬矣。油之余力入水，荇藻俱尽，鱼鳖皆死。　周密癸未杂识云，南海诸国有泥油，今入海浅蕃船皆蓄之，谓之并船。中用四人力拖斗上，以泥油着小瓶中，槟榔皮塞口，燃槟榔皮。自高投之，泥油着板，遍延不息，以水沃之愈炽，所制者，干泥与灶灰。今官兵船不能近浅番者，正畏此耳。　按，今西北边无猛火油，询诸岭南习海舶者，亦不知有泥油也。又，华夷考云，猛火油，树津也，一名泥油火，类樟脑，第能腐人肌肉，燃之至水中，其焰倍炽。见徐应秋玉芝堂谈荟。所载较详。

四年（庚午九一〇）秋七月戊子朔，以后兄萧达鲁原作敌鲁为北府宰相。后族为相自此始。

七年（癸酉九一三）春三月，皇弟垿克原作剌葛等反，太祖以兵追之。垿克遣其党径趋行宫焚庐帐，后急遣舒古鲁原作蜀古鲁救之，获其所为天子旗鼓而还。

神册元年（丙子九一六）春二月丙申，百僚上尊号曰应天大明地皇后。

三月丙辰，立其长子贝原作倍为皇太子。〔考异〕陈樫五代史补编云，神册六年初，王郁说契丹主曰："镇州美女如云，金帛如山，天皇王速往则皆己物也；不然，为晋王所有矣。"后曰："吾有西楼羊马之富，其乐无穷，何必劳师远出，以乘危徼利乎？晋王用兵，天下莫敌，脱有危败，悔之何及！"主不听。及败，絷郁以归。后传未载。　王易燕北录云，戎主太后喷嚏时，但是近位蕃、汉臣僚齐道"治鑿离"，汉语"万岁"也。　王懋野客丛书云，随笔曰：今人喷嚏必止者，必嚏嚏，祝曰："有人说我。"按，诗"寤言不寐，愿言则嚏。"注：女思我心则嚏也。今俗人嚏云："人道我。"此古之遗语。仆观类要编风类正有是说。　陈继儒珍珠船云，呵胶出虏中，可以羽箭，又宜妇人贴花钿，呵嘘随融，故名呵胶。刘贡父有和陆子履诗曰："此胶出自辽水鱼，白羽补缀随呵嘘。"

天赞元年（壬午九二二）冬十一月壬寅，太祖以后次子耀库济原作尧骨为天下兵马大元帅，自是屡立战功。

四年（乙酉九二五）春正月壬寅，太祖以亲征党项捷报后及太子。

〔二月〕（据辽史卷二太祖纪补）丁卯，后遣康末怛问起居，进御服、酒膳。

夏四月甲子，后及太子迎谒太祖于札里河。

冬十二月乙亥，太祖亲征渤海，后及太子、大元帅皆从行。〔考异〕陈士元诸史夷语云，应天皇后从太祖征讨，所俘人户有伎艺者，置之帐下为属珊部，盖比珊瑚之宝云。按，属珊军，应在兵卫志，史更移之地理志，恐误。王鸣盛十七史商榷云，五代史汉高祖纪，德光指知远曰："此都军甚操剌。"今人以雄猛为"插剌"，"操剌"恐即此意。王易燕北录云，诸蕃兵马，以"萎珍思”三字为号，汉语熊、虎二字也。正月十三日，放国人作贼三日，北呼为“鹘里叴”，汉人译曰：“鹘里”是偷，“叴”是时也。戎主及臣庶每闻霹雳声，各相钩中指，口作吃雀声。若见旋风时，便合眼，用鞭空中，打四十九下，口道“坤不克”七声，汉语“魂风”也，均以为禳厌。　江休复嘉祐杂志云，契丹谓圭为“曜辣”，北虏冰实羊肠。文州羌取蛇韬首绕头上，治上热。　武珪燕北杂记云，契丹呼种田为“提烈”，又北界汉儿多为契丹凌辱，骂作“十里鼻”，犹言“奴婢”也。猎月戎装饮酒，呼为“秒离叴”，“炒离”是战，“叴”是时。戎主别有鼓十六面，发更时擂动，至二点住；三更再擂，呼为“倍其不”。擂鼓是惊鬼。契丹饮宿，不逐水草，燕北胶弓不易折。方以智通雅云，中人帽曰“爪拉”。徐文长曰，辽主名查拉，或服是帽，转为“爪拉”。近有高丽王帽，京师呼为“爪拉”。张舜民使辽录云，胡人吹叶成竹，以籲歌相和，音韵甚和。叶子奇草木子云，北人杀小牛，自脊上开一孔，逐旋取去内头骨肉，外皮皆完，揉软，用以盛乳酪，谓之“浑脱”。陶毂清异录云，北戎莲实，状长、少味，出藕颇佳，然止三孔，用汉语译其名曰“省事三”也。又辽东一处有瓜，若浇沃，则以酒代水，实成，破为一段。每段中一子，长数寸，食一颗，可作十日粮。国人珍之，名“独子青”。陈长方步里客谈云，古人多转蓬，不知何物。外祖林公使辽，见蓬花枝叶相属，团圝在地，遇风即转，云转蓬也。

天显元年（丙戌九二六）春正月，太祖平渤海，〔二月〕（据辽史卷二太祖纪补）改为东丹国，以太子为人皇王，置官属守之。

秋七月，师还。甲戌，次扶余府，辛巳，太祖崩，后称制，权决军国事。〔考异〕耶律都沁传，后称制，恶都沁，囚之，誓曰："铁锁朽，当释汝！"既而召之，使者欲去锁，辞曰："铁未朽，可释乎？"后闻嘉叹，趣石释之。纪及后传未载。

　　八月甲午，奉梓宫西还。耀库济讨平诸州，奔赴行在，人皇王继至。

　　二年（丁亥九二七）秋八月丁酉，葬太祖于祖陵。当葬时，后欲以身殉，百官力谏，因断右腕，纳于枢。〔考异〕宏简录云，太祖崩，后恚，召从行将帅等妻谓曰："我今为寡妇，汝等岂宜有夫！"因杀大将百余人，曰："可往从先帝于地下。"左右有过者，亦多杀于墓隧中。因事怒赵思温，使送木叶山，不肯行，责之，对曰："亲莫如后，何乃不行？"乃断一腕，纳圹中，而释思温不杀。所载较详。按，地理志云，后于义节寺断腕，置太祖陵，即寺建断腕楼，树碑焉。太祖纪均未载。王易燕北录云，契丹妇人产时，望日番拜八日，候人帐内，以手帕抹却。契丹晋人眼，抱妇人胸卧甘草苗。若生男儿，其夫面涂莲子、胭脂；或生女时，面涂突墨。产母服黑豆汤，调盐。番言用此二物涂面时，宜男女，贫者否。所载亦异。

　　冬十一月壬戌，太宗立，尊后为应天皇太后。

　　三年（戊子九二八）太宗不改元秋八月庚辰，〔诏〕（据辽史卷三太宗纪补）建太后诞圣碑于仪坤州，方舆纪要云，在临潢东，本契丹右大地，回鹘部落所居。述律后生于此，因建为州，治广义县。〔考异〕胡峤陷北记云，至仪坤州，渡麝香河，自幽州至此无里堠，不知南北，后建为启圣军节度。以其生日为永宁节。〔考异〕礼志云，正旦，国俗以糯饭和白羊髓为饼，丸之若拳，每帐赐四十九枚。戊夜，各于帐内窗中掷丸于外。数偶，动乐，饮宴。数奇，令巫十二人鸣铃执箭，绕帐歌呼，帐内爆盐炉中，烧地拍鼠，谓之惊鬼，居七日乃出。立春日，妇人进春书，刻青缯为帜，像龙御之；或为蟾蜍，书帜曰"宜春"。凡正月之日，一鸡、二狗、三豕、四羊、五马、六牛，七日为人。晴为祥，阴为灾，俗煎饼食于庭中，谓之"薰天"。二月八日为<u>悉达太子</u>生辰（按，据<u>契丹国志</u>卷二七岁时杂记，"佛诞日"在四月八日。此处疑误）。京府及诸州，雕木为像，仪仗百戏道从，循城为乐。<u>悉达太子</u>者，<u>西域净梵王</u>子，姓<u>瞿昙氏</u>，名<u>释迦牟尼</u>。以其觉性，称为佛。三月三日为上巳，国俗，刻木为兔，分朋走马射之。先中者胜，负朋跪进酒，胜朋马上饮之。是日为陶拉噶尔布噶，原作陶里裈。<u>国语</u>，"陶里"，兔"裈"，射也。夏至，俗谓之朝节。妇人进彩扇，以粉脂囊相赠遗。七月十三日，夜，天子于宫西三十里卓帐宿焉。翼日，诸部落从，动番乐饮宴。暮归行宫，曰"迎节"。中元，动（番）〔汉〕（据<u>辽史</u>卷五三礼志、<u>契丹国志</u>卷二七岁时杂记改）乐大宴。十六日昧爽，复经西方诸部落，大噪三日"送节"，（按，据<u>契丹国志</u>卷二七岁时杂记作"却往西方，令随行军伍大喊三声，谓之'送节'。"<u>辽史</u>卷五三礼志作"随行诸军部落大噪三"，未知孰是）是为赛音伊能伊，原作赛伊呢奢。<u>国语</u>，"奢"，好也。八月八日，国俗，屠白犬，于寝帐前七步瘗之，露其喙。后七日中秋，移寝帐于其上，谓之伊克努尔，原作捏褐耐。<u>国语</u>，"捏褐"，犬也；"耐"，首也。岁十月。五京进纸，造小衣甲、枪、刀、器械万副。十五日，主臣望祭<u>木叶山</u>，用国字书状，并焚之，谓之达勒噶喀，原作戴辣。<u>国语</u>（烧甲）〔"戴"，烧也；"辣"，甲〕（据<u>辽史</u>卷五三礼志改）也。腊辰日，天子率北（面）〔南〕（同上书改）臣僚并戎服，戊（辰）〔夜〕（同上书改）坐朝，作乐饮酒，等第赐甲仗、羊马。是日为绰哈雅布，原作炒伍俪㖃。<u>国语</u>，战时也。　按，<u>五德运补</u>云，<u>辽</u>以水德王。又，魏台访议云，王者各以其行盛日为祖，衰日为腊，水盛于子，终于辰，故水行之君以子、祖、辰、腊。今礼志以辰为腊，可见辽用水德也。见陈浩辽史考证。

四年（己丑九二九）冬十月甲子，太宗以弟鲁呼原作李胡帅师趣云中，讨郡县之未附者。鲁呼，太后少子也。

五年（庚寅九三〇）春正月庚午，皇弟鲁呼拔寰州捷至，因朝太后。及鲁呼师还，册为寿昌皇太（子）〔弟〕（据辽史卷三太宗纪改）。〔考异〕皇子表及鲁呼传均作皇太弟，较妥。续通考云，太宗天显五年六月，以太后疾，祈于太祖庙。圣宗统和四年十月，太后为帝祭神祈福。按天显五年，疑系会同五年。续通考恐误。

十一年（丙申九三六）冬十二月戊子，太宗以援晋大捷，遣使驰报太后，师还朝见，进珍玩为寿。

会同元年（戊戌九三八）秋九月，晋遣使来上皇太后尊号。

冬十一月壬子，太后御开皇殿，冯道、韦勋册上尊号曰广德至仁昭烈崇简应天皇太后。

五年（壬寅九四二）夏六月丁丑，太宗闻太后不豫，驰入侍，汤药必亲尝。仍告太祖庙，幸菩萨堂，饭僧五万人。至七月乃愈。

六年（癸卯九四三）冬十二月，太宗如南京，议伐晋。命赵延寿等分道进，诸军继之。嗣是与晋构怨，用兵不休，二国俱困。太后谓太宗曰："使汉人为胡主可乎?"曰："不可。"太后曰："然则何故欲为汉主?"曰："石氏负恩不可容。"太后曰："汝今虽得汉地，不能居也；万一蹉跌，悔何所及!"又曰："汉儿何得一饷眠。自古但闻汉和蕃，不闻蕃和汉。汉儿果能回意，我亦何惜与和。"其后，晋复来请和，卑辞谢过。太宗谓："使景延广字航川，陕州人。桑维翰字国侨，河南人。〔考异〕张齐贤洛阳搢绅旧闻记云，维翰应举，张全义言于有司始得第。 薛史李棁传，棁知贡举。有举子孔英者，素有丑行。维翰谓棁曰："孔英来矣。"棁不喻其意，反疑维翰属之，乃考英及第。此皆以势利舞弊者。又，同光三年，裴皞知贡举，所取符蒙正等，干物议；诏卢质覆试。王澈改第一，维翰第二，蒙正第三，成僚第四。皞免议。见赵翼劄记。来议，并割镇、定两道则可和。"晋人疑其语忿，无和意，乃止。太宗灭晋归，崩于栾城。〔考异〕宏简录云，太宗灭晋，太后劝用一汉人为主，太宗不可。太后怒曰："汝得中原不能有，后必有祸，悔无及矣!"及丧归，太后不哭，抚其尸曰："待我国中人畜如故，然后葬汝!"纪未载。 欧史云，德光入汴，述律后遣人赍书及阿保机明殿书赐之。明殿，若中国陵寝下宫之制，墓侧起屋曰明殿。置学士一，掌答诏书。每国有大庆吊，学士以先君之命，为书以赐国君，曰儿皇帝书云。所载较详。诸将奉世宗即位于镇阳。太后属意于少子，鲁呼闻之大怒，遣兵迎击，大败。太后亲率师遇于潢河之横渡，赖耶律乌哲原作屋质谏，乃罢之。迁居于祖州之没打河。〔考异〕欧史云，萧翰闻兀欲立，追及之，与述律后战于沙河，后兵败而北，兀欲追至独树渡，遂囚后于扑马山。见胡峤陷北记。与史异。　方舆纪要云，扑马山或谓即祖州之白马山，即祖山。在祖州西五里。　耶律硕格传，世宗即位，硕格奉太宗丧归上京，佐太后出师，坐是免官，卒。后传未载。应历三年崩，祔祖陵。谥贞烈，后更淳钦。

辽史纪事本末卷九

太宗嗣立

太祖天赞元年（壬午九二二）冬十一月壬寅，命皇次子耀库济原作尧骨。〔考异〕宋白云，本名耀渠芝，亦作耀屈之。王溥五代会要作曜屈之。为天下兵马大元帅，略地蓟北。

本讳德光，字德谨。母舒噜原作述律后。唐天复二年生。生时黑云覆帐，神光异常。猎者获白鹿、白鹰，人以为瑞。〔考异〕宏简录云，生时火光烛天，有声如雷。诸部异之。及长，雄杰有大志，貌严重而性宽仁，军国之务多所取决。尤为舒噜后所钟爱。至是始奉诏统军，得专征讨焉。欧史云，德光素有智勇，服其诸部，事母述律甚谨，后切爱之。〔考异〕方舆纪要云，德光生于龙化州东，本东楼地，阿保机春月行帐多驻此。穆宗因建为降圣州，统永安县，金废。　地理志云，州号开国军。应天后尝于此梦神人金冠素服，执兵仗，貌甚丰美，异兽十二随之。中有黑兔，跃入后怀，因有娠，生太宗。

二年（癸未九二三）春正月丙申，大元帅兵克平州，获刺史赵思温、裨将张崇（按，旧五代史卷八八、新五代史卷四七张希崇传作"张希崇"，"希"盖与天祚延禧之"禧"音同，避讳而舍）。

夏四月癸丑，诏大元帅攻幽州，军城东，晋节度使符存审出战，败之，擒其将裴信父子数十人。

闰月庚辰，抵镇州。拔曲阳，下北平。

五月戊午，师还。〔考异〕纲目云，唐庄宗同光元年闰四月，契丹围幽州。　欧史存审传，时晋与梁相持河上，欲发兵，兵少；欲勿发，惧失之。庄宗问诸将，存审以为当救，乃遣赴援，卒击走契丹。正天赞二年事，未云存审兵败，今从太祖纪。耶律图鲁卜传，时耀库济为大元帅，图鲁卜为副，既下北平，至易州，易人来拒，逾濠而阵。李景章出降，言城中人无斗志。大元帅将收攻具，图鲁卜谏曰："我师远来疲惫，不可久留。"乃止。军还，太祖嘉之，赐赉优渥。纪未载。按，易州为高阳军，在保定府西北百二十里。舆地广记云，汉故安县，故城在今易县南，易水所出。燕太子丹送荆卿入秦，祖道于此。隋置易州，兼立黎郡，寻改上谷郡，唐为易州，又为上谷郡。县四：易县、涞水、满城、玉田。　戴铣易州志云，黄金台在州治东南四十里。昔燕昭王师事郭隗，筑台于此。通典云，归义县，汉易县地。公孙瓒于此置易京，在今县南十八里。

又有<u>巨马水</u>。<u>唐舜卿</u>涿州志云，重唇鱼，惟巨马河有之。　<u>周密癸辛杂识</u>云，<u>易州</u>在保定府西，即<u>郭药师</u>起兵处，在<u>易水</u>北。州东南有故城，号<u>燕子城</u>。　<u>册府元龟</u>云，<u>刘昫</u>，涿州人，<u>唐</u>末<u>契丹</u>陷其郡，昫被俘，至<u>新州</u>逃归，隐居<u>上谷大宁山</u>。在<u>易州</u>城西五十里，中有<u>大宁寺</u>。见<u>明一统志</u>。<u>五华楼</u>，在<u>易州</u>治，即<u>燕侯</u>云物处。<u>辽圣宗</u>尝御此楼。书刺史<u>高质</u>、兵监<u>赵质</u>姓名于西壁。　<u>林</u><u>烶</u>章<u>易水志</u>云，<u>福感寺</u>，在州东里许，<u>辽</u>统和末建。上、中、下静觉寺，在<u>大宁山</u>，<u>辽</u>大安二年建。　<u>潘自牧记纂渊海</u>云，<u>三台城</u>，在容城县境。昔<u>燕</u>、<u>魏</u>分<u>易水</u>为界，筑三台以耀武。<u>图鲁卜</u>原作<u>突吕不</u>，官至检校太尉。卷九十六<u>萧约音努</u>传，六世祖<u>奚六部</u>常衮<u>突吕不</u>，另一人。

三年（甲申九二四）夏六月乙酉，<u>太祖</u>亲征<u>托欢</u>、原作<u>吐浑</u><u>党项</u>、<u>准布</u>原作<u>阻卜</u>等部，诏皇太子监国，大元帅以兵从行。遂破<u>伊奇哩</u>原作<u>于厥里</u>诸部，定<u>河壖</u>，下<u>山西</u>诸镇，取回鹘<u>单于城</u>；逾<u>流沙</u>，尽取西鄙各部。东西万里，所向有功。

四年（乙酉九二五）春二月丙寅，大元帅率兵略<u>党项</u>，献其俘。〔考异〕<u>图鲁卜</u>传，时从大元帅为先锋，伐党项有功。<u>太祖</u>犒师<u>水精山</u>。大元帅东归，<u>图鲁卜</u>留屯西南部，复讨党项，多获而还。纪未载。

冬十二月乙亥，大元帅从征<u>渤海</u>，围<u>扶余府</u>。

<u>天显</u>元年（丙戌九二六）春正月庚申，国兵攻破<u>扶余城</u>，诛其守将。大元帅兵进围<u>辉罕</u>原作<u>忽汗</u>城，<u>大谌撰</u>请降，复叛，<u>图鲁卜</u>先登，攻克之，改为<u>东</u>

丹国。命皇太子为人皇王主之，班师。

夏五月辛酉，南海、定理二府复叛，大元帅讨平之。〔考异〕图鲁卜传，渤海平，承诏铭太祖功德于永兴殿壁。班师，已下州郡，往往复叛，从大元帅攻破之。纪未载。

秋七月丙辰，铁州刺史卫钧反，大元帅攻之，拔其城。

是月，师次扶余府，太祖崩，舒噜后称制。大元帅讨平诸州奔赴行在，人皇王继至。

九月丁卯，太祖梓宫至皇都，权殡于子城西北。

冬十月，卢龙节度使卢国用叛，降唐。〔考异〕契丹国志云，时文进守平州，唐遣人说之，以易代之，后无复嫌怨；而文进所部华人皆思归，乃率其众十万归唐。纲目及通鉴同，史作国用，异。　薛史云，十二月，诏赐文进及将吏四百人鞍马、钱币有差，授文进太尉、平章事。时明宗即位之明年。文进自平州率所部十万余众来奔，行及幽州，先遣使上表曰："顷以新州团练使李存矩，提衡郡邑，掌握恩威，虐黎庶，则毒甚于豺狼；聚赋敛，则贪盈于沟壑。人不堪命，士各离心。臣即抛父母之邦，入朔漠之地，几年雁塞，徒向日以倾心；一望家山，每销魂而断目。李子卿之河畔，空有怨辞；石季伦之洛中，莫陈归引。近闻皇帝陛下，皇天眷命，清明在躬，握纪乘乾，鼎新革故。始知大幸，有路朝宗；便贮归心，祗同良会。臣十月十日，决计杀在城契丹，取十一日离州，押七八千车乘，领十五万生灵，十四日已达幽州"云。洎至洛阳。授滑州节度使，岁余，移镇邓州，入为上将军，长兴中，出镇潞州；

清泰中，改安州。及晋与契丹结好，不自安，天福元年十二月，渡淮奔金陵。　欧史云，晋天福二年正月，文进时为安远节度使，叛降于吴，授宣润节度使，死于金陵。马令南唐书云，文进以晋天福元年冬送款于烈祖，拜天雄统军，镇宣润。　陆游南唐书云，文进少事契丹，娶其公主，为平州刺史，镇上党。时幽州高越精词赋，有名，征为掌书记。文进仲女有才色，称女学士，因以妻之。文进奔吴，与之俱，为秘书郎。保大初，文进卒，有欲倾其家者，越上书讼之，坐黜。后主时卒，官户部侍郎。　释文莹玉壶清话云，文进卒时年八十二。其日，星陨于寝，大如杯，文进嘘，赤光丈余，与星接。　吴任臣十国春秋云，文进送款前，杀行军司马冯知非、副使杜重贵。归烈祖，居数镇，政绩甚美。润州大火，使马步救之，益炽；文进怒，自出，斩马步使，传声火止。人皆异之。封范阳郡王兼中书令。忤冯延己；死后，诬以阴事，尽收诸子，欲籍其家。赖高越救免。越字冲远，举进士，与江文蔚齐名，称江、高。淮南交兵，书诏多出其手。卒，谥穆。兄子远，冲淡有高节，官勤政殿学士，撰烈祖实录二十卷，与徐铉、乔匡舜、潘佑共成吴录二十卷，又撰元宗实录十卷，编辑升元以来故事为一家言。见陈霆唐余纪事。赠给事中，谥良。铉字鼎臣，会稽人。长与韩熙载齐名，称韩、徐。官右丞左仆射，知内史事。入宋，历常侍，与汤悦撰江南录，著文集三十卷及稽神录。弟锴，字楚金。历集贤殿学士，与铉齐名，称二徐。卒，谥文。熙载，字叔言，北海人，后唐第进士。入南唐，历中书侍郎承旨，卒，赠平章事。文蔚，字君章，建安人，官翰林学士，有直声。匡舜，字亚元，高邮人，官刑部侍郎。佑，幽州人，官内史舍人。上书论时政，与李平同时被杀。平本姓名杨讷，少为嵩山道士，官卫尉卿，判司农寺。

十一月，杀南院额尔奇木原作夷离堇耶律迪里原作迭里等。事详东丹建国注中。

二年（丁亥九二七）秋八月，治祖陵毕。

冬十一月壬戌，人皇王率群臣请于后曰："大元帅勋望，中外攸属，宜承大统。"后从之。遂即位，是为太宗。语详东丹建国事中。〔考异〕是年，即唐明宗天成二年。纲目于是秋书契丹与唐修好。欧史亦于九月、十一月两书契丹使梅老来。又以名马聘唐，并求碑石为阿保机刻铭。明宗遣飞胜指挥使安念德报聘。薛史云，九月，契丹使美棱玛古等朝贡。十一月，摩琳等来乞和。十二月，遣飞胜指挥使赐契丹王锦绮、银器等，并赐其母绣被、璎珞。史均未载。

三年（戊子九二八）太宗不改元。春三月乙丑，唐义武节度使王都遣人以定州来归。唐帝出师讨之，使来乞援，诏遣奚图哩原作秃里。〔考异〕纲目作秃馁。搭拉原作铁剌。〔考异〕薛史作塔纳。通鉴作托诺，死在四年。按，神册六年，存勖引兵趋望都，遇契丹托诺，或系一人。通鉴辑览作托辉。又卷五，大同五年，归铁剌，籍没子孙，另一人。往援之。

夏四月丙申，塔拉败唐将王晏球字莹之，洛阳人。初为杜氏养子，从姓杜。于定州。唐兵大集，塔拉请益师。〔考异〕东都事略云，李处耘父肇，时为军校，讨王都，契丹来援，力战死。纪未载。辛丑，命特哩衮原作惕隐纳尔珲、原作涅里衮都统察喇原作查剌。〔考异〕通鉴辑览作策喇卜，云旧作荆喇。汪辉祖辽史同名录云，卷十六圣宗开泰九年使宋；卷二十一道宗小字；卷二十三太康三年室韦部人，左卫大将军；又护卫太保；卷二十八天祚天庆七年南京统军都监；卷九十六耶律仁先传，小字；

卷一百耶律章努传，父，八人同名查剌。赴之。

秋七月，塔拉率兵复与唐将王晏球战，大败，死之。纳尔珲、察喇等数十人被执。晏球克定州，王都举族自焚死。〔考异〕欧史云，天成三年正月，契丹陷平州。四月，王都反。五月，秃馁、荝剌等救定州，为晏球败于曲阳，复遣惕隐赫邈助之，败于唐河。赫邈走幽州，为赵德钧擒。定州破，明宗斩秃馁等六百余人，赦赫邈。选壮士五十为契丹直。八月，执契丹首领和敏。薛史云，正月，契丹使托诺、巴摩哩贡。献帝遣指挥使奔托山押国信赐契丹王妻。四月，契丹上书求乐器。五月，托诺领兵三千救定州，晏球败之于曲阳。六月，德钧奏杀契丹千余人于幽州，获马六百匹。七月，晏球大破契丹于唐河北，追至满城，复败之，斩二千余级，获马千匹。进至易州，擒获甚众。八月，德钧邀杀败党数千，擒特里衮等五十余人。会秋雨，泥泞，余众多为村民殴杀，唯奇峰岭北有马潜遁，脱者数十，余无噍类。帝致书谕其本国。张希崇以平州降。明年二月，克定州，生获托诺等二千余人，磔托诺父子于市。先是，晏球分符彦卿、高行周为左右翼，大败之于嘉山下，追袭至城门。定州围久，都将马让能以城降。都好聚图书，藏书三万卷，名画、乐器皆四方之精妙者。及败，府库、妻孥一夕而烬。王溥五代会要云，晏球获契丹绢书二封来进，众臣莫识其文字。番将六百皆赦之，惟首领吉赵实自京通归，至深州，捕斩之，杀图奈等二十余人。纲目云，秃馁万骑救定州，为晏球破，拔西关城为行府。契丹陷新州，杀赵州刺史朱建丰。且两败均在曲阳，纪载各殊。册府元龟云，都镇定州，临戎数年，惟务残虐。周元豹见之曰："形若鲤鱼，难免刀几。"太宗以师出非时，甚悔，厚恤战没将士之家。〔考异〕契丹国志云，八月，<u>契丹</u>遣使如<u>唐</u>。<u>薛史</u>云，闰八月，<u>契丹</u>遣使来贡献。<u>史</u>均未载。

冬十一月辛丑，<u>太宗</u>自将侵<u>唐</u>。闻<u>唐</u>使来聘，问左右，皆曰："<u>唐</u>数遣使来，实畏威也。未可轻举，观衅而动可也。"次杏埚，<u>唐</u>使至，遂班师。

时<u>人皇王</u>在<u>皇都</u>，诏遣<u>耶律伊济</u>原作羽之迁<u>东丹</u>民以实<u>东平</u>。其民或亡入<u>新罗</u>、<u>女直</u>者，倘困乏难迁，许上国富民给赡而隶属之。升<u>东平郡</u>为<u>南京</u>以居<u>人皇王</u>。〔考异〕皇子表，是年，第四弟<u>雅尔噶</u>救<u>耶律沙</u>于<u>定州</u>，为<u>唐</u>所获，至<u>石晋</u>时始得还。<u>太祖</u>宫人<u>萧氏</u>生，字达年，官特里衮。二子：<u>迪里</u>、<u>希达</u>，皆知名。纪未载。宏简录，<u>雅尔噶</u>作<u>牙里果</u>，<u>迪里</u>作<u>敌禄</u>，官南府宰相；<u>希达</u>作<u>希低</u>，官北院大王。

四年（己丑九二九）秋九月庚午，如<u>南京</u>。癸巳，至<u>南京</u>。

冬十月庚戌，大阅六军。诏皇弟<u>鲁呼</u>原作李胡帅师趣<u>云中</u>，讨郡县之未附者。〔考异〕<u>欧史</u>云，<u>天成四年四月</u>，<u>契丹</u>寇<u>云州</u>。癸丑，使<u>撩括梅老</u>来求<u>秃馁</u>，杀之。<u>契丹</u>时称雄北方，<u>定州</u>之败，丧其万骑，又失名将。及<u>突欲</u>奔<u>唐</u>，遂卑辞厚币求归诸人，<u>唐</u>辄斩其使不报。中国之威几振。 <u>薛史</u>云，四月，遣<u>纽赫美棱</u>等来朝，称取<u>托诺</u>等骸骨，并斩于北市。<u>史</u>均未载。

五年（庚寅九三〇）春正月庚午，<u>鲁呼</u>拔<u>寰州</u>。

秋八月丁酉，以<u>大圣皇帝</u>、皇后宴寝之所号<u>日月宫</u>，因建<u>日月碑</u>。丙午，如<u>九层台</u>。

九月丁亥，至自<u>九层台</u>。

冬十一月戊寅，<u>东丹</u>奏<u>人皇王</u>浮海适<u>唐</u>。〔考异〕

薛史云，东丹王突欲在阙下，其母继发使申报，朝廷亦优容之。尹洙五代春秋云，长兴二年正月，契丹突欲来归。按，长兴二年，即天显六年也。此恐系传闻之误。

六年（辛卯九三一）夏四月己酉，唐遣使来聘。

冬十一月乙酉，唐复遣使来聘。

十二月丙辰，以诏赐唐卢龙节度使赵德钧。

七年（壬辰九三二）春正月己亥，唐遣使来聘。癸卯，遣人使唐。〔考异〕通鉴云，长兴三年正月，契丹陷平州。按，元年冬，卢文进来奔，唐得平州，至是复为契丹陷。纪未载。　纲目云，长兴二年三月，契丹遣使如唐。初，锡里察喇等为赵德钧擒，契丹遣使请之，唐主谋于群臣，皆曰："契丹所以屡求和者，以此辈在南故也，纵之则边患复生。"自是数侵云州及振武。契丹国志同，惟作长兴三年，即是年。且锡里作骨舍利。　欧史云，长兴二年八月，契丹使邪姑儿来。三年正月，使拽骨来。三月，复遣使来。　王溥五代会要云，契丹屡请放蓟刺舍利等归国，明宗欲许之，大臣争未决，会德钧论奏，及易州刺史杨檀皆言不可，乃止。仍遣蓟骨舍利随其使归。时使为梁进德、铁葛罗、卿述禄三人。又云，二年十二月十二日，契丹主帐前有大星昼陨，声若雷电。薛史，易州作冀州，咱喇作扎拉，蓟骨作哲尔格。纪载各异。　按，檀后改名光远，字德明，小字阿檀，沙陀部人。见陈思小字录。　舆地广记云，振武，本戎狄地，秦、汉属云中郡。唐龙朔三年置云中都护府，改单于大都护府，升振武军，县一：金河。有燕然山、李陵台、王昭君墓。咸通中李国昌为节度，世据其地。

夏四月甲戌，唐遣使来聘，致人皇王书。

秋七月壬辰，唐遣使遗红牙笙。癸巳，使复

至，惧报定州之役也。

冬十月乙卯，唐遣使来聘。己巳，遣使云中。

〔考异〕契丹国志，是冬唐以石敬瑭为河东节度使。蔚州刺史张彦超
与敬瑭有隙，闻之，遂叛降契丹。　通鉴目录云，拜彦超大同节度
使。　薛史云，时契丹帐族在云州境。帝与群臣议：择威望大臣以制
北方。故敬瑭移镇河东，而以张敬达为云中节度使。十一月，云州
奏言契丹主在榆林南纳喇泊造攻城具，帝遣使赐主银器、彩帛。
通鉴目录云，时敬达聚兵守要害，契丹不敢南下。史均未载。

八年（癸巳九三三）春正月庚子，命皇太弟鲁呼、
左威卫上将军色克率兵伐党项，克之。未几来贡。

二月乙卯，克实噜原作实鲁使唐还，以附献物分
赐群臣。

三月丙申，唐遣使请罢征党项兵，使人报之。
（按，据辽史卷三太宗纪，"使人报之"作"上以战捷及党项已听命
报之"。）

冬十月辛亥，唐遣使来聘。己未，遣巴拉原作拔
剌。〔考异〕汪辉祖辽史同名录云，卷一太祖纪吐谷浑长；卷八十八
国舅详稳，姓萧氏；卷九十六萧乐音努传，父，舍利军详稳，四人
同名拔剌。使唐。

十一月辛丑，宣简太后崩，遣使告哀于唐。〔考
异〕后妃传作天显十一年，盖误。

是月，唐帝嗣源殂，子从厚立。〔考异〕欧史云，长
兴四年五月，契丹使述骨卿来。薛史云，是月，契丹遣使朝贡。纪
未载。

九年（甲午九三四）春闰正月戊午，唐遣使告哀，即日遣使吊祭。

二月戊寅，葬宣简太后于德陵。

夏四月，唐潞王从珂弑其主从厚而自立。〔考异〕册府元龟云，愍帝应顺元年正月，契丹使都督没辣来朝，献马四百、驼十、羊二千。先是，遣供奉官西方璟入契丹复命，故有是献。欧史云，正月，契丹使都督没辣干来。四月，废帝篡立，改元清泰。九月，契丹寇边。十二月，寇云州。　薛史云，九月，云州奏契丹寇境。十月，复寇云、应州。续通考云，八月，主南伐，搜刺解里手接飞雁，上异之，因以祭天地。史均未载。

十年（乙未九三五）春正月戊申，彰德皇后崩，寻葬奉陵。后萧氏，小字温，舒噜后弟实噜女。初，大元（师）〔帅〕（据辽史卷七一后妃传改）纳为妃，生穆宗。及即位，立为后。重熙中，更谥靖安。见后妃传。〔考异〕契丹国志云，后涿州人，辽兴节度萧延思女。太宗崩时，后在国，后崩，与帝合葬。穆宗立，立陵庙，建碑。延思少习武艺，有材力，能左右射。自太祖时，从平诸番，常单骑深入敌阵，屡战有功。太宗援晋，扫古缴已死矣，太宗每叹曰："斯人若在，中原不足平也！"终北面都部署。疑延思又名扫古缴，史未立传。见杨复吉辽史拾遗补。

二月辛巳，宰相纳尔珲原作涅里衮谋南奔，事觉，执之。〔考异〕沈炳（霞）〔震〕（据廿一史四谱改）廿一史四谱载太宗朝北府宰相耶律涅里衮云，天显十年拜。与纪所书合，想系一人。但纪未载其为北府及拜相年月，而谱又未载其南奔事，姑阙疑以俟考。又，太宗朝宰相，南府则耶律鹘离底，平章事则刘居言，政事令则萧僧隐，中书右相则耶律述兰、迭烈哥。均见四谱。　薛史云，清泰二年五月，新州、振武奏契丹寇境。六月，寇新州。振武奏契丹二万骑在黑榆林，寻寇应州。庚辰，招讨赵德钧奏杨光远追袭契丹至易州。尹洙五代春秋云，四月，契丹寇新州。六月侵应州。史均未载。

　　冬十一月丙午，幸弘福寺为皇后饭僧。见观音画像，乃大圣皇帝、皇后及人皇王所施，顾左右曰：“昔与父母兄弟聚观于此，岁时未几，今我独来！悲叹不已。乃自制文题壁，以极追感之意。读者悲之。〔考异〕日下旧闻考云，善果寺西半里许有菜圃，辽碑在焉。魏坤倚晴阁杂钞谓其地即归义寺。以碑考之，似别为一寺，而归义寺乃在其北也。查慎行人海记云，归义寺创于辽，内有石幢，记作骈语。又记云：大辽保宁□年，都亭□侯太原王公为王姊自会同九年舍资，就奉福寺文殊殿前，又建法幢于灏村之坟、京东之墓云云。建幢女弟子张氏，长男摄祁州司马□，次男留守押衙、前都亭驿使□，次男摄寰州长史恕，长女成郎妇，次女李郎妇，次女陈郎妇，未嫁女吉年，孙男三生；银青崇禄大夫、检校工部尚书兼御史大夫、上柱国郑承嗣；表弟，阁门使、崇禄大夫、检校□部尚书兼御史大夫、上柱国郭涉，次表弟，将仕郎、前守昌平县主簿郭□。镌字者尹奉威也。

　　附录：

　　辽会同中，原建佛顶尊胜陀罗尼幢记，□□□“夫六道循环，五蕴虚假，融情□而成岳，流渴爱以为河。扰扰乎如投焰之虫，忙忙焉若奔□之兽，不有至道，其孰能拯救者哉？则我大觉髻珠，空王密藏，妙用遍周于沙界，神功广被于人天。巍巍乎可得而言，荡荡乎无远不届！至若释尘劳境，除七返之轮回，入解脱门，破四魔之颠倒。津梁五浊，利济三途，拔火宅之焚烧，道苦海之沈溺者，莫尚乎佛顶尊胜陀罗尼叽也。明文具载，奕世传芳。其或安在高楼，置于窣堵，或资敬仰，用广瞻依，俾蹈焰者罪灭福生，使沾尘者□□后乐；其他设造，永契殊因。粤有□□□氏，气□贞闲，性惟明慧；虽□俗为累，常体存心，捐情于美服丰妆，屈意于□佛□□。顾□□之易灭，知水月以非坚。爰自幼年，不食薰茹，遐瞻胜概，□□□崇，发□□心，建宏益事，而乃辍周身之服玩，减实腹之资储，召募良工，□□□焕。式刊真谛，屹立危幢，俨镇地之崇基，耸参云之逸势。成因积用，讵假□求，庶集福之有期，与□生之共处。陵移谷变，标胜置以无穷；日往月来，垂善□□□□。时会同九祀，龙集敦牂为元月二十一日。谨记。"又，重移尊胜陀罗尼幢记□："维大辽保宁元年九月十五日，都亭驿使太原王公恕荣为皇妣自会同九年巨舍资□，广陈胜事于兹全地，特建妙幢在经藏前，集功德□□□果报；家道吉昌；既稍备于珍财，乃更□□利益。就奉福寺文殊殿前又建法幢于灏村之坟、京东之墓，各置佛顶尊胜陀罗尼幢一所，前后四处，咸仗六通，亦可荫及子孙，门风不坠。迄后书院隆盛，檀□□复近僧堂，又兴佛殿，斯幢当路，须至闭遮，乃移旧基于殿之右。皇妣灵鉴，愿表□诚，如游六欲之宫，永固五云之状。所冀飞花雨宝，时来观刊石之功；执伞持幡，都去上摩尼之殿。仍将片善，福及现存，以球琳琅，玕富其家，以椿㯉栝柏齐其寿，四生六道，咸沾此恩。所有内外尊亲，依旧列名于后而已矣。"析津志云，归义寺在旧城时和坊内，有大唐再修归义寺碑，幽州节度掌书记、荣禄大夫、检校太子洗马兼侍御史、上柱国张冉撰。略曰："归义金刹，肇自天宝岁，迨以安氏乱常，金陵史氏归顺，特诏封归义郡王兼总幽、燕节制，始置此寺，诏以归义为额。大中十年庚子九月立石。"据此，则归义实建于唐。辽时石幢，久沦土中。乾隆三十九年，土人于菜圃掘得之。记凡二篇。今其幢移置善果寺内。又，行国录谓归义为金、元旧刹，见祝穆方舆胜览。按，善果寺在宣武门外西南二里白纸坊，旧名广安寺，为南梁、汉兴元府建，有碑。又，奉福寺未知即宏福寺否？俟考。

十二月庚辰，如金瓶泺，遣伊喇原作拽剌华格、科尔罗原作化哥原作窟鲁里和啰木萨噶原作阿鲁扫姑。〔考异〕卷十七圣宗太平六年，西北招讨司小校，同名扫姑。等捉生敌境。

十一年（丙申九三六）秋七月丙申，唐河东节度使石敬瑭西夷人，父曰臬捩鸡，本阴山种为其主所讨，遣使求援。

八月庚午，太宗自将援敬瑭。

九月庚子，大破唐兵于太原，遂围晋安寨。在太原县晋祠南。

冬十一月丁酉，册敬瑭为大晋皇帝。

闰月甲子，克晋安寨。命德勒宾原作迪离毕将五千骑送敬瑭入洛。

十二月庚寅，班师。〔考异〕欧史云，王处直为都所囚，幼子威奔契丹。主谓敬瑭，欲使威袭先人爵土。敬瑭曰："自将校至节度，当归中国渐进之。"主怒曰："尔自诸侯为天子，岂有渐乎？"敬瑭惧，遽使处存孙廷允徙义武，曰："此亦王氏之后也。"纪未载。

十二年（丁酉九三七）春正月丙寅，太后遣侍卫实噜趣行，是夕，率轻骑先进。丁丑，皇子舒噜原作述律迎谒于滦河，告功太祖行宫。戊寅，朝于太后。

〔二月〕（据辽史卷三太宗纪补）壬寅，诏诸部休养士卒。

会同元年（戊戌九三八）春二月丁酉，猎松山。戊戌，幸辽河东。丙（午）〔申〕（同上书改），帝思人皇王，遣特哩衮率宗室以下祭其行宫。丁未，诏增晋使所经供亿户。〔考异〕续通考云，景宗乾亨时，以上京"云为户"赀具实饶，善避徭役，遗害贫民，遂勒各户：凡子钱到本，悉送归官，与民均差。圣宗统和三年三月，枢臣奏契丹诸役户多困乏，请以富民代之。上因阅诸部籍有二部户少而役重者，并量减之。开泰四年，曷苏馆请括女直王殊只你之旧无籍者，会其丁人赋役，从之。兴宗重熙八年六月，北枢密萧孝穆请籍诸路户口，以均徭役，从之。由是通括户口，政赋稍平，众悦。时萧乌野为敌烈节度使，恤困穷，省徭役，不数月，部民以安。马人望为三司度支判官，时民以甚患者，驿递、马牛、旗鼓、乡正、厅隶、仓司之役，至破产不给。人望使民出钱，官自募役，民以为便。所载甚详。按，"云为"，食货志作"云威"，稍异。

夏四月己亥，西南边大详衮耶律罗卜科原作卢不姑，亦作鲁不姑。〔考异〕蒙古语淖泥也。旧作鲁不古，今译改。本传，太祖从侄，字信宁，曾从败张敬达于太原北，官裕悦北院大王。奏党项捷。

六月癸巳，诏建日月四时堂，图写古帝王事于两庑。

冬十一月丙寅，帝御宣政殿，〔考异〕元好问续夷坚志云，上京临潢府在中都北三千里。夏至，昼六十刻；夜三十六刻。

富郑公行程录云，上京西门曰金德，内有临潢馆。子城东门曰顺阳。入门北行，至景福门，又至承天门，内有昭德、宣政二殿，皆东向。**晋使刘昫等册上尊号**，礼志载皇帝受册仪甚详。圣宗太平元年行之，大略遵唐、晋旧仪。又有上契丹册仪，以苏尔威汗柴册礼，合唐礼杂就之。又有上汉册仪，与此仪大同小异，加以上宝仪。刘六符传，道宗立，将行大册礼，北枢密萧革曰："行大礼，备仪物，必择广地，莫若黄川。"六符曰："礼仪国之大体，帝王之乐不奏于野。今中京四方之极，朝觐各得其所，宜中京行之。"上从其议。则皇帝受册，前行此仪，固无定所，清宁间始定于中京。**大赦，改元会同**。〔考异〕欧史云，契丹改天显十一年为会同元年，更号大辽。会同十年又云，改晋国为辽。　通鉴云，晋天福二年，契丹改元会同，国号大辽，盖天显十一年也。今改元载在天显十二年之次年，改国号载在大同元年。纪载各判。后圣宗立，复改辽为大契丹，道宗咸雍二年又改号大辽，史均未书。　按，欧史原注，德光入汴，称会同十年，时晋开运四年也。推而上之，则会同元年乃晋天福三年也。与通鉴又异。　潜研堂金石文跋尾云，古释迦佛舍利塔记兴中故城之址，有浮图三焉，土人名其地曰三座塔。其南塔之前，尝有掘土，得地宫一：崇八尺，广六尺五寸，八面相等，周遭嵌碑文。其一片云："维大契丹国兴中府重熙十五年丙戌岁十一月丁丑朔，十六日壬辰起手铸，次年四月乙巳朔八日壬子午时葬。"释迦佛舍利记凡五十字，字大径二寸余，末载办塔主僧，则觉华岛海云寺业律沙门志全也。塔徙于天庆二年，以释慧材所撰记考之，塔盖十三檐，藏释迦佛舍利一千三百余颗，定光佛舍利六百余颗，此惟云释迦，文不备也。辽自太宗建国号大辽，圣宗统和元年复号大契丹，道宗咸雍二年复称大辽，史俱失书，其他之阙漏可胜言哉！读此碑，益慨然于文献之无征也。**晋复遣赵莹**字元晖，华阴人。**以十六州地图来献。**〔考异〕王应麟通鉴地理通释云，石晋所割地，为幽、蓟、瀛、莫、涿、澶、顺、新、妫、儒、武、云、应、寰、朔、蔚十六州，人皆谓北方自撤藩篱之始。余谓雁门以北诸州，弃之犹有关隘可守，汉建安丧乱，弃陉北之地，不害为魏、晋之强，是也。若割燕、蓟、顺等州，则为失地险。然卢龙之险在营、平，久为契丹窃据，自同光以来，戎马南牧，直抵涿、易，其失险也久矣。　方舆纪要云，太行山亦曰西山，延袤二千余里，从镇、定、泽、潞言，则曰山东、西；自燕、云诸州言，则曰山前、后，实今古之大防。自晋失十六州，为中原之祸者数百年。　程大昌北边备对云，雁门以北，幽州管内十六州，其地东北有卢龙塞，西北有居庸关，中国恃此以界限北狄。自十六州既割，山阴皆为敌有，而河北尽在平地，无险可拒守矣。　元郝经人燕行云："南风绿尽燕南草，一桁青山翠如扫；骊珠昼擘沧海门，王气夜寒居庸道。鱼龙万里人都会，倾洞合沓何扰扰？黄金台边布衣客，拊髀激叹肝胆烈。尘埃满面人不识，骯脏偃蹇虹霓结；九原唤起燕太子，一樽快与浇明月。英雄岂以成败论？千古志士推奇节；荆卿虽云志不就，气压咸阳与俱灭。何如石晋割燕、云，呼人作父为人臣？偷生一时快一己，遂使王气南北分。天王几度作降虏，祸乱几度开其源？谁能倒挽析津水？与洗当时晋人耻！昆仑在上寻田畴，漠漠丹霄跨箕、尾。"见陵川集。**诏以皇都为上京，府曰临潢。升幽州为南京。**地理志云，南京，古燕国，以燕分野在析津之次，置析津府，领州六，县十一。〔考异〕大象列星图云，北斗七星，是为斗车，亦曰开阳，亦曰应星，主木主燕。星经及宋天文志，开阳作阍阳。博雅又谓旋，为冀州；开阳为梁州。群书考汇及石氏又谓北斗第五星主燕。史记天官书，玉衡第八星主幽州，常以五寅日候之。

汉书天文志云，壬燕、赵，亥燕、代。淮南子云，戌赵亥燕。宋两朝天文志云，天市垣二十二星，东西各十一星。其东垣第三星曰燕。星经谓第二星在楚星南。辰象考谓在韩东南。张揖广雅云，尾十八度，箕四星九度，为燕分野。　清类天文分野之书云，析津，县名，今大兴。秦蓟县，汉为广阳国，东汉为郡，兼立幽州，晋属燕国，魏立燕郡，隋为涿郡，唐为幽州治，建中元年，朱滔立燕都县，二年，析西界置幽都县，辽开泰元年更为析津县，金改大兴县。

顾炎武京东考古录云，汉书：蓟，古燕国，召公所封。郦道元水经注：城内西北隅有蓟邱，因以名邑。唐书幽州范阳郡治蓟，开元中析置蓟州渔阳郡，治渔阳，及辽改蓟为析津，而蓟之名没。今乃以渔阳为蓟，忘其本矣。史记乐毅书，蓟州之植，植于汶篁。一统志云，城西北隅即古蓟门，旧有楼馆，并废。祝穆舆地要览云，宛平，本幽都县，蓟县西界地，唐为燕州，朱希彩奏为广宁县，后仍为幽都，辽统和末改宛平县。　王士点禁扁云，辽南京宫之扁：曰永兴；曰积庆；曰延昌；曰彰愍；曰长宁；曰崇德；曰兴圣；曰敦睦；曰永昌；曰延庆；曰长春；曰太和；曰延。殿之扁：曰清凉；曰元和；曰嘉宁。堂之扁：曰天膳。楼之扁：曰五花；曰五凤；曰迎月。阁之扁：曰乾文。门之扁：曰元和；曰南端；曰万春；曰千秋；曰凤凰。园曰柳园。日下旧闻考云，中都尚有仁政殿，见金史世宗纪。又长春宫有二：一在南京；一在长春州，见孙承泽北平古今记。又，太宗纪，会同三年四月，御昭庆殿宴群臣；道宗纪，清宁五年十月朔，祭兴宗于清宁殿，王均失载。　刘定之呆斋集云，京师西南有旧城，唐藩镇，辽、金别都之城也。元迁稍东，于是旧城东半遂入于朝市间，而西半犹存，号萧太后城，盖辽后有子为帝，则太后别居宫城统部属，因以为名。　刘侗帝京景物略云，白塔建自辽寿昌二年，相传藏法宝种种，静夜有光。元世祖发之，舍利二十粒，青泥小塔二千，石函铜瓶，香水盈满，前二龙王跪而守护。案上无垢、净光、陀罗尼经五部，瓶底一钱，文曰"至元通宝"四字，世祖惊异，乃加崇饰。或言辽主于燕京五方，方镇以塔，塔五色，兵燹后惟白塔存。蒋一葵长安客话云，白塔在阜城门内妙应寺右偏。　孙承泽春明梦余录云，采魏院石塔记，辽景福元年建燕京宝塔寺，讲律沙门如正述，塔在今藩育署。**南京为东京。改新州为奉圣州，武州为归化州。**〔考异〕陈桱五代史补编云，辽制，居有宫卫曰"干鲁朵"，出有行营曰"捺钵"，分镇边围曰"部族"。有事以攻战为务，无事以畋渔为乐。地尽大漠，境包长城。秋冬违寒，春夏避暑，随水草就游猎。俗重鹅，获则祭天。庞元英文昌杂录云，北人于住坐处曰"捺钵"，尝以问之北使王师儒，言是契丹家语，犹言"行在"也。　王易燕北录云，春捺钵多于长春州东北就泺甸住坐；夏捺钵多于永安山住坐；秋捺钵无定止；冬捺钵多于边甸住坐。张舜民使辽录云，北人打围，岁各有所：正月，钩鱼海上，于水底钩大鱼；二月、三月，放海东青鹘打雁；四月、五月，打麋鹿；六月、七月，于凉淀坐夏；八月、九月至岁终，打虎豹之类。　程大昌演繁露云，戎主达鲁河钩牛鱼，以其得否占岁美恶。　李焘长编云，晁迥北使还，言始至长泊，泊多野鹅鸭，主猎饮帐下，骑击扁鼓绕泊，惊起鹅鸭飞，乃纵海东青击之，或亲射焉。　胡峤陷北记云，自归化州行三日，登天岭。岭东西连亘，有路北下，四顾冥然，黄云白草，不可纪极，谓之辞乡岭。陷虏者至此，辄南向恸哭而去。方舆纪要云，即偏岭，讹作天，在开平卫北四十五里。　通鉴辑览捺钵作巴纳。**升南、北二院及伊实**原作乙室**额尔奇木为王。**〔考异〕营卫志云，会同二年，更额尔奇木为大王。与纪异。按，德哷部，初分南、北院，置额尔奇木，嗣复号南、北院大王。

以主簿为令，令为刺史，刺史为节度使，二部德里吉_{原作梯里己}为司徒，达尔汗_{原作达剌干}为副使，玛尔布_{原作麻都}为县令，县达尔罕为马步。置宣徽、阁门，控鹤、客省等使，御史大夫、中丞、侍御、判官、文班牙署、诸宫院实珠、_{原作世烛}马群、约尼实珠、南北府、国舅帐郎君官为敞史，诸部宰相、节度使帐为司空，二室韦达林_{原作闼林}为仆射，鹰坊、监冶等局官长为详衮。〔考异〕兵卫志云，众部族分隶南、北府，北府凡三十六部，南府凡十六部。守卫四边，府各设宰相统之。

　　陈桱五代史补编云，北、南二府宰相，掌军国大政。北府则宗姓，世预其选；南府则外戚，世居其职。其北枢密则掌兵及武选、群牧之政，军马皆属；南枢密掌文铨、部族、丁赋之政，人民皆属。所谓北衙不理民，南衙不主兵也。至南、北院大王掌部族军民之政，皆辽宰相也。若惕隐治宗姓，林牙掌文告，又贵近之职焉。　绫通考云，北枢密视兵部；南枢密视吏部；南、北二府视户部；夷离堇视刑部；宣徽视工部；敌麻烈都视礼部；以南、北府宰相统之。于越象三公，统和中尝召宰相萧塔烈葛等赐坐论古今治道。又设南面门下省，有侍中，会同中，赵思温尝为之；有门下侍郎，清宁中杨晳尝为之；有散骑常侍，天祚中马人望尝为之；设中书省，即政事省，有中书令，韩延徽、韩知古、赵延寿尝为之；南面尚书省，设尚书令、左右仆射、左右丞、左右司郎中、员外郎；北面大林牙院，南面翰林院，掌文翰。又遥辇九帐太常衮司，掌遥辇洼可汗、阻午可汗、胡剌可汗、苏可汗、鲜质可汗、昭古可汗、耶澜可汗、巴剌可汗、痕德堇可汗九世宫人之事；太祖受位于遥辇，以九帐居皇族一帐之上，设常衮司奉之，有司不与焉。国俗东向而尚左。御帐东向；遥辇九帐南向；皇族三父帐北向。东西为经，南北为纬，故谓御帐曰横帐。设太常衮、太师、太保、太尉、司徒、司空、侍中等官。节度司：有节度及副使等官。纠详稳司：有纠详稳、都监、将军、小将军等官。遥辇克，官属未详。克者，帅也。大国舅司：掌国舅一室已、拔里二帐之事。太宗合太后二帐为国舅司。圣宗并一室已、拔里为一帐，设详稳以总之。又设四帐都详稳：一室已为大翁帐、小翁帐；拔里为大父帐、小父帐。各常衮及太师、三公、都监、将军、敞史等官。又渤海帐司：有宰相、太保、挞马及近侍详稳官。至奚王府、一室王府，官属未详。又辽先世未有城郭宫室之固，毡车为营，硬寨为宫，御帐之官，不得不谨出于贵戚为侍卫，设北面侍御司，所属著帐为近侍局。北面部族为护卫，设北面护卫府。武臣为宿卫司，亲军为禁卫司，百官番宿为宿直司。奉宸司，以司供御。三班院以肃朝会。而硬寨司则以严晨夜焉。又云宰相属官有堂后官，有守堂官，有令史。　文献通考云，辽之佐吏则有敞史、本古思奴、古御奴、古徒奴。　李心传朝野杂记云，堂后官，谓三省诸属都录事也，补职一年，考宣教郎。　刘祁归潜志云，省吏，前朝止用胥吏，号堂后官。　洪迈容斋三笔云，金使出外，贵者佩金牌，次者佩银牌，俗呼为金牌、银牌郎君，北人以为契丹时如此。纪载甚详。

二年（己亥九三九）春三月丁巳，封皇子舒噜为寿安王，是为穆宗。雅斯哈原作罨撒葛。〔考异〕毕沅续通鉴作谐萨噶，云旧作罨（彻）〔撒〕葛。（据辽史卷四太宗纪改）为太平王。后封齐王，谥钦靖。〔考异〕皇子表，太宗五子：穆宗第一；雅斯哈第二，靖安后生。迪里第四，宫人萧氏生。按，太宗纪，六年八月，舒噜生，即穆宗。八年七月，提离古生，疑系迪里。九年十二月，阿钵撒葛里生，疑系罨撒葛，一作安巴萨哈勒，惟年分先后不同。或迪里系宫人所生，故表列雅斯哈之后。　续通考云，罨撒葛，当穆宗时谋乱，贬戍西北边。景宗立，窜大漠。召还，释其罪，封齐王。保宁四年薨，赠皇太叔。又，敌烈亦太宗子。多力善射，保宁初，却宋师有功，封冀王。后与耶律海恩谋反，事觉，穆宗释之。乾亨初，与宋师战没白马岭。又，必摄亦太宗子。穆宗时尝启族人恒特及萧啜里谋亡事，又谏止杀监鹿官，景宗立，封越王。见封建考。又，帝系考，太宗第二子名天德，世宗时以反诛。所载各异。加王郡检校太尉（按据辽史卷四太宗纪，王郡加检校太尉在二月丁酉）。畋于襄潭之侧。己巳，大赉百姓。

秋闰七月癸未，伊实大王坐赋调不均，挞而释之，并罢南、北府民上供及宰相、节度诸赋役非旧制者。〔考异〕余靖武溪集契丹官仪云，辽司会官于燕京置三司使，惟掌燕、蓟、檀、顺、涿、易等州；于平州置钱帛司，营、滦等州属焉；中京置度支使，宜、霸等州隶焉；东京置户部使，辽西川、锦等州属焉；上京置盐铁使，饶、泽等州属焉；山后置转运使，云、应等州隶焉。至随驾赐予，则枢密院主之；犒劳则宣徽使主之。续通考云，长春、辽西二路亦置钱帛司，官曰钱帛都检点。 按，地理志云，上京道有头下军州，皆诸王外戚大臣及诸部从征俘掠，或置生口各团集建州县以居之。横帐诸王、国舅、公主许创立州城，余不得建城郭。朝廷赐州县额，节度朝廷命之，刺史以下以部曲充。凡井邑商贾之家，征税皆归头下，唯酒税课纳上京盐铁司。凡十六州:徽州宣德军，景宗女秦晋大长公主建，在宜州北二百里；成州长庆军，圣宗女晋国长公主建，在宜州北百六十里；懿州广顺军，圣宗女燕国长公主置，在显州东北三百里；渭州高阳军，隆庆女韩国长公主置，在显州东北二百五十里；壕州，国舅宰相南征俘户居辽东、西安平县故地，在显州东北二百二十里；原州，国舅金德俘掠汉户置，在显州东北三百里；福州，国舅萧宁以南征俘户置，在原州北二十里；横州，国舅萧克忠建，故辽阳县地，在辽州西北九十里；凤州，本果啰国故地，南王府五帐分地，在韩州北二百里；遂州，本高州地，南王府五帐放牧于此，在檀州西二百里；丰州，本辽泽约尼氏僧隐牧地，北至上京三百五十里；顺州，本辽阳县地，横帐南王府俘掠汉户置，在显州东北百二十里；闾州，罗古王牧地，在辽州西百三十里；松山州，横帐希库王牧地，有松山，北至上京百七十里；豫州，横帐陈王牧地，南至上京三百里；宁州，本达呼尔氏鲁塔山横帐管宁王牧地，西南至上京三百五十里。所载甚详。

己丑，以南王府二刺史贪黩，杖之；诏选群臣为民所爱者以代。〔考异〕续通考云，会同三年六月，东京宰相耶律羽之言渤海大素贤不法事，诏僚佐部民举有才德者代。圣宗统和九年七月，诏诸道举〔才〕行，（能）（据续通考卷四六选举考补删）察贪酷。十二年六月，诏州县长吏有才无过者减一资考任之。开泰三年十二月，刘晨言殿中高可垣、中京留守李可举决狱平允，诏超迁之。太平六年十二月，诏（南）北〔面〕（同上书删补）诸部廉察州县及石烈弥里之官不治者罢之。诏大小职官有贪残虐民者立罢之，终身不录，其不廉直，虽处重任即代之，能清勤自励者，卑位亦当荐拔。内族受赂，事发与常人所犯同科。兴宗重熙十一年七月，诏外路官勤瘁正直者，考满代；不治事者即易。道宗太康元年，知三司事韩操以钱谷增羡，授三司使。辽一代察吏之法，略具于此。

　　三年（庚子九四〇）**春三月癸未，猎水门，获白鹿。庚寅，诏扈从扰民者从军律。**

　　夏四月庚子，至燕，备法驾，入自拱宸门，御元和殿，行入阁礼。〔考异〕欧史云，唐故事：天子日御殿见群臣，曰常参；朔望鷹食诸陵寝，有思慕心，不能临前殿，则御便殿见群臣，曰入阁。宣政，前殿也，谓之衙；衙有仗。紫宸，便殿也，谓之阁。其不御前殿而御紫宸也，乃自正衙唤仗由阁门入，百官俟朝于衙者随入，故曰入阁。然衙，朝也，其礼尊；阁，燕见也，其事杀。自乾符后，因乱礼阙，天子不能日见群臣而见朔望，故正衙常日废仗，而朔望入阁有仪。其后习见，遂以入阁为重。至出御前殿，犹曰入阁，其后亦废，至是而复，然有司不能讲正其事。凡群臣五日一入见中兴殿，便殿也，此入阁之遗制，而谓之起居。朔望一出御文明殿，前殿也，反谓之入阁。其仪详见于五代会要。　按，入阁之名，始于唐开元时，不为盛礼。唐末常御殿，更无仗，遇朔望特设之，趋朝者仍给廊下食，故郑、谷辈多形于诗咏，而五代行之不绝。见宋敏求春明退朝录。　陈浩辽史考证云，辽有入阁之仪，考太宗纪正在会同四年，盖亦常时朝见之仪，礼志缺载。乐志云，会同三年，晋宣徽使杨端、王眺等及诸国使朝见，帝御便殿，赐宴；端、眺起进酒，作歌舞，上为举觞极欢。又，端午日，百僚泪诸国使称贺如式，燕饮，命回鹘、炖煌二使作本国舞。纪未书晋使进酒起舞。

六月壬寅，驾发南京。癸丑，次奉圣州。甲寅，劳军士。〔考异〕孙世芳宣府镇志云，是年，戎主次奉圣州，大阅诸州军。时山后五州兵，半隶营卫，因阅骑兵于州郊南、步兵于州郊北，赏赉有差。自是诸兵从猎不休。侍中崔穷古言：“晋主闻陛下数游猎，意请节之。”帝曰：“朕之畋猎，非徒从乐，所以练习武事也。”乃诏谕之。

秋七月癸酉，朝于皇太后，遂从视人皇王妃疾。寻薨，诏东丹吏民为之服。

冬十一月丁丑，诏有司教民播种、纺绩，除姊亡妹续之法。〔考异〕食货志云，初，皇祖伊德实喜稼穑，善畜牧，相地（理）〔利〕（据辽史卷五九食货志改）以教民耕。仲父苏呼为裕悦，饬国人树桑麻，习组织。太祖平诸弟乱，弭兵轻赋，专意于农。太宗会同初，将东猎，三克奏减辎重，疾趋北山取物，以备国用，无害农务。以乌尔古地水草丰美，命鄂勒欢锡林居之，益以哈里水之善地为农田。三年，诏以嘉哩河、胪朐河近地赐南院鄂津特埒哩、伊逊巴勒、北院乌纳哈喇三锡林人，以事耕种。诏有司劝农桑，教纺绩。八年，诏征诸道兵，〔仍戒〕（同上书补）敢有伤禾稼者，以军法论！辽之重农务本类如此。

四年（辛丑九四一）春正月壬戌，以伊实、_{原作乙室}彭布、_{原作品卑}托果_{原作突轨}三部鳏寡不能自存者，官为之配。

二月丁巳，诏有司编始祖奇善汗_{原作奇首可汗}事迹。〔考异〕萧罕嘉努传，重熙十五年，诏以耶律庶成编集约尼汗以来事迹为二十卷。耶律古云传亦载与庶成编辽国上世事迹及诸帝实录。又，耶律俨著皇朝实录七十卷，室昉著统和实录二十卷，萧永祺著辽纪四十卷，志五卷，传四十卷，均见金陵黄氏书目。此外有契丹官仪、契丹事迹、契丹疆宇图二卷、契丹实录、契丹会要，均见尤袤遂初堂书目。大辽登科记一卷、大辽对境图、契丹地理图一卷，均见郑樵通志艺文略。辽四京记，见陈振孙直斋书录解题。

夏六月辛卯，振武军将赵崇逐其节度使耶律华喇，_{原作画里}以朔州叛附晋。命宣徽使尼古察_{原作裹古只}，系出懿祖，六院部锡里房。攻拔之。尼古察战没城下，太宗怒，命诛城中丁壮，以叛民上户三十为尼古察部曲。

是岁，南唐、吴越二国遣使奉蜡丸书。〔考异〕太祖纪，神册三年二月，吴越遣使来贡。五年五月，吴越遣滕彦休贡犀角、珊瑚；授官使还。太宗纪，天显七年二月，伊喇迪里使吴越还，吴越遣使从献宝器，复遣使持币往报之。会同三年正月、九月，吴越两遣使来贡；十月，遣克朗使吴越。四年八月，吴越遣使奉蜡丸书。六年三月，遣使来贡。吴任臣十国春秋云，吴越文穆王世家，晋天福四年十一月，契丹使遥折来聘。忠献王世家论曰：吴越甘露院牒之称会同十年也，在晋天福十二年七月。何以不称开运与天福也？盖前此契丹与吴越通使，不一而足，至是既布诏州镇矣，而汉使未至，岂有不奉契丹正朔者。间读福州双石祠，有云：会同十年，以闽府承平，复封为安境侯。时福州新附，吴越故亦称会同也。而疑者，契丹以是年二月改大同，故辽史会同无十年。而吴越犹称十年者何？盖契丹降赦则曰会同，而改元则曰大同，改元后不三月，德光卒，故大同之号不行于南土，则吴越之称会同于丁未七月，又奚疑焉！据此，则吴越通使非一次，史多阙书。至南唐使命往来，详见卷十四、卷十七。刑法志云，会同四年，皇族锡里郎君谋毒通事嘉哩等，已中者二人，命重杖之，及其妻流于矩己哩木河族造药者。纪亦未载。

五年（壬寅九四二）春正月戊午，诏求直言。北王府郎中耶律哈斯原作海思应诏，召对称旨，特授宣徽使。

二月壬辰，命明王温原作隈（思）〔恩〕（据辽史卷四太宗纪改）讨吐谷浑，并遣使如晋索吐谷浑叛者。

三月乙卯朔，晋遣齐州防御使宋晖业、〔考异〕薛史作宋光业，史避太宗讳改。翰林祭酒使（按辽史卷四太宗纪作"茶酒使"）〔考异〕宏简录作茶马使。张言来问起居。〔考异〕欧史云，会同元年八月辛丑，晋归伶官于契丹。己未，归静鞭官刘守威金吾、勘契官王殷、司天鸡叫学生殷晖于契丹。十月，契丹使中书令韩频来奉册，复使马从斌往契丹。己未，契丹使梅里来。二年九月，契丹使粘米孤来。十一月，契丹使遥折来。三年四月，契丹兴化王来。十月，使舍利来。四年四月，契丹使述括来。八月，使光禄卿张澄如契丹。九月，遣杨彦询使契丹。五年正月，契丹达刺来。六月，李仁廓使契丹；契丹使梅里来。八月，使郎五来、客省使张九思来。十月，使舍利来。十一月，使大卿来；牛羊使董殷使契丹。十二月，两书契丹使来。六年正月，契丹使来。三月，大府卿孟承海使契丹。四月，董殷使契丹。七月，契丹使梅里等来。十月，使通事刘允来。十一月，董殷使契丹；契丹使梅里来。十二月，给事中边光范、登州刺史郭彦威使契丹。七年正月，殿直王班使契丹，至邺而还。　薛史晋纪云，二年九月，契丹遣使来致牛马犬腊颠、骢十驷。七年正月，遣译语官孟守忠致书于契丹。王殷作王英，殷晖作商晖，又副马从斌者为郎中刘知新。　册府元龟晋纪云，三年十一月，契丹使来聘，致马百匹及玉鞍、狐裘等。四年九月，晋遣李延业贡时果。天福七年闰三月，遣殿直官马延理、内班王延彬送樱桃于契丹。　尹洙五代春秋云，元年十月，冯道使契丹。考史，或未载，或未详使名，或年月不符，今并识之以俟考。

夏六月乙丑，晋主敬瑭殂，子重贵立。即出帝，亦曰末帝。薛史作少帝，初封郑王，敬儒子。遣使吊祭。

秋七月庚寅，晋遣金吾卫大将军梁言、判四方馆事朱崇节〔考异〕欧史作宋崇节。来谢，书称"孙"，不称“臣”，遣客省使乔荣让之。荣还，具奏景延广言，始有南伐意。〔考异〕本纪，是年十一月己未，武定库奏松生枣。陈浩辽史考证云，朔考，十一月是辛巳朔，不应有己未日。

六年（癸卯九四三）冬十二月丁未，如南京，命诸将分道侵晋，自将大军继之。

七年（甲辰九四四）春三月癸酉朔，大败晋师于戚城。在开州北七里。

夏四月癸丑，师还次南京。

冬十二月癸卯，复南侵晋。

八年（乙巳九四五）春三月己未，大破晋军于阳城。在保定府完县东南。后汉书郡国志，蒲阴县有阳城，即此。已而复战，为晋将符彦卿存审子，初仕唐，赐姓李。等所败，帝急乘一橐驼走归。

夏四月甲申，还次南京。

秋九月壬寅，次赤山，宴从臣，问军国要务，对以“爱民为本”。帝深然之。

九年（丙午九四六）秋八月，自将南侵晋。

冬十一月，围晋兵于中渡寨。在保定府城东南，有桥跨滹沱河上，亦曰东垣渡。晋军于此立寨。

十二月丙寅，杜重威朔州人。初避晋主讳，改名威，降后复旧名。等降。〔考异〕耶律图勒锦传，时晋军方扼滹沱桥，诸将请缓师为后图，帝然之；图勒锦力陈不可，乃塞其饷道，数出师以牵挠其势，<u>重威果降</u>，如其言，获赐甚厚。时巴哩岱亦战功居多。<u>朗传</u>，<u>太宗入汴</u>，命朗知澶渊，控扼桥渡。逾年，燕、赵以南皆起兵应汉，<u>朗与萧翰弃城归阙</u>。纪均未载。

　　大同元年（丁未九四七）春正月丁亥朔，备法驾入汴。降封晋主为负义侯。〔考异〕郑文宝<u>传国玺谱</u>云，胡峤记：契丹入梁园，<u>晋末帝</u>奉上玺绶，主怪玉玺非<u>秦</u>旧，晋人具以实对，盖系<u>晋高祖</u>所制也。　<u>王溥五代会要</u>云，高祖受命，特制宝一座，文曰"皇帝御宝"。开运末，<u>契丹</u>赍以北还。　孔平仲<u>珩璜新论</u>云，<u>石晋</u>再作受命宝，文曰"受天明命，惟德永昌"。又载<u>辽主</u>诗曰："一时制重宝，千载重兴王。中原既失守，此宝归北方。子孙宜慎守，世业当永昌。"是<u>辽</u>人又以为<u>秦</u>玺矣。　按，<u>秦</u>玺已被后唐清泰帝焚于<u>摘星楼</u>，<u>辽</u>所得者乃<u>晋</u>玺。史称重熙七年，以有传国玺者为正统，赋试进士。岂当时竟未之深考耶？　陈樵<u>负暄野录</u>云，自昔陋儒谓<u>秦</u>玺所在为正统，故<u>契丹</u>自谓得传国玺，欲以归我<u>太祖皇帝</u>。<u>太祖</u>不受，曰："吾无<u>秦</u>玺，不害为国。且亡国之余，何足贵乎？"<u>契丹</u>畏服。　<u>仪卫志</u>云，<u>约尼氏</u>受印于<u>回鹘</u>，至<u>伊兰汗</u>请印于<u>唐</u>，<u>武宗</u>始赐"奉国<u>契丹</u>印"。<u>神册</u>元年，<u>梁幽州</u>刺史来归，诏赐印绶。时<u>太祖</u>受位<u>约尼</u>十年矣。会同九年，<u>晋末帝</u>表上传国玺一，金印三，天子符瑞于是归<u>辽</u>。盖自<u>三国</u>以来，僭伪诸国，模拟沿袭，所藏不一，莫辨真伪。<u>圣宗</u>开泰十年，驰驿取<u>石晋</u>所上玉玺于<u>中京</u>。重熙中，以有传国宝者为正统赋试进士。天祚遗传国玺于<u>桑乾河</u>。又玉印，<u>太宗</u>破晋北归，得于<u>汴宫</u>，藏随驾库。御前宝，金铸，文曰"御前之宝"，以印臣僚宣命。诏书宝，文曰"书诏之宝"，凡书诏批答用之。<u>契丹</u>宝，受<u>契丹</u>册仪，符宝郎捧宝置御座前东。皇后印，文曰"皇后教印"。吴曾<u>能改斋漫录</u>云，<u>慕容隽</u>传有诘<u>石闵</u>使<u>常炜</u>曰："玺在<u>襄国</u>，信否？"炜曰："实在寡君。"谓在<u>闵</u>也。及考<u>石</u>

闵送晋玺，乃"皇帝寿昌"玺，则闵玺非秦玺也。以此考之，石季龙之乱，石遵、石鉴相继篡夺，遂失所在。今孔氏杂说乃谓传至五代，唐末帝携以自焚，亦不善考也。纪末书晋帝送玺事。

二月丁巳朔，建国号大辽，大赦，改元。〔考异〕吴任臣十国春秋谓是日下制称大辽会同十年。说本通鉴，疑误，当从史。陶岳五代史补云，马殷嫡子希范嗣位，建九龙、金华等殿，适东境山崩，涌出丹砂如邱陵，用以涂壁。契丹闻之，以为非常人，亦以是日遣使册为尚父。纪未载。升镇州为中京。赵延寿为留守兼大丞相、政事令。中外官僚爵赏有差。辛未，晋河东节度使刘知远自立为帝，国号汉。〔考异〕释文莹玉壶清话云，陶榖本姓唐，避晋帝讳，故改。时敌势方炽，谓所亲曰："五星数夜连珠于西南，有真主已在汉地，观敌帐腾蛇气绕之，戎主必不归国。又，字东起，芒侵于北，彼中非久，自相吞噬，安能乱华？"后皆果然。　潘永因宋稗类钞云，榖小字铁牛。李相涛出典河中，尝书与陶曰："每过中流，潜思令德。"陶初不为意，细思方悟，盖河中有张燕公铸系桥铁牛也。　欧史云，时王峻使契丹，主呼知远为儿，赐木枴，戎法贵重。峻持归，虏见之皆辟道。峻还，谓契丹不能有中国，乃议建号。峻字秀峰，安阳人。史均未载。诏耿崇美、高唐英、崔廷勋〔考异〕东都事略作崔延勋。分据要地防守之。〔考异〕通鉴云，契丹分遣使者，以诏书赐晋藩镇，惟彰义史匡威据泾州不受命。匡威，建塘子。雄武何重建斩使以秦、成、阶三州降蜀，契丹势稍沮。薛史作何建，曰：契丹闻汉建号，以崇美镇潞州，唐英镇相州，廷勋镇河阳，扼要害。所载较详。时陕府指挥赵晖、侯章，都头王晏杀契丹监军及副使刘愿晖，自称留后。契丹授以官，不受。寻遣陶晟如汉劝进，三人后皆历节镇。晟亦为开导使，虢州刺史。见张齐贤洛阳搢绅旧闻记。

三月，磁州〔考异〕宋史地理志云，即滏阳郡，旧名慈，县三。刺史梁晖以相州舆地广记云，商王河亶甲居此。秦属邯郸郡，二汉为魏郡，石虎、慕容儁皆都之。后魏置相州，东魏、北齐又都焉。隋为魏郡，唐曰相州，天宝改邺郡，梁号昭德军，晋置彰武军。县四：安阳、汤阴、临漳、林虑。降汉（按，辽史卷四太宗纪只称梁晖为“磁州帅”，未云为“刺史”），命高唐英攻之。〔考异〕通鉴云，时晋昌赵在礼自经死。匡国节度刘继勋忧愤卒，契丹责其豫背盟故也。在礼字干臣，涿州人。薛史云，时契丹酋伊喇等在洛，在礼望尘致敬，倨受其礼，加之凌辱，邀索货利，在礼不胜愤，至郑州闻继勋被锁，大惊，就马枥自缢死。潞州节度张从恩以王守恩婚家可信，使权巡检使，已入朝契丹，守恩以州归汉，尽取其家资，拜昭义节度。欧史云，时史宏肇取代州，杀刺史王晖，晋州将药可俦杀骆从朗及谏议赵熙归汉。纪均未载。宏肇，字化源，荥阳人。

夏四月丙辰朔，发自汴州，〔考异〕册府元龟云，晋中丞赵上交从少帝御契丹于澶渊，夜梦一女子设筮，问契丹几时当北去，答以十二日、五日。俄见女子袒衣，身有金甲，类将军状。嗣戎去驾还，均不以是日。及入汴，百官郊迎，戎主被狐裘跨马，驻层阜上谓：“汝辈无惧，吾亦人也。”因开襟示所擐之甲，明其有备也。时上交首引同列见之，具省前梦。至契丹北还，果以十七日也。按，史以四月丙辰朔发自汴州，通鉴系之三月壬寅，首尾凡差十四日。疑误。以冯道、字可道，瀛州景城人。李崧、海州饶阳人。和凝、字成绩，郓州须昌人。张砺等从行。〔考异〕通鉴云，时耶律郎五镇澶州，性残虐，〔州人〕（据通鉴卷二八六补）苦之。贼帅王琼围其牙城，遣兵救之，琼兵败被杀。东方群盗大起，陷宋、亳、密三州。主曰："我不意中国之人难制如此！"由是杜威等皆还镇。又，高允权以延州、高彦询以丹州皆降汉。 契丹国志云，洺州防御薛怀让闻汉入大梁，杀麻答使者，以州降汉。会攻刘铎于邢州，不克；麻答遣将杨安救之，纵兵大掠于邢、洺之境。铎寻为怀让所杀。 薛史云，武行德攻孟州，走其节度崔廷勋，自领州事，遣弟行友劝进。通鉴目录云，翟令奇以泽州降汉，崔（延）〔廷〕勋（据上下文改）不攻河阳，救一城之命，行德寻以河阳归汉。崇美欲攻潞州，史宏肇救之；郑谦、杨万进出忻、岚，分契丹兵势。郑州戍兵迫方太为郑王，张遇立朱乙，袭郑州太，攻破之。太逃奔洛阳。群盗攻洛阳，刘晞奔许州。张遇杀朱乙降汉。武行德诱太杀之，晞还洛阳。宏肇攻破崇美等走怀州。契丹陷承天军，叶仁鲁复之。张廷翰以冀州，李从朗以绛州均降汉。 王存元丰九域志云，建隆元年以真定府娘子关建军，仍隶真定府，今废。方舆纪要云，承天军即今娘子关，自镇州通河东要道。 纲目云，宏肇克泽州，崔廷勋、耿崇美、奚王伊喇拥众北遁，辽兵在河南者相继引去。廷勋形貌魁伟，美须髯，幼陷北庭，历云中节度兼侍中。晋少帝迁封禅寺，遣廷勋以兵防守，授河阳节度，甚得民情。契丹北归，武行德率兵逐廷勋，乃与奚王伊喇保怀州，反攻行德，败之。后与麻答奔定州，卒于北藩。史均未载。**还至赤冈**，在开封府城东北十一里。**夜有声如雷，大星复陨于旗鼓前。**〔考异〕王仁裕玉堂闲话云，三月十七日，戎主自汳而北，是日路次赤冈，日过脯，忽庐帐有声殷殷然，若雷击地下，主惧，召术者占之，绐曰："此土地神所作。"乃命祭祷焉。所载较详。**乙丑，济黎阳渡，**方舆纪要云，即白马津，在滑县西。**顾谓侍臣曰："此行有三**

失：纵兵掠刍粟，一也；括民私财，二也；不遽遣诸节度还镇，三也。"〔考异〕通鉴云，契丹主广受贡献，纵酒作乐。赵延寿请给上国兵廪食，主曰："吾国无此法。"乃纵胡骑四出，剽掠数百里，财畜殆尽，并括借城中及各州钱帛，内外始怨。及宿赤冈，见村落皆空，下榜招抚。自白马渡河，谓高勋曰："吾在上国，以射猎为乐，至此令人悒悒，今得归，死无恨矣。 欧史谓，北归至汤阴，登愁思冈，语高勋云云。勋退，谓人曰："主将死矣。"方舆纪要云，愁思冈在相州城西南二十里。张舜民使辽录云，主北归，于邺西愁死冈得疾。愁死冈者，本魏陈思王不为文帝所容，于此悲吟，号愁思冈，讹为愁死。 薛史云，括借令下，将相不免，重威、守贞皆万缗，乃告曰："臣等以十万众降，不免配借，诚所不甘。"主笑而免之。寻群盗断澶州桥梁，乃遣归藩。明年，主过相州，重威与妻石氏诣牙帐贡献。纪均未载。皇太弟遣使问军前事，报曰："初以兵二十万下镇州。及入汴，省官任才，司属虽存，官吏废坠，犹雏飞之后，徒有空巢。久经离乱，一至于此！所在盗贼屯（给）〔结〕（据辽史卷四太宗纪改），土功不息，馈饷非时，民不堪命。〔考异〕文献通考云，晋初置乡兵，号"天威军"，教习岁余，村民不闲军旅，竟不可用，悉罢之。但令七户出钱十千，铠仗悉输官，而无赖子弟不复归农，悉聚山林为盗。及契丹剽掠，民不堪命，所在盗起，攻陷州县，长吏不能制。所载较详。河东尚未归命，西路酋帅亦相党附，今制之之术，惟推心庶僚、和协军情、抚绥百姓三者而已。所归顺民七十六处，户一百九万百一十八。得一年，太平可致。欲伐河

东，姑俟别图。其概如此。"〔考异〕通鉴目录，时汉帝欲自
泽、潞赴汴，诸将请先取镇、魏，郭威劝自晋、绛趋陕，从之。以
刘崇为北京留守。欧史云，时相州梁晖杀契丹守将闭城拒守，德光
攻破，屠其城，妇女悉俘以北。宋史李谷传云，谷潜遣河朔酋豪梁
晖入据安阳，主患之，即谋北旋。会有告以城中虚实者，契丹还攻
之，陷其城。薛史云，初，晖据相州，主命高唐英讨之，未几，亲
至城下，攻拔之。翼日，主北去，命唐英镇守。唐英后为指挥王继
宏、樊晖所杀。降汉，继宏官彰德留后，晖为磁州刺史。通鉴云，
主克相州，悉杀城中男妇，遗民仅七百。胡人掷婴孩空中，举刃接
之以为乐。继宏收瘗遗骸十余万，主见城邑邱墟，谓群臣曰："致中
国如此，皆燕王罪也。"顾张砺曰："尔亦有力焉！"纪均未载。**戊
辰，次高邑，不豫。丁丑，**〔考异〕薛欧二史及通鉴均作丙
子，盖四月二十一日。　王溥五代会要谓四月十八日，纪书丁丑，
乃四月二十二日。所载各异，今从太宗纪。**崩于栾城**。县名，后
汉置，在真定府东六十里。薛史云，四月十六日，次栾城杀虎林侧，
时德光已得寒热疾数日矣。命部人赍酒脯祷于得疾之地。十八日晡
时，有大星落于穹庐之前，若迸火而散。德光见之，西望而唾，连
呼曰："刘知远灭！刘知远灭！"是月二十一日卒。　欧史云，主北
归，没于栾城。国人剖其腹，实以盐，载归。晋人谓之"帝羓"。通
鉴云，主至滦城，得疾，殂于杀胡林，在滦城县西北。　文惟彦虏
廷事实云，契丹富贵家人有亡者，以刀剖腹，取肠胃涤之，置以香、
药、盐、矾，五采缝之。又以尖笔筒于皮肤，濡其膏血且尽，用金
银为面具，锦彩络其手足。德光死，盖用此法。时目"帝羓"，有以
也。　张舜民画墁录云，祖宗征河东，皆自土门还师，驻跸真定潭
园，有两朝行宫，岁谨缮完，器甲至二十四库。潭园方广六里，亭
榭皆王氏父子所葺。宫后八角大亭，乃德光造羓之所。　秦再思洛

中纪异录云，村民于林内射杀狐，故名。　　宋白续通典云，唐天后时，袭突厥群胡，死于此，因名。所载各异。　　赵与时宾退录云，唐太宗得定武兰亭真迹，刻于学士院，梁徙置汴。晋亡，德光辇归，道死，与辎重俱弃于中山之杀胡林。庆历中为士人李学究所得。桑世昌兰亭考云，德光死，永康自立而归，与祖母交兵，弃此石于中山，为李学究得。宋景文后守真定，取石匣藏于库，薛绍彭取归长安。大观中，诏取置宣和殿中，不复见矣。

九月壬子朔，葬凤山怀陵。谥孝武惠文皇帝。〔考异〕

通鉴云，萧翰自汴至恒州，与麻答北归。麻答贪猾残忍，捕村民，披面抉目，断腕焚炙而杀之。出入常以其具自随，左右悬人肝胆、手足，语笑自若。镇定之人，不胜其毒。会乱，为白再荣所逐，与耶律郎五皆北去。世宗责麻答失守，不服，鸩杀之。河朔方广千里，剽掠殆尽。当麻答被逐，杨安亦遁，李殷以其众降汉。初，杜重威心常疑惧，遣其子宏璲质于麻答以求援。赵延寿有幽州兵二千在恒州，指挥使张琏将之，重威请以守魏。麻答遣其将杨衮将契丹千五百人及幽州兵赴之；至邢州，闻麻答被逐，即日北还。胡三省注宋白云：麻答本名解里，太祖从子，父撒剌，归梁，死于汴。钱大昕谓即耶律拔里得，字孩邻，史有传。通鉴辑览作满达勒。又，郎五作朗乌。契丹国志云，名忠，国族。薛史作郎鄂。云永康北去，留嘉哩守常山，被逐，冯道等四出安抚，推再荣为帅，军民帖然。道见士女被俘者，出赀赎之，寄尼舍，访归。先是，契丹有急诏追道与李崧等赴木叶山，道后至，不果。俄李筠纵火，麻答被逐，时以为阴报所感。初，契丹使孙方简镇定州，永康立，以耶律忠代，移方简云州，不受命。忠弃定州去，方简自狼山回保定州归汉。晋末州县悉为汉有。后仕汉、周，历节镇。弟行友，定州留后；议，德州刺史。三月十七日，契丹弃定州，堕城壁，焚室庐，尽驱人民入蕃，惟余空城瓦砾而已。时沧州上言，七月后，幽州界投来人口凡五千一百四十七，北土饥故也。　欧史云，麻答守镇州，为李筠、何福进等逐，推再荣为留后。以兵环李崧、和凝居，求物，又欲杀崧取其赀。李谷曰："公等方得生路而遽杀宰相，此契丹所不为。他日至京师，天子问宰相何在，胡以对？"乃止。悉拘尝事麻答者，取其财，人呼为白麻答。归汉，拜义成节度。还京，为周太祖乱兵所杀。何福进仕汉、周，历节镇。又，王饶亦逐麻答者，仕汉、周为节度。见薛史。史均未载。

辽史纪事本末卷十

太宗克唐

太宗天显九年（甲午九三四）夏四月，唐潞王从珂弑其主从厚而自立。〔考异〕欧史云，清泰元年五月，敬瑭复镇太原，来朝京师。从珂反凤翔，愍帝出奔，遇敬瑭于道，杀从骑百余，幽之卫州。王宏贽传，时愍帝从官沙守荣等欲刺高祖，亲将陈晖扞之。　薛史晋纪云，岐阳兵乱，立潞王。闵帝急召帝入阙，欲托社稷。出奔卫，遇诸途，遂回入卫州。时闵帝左右欲害帝，觉之，因擒其从骑。遣剌史王宏贽安置公舍去。　汉高祖实录云，时侦知少帝伏甲，欲害晋高祖，帝密遣石敢袖铁锥立其后，伏发，死之；帝解佩刀奋击，众散走，乃逾垣出，就李洪信军。杀建谋者，以少主付宏贽等。寻奉废帝命，使子峦鸩杀之。先是，潞王在凤翔。张蒙传太白山神语云："三珠并一珠，驴马没人驱；岁月甲庚午，中央戊己土。"解曰："王当有天下，勿忧。"又"潞"字一足已入洛。

有何叟卒，见阴官，告以来年三月，当为天子二十三年，及苏，告刘延朗。盖"二十三"，帝小字也。石壕胡杲通亦言贵不可言，后皆验。及鄂王被弑，刺史宋令寻自经死。　沈括梦溪笔谈云，是年四月九日弑鄂王，其拟状，系冯道亲笔，未印。人皇王贝原作倍自唐上书请讨之。

秋八月壬午，自将南侵。

九月乙卯，次云州。丁巳，拔河阴。

冬十月丁亥，略地灵邱。

十一月辛丑，围武州之阳城，降之。癸卯，进拔斡齐尔原作洼只城，括所俘丁壮籍于军。

十二月，驻跸于百湖之西南。明年师还。〔考异〕通鉴目录，清泰九年，契丹寇云州，石敬瑭屯百井，杨檀破之于境上，敬瑭归河东，二年，契丹寇新州及振武、应州。所载互异。

十一年（丙申九三六）秋七月丙申，唐河东节度使石敬瑭叛，为其主所讨，〔考异〕通鉴云，潞王与敬瑭皆以勇力事明宗，然素不相悦。及即位，敬瑭入朝，久病，羸瘠，将佐劝留之。因韩招允、李专美言，命还镇。阴为自全计，赂曹太后左右，伺密谋。是年正月，千秋节酒，晋国长公主上寿毕，辞归晋阳。帝醉曰："何不且留，遽归，欲与石郎反耶？"敬瑭闻之益惧。时契丹屡寇边，禁军多在幽、并。敬瑭与赵德钧日求兵运粮；诏借河东人菽粟，镇州输绢五万匹籴军粮，率镇、冀车千五百乘运粮代州。诏魏、博市籴，值水旱，民饥，督趣严急，民多流散，乱始兆矣。敬瑭将大军屯忻州，诏赐夏衣抚谕，军士呼万岁者数四。敬瑭惧，幕僚段希尧请诛倡首者，刘知远斩李晖等三十六人。帝闻益疑。

李崧、吕琦劝先事与契丹和亲，薛文遇言而止。寻托疾求移镇郓州，崧等谓不可信，文遇劝许之。赵莹请赴镇，知远阻，遂拒命，表传位许王，诏削官，讨之，杀子弟四人。　刘延朗传云，忻州兵变，拥高祖呼万岁，斩三十余人而止。薛史云，敬瑭请移镇，房、嵩等言不可。司天监赵延羲谓星辰失度，宜安静，文遇言而定。先是，术者言国家合得一良佐，帝疑是文遇，令手书除目。诛敬瑭子重英、重裔于邺都，杀某弟敬德于忻州，族其家，敬儒自杀。　欧史云，敬瑭叛，幕僚赵莹、段希尧均以为不可，弗听，时重其为人，不之责。　吴缜五代史纂误，按晋纪云，天福元年，即清泰三年五月，镇天平，敬瑭不受命，唐纪书敬瑭反于三月丙午，彼此互异，必有一误，今从史作七月。**遣赵莹因西南节度使罗卜科求救**（按，据辽史卷三太宗纪，卢不姑（罗卜科）为西南路招讨）。**帝白太后曰：“李从珂弑君自立，神人共怒，宜行天讨。”时赵德钧亦遣使至，河东复遣桑维翰来告急，遂许兴师**。〔考异〕通鉴云，维翰谋乞兵契丹，知远谏许割地，恐异日大为中国患，不听，命维翰草表。未尝言亲往告急。欧史亦无亲如契丹事。　薛史云，帝遣指挥使何福求援于契丹，以错刀为信。宏简录云，德钧命维翰来告急，更异。　册府元龟云，河东被围，急令小仆何福恳告蕃首，时八月末也。蕃首曰：“北候渐凉，别无顾虑，尔名曰‘福’，战捷之繇。”数日出军，与何福俱来。　欧史云，敬瑭求救，德光白其母曰：“吾尝梦石郎召我，而使者果至，岂非天耶？”母召胡巫问吉凶，巫言“吉”，乃许。　徐铉稽神录云，“德光尝昼寝，梦一神人，花冠，美姿容，辒辌甚盛，自天下。语曰：“石郎使人唤汝。”觉，白其母，召巫筮之，言太祖从西楼来，云中国将立天王，要汝为助，汝须去！后果然。　陶岳五代史补云，高祖尚永宁公主，宫中呼石郎。将起兵，夜闻狼走入宫中，帝命分头逐捕，谓之射狼。或遇诸途，问："汝何从来?"曰:看"射狼"来。未几，高祖果来。盖射亦石也。所载甚详。

八月己未，遣萧辖哩原作辖里。〔考异〕卷七十四耶律敌剌传，太祖时奚六部吐里亦作辖里。报河东师期。〔考异〕欧史废帝纪云，八月，契丹使梅福来。薛史作摩哩。纪未载。庚午，自将援敬瑭。

九月癸巳，有飞鸑自坠而死，帝曰："此从珂自灭之兆也。"丁酉，入雁门。戊戌，次忻州。在太原府北百六十里。舆地广记云，秦、汉属太原县，元魏置肆州，隋置新兴郡，寻改忻州，唐因之，又为定襄郡，今同，县二:秀容、定襄。己亥，次太原。遣使谕敬瑭曰："朕兴师远来，即当与卿破敌。"会唐将高行周、字尚质，妫州人。思继子，行珪弟。符彦卿以兵来拒，遂勒兵陈于太原。与战，佯却，唐步将张敬达、〔考异〕王溥五代会要作张敬德，字志通，代州人。 薛史云，时敬达奉命讨敬瑭，先锋安审琦以部兵叛入并州，其妻与二子在京，为末帝所诛，但贷其老母而已。后历节镇，至宋初卒。杨光远又陈于西，未成列，以兵薄之。而行周、彦卿为伏兵所断，首尾不相救。敬达、光远大败，弃仗如山，斩首数万级。敬达走保晋安寨。〔考异〕薛史云，初，援兵未至，敬达引军逼城，设栅将成，必有大风暴雨至，不能立。筑长城，亦为水潦坏。晋阳北宫城上有祠曰"毗沙门天王"。夜有一人，长丈余，执殳行城上牙城。崇福坊泥神，首上有烟生如曲突状。日旁时有五色云气如莲荚，城上有号令之声，声不绝者三日，皆知神助。又城中井泉溢出不止。<u>契丹国志</u>云，主将五万骑，自<u>扬武谷</u>而南，至<u>晋阳</u>，陈于<u>汾</u>北之<u>虎北口</u>，与<u>唐</u>兵合战，<u>敬瑭</u>遣<u>知远</u>助之，<u>唐</u>兵大败，死者数万。通鉴云，步兵死者近万，骑兵独全。所载各异。　<u>方舆纪要</u>云，<u>扬武谷</u>在<u>崞</u>县西三十里，时<u>敬达</u>陈于城西北山下，战于<u>汾曲</u>，为<u>契丹</u>败，皆<u>蒙山</u>也，在<u>太原</u>县西北五里。　按，此之<u>虎北口</u>在<u>太原汾水</u>北，与<u>密云</u>县东北之<u>古北口</u>，亦名<u>虎北口</u>，名同而实异也。**额尔奇木**原作夷离堇**达鲁**原作的鲁。〔考异〕<u>汪辉祖辽史同名录</u>云：卷五<u>大同</u>元年<u>世宗</u>归籍没子孙；卷八十四<u>耶律哈里</u>传，<u>哈里</u>母；卷一百三<u>萧罕努</u>传，<u>天皇帝</u>之考，四人同名的鲁。**与战，死之。以其子图勒珲**原作徒离骨嗣为**额尔奇木，仍以父字为名，以旌其忠。**〔考异〕<u>本传</u>，<u>达鲁</u>作<u>达噜噶</u>；<u>图勒珲</u>作<u>图勒锦</u>，后官北院大王。**是夕，敬瑭率官属来见，帝执手抚慰之。**〔考异〕通鉴云，<u>敬瑭</u>问曰："皇帝远来，士马疲倦，遽与<u>唐</u>战而大胜，何也？"主曰："始吾谓<u>唐</u>必断<u>雁门</u>诸路，伏兵险要，不得进。使人侦视，无兵，乃长驱深入。我气方锐，乘此击之，是以胜也。"<u>敬瑭</u>叹服。<u>纪</u>未载。**癸卯，围晋安。南宰相呼喇台**、原作鹘离底**奚监军伊聂济**、原作寅你己**将军布哈**原作陪阿**临陈退缩，切责之。**〔考异〕<u>方舆纪要</u>云，时<u>契丹</u>置寨于<u>晋安</u>南，又移帐于<u>柳林</u>，游骑过<u>石会关</u>，既而入<u>榆次</u>县界。<u>石会关</u>在<u>榆社</u>县西北。所载较详。

　　冬十月甲子，封敬瑭为晋王，幸其府。敬瑭与妻李氏率其亲属捧觞上寿。〔考异〕<u>欧史</u>及通鉴，均无先封<u>晋王</u>之事。先是，<u>李继韬</u>母<u>杨氏</u>，积赀百万，父<u>嗣昭</u>，被围<u>夹城</u>，军用赖以不匮。嗣复以赂结庄宗刘后，免继韬于死。及契丹助晋，责赂，敬瑭贷于继忠，时杨氏之积犹钜万，得以取足，高祖深德之。及即位，拜继忠沂、隶、单三州刺史。杨氏积产，嗣昭父子三人皆赖之。见欧史。初，围晋安，分遣精兵以绝援兵路，而唐主遣赵延寿以兵二万屯团柏谷，即团柏镇，在太原府祁县东南。范延广〔考异〕通鉴作延光。史避太宗讳改。字子环，相州临津人。以兵二万屯辽州，唐置，今隶山西。〔考异〕舆地广记云，秦、汉属上党郡，晋为乐平郡，后魏为辽阳郡，隋属辽州，唐徙州来治此，曰箕州，又改仪州，后复旧。今县四：辽山、榆社、平城、和顺。幽州赵德钧以所部兵万余由上党趋延寿军，合势进击。至此，知有备，皆逗留不进。〔考异〕方舆纪要云，时德钧请由土门路西援土门关，即井陉关，在真定府获鹿县西十里，为天下九塞之一。延光领天雄兵由青山口取榆次以救之。青山口在顺德府西北八十里。 通鉴云，德钧欲倚契丹取中国，至团柏，不战，屡为延寿求镇州，帝不许。乃致书契丹，请立己为帝，约为兄弟国，仍允石氏镇河东。主以晋安久不下，恐诸镇邀其归路，欲许之，敬瑭惧，遣维翰力争，自旦至暮，涕泣跪请。主指帐前石谢德钧使者曰："我已许石郎，此石烂可改矣。"史未载。唐主自将轻骑三万出，次河（桥）〔阳〕（据辽史卷三太宗纪改），〔考异〕纲目云，唐主下诏亲征，至河阳，而心惮北行，卢文纪希旨，谓"河阳天下津要，车驾宜留此镇抚南北"。则河桥系河阳之误。欧史云：时废帝欲北征，雍王重美谓宜持重，固请毋行。帝心不欲往，因刘延皓、刘延朗迫之，遂如河阳。先是，帝谓文纪曰："吾自凤翔识卿，拔之为相，皆云可致太平，今何使吾至此！"文纪惶恐谢罪。至是，至河阳，劝帝扼桥自守，不听。　王溥五代会要云：帝北幸，博士段（頵）〔颙〕（据五代会要卷四亲谒陵条改）奏河阳路当徽陵，今车驾亲由，合亲朝谒，从之。均作河阳，惟薛史作河桥，与史同。亲督诸军。然知其不救，但日酣饮悲歌而已。〔考异〕通鉴云，敬瑭会兵围晋安，置营于寨南，长百余里，厚五十里，多设铃索吠犬，人跬步不能过。敬瑭士卒犹五万，顾无所之，遣使告急。唐主问策于群臣，吏部侍郎龙敏曰："请立李赞华为戎主，令卢龙、天雄二镇分兵送之，自幽州趣西楼，朝廷露檄言之，契丹必有内顾忧，因选精锐击之，此亦解围之一策也。"帝深然之。执政议不决。敏复请遣骑自介休山路，冒敌骑入晋安寨通声问。亦不从。群臣或劝帝北行。则曰："卿勿言！石郎使我心胆堕地。"按，敏字欲讷，永清人。　薛史云，十月丁巳夜，彗星出虚危。壬戌，诏天下括马，民十户出兵一人，器甲自备。　契丹国志云，每七户出征夫一人，凡得马二千余匹，征夫五千人，民间大扰。史均未载。丁卯，诏敬瑭至行在，赐坐，从容谓之曰："吾三千里举兵而来，一战遂胜，殆天意也。观汝雄伟宏大，宜受兹南土，为藩辅。"遂命有司设坛晋阳，备礼册命。

十一月丁酉，册敬瑭为大晋皇帝。自戊戌至戊申，候骑两奏南有兵至，复奏西有兵至，命特哩衮迪辇斡原作注。〔考异〕汪辉祖辽史同名录云，卷三十营卫志，卓特部先世；卷四十五百官志，汗；卷一百六耶律宫努传，宫努友，四人同名注。拒之。

闰月甲子，克晋安寨，唐将张敬达死之。敬达在围八十余日，内外隔绝，军储殆尽，至濯马粪木屑以饲马，马饥至自相啖其鬃毛，死则以充食，光远等劝敬达出降，敬达曰："吾有死而已，尔欲降，宁斩吾首以降。"光远与安审琦遂杀之，〔考异〕薛史谓审琦为先锋，前已叛降。此云与光远杀敬达。所载各异。以其首出降。帝嘉其忠，命以礼收葬。谓左右曰："凡为人臣，当如此也。"所降军士及马五千匹以赐晋帝。〔考异〕欧史书光远杀敬达，注云：敬达不书"死之"而书"杀"者，敬达大将，宜以义责光远而诛之，虽不果而见杀，犹为得死，乃讽其杀己以叛，故书之如其志。 通鉴云，行周知光远欲图敬达，常引壮士尾而卫之。 敬达谓人曰："行周每蹑吾后，何意也?"行周乃不敢随，遂遇害。马军都指挥康思立愤惋而死。时晋安寨马犹近五千，铠仗五万，悉取以归其国。以唐之将卒授帝，语之曰："勉事汝主。"薛史云，敬达性刚，号张生铁。时德光顾谓光远曰："汝辈大是恶汉儿，不用盐酪，食却一万匹战马!"光远等大惭。纪均未载。丙寅，祀天地以告成功。庚午，仆射萧库克齐原作酷古只奏赵德钧等诸援兵将遁，诏夜发兵追击。德钧等军皆投戈弃甲，自相蹂践，挤于山谷者不可胜纪。仍命皇太子驰轻骑据险要，追及步兵万余，悉降之。辛未，度团柏谷，德钧父子率众降。次潞州，方舆纪要云，古赤狄潞子国，亦为上党郡，北周号潞州，唐建昭义军，宋改隆德府，明为潞安府，县七。〔考异〕舆地广记云，春秋时为黎侯，赤狄夺其地，而潞子婴儿为晋灭，地属晋，战国曰上党，为韩别都，秦立上党郡，后周立潞州，隋曰韩州，唐升昭义军，今改昭德军，又为隆德军，县八：上党、屯留、襄垣、潞城、黎城、

壶关、长子、涉县。召诸将议，皆请班师，从之。命南
宰相吉林、原作解領呼喇台等先还。壬申，特哩衮斡、
原作洼林牙德勒宾原作迪离毕来献俘。晋帝辞归，帝与
饮宴。酒酣，执手约为父子。以白貂裘一、厩马二
十、战马千二百赐之。命德勒宾〔考异〕通鉴作太相温。钱
大昕作大相温，云即详稳。通鉴辑览作高谟翰。所载各异。　按
耶律图鲁卜传，初伐唐，从为左翼，降霞沙寨。至是，送敬瑭入洛。
及大册，总礼仪事，加太尉。字铎衮，巴古济孙。纪未载。将五
千骑送入洛。临别，谓之曰："朕留此，候乱定乃
还耳。"辛巳，晋帝至河阳，唐主穷蹙，召人皇王
贝同死，不从，遣人杀之，〔考异〕通鉴云，杀之者宦者秦
继旻、皇城使李彦绅。纪未载。遂举族自焚。〔考异〕通鉴云，
唐主闻光远降，众议幸魏州，召李崧谋。薛文遇继至，主色变。崧
蹑文遇足，乃去。主曰："我见此物，肉颤，几欲抽佩刀刺之。"崧
曰："文遇小人，浅谋误国，刺之益丑！"因劝南还。从之。　王禹
偁五代史阙文云，帝至自覃怀，京师父老迎上东门外，劝幸蜀图进
取。帝曰："本朝两川皆用文臣，故元宗、僖宗避寇幸蜀。今孟氏称
尊，吾安归乎？"因恸哭而入。　秦再思洛中纪异录云，先是，甲子
至清泰丙申岁，云："数在五楼前，但看八九月，戎虏乱中原。"后
于太原南五楼村大战，至九月，契丹至太原，败城下。即其应。薛
史云，末帝时，邺西李固栅桥下鼠与蛇斗，及日之申，蛇不胜而死，
后果灭于申。又，末帝旧庐在常山，有古佛刹，石像摇动不已，人
皆异之。　尹洙五代春秋云，辛巳，唐帝崩于元武楼。　王溥五代
会要云，闰月二十九日遇难，崩于后楼。王应麟困学纪闻云，天子

之废置，出于士卒，自唐明宗始也。明宗以此得之，而反尔之报在其后人。所载较详。诏收其士卒战没者瘗之汾水上，续通考云，汾水源出岢岚州，流经灵石、赵城、洪洞、临汾，历襄陵、太平、绛州、稷山、河津、荣河入于黄河。以为京观。

十二月乙酉朔，遣近侍塔鲁原作挞鲁。〔考异〕陈浩辽史考证云，卷十圣宗统和元年伶人；卷二十六道宗寿隆三年燕国王延禧子，三人同名挞鲁。存问晋帝。〔考异〕通鉴云，帝如河阳，饯太相温及契丹兵归国。纪未载。薛史云，初，唐帝在怀州，遣吕琦赍都统使官告赐德钧，且犒军及观军北陲，馆于忻州。会晋克晋安寨，遣使告近郡，琦斩其使，寻率兵千人间道归，高祖入洛，不之罪，授秘书监。丙戌，以晋安所获分赐将校。戊子，遣使驰报皇太后及诸道师还。庚寅，发太原。壬辰，次细河，阅降将赵德钧父子兵马。〔考异〕群书会元截江网云，太宗既平太原，遂观兵范阳，得汾、晋、幽、蓟之马，凡四万二千余匹。戊戌，次雁门，以沙太保所部兵分隶诸将。庚戌，幸应州。在大同府南百二十里。〔考异〕地理志云，后唐明宗，应州人。天成元年，升彰国军节度，兴唐军寰州隶焉。王应麟通鉴地理通释引宋白续通典云，故属大同军。舆地广记云，唐末置，领金城、浑源二县。　孙体元大同志云，龙首山在应州城北山之南，雁门山在应州城南山之北，两山相望。又，金凤城在应州城东北天王祠前，后唐明宗生此，中有金凤井。潘自牧记纂渊海云，金凤井在州治，相传李克用生时，金凤自井中飞出。厉鹗非之。　谈迁枣林杂俎云，应州治西佛寺，辽清宁二年田和尚奉敕立石，有塔，高三百六十尺。城内有一经楼，辽郎中邢简妻陈氏教子读书处。又，龙首书院在应州西南，辽翰林学士邢抱朴建。见汪承爵大同府志。癸丑，唐大同、彰德、振武三节度使迎见，留之不遣。〔考异〕地理志云，兴王寺有白衣观音像，军还，入幽州，幸大悲阁，指此像曰："我梦神人令送石郎为中国帝，即此。"因移木叶山，建庙告赛，尊为家神。纪未载。　元一统志云，大悲阁在旧城之中，建自有唐，至辽开泰中重修，圣宗遇雨，飞驾来临，改寺圣恩，而阁隶焉，金皇统九年重茸，元至元壬午春复修，中奉大夫领道教事安藏撰记，二十四年四月立石。　元纳新金台集云，大悲阁榜，唐虞世南所书。宋莘筼廊偶笔云，应州木塔甚奇，冯讷生主政云骧，有登塔诗一帙，序略曰："塔建自辽，叠木为之，七级八面，高见数十里。"

十二年（丁酉九三九）春正月丙辰，次堆子口。唐大同军节度判官吴峦闭城拒守，命崔廷勋围其城，帝至城下亲谕之，乃降。〔考异〕欧史吴峦传，字宝川，郓州卢县人。时节度沙彦（询）〔珣〕（据新五代史卷二九吴峦传改）被契丹执，城中推峦主州事。围攻凡七月，晋高祖义之，致书契丹解兵去。召峦为武宁节度副使，后守贝州，城破，投井死。会同七年，太宗纪亦载之。此云峦降，疑误。通鉴目录，时契丹主磝、奚王李绍威骨攻云州不能下，帝召吴峦归。时应州指挥使郭崇威亦耻臣契丹，拔身南归。　田况儒林公议云，契丹自阿保机雄据燕北，诸戎皆为所制。所得中国锦绮藉地，令践之，曰："我国他日富盛，是当践之也。"迨石晋求援，得山后地，失控压之要，縻之无全策矣。每兴兵扰塞，传一矢为信，奔会无敢后期。战必衔枚，各有部陈，昼战则望旌旗，夜或鸣钲、吹蠡角为禽鸟声，各自撒卷而去，至明不遗一旗。军令至峻，什伯相分，急不赴救，则并诛之，故多死战者。　仪卫志云，自达呼尔氏八部用兵，则合契而动，不过刻木为牌合。太祖受命，易以金鱼。金鱼符七枚，黄金铸，长六寸，各有字号，每鱼左右判合之。有事以左半先授守将，使者执右半，大小、长短、字号合同，然后发兵。事讫，归于内府。　契丹国志云，铸金鱼符调发兵马，其捉马及传命有银牌二百。军所舍，有远探阑子马以查人马之声。　王易燕北录云，银牌有三道，上戍主，下及契丹臣庶，每年取初降雪时带用。续通考云，辽御帐亲军，有大帐皮室军，太宗置，凡三十万骑；有属珊军，地皇后置，凡二十万骑；腹心曰皮室，精美如珊瑚者曰属珊。宫卫骑军，太祖以迭剌部受禅，分本部为五院，统以皇族，而亲卫缺然，乃立斡鲁朵法，裂州县，割户丁，以建宫卫，入则居守，出则扈从，葬则用以守陵。有兵事，则五京、二州，凡十二宫一府各提辖司，传檄而集，不待调发，而十万精骑立具，此军制之良者也。外有舍利军、郎君军、各拽剌军、墨离军、炮竿军、弩手军、铁林军、鹰军、鹘军、凤军、龙军、虎军、熊军、左右铁鹞子军、龙卫军、威胜军、天云军、特蒲军、三克、九克等军。又，众部族，有太子军、伟王军、永康王军、于越王军、麻答军、五押军，分隶南、北府，守卫四边。凡兵民年十五以上，五十以下隶籍。举兵时，选兵马尤精锐者三万为护驾军。又，骁勇三千为先锋军，剽悍百人为远探拦子军。又，抽立一队为腾递公事。出兵不过九月，师还不过十二月。正路不得见僧尼丧服人。军分三路，圣驾居中。重臣专征，兵不过十五万，不设枪营堑栅之备。军行，鼓三伐，不问昼夜，大众齐发。多伏兵断粮道，冒夜举火，上风曳柴，馈饷自赍，善战耐寒。此其大略也。胡三省通鉴注云，契丹谓精骑为铁鹞，以其身披铁甲而驰突轻疾，如鹞之搏鸟雀也。　武珪燕北杂记云，辽行军不择日，用艾和马粪于白羊琵琶骨下炙之，破则出，否则不出。番兵每遇午日不逢兵，亦须排阵，向西大喊十声，言午是番家大王之日。　李冶敬斋古今赵云，炙琵琶骨，不独契丹，凡蛮貊皆为之。番禺记载岭表占卜甚多：有骨卜，田螺卜，鸡卵卜，牛卜，鼠米卜，箸卜，篾卜。乃知四夷尚鬼，遇物皆得以为卜也。今北方炙琵琶骨，珪记特异所炙之法，盖有可入不可入者，疾病饮食一动一止，皆有条理。珪所说，只据当时所见云耳。　　沈括梦溪笔谈云，西戎用羊卜，曰"跋焦"，卜师曰"厮乩"，以艾炙羊脾骨，视其兆，曰"死跋焦"。又有先咒粟以食羊，羊食其粟，则自摇其首，乃杀羊，视其五脏，曰"生跋焦"，土人尤神之。方勺泊宅编云，契丹当强盛时，四夷役属，贡奉不绝，惟与中原为敌国。兵马略集，便有百万。多作大舟，安四轮，陆行以载辎重，过堠水（按泊宅编卷一〇作"塘水"）、黄河，则脱轮以渡人马。亦欲自沧州东泛海而来，为牵制掎角之势。富郑公云，能改斋漫录曰：辽兵将战，则选兵为三等，骑射最精者给十分衣甲，处阵后；次给五分，居中；下则不给，处于前行，故未尝教阅而皆习骑射。史多未载。

辽史纪事本末卷十一

石晋背盟

太宗天显十一年（丙申九三六）秋八月庚午，自将往援唐河东节度使石敬瑭。〔考异〕薛史云，太原人。本卫石碏后，汉丞相奋之裔。父讳绍雍，卒赠太傅。欧史云，父臬捩鸡，仕唐为洺州刺史。其姓石氏，不知其所始。周密齐东野语云，高祖讳敬瑭，拆"敬"字为文氏、苟氏，至汉时复旧。

冬十一月丁酉，册敬瑭为大晋皇帝〔考异〕薛史载册文曰："维天显九年，岁次丙申，十一月十二日丁酉，大契丹皇帝若曰:於戏! 元气肇开，树之以君；天命不恒，人辅以德。故商政衰而周道盛，秦德乱而汉图昌，人事天心，古今靡异。咨尔子晋王，神钟睿哲，天赞英雄，叶梦日以储祥，应澄河而启运。迨事数帝，历试诸艰。武略文经，乃由天纵，忠规孝节，固自生知。猥以眇躬，奄有北土。暨明宗之享国也，与我先哲王保奉明契，所期子孙顺承，患难相济，丹书未泯，白日难欺。顾予纂承，匪敢失坠。尔惟近戚，实系本枝。所以予视尔（犹）〔若〕（据旧五代史卷七五高祖本纪改）子，尔待予犹父也。朕昨以独夫从珂，本非公族，窃据宝图，弃义忘恩，逆天暴物，诛翦骨肉，离间忠良；听任矫（诬）〔谀〕（同上书改），威虐黎献。华夷震悚，内外崩离！知尔无辜，为彼致害。敢征众旅，来逼严城。虽并吞之志甚坚，而幽显之情何负？达（予）〔于〕（同上书改）闻听，深激愤惊！乃命兴师，为尔除患；亲提万旅，远殄群凶。但赴急难，罔辞艰险。果见神祇助顺，卿士协谋，旌一麾而弃甲平山，鼓三作而僵尸遍野。虽已遂予本志，快彼群心，将期税驾金河，班师玉塞。矧今日中原无主，四海未宁，茫茫生民，若坠涂炭。〔况〕（同上书补）万几不可以暂废，大宝不可以久虚，拯溺救焚，当在此日。尔有庇民之德，格于上下，尔有（勘）〔戡〕（同上书改）乱之勋，光于区宇，尔有无私之行，通乎神明；尔有不言之信，彰乎兆庶。予懋乃德，嘉乃丕绩！天之历数在尔躬，用命尔践皇极，以尔自兹并土，首建义旗，国号曰晋。朕永为父子之邦，保山河之誓。於戏！补百王之阙礼，行兹盛典；成千秋之大义，遂我初心。尔其永保兆民，勉持一德；慎乃有位，允执厥中。亦惟无疆之休，其诚之哉！"礼毕，导从而归。所载较详。

十二月，晋帝入洛，唐主从珂自焚死。晋命桑维翰为文，纪帝功德。〔考异〕通鉴云，初，契丹主谓晋帝曰："维翰尽忠于汝。宜为相。"丙寅，以赵莹为门下侍郎，维翰为中书侍郎，并同平章事。尝出其诸子，令自择主，指重贵曰："此大目者可也。"遂以为北京留守，镇河东。纪未载。帝命近侍塔鲁原作挞鲁存问晋帝。庚寅，发太原。闻洛阳既克，遣郎君济勒台原作解里德抚慰之。〔考异〕王仁裕玉堂闲话云，晋祖在并部，昼梦至洛京，与帝连镳过旧第，入厅事，下马，升自阼阶，西向坐。帝驰车去以告群僚，莫敢答。盖怀不轨之志久矣。　孙光宪北梦琐言云，梁初，潞州李思安奏壶关县庶穰乡人伐树，倒，自分两片，内有六字，曰"天十四载石进"。图状以献，付文馆。至是石氏称晋。马希范解释表闻。　徐铉稽神录云，时司马少监徐鸿曰："尝以丙申之年，有石氏王此。"移四字中二画置天字左右即丙字，移四之外围以十字贯之即申字，晋后以丙申兴，如其言。　王禹偁五代史阙文云，天祐十二年癸未，庄宗改同光，至是岁丙申凡十四载，故谶云尔。拆字解之，非也。

十二年（丁酉九三七）春二月癸卯，晋遣唐所掠郎君埒克、原作剌哥文班吏萧岱尔原作艑里还朝。

三月庚申，晋遣使来贡。丁卯，晋天雄节度使范延广请内附，不许。使郎君达里库、原作的烈古美楞原作梅里德呀原作（敌）〔逆〕烈（据辽史卷三太宗纪改）使晋。

秋八月庚子，晋遣使以都汴及讨降范延广来告。〔考异〕通鉴云，晋遣杨光远等讨延光，寻降，以太子太师致仕，居大梁，为光远害。　欧史云，初，秘琼杀董温琪取其赀，延光杀琼而取之，终以赀为光远所杀，而光远后又为何延祚所害。薛史云，延光据邺城叛，诱东都巡检张从宾反，据洛阳，害皇子重信及重义。为杜重威败，溺死。　欧史又云，从宾（战）〔寇〕（据新五代史卷八晋高祖本纪改）河阳杀重义；寇河南杀重信。　按晋家人传云，重信时为河阳节度，重义时为东京留守，均见杀。与晋纪异。见吴缜五代史纂误。是后信使不绝。

是年，晋两遣使来上尊号，及归雁门以北与幽、蓟之地，并岁贡帛三十万匹，诏不许。〔考异〕欧史云，天福二年二月，契丹使皇太子解里来。四月，赵莹使契丹。契丹使宫苑使李可兴来。六月，使夷离毕来。所载较详。又云，岁输帛三万匹。王溥五代会要云岁输绢十三万匹。均异。

会同元年（戊戌九三八）夏五月甲寅，晋复遣使请上尊号，从之。

秋七月癸亥，遣使赐晋马。丁卯，遣呼喇台原作鹘离底使晋。戊辰，遣中台省右相耶律苏呼、原作述兰特尔格原作迭烈哥使晋，临海节度使赵思温副之，〔考异〕逆臣传，牒蜡，字述兰。而牒蜡之转声即迭烈哥，系一人。又纪作元年事，传作二年事，亦误。见钱大昕潜研堂集。册晋帝为英武明义皇帝。〔考异〕欧史云，德光遣中书令韩频奉册。并约不称臣，更表为书，称儿皇帝，如家人礼。薛史韩频作韩颎。何焯读书记云，梁、唐皆郊见后受尊号，石晋则以契丹为天矣。路振九国志云，晋天福中，契丹使至，以近侍李泳为监伴使。有判官，幽冀人，谓泳曰："吴越王常不睡乎？"诘其故，答曰："尝闻五台山王子大师曰，浙中不睡龙，今已归矣。"

冬十一月丙午，帝御开皇殿，〔考异〕地理志云，太祖平渤海归，乃展郛郭，建宫室，起三大殿，曰：开皇、安德、五（銮）〔鸾〕（据辽史卷三七地理志改）。中有历代帝王御容，每月朔望、节辰、忌日，文武百官赴祭。又于内城东南隅建天雄寺，奉安烈考宣简皇帝遗像。及太宗受晋尊号，御开皇殿，辟承天门受礼，因改皇都为上京。幅员二十七里。东曰迎春，曰雁儿；南曰顺阳；

西曰金凤，曰西雁儿，曰南福；北曰皇城，高三丈，有楼橹。门，东曰安东，南曰大顺，西曰乾德，北曰拱（宸）〔辰〕（同上书改）。中有大内。内南门曰承天，有楼阁，东华、西华二门，此通内出入之所。所载甚详。**召见晋使。**〔壬子〕，（据辽史卷四太宗纪补）**冯道、刘昫等，遂册上两宫尊号。**〔考异〕王溥等周世宗实录云，晋命兵部尚书王权献徽号，辞以老病。命道，道无难色。　欧史云，权当奉使契丹，叹曰："我虽不才，安能稽颡于穹庐乎？"因辞，坐停任。薛史亦谓权不欲臣事，故辞，非避事以违命也。逾岁，起太子少傅，致仕，卒。时道使契丹，将至西楼，主欲郊迎，其臣曰："天子无迎宰相之礼。"乃止，其名动殊俗如此。又副刘昫者，常侍韦勋。至太后册礼使，为给事中卢进。史谓韦勋副道，卢重副昫。所载各异。　丛苑云，虏以道有重名，命与其相同列，赐牙笏，及腊月牛头，皆殊礼。以诗谢云："牛头偏得赐，象笏更容持。"大寒赐锦袄、貂袄、羊裘、貂衾，均纪以诗。　阮阅诗话总龟云，道归，作诗五章，述使意。首章云："去年今日奉皇华，只为朝廷不为家；殿上一杯天子泣，门前双节国人嗟。龙荒冬往时时雪，兔苑春归处处花；上下一行如骨肉，几人身死掩黄沙。"其在北廷，入谒时，悉披四袄；夜宿馆中，并覆三衾。诗曰："朝披四袄专藏手，夜盖三衾怕露头。"　王易燕北录云，牛头者，正本草所著东海之鱼其头如牛者，非真牛头也，是鳝鱼之大者。　潘自牧记纂渊海云，易州西大宁山有冯道吟诗台。**公卿百官皆仿中国，并参用中国人。是月，晋复遣赵莹来贺，并以幽、蓟十六州及图籍来献。**

　　十二月戊戌，遣通果、原作同括**阿巴**原作阿钵。〔考异〕太祖纪将军；又叛党，三人同名阿钵。**使晋，制加晋冯**

道、刘昫等官有差。〔考异〕食货志云，盐荚之法，自太祖以所得汉户居汉城，别为一部治之。城在炭山南，有盐池之利，即后魏滑盐县也，八部皆取食之。及征幽、蓟还，次于和拉泺，命取盐给军。自后泺中盐益多，上下足用。会同（中）〔初〕（据辽史卷六〇食货志改），晋献十六州地，而瀛、莫在焉，始得河间煮海之利，置榷盐院于香河县。燕、云迤北，皆食沧盐。产盐之地，如渤海、镇城、海阳、丰州、阳洛城、广济湖等处。五京计司，各以其地领之。其煎取之制，岁出之额，不可得而详矣。　按，十六州之割，纲目与欧史俱载于去年，与史异。时唐尚未亡，德钧方镇卢龙，当以史为得实。通鉴云，是岁，晋用杨光远言，罢桑维翰枢密，以刘处让代。明年，处让遭母丧，遂废院，以印付中书。寻出维翰镇相州，代以冯道，事无钜细皆委之。通鉴目录，时契丹赵思温请以卢龙内附，帝不许。时思温子延照在晋为祁州刺史故也。史未载。

二年（己亥九三九）春正月戊申，晋遣使来贡珍币，命分赐群臣。

秋闰七月乙酉，遣迪里原作的烈。〔考异〕卷六十六皇族表，德祖系平章亦名的烈，另一人。赐晋良马。

八月乙丑，晋复遣使贡岁币，奏输戌、亥二岁金币于燕京。〔考异〕通鉴云，晋帝事契丹甚谨，岁币外，赠遗珍玩，相继于道。至太后、太子、王、大臣皆有赂遗，小不如意，辄来责让。使者至契丹，国人骄倨，多不逊语，朝廷耻之，而帝意不倦。史未载。

三年（庚子九四〇）春正月壬辰，遣陪谒、阿巴使晋致生辰礼。晋以并、镇、忻、代之吐谷浑来归。〔考异〕欧史云，晋使供奉官张澄以兵二千索并、镇、忻、代山谷中吐浑，驱出塞。寻复来，重荣卒纳之。薛史云，吐浑都督白承祐为契丹所逼，举众内附，不纳。镇州安重荣患契丹之强，谋攻袭，戎使往来真定者皆潜害之，密与吐浑相结，至是纳焉而致于朝。载在天福五年十二月，六年正月始逐归故土。　按天福五年，乃会同三年也，通鉴亦同，均与史异。　王溥五代会要云，六年正月，命吐浑还旧土，然以契丹诛求无厌，心不平之。命汉高祖镇太原，潜加抚慰，其年五月，其酋白承福及麾里念虎里、赫连功德等来朝。又异。

三月己巳，如南京。晋遣使来觐。

秋七月己卯，以安重荣小字铁胡，朔州人。据镇州叛晋，诏严边备。辛卯，晋遣使请行南郊礼，许之。

四年（辛丑九四一）春二月己未，晋遣杨彦询字成章，河中宝鼎人。来贡，且言安重荣跋扈状，遂留不遣。安重荣执辽使伊喇。〔考异〕宏简录作拽剌。又，彦询使契丹，通鉴作九月。　王溥五代会要云，时重荣执伊喇等，以轻骑袭幽州之南界，高祖屡诏开谕，不从，竟诛伊喇等，驰檄天下。薛史云，高祖虑契丹怒重荣杀行人，命邢州节度使杨彦询由沧州入蕃，为戎主言："非高祖意，如人家恶子，无如之何。"寻闻其犯阙，乃放还。　欧史云，彦询数往来戎帐，德光亦爱其为人。时重荣请用吐浑攻契丹，高祖意未决，维翰上疏，力言不可与契丹争者七，乃不用重荣言。然重荣虽欲袭契丹，反遣人阴与幽州节度使刘晞相结。契丹亦利晋多事，期两敝之，因窥中国，故不怒重荣也。　按，晞，涿州人。父济雍，为本（部）〔郡〕（据旧五代史卷九八刘晞传改）诸邑令长。晞，少以儒学称乡里，尝为唐将周德威从事，后陷蕃，为燕京留守，历平章兼侍中，曾三知贡举。从入汴，授洛京留守。会河阳军乱，晞走许州，奔东京，随萧翰北归，至镇州，与麻答同奔定州，没于北蕃。 契丹国志云，次子珂，尚世宗妹燕国公主。少善射，以才能称。从太宗南牧，战定州，时深入，帝马陷泥泞中，珂下马奉之出，身被数十创，迁林牙、西北招讨使。从入汴，同知京府事，历南枢密使，封吴王。

夏四月己卯，晋遣使进樱桃。〔考异〕历象志朔考，是月系庚寅朔，不应有己卯日。恐误。

五月庚辰，吐谷浑额尔奇木苏等叛入晋。遣德呀原作牒蜡往谕晋及太原守臣。

冬十一月丙寅，晋以讨安重荣来告。未几平之，〔考异〕欧史云，时遣杜重威攻城，其将赵彦之出降。重荣独守牙城，重威擒之，斩其首以献。高祖御楼受俘。 王溥五代会要云，重威讨重荣至贝州宗城县，与战，大败之。至七年正月，克镇州，斩重荣。盖在会同五年也。所载年月各异。 陶岳五代史补云，重荣初欲叛，未发，厩中产朱鬃白马，有鸦生五色雏，以为凤，遂谓天命在己。举兵反，令取宗岭路向阙。父老窃议曰："事不谐矣！且王姓安氏，鞍得背而稳，何不取路贝州？若由宗岭，是鞍及于鬃，得无危乎！"未几，与王师遇，一战败。所载较详。遂遣杨彦询归，并罢戍兵。〔考异〕通鉴目录，南唐遣使假道于晋，以通契丹，不许。

五年（壬寅九四二）春正月戊辰，晋函安重荣首来献。〔考异〕通鉴云，振武安从进时亦据襄州叛，与重荣通谋，高行周讨之，举族自焚。

夏六月乙丑，晋主敬瑭殂，子重贵立。〔考异〕通鉴云，契丹以晋招纳吐浑，遣使诘让，帝忧悒不知为计，五月己亥，始有疾。命幼子重睿出拜冯道，令抚立之。及殂，道与景延广谋立长君，奉重贵。延广恃功始用事，加平章，总宿卫兵。　册府元龟云，少帝初为金吾卫上将军。天福三年，从幸大名，大旱，遣祈雨白龙潭，白龙见，澍雨尺余，人咸异之。陶毅清异录云，出帝不善诗，时为俳语，咏天曰："高平上监碧翁翁。"薛史云，人谓少帝曰："冯道治平时宰相，不可济艰难；如禅僧，不可呼鹰耳。"因出镇同州。遣使来告哀，辍朝七日。使人如晋吊祭。〔考异〕王溥五代会要云，五月，契丹遣郎五来致吊，兼献衣服、鞍马。薛史云，八月，契丹遣使致慰礼，马二十四及罗绢。其主母亦遣使来慰。所载较详。

秋七月庚寅，晋遣金吾卫大将军梁言、判四方馆事朱崇节（按，新五代史卷九出帝纪，谓朱崇节为"四方馆使"，与此异）来谢，书称孙不称臣，命客省使乔荣〔考异〕张昭等汉隐帝实录作乔荧，范质陷蕃记作乔莹。今从窦正固等晋少帝、苏逢吉等汉高祖实录、景延广传、契丹传。让之。景延广答曰："先帝则圣朝所立，今主乃我国自册。为邻称孙则可，奉表称臣则不可。"荣还，具奏之，帝始有南伐意。〔考异〕通鉴云，初，河阳牙将乔荣从赵延寿入契丹，为回图使，往来贩易，置邸大梁。至是，延广说帝囚荣于狱，取其赀；他贩易者皆杀之。因诸大臣言，遣归。辞日，延广大言：无称臣理。且言勿信延寿谄诱侮中国。翁怒则来战，孙有十万横磨剑，足以相待。他日为孙败，无悔！且命吏书其语授荣。荣还奏，入寇志始决。晋使皆縶之幽州。李崧、桑维翰谏，知远不敢言，冯道依违而已。所载较详。　按，回图使，回图务之使也，薛史作回国使。

丁未，晋遣使以祖母哀来告。

〔八月〕（据辽史卷四太宗纪补）甲子，晋复襄州。戊辰，诏河东节度使刘知远送叛臣乌尔古原作乌古指挥使由燕京赴阙。〔考异〕册府元龟云，知远时奏：往例每年押送蒲萄往北朝，伏候敕旨，诏罢之。知远曰："此土产常物，废而不行，必启戎心以生怨。"癸酉，遣天城节度使萧拜牲原作拜石吊祭于晋。〔考异〕王溥五代会要作十月，云，使大卿以下二十六人来聘，以高祖山陵有日致祭故也。

九月壬辰，遣使贺晋帝嗣位。

冬十二月癸亥，晋遣使来谢。

六年（癸卯九四三）春二月乙卯，晋遣使进先帝遗物。辛酉，晋遣使请居汴，许之。

三月丁未，晋以至汴，遣使来谢。〔考异〕王仁裕玉堂闲话云，晋初都洛，丙申年春，翰林学士王仁裕夜直，闻禁中蒲牢发声索索如破裂者旬余，同职莫解。其年，高祖迁汴，石渠、金马移在雪宫，迄今三十年矣。索索之兆，信而有征。按，高祖篡立系丙申岁，即请都汴，兹特以常居重行申请耳。

夏五月己亥，遣使如晋致生辰礼。

秋八月己未，帝如奉圣州。晋遣其子延煦来朝。

冬十一月辛卯，上京留守耶律迪辇得晋谍，知有二心。

十二月丁未，如南京，议侵晋。命赵延寿、赵延昭、〔考异〕通鉴作延照，思温子。安图、原作安端嘉哩原作解里，字布当，图鲁卜部人。等由沧、恒、易、定分道而进，诸军继之。〔考异〕通鉴云，时晋阖境旱蝗，使者括民谷，督责严急，县令多投劾去，民馁死者数十万，流亡无数，节镇咸献粟帛以助国。平卢杨光远密告契丹，言晋一举可取，延寿力劝之，使将五万兵经略中国。晋城南乐及德清军，征兵备之。　方舆纪要云，德清军本顿邱县地，在大名府清丰县西三十里，去檀州六十里。契丹屯元城，伪弃城去，伏精骑于古顿邱城，晋军不出，复围檀州，即此处也。史均未载。

　　七年（甲辰九四四）春正月甲戌朔，赵延寿、延昭率前锋五万骑次任邱。在河间北七十里，宋为莫州治。丙子，安图入雁门，围忻、代。己卯，赵延寿围贝州，　方舆纪要云，在广平府清河县东，秦为钜鹿郡，汉为清河国。其军校邵珂开南门纳国兵，太守吴峦投井死。〔考异〕欧史云，德光倾国来寇，分其众为三：西出雁门攻忻、代，寇太原，知远败之于秀容，自鸦鸣谷遁去；东至河，陷博州应光远；自与延寿南攻，陷贝州。　通鉴云，太原奏破契丹伟王于秀容，斩首三千级。朝廷以贝州水陆要冲，多聚刍粟为数年军储。时邵珂为节度王令温所黜，怨望，以辽兵来。会令温入朝，峦知州事，珂守南门，引兵入，城破，死者万人，军储尽丧。　薛史云，是夕，阵云掩北斗之魁星。乙未，大雾中，有白虹相偶，占者曰："斯为海淫，其下必将有战。"未几，契丹大至，陈攻具于四墉，戎主亲率步奚及渤海奚等四面进攻，峦众投薪于夹城中，继以炬火，敌之梯冲，焚爇殆尽。及贝州陷，时唐景思官行军司马，为延寿得，署壕砦使，授亳州防御使，亳民少安，终濠州刺史。己丑，次元城。授延寿魏、博等州节度使，封魏王，率所部屯南乐。
〔考异〕方舆纪要云，元城县为大名府附郭邑，故城在府东，即故王
莽城。魏州，后周置，即邺都，亦曰天雄军，宋建为北京。南乐，
在大名府东南四十里。　王溥五代会要云，时以延寿门人高融为节
度副使，统步奚及燕军数万营南康。史未载。丙申，遣兵攻黎
阳，晋将张彦泽来拒。〔考异〕方舆纪要云，黎阳废县在大名
府濬县西二里，为袁、曹相持处。晋开运二年令彦泽屯黎阳备契丹。
三年，契丹犯相州，张从恩等自相州东趋黎阳仓南，保大河以拒之，
即此。史未载。辛丑，晋遣使来修好，诏割河北诸州，
唐贞观中分十道。河北领怀、魏、博、相、卫、贝、邢、洺、恒、
冀、深、赵、沧、德、易、定、幽、瀛、燕北、燕、桓、营、平等
州。〔考异〕舆地广记云，分河北为东、西路。东领开德、河间、沧、
冀、博、棣、莫、雄、霸、德、恩、滨、清、永静、信安、保定；
西领真定、相、中山、邢、怀、卫、洺、深、磁、祁、赵、保、安
肃、永宁、广信、顺安。及遣桑维翰、景延广来议。〔考
异〕通鉴云，时延广为御营使，高行周为都部署。以骑兵先发，方略
号令出延广，乘势使气，陵侮诸将，虽天子不能制。帝至澶州遣彦
泽拒于黎阳渡，使译者致书修好，辽主曰：“已成之势，不可改也。”
方舆纪要云，契丹入寇，建牙元氏，令延广自滑州引兵守胡良渡以
备之。在滑县东北。薛史云，契丹退，延广犹闭栅自固，众讥其急。
闻母丧，无戚容。与太常丞王绪有隙，诬奏，弃市。少时泛洞庭，
遇风，帆裂柂折，舟人谓曰：“圣贤来护，中有异人。”寻获济焉。

　　二月甲辰，〔考异〕是月甲辰系朔，史脱一朔字。攻博
州，舆地广记云，春秋属齐，秦、汉属东郡，晋属平原，自宋分置
魏郡，后魏曰平原郡，隋为博州，唐为博平郡，今为东昌府。县四：

琅琊、高唐、堂邑、博平。刺史周儒以城降。晋平卢节度使杨光远密道国兵自马家口济河，晋将景延广命石斌守麻家口，在濮州东北。白再荣守马家口。未几，周儒引满达原作麻答营于河东，攻郓州北津方舆纪要云，郓州，今东平州，在兖州府西北百五十里。马家口在州西北。〔考异〕舆地广记云，郓州，春秋为须句国，汉属东郡东平国，隋立郓州，后为东平郡，唐为郓州，及废，济州入焉，今升大都督府。县六：须城、阳谷、中都、东河、寿张、平阴。以应光远。晋遣李守贞、河阳人皇甫遇、常山人梁汉璋、应州人薛怀让将兵万人，缘河水陆俱进。〔考异〕欧史云，时蕃、汉相距澶、魏间，判官窦仪计事军中，谋曰："今不以重兵大将守博州渡，使周儒得引契丹东过河与光远合，则河南危矣！"乃遣守贞等以兵万人沿河而下，寻击败之，始与光远隔绝。皇甫遇与契丹战于郓州北津，大破之，溺死者数千人，以功拜滑州节度使。史未书兵败。国兵围晋别将于戚城，晋主自将救之，国兵解去。〔考异〕通鉴云，辽兵围高行周、符彦卿、石公坝于戚城。先是，延广令诸将画地分守，毋得相救。行周等告急，晋主救之，乃解去，三将泣诉救兵之缓，几不免。所载较详。守贞等至马家口，满达等遣步卒万人筑营垒，骑兵万人守于外，余兵屯河西。渡未已，晋军薄之，国兵不利。〔考异〕通鉴云，辽筑马家口，守贞等攻之，辽兵大败，杀溺死者计万人。河西之兵恸哭而去，由是不敢复东。初，辽得贝、博，皆抚慰其人，至是始恣，所得辄杀之，晋人愤怒，戮力争奋。　册府元龟云，是役也，执贼将莫城义、节楼使崔裕、先锋梁思荣、契丹大首领信悉、兵马都监尝尊、王令威、吐浑将党大地、羽林使阎令省、军校张兴、王伏卿、张令霸等魁首七十八人，部典节级五百人，送行在。 厉鹗辽史拾遗谓，"莫城义节楼使"六字，疑椠本有误。 薛史云，夏州李彝殷以兵四万抵麟州，渡河侵辽境以牵制之，授招讨使。易州刺史安审约御之于北平，敌退保祁沟关，断其桥梁而还。癸丑，日有黄白晕、二白虹贯日而行。冀州刺史李琼奏破敌兵于城下。史均未载。

三月癸酉朔，赵延寿言，晋诸军沿河置（寨）〔栅〕（据辽史卷四太宗纪改），皆畏怯不敢战。若率大兵直抵澶渊，方舆纪要云，宋为澶州，即今开州。烽火台在州东南。志云，澶、濮间滨河，远近多邱阜，或十余亩、或二三十亩，皆石晋所筑以备契丹者。〔考异〕舆地广记云，北朝开德府，秦为东郡，晋属濮阳国顿邱郡。晋移濮阳于澶州南郭为治，升镇宁军，今为开德府。县七：濮阳、观城、临河、清丰、卫津、朝城、南乐。据其桥梁，晋必可取。是日，晋兵据澶渊，其前军高行周在戚城，乃命延寿、延昭以数万骑出行周右，帝以精兵出其左。战至暮，复以劲骑突其中军，晋军不能战。会谍言晋军东面数少，沿河城（寨）〔栅〕（据同上书改）不固，乃急击其东偏，众皆奔溃。纵兵追及，遂大败之。〔考异〕东都事略云，时河阳节度符彦卿拒战于澶渊，敌骑数万围行周于铁邱，彦卿力战乃解去，行周赖以免。 通鉴云，主见晋兵盛，曰："杨光远言晋军半馁死，今何多！"以精骑左右略陈，晋军不动，万弩齐发，辽军却；两军死者众。昏后，辽兵引去，延广不敢追。北归，所过焚掠殆尽。欧史云，冀州刺史白从晖败契丹于衡水戚城。只书战，未言败，今从史。

壬午，留赵延昭守贝州，徙俘户于内地。

夏四月癸丑，还次南京。辛未，如凉陉。〔考异〕
通鉴云，晋主命行周镇澶州，还大梁。　延广既为上下所恶，晋主
亦惮之。维翰论其不救戚城罪，改西京留守，命行周总宿卫。延广
郁郁不得志，日夕纵酒。罢冯道，以维翰代。数月之间，朝廷差治。

薛史云，延广罢，置酒宫中，谓曰："卿有佐命功，保厘伊、洛，
非酬庸地。"解御衣、宝带赐之。后奉诏还，屯孟津。出府门，马腾
立，几坠地，乃易乘行。人知不祥。

五月癸酉，耶律巴哩岱原作拔里得，字海兰，垿克之
子。奏破德州，擒刺史尹居璠及将吏二十七人。〔考
异〕巴哩岱传作师居璠，通鉴谓系麻答事。欧史云，德州陷，沿海巡
检使梁进复之。马全节败契丹于定丰，执其将安晖。　通鉴目录，
杨光远围棣州，李琼击走之。　舆地广记云，德州，秦属齐郡，二
汉为平原郡，晋为平原国，隋置德州，复为平原郡，唐因之。县二：
安德、平原。棣州，秦属齐郡，宋为乐陵郡，唐号棣州，又为乐安
郡。县三：厌次、商河、阳信。　方舆纪要云，德州在济南府西北二
百八十里。棣州今武定府，在府东北二百四十里。

秋七月己卯，晋杨光远遣人奉蜡丸书。〔考异〕通
鉴目录，晋命李守贞讨光远于青州，契丹来救，薛可言击败之。纪
未载。辛卯，晋遣张晖奉表乞和，留不遣。

八月，晋镇州兵来袭飞狐，大同节度使耶律恭
噶原作孔阿战败之。〔考异〕薛史云，七月，晋大赦，改元开运。
是日，大雷雨，都下震死者数百人，明德门内震落石龙首。识者谓
石乃国姓，盖不祥之兆。八月甲辰夜，荧惑入南斗，时命十五将御
契丹。　册府元龟载制书，略曰："宣王讲武，逐狎狁于太原；汉帝
出师，走匈奴于瀚海。是知蛮夷滑夏，不能绝之于古今，戎狄无厌，

不能拘之以信义。契丹贪残滋甚，骄纵异常，通使命于江、淮，征贡输于郡国，苞藏既久，奸谲渐萌。既而舆议喧哗，群情愤激，军民扼腕，中外同辞：请兴貔虎之师，以遏豺狼之患。朕志平寇难，不敢荒宁，亲率全师，恭行天讨；庶几一举，永靖三边。罔辞栉沐之劳，用拯生灵之害；得不精求将帅，慎采偏裨，冀成破竹之功，以拯折胶之寇"云云。词多不具载。　契丹国志云，九月，辽师攻遂城、乐寿，白文珂战于七里烽，辽师败绩。　通鉴云，丙子，契丹攻遂城、乐寿，深州刺史康彦进击却之。薛史云，壬辰，代州刺史白文珂（及）〔破〕（据旧五代史卷八三少帝纪改）契丹，战于七里烽。（败之）（据同上书删）史均未载。

　　冬十一月壬申，诏征诸道兵，以闰月朔会温榆河北。〔考异〕方舆纪要作湿榆河，在昌平州南二十里，源出军都山，或讹作"温"，非。　崔学履昌平州志云，湿榆河在州治东南五十里。　顾炎武昌平山水记云，温余河即昌平之榆河，下流为沙河，入顺义西南界，下至通州，入潞河。顺义谓之西河。金名县曰温阳，以此。辽史作温榆河，本水经之湿余河，以字相似而讹也。　朱彝尊日下旧闻云，后汉书，王霸为上谷太守，陈委输可从温水漕，以省陆转输之劳，事皆施行。章怀太子注引水经注作温余水。辽史顺州有温榆河，金更怀柔县为温阳，岂尽无据？又，昌平多温泉，有流入双塔河者，温余之名，窃疑因此。水经注既无善本，今人习见坊刻，遂指"温"字为"湿"字之讹，非也。　杨霆顺义县志云，温榆河在县治西南三十里，起于口北，由沙河下达于漕河，中有三渡，俗名苇沟河。　日下旧闻考云，据说文，则湿水为漯水之讹。通鉴目录，时晋遣张从恩击贝州，赵延照走契丹，欲徙河西民于辽东，折从阮拒境不从。纪未载。

　　十二月癸卯，南侵。甲子，次古北口。

闰月己巳朔，阅诸道兵于温榆河。己卯，围恒州，下其九县。〔考异〕薛史，九县为：彭城、藁城、元氏、高邑、昭庆、宁晋、蒲泽、栾城、柏乡。欧史下九县系于明年正月。

通鉴云，是月，晋师围青州，光远子承勋劫父降。守贞拉杀之，以病死闻，授承勋汝州防御使。史未书光远死事。 通鉴目录，时契丹主至，屯元氏，诏诸军稍却，因恟惧扰乱，退屯相州而还。史亦未载。

八年（乙巳九四五）春正月庚子，分兵攻邢、洺、磁三州，方舆纪要云，邢州古钜鹿郡，宋为宣德府。洺州即今广平府。磁州在彰德府北七十里。〔考异〕舆地广记云，邢州，春秋为邢国，秦属钜鹿邯郸郡，张耳、石勒都焉。后魏为钜鹿郡，隋置邢州，后为襄国郡，唐为邢州，又改钜鹿郡，梁升保义军，后唐为安国军。今县八：龙冈、沙河、钜鹿、平乡、内邱、尧山、南和、任县。洺州，春秋为赤狄有，秦属邯郸郡，汉为广平国，魏置广平郡，后周立洺州，唐曰广平郡。县五：永年、肥乡、平恩、鸡泽、曲周。杀掠殆尽，入邺都境。〔考异〕欧史云，时契丹见大桑木，骂曰："吾知紫披袄出自汝身，岂容汝活耶！"束薪于木而焚之。张从恩、太原人。马全节、字大雅，元城人。安审琦兵悉陈于相州安阳水之南。方舆纪要云，相州，今彰德府。安阳水在府北四里，本名洹水，源出林虑山。〔考异〕续通考云，安阳水源自故洹水，县东至林虑、安阳二县，屡伏屡见，东经永和镇入卫河。皇甫遇与濮州在东昌府西南二百里。〔考异〕舆地广记云，濮州，春秋属卫，秦属东郡，二汉属济阴东郡，唐为濮州。今县四：鄄城、雷泽、临濮、范县。刺史慕容彦超吐谷浑部人，汉高祖同产弟。

将千骑来觇国兵。至邺都，遇国兵数万，且战且却，至榆林店。在临漳县西南四十里。国兵继至，遇与彦超力战百余合，遇马毙，步战，审琦引骑兵逾水以救，国兵乃还。〔考异〕欧史云，遇马中箭，踣，得仆杜知敏马乘之；知敏被擒，复与彦超跃马入阵，取之而还。 方舆纪要云，晋军初阵于安阳水南，既而东趣黎阳，留步卒五百守安阳桥。知相州符彦伦召入，乘城为备，至曙，契丹数万骑阵于安阳水北。所载稍异。 通鉴云，时辽主在邯郸，闻兵败，即北遁。马全节请径袭幽州，晋主乃征兵诸道，下诏亲征，发大梁，至澶州，诸军北上。知远叹曰："中国疲弊，自守不足；乃横挑强胡，胜之犹有后患，况不胜乎？"史未言北遁事。

二月，围魏，晋将杜重威来救。〔考异〕贾纬备史云，彦泽狼子心变，通款耶律氏，请为前导，因促骑说威，引军沿滹沱水援常山，至真定东垣渡，与威通谋，遣步卒跨水，不之救，致败。戊子，晋将折从阮取（滕）〔胜〕（据辽史卷四太宗纪改）州。〔考异〕通鉴作胜州。从阮，本名从远，字可久，云中人。避汉高祖讳改名。

三月戊戌，拔祁州，唐末置，今属保定府。杀其刺史沈斌。字安时，徐州下邳人。〔考异〕薛史云，契丹自恒州回，以羸兵驱牛羊过祁州，斌击之，因被攻。通鉴云，延寿攻祁，劝斌降。斌曰："侍中父子失计，陷身虏廷；忍残父母之邦，不自愧耻，更有骄色何哉！斌力尽矢折，宁为国家死尔，终不效公所为！"明日，城破，斌自杀。所载较详。庚戌，杜重威、李守贞攻泰州。〔考异〕欧史云，马全节克泰州，虏二千余人，降其守将晋廷谦。 契丹国志云，四月，杜〔重〕（据旧五代史卷一〇九、新五代史卷五二杜重威传补）威等降泰州，取蒲城（按，同上书作"满城"）、遂城。所载各异。泰州，辽置，晋为保州，今保定府。乐史太平寰宇记云，保州理清苑县，本莫州清苑县地，契丹号泰州。舆地广记云，保州，五代分莫州置。今升保塞军，后为保州，又曰清苑郡。县一：保塞。戊（午）〔子〕（据辽史卷四太宗纪改），赵延寿率前锋薄泰城。己未，重威、守贞引兵南遁，追至阳城，大败之。复以步卒为方阵来拒，与战二十余合。壬戌，复搏战十余里。癸亥，围晋兵于白团卫村，在故阳城南二十里。〔考异〕苏逢吉等汉高祖实录作白檀。窦正固等晋少帝实录与史同。晋军下鹿角为营。是夕大风。至曙，命铁鹞军下马，拔其鹿角，奋短兵入击。顺风，纵火扬尘以助其势。晋军大呼曰："都招讨何不用兵，令士卒徒死！"诸将皆奋出战。张彦泽、药元福、皇甫遇出兵大战，诸将继至，国兵却数百步。风益甚，昼晦如夜。符彦卿以万骑横击国兵，步卒并进，国兵不利。帝乘奚车退十余里，晋追兵急，获一橐驼乘之乃归。晋兵退保定州。〔考异〕通鉴云，辽主遁，诸将追击，杜威扬言曰："逢贼幸不死，更索衣（粮）〔囊〕（据通鉴卷二八四后晋纪改）耶！"守贞曰："人马渴甚，得水，足重，难以追寇。"乃保定州。晋主还大梁。 薛史云，阳城之战，彦泽功为最。是月，易州奏郎山寨将孙方简破契丹千人，斩嘉哩相公，虏其妻以献。收满城，获首领默呼相公及兵二千。欧史嘉哩作谐里，云，马全节初破白团城，虏七百人，及副重威为招讨，大败契丹于卫村。史均未载。

夏四月甲申，还次南京，杖战不力者各数百。
〔考异〕王仁裕玉堂闲话云，时敌扰河朔。翰林学士王仁裕奉使过郑，见仆射村乡人多插错彩小旗于陂中，云系梦李卫公所教。后果存活甚多。陈州一妇人为贼帅，号白项鸦。见戎王，拜怀化将军，使招辑山东。前后杀夫数十人，后为彦卿所杀。赵延寿尝问之，自言能左右射，被双键，日可行三百里，盘矛击剑皆所长也。彦卿姓冯，官兖州刺史。史均未载。

六月丁亥，赵延寿奏晋兵袭高阳，县名，在安州南四十里，县东有高阳关。戍将击走之。

秋七月乙卯，晋遣孟守中奉表请和，仍以前事答之。〔考异〕欧史谓遣开封府军将张晖，契丹国志作张徽。通鉴云，维翰屡劝晋主求和纾国急。主自阳城捷，谓天下无虞，骄侈益甚。维翰谏不听，委政冯后兄玉，拜赵莹中书令，李崧枢密使，罢维翰，尹开封，遂称足疾辞位。适杜威自恒州入朝，维翰劝废之，弗许，卒误国。

九年（丙午九四六）夏五月庚戌，晋易州戍将孙方简请内附。〔考异〕欧史作方谏，莫州清苑人。通鉴云，天雄军将刘延翰市马于边，方简执之，献于辽。寻逃归，言方简欲乘中国凶饥，引辽南侵，宜为备。方简时为定州指挥使。中山志云，中山西北二百里有狼山，地连常山，山谷深险。方简兄弟依阻其地，托言孙姓尼深意族人，以佛法诱民。晋以为游奕使，因所求不得，乃北通契丹。见欧史。纲目书六月，契丹入晋定州。李焘长编云，建隆二年八月，义武节度平章事孙行友在镇逾八年，而狼山妖尼深意党益甚。上初即位，行友谋叛，都监药继能密表其事，命武怀节袭定州，令举族归朝，行友禁锢，尼焚尸。弟方进、侄全晖皆释之。

王溥五代会要云，登州县有铜佛像四，磁佛像十，自地涌出。

潜研堂金石文跋尾云，右易州兴国寺太子诞圣邑碑，沙门方偶撰文，范阳逸士张云书。太子诞圣邑者，千人邑之名，以四月八日诵经礼佛而名之也。　辽史礼志，二月八日为悉达太子生辰，京府及诸州，雕木为像，仪仗百戏导从，循城为乐。契丹国志作四月八日。此碑亦以四月八日为诞圣之辰，则礼志所称误矣。然金史海陵纪有禁二月八日迎佛之文，知当时固有以二月为佛生辰者，非后人转写之误也。碑末列衔者：都维那、右监门大将军、知易州军州事兼沿边巡检安抚屯田劝农等使耶律迁，朝散大夫、尚书左司郎中、通判军州事、赐紫金鱼袋、武骑尉杨举直，朝散大夫、尚书比部郎中、知易县事、飞骑尉、借紫刘倨妻李氏，儒林郎、试大理司直、守司户参军、借绯靳佑臣，承务郎、试太子校书郎、守司候参军、云骑尉李师仲，承务郎、试太子校书郎、守易县主簿兼知县尉宋公绚，将仕郎、守国子直讲官学黄温仁，儒林郎、守太子校书郎、云骑尉、知律刘咏，军事判官、文林郎、试太子校书郎鲁去华，都孔目官、文林郎、试太子校书郎、武骑尉周师安，左都押衙李照，右都押衙王文信，知客石恩，副知张存，知衙韩安，安抚押司官杨师言，印官韩仁铨，前行曹拱温，后行刘世宣，州司呈押田淙，书表冯诠，印官何闰，前行孙世卿，前行石惠，司候司典曹福，本典王恩，皆州之官吏也。辽史百官志，南面方州官，州有刺史，县有令，而碑所载知军州事、通判军州事、知县事之名，史皆失书。盖辽之官制、多杂采唐、宋之名，志以为大略采用唐制者，犹未甚核，故特标而出之，俾后之言官制者有所考焉。

秋七月辛亥，诏征诸道兵。

八月，帝自将南侵。

九月壬辰，阅诸道兵于渔阳〔西〕（据辽史卷四太宗纪补）枣林淀。张彦泽来侵，赵延寿与战于定州，败之。〔考异〕通鉴云，刘知远败契丹于（扬）〔阳〕（据通鉴卷二八五后晋纪改）武谷，斩首七千级。欧史云，辛丑，马军排阵使张彦泽及契丹战于新兴，败之。癸卯，刘知远及契丹战于朔州，败之。薛史云，时知远奏诛吐浑大酋白承福、白铁匮、赫连海龙等，并夷其族，凡四百口。盖利其孳畜财宝。人皆冤之。王溥五代会要云，时承福驭下无法，其子族白可久率本帐奔契丹，授官，令潜诱承福叛，允之，事觉，被诛。令别部长王义宗统其余属。所载各异。

冬十〔一〕（据辽史卷四太宗纪补）月戊子朔，进围镇州。丙申，先（锋）〔遣〕（据同上书改）候骑报晋兵至，遣精兵断河桥，晋兵退保武强。南院大王达年、〔考异〕宏简录作迪辇。将军高模翰〔考异〕欧史作高牟翰。分兵由瀛州舆地广记云，后汉为河间国，后魏为河间郡，晋置瀛州，隋、唐因之，今升河间府瀛海军。县二：河间、乐寿。间道以进，杜重威遣贝州节度使梁汉璋率众来拒。与战，大败之，杀汉璋。〔考异〕薛史云，先是，车驾驻河上，曾遣边将遗书延寿，劝令归国，报命，依违，至是威遣（洛）〔洺〕州（据旧五代史卷八四少帝纪改）刺史赵行实赍书往。行实曾事延寿。答书叙次悲切，朝廷信之。通鉴作冯玉、李崧使威致书，答书乞接应。并使刘延祚遗王峦书，请举瀛州内附。峦与杜威屡奏瀛州可取。深州刺史慕容迁献瀛莫图，冯玉、李崧信为然，遂命伐辽。至瀛州，汉璋战死，威等还。欧史云，高牟翰以瀛州诈降，重威至，牟翰空城去，汉璋追牟翰，战死，重威退屯武强。出帝纪但书汉璋败绩，未言其死。所载各异。**杜重威、张彦泽引兵据中渡桥，赵延寿**以步卒前导，**高彦温**以骑兵乘之，追奔逐北，僵尸数万，斩其将**王清**，字去瑕，洺州曲周人。**宋彦筠**滑州人。赴水死。〔考异〕通鉴云，晋、辽夹滹沱而军。晋军争桥不胜，威遣王清、宋彦筠俱进。彦（温）〔筠〕（据上文及通鉴卷二八五后晋纪改）战败，浮水抵桥得免。清力战，至暮不息。契丹以（生）〔新〕（据同上书改）兵继之，清及士卒皆死。彦筠后与威等降。册府元龟亦谓彦筠退走，清战死。陶岳五代史补载汉乾祐中彦筠为郑州节度使，则是时之未死，明矣。史因堕水而误。赵延寿传，王清作王靖。薛史云，清，初从重威，战阳城，功居最，授检校司徒。至是，谓其下曰："上将握兵坐观，困急而不救，必有异志。吾辈当以死报国！"众感其言，莫有退者，至暮，尽战死。汉赠清太傅。所载较详。**重威**等退保**中渡寨**。义武节度使**李殷**以城降，遂进兵，夹**滹沱**而营。去**中渡寨**三里，分兵围之。夜则列骑环守，昼则出兵抄掠。复命大内特哩衮原作惕隐**耶律舒库尔**原作朔骨里。〔考异〕列传作硕格，一作朔古，字穆克德，横帐孟父房后，疑系一人，事迹亦同。及**赵延寿**分兵围守。自将骑卒，夜渡河出其后，攻下**栾城**，降骑卒数千。分遣将士据其要害。下令军中预备军食，三日不得举烟火，但获晋人则黥而纵之。诸馈运见者皆弃而走。于是晋军内外隔绝。〔考异〕通鉴云，威以贵戚为上将，禁军皆在麾下。性怯懦。偏裨皆节度。日置酒作乐，罕议军事。守贞受略，荐威可任，晋主倚以制敌。李谷劝其作浮桥，夜击敌营，与**恒州**合势，敌必遁，不听。谷乃密奏大军危急状，请幸滑州，诏发河北兵赴援，所在鼎沸。威使告急，被获，声问不通。维翰以危在旦夕，求见言事，帝方在苑中调鹰，辞不见，退谓所亲曰："晋氏不血食矣。"帝欲亲征，李彦韬谏而止。薛史云，诏高行周为都部署，符彦卿副之，方太为都虞候，守扼津要。谷字惟阴，汝阴人。

十二月丙寅，杜重威、李守贞、张彦泽等率所部二十万众来降。帝拥数万骑，临大阜，立马以受之。授重威守太傅，邺都留守，守贞天平节度使，余各领旧职。分降卒半付重威，半以隶延寿。〔考异〕通鉴云，威潜遣腹心诣契丹牙帐求重赏，主许以帝中国给之。威喜，出降表，令诸将署名，皆骇愕，寻听命，使军士释甲，皆恸哭，声振原野。主遣延寿衣赭袍抚慰，威等迎谒马首，亦以赭袍衣威，遂引兵至恒、代，皆降之；惟易州郭璘固守，被杀。薛史云，威令中门使高勋赍降表送敌帐。是日有大雾起幕上。后重威及子宏璋、宏璨（按，旧五代史卷一○九杜重威传作"宏璨"）、宏璲同日诛，惟宏琏存，官陈州刺史。　按，威系归汉后为苏逢吉等潜杀，磔其父子尸，市人争啖其肉。守贞亦叛汉，为郭威破，与妻子自焚，子崇玉送汴，磔于市。亦见通鉴。命御史大夫嘉哩、监军富珠哩、原作傅柱儿〔考异〕欧史作傅住儿，官都监。张彦泽持诏入汴，谕晋帝母李氏，以安其意，〔考异〕欧史云，时德光遗晋太后书曰："吾有梳头妮子窃一药囊来奔，今在否？战阳城时亡奚车十乘，今在否？"后得书，乃稍安。召桑维翰、景延广先来。骑兵千人守魏，自率诸军而南。〔考异〕薛史云，重威降，兵过镇州，临城呼节度王周谕降。泣曰："受国厚恩，不能死战而以兵降，何面南行见人主与士大夫乎？"乃痛饮，欲引决，为家人阻，徙邓州。入汉改镇徐州，卒。十二月十二日，德光入镇州，大犒将士。十四日，南行中渡，降卒所释甲仗百万计，并令于镇州收贮。战马数万匹，长驱而北。　通鉴云，威降，皇甫遇初不预谋。至是，欲使遇将兵入大梁，辞曰："吾为将相，败不能死，忍复图其主乎？"行至平棘，扼吭死。纪未载。壬申，嘉哩等至汴，晋帝素服拜命，（与）〔與〕（据辽史卷四太宗纪改）母李氏奉表请罪。〔考异〕通鉴云，彦泽顿兵明德门外，城中大扰。帝于宫中起火，驱后宫十余人将赴火，为亲军将平城薛超所持。坐苑中，与后妃聚泣，召范质草降表。质字文秀，大名宗城人；长编作宇城人。　薛史载晋帝降表，略云："天降鞠凶，先君即世，臣遵承遗旨，缵绍前基。谅阍之初，荒迷失次，军国大事，皆委重臣。至于擅继宗祧，既非禀命，轻发文字，辄敢抗尊。自取衅端，果贻赫怒，祸至神惑，运尽天亡。十万师徒，皆望风而束手；亿兆黎庶，悉延颈以归心。臣负义包羞，（偷）〔贪〕（据旧五代史卷八五少帝纪改）生忍耻，自贻颠覆，上累祖宗，偷度朝昏，苟存视息。翁皇帝若惠顾畴昔，稍霁雷霆，未赐灵诛，不绝先祀，则百口荷更生之德，一门衔无报之恩。虽所愿焉，非敢望也。"又，李后降表云："伏蒙皇帝降书安抚者。妾伏念先皇帝顷在并、汾，适逢屯难，危同累卵，急若倒县，智勇俱穷，朝夕不保。皇帝阿翁发自冀北，亲抵河东，跋履山川，逾越险阻，立平巨孽，遂定中原，救石氏之覆亡，立晋朝之社稷。不幸先皇厌代，嗣子承祧，不能继好息民，而反亏恩辜义。兵戈屡动，驷马难追，戚实自贻，咎将谁执？今穹昊震怒，中外携离，上将牵羊，六师解甲。妾举宗负衅，视景偷生，惶惑之中，抚问斯至，明宣恩旨，曲（示）〔赐〕（据旧五代史卷八八后妃传改）含容，慰谕丁宁，神爽飞越。岂谓已垂之命，忽蒙更生之恩，省罪责躬，九死未报。今遣孙男请罪，陈谢以闻。"德光报曰："可无忧，管取一啖饭处。"通鉴谓帝赐晋主手诏，且使解里谓："卿勿忧，必使汝有啖饭所。"帝心稍安。　王仁裕玉堂闲话云，时有妇人，仪状甚美，腿足以下，如截而齐。父载以车，南游都市，到处乞丐，人皆掷而施之。后北京城获北戎间谍，始知为奸人领袖，所伺察甚多，遂戮之。初，晋帝绝和好，维翰数谏弗从，至是彦泽杀之，绐言自经死。诏收葬之，复其田园第宅，仍厚恤其家。〔考异〕欧史云，德光遗书令维翰、延广先来。帝以维翰先曾谏背盟，不欲令其见德光，使彦泽图之。彦泽因利其赀产，见即流汗，故缢杀之。　陶岳五代史补云，缢时嘘气再三，火光赫然，火灭就毙。续前定录云，维翰幼与宋齐邱游五老峰，有老叟谓："公等皆可将相，惜不令终。"后皆然。王仁裕玉堂闲话云，维翰尹开封日，尝中夜独坐正寝，忽大惊悸，如有见，向空厉声曰："汝焉敢来此！"如是者数四。未几，梦整衣冠，严车骑，将有所诣，忽马亡去，追寻莫见。醒而恶之。未几及难。　通鉴，彦泽踞坐召维翰，维翰责之曰："去年拔公于罪人之中，领大镇，授兵权，乃负恩至此！"彦泽无以应。是夕，杀之。中书舍人李涛前请诛彦泽。至是投刺往谒，抗辨不屈，命酒饮之。引满而去。薛史云，维翰实一时英杰，二子皆有名位，并载其为子让官事。又云，涛自书门状曰："上书请杀太尉人李涛，随状纳命。"又为伶人词曰："太尉既相恕，何不将压惊绢来。"阎自若唐末见闻录作涛谒周高祖事。

甲戌，彦泽迁晋帝及其母若妻于开封府署，以控鹤指挥使李荣督兵卫之。壬午，次赤冈。晋帝举族出封邱门，稿索牵羊以待。帝不忍临视，命改馆封禅寺。〔考异〕薛史云，孟承诲怙宠背恩，少帝告彦泽捕杀之，没其妻女。时移内库至府，帝使人取帛数段，不与，曰："此非帝所有也。"

使诣<u>李崧</u>求酒，辞曰："臣有酒，非敢爱惜，虑陛下杯酌之后，忧躁别有不测，故不敢奉进。"<u>王鸣盛</u>十七史商榷云，<u>欧史</u>别本<u>李崧</u>作<u>李筠</u>。　<u>陶毂</u>清异录云，少主志于富贵，才进姓名，即问几钱。拜官赐职出于谈笑。幸臣私号为"容易郎君"。<u>范质</u>五代通录云，<u>戎主</u>不与帝相见。　<u>窦正固</u>等少帝实录云，帝举族待罪于野，酋长面谕之，遣向封禅寺。　<u>欧史</u><u>彦泽</u>传云，时帝欲郊迎，<u>彦泽</u>不听，遣问<u>德光</u>，曰："天无二日，岂有两天子相见于道路耶？"乃止。所载各别。帝姑<u>乌氏公主</u>赂门者，得入与帝（决）〔诀〕（据旧<u>五代史</u>卷五二<u>张彦泽</u>传改），归第自尽。　按，<u>厉鹗</u>云，据通鉴谓，有司欲使帝衔璧牵羊，大臣舆櫬迎郊外，先具仪注白<u>戎主</u>，主不许。参之辽史，仍用牵羊之礼，但未衔璧舆櫬耳。诸书所载年月不同，当由传闻之误。

晋百官缟衣纱帽，俯伏待罪。帝曰："其主负恩，其臣何罪？"命领职如故。即授<u>安叔千</u>金吾卫上将军。<u>叔千</u>出班独立，帝曰："汝<u>邢州</u>之请，朕所不忘。"乃加镇国节度使，盖在<u>邢</u>尝密请内附也。<u>叔千</u>，<u>沙陀</u>部人。字<u>允宗</u>，号没字碑。入<u>汉</u>，以太子太师致仕。<u>周</u>兵入京，掠其家赀，棰楚伤重，归<u>洛</u>，卒。见<u>新</u>、<u>旧五代史</u>。　<u>东都事略</u>云，初，<u>符彦卿</u>大败<u>契丹</u>于<u>阳城</u>，车帐兵械悉为所获。至是主责之，对曰："臣事<u>晋</u>，不敢爱死，今日惟命。"主笑而释之。纪未载。<u>李焘</u>长编云，<u>契丹</u>自<u>阳城</u>之败，尤畏<u>彦卿</u>，或马病不能蓝，必唾而咒曰："是岂有<u>符王</u>耶！"迨灭<u>晋</u>北归，<u>耶律</u>后问曰："<u>彦卿</u>安在？"或对曰："在<u>徐州</u>。"后曰："不与<u>彦卿</u>来，何失策之甚也！"其女为<u>宋</u><u>晋王</u>匡义<u>汝南郡夫人</u>，仕<u>宋</u>，至中书令，封<u>魏王</u>。**将军<u>康祥</u>执<u>景延广</u>来献；诏以牙筹数其罪，凡八。絷送都，道自杀。**〔考异〕通鉴云，主至<u>相州</u>，遣兵捕<u>延广</u>于<u>河阳</u>，往见<u>封邱</u>，

（语）〔诘〕（据通鉴卷二八五后晋纪改）之曰："致两主失欢，皆汝所为，十万横磨剑安在？"使乔荣面质，至八事，乃伏地请死。遂锁送归国，宿陈桥，扼吭死。陈桥，驿名，今为镇，在祥符县东北。所载较详。

大同元年（丁未九四七）春正月丁亥朔，备法驾，

〔考异〕仪卫志云，辽俗便鞍马，随水草迁徙，则有氊车，任载有大车，妇人乘马，亦有小车，贵（官）〔富者〕（据辽史卷五五仪卫志改）加以华饰。制有国舆、汉舆之别。国舆中有大舆，柴册再生仪载神主见之。总纛车，驾以御驼，祭山仪见之。青幰车，二螭头、盖部皆饰以银，驾用驼，公主下嫁以（赠）〔赐〕（据同上书改）之。送终车，车楼纯饰以锦，螭头以银，下悬铎，后垂大氊，驾以牛。上载羊一，谓之祭羊，以拟送终之用。亦赐公主。有椅，礼志曰肩舆。皇帝乘椅，自便殿舆至西便门，册皇太后仪见之。鞍马，祭山仪见之。至汉舆，则自会同元年，晋使冯道、刘昫等备车辂法物，上皇帝、太后尊号册礼。自此天子车服昉见于辽。太平中，行汉册礼，乘黄令陈车辂，尚辇奉御陈舆辇。盛唐辇辂，尽在辽廷矣。五辂：玉辂，祀天地、享宗庙、朝贺、纳后用之；金辂，飨射、祀还、饮至用之；象辂，行道用之；革辂，巡狩、武事用之；木辂，田（制）〔猎〕（据同上书改）用之。车制小于辂，小事乘之。内耕根车，耕籍所用；安车，即进贤车，临幸所用；四望车，即明远车，拜陵、临吊所用；凉车，省方及罢猎并用。辇用人挽，本宫中所乘。有大凤辇、大芳辇、仙游辇、小辇、芳亭辇、大玉辇、小玉辇、逍遥辇、平头辇、步辇、羊车之别。舆以人肩之，天子用韝络臂绲。有腰舆、小舆之制。所载甚详。入汴，〔考异〕陶毅清异录云，德光入汴，春日闻杜鹃声，问李崧是何物？崧曰："杜鹃。"杜甫诗曰："西川有杜鹃。"东川无杜鹃，涪、万无杜鹃，云、安有杜鹃，京洛

亦有之。德光曰："许大一个世界，任他飞禽拣择，佛经中所谓观自在也。"史未载。御崇元殿，受百官贺。戊子，以枢密副使刘敏〔考异〕通鉴作刘密。权知开封府。杀秦继旻、李彦绅及郑州古郑国，亦曰荥阳郡。后周立郑州，宋曰奉宁军，领县四。〔考异〕舆地广记云，本祝融故墟，郑武公都焉。韩灭郑亦都之。汉、魏属河南郡，晋为荥阳郡，东魏为广武郡，后因置郑州，隋曰管州，唐自虎牢移郑州治此，今建为西辅。县六：管城、荥阳、新郑、原武、荥泽、密县。防御使杨承勋。以其弟承信为平卢节度使，袭父爵。以承勋杀判官邱涛及弟承祚等，劫父归晋故也。〔考异〕薛史云，晋以杨承祚为右骁骑卫将军，承信为右羽林将军，皆光远子，未尝被杀。所杀者尚有牙将白延祚、杨瞻、杜延寿等，诏诛叛党张万迪，其余杨麟、任邈、徐晏流窜。所载不合。欧史于光远传谓承祚为单州刺史，而本纪书齐州刺史，互异。见吴缜五代史纂误。己丑，以张彦泽擅徙晋帝开封，杀维翰，纵兵大掠，不道，斩之于市。晋人脔食之，立尽。〔考异〕薛史云，彦泽本突厥种，目睛黄，夜有光，顾视若鸷兽。镇彰义，惨杀幕僚张式，为李涛等所劾。与阁门使高勋不协，乘醉至其门，害其仲父季弟，暴尸门外。时获罪人，只竖三指，即断要领。又劫取延煦母楚国夫人丁氏。　东都事略云，李处耘时尚幼，遇彦泽之暴，善射，独当里门，杀数十人，里中赖之。　通鉴云，时所居，宝货山积，旗帜题"赤心为主"。日恣杀戮，士民不寒而栗。勋诉于主，百姓亦投牒控其罪，遂斩彦泽及傅柱儿于市，命勋监刑，剖心以祭死者，市人破脑取髓并脔食之。所载较详。辛卯，降晋帝为崇禄〔考异〕薛史作光禄，史避太宗讳改。大夫，封负义侯。癸巳，以张砺为平章事，晋李崧为枢密使，欧史云，时延寿称崧一人，拜太子太师。主曰："吾破南朝，得崧一人。"后归汉，为苏逢吉等所谮，被族诛。冯道守太傅、欧史云，道入朝，德光责之，不能对。曰："无城无兵，安敢不来？""诮其是何等老子。"曰："无才无德，痴顽老子。"尝问曰："天下百姓如何救得？"曰："此时佛去救不得，惟皇帝救得。"谓为一言之善。后入汉，以太师奉朝请。刘继勋传，德光入汴，责继勋为晋出帝谋绝两朝之好。继勋诿之道，德光曰："此老子不是好闹人，毋相引。"史均未载。和凝为翰林学士。〔考异〕薛史云，凝与砺同为宰相。 孙光宪北梦琐言云，凝好为词曲，布于汴、洛，泊入相即毁之。契丹入夷门，号为"曲子相公"。又见谴名录。余拜官有差。〔考异〕薛史云，刘昫以平章判三司，契丹至，不改职，以目疾乞休，授太保，卒于东京。 通鉴目录，命孔知濬为滑州节度使。 通鉴云，或告磁州刺史李谷谋举州应汉主，执而诘之，谷不服，主引手于车中，若取所获文书者，谷知其诈，请曰："必有其验，乞显示之。"凡六诘，词气不屈，乃释之。 李昉太平御览引周史，时北迁者尚有徐台符，仕晋为翰林学士、中书舍人。初，从戎帐至蓟门。及戎人内溃，乃窜身南归。台符所乘马好嘶鸣，及自敌中逃回，经马群，若自箝其口，迨行至汉地，鸣如故。人以为积善所致。癸卯，遣赵莹〔考异〕薛史云，周广顺初，使田敏如契丹，遇莹于幽州，悲怀不已。及被疾，乞归骨南方，乃遣曹继翰及子易从护丧还葬，赠太傅。子易则先留，仕周为刑部郎中，太祖命以旧第归之。冯玉、字景臣，定州人。欧史云，玉为相，积赀钜万，彦泽兵先入其家，一夕尽。见彦泽，犹请持晋玉玺献契丹，不纳，授太子太保。后子杰逃归中国，玉惧罪，以忧死。

李彦韬将三百骑，送负义侯及其母李氏、太妃安氏、妻冯氏、弟重睿、子延煦、延宝等于黄龙府〔考异〕通鉴谓即慕容氏所筑和龙城。通鉴辑览云，渤海扶余府，太祖所置，在混同江，非和龙也。故城在今奉天府开原县。　续通考云，时晋安重威与安太妃同宗，出帝事以为舅。重威未尝自言，及卒，太妃临哭，人始知之。当时益称其谨重。安置，以宦官、宫女百余人从。〔考异〕薛史云，初，帝遇四方贡献器皿，多以银于外府易金而入，曰："金者贵而且轻，便于人力。"识者以为北迁之兆。　通鉴云，时刘知远自将追故主至高阳关，已过数日，乃留兵戍承天军而还。晋主在途，供馈不继，或至绝食；旧臣无敢进谒者，独磁州刺史李谷迎谒，对泣，且曰："臣无状，负陛下。"因倾赆献主。至中渡桥，见威寨，叹曰："天乎！我家何负，为此贼所破。"恸哭去。迨至幽州，倾城士女来观，见帝惨沮，无不嗟叹。驻留旬余。州将承契丹命，犒帝于府署，赵延寿母以食馔来献。契丹国志云，至锦州，迫拜太祖像，呼曰："薛超误我。"冯后求毒药欲俱自杀，不果。　陶榖清异录云，主至孟津一古寺，遗所张紫罗伞，五层叠垛，仍泥金作盘花，但朱柄折耳。　欧史云，冯后为重允妻，寡居有美色。出帝居丧，纳为后，预政专宠。契丹暴其罪曰："纳叔母于中宫，乱人伦之大典。"按，重允本高祖弟，养以为子。周密齐东野语云，少帝事，欧史多本王淑之幽懿录。淑之小吏，家为帝所杀，词多不实。然考旧史，均无是说，其妄可知。　周煇北辕录云，至东都，未抵城二三里，车夫指一土冈云："是名愁台，乃晋少帝北狩之路。"江万里宣政杂录云，徽宗北狩，经蓟县梁鱼务，有还乡桥石，少主命名，至今呼之。　阮阅诗话总龟云，幽、蓟数州，自石晋败戎后，怀中华不已。有使北者，见燕京传舍画墨鸦甚精，旁题诗曰："星稀月明夜，皆欲向南飞。"按，晋朝陷蕃记四卷，范质撰。

晋末在翰林，曾草降表，知其事，为详记。初迁黄龙府，至徙建州，凡十八年，卒。宋乾德二年也。五代通录亦质撰，六十五卷。汉谏议大夫贾纬备史六卷，叙晋乱，一事为一诗系之。又，五代春秋一卷，尹洙撰。五朝春秋二十五卷，工部郎中王轸撰。五代纪七十七卷，集贤院学士孙冲撰。

三月丙戌朔，以萧翰为宣武节度使。壬寅，晋诸司僚吏、嫔御、宦寺、方技、百工、图籍、历象、石经、〔考异〕钱大昕云，刘彦宗传，太宗载路车、法物、石经以归。　按，汉、魏之石经在洛阳，唐之石经在京兆，汴都无石经也。汴都石经，宋嘉祐所刻，在辽入汴以后。彦宗所云，殊不足信。或云石经当是石鼓之讹。铜人、明堂刻漏、太常乐谱、诸宫悬、卤簿、法物及铠仗，悉送上京。〔考异〕欧史云，晋初命崔棁等定文武二舞，正旦奏于庭，而登歌发声，悲离烦悽，如薤露、虞殡之音，舞不应节，其年高祖崩。开运中，陶毂请废二舞。未几，契丹灭晋，悉入北廷，闻者流涕。　乐志云，汉后，相承雅乐，有古颂、有古大雅。辽阙郊庙礼，无颂乐。大同元年，太宗自汴还，得晋太常乐谱、宫悬、乐架，悉送中京。又自汉以来，因秦、楚之声置乐府。至隋高祖求知音者，郑译得西域龟兹人白苏祗婆。善胡琵琶，而翻七旦之声，求合七音八十四调之说。由是雅俗之乐皆此声矣。用之朝廷，别于雅乐者曰大乐。晋高祖使冯道等如契丹行册礼，其声器工官与法驾同归于辽。至大乐器，本唐太宗七德九功之乐，武后废之，乐舞遂亡。自后宗庙用隋文武二舞，高宗作景云乐，元会奏之。辽代大乐，晋代所传杂礼，虽见坐部乐工百二十人，盖亦以景云之乐工充坐部。其坐立部乐，自唐已亡，可考者惟景云四部乐舞而已。又，正月朔日，朝贺用宫悬雅乐，元会用大乐曲，破后用散乐，角觝终之，是夜帝燕饮用国乐。散乐，自殷人作靡靡之音，流为郑、卫、秦、楚声作而郑、卫亡。汉李延年典乐府，稍用西凉之声。今之散乐，俳优、歌舞杂进，有汉乐府遗声。晋天福三年遣刘昫以伶官来归，辽有散乐始此。若鼓吹乐、横吹乐，皆为军乐。自四品以上皆有增损。自周衰秦代，雅声遂亡。汉、唐之盛，文事多西音，是为大乐、散乐；武事皆北音，是为鼓吹、横吹。雅乐在者，其器雅，其音亦西云。　续通考云，散乐以三音该三才之义，四声调四时之气，应十二管之数。截竹为四窍之笛，以叶声音而被之管弦。三音：天音扬，地音抑，人音中，皆有声无文。四时：春声平，夏声上，秋声去，冬声入。史称辽圣宗、兴宗咸通音律、声气、歌辞、舞节，征诸太常、仪凤、教坊不可得矣。初，梁改唐十二和乐为九，庆乐后，唐建唐宗庙，仍用十二和乐。晋改为十二同乐。辽初用唐十二和乐，而杂礼出入奏隆安，太子行奏贞安，是辽又尝改乐名矣。至八音器数，皆因唐旧。其大乐有七声，曰七旦：一婆力，平声；二鸡识，长声；三沙识，质直声；四沙候加〔滥，应〕（据辽史卷五四乐志补）声；五沙腊，〔皆〕应〔和〕（据同上书删补）声；六般瞻，五声；七俟利箑，斛〔先〕〔牛〕（据同上书改）声。自隋以来，乐府取其声，四旦二十八调为大乐。不用黍律，以琵琶〔纱〕〔弦〕（据同上书改）叶之。皆从浊至清，迭更其声。下益浊，上益清。七七四十九调，余二十一调失其传。盖出九部乐之龟兹部焉。　沈德符野获编云，辽史乐志，大乐有七声，曰七旦，凡一音管一调，如中宫越调，大食中吕之属。此外又有四旦二十八调，不用黍律，以琵琶叶之。按，此即今九宫谱之始。旦即司乐之总名，故金、元遂命歌妓领之，因作杂剧，否则，以优之少者充，渐远而失其真耳。考宋乐书云，黄钟用合字，大吕、大簇用四字，夹钟、姑洗用一字，夷则、南吕用工字，无射、应钟用凡字，中吕用上字，蕤宾用句字，林钟用尺字，黄钟清用六字，大吕夹钟清用五字。又有阴阳、半阴半阳之分，而辽世大乐声各调之中，度曲协音，其声凡十，曰：五、凡、工、尺、上、一、四、六、句、合、近，十二雅律，于律吕，各阙其一，以为犹雅音之不及商也。可见宋、辽此调已为之祖。**所归顺七十六处，得户一百九万百一十八。**〔考异〕陆游南唐书云，初，韩熙载上疏曰："陛下有经营天下之志，今其时矣。若戎主遁归，中原有主，则不可图。"不省。嗣闻契丹北归，诏曰乃眷中原，我之故地。以李金全为北面行营招讨使。乃闻汉入汴，兵遂不出，而金全犹不罢。金全吐谷浑部人，骁勇善骑射。仕唐，官龙武节度，归晋，徙镇安州，降南唐，领义成节度兼侍中。卒，赠中书令，谥曰简顺。　马令南唐书云，保大五年，契丹使来告曰："晋少主逆命背约，自贻废黜，吾主欲与唐继先世之好，将册命唐为中原主。"帝命辞之，遣兵部侍郎贾潭报聘。帝叹曰："闽役愈矣。其能抗衡中国乎？"按：保大五年即晋开运四年也。陈霆唐余纪传云，保大五年春三月，契丹灭晋，来告捷，且请会盟于境上，辞不赴。遣使报聘，并请差官如长安修奉唐帝诸陵，契丹不许。　龙衮江南野史云，时中原无主，寇盗纵横，嗣主自叹，不能出师恢复土宇，而劳师海隅，为先代之罪人云。

辽史纪事本末卷十二

赵德钧父子构乱

太宗天显六年（辛卯九三一）冬十二月丙辰，帝遣人以诏赐唐卢龙节度使赵德钧。德钧，相州人也。初仕幽州刘守文，为军校。〔考异〕薛史云，本名（宏）〔行〕实，（据旧五代史卷九八赵德钧传改）幽州人。初仕刘守文。守文死，守光署为军校。降庄宗，累官郡守。同光三年，移镇幽州。初赐姓名李绍斌，至是始复姓，名德钧。 宏简录云，拜卢龙节度，封北平郡王，在镇十余年，有防御功。所载较详。 尹洙五代春秋云，唐天成三年七月，幽州赵德钧败辽于府西。纪未载。刘（祁）〔邡〕（据同上书改。下同）令蓨县，方舆纪要云，汉置，属信都国，今景州治。颜师古曰，脩，读曰条。周亚夫封条侯即此。守文命德钧攻之，纳（祁）〔邡〕妻种氏，并其子子之，是曰延寿。少美容貌，好书史。尚唐明宗女兴平公主，与石敬瑭为僚婿，驸马都尉。明宗子秦王从荣恃权跋扈，延寿求补外，出为宣武节度使。清泰初，加封鲁国公，进枢密使，移镇许州。〔考异〕册府元龟云，延寿少时，有相者云："此官岂止如是耶？后必有甲兵大权，位极列士人。"或语之曰："此人妍柔如女子，安有是？"已而悉验。　舆地广记云，许州，春秋为许国。秦置颍川郡，东魏改郑州，后周曰许州，唐因之，复为颍川郡，升忠武军，梁为匡国军，今升颍昌府，建为南辅。县七：长社、郾城、阳翟、长葛、临颍、舞阳、郏县。

七年（壬辰九三二）秋七月壬寅，赵德钧使人来进时果。〔考异〕欧史云，距幽州北〔七百里〕（据新五代史卷七二四夷附录辅）有榆关，唐时于此置东西狭石、紫蒙、白狼等戍。戍兵皆有田宅，（长）〔养〕（据同上书改）子孙。唐末废散，契丹因陷营、平，边苦寇钞。自德钧镇幽州，于盐沟置良乡县，又于幽州东筑城置戍，及破赫遜等，置三河县，由是幽、蓟始得耕牧，而饷馈可通。德光乃西徙横帐居搷剌泊，寇云、朔。明宗患之，命石敬瑭镇河东以御之。　按，搷剌泊一作擦剌泊，又作纳喇泊，在大同府北境。史未载。　方舆纪要云，唐长兴中，德钧镇幽州，以契丹数入寇，乃城潞河而戍之，民始得耕稼，即今通州地。三河县，在通州东七十里。　薛史云，德钧奏发河北数镇丁夫，开王马口至（淤）〔游〕口（据旧五代史卷九八赵德钧传改）以通水运，凡二百里。在镇甚有善政，累官检校太师、兼中书令。牛象坤良乡县志云，盐沟河发源宛平县龙门关东南，流经县境陶村里，入桑乾河。通鉴盐沟作阎沟。　皇甫鉴域冢记云，燕乐毅墓在良乡县南三里。　通

典云，<u>汉平谷县</u>故城在今<u>潞县</u>北。又，<u>汉安乐县</u>故城在西北。<u>乐史</u>
<u>太平寰宇记</u>云，<u>潞河</u>一名<u>沽河</u>，即<u>鲍邱水</u>，北自<u>檀州</u>、<u>密云县</u>界流
入。<u>郦道元水经注</u>云，<u>鲍邱水</u>又东南历<u>夏谦泽</u>。又，<u>高梁水</u>东至<u>潞</u>
<u>县</u>，注于<u>鲍邱水</u>，南径<u>潞县</u>故城西，<u>王莽</u>之<u>通潞亭</u>也。后<u>魏诸州地</u>
<u>记</u>云，<u>潞县</u>城西三十里有<u>潞河</u>，源出<u>北山</u>，南流即<u>鲍邱水</u>也。　<u>王</u>
<u>自谨三河县志</u>云，县名<u>三河</u>，以地近<u>胸河</u>、<u>鲍邱河</u>、<u>汝河</u>三水也。
<u>顾炎武京东考古录</u>云，<u>明一统志</u>曰，<u>三河</u>在<u>汉临胸县</u>地，今考二<u>汉</u>
书并无<u>临胸县</u>。<u>唐书地理志</u>，<u>幽州范阳郡潞县</u>下曰，<u>武德</u>二年，置
<u>临胸县</u>，<u>贞观</u>三年，省<u>临胸</u>。而<u>蓟州渔阳郡三河</u>下曰，<u>开元</u>四年，
析<u>潞县</u>置。盖本一地，先合为<u>临胸</u>，后分为<u>三河</u>，皆自<u>唐</u>非<u>汉</u>也。
<u>厉鹗</u>云，<u>明一统志</u>之误，亦沿袭<u>辽史</u>耳。　<u>曹学佺名胜志</u>云，<u>芦台</u>
<u>军</u>在<u>宝坻县</u>东南百六十里，<u>同光</u>中，<u>刘守光</u>置，俗呼<u>将台</u>，<u>赵德钧</u>
祠在<u>芦台</u>巡检司。<u>德钧</u>镇<u>芦台军</u>，榷盐院其所置也。详卷十七。

十一年（丙申九三六）**秋七月丙申，<u>唐河东</u>〔节度**
使〕（据<u>辽史</u>卷三<u>太宗</u>纪补）**<u>石敬瑭</u>谋叛，<u>唐</u>发兵讨之。**
<u>敬瑭</u>遣<u>赵莹</u>来求救，时<u>赵德钧</u>亦遣使至。

　　九月，帝自将救<u>敬瑭</u>。己亥，次<u>太原</u>。败<u>唐</u>将
<u>张敬达</u>等兵，遂围<u>晋安寨</u>。<u>唐主从珂</u>惧，遣<u>赵德钧</u>
率所部兵会其子<u>延寿</u>军于<u>团柏谷</u>，逗留不进。先
是，国兵屡攻北边，<u>唐</u>禁军多在<u>幽</u>、<u>并</u>，<u>德钧</u>、<u>敬</u>
<u>瑭</u>早怀二志，求益兵运粮，朝夕相继；<u>德钧</u>又为子
求领<u>镇州</u>，不许。〔考异〕<u>欧史</u>云，废帝以<u>德钧</u>为诸道行营都
统，<u>延寿</u>为<u>太原</u>南面招讨使。<u>德钧</u>为子求<u>镇州</u>，废帝怒曰："<u>德钧</u>父
子握强兵，求大镇，苟能破<u>契丹</u>而取<u>太原</u>，虽代予亦可。若玩寇要
君，恐犬兔均毙耳。"因遣使趣进军。**及<u>晋安寨</u>破，<u>杨光远</u>、**

安审琦杀张敬达以降。仆射萧库克克齐原作酷古只奏德钧等兵将遁，诏夜发兵追击之，皆投戈弃甲，自相蹂践，挤于山谷者不可胜纪。仍命皇太子驰轻骑，据险要，追及步兵万余，悉降之。

〔闰十一月〕（据辽史卷三太宗纪补）辛未，度团柏谷，以酒殽祀天地。俄追及德钧父子，乃率众降。〔考异〕通鉴云，德钧阴蓄异志，欲因乱取中原，自请救晋安寨，唐主命自飞狐踵契丹后，钞其部落，遂将银鞍契丹直三千骑由土门路西入。过易州，以刘在明军自随，至镇州，合董温琪兵，乃自吴儿谷趣潞州至西汤。子延寿请以兵属，志在并范延光军。屯团柏谷，逾月不战，密通契丹，请立己为帝，维翰力争不果。晋安破，德钧父子先遁，诸将继之，死者万计。契丹主北归，德钧父子迎谒于高河，拜晋帝于马首，进曰：“别后安否？”晋帝不顾，亦不与言。薛史董温琪作华温琪，西汤作西唐店，稍异。史均未载。又云，时德钧有爱将时赛，率轻骑东还渔阳，尚千余人，集于潞州。节度高行周见德钧父子在城闉上，劝其速迎车驾，自图安计，遂降契丹。方舆纪要云，高河在屯留县东南，即绛河也。吴儿谷在黎城县东二十八里。

冬十二月壬辰，次细河，阅降将赵德钧父子兵马。〔考异〕契丹国志云，主责德钧曰：“汝在幽州所置银鞍契丹直安在？”德钧指示之，所杀凡三千，遂锁送其父子归国。见述律太后，悉献宝货、田宅。太后曰：“汝近者何为往太原？”德钧曰：“奉唐主命。”太后指天曰：“汝从吾儿求为天子，何妄语耶？”又指其心曰：“此不可欺也。”吾儿将行时，吾曰：“赵大王若引兵北向榆关，亟须引兵归国，太原不可救也。汝欲为天子，何不先击退吾儿，徐图未晚？汝为人臣，既负其主，不能击敌，又乘乱邀利，何面目复求生乎？"德钧俛首不能对。又问："器玩在此，田宅何在？"曰："幽州。"后笑曰："幽州属我，何献为！"德钧益惭。自是郁郁不得志，遂死。史均未载。

十二年（丁酉九三七），赵德钧卒，以延寿为幽州节度使，封燕王。及改幽州为南京，迁留守，总山南事。以其妻在晋，诏取之以归。自是，益自激昂图报。〔考异〕通鉴云，契丹主入汴，唐主淑妃与郇公从益居洛阳。延寿娶明宗女为夫人，淑妃诣大梁会礼，契丹主见之曰："吾嫂也。"册府元龟云，晋天福三年九月，契丹使跋跋廷信押按各马往洛京，搬取后唐公主，延寿进马二匹谢恩，放燕国长公主归幽州。所载较详。

会同元年（戊戌九三八）以赵延寿为枢密使兼政事令。〔考异〕秦再思洛中纪异录云，契丹主得赵延寿，北归，情甚狎密，使秉政。晋主患之，潜上表述赵父子事清泰，于上党拥重兵窥玩神器，清泰亡国，不忠不孝，天下所知，请勿用。戎主以示延寿，对曰："晋主不欲令皇帝用臣者，欲负帝恩也。臣在中原，日掌枢机，此辈方守外镇，为臣所制，中原土地、人民、津梁、要害、蓄积、转输，臣并知之，恐用臣即为晋患耳。"主甚悦，火其书曰："我誓不疑汝！"命兼镇幽州。后晋之灭，皆延寿赞成之。史均未载。

三年（庚子九四〇）夏四月庚子，帝至燕，幸留守赵延寿别墅。

六年（癸卯九四三）冬十二月丁未，帝如南京，议侵晋。命卢龙节度使赵延寿与赵延昭由沧、恒、易、定分道而进，诸军继之。〔考异〕契丹国志云，延寿劝戎主伐晋，乃集兵五万，使将之经略中国，曰："若得之，当立汝为帝。"由是为尽力。通鉴云，契丹主指延寿谓晋人曰："此汝主也。"延寿信之，为画取中国之策。所载较详。

　　七年（甲辰九四四）春正月甲戌朔，赵延寿等率前锋五万骑次任邱。己卯，围贝州，其军校邵珂开南门降，太守吴峦投井死。己丑，授延寿魏、博等州节度使，封魏王，率所部屯南乐。击晋军，破之，获其将赛项羽。军元城，晋将李守贞、高行周率兵来逆，破之。至顿邱，会大霖雨，帝欲班师，延寿谏曰："晋军屯河滨，不敢出战，若径入澶州，夺其桥梁，敌不足平。"帝然之。适晋军先归澶州。高行周至枥城，延寿将轻兵逆战，帝亲督骑士突其阵，敌遂溃。师还，仍留徇贝、冀、深三州。〔考异〕太宗纪，辽军围晋别将于戚城，晋主来救，辽师不利。因延寿言，命延寿等以数万骑急击高行周于戚城，大败之。所载稍异。　舆地广记云，冀州，秦属钜鹿郡，汉置信都国，亦曰广川，曰乐安，曰安平，后兼置冀州，后魏为长乐郡，隋为信都郡，唐为冀州，今升武安军。县六：信都、蓨县、南宫、枣强、武邑、衡水。深州，秦属钜鹿郡，汉属信都国，魏为博陵郡，隋置深州，唐因之，亦曰饶阳郡。今县五：静安、束鹿、安平、饶阳、武强。　方舆纪要云，冀州，在真定府东南二百八十里。深州，在真定府东二百五十里。

　　八年（乙巳九四五）春三月戊（午）〔子〕（据辽史卷四太宗纪改），赵延寿率前锋薄泰城。杜重威、李守贞引军南遁，追至<u>阳城</u>，大败之。已而，围晋兵于<u>白团卫村</u>（按，<u>契丹国志</u>卷三<u>太宗纪</u>作"<u>白团村</u>"），国兵失利，引还。

夏六月丁亥，<u>赵延寿</u>奏<u>晋</u>兵袭<u>高阳</u>，戍将击走之。

九年（丙午九四六）秋八月，帝自将南侵<u>晋</u>。

九月，<u>赵延寿</u>与<u>张彦泽</u>战于<u>定州</u>，败之。

冬十一月戊子朔，进围<u>镇州</u>。时<u>晋</u>主遣<u>延寿</u>族人<u>赵行实</u>以书来招，<u>晋</u>人久坚壁不出，<u>延寿</u>因绐曰："我陷<u>辽</u>久，宁忘父母之邦？若以军逆我，即归。"<u>晋</u>人以为然，遣<u>杜重威</u>率兵迎之。据<u>中渡桥</u>，<u>延寿</u>与<u>高彦温</u>合步骑兵与<u>晋</u>军力战，大击破之，死者数万，杀其将<u>王清</u>。<u>本传</u>作<u>王靖</u>。两军相拒，帝潜由他渡济，留<u>延寿</u>与<u>耶律硕格</u>原作<u>朔古</u>据桥，敌不能夺，屡败之。<u>重威</u>等退保<u>中渡寨</u>，遂进兵，夹<u>滹沱</u>而营。<u>延寿</u>等分军围守之，粮尽势穷，<u>重威</u>等乃率众降。诏分其军之半隶<u>延寿</u>，赐<u>延寿</u>龙凤赭袍，且曰："<u>汉</u>兵皆尔所有，宜亲（征）〔往〕（据<u>辽史</u>卷七六<u>赵延寿传</u>改）抚慰。"<u>延寿</u>至营，<u>重威</u>、<u>守贞</u>皆迎谒马首。〔考异〕<u>通鉴</u>云，初，<u>杜重威</u>降，<u>契丹</u>恐其为变，欲拥<u>晋</u>军纳之<u>河</u>流，或谏而止。及使<u>威</u>统众屯<u>陈桥</u>，士卒冻馁，<u>威</u>出，人皆唾骂。<u>契丹</u>主犹欲诛<u>晋</u>兵。<u>延寿</u>固谏，且言："徙其家属于<u>恒</u>、<u>定</u>、<u>云</u>、<u>朔</u>间，每岁分番戍南边，何忧其为变！"主悦。由是<u>晋</u>兵得免，分遣还营。东都事略云，刘温叟仕晋为翰林学士，后随契丹北徙，与承旨张允求去职，主怒，欲黜为县令，延寿曰："学士不称职而求解者，罢之可也。"得不黜。史均未载。

大同元年（丁未九四七）春正月丁亥朔，帝入汴。

二月丁巳朔，升镇州为中京，以赵延寿为留守，大丞相兼政事令、枢密使。〔考异〕宏简录云，太宗给延寿貂蝉冠，不肯服，别为燕王冠以自表异。东都事略同。纪未载。时延寿因李崧求为皇太子，帝曰："吾于魏王，虽割肌肉亦不惜，但皇太子须天子之子得为之，魏王岂得为耶？"盖帝尝许灭晋后，以中原帝延寿，以故摧坚破敌，常以身先。至是，使崧达意，帝命迁其秩。张砺拟大丞相、录尚书事、都督中外诸军事，帝弗许。延寿恨之，谓人曰："吾不复入龙沙矣。"寻世宗立，随归国，〔考异〕薛史云，延寿在汴，复娶明宗小女为继室。先为延州节度周密子广所娶，至是夺取之。主还至邢州，升延寿坐在左右相之上。 通鉴云，太宗殂时，契丹诸将已密议奉兀欲为主，兀欲登鼓角楼受叔兄拜，而延寿不之知。壬午，下令以来月朔日于待贤馆上事，受文武官贺，其仪：宰相、枢密拜阶上，节度以下拜阶下。李崧以戎意难测，固止勿行。间一日，兀欲于待贤馆受蕃、汉官谒贺，笑谓张砺曰："燕王果于此礼上，吾以铁骑围之，诸公亦不免矣。"契丹国志云，延寿闻太宗崩，即日引兵入恒州，自称受遗诏，权知南朝军国事，下教布告诸道。世宗至，用密计召入，饮酒数行，引入内，遂锁之去。 欧史云，兀欲执延寿，遣人监之，而籍其家赀。史未言矫诏及被锁籍家事。今从本传。以翊戴功，授枢密使。天禄二年卒。〔考异〕太平广记云，延寿即戎之暇时，以篇什为意，甚有雅致。常在北廷赋诗，南人闻者往往传之。诗曰："黄沙风卷半空抛，云重阴山雪满郊。探水人归移帐就，射雕箭落著弓抄。鸟逢霜果饥还啄，马渡冰河渴自跑。占得高阳肥草地，夜深生火折林梢。"通鉴云，或传赵延寿已死，郭威言于帝曰："赵匡赞，契丹所署，今犹在河中，宜遣使吊祭，因起复移镇。彼既家国无归，必感恩效命。"从之。丙申，授匡赞晋昌节度使。后二年，延寿始卒于契丹。匡赞后避宋太祖讳，改名赞，镇延州彰武军，羌、胡畏服。　纲目云，汉天福十二年七月，晋昌节度使赵匡赞降于蜀。恐不为朝廷所容，故降蜀。寻因判官李恕谏，复降汉。　薛史云，匡赞仕契丹，为河中节度使。后入中国，历任汉、周，累节镇及统军使。仕宋，历卢、延、邠、鄜四镇。　吴任臣十国春秋云，匡赞，字元辅，本名美。幼聪慧，应神童举，明宗诏赐及第，仍附礼部春榜。德钧父子降契丹，匡赞独与母公主留西洛，未几，归蓟门。起家金吾将军。又，晋天福末，浙地儿童聚戏，动以"赵"字为语助。云"得"则曰"赵得"，云"可"则云"赵可"。时赵延寿贵盛，浙人谓必应谶。后延寿为契丹所执，而谣益盛。洎宋祖受禅，忠懿王纳士，始符其兆。延寿传均未载。

辽史纪事本末卷十三

鲁呼争立 喜隐事附

太宗天显四年（己丑九二九）冬十月甲子，诏皇
弟鲁呼原作李胡帅师趣云中，讨郡县之未附者。鲁
呼，一名鸿观，原作洪古。〔考异〕契丹国志云，名阮。卷九十
五传，定武节度使宏古，亦作洪古；又，卷八十八传，侍中楚国公，
亦名宏古，均另一人。字奚隐。太祖第三子。母曰舒噜原
作述律太后，最所钟爱。少勇悍多力，性残酷，小怒
辄黥人面，或投水火中。太祖尝奇之，曰："吾家
铁儿也。"尝大寒，太祖命三子采薪。太宗不择而
取，最先至；人皇王取其干者束而归，后至；鲁呼
取少而弃多，既至，袖手而立。太祖曰："长巧而

次成，少不及矣。"以从征渤海有功，封为自在太子，至是遣徇地代北焉。

十一月丁卯，太宗亲饯于西郊。以出师告天地及太祖行宫。〔考异〕契丹国志云，少豪侠，有智略，善弹，工射。征渤海时，山阪高峻，士马惮劳苦，径于东谷，缘岩而进，屡战有功。纪未载。

五年（庚寅九三〇）春正月庚午，鲁呼奏拔寰州捷，多所俘获。

二月癸卯，还自云中，朝于行在。以先所俘渤海户赐之。

三月丁卯，鲁呼请赦宗室锡里、原作舍利郎君以罪系狱者，诏从之。乙亥，册为寿昌皇太（子）〔弟〕（据辽史卷三太宗纪改）〔考异〕太子应作太弟，详卷八。兼天下兵马大元帅。

八年（癸巳九三三）春正月庚子，命鲁呼等伐党项，帝亲饯之。

三月辛卯，鲁呼讨党项胜还，宴劳之。嗣后太宗出征，鲁呼尝留守京师。

大同元年（戊戌九三八）春正月丁亥朔，太宗入汴。

夏四月丙辰朔，发汴州。皇弟鲁呼遣使问军前事，太宗优诏答之。及崩于栾城，世宗奉梓宫还，次镇阳，即位。舒噜太后闻之，怒，命鲁呼率兵拒之。至泰德泉，为安图、原作安端琉格原作留哥等所败。太后与世宗隔潢河而阵，各言举兵意。耶律乌哲原作屋质劝太后许之，时鲁呼在侧，作色曰："我在，乌云安得立？"乌哲曰："奈公酷暴失人心何！"太后顾鲁呼曰："昔我与太祖爱汝异于诸子，谚云：'偏怜之子不保业，难得之妇不主家。'我非不欲立汝，汝自不能矣。"及会议，世宗使解剑而言和。约既定，遂罢兵趋上京。已而有告鲁呼与太后谋废立者，迁之于祖州，禁其出入。

穆宗时，其子喜隐谋反，辞连鲁呼，囚之，死狱中，年五十，葬玉峰山西谷。统和中，追谥钦顺〔考异〕契丹国志作恭顺。皇帝。重熙末，更谥章肃。复谥和敬。二子：宋王喜隐、卫王（完）〔宛〕（据辽史卷七二章肃皇帝传改）。

喜隐，字完德。雄伟善骑射，封赵王。应历中，谋反，事觉，以亲，释之。未几复反，下狱。景宗即位，闻有赦，自去其械而朝。帝怒曰："汝罪人，何得擅离禁所？"诏诛守者，复置于狱。及改元保宁，始宥之，妻以皇后之姊，复封宋王。

轻剽无恒，怙恶不悛，屡谋乱，败而复召。〔考异〕毕沅续通鉴云，喜衮自复封后，得志而骄，主召不时至，怒，鞭之，由是愤怨谋乱，为阁门使酤古子海里所告。喜衮坐废，酤古加检校太尉兼御史大夫，海里遥授陇州防御使。所载较详。尝见帝与刘继元书，辞意卑逊。谏曰："本朝于汉为祖，书辞如此，恐亏国体。"帝寻改之。授西南招讨使，〔考异〕毕沅续通鉴作北面招讨使。命往河东索吐蕃户。复谋叛，帝命械其手足，筑圜土囚祖州。会宋降卒欲劫立喜隐，以城坚不得入，立其子留礼寿，为上京留守楚实勒原作除室所擒。留礼寿伏诛，喜隐赐死。〔考异〕宏简录云，李胡次子完，（按，据上文，"完"当作"宛"，下同）应历三年与郎君嵇翰敌烈谋反，事发，完免死。景宗时，追封完卫王。鲁呼传未载。

辽史纪事本末卷十四

世宗之立

太宗大同元年（丁未九四七）夏四月戊寅，世宗即位于镇阳。世宗讳阮，小字乌云。原作兀欲，改作鄂约。〔考异〕薛史作乌裕。册府元龟云，后改名堇。精音乐。 太祖纪，神册三年，皇孙乌云生。乌云原作隈欲。考皇子表、皇族表并无名隈欲者，惟世宗小字兀欲。"兀"与"隈"音近。且世宗被弑年三十四，是年至天禄五年，适三十四年，其为世宗无疑。又，太祖纪，九年，幽州军校齐行本赐名兀欲。人皇王让国皇帝长子，母曰柔贞皇后萧氏。生而仪观丰伟，内宽外严，善骑射，乐施与，人望归之。人皇王归唐被害，太宗爱之如子。〔考异〕欧史云，兀欲工画，能饮酒，好礼士。德光尝赐以绢数千匹，散之，一日而尽。会同九年，从伐晋，求父遗骸葬之。

大同元年（丁未九四七）春二月，封永康王。

夏四月丁丑，太宗崩于栾城。戊寅，奉梓宫次镇阳。时帝崩无遗诏，军中忧惧，不知所为。南院大王耶律吼诣北院大王耶律斡原作洼。〔考异〕满洲语"气味"也。旧作哇，今译改。议曰："天位不可一日旷。若请于太后，则必属鲁呼。原作李胡彼暴戾残忍，讵能子民？必欲厌人望，则当立永康王。"斡然之。及会议，世宗以鲁呼及寿安王在朝，犹豫未决，适安图原作安抟。〔考异〕汪辉祖辽史同名录云，卷八景宗纪，保宁七年将；卷一百三萧罕嘉努传，祖，中书令，三人同名安抟。直宿卫。安图父迪里，尝以谏立太宗，为太后所杀。安图自幼为世宗所怜恤，安图密自结纳。世宗因召问计，对曰："大王聪安宽恕，人皇王之嫡长，先帝虽有寿安，天下属意多在大王。今若不断，后悔无及。"会有自京师来者，安图诈以鲁呼死传报军中，皆以为信。于是安图诣南、北二大王计之。北院大王斡闻而遽起曰："吾二人方议此事。先帝尝欲以永（平）〔康〕王（据辽史卷五世宗纪、卷七七耶律安抟传改）为储贰，今日之事，有我辈在，孰敢不从？但恐不白太后立之，为国家起衅。"安图对曰："大王既知先帝欲以永康王为储贰，况王贤明，人心乐附。今天下甫定，稍缓则大事去矣。若（曰）〔白〕（据辽史卷七十七耶律安抟传改）太后，必立鲁呼。且鲁呼残暴，行路共知，果嗣位，如社稷何？”南院大王吼曰：“此言是也。吾计决矣！”乃整军，召诸将定策，立世宗。且令之曰：“大行上宾，神器无主，永康王，人皇王之嫡长，天人所属，当立。有不从者，以军法从事！”诸将以太祖崩时，舒噜原作述律太后尝杀酋长及诸将数十人，至是皆惧死，莫不欣然从命。世宗遂即位于枢前。〔考异〕契丹国志云，帝入怀州，执赵延寿曰：“先帝在汴州，与我算子一茎，许我知南朝军国事。昨日临崩，别无遗诏，燕王安得擅立耶？”后数日，集蕃、汉诸臣于府署，宣太宗遗制云云，可于中京即皇帝位，举哀成服。既而易吉服受贺，歌吹之声不绝于内。史均未载。甲申，次定州。命天德、字必彻，原作苾扇。太宗宫人萧氏所生。硕格、原作朔古嘉哩原作解里等护梓宫先赴上京。太后闻之，怒，命鲁呼率兵拒之。〔考异〕欧史云，兀欲留麻答守镇州，晋诸将相随者皆留之而去，以翰林学士徐台符、李澣从行。

六月甲寅朔，次南京。五院额尔奇木原作夷离堇安图、原作安端详衮原作详稳琉格原作留哥。卷一百十三有传。〔考异〕陈浩辽史考证云，卷六十四皇子表，天德下，卷七十二鲁呼传，俱作留哥。系一人，卷六十一刑法志，开泰中近侍刘哥，另一人。等遣人驰报，请为前锋。至泰德泉，遇鲁呼军，与战，败之。时安图坠马，王子天德驰至，欲以枪刺之，琉格以身卫安图，射天德，贯甲不及肤。安图得马复战，以是获胜。琉格与安图朝于行在，世宗遣郎君勤德等语两军谕解，并使伟王〔考异〕兵卫志有伟王军，而纪、传、表均无伟王之称，惟德祖第五子安图封明王，契丹国志作伟王。见陈浩辽史考证。此之伟王，或即安图也。将兵次石桥。方舆纪要云，在临潢南。〔考异〕胡峤入边录云，石桥，沙河之桥也。南则姚家洲，北则宣化馆是也。太后所使降将李彦韬迎降。

秋闰七月，次潢河。太后整军拒于横渡。时鲁呼尽执世宗臣僚家属，谓守者曰："我战不克，先殄此曹！"人皆汹汹，相谓曰："若果战，则是父子兄弟相夷矣。"相持数日，用乌哲原作屋质之谋，各罢兵趋上京。语详乌哲事中。已而闻鲁呼与太后复有异谋，迁于祖州，诛司徒华沙原作划设及春博里。原作楚补里，一作楚不鲁，孟父房楚国王扬珠子。

八月壬午朔，尊母萧氏为太后。以崇德宫（按，崇德宫为景宗时承天太后宫，不得出于此时，疑此处误）户分赐南、北院大王各五十，吼传，字赫噜。巴古济后。端悫好施，不事生产。为南院大王，莅事精简。世宗立，加采访使。子和勒博，官北院大王。斡传，字敌辇。实噜孙。有器识，人以公辅期。由特里衮迁北院大王。世宗立，拜裕悦。宏简录，吼为当时七贤之一，与洼均以寿终。金陵黄氏书目载有七贤传。卷八，景宗保宁三年皇兄吼，另一人。安图、原作安抟楚补各百。达鲁、原作的鲁。〔考异〕吼传，世宗赐以宝货，吼辞曰："的琭〔诸子〕（据辽史卷七七耶律吼传补）坐事籍没，〔陛下〕（据同上书补）哀而出之，〔臣〕（据同上书补）受赐多矣。"许之。是的鲁即系的琭。 续通考云，兴宗尝问涤鲁曰："卿有求乎？"对曰："臣富贵逾分，不敢他望，惟臣叔先朝优遇，身没之后，不肖子坐罪籍没。四时之荐享，得一人以主祭，臣愿毕矣。"诏免籍，复其家。所载事同，另一人。

搭拉原作铁剌子孙，先以非罪籍没者，归之。癸未，始置北院枢密使，以安图原作安抟为之，拜裕悦。原作于越。本传，曾祖扬珠，玄祖长子。安图自幼若成人，太宗目为令器。事母孝。以父死非（命）〔罪〕（据辽史卷七七耶律安抟传改），未葬，不预宴乐。至是，以定策功，宠任无比，事皆取决。然性大宽，（乐）〔事〕（据同上书改）徇苟简，豪猾纵恣不能制。察克兵犯御幄，未能讨，中外短之。穆宗立，以立世宗故，不复委用。寻诬与齐王雅斯哈谋乱，系狱死。侄萨结，详衮。 按，皇族表，横帐孟父房楚国王扬珠，原作岩术。皇子表，谓追封蜀国王。本纪同。又，卷七十七安图传，祖春博里，父迪里。皇族表未载迪里一世，而春博里被诛，表亦失载。

九月丁卯，行柴册礼，群臣上尊号曰天授皇帝。大赦，改元天禄。以安图原作安端主东丹国，封明王；察克原作察割为泰宁王；琉格为特哩衮；原作惕隐高勋为南院枢密使。

是年，萧翰矫诏，以许王从益帝中国，引兵北归。汉主刘知远称帝于晋阳，入汴，杀许王及其母王淑妃。〔考异〕薛史云，时汉高祖入汴，以杜重威为宋州节度使，闭城拒命，诏高行周率兵攻讨，重威遣子宏璙告急于镇州满达勒乞援，使宏璲为质，遣蕃将杨衮赴之。未几，满达勒被逐，杨衮至洺州而还。

天禄二年（戊申九四八）春正月，天德、萧翰、琉格、瑸都原作盆都等谋反。诛天德，杖萧翰，迁琉格于边，罚瑸都使哈噶斯原作辖戛斯国。汉主刘知远殂，子承祐立。知远第二子，封周王，后称隐帝。

夏四月庚辰朔，南唐遣李朗、王祚来慰且贺，并奉蜡丸书，议攻汉。〔考异〕太宗纪，天显十二年九月，遣珠勒呼使晋及南唐。会同元年六月，南唐来。七月，遣美楞拉呼使南唐。二年正月，以受晋册，遣使报南唐。五月，南唐遣使来贡。三年三月，南唐遣使来觐。四月，至燕，南唐进白龟。八月，遣使南唐。南唐遣使求毡帐，赐之。十月，遣鲁库使南唐。十一月，南唐遣使献蜡丸书，言晋密事。四年正月，南唐遣使来贡。七月、十二月，南唐两遣使奉蜡丸书。六年三月，南唐遣使奉蜡丸书。世宗纪，天禄四年三月，南唐遣赵延嗣、张福等来贺南征捷。五年六月，南唐遣蒋洪来，乞举兵应援。九月，世宗被弑。十一月，南唐遣使来吊。穆宗应历二年正月，南唐遣使奉蜡丸书，进犀兕甲万属。三月，复遣使奉蜡丸书。五月，遣使来贡。七年二月，南唐遣使奉蜡丸书。六月，复遣使来贡。而陆游南唐书云，升元元年，契丹使梅里捺卢古、东丹使高徒焕来，各以羊马入（贵）〔贡〕（据文义改）。翰林进二丹入贡图，舍人江文蔚作赞。四年九月，契丹使梅里捺姑米里来聘，献马五驷。七年正月，契丹遣达罗干等二十七人来聘，献马三百、羊三万五千。吴任臣十国春秋云，东丹王系契丹主弟，别持羊三万口、马二百匹来鬻，以其价市罗、纨、茶、药。保大元年，元宗遣公乘镕航海使契丹，主遗元宗书曰："大契丹天顺皇帝谨致书大唐皇帝阙下：贵朝使公乘镕等，自去秋已达东京海岸，适遭国祸。今年正月二十六日，部署一行并诸仪物兵铠已至燕京。兹蒙敦念先朝，践修旧好，既增摧痛，又切感铭。贵国长直官王朗、陈篆取间道先归，用附咨报。公乘镕已遣伴送使陈植等同回，止俟便风，即令引送。"陆游南唐书又云，述律后遗元宗书并遣王朗先赍骰号子闻奏。骰号子，不知何等语也。所载与史多异。公乘镕，相州人。先进蜡书于元宗，称至幽州，馆慇忠寺，先迎御容入宫，召见赐宴，主手斟玉钟酒自啜，乃以劝臣云，"吾与唐皇帝一如先朝往来时"。称其有古使臣风。见十国春秋。 王文正上辽事云，幽州悯忠寺，本唐太宗为征辽阵亡将士所造。又有开泰寺，魏王耶律汉宁造，皆遣朝使游观。 孙承泽春明梦余录云，悯忠寺建于唐贞观十九年，寺中有高阁，谚曰"悯忠高阁，去天一握"。是也。 刘侗帝京景物略云，悯忠寺中一碑，下半断裂。可读者其上段，字有燕京大悯忠寺观音地宫舍利函记，辽大安十年沙门善制。朱彝尊日下旧闻云，是碑文字悉完，未尝断裂。末云："大安十年、岁次甲戌闰四月辛未朔，二十二日壬辰申时，功德主燕京管内左右街都僧录、崇禄大夫、检校太师、行鸿胪卿、聪辨大师、赐紫沙门善制，门人义中书。"又，寺内戒坛前有辽幢一，乃为寺尼荐福刻者，前刻石幢记，后刻尊胜叽记。为将仕郎守磁州司马刘赞述。叽为前口辽兴军观察巡官王进思书。此外累朝遗碣，如唐苏灵芝书宝塔颂，景福元年采师伦书重藏石利记，及金大定间礼部令史题名记诸碑，皆足以资考证。辽观音舍利函记云："（盖）〔恭〕（据辽文汇卷七改）闻应物为（观）〔现〕（同上书改），利乐无穷者，大圣观音，有感克从，功德莫测者，灵踪舍利。金言所载，宝牒攸存。善制肇纠巨社，会万人金玉之资；欲满宿心，塑百尺水月之像。将圆宝相，先实地宫。化檀那近百千家，获舍利余一万粒。封以金匮，贮以石函；圆净璨然，实为神异。所冀光彻无间之狱，福洽有顶之天，良因不虚，（叵）〔巨〕（同上书改）刹斯在。上愿我国家，二仪齐于圣寿，两曜等于文明，三宝长隆，四方永肃。八难除一十四种之怖畏，四生见三十二应之威神。获圆通之法门，愿大作于佛事。"又，寺尼荐福石幢云："大师法讳□遇，俗姓郝氏。十三乐出家，值太原莲花寺，广贤尼大德住燕之岁，即礼为师长。大德行纯邃，容止可观。天祐三年始受学法，将邻二载，乃具尸罗念戒，及我后驾幸燕都，躬选名行，敬加师号荐福。以应历七年六月二十一日奄化于本院之主堂，春秋□十三，夏腊五十四。门人副员大德承进。"

冬十月壬午，南京留守赵延寿卒，以中台省右相德呀代之，封燕王。〔考异〕德呀原作牒蜡。通鉴及吴任臣十国春秋均作述轧，通鉴辑览作舒干，王溥五代会要作硕岳。按，本传，世宗即位，遣使驰报，仍命执偏将珠展来。使误入珠展营，珠展得诏，反诱执德呀送太后。寻亡归，使守南京。所载较详。

十一月，驻跸彰武南。〔考异〕契丹国志云，四月，帝幸辽阳。初，述律太后迁晋故帝于怀密州，去黄龙府西北千五百里。太后败，始得还辽阳，至是诣御帐上谒，伏地请罪。与饮，奏乐，伶人见故主皆泣下。寻取其子延煦去，复遣还。未几，取其幼女以与后兄禅奴利。因求赐地种牧，许之。已而徙建州，取其宠姬赵氏、聂氏归苏逢吉等。汉高祖实录云，少帝帅族候耶律氏于野，初甚疏，帝指陈前事，乃大臣同谋，皆历历能对，无挠屈色。耶律氏亦假以辞色。纲目迁建州，载在乾祐二年二月，即天禄三年也。薛史禅奴利作绰诺锡里。云徙建州时，节度赵建晖尽礼奉迎，馆于衙署。割寨地五十余顷，分耕给食。地离建州数十里。国志谓赵、聂二姬，为太宗述律王所取。又，赵建晖作赵延晖。"延"一作"元"。史未载。　北蕃地里志云，建州东北至霸州九十里，南至榆州五十里，西南至<u>小凌河</u>十里。有<u>器仗山</u>，在东南三十里。 <u>方舆纪要</u>云，<u>建州</u>，亦曰<u>保静州</u>，<u>辽</u>置，在<u>灵河县</u>南，屡遭水患。<u>隆绪</u>时又迁于河北，即<u>唐</u>故<u>崇州</u>城也。见<u>地理志</u>。统县二：<u>永霸</u>、<u>永康</u>。<u>唐崇州</u>，史作<u>康崇州</u>。又异。

三年（己酉九四九）春正月，<u>萧翰</u>及公主<u>额伯哩</u>原作<u>阿不里</u>谋反，<u>翰</u>伏诛，<u>额伯哩</u>瘐死狱中。

秋九月辛丑朔，召群臣议南侵。

冬十月，遣诸将率兵攻下<u>贝州</u><u>高老镇</u>，徇地<u>邺都</u><u>南宫</u>、县名，在<u>冀州</u>西南六十里。<u>堂阳</u>。县名，在<u>南宫县</u>西南二十里。杀<u>深州</u>刺史<u>史万山</u>，俘获甚众。〔考异〕<u>欧史</u>云，<u>乾祐</u>元年，<u>兀欲</u>率万骑攻<u>邢州</u>，陷<u>内邱</u>。<u>契丹</u>入寇，常以马嘶为候。其来也，马不甚嘶鸣，而矛戟夜有光。又月蚀，人皆惧，人马伤死大半。 <u>薛史</u>云，<u>乾祐</u>二年十月，<u>契丹</u>陷<u>贝州</u><u>高老镇</u>，至<u>邺都</u>北境及<u>南宫</u>、<u>堂阳</u>，杀掠吏民，数州大被其害。命<u>郭威</u>巡边，<u>王峻</u>参军事。<u>契丹</u>攻<u>深州</u>，刺史<u>史万山</u>兵败，死之。先是，<u>契丹</u>入边，<u>万山</u>城守，<u>郭威</u>遣<u>索万进</u>率骑七百屯<u>深州</u>。一日，<u>契丹</u>数千骑逼州东门，<u>万山</u>父子率兵百余袭之，<u>契丹</u>伪退十余里而伏兵发，<u>万山</u>血战，急请救于<u>万进</u>，不至，<u>万山</u>战死。寻解去。 <u>通鉴目录</u>云，<u>契丹</u>闻汉兵渡河，引去，<u>威</u>至<u>邢州</u>还。所载较详。 <u>周筜</u><u>析津日记</u>云，京师<u>仙露寺</u>近<u>菜市</u>西，居民掘地得石匣，乃<u>辽</u><u>世宗</u><u>天禄</u>三年所瘗，中藏舍利，无有也。匣如石椁而短小，旁刻僧<u>志愿</u>记，具书布施金钱姓名。记后有“千人邑”三字。具列辽帝后，<u>东明王</u>夫人、<u>永宁大王</u>、<u>燕主大王</u>、<u>国舅相公</u>、<u>宣徽令主</u><u>李可兴</u>、<u>洛阳留守侍中</u><u>刘晞</u>、<u>齐国夫人</u><u>张氏</u>男三司使<u>道纪</u>、<u>衙院</u><u>马九</u>、故太师侍中<u>赵思温</u>男<u>延照</u>、司徒<u>李允</u>、<u>药师奴</u>、<u>华喜寺</u>行仙马<u>知让</u>、邑头尼<u>定徽</u>、<u>幼澄</u>、<u>喜婆</u>，舍利六百三十三粒，钦送到舍利一百一十粒。　朱彝尊日下旧闻云，后疑是甄氏，东明王当是明王安端，燕主大王当是燕王达喇，国舅相公疑是靖安后族札克缴古鲁，时官详袞。赵延照，史作延昭，疑系一人。又，彝尊吉金贞石志载释志愿葬舍利佛牙石匣记，略曰："达摩禅师，远涉流沙，登雪岭，得释迦舍利辟支佛牙，授与先师。先师讳清珣，闽川人。自会同五载仲秋，赍舍利佛牙到此，于八年季春月莫凋十一叶染疴而逝。临迁化时，将舍利佛牙付仙露寺讲维摩经比邱尼定徽。建窣堵坡，寻具表奏闻。大辽皇帝降宣头一道，钱三百贯，以充资助，于天禄三年岁次己酉四月十三日安葬。施主名具镌于后。按，"千人邑"者，社会之名，详曝书亭集辽云居寺二碑跋。

四年（庚戌九五○）春二月辛未，泰宁王察克来朝，留侍。是月，建政事省。

秋九月乙丑朔，如山西。

冬十月，自将南侵汉。攻下安平、县名，在晋州东北九十里。内邱、县名，在顺德府北五十五里，即汉中邱县。束鹿县名，在祁州南百二十里。等城，大获而还。〔考异〕薛史云，镇州、邢州驰奏：契丹寇洺州，陷内邱县。时兀欲率部族入边，内邱城小而固，攻五日不下，敌伤者甚众。有官军五百在城防戍，攻急，官军降，敌屠其城去。王溥五代会要云，乾祐三年十一月，乌云率骑数万南寇，陷邢州之内邱县、深州之饶阳县。按，饶阳今属晋州，在州东北百三十里。又，内邱之破，欧史汉隐帝纪作乾祐二年，附录作乾祐元年，通鉴系于三年，即天禄四年。与史合。

是岁，册皇后萧氏。后妃传，小字苏克济，原作撒葛只。舒噜后弟阿古齐女。初为妃，生景宗，天禄四年立为后。明年秋生孟古公主。在蓐，察克叛，弑太后及帝，后乘步辇直诣察克，请毕收敛。明日遇害，谥孝烈，重熙中，更谥怀节。其庙碑文为翰林学士李昉所撰。生三女：一、和克丹，封秦国长公主，嫁侍中萧卓琳；二、观音，封晋国长公主，嫁萧实喇；三、萨喇，嫁萧斡里。均见公主表。后父阿古齐，原作阿古只。本传，子安团，官右皮室详衮。外戚表未载安团名。后小字撒葛只，卷六十五道宗女；卷一百一萧胡笃传先世，三人同名撒葛只。又，世宗妃甄氏，后唐宫人。有姿色，帝从南征得之，宠遇甚厚。生宁王札穆。即位，立为后，与参帷幄，密赞大谋，不果用。察克作乱，遇害。景宗立，葬二后于医巫闾山，建庙陵寝侧。见后妃传。契丹国志以景宗为甄后生，又生平王、荆王、吴王、宁王、河间共六子。宁王名札穆，原作只没。考卷十，圣宗统和元年奉遗诏，召先帝庶兄质睦于菆涂殿，复封宁王；卷六十四皇子表，世宗妃甄氏生长没，封宁王。所载事迹略同。是只没、质睦、长没，均系一人。 续通考云，质睦敏给好学，通辽、汉字，工诗。保宁中，封宁王，夺爵，统和中复旧。**晋故太后卒。**〔考异〕契丹国志云，时病无医药，戟手骂重威、守贞曰：“死不置汝！”令死焚其骨，送范阳佛寺，无为辽地鬼。前安太妃亦然。周显德中，帝与后及诸皇子均无恙，从者多物故。所载较详。**汉郭威**〔考异〕欧史云，邢州尧山人。父简，官顺州刺史，为刘仁恭杀。威少孤，依潞州常氏。 薛史云，本常氏子，随母适郭，冒其姓，为姨母韩氏所养。字文仲。所载各异。**因隐帝被弑，**〔考异〕尹洙五代春秋云，是年十一月，威反，慕容彦超与战于刘子陂，兵败，帝崩。 王溥五代会要云，帝为郭允明弑于京兆之赵村。册府元龟云，威初在太原，与帝相戏狎，尝梦威为驴，负之升天，俄变为龙，舍帝而去。**迎刘崇**知远母弟，后更名旻。见欧史，而薛史作从弟，王鸣盛云，当从欧。子赟，寻废为湘阴公。
〔考异〕尹洙五代春秋云，威入都大掠，太后令立赟，遣冯道往徐州
迎之。契丹入寇，威帅师北讨，次澶州，还师。通鉴考异云，时赍
诏迎赟者为枢密直学士王度、秘书监赵上交。

五年（辛亥九五一）春正月癸亥朔，帝如百泉湖。
汉郭威弑其主赟而自立，国号周，遣朱宪来告，〔考
异〕纲目于威自立事，系之乾祐三年十一月，乃天禄四年，此书于五
年正月，当是来告之迟。欧史与纪同。陶岳五代史补云，豫章僧号
上蓝者，精术数，自唐末著谶云："石榴花发石榴开。"议者谓"石
榴"即晋、汉。再，言者明不过二世也。并致良马。汉刘崇
自立于太原。

二月，周遣姚汉英、华昭（允）〔胤〕（据辽史卷五
世宗纪改）来，以书辞抗礼，留不遣。〔考异〕王溥五代会
要云，周广顺元年正月，命左千牛卫将军朱宪请修和好。乌云亦遣
雅古吉报命，献良马四。太祖命左丞田敏、供奉官蒋光遂衔命往聘。
四月，敏等回。乌云遣使什哩献碧玉金镀银里鞍辔并马四十匹。太
祖命左金吾将军姚汉英及华光裔往使。薛史云，先是，乌裕遣使与
汉书致境上，会京师乱，平帝回至澶州，遇蕃使，遂与入朝。至是，
遣朱宪伴送归蕃，致书叙革命之由，并遗以金银酒器及玉带。　按，
欧史雅古吉作裹骨支。所载各异。

夏六月辛卯朔，刘崇为周所攻，遣使称侄，乞
援，且求封册。即遣燕王德呼、枢密使高勋往册为
大汉神武皇帝。南唐遣蒋洪来，乞举兵应援。

是夏，帝清署百泉岭。

秋九月庚申朔，自将南侵周。壬戌，次归化州尚和原作祥古。〔考异〕游幸表作详古。山，祭让国皇帝于行宫。群臣皆醉，察克原作察割。〔考异〕通鉴辑览作察罕。反，帝遇弑，年三十四。〔考异〕欧史云，兀欲会各部酋长，复谋入寇，皆不欲，兀欲强之。燕王述轧与泰宁王呕里僧等率兵杀之于大神淀。　按，呕里僧通鉴作沤僧。地理志作额哩森，通考作乌辛，皆欧新之转，均系一人。盖察克字乌绅，原作欧辛也。大神，通鉴作火神。胡三省引宋白云，在新州西。“淀”读为“殿”，浅水曰殿。史称归化州即唐武州，去新州不远。辽上京亦有大神淀，与此非一也。见潜研堂集。　方舆纪要云，主议于九十九泉，不合，行至火神淀被弑。　魏土地志云，牧牛山下有九十九泉，即沧河上源，在沮阳县城八十里。　辽志云，在丰州境内，火神淀在保安州西。　钱良择出塞记略云，和硕克山对面为诸勒克山，山巅有九十九泉，汇为长河，直达归化城。　按，魏书天赐二年，登武要北源，观九十九泉。武要为定襄郡属县，在大同西北。宋白云，九十九泉在幽州西北千余里。辽志亦载盐泺九十九泉，意即是此处也。葬显陵。〔考异〕纪云，葬于显州西山。契丹国志谓即医无闾山。谥孝和庄显皇帝。

诸大臣讨乱党察克及燕王德哷、本传，字苏兰，巴古济后。察克叛，德哷方醉，其妻扶入察克幕，因从之。明旦，寿安王举兵，诸乱党悉降；德哷不降，凌迟死，妻子皆诛。纪未载。六院大王朗本传，字欧辛，季父房阿古齐孙。察克作乱，遣详衮萧胡里率兵往应命，曰：“当持两端，助其胜者。”穆宗立，伏诛，籍其家属。纪未载。〔考异〕太宗会同六年十月，遣朗朗使吴越，通鉴作遥折；卷十，圣宗统和元年，近幸，三人同名朗。阿古齐，原作鼍古只。有二：一系六院房额尔奇木搭拉子，希达兄，希达传载诈取异母兄鼍古只额尔奇木；一系季父房，即朗之祖。朗传误作为一人，又误"古"作"谷"，皆德祖系。等皆诛之。立穆宗。初，世宗慕中华风俗，多用晋臣，侮诸宰执而荒于酒色，由是国人不附，诸部数叛，兴兵征讨；犹因北汉、南唐乞兵应援，与周构怨，以及于祸。先是，右皮室详衮乌哲屡表言察克奸邪，不纳。是年七月，帝幸太液谷，留饮三日，察克谋乱，不果。至是至尚和山，察克邀寿安王与语，弗从，遂与瑒都等谋，卒遇害。

辽史纪事本末卷十五

萧翰谋逆

　　<u>太祖天赞</u>元年（壬午九二二）夏四月癸亥，<u>晋王
存勖</u>围<u>镇州</u>，节度使<u>张文礼</u>遣使来告急，诏将军<u>康
末怛</u>率<u>萧翰</u>等往击，败之，杀其将<u>李嗣昭</u>，拔<u>石
城</u>。<u>翰</u>一名<u>迪里</u>，原作<u>敌烈</u>字<u>哈准</u>，原作寒真，一作寒贞。
〔考异〕<u>通鉴辑览</u>作<u>罕札</u>。宰相<u>达鲁</u>原作<u>敌鲁</u>之子，〔考异〕<u>薛史</u>
云，<u>萧翰</u>父曰<u>阿巴</u>，曾引众寇<u>平州</u>，<u>刘仁恭</u>遣骑将<u>刘雁郎</u>与<u>守光</u>率
骑先守其州，<u>阿巴</u>为所绐，被擒，<u>契丹</u>赎归。寻以妹为<u>安巴坚</u>妻。
<u>阿巴</u>旧作<u>阿钵</u>。按，<u>达鲁</u>名列<u>外戚表</u>，<u>翰</u>为<u>达鲁</u>子，表未载<u>翰</u>名。
<u>舒噜</u>原作<u>述律</u>太后之从子，<u>太宗靖安后</u>兄也。〔考异〕<u>契
丹国志</u>云，其妹复为<u>世宗</u>后。<u>翰</u>始以<u>萧</u>为姓，自是后族皆
称<u>萧氏</u>。〔考异〕<u>外戚传</u>，<u>太宗</u>入<u>汴</u>，赐后族<u>小汉</u>曰<u>萧翰</u>。<u>宏简录</u>

云，<u>李崧</u>为<u>萧翰</u>制姓名。史未载。性残忍，工骑射。

<u>太宗天显</u>十一年（丙申九三六）秋（九）〔八〕（据<u>辽史</u>卷三<u>太宗纪</u>改）月庚午，帝自将侵<u>唐</u>以援<u>河东</u>，与<u>唐</u>师战于<u>太原</u>，其将<u>张敬达</u>来拒，<u>翰</u>率兵自东北冲<u>唐</u>兵为二，大破之，斩首数万级。

会同初，领<u>汉</u>军侍卫。

八年（乙巳九四五）春正月，从伐<u>晋</u>，败<u>晋</u>将<u>杜重威</u>兵，追至<u>望都</u>。<u>翰</u>请舍骑而射，帝（止）〔从〕（据<u>辽史</u>卷一一三<u>萧翰</u>传改）之，军士步进。敌人持短兵猝至，国兵失利。帝深悔曰："此吾用言之过以至于此！"

九年（丙午九四六）冬十一月，<u>杜重威</u>等退保<u>中渡寨</u>，帝命<u>赵延寿</u>等分兵围之，潜遣<u>翰</u>等断<u>晋</u>粮道。〔考异〕<u>通鉴</u>云，<u>翰</u>与通事<u>刘重遇</u>将兵并<u>西山</u>，出<u>晋</u>军之后，断其粮道及归路。樵采者遇之，尽为所获；进至<u>栾城</u>，降之。获<u>晋</u>民，皆黥其面曰"奉敕不杀"，纵之南走。所载较详。

<u>大同</u>元年（丁未九四七）春正月丁亥朔，<u>太宗</u>入<u>汴</u>。

三月丙戌朔，以<u>萧翰</u>为<u>宣武</u>节度使。

夏四月丙辰朔，班师，发自<u>汴州</u>，留<u>翰</u>镇抚之。丁丑，崩于<u>栾城</u>。<u>世宗</u>奉梓宫次<u>镇阳</u>，即位于枢前。<u>翰</u>闻之，欲北归。会<u>汉</u>主<u>知远</u>称帝，拥兵发<u>晋阳</u>，<u>翰</u>遂遣<u>高模翰</u>迎<u>唐明宗</u>子<u>许王从益</u>〔考异〕<u>翰</u>传从益作从敏。欧史云，从益为王淑妃养子，晋高祖封为郇国公，奉唐祀。出帝立，还洛阳。德光入汴，为赵延寿娶从益妹，号永安公主，淑妃主婚，乃拜从益为彰信节度使，仍与妃还洛阳。翰欲北去，使人召之，子母匿于徽陵域中，竟迫以东。后汉高祖遣郭从义杀之。知南朝军国事。寻备百官，立为帝。〔考异〕薛史云，时众议尚欲城守以拒汉，太妃不从，刘审交方为三司使，谓宜听太妃处分。于是遣使迎汉帝，以翟光邺为枢密使，召高行周、武行德均不至，用王景崇为宣徽使，监左藏库，取库金奔汉。审交，幽州文安人。光邺，濮州鄄城人。所载较详。翰乃引兵径赴行在。

秋闰七月，世宗与舒噜太后相拒于潢河横渡。太后问翰曰："汝何怨而叛？"翰对曰："臣母无(疾)〔罪〕(据辽史卷一一三萧翰传改)，太后杀之，以此不能无憾。"〔考异〕琉格传，和议成，太后问琉格曰："汝何怨而叛？"对曰："臣父无罪，太后杀之，以此怨耳！"语与此同。初，耶律乌哲原作屋质以附太后被囚，翰闻而快之，即囚所谓曰："汝尝言我辈不及，今在狴犴何？"乌哲曰："第愿公不至如此。"翰默然。

世宗天禄二年（戊申九四八）春正月，翰与天德、琉格、原作留哥瑸都原作盆都谋反。诛天德。翰以尚帝妹额伯里原作阿不里故，杖而释之。天德为太宗庶子，宫人萧氏所生也。猛悍趫捷，尝从破石晋有功。先是，翰谋乱时，耶律实喇原作石剌告乌哲，遂入奏之。翰等不伏，帝不欲发其事，乌哲固诤，以为不可。乃诏乌哲鞫案，翰伏辜，帝竟释之。

三年（己酉九四九）春正月，翰复与公主额伯里以书结明王安图原作安端反。乌哲得其书以奏，乃诛之。额伯里瘐死狱中。〔考异〕契丹国志云，翰留守汴京，滋德宫有五十余人，翰欲取之，宦者张环不与。翰破锁夺宫人，执环，烧铁烙之死。　欧史云，初，同州郃阳县令胡峤为翰掌书记，随入契丹。而翰妻争妒，告翰谋反，翰见杀。峤无所依，居七年，当周广顺三年，亡归中国。述其所见，作陷虏记。所云翰妻事，与史异。

册府元龟云，周广顺二年，以契丹虞部员外郎胡峤为汝州鲁山县令，以其归化故也。　陶毂清异录云，峤雄才宿学，未达，为德光所掠，间道亡归。其飞龙碉饮茶诗曰："沾牙旧姓余甘氏，破睡当封不夜侯。"蒋一葵尧山堂外纪云，胡峤诗"瓶里数枝婪尾春"，时人罔喻其意。桑维翰曰："唐末文人有谓芍药为婪尾春者。婪尾酒乃最后之杯，芍药殿春亦得是名。"陷虏记亦作陷北记。云萧翰得罪被锁，峤与部曲东之福州，翰所治也。契丹多怜峤，教其逃归。史均未载。

辽史纪事本末卷十六

乌哲定变 室昉贤适等附

太宗大同元年（丁未九四七）夏四月丁丑，帝崩于栾城，世宗行次镇阳，即位。舒噜原作述律太后闻之，怒，遣皇子鲁呼原作李胡以兵逆击，败于泰德泉。世宗军至潢河横渡，隔岸相拒，以耶律乌哲原作屋质。〔考异〕毕沅续通鉴作乌珍。满州语"重"也。旧作屋质，今译改。之谋，各罢兵趋上京。

乌哲，字敌辇，系出孟父房。简重有器识，重然诺。遇事造次，处之从容，人莫能测。博学，知天文。会同间，为特哩衮。原作惕隐时从太后。世宗以其善筹，欲行间，乃设事奉书太后。太后以书示乌哲，对曰："太后佐太祖定天下，故臣愿竭死力。太后见疑，臣虽欲尽忠，得乎？为今计，莫若和解，事必成，否则，宜速战决胜负。倘人心一摇，国祸不浅，宜裁察！"太后曰："我若疑卿，安肯以书示汝？"对曰："鲁呼、永康王皆太祖子孙，神器非移他族，何不可之有？太后当思长策，与永康王和议。"太后曰："谁可遣者？"对曰："太后不疑，臣请往。万一永康王见听，社稷之福。"太后乃使授书于帝。帝遣耶律哈斯原作海思。本传，隋国王实噜庶子，官宣徽使。既和，领太后诸局事。穆宗即位，与冀王迪里谋立隆科，死狱中。复书，辞多不逊。乌哲谏曰："书意若此，国家之忧未艾也！能释怨以安社稷，则臣谓莫若和好。"帝曰："彼众乌合，安能敌我？"乌哲曰："即不敌，奈骨肉何！况未知孰胜，借曰幸胜，诸臣之族执于鲁呼者无噍类矣。以此计之，惟和为善。"左右皆失色。帝良久问曰："若何而和？"对曰："与太后相见，各舒忿恚，和之不难。不然，决战非晚。"帝然之，遂遣哈斯诣太后约和。往返数日，议乃定。

始相见，怨言交让，殊无和意。乌哲反复辨难，左右感激大恸。太后曰："议（未）〔既〕（据辽史卷七七耶律屋质传改）定，神器竟谁归？"乌哲曰："太后若授永康王，顺天合人，复何疑！"鲁呼厉声曰：

"我在，乌云原作兀欲，世宗小字。安得立！"乌哲曰：
"礼有世嫡不传诸弟。昔嗣圣王之立，尚以为非，
况公暴戾残忍，人多怨讟，万口同声，愿立永康
王，不可夺也。"太后顾鲁呼曰："汝亦闻此言乎？
汝实自为之！"乃许立帝。帝谓乌哲曰："汝与朕属
尤近，何反助太后？"对曰："臣以社稷至重，不可
轻付，故如是耳。"帝嘉其忠。

　　世宗天禄二年（戊申九四八）春正月，耶律天德、
萧翰谋反下狱。特哩衮琉格原作留哥及弟瑸都原作盆都
结天德等为乱，耶律实喇原作石剌潜告乌哲，乌哲遽
引入见，白其事。琉格等不服，事遂寝。未几，琉
格邀驾观樗蒲，奉觞上寿，袖刃而进。帝觉，命执
之，亲诘其事。琉格自誓，帝复不问。乌哲奏曰：
"当使实喇与对状，不可辄恕。"帝曰："卿为朕鞫
之。"乌哲率剑士往讯之，天德等伏罪，诛罚有差。
明年，萧翰卒以谋反诛。

　　三年（己酉九四九），乌哲表列泰宁王察克原作察割
阴谋事，帝不听。寻拜为右皮室详衮。原作详稳。

　　五年（辛亥九五一）秋九月庚申朔，帝自将南侵，
次归化州尚和原作祥古山，察克弑帝。乌哲闻变，亟
遣人召诸王及谕禁卫长皮室等同力讨贼。时寿安王
归帐，乌哲遣弟冲迎之。王（意）〔至〕（据辽史卷七七

耶律屋质传改），尚犹豫。乌哲曰："大王嗣圣子，贼若得之，必不容，群臣将谁事？社稷将谁赖？悔莫及矣！"王始悟。诸将闻乌哲出，相继而至。迟明整兵，出贼不意，围之，遂诛察克。语详察克事中。

乱既平，穆宗即位，谓之曰："朕之性命，实出卿手。"命知国事。以逆党财产尽赐之，乌哲固辞。

穆宗应历五年（乙卯九五五），以乌哲为北院大王，总山西事。

景宗保宁元年（己巳九六九）冬十一月乙巳，北院大王乌哲加裕悦。原作于越。时宋师围太原，命乌哲率兵往援，至白马岭，遣劲卒夜出，间道疾驰，驻太原西，鸣鼓举火，宋兵以为大军至，惧而宵遁。

四年（壬申九七二），北汉主刘继元遣使来贡，致币于乌哲，乌哲以闻，帝命受之。

五年（癸酉九七三）夏五月癸亥，乌哲卒，年五十七。帝辍朝三日。后道宗诏上京立祠祭享，树碑以纪其功。〔考异〕宏简录云，道宗时，庶子唐古乞铭父功，始命耶律庶成制文，勒石上京崇孝寺，并立祠旌之。唐古字敌隐，廉谨善属文。统和中，述其父安民治盗之法以进，补小将军，历豪州刺史、唐古部详稳，隗衍党项部节度使，改右夷离毕，均有治绩。本传略同。又尝上疏言："自建哈屯城以来，西番数为边患，不若复守故疆，省罢戍役。"不报。 按，本传豪州作壕州。考地理志无豪州，惟壕州在显州东北二百二十里。又，营卫志亦有壕州之名，从壕为是。又，传云，重熙四年，上疏不报，旋致仕。宏简录又云，重熙十四年，为右伊勒希巴。兴宗纪系之十七年，是唐古致仕当在十七年后，且尝为右伊勒希巴也。传有脱误。续通考云，屋质五世孙孟简于太康中诣阙上表，请修国史，乃编三臣行事以进。

同时室昉，字梦奇，南京人。会同（中）〔初〕（据辽史卷七九室昉传改）第进士。太宗入汴，受诏知制诰，总礼仪事。应历中，累迁翰林学士，出入禁闼十余年。保宁中，兼政事舍人，数延问古今治乱得失，奏对称旨。改南京副留守，决讼平允，人皆便之。擢枢密使，兼北府宰相同平章事，监修国史。进尚书无逸篇，太后嘉奖。是时，与韩德让、耶律色珍原作斜轸相友善，同心辅政，知无不言，法度修明，朝无异议。

屡请致仕，令居南京，封郑国公，免拜，赐几杖。统和九年，遘疾，授中京留守，〔考异〕毕沅续通鉴云，辽史纪传及百官志称昉为中京留守，治大定府。钱大昕谓中京大定府本奚王牙帐地。统和二十五年始筑城称中京，不应此时即有留守，当是南京之讹。加尚父。七月卒，〔考异〕徐乾学后编作九月。年七十五，赠尚书令。〔考异〕时应州邢抱朴为刑部郎中。简子，由政事舍人历户部尚书，迁承旨，与室昉同修统和实录二十卷上之。两决南京滞狱，人无冤者，拜参政。以韩德让荐，按察诸道守令黜陟之，甚协人望，加<u>南院</u>枢密使，卒。初，与其弟<u>抱质</u>受经于母<u>陈氏</u>，皆以儒术显。二人均官至侍中，时人荣之。见<u>本传</u>。<u>刑法志</u>云，故事，枢密使非国家重务，未尝亲决狱讼，惟额尔奇木主之。及<u>萧和卓</u>与<u>朴</u>相继莅枢密，专尚吏才，始自听讼。时人转相效习，以狡智相高，风俗自此衰矣。

<u>耶律贤适</u>，字<u>阿克展</u>，原作阿古真<u>裕悦罗卜科</u>原作鲁不古子。〔考异〕<u>续通考</u>云，<u>贤适</u>，<u>玄祖</u>后，不知世次。嗜学，有大志，为<u>乌哲</u>所重，尝谓人曰："是人当国，天下幸甚。"<u>应历</u>中，讨<u>乌尔古</u>还，擢<u>右皮室</u>详衮。<u>景宗</u>立，以功加检校太保，赐推忠协力功臣。加特进、同平章事。<u>保宁</u>二年秋，拜北院枢密使兼侍中。三年，为<u>西北路</u>都部署（按，据<u>辽史</u>卷八景宗纪，是年"七月辛丑，以北院枢密使<u>贤适</u>为西北路招讨使"。与此异）。忠介肤敏，推诚待人，虽燕息不忘政务。屡决滞狱，百司罔敢懈。

大丞相<u>高勋</u>、〔考异〕勋只为南面枢密使，未尝为丞相。<u>本传</u>，字<u>鼎臣</u>，<u>晋北平王信韬</u>子。仕晋，官阁门使。随<u>杜重威</u>来降，授四方馆使。好结权贵，能服勤大臣，多推誉之。<u>天禄</u>中，为枢密使，总汉军事。<u>应历</u>（中）〔初〕（据<u>辽史</u>卷八五高勋传改），封<u>赵王</u>，改南京留守。<u>景宗</u>立，以定策功，进王秦。迁南院枢密使。以毒药馈驸马都尉<u>萧卓琳</u>，事觉，流<u>铜州</u>。寻谋害<u>萧思温</u>，诏狱诛之，籍其家，赐<u>思温</u>。<u>张齐贤</u><u>洛阳</u>搢绅旧闻记云，勋陷北为<u>幽州</u>节度，母在<u>洛阳</u><u>福善里</u>，<u>太祖</u>尝厚赐慰安之。高后欲归，不知所终。都部署<u>尼哩</u>原作女里席宠放恣，及帝姨母、保母势薰

灼，贤适患之，言于帝，不报。乾亨初，疾笃，得请。封西平郡王，致仕，卒年五十三。

　　子观音，大同节度使。〔考异〕汪辉祖辽史同名录云，卷十圣宗统和十九年，奚六部大王；卷六十五公主表，世宗女；卷七十一道宗宣懿皇后小字，四人同名观音。

辽史纪事本末卷十七

刘汉之立

世宗天禄五年（辛亥九五一）春正月，汉郭威弑其主赟而自立，国号周。〔考异〕纲目系之天禄四年，辨见世宗事中。河东节度使刘崇〔考异〕吴任臣十国春秋云，世祖，名旻，高祖母弟，均章懿后出。初名崇，改今名。薛史谓崇为高祖从弟，王保衡晋阳见闻要录作仲弟，今从欧史。为人美须髯，目重瞳子。少无赖，嗜酒好博，尝黥为卒。高祖镇河东，署马步都指挥使，即位，除太原尹，北京留守、平章事。隐帝时改河东节度使兼中书令。闻之，称帝于太原，仍用乾祐年号。〔考异〕吴任臣十国春秋云，崇闻隐帝被弑，谋举兵。会郭威迎立崇子赟。崇喜曰："吾儿为帝，又何求！"乃罢兵。少尹李骧劝以大兵下太行，控孟津以俟变。崇怒其离间，斩之，并其妻。已而，威代汉，降封赟湘阴公。崇遣李礜求赟归，不许，遂以乾祐四年五月戊寅即位。骧，真定人，善谈兵，饶技略。后立祠太原。赟寻被杀于宋州，其将巩廷美、杨温守徐州，遇害。初，赟镇徐州，辟洛阳郭忠恕为推官。会郭威遣冯道迎赟，至宋州，忠恕知事变，责道为脱空汉，道无以对，忠恕因劝赟杀道奔河东，不听，遂及祸。忠恕窜迹山野，仕宋为乾州司户，去官，纵情山水。太宗召除国子监主簿，坐谤讪，配登州，尸解。有佩觿集三卷行世。字恕先，一字国宝。善画，尤工篆籀。见米芾宣和书画谱。所有者：并、今太原府。汾、今汾州府。忻、在太原府北。代、在太原府东北。岚、今太原府岚县。宪、今静乐县。隆、今岢岚州。蔚、在太原府东南。沁、在太原府南。辽、即唐乐平郡。麟、治新秦县。石今永宁州。十二州之地。〔考异〕舆地广记云，岚州本胡地，楼烦王居焉。秦、汉、晋属太原郡，后魏末置岚州，隋为楼烦郡，唐置东会州，改岚州。县三：宜芳、合河、楼烦。宪州，由岚州分置，本楼烦监牧，李克用奏置宪州及楼烦县，今因之，以楼烦属岚州，以岚州之静乐来属。县一：静乐。隆州，岢岚军，唐分宜芳县置，张仁亶徙其军于朔方，留者号岢岚守捉，隶大同军，今复以县置军。沁州，后魏置，隋为西洺州，改隰州，后为龙泉郡，唐改隰州曰大宁郡。今县六：隰川、温泉、蒲县、大宁、石楼、永和。麟州，汉属五原、西河二郡，隋属银、胜二州，唐张说奏置麟州，又为新秦郡，今升建宁军，复为镇西军。县三：新秦、银城、连谷。石州，本赵离石邑，秦属太原郡，汉属西河郡，东汉为郡治，北齐置西汾州，后周改石州，又为离石郡，唐为石州，又曰昌化郡。今县三：离石、平夷、方山。余见上。　按，此十二州，与通鉴合，而欧史职方考云，自太原以北十州为东汉。并无隆、蔚二州名，盖石晋割山前七州、山后五州界契丹，蔚州实在其中，则通鉴以蔚州为北汉有者，误也。至隆州为北汉所置，备载地理表中。今应照欧史列名，加隆州以补其缺。见吴任臣十国春秋。 薛史云，周广顺元年二月，刘崇遣刘钧及白截海率万骑攻晋州，王晏拒却之，崇军伤死甚众。钧一作筠。十国春秋作正月，云，崇以承钧为招讨使，与副使白从晖、都监李存瓌攻晋州，不克。安元宝降周，移攻隰州，为刺史许迁及孙继业所败，执牙将程筠杀之。从晖，吐谷浑人，官行军都部署。存瓌，唐庄宗从弟，克宁子，官使相。史均未载。

夏六月辛卯朔，崇为周所攻，遣使称侄，乞援，且求封册。即遣燕王德呀、原作滕蜡枢密使高勋册为大汉神武皇帝。〔考异〕契丹国志云，二月，命招讨潘聿撚遗刘崇子承钧书，崇复书求封乞援。四月，遣使如北汉，告以周使田敏来约，岁输十万缯。崇使郑珙以厚币来，请行册礼，从之。寻遣学士卫融来谢。珙青州人，有异才，官平章事。融字明远，青州博兴人，历官平章，仕宋为司农卿。子偁傅、孙齐皆进士及第。通鉴云，初，戎主北归，横海节度潘聿撚弃镇随之，官西南招讨使，至是使遗承钧书。 吴任臣十国春秋云，乾祐四年二月，汉遣通事舍人李鍪使辽乞援。三月，至辽，约为父子，国使拽剌梅里来聘。时以郑珙、赵华同平章事，次子承钧为侍卫亲军都指挥使，太原尹李存瓌为代州防御使，张元徽为马步都指挥使，陈光裕为宣徽使。元徽，武安人，后官武宁节度。 欧史云，兀欲以自爱黄骝九龙、十二稻玉带报聘。 朱昱猗觉寮杂记云，玉带阔狭以道，言当用"稻"字，五代刘崇以十二稻玉带遗汉高祖。王保衡晋阳见闻录云，珙达北廷，北俗以酒池肉林为名，虽不饮酒，如韦曜辈皆加灌注成疾。珙魁岸善饮，罹无量之逼，宴罢载归，一夕腐胁，卒，舆尸复命。史均未载。

秋九月庚申朔，世宗自将南侵周，次归化州尚和原作祥古山，被弑。群臣讨平乱党，立穆宗而还。

是岁，改元应历，遣刘承训告哀于汉。

冬十一月，汉遣使来吊。嗣后信使不绝。〔考异〕薛史云，七月，镇州奏破河东贼军于平县西，斩首五百级。 欧史云，十月，汉人攻晋州，十一月，王峻、王彦超拒却之。 契丹国志云，九月，北汉主自团柏攻周，帝引兵会，遇害。十月，穆宗遣萧禹厥将奚、辽兵五万会北汉伐周，攻晋州；周将王万敢、史彦超、何徽拒之。周太祖率王峻来救，辽、汉兵夜遁。 吴缜五代史纂误云，欧史谓萧禹厥出阴地关攻晋州，为王峻败。按峻传，汉闻周兵至即解去，未交锋，安得云败也。通鉴辑览云，周主亲征不果行。禹厥作裕矩。 吴任臣十国春秋云，汉攻晋州久不克，会大雪，军乏食，辽兵思归，闻峻至，烧营宵遁。先是，峻闻晋州南有蒙阬，最险要，忧汉兵据之，嗣知前锋已度蒙阬，喜曰："吾事济矣！"及入晋州，遣将仇宏超等追及于霍邑，奋击汉军，大败之。药元福请乘此翦扑，峻止之，遂解去。 通鉴云，契丹北至晋阳，士马什损三四。时北汉土瘠民贫，内供军国，外奉辽币，赋役繁重，民不聊生，逃入周境者众。史均未载。 舆地广记云，晋州为尧都，所谓平阳也。秦、汉属河东郡，魏分置平阳郡，刘渊都焉。后魏兼置唐州，寻改晋州，隋为临汾郡，唐复旧，又为平阳郡，升定昌军，后周改建雄军。今县十：临汾、洪洞、襄陵、神山、赵城、汾西、霍邑、冀氏、和川、岳阳。又，阴地关，在灵石县西南百二十里。

穆宗应历二年（壬子九五二）夏六月壬寅，汉为周所侵，遣使求援，命中台省右相高模翰及汉兵围晋州。〔考异〕薛史云，周广顺二年二月，府州折德扆奏破河东军，斩首二千级，寻克岢岚军。九月，契丹寇深、冀州，遣刘海、何继筠等拒却之。蕃军杀冀部丁壮数百去。杜延熙败之于瀛州南，斩首三百级，获马四十七匹。契丹易州刺史石越来奔。　欧史云，契丹遣杨衮将兵十万助汉。汉主以张元徽为先锋，自将三万骑攻潞州，败李筠将穆令钧兵于太平驿，围潞州。通鉴谓遇伏被杀，系之显德元年，即应历四年。方舆纪要谓汉将李存环。令钧作令均。吴任臣十国春秋谓汉主自将兵三万，以白从晖为都部署，张元徽为先锋，与辽兵南出团柏屯梁侯驿，李筠遣牙将逆战于太平驿。元徽斩其将穆令均，筠遁归上党。三月，汉兵逼潞州，乘胜而南。系之乾祐七年，为应历四年，辽史，将兵者为政事令敌鲁，均与欧史异。筠，太原人，仕唐为控鹤指挥使，入周历使相、太傅兼待中。　契丹国志云，六月，辽幽州节度使萧海真诈降周，不纳。九月，攻冀州，为周拒。是冬，幽境大水，流民入塞者四十余万。周诏所在赈给，中国民被掠得还者十五六。方舆纪要又云，高模翰渡胡卢河攻冀州，周兵屯贝州拒之。所载各异。

是冬，汉遣使进葡萄酒。〔考异〕吴任臣十国春秋云，是岁，麟州刺史杨崇训归款于周。初，崇训父信受命于周为刺史，及信卒，崇训以州归汉。至是，为群羌所围，叛去，后复归于汉。欧史系之明年正月，且崇训作重训。又异。

三年（癸丑九五三）春闰正月壬午朔，汉以高模翰却周军，遣使来谢。

三月庚辰朔，南唐遣使来贡，因附书于汉，诏达之。丁酉，汉遣使进球衣及马。

夏五月，汉遣使言石晋树先帝圣德神功碑为周毁，请再刻，许之。〔考异〕契丹国志云，正月，攻定州，为周将杨宏昭所败。六月，张藏英降周。纲目，宏昭作宏裕。　欧史云，七月，卢台军使张藏英来奔。日下旧闻考引悦生随抄云，藏英，范阳人。唐相嘉贞后。唐末，举族数十口为贼孙居道所害。藏英幼，后逢居道于幽州，刺之，不死，为吏执，节帅赵德钧壮而释之。求出为关南巡检，卒擒杀居道，设父母位，剖心肝以祭。事闻，诏勿问。目为"报仇张孝子"。　薛史云，闰五月，定州奏契丹攻义丰军，拒却之。镇州奏契丹寇境，遣兵追至无极而还。史均未载。

秋八月己未，汉遣使来求援。

九月庚子，汉遣使贡药。

冬十一月辛（酉）〔丑〕（据辽史卷六穆宗纪改）葬贞烈皇后于祖陵，汉使来会葬。〔考异〕通鉴云，九月，契丹寇乐寿，齐州戍兵右保宁都头刘汉章杀都监杜延熙，谋应契丹，事泄，并其党伏诛。纪未载。吴任臣十国春秋云，乾祐六年十二月，乔赟侵周府州，为折德扆败。　按，乾祐六年，即辽应历三年也。史未书府州兵败事。　王溥五代会要云，六月，河南、北诸州，旬日无乌，既而聚泽、潞山谷中，集于林木，压树枝折。至显德元年，崇为周所败，伏尸血流，故先萌其兆。

四年（甲寅九五四）春正月，周主威殂，子晋王柴荣嗣立。邢州龙冈人。父守礼，威圣穆后兄。威无子，养为子。　曾巩隆平集云，柴翁者，独居，司冥事，一日笑不止。妻问故，不答，醉以酒，乃曰："帝命郭郎为天子。"　按，翁即守礼父。史佚其名。　东都事略云，时世宗尹开封，曹翰劝入侍太祖疾，翰总府事。及即位，历州镇。　苏辙龙川别志云，柴后，魏安成人。父曰柴三礼，本唐庄宗嫔御。庄宗殂，遣归，至河上，父母迓之。止逆旅，见一丈夫冒雨来，异之，问主人。曰："此马铺卒吏郭雀儿。"后取囊中装，分半与父母，自取其半，遂成婚，即周太祖也。周祖有女，转徙至葛驿，嫁张永德，与周祖遇，挈之军中。周祖入汴，亲戚尽诛，唯永德夫妇免，遂极富贵。

二月丙午朔，周遣兵攻汉，命政事令耶律达鲁原作敌禄，字阳隐。孟父房楚国王后。援之。丙辰，汉遣使来进茶药。帝幸南京。

夏五月乙亥，忻、代二州叛汉，遣南院大王特烈原作挞烈。卷七十七有传。〔考异〕卷七，应历十四年以西南招讨使援汉，十八年，于雕窠中得牝犬来献，疑即此人。又卷八十八萧迪里传，四世祖宰相挞烈，另一人。助达鲁讨之。丁酉，败周师于忻口，在忻州北五十里。其将符彦卿引兵退。

六月癸亥，特烈献所获。〔考异〕契丹国志云，二月，辽遣武定节度使杨衮将兵会汉主趋潞州，周李筠来拒。五月，周主自将至晋阳，旗帜环城四十里。衮遁，主囚之，使屯忻、代。符彦卿迎战，辽兵退保忻口。彦卿轻进，败还晋阳。 特烈传，周遣郭从义、尚钧等拒于忻口，特烈击败之，获其将史彦超，周军遁归，复所陷城邑。 按，通鉴作李筠、张永德，无从义、钧名。 纲目云，三月，世宗与汉主战于高平，亲犯矢石。宋太祖与张永德分左右翼奋击，汉大败；张元徽战死，衮遁。汉主奔晋阳。 李焘长编云，永德，阳曲人。显德初，有方士私谓永德，言宋太祖受命之符者。永德在军中，潜意推奉，及即位，宠待优渥。 苏辙龙川别志云，太宗娶符后，太祖使永德助聘财。 薛史云，高平之战前夕，有大流星如日，行数丈，坠于贼营。又，张元徽作张晖，与枢密使王延嗣同死。先是，世宗命李彦崇守江猪岭遏寇归路，闻败而退；及崇归，果由是岭，坐贬。岭在长子县西南。 陶岳五代史补云，初，樊爱能、何徽败，世宗怒，跃马入阵冲崇军。崇惊，遂大败。凯还至潞州，斩爱能等。初，崇见周兵少，请以本军战，契丹畏周军，不救而败。　王巩闻见近录云，初，斩败将七十二，即坐中如数补之，左右股栗。及再战，不用命者，太祖刃其笠识之，战罢，皆斩。军声大振，遂围太原。　欧史云，围城久不克，闻史彦超战死，〔遽〕（据新五代史卷三三史彦超传补）班师，仓卒之际，亡失甚多，忧愤不食者数日。初，高平之败，汉主乘契丹所赠黄骝，帅百余骑，由雕窠岭遁归。后为黄骝治厩，饰以金银，食以三品料，号"自在将军"。又云，四月，汉董希颜以汾州附；张汉超以辽州附，取岚、宪、石、沁州；李勍杀刺史赵皋以忻州附。五月，郑处谦以代州附。　吴缜五代史纂误云，北汉世家谓桑珪杀处谦，以城降周。稍异。　方舆纪要云，周初，遣王彦超出阴地关攻汾州，符彦卿自磁州固镇出汉军后。汉主至高平，陈于高原，与周军遇，中军陈于巴公原，为周兵败。高平县、巴公原均在泽州北。里道记云，固镇至辽州三百一十里。　吴任臣十国春秋云，时周主新立，谓汉幸丧，宜自将，群臣劝不可轻动。周主曰："以吾兵之强，如泰山压卵耳！"遂行。遇于高平之高原。帝以中军陈于巴公原，张元徽居东偏，杨衮居西偏。衮谓周师劲敌，勿轻动。帝言时不可失，衮怒而去。及战，元徽击右军，兵始交，周将樊爱能、何徽先遁，右军溃。周主怒，跃马入陈，直冲牙帐，帝方张乐饮酒示闲暇，及奄至，殊惊惶。周主亲犯矢石，赵匡胤、马仁瑀、马全义、张永德等摧锋陷陈，元徽马踬，被杀，遂大败。是役也，衮蓄怒，按兵不战，故全军返，北屯代州。帝遣王得中送衮归，求救于辽。辽遣得中归报，许发兵救晋阳。周遣符彦卿等将兵发潞州，韩通自阴地关来会。四月，王彦超陷石州，执刺史安彦进。宪州刺史韩光愿，岚州刺史郭言，泌州刺史李廷海举城降。五月，辽遣挞烈来援。周主至太原，郑处谦以代州降。衮遁归，辽主囚之。挞烈败彦卿于忻口，处谦为桑珪诬其通辽，杀之。史彦超战死，周主因久雨，遂归，尽弃所得州县。惟桑珪据代州不下，攻拔之。王得中，上党人，官枢密直学士。自辽归，被执，为周杀。所载较详。

秋七月乙酉，汉民有为辽军误掠者，遣使来请，诏悉归之。

九月丙申，汉为周所侵，遣使来告。

冬十一月，彰国节度使萧迪里、原作敌烈。〔考异〕陈浩辽史考证云，卷六，应历二年，林牙，谋乱就获；三年，太保，又郎君；九年，王子；卷十七，圣宗太平八年，南院大王，为上京留守；卷十九，兴宗重熙十二年，同知析津府事；十三年，北枢副为右伊勒希巴；十八年，汉人行宫都部署，为左伊勒希巴；卷二十五，道宗大安四年，伊实大王知西北招讨事；卷二十九，天祚保大三年，军将，后雅里时为枢密；卷六十六皇族表，太祖系雅尔噶子，南府宰相；圣宗系乌格四世孙；卷八十八传，圣宗时中京留守；卷九十四耶律世良传，族弟；卷九十六传，道宗时塔布城节度；卷一百十三萧翰传，别名；卷一百十四萧呼都克传，族弟，旗鼓伊喇。十八人同名敌烈。太保许从赟奏忻、代二州捷。

五年（乙卯九五五）春二月庚申，汉遣使来上尊号，不许。

夏四月己酉，周侵汉，汉遣使求援。〔考异〕王溥五代会要云，显德二年三月，命许州节度使王彦超等筑垒于李晏口，与蕃兵数千骑战于高平县南，败之。纪未载。 薛史云，三月，建李晏口为定安军，距冀州百里，北距深州三十里，夹胡卢河为垒。先是，贝、冀之地，密迩戎疆，驰突无阻。帝按图定策，筑垒戍守，颇扼要害。敌骑不敢涉河，边境始得耕牧。今为李晏镇有二：一在景州东北为东镇；一在深州南为西镇。以辽降将张藏英守之。

秋九月庚辰，汉主有疾，遣使来告。

冬十一月乙未朔，汉主崇殂，子承钧遣使来告，且求嗣立。遣使吊祭，遂册立之。〔考异〕崇卒于显德元年，即应历四年，通鉴考异征据各书甚详。契丹国志亦系于四年冬，云：承钧上书称男，辽谓之儿皇帝。史载在五年，疑误。　吴缜五代史纂误云，欧史十国年谱，显德元年即汉乾祐七年。注云："承钧立，即战于高平之岁，而东汉世家谓崇自高平败后被围，以忧得疾，明年十一月卒。所载互异。盖世家误有"明年"二字也。按，薛史周世宗纪及僭伪列传、王举大定录、宋庠纪年通谱、王溥周世宗实录皆言崇死于显德二年乙卯十一月。均误。惟王保衡晋阳见闻要录云，卒于甲寅冬。与年谱合。　周密齐东野语，刘道原子羲仲尝摘欧公五代史讹谬为纠缪一书，示东坡。而王明清挥麈录云，蜀人吴缜初登第，请于文忠，愿预官属，公不许，因撰纠缪，岂别为一书耶！　吴任臣十国春秋云，王保衡仕汉，官中书舍人，直翰林院，乃汉旧臣，言当足信。又云，承钧好学，工书，始行三年丧礼。辽遣刘承训来册命，更名钧，时年二十九，仍称乾祐七年，不改元。所载较详。崇葬交城北山，山在交城北百二十五里。

十二月辛巳，汉遣使来议军事。

六年（丙辰九五六）夏六月甲子，汉遣使来议军事。

七年（丁巳九五七）夏五月辛卯，汉遣使来贡。〔考异〕薛史云，显德四年十月，汉麟州刺史杨重训以城降，周授防御使。　契丹国志云，十一月，辽遣侍中崔勋将兵会汉将李存环南侵潞州，至城下而还，赠勋甚厚。吴任臣十国春秋，重训之降，潞州之役，均系之天会元年，即应历八年。又崔勋作高勋。所载各判。

八年（戊午九五八）夏四月甲寅，南京留守萧思温攻下沿边州县，遣人劳之。〔考异〕思温传，字伊库，尚燕国公主。在军握觚（不）（据辽史卷七八萧思温传删）修边幅，皆言非将相才。周攻扬州，帝遣思温蹑其后，惮暑不敢进，拔缘边数城而还。小字英格，旧作寅古。父华默哩，旧作忽没哩。公主为太宗长女，名罗卜科，原作吕不古。次女绰哈，原作朝瑰，嫁宰相萧哈里。　薛史云，四月，澶州节度使张永德准诏赴北边，以契丹犯境故也。

五月，周陷束城县。

六月辛未，思温请益兵，乞驾幸燕。〔考异〕思温传，周侵冯母镇，势甚张，请益兵；诏与统军司并兵拒之。会敌入东城，辽军退渡滹沱而屯。思温勒兵徐行，周师退，乃还师。　方舆纪要云，显德五年，周成都帅郭荣攻拔束城县。在河间府东北六十里。思温传作东城。疑误。　薛史云，七月，邢州留后陈思让奏破河东军千人于西山下，斩首五百级。史未载。

冬十一月辛酉，周复来侵，汉遣使来告。乙丑，使再至。

十二月庚辰，又至。〔考异〕吴任臣十国春秋云，汉改乾祐十年为天会元年，正月大赦。以子继恩为太原尹，卫融同平章事，段常为枢密使，蔚进掌亲军，潜结江南、西川为外援。五月，遣使贡方物于辽。七月初，立七庙于高祖旧第，号显圣宫。十二月，唐使陈处尧自契丹来，游太原，厚礼之。留数日，北还。段常一作段恒，避宋讳改。刘恕十国纪年，陈处尧作段处常，官兵部郎中。王保衡晋阳见闻录作处尧，云如契丹乞兵，因来游。蔚进官侍卫都指挥使，忤郭无为，出知代州。纪载各异。

九年（己未九五九）春正月戊辰，帝驻跸潢河。

夏四月丙戌，周来侵。戊戌，以南京留守萧思温为兵马都总管击之，周拔益津、瓦桥、淤口三关。

五月乙巳朔，陷瀛、莫二州。癸亥，如南京。辛未，周兵退。〔考异〕思温传，周主与诸将傅元卿、李崇进等分道进围瀛州，陷三关，迫固安。思温不知计所出，将士请战，不许。俄陷易、瀛、莫州，边民遁入西山。思温表请亲征，会周主病归，乃还。　纲目云，四月，周师至益津，终廷辉以城降；至瓦桥，姚内斌以城降；莫州刺史刘楚信、瀛州刺史高彦晖，皆举城降。进拔易州，斩刺史李钦献，关南悉平。还，趣幽州。册府元龟刘楚信作刘信。　薛史云，四月，幸沧州，驻跸乾宁军，刺史王洪以城降。丁酉，御龙舟，顺流至益津，复舍舟登陆，抵瓦桥。凡得州三，县十七。张藏英破契丹于瓦桥关北，下固安县。李重进出土门入河东界，败其军于百井，斩首二千级。孙行友拔易州，擒刺史李存钦来献，斩之。　司马光涑水纪闻云，时藏英从征契丹，自请往说瓦桥关降之。内斌，卢龙人。降后为汝州刺史。方舆纪要云，乾宁军即芦台军，在沧州西北九十里，为戍守重地。　舆地广记云，五代置乾宁军，入契丹，因复取之。　通鉴云，韩通奏自沧州治水道入契丹境，栅于乾宁军，开游口三十六，遂通瀛、莫。戎主遣使者日驰七百里诣晋阳，命北汉主发兵挠周边，闻上南归，乃罢兵。拔三关及莫州在四月，降瀛州在五月，退兵在壬子。李存钦作李在钦。莫州，唐置。初为鄚州，后以"鄚""郑"文相类，改为莫州。县一：

任邱。汉莫县地，在河间府北七十里。　吴任臣十国春秋云，天会二年正月，周将杨廷璋败汉兵于隰州城下。刺史孙议暴卒，廷璋檄李谦溥权知州事。汉兵攻城，败退。　按，天会二年，即应历九年也。而以思温之败，关南之失，百井之役，世宗之殂，均书作天会三年，与史差一年耳。　陶岳五代史补云，世宗至瓦桥，登高阜，父老谓是"病龙台"，遂驰归。先是，梦神遗大伞，道经一卷，得天下。至是，梦中神索还，自知不祥。时谓"天子姓柴，燕者烟火，柴入火不利，安得成功"？卒如其言。魏璘传，谓璘善卜，穆宗问之，答如此。　叶梦得避暑录话云，杨文公谈苑载世宗尝为小诗示窦俨。俨言今四方僭伪主皆能为之，若求工则废务，不工则为所窥。世宗遂不复作。度所作诗必不佳，故云尔。然非世宗英伟识大略，岂得不忤？又安肯弃去！信为天下者在此不在彼也。

六月戊寅，复容城县。庚申，〔考异〕六月系乙亥朔，不应有庚申日。史恐误。西幸，如怀州。〔考异〕薛史云，六月，潞州李筠攻下辽州，获刺史张丕旦，晋州杨廷璋招降河东堡砦十三所。都部署韩令坤败契丹于霸州北。　吴任臣十国春秋云，六月，周李筠攻石会关，拔六寨，李谦溥克孝义，三遣使如辽告急。国中大雪，国人唱曰："生怕赤真人，都来一夜春。"人以为宋受命之应。张丕旦作张丕。史均未载。

是月，周主荣殂，〔考异〕世宗旋师大梁，崩于滋德殿。（按，旧五代史卷一一九世宗纪，谓崩于万岁殿）陶岳谓驰归，是夜即不豫，翌日病，亟回，未及宴而崩，亦俗说耳。　王巩随手杂录云，世宗销铜像铸钱，真定像以高大免。及北征，命以炮击之，中佛乳。未几，痈发乳间，殂。杨文公谈苑谓以斧破脑。后病，疽发脑间。或谓报应，太祖因重释教。鲁应龙闲窗括异志亦云。李焘长编谓以斧钺自胸镌破之，后疽发胸间。稍异。　潘永因宋稗类钞云，枢密王朴因元象大异，夜与世宗微行，止五丈河旁，见一灯荧荧然，近则渐大，至隔岸，火如车轮，中一小儿引手相指。朴泣请世宗拜之而没。朴寻卒。世宗伐幽、燕，道殂。至明年，宋受命，大物小儿，盖国朝火德之兆也。**子宗训立。**世宗第四子，后谥恭帝。

秋七月，发南京军戍范阳。〔考异〕曹学佺名胜志云，范水在州西南。水北曰阳，古范阳郡名以此。 许亢宗奉使行程录云，近城有涿河、刘李河，合范河，东南入海，故曰范阳。 乐史太平寰宇记云，督亢陂在范阳县东南十里。刘向别录谓督亢，燕膏腴之地。孙畅之画述曰，燕太子丹使荆卿赍督亢地图入秦，即此。郡国志引徐野云，方城县有督亢陂。 契丹国志云，秋九月，遣其舅使唐，周荆罕儒使盗杀之于清风驿。罕儒，冀州信都人，官兵马钤辖、郑州防御使。见长编。 马令南唐书云，保大二年七月，契丹使其舅来聘。初，升元中，宋齐邱选宫嫔，杂以珠贝锦绮，泛海北通契丹，约复中原。戎使至，则厚币遣还，迨至淮北，辄使人刺之。遣使报聘，戎意置杀其使，数犯中华。至是，馆于清风驿，夜谯更衣，盗斩其首。契丹自是不至，盖中原间之也。 龙衮江南野史云，周世宗初征淮南，诏书曰："结连并寇，与我为仇；勾诱契丹，至今未已。"皆齐邱始谋也。或谓戎母青嫒，乃江南之嫔。罕儒刺客名田英，赏三千缯。 吴任臣十国春秋元宗纪云，先是，升元中，宋齐邱谋间晋，会契丹使燕人高霸来聘，归至淮北，阴遣人刺杀之，而匿霸之子乾于濠州。至是，周亦杀辽使以间之，契丹遂不至。齐邱传同。字子嵩，世为庐陵人，官太师、中书令、平章事，封青阳公，缢死。按，辽使被杀，南唐书系之保大十二年，在周为显德元年，在辽为应历四年，国志作应历九年，未知孰是。辽史应历五年、七年，南唐三遣使来贡。辽未与绝也。 陆游南唐书云，保大十三年，周侵淮南，元宗命段处常如契丹求援，陈利害甚辨。

契丹本无出师意，留不遣。处常屡面诮，戎主优容之。寻病卒。十四年，元宗复遣间使求援于契丹，至淮北，为周执。复命陈处尧至契丹乞师，竟不返。　通鉴胡三省注云，自徐温执吴政，屡泛海使契丹，至唐烈祖、中主皆然。史多未载。

冬十二月戊寅，还上京。〔考异〕吴任臣十国春秋云，是冬，辽人谋会兵攻周镇、定二州。史未载。

十年（庚申九六○）春正月，周殿前都点检赵匡胤涿郡人，父宏殷，母杜氏。废其主而自立，国号宋。〔考异〕东都事略云，时河东与契丹连兵寇镇、定，周命太祖北征。俄闻太祖即位，惊曰："中国有英主矣！"遂遁去。史未载。　苏辙龙川别志云，时韩通以亲卫战阙下，败死。太祖释甲诣政事堂，范质见太祖，首陈禅代议。　薛史云，世宗北征，凡供军之物，皆令自京递送，内得一木，长二三尺，其上封题曰"点检做"。观者莫测，至是乃验。彭百川太平治迹统类云，世宗于文书囊中得木，长三尺余，题曰"点检作天子"。时阳曲张永德为是官，命太祖代之。又梦从世宗游池上，授以印。时都下欢言，将以出兵日册点检为天子，内庭不知。　潘永因宋稗类钞云，太祖征李筠，以太宗为大内都点检，都民惊曰："点检作天子矣，更为一天子地耶？此又人口木简也。

夏五月壬子，汉以潞州归附来告。

六月庚申，〔考异〕历象志朔考，是月系己巳朔，不应有庚申日。史恐误。复以宋兵围石州来告，遣大同节度使阿拉原作阿剌。〔考异〕汪辉祖辽史同名录云，卷九十，北院枢密使陈王傅萧阿拉；卷一百萧酬斡传，祖，采访使，三人同名阿剌。率四部往援，诏萧思温以三部兵助之。

秋七月己亥朔，宋兵取石州，潞州复归宋，汉使来告。〔考异〕宋史太祖纪，六月，永安节度使折德扆破北汉沙谷砦；昭义节度使李继勋焚平遥县。十月，晋州钤辖荆罕儒袭北汉汾州，死之。　吴任臣十国春秋云，时郝贵超镇汾州，潜出师袭其营，罕儒战死。宋斩其部将不用命者二十余人。　李焘长编云，侵汾州还，次京土原，为郝贵超擒，手杀数十人，乃遇害。北汉主欲生致罕儒，闻其死，戮杀罕儒者。事闻，帝痛悼，以其子守勋为西京武德副使。

十一年（辛酉九六一）冬十二月乙未。〔考异〕毕沅续通鉴云，昭义帅李继勋奏败北汉军千余人，斩百余级，获辽州刺史傅廷彦弟勋以献。　吴任臣十国春秋云，执傅廷彦及弟勋，时汉结代北诸部侵麟州，夏州李彝兴遣李彝玉会诸镇兵来御，乃引还。李焘长编云，继勋以质直称，性俭啬，酷信释氏。与太祖有军中之旧，故特承宠遇。卒，赠中书令，封陇西郡王，谥庄武。

十二年（壬戌九六二）夏四月戊申。〔考异〕毕沅续通鉴云，北汉攻麟州，防御使杨重勋击走之。路振九国志云，北汉主以僧继邕知国政。继邕游华岩，见地有宝气，于团柏谷置银场，募民开采，号宝兴军。　吴任臣十国春秋云，天会六年二月，汉兵侵晋、潞二州，为宋将所败。四月，太原民潜逃降宋者四百七十人。七月，捉生指挥使路贵等十一人降宋，并补内殿直。又继邕作继颙，鸿胪卿。　李焘长编云，重勋即承训也。避周恭帝讳，改焉。继禺系刘守光子，削发为浮图，居五台山。多智计，能讲华严经。四方供施，多积蓄，以佐国用。五台当契丹界，继禺，常刷其马以献，号"添都马"，岁率数百匹。置银冶，主取其银贡契丹，岁千斤。累官太师、中书令，卒，封定王。　陶毂清异录云，继颙住五台，手执铁如意，紫檀镂成，芳馨满室，名曰"握君"。　乐史太平寰宇记云，五台山在代州五台县东北一百四十里。华严经大疏清凉山即此。

释道<u>世法苑珠林</u>云，山方三百里，巉岩崇峻，不生草木。五峰耸出，如垒土之茎，故曰<u>五台</u>。详<u>高士奇扈从西巡日录</u>。所载甚详。

十三年（癸亥九六三）春正月丙寅，<u>宋城益津关</u>，命<u>南京</u>留守<u>高勋</u>、统军使崔（延）〔廷〕勋（据<u>辽史</u>卷六<u>穆宗纪</u>改）以兵扰之。

二月庚寅，<u>汉</u>遣使来告，欲巡边徼，乞张声援。

秋七月辛亥朔，<u>汉</u>以<u>宋</u>侵来告。

冬十月丙（辰）〔申〕（据同上书改），复以<u>宋</u>侵来告。〔考异〕<u>毕沅续通鉴</u>云，八月丁亥，<u>王全斌</u>、<u>郭进</u>、<u>曹彬</u>等攻<u>北汉乐平县</u>，降其将<u>王超</u>等。<u>北汉</u>将<u>蔚进</u>、<u>郝贵超</u>悉蕃、<u>汉</u>将来救，三战，皆败之，下<u>乐平</u>，建为<u>平晋军</u>，一作<u>乐平军</u>。丙申，<u>北汉静</u>（乐）〔阳〕（据<u>续通鉴</u>卷三<u>宋纪</u>改）等十八（县）〔寨〕（据同上书改）首领来降。九月，<u>北汉</u>主引<u>契丹</u>攻<u>平晋军</u>，<u>郭进</u>等往救，师退。<u>宋史太祖纪</u>十八县作十八砦。 <u>路振九国志</u>云，<u>郝贵超</u>被擒。按，<u>贵超</u>明年复战<u>辽州</u>，谓被擒者误。 <u>方舆纪要</u>：<u>平晋军</u>在<u>太原县</u>东北二十里。<u>北汉</u>复侵<u>安国军</u>，节度<u>罗彦瓌</u>等追败之于<u>静阳镇</u>。<u>安国军</u>即今<u>顺德府</u>。 <u>李焘长编</u>云，乾德元年七月，<u>北汉</u>殿直<u>王隐</u>、<u>刘诏</u>、<u>赵峦</u>等谋叛，诛。辞连枢密<u>段常</u>，出为<u>汾州</u>刺史，缢杀之。用宠姬（薛）〔郭〕氏（据<u>长编</u>卷四改）潜也。死非其罪，国人怜之。以平章<u>赵宏</u>兼枢密使，<u>郭无为</u>同平章事。与<u>宏</u>不协，出<u>宏</u>刺<u>汾州</u>，<u>无为</u>兼枢密，军国之务，一以委焉。<u>宏</u>徙<u>岚州</u>。 按，<u>宏</u>即<u>文度</u>，国史有传。<u>无为</u>传称<u>文度</u>与<u>无为</u>不协，既出知<u>汾州</u>，<u>段常</u>乃被杀。国史亦同。然<u>崇建国</u>、<u>郑珙</u>、<u>赵华</u>为相，非<u>文度</u>也。出知<u>汾州</u>，亦不在<u>段常</u>被杀之前。国史及<u>九国志</u>皆误。事在<u>天会</u>四年，而<u>五代史</u>

及九国志又以常被杀在天会五年七月，亦误也。今并从刘恕十国纪年。又，吴任臣十国春秋云，汉天会七年十二月，辽主贻书来责帝，遣继文谢曰："父为子隐，愿赦之。"自是辽使不至，而使往辄见留，群臣皆以使北为惧。史均未载。

十四年（甲子九六四）春正月戊戌，汉以宋将来袭，驰告。

二月壬子，命西南招讨使特烈进兵援之。壬申，汉以败宋兵于石州来告。

夏四月丁巳，遣使来谢。〔考异〕李焘长编云，乾德二年正月，昭义帅李继勋与钤辖康延沼、〔都〕（据长编卷五补）军头尹勋等帅步骑万余攻辽州，北汉郝贵超赴援，战城下，大败。刺史杜彦韬（按长编卷五作杜延韬）与指挥冀进、都监侯美及部兵三千举城降。北汉寻引契丹六万众入侵，继勋与曹彬等六万兵破走之。即遣慕容延忠奏捷。未言宋石州兵败事。刘筠并不载辽兵来援事。明年三月，晋州言罗侯、松谷两寨指挥张贵等七百人来归。毕沅续通鉴云，正月，继勋攻辽州，杜延韬降。辽遣耶律达里六万骑赴援，败继勋兵于石州。达里用兵赏罚信，得士卒心。河东单弱，不见吞并者，达里有力焉。先官南院大王，乌珍为北院大王，均有政迹，故主虽暴虐而境内粗安。是月，北汉耀州团练使周审玉等来降。按，达里即特烈，原作挞烈，辑览作塔鲁。字尼噜古，六院郎君尼古察后，官终政事令。彭百川太平治迹统类云，并人引辽众六万来援，继勋与罗彦瓌、武怀节击败之于辽州城下。又寇平晋军，郭进与曹彬赴援，未至，遁。吴任臣十国春秋云，彬等攻辽、石二州，汉郝贵超赴援，败绩于辽州城下。与长编略同。

十六年（丙寅九六六）秋八月丁酉，汉遣使贡金

（币）〔器〕（据辽史卷七穆宗纪改）、铠甲。

冬十月庚辰，汉主有母丧，遣使赙吊。

十二月戊辰，汉遣使来贡。〔考异〕毕沅续通鉴云，二月，安国节度使罗彦（环）〔瓌〕（据续通鉴卷四改）等败北汉兵于静阳，擒其将（卢）〔鹿〕（据同上书改）英。十二月，北汉复取辽州。宋史太祖纪，卢英作鹿英。李焘长编，复取辽州作北汉都虞候刘继钦，云据九国志及十国纪年，他书皆无之。然乾德二年取辽州，不见新除守将，或再失之。至乾德六年三月始书以齐州团练使李守节知辽州。史未载是岁攻取事。

十七年（丁卯九六七）春二月甲子，高勋奏宋将城益津关，请以偏师扰之，诏从之。

十八年（戊辰九六八）秋七月辛丑，汉主承钧殂，〔考异〕毕沅续通鉴云，谥为孝和皇帝，庙号睿宗。按，五代史及宋史均不书其庙号，惟吴任臣十国春秋书之。　宋史太祖纪，开宝元年正月，北汉指挥任恩等以偏城砦降。七月，胡遇等以颖州砦降。李焘长编，任恩作任守恩，云，四月，晋州言北汉军校翟洪贵等二百余人来降。七月，镇州言北汉乌玉寨主胡遇百三十九人来降。上尝因北汉谍者谓其主曰："君与周世仇，宜不屈。今我与尔无所间，何为困此一方人？若有志中国，（则）〔宜〕（据长编卷九改）下太行决胜负。"主复曰："河东土地、甲兵不足当中国十一，区区守此，盖惧汉氏不血食也。"上哀其言，故终孝和世不复北伐。刘恕十国纪年作使邢州人盖留说北汉主云。　十国春秋，承钧殂作天会十二年七月戊申，史作七月辛丑。云，三月，宋镇州守将破马鞍山砦。所载各异。子继元立，遣使来告。使人吊祭。〔考异〕宋史北汉世家，钧殂，继恩立，郭无为弑之，立继元。不书继恩者，盖崇在时凡事禀命于辽，岁使不绝。钧礼文多略，辽主贻书责以三罪，自是辽使不来，汉使往，辄见留。至继元复通好。据事直书，致漏继恩耳。　契丹国志云，继恩为承钧养子，立六十余日，被害。毕沅续通鉴云，供奉官侯霸荣以刃揕胸，杀之。无为人，杀霸荣。后亦谋叛，欲降宋，为阉人卫德贵所告，伏诛。　薛应旂通鉴云，汉世祖女适薛钊，生继恩；再适何氏，生继元，均幼孤。世祖命钧养为子。　李焘长编云，继恩幡腹多髯，长上短下，乘马雌梧，徒步即侏儒。昏定晨省，无违礼。霸荣，邢州人。多力、善射，走及奔马。尝为盗并、汾间。汉世祖用为指挥，戍乐平。王全斌来攻，霸荣率所部降之，补内殿直。寻奔汉，为供奉官，谋杀继恩，持其首归朝，无为杀之。或谓无为实使之，杀以灭口，故人无知者。又载辽责书，略曰："尔先父穷来归我，我先兄天授皇帝待以骨肉。洎余继统，兼修前好。尔父即世，我用命，尔即位枢前。丹青之约，我无所负！尔父据有并、汾七年，只称乾祐。尔不遵先志，辄肆更张。为李筠举兵，曾不我告。诬害段常，谋及妻子。妇言是用，非尔而谁？我务敦大义，曲容瑕垢，父子之道，所不忍渝。尔宜率德改行，无自贻伊戚也！　吴任臣十国春秋云，继恩为太原尹，选软不治。孝和尝语郭无为："继恩殊非济世才。"及被弑，朝臣议所立，未决，平章张昭敏独言立主无逾继文者，无为恐发其奸谋，卒立继元。继元疑孝和郭后杀其故后段氏，遣嬖臣范超缢杀之，并灭刘氏子孙无遗类。　按，世祖子十人，除湘阴公、孝和帝见于史籍者，曰镐；曰锜；曰锡；曰锴；曰铣。镐、锜、锡最有贤行，英武；帝用群小潜，均幽死。锴随被杀；铣以佯愚获免。锜或作铙，或谓锜与铙为二人。所载各异。

冬十月辛亥朔，宋围太原，诏特烈为兵马都总管，发诸道兵救之。〔考异〕契丹国志云，宋侵汉，乞援于辽，遣将扼团柏谷。宋李继勋、何继筠等击破之于铜锅河。北汉复攻宋，大掠晋、绛境。　按，李焘长编作洞过河，宋史作铜温河，一作洞涡河，出平定州赤阳县西，流至太原县南，入汾水。亦曰同过水。魏书地理志，四水合道曰"同过"。　吴任臣十国春秋云，时汉将为刘继业、马峰，兵败继筠等，斩首三千级，遂夺汾河桥，进薄太原城，焚延夏门，载于九月，辽来救，及攻晋、绛，载于十一月。毕沅续通鉴云，斩首二千级，擒其将张环、石斌。薄太原，郭守斌出战，又败。丁未，（在）〔佐〕胜军（据续通鉴卷五改）使李琼来降。　方舆纪要，铜锅河之捷，系之宋乾德四年，为辽应历十六年，与诸书均异。　释文莹湘山野录云，时宋收晋，水侵河东，晋危，使殿直程再荣求援。问宣徽使王白，白深于术数，谓晋必无患。因叩他日，白曰："后十年晋破，破即扫地矣。"后果验。又言："契丹后当扶困，再犯中原，饮马黄河而返。"迨太宗征渔阳，及曹彬伐燕不利，辽报役，王师失势于河间，辽乘胜直抵黄河而返，如白言。年八十，卒。

十九年（己巳九六九）春（三）〔二〕（据辽史卷七穆宗纪改）月景宗于是月改元保宁。甲寅，汉主继元遣使来求封册。辛酉，遣韩知范〔考异〕李焘长编作韩知璠。往册为皇帝。甲子，汉遣使进白麃。〔考异〕毕沅续通鉴云，二月乙卯，命曹彬等先赴太原。戊午，诏亲征，李继勋为前军都部署。时北汉刘继业、冯进珂屯团柏谷，闻陈廷山降宋，奔还晋阳，主怒，罢其兵柄。继勋等遂围城。辽使韩知范至，夜开门纳之。明日，置宴，郭无为哭，欲自刭，曰："奈何以孤城抗百万师乎？盖欲摇众心也。无为，青州千乘人。初隐太原抱犊山。　吴任臣十国春秋云，字无不为，方颡乌喙，好学，善谈辨。尝衣褐为道士，居武当山。郭威讨河中，诣军门上谒，不纳，归隐抱犊山。以段常荐，历平章初，宋使谍者惠璘诈称殿前指挥使，负罪来奔，无为知其谋，署为供奉官。及宋师入境，璘即奔赴，至岚谷，为候吏获送太原，命无为鞫之，释不问。有李超者，发璘奸状，上闻，无为怒，并超斩之以灭口。　按，国史本纪及陈廷山传言，廷山以佐圣指挥使领所部来降，事迹殊略。今参取路振九国志。然刘继业传乃云，廷山遇太祖，被擒。又，本纪，廷山来降，系于三月戊寅之后、甲申之前，时车驾尚留潞州也。今不取。九国志又云，王师正月围城，恐亦太早。刘恕十国纪年作二月为是。见长编小注。所载各异。己巳，帝如怀州，遇害，庙号穆宗。世宗第二子贤立，是为景宗。〔考异〕契丹国志云，时承会同余威，中原多事，藩镇争强，北汉、南唐，使车狎至，馈遗络绎，穆宗政昏兵弱，不能悉应。因之骄侈、纵酒、嗜杀，以及于祸。　毕沅续通鉴云，帝次潞州，凡十八日。抵太原，始筑长连城。史昭文以宪州降，拜刺史。帝至城东南，命筑长堤壅汾水，遂决晋祠水灌城。四月，分兵围汾州。命何继筠屯阳曲，大败辽兵，擒其武州刺史王彦符，斩首千余级。帝以所（俘）〔献首级〕（据续通鉴卷五改）示城中，人气夺。　方舆纪要云，阳曲故城在太原西北五十里。隋尝改为阳直县，即木井城也。时继筠败辽兵于石岭关。　李焘长编云，时有欲（纵）〔增〕（据长编卷一〇改）兵攻城者，左神武统军陈承昭进曰："陛下自〔有〕（同上书补）数千万兵在左右，胡不用之？"上未悟，因以马策指汾水。上大笑，因使承昭董其役。后师退，北汉主斩枢副段煦、虞候冯超，坐不救水也。决城下水，注之台骀泽。　蔡絛铁围山丛谈云，辽使后见水退而城始大圮，乃笑曰："南朝知壅水灌城之利，不知灌而决之则无太原矣。"欧史谓系韩知璠言。　玉海云，开宝二年三月，车驾围太原，契丹两道来援。一攻石岭关，一由定州，并人恃之。何继筠屯阳曲驿，以精骑数千扼石岭。上曰："翼日亭午俟捷至。"御北台以俟，见一骑自北来，乃继筠子承睿献捷，生擒刺史王彦符等二人。上命示城下，并人夺气。彰德节度韩重赟大破敌于常山北。捷至，上大悦。　孔守正传，契丹南大王沙相公来援，守正与战，败之，斩万余级，获排阵使王破得。上壮之，召令从驾。史均未载宋、辽战事。

　　夏五月壬寅，汉遣李匡弼、刘继文、李元素来贺。〔考异〕李焘长编云，四月，北汉麟州刺史结齐罗、都监嘉且舍鄂以城来降。命结齐罗为汾州团练使，嘉且舍鄂为石州刺史。五月，幸城东南，命水军攻城。横州团练使王廷义、袁州刺史石汉卿均中流矢死，悉赠官。　毕沅续通鉴云，是月，辽分兵侵定州，韩重赟破之于嘉山，命攻城。遣偏师围岚州降之。会暑雨多病，闻乌珍率援兵至，引还。主籍所弃军储，得粟三十万，茶、绢共数万。丧败之余，得此少济。契丹国志系之次年。误。又云，六月，辽色珍率兵屯太原，刘继业请袭取之，籍马数万，因献地归中国，主不从。比还，赠遗甚厚。史未载。　方舆纪要云，嘉山，在定州曲阳县西十里，曰嘉禾山。　高士奇扈从西巡日录云，唐县东北十五里有望都山，相传尧母庆都，故亦名望都也。　元王恽秋涧集有曲阳道中诗云："软红沙路柳条风，雪拥阳坡见睍融。细绕嘉山三面过，唐河东北望尧封。"嘉山在定州西曲阳，与唐县接壤。唐书地理志云，曲阳关口有三，八度、倒马、委粟，皆极险要。今惟倒马仍存旧名。或云，八度关在唐县西北界，水曲折有八度也。　按，李汉超传，嘉山之战，其子守恩亦在事有功，太祖召见，赐予甚厚。时副重赟者为（初）〔王〕廷（义）〔义〕（据宋史卷二五二王景附廷义传改）。薛应旂通鉴云，岚州刺史为赵文度，以城降。文度初名宏，渔阳人。官平章事，出知汾州，徙岚州，归宋为安国节度，历三镇。善诗，有观光集。子昌图，阁门祗候。见十国春秋。　长编又云，时太常博士李光赞疏请班师，从之。徙太原民万余家于山东、河南，发卒护送，屯镇、潞等州，用绛人薛光化策。光化一作化光，薛奎父。言宜于太原北石岭（上）〔山〕（同上书改）及河北〔界〕西（界）山（同上书乙正）东静阳（封）〔村〕（同上书改）、乐平镇、黄泽关、百井社各建城寨，扼契丹援兵。起其部民于（京）西〔京〕（同上书乙正），给闲田耕种，绝其供馈。如此，不数年可平定。上嘉纳。欧阳修志奎墓云，父化光，以策干太宗，不见用。盖误也。

景宗保宁二年（庚午九七〇），〔考异〕毕沅续通鉴云，春正月，韩知范自太原归，言晋阳多梗，继元无辅。高勋亦云，乃归汉使十六人。仍命刘继文为保义节度使，李弼为枢密使，归秉国政。左右皆毁之，出继文刺代州，弼刺宪州。辽诏切责。主恐，谢过。然卒未召还。通鉴辑览作汉使三十六人。 李焘长编载辽诏曰："朕以汝国连丧二主，僻处一隅，期于再安，必资共治。继文，汝之令弟，李弼，汝之旧臣，一则有同气之亲，一则有耆年之故，遂行并命，俾效纯诚，庶几辑宁，保成欢好。而席未遑暖，身已弃捐，将顺之心，于我何有！"史均未载。

冬十二月庚午，汉遣使来贡。

三年（辛未九七一）夏六月丙子，汉遣使问起居。自是继月而至。

冬十月癸未，汉遣使来贡。

四年（壬申九七二）春二月癸亥，汉以皇子隆绪生，遣使来贺。〔考异〕景宗纪，皇子生于三年冬十二月，至是始来贺。李焘长编云，十二月，乾宁军言北汉民二千二百（八十）四〔十八〕（据长编卷一三乙正）户来归。毕沅续通鉴云，是年正月，北汉攻宋方山、雅尔两寨，击却之。史未载。

五年（癸酉九七三）春正月甲子，<u>汉</u>遣使来贡。

夏六月丙申，<u>汉</u>遣人以<u>宋</u>事来告。

冬十二月戊戌，<u>汉</u>将改元，遣使禀命。〔考异〕<u>毕
沅续通鉴</u>云，<u>五代史记</u>作<u>孝和</u>，没于<u>天会</u>十二年，<u>英
武帝</u>嗣位，改元<u>广运</u>。<u>契丹国志</u>同。据史称，五年，<u>汉</u>将改元，
遣使禀命。则改元当在六年也。<u>吴任臣</u><u>十国春秋</u>引<u>刘继容碑</u>，末署<u>广运</u>元年岁次甲
戌，<u>李恽千佛楼碑</u>亦署<u>广运</u>二年岁次乙亥。时<u>汉</u>主嗣位已七年矣。
<u>李焘长编</u>系改元事于<u>开宝</u>七年，为<u>辽保宁</u>六年，云<u>天会</u>十八年始改
<u>广运</u>，或云十三年即改，盖误，今从<u>通鉴考异</u>，以<u>刘继</u>（皅）〔颙〕
神道碑（据<u>新五代史</u>卷七〇<u>刘旻传</u>改，下同）为正。惟<u>长编</u>作六年
冬杪，<u>十国春秋</u>作六年正月，稍异。<u>继</u>（皅）〔颙〕碑文为<u>杨梦申</u>所
撰，官右谏议大夫。<u>恽撰天龙寺千佛楼碑铭</u>，详见<u>十国春秋</u>。其词
曰："帝宅之西，五里而远，群山邃谷，延〔袤〕（原缺一字，据<u>金石
萃编</u>卷一二二补）萦拥。北自乾坎，南距申西，苍崖峭壁，怪石灵
泉。薜萝荫乳，窅以夏寒；蕙桂向晴，旸而冬绿。洞溜清泚，自激
轻音，蔓草（芃）〔芄〕（同上书改）茸，本无毒螫。洞穴窈窕，烟
〔岚〕（原缺一字，同上书补）闭亏，隔云闻鸡犬之声，度岭〔接〕
（原缺一字，同上书补）樵苏之径。大哉！气通斗极，崆峒带多武之
乡；地划参墟，〔普〕（原缺一字，同上书补）野乐深思之俗。况乎
刑政之经不紊，霸王之器具存。纪都邑、即天下之浩穰；养士马、
即域中之精勇。往者，<u>北齐</u>启国，<u>后魏</u>兴〔邦〕（原缺一字，同上书
补），虽未臻偎（仰）〔伯〕（同上书改）之〔称〕（原缺一字，同上
书补），〔且〕（原缺一字，同上书补）咸〔正事天〕（原缺三字，同
上书补）之位，时或倦重城之宴，〔处〕（原缺一字，同上书补）选
而胜之，良游各营避暑之宫，用憩鸣銮之驾，亦犹<u>秦</u>之<u>阿房</u>，<u>晋</u>之
<u>虒祁</u>，<u>楚</u>之<u>章华</u>，<u>汉</u>之<u>未央</u>。（上）〔古〕（同上书改）基摧构，往

往存焉，年历浸遥，率多改作。盖以翼翼都会，豪右富民，因旧图新，增制惟错。于是乎金人塔庙，<u>老氏</u>宫观，星布于岩石矣。懿哉！坤维之上，一舍之（区）〔遥〕（同上书改），群木阴翳，奇峰嶙□。（土）〔上〕（同上书改）有平址，东西仅五十步，北倚石壁，有<u>弥勒</u>阁，内设石像，侍立对峙，容〔旨〕（原缺一字，同上书补）温□，其镌磨〔之巧〕（原缺二字，同上书补），代不能及。昔<u>睿宗皇帝</u>再加添饰，功用宛然。次东有池水甚洁，〔澄湛〕（原缺二字，同上书补）凝碧，〔睹〕（原缺一字，同上书补）之恐耸国人，俨其〔堂〕（原缺一字，同上书补）字，下□□约三百步有高寺，榜曰"天龙"，故<u>易</u>义云：'夫龙者潜〔即勿用，飞即在天，命□之名固其宜矣。'今<u>英武皇帝</u>，应千〕（原脱二十二字，同上书补）龄之运，居九重之尊。（此）〔比〕（同上书改）自舞象，执经齿胄，学优于庠序，〔问安视膳〕（原缺四字，同上书补）□□□□〔于廷闱〕（原空五格，实缺三字，同上书补）动叶咨询，行符典则。负对日之辨，似不能言，□称象之智，果而勿伐。肃肃然，煌煌然，伟量知几，深不可测。立德在间平之右，承家继文武之基。自非道济艰危，孝安宗社，孰能与于此乎？<u>天会</u>中，<u>睿宗皇帝</u>以道□□□□□□□出阁，授检校司徒、<u>归义府</u>都督。时年尚幼冲，躬亲官次，寡辞敏德，务简刑清，吏不敢欺，府无留事。尝以公退休暇，与叔季诸王方驾接轸，礼谒精蓝，一岁之中，□□□〔数〕（原缺，同上书补）〔上独〕（原空六格，实缺二字，同上书补）□东序〔塑〕（原缺一字，同上书补）观音像一堂，其内幡花鬘盖，供饬之用，靡不严洁。于兹日新，每具斋祷，罔不乾乾惕惕，潜发明诚。所志者延鸿祚于邦家，弭灾氛于区宇。因心爱敬，不忘斯须，□□甚嘉，群伦归美。攸是〔罢解〕（原缺二字，同上书补）公府，特恩加检校太保，授右金吾卫大将军，充大内都点检，贞干服勤，中外严整，宣威敬事，动叶圣谟。

及帝践阼，加〔□□〕（同上书补）太师，行太原尹，阶勋爵邑，悉称公台。寻领侍卫亲军事。未几，值仓卒之变，震骇非常，上独执雄断，入平内难。时戊辰秋九月。嗣升宸极，立定倾危，赫然大□〔垂〕（原缺一字，同上书补）祐终古。自〔是□〕（同上书补）□洁念，恒切皈依，每届良辰，必亲行幸。至壬申岁十二月二十二日，诏有司于大殿后正面造重楼五间，洵遣良冶，铸贤劫自拘留孙如来以降铁佛千尊，□范金〔审像□□〕（同上书补）容，光相圆明，等无差别。如是匀分龛室，各安上级。时诏宣徽北院使、永清军节度使、检校太保范超自始监修，应期成就，基砌柱础，广槛飞甍，丹采相〔望□〕（同上书补）□□□魏乎，窗扉下瞰于云端，栋宇勃兴于地表。金炉晓炷，惟闻葡卜之香；玉磬晨鸣，不假莲花之漏。议者曰树超世之果，图不朽之功，必依惟睿之谋，宜享终天之禄。岂比夫望祭□□，□□□祷之功，驾骋瑶池，徒纵盘游之乐者哉！上御宇之八年乙亥岁，天赞皇帝义敦天性，礼叶彝章，洎春来夏初，累飞诏示，必以备物典册，将加徽号鸿名，□□君亲之恩，敬修迎受之礼。至夏六月（□）十〔六〕（同上书删补）日，果降贵迎昭宣□容，寻于正殿受〔□〕（同上书补）英武皇帝，兼颁龙衣御带，驷马雕鞍，别赐神旗鼓吹，殊〔思〕（原空一格，同上书补）异〔将□□□□□〕（原空一格，实缺六字，据同上书补）众心悦，随群后称庆，宝函金简，扬命舜命禹之书；驭朽持盈，尽为子为臣之敬。礼之大者，帝载无穷。先是，英武皇帝以今岁摄提建月〔青风〕（同上书补）□□□□□升，寒气将退。严整仪卫，亲率公卿，驾苍虬之骏骏，衣赭袍之熠熠，云韶寅道〔和乐〕（同上书补）□□□□□〔曲之居误〕（原空五格，实缺四字，同上书补）届初禅之境，臣幸陪天仗，亲奉德音，既成□〔福〕（同上书补）□□□□□□之祐。遽兹承诏，俾志胜缘；将纪洪猷，潜思秘祝。所冀龙华会上，

〔侧聆善嘱〕（原空四格，同上书补）之〔言〕（原缺一字，同上书补）；星宿劫中，遍睹青莲之相。欢心有待，谨作铭云：'觉皇递兴，大教垂世；成位有期，瑰空相继。大哉贤劫，千佛重光；六度万行，轨躅相望。浩劫迢遥，一念可摄；勿谓难逢，声尘相接。惟彼陶唐，（土）〔上〕（同上书改）列参墟；莓苔沃野，煌煌帝居。天启亨会，神输瑞图；英武之难，后来其苏。（一）〔圣〕（同上书改）人有作，抚宁邦域；治民事天，允釐庶绩。金像玉楼，伊帝之力；〔普济苍生〕（原缺四字，同上书补），永奠皇极。'"王鸣盛十七史商榷云，万斯同补历代史表，与刘道原说及二碑皆符。而陈樫续编、薛应旂甲子会纪均云，继元初立即改元，均误。宋史太祖纪，是年六月，隰州巡检使李谦溥拔北汉七砦。史未载。

七年（乙亥九七五）春二月癸亥，汉雁门节度使刘继文来朝，贡方物。〔考异〕契丹国志，是年起即书为乾亨元年。　吴任臣十国春秋，六月，册汉主为英武皇帝，赐御衣、玉带、鞍马等物。　薛应旂通鉴云，时北汉主性残忍，凡臣有忤意者，必族其家。大将张崇训、郑进、卫俦，故相张昭敏、枢密高伸羲、宗室继钦先后均以谗见杀。又，辽遣人以通好于宋，戒北汉毋妄侵掠。主恸哭，谋攻辽。马峰谏而止。　李焘长编云，郭无为建议，渐斥去公族，命继恩弟继忠守忻州。自称尝使契丹，得冷痼疾，定襄地寒，愿留养晋阳，不许。继忠出怨语，缢杀之。引进使李隐，惜卫俦忠勇被诬，愤惋，见杀。　宋史太祖纪，三月，知潞州药继能拔北汉鹰涧堡。史均未载。

八年（丙子九七六）秋八月癸卯，汉遣使言天清节设无遮会，饭僧祝釐。己酉，汉以宋事来告。

九月壬午，汉为宋所侵，遣使求援，命南府宰相<u>耶律沙</u>、字安隐，其先尝相约尼氏。<u>冀王</u> <u>迪里</u>原作<u>敌烈</u>。

〔考异〕<u>毕沅续通鉴</u>作<u>塔尔</u>。字<u>巴尔斯济</u>，<u>太宗</u>子。赴之。〔考异〕

<u>李焘长编</u>云，时<u>郭进</u>出<u>忻</u>、<u>代</u>，俘<u>北汉</u> <u>山</u>后诸州民三万七千余口。

<u>马继恩</u>出<u>辽州</u>，焚<u>北汉</u>四十余寨，获牛羊、人口数千。<u>齐超</u>言<u>沁州</u>

路败<u>北汉</u>军五百人，获三十人。<u>李光叡</u>破<u>北汉</u>〔吴〕（据<u>长编</u>卷一七

补）<u>保寨</u>，斩首七百级，擒寨主<u>侯遇</u>，获牛羊、铠甲数千计。<u>薛应</u>

<u>旂通鉴</u>云，<u>宋</u>命<u>党进</u>等分五道攻<u>太原</u>，两败其兵于城北。分攻诸州，

所向克捷。 <u>宋史太祖纪</u>，<u>晋州</u>以<u>北汉</u> <u>岚</u>、<u>石</u>、<u>宪</u>巡检使<u>王洪武</u>等

来献。三月，<u>马继恩</u>入<u>河东</u>界，焚四十保砦，<u>穆彦璋</u>俘二千余人。

所载各异。戊子，<u>汉</u>以<u>宋</u>师压境，遣驸马都尉<u>卢俊</u>

来告。

冬十月辛丑，<u>汉</u>以<u>辽</u>师退<u>宋</u>军来谢。

十二月丁未，<u>汉</u>以<u>宋</u>军复至、掠其粮储来告，

且乞赐粮为助。

是冬，<u>宋</u> <u>太祖</u>崩，<u>太宗</u>即位。

九年（丁丑九七七）春三月癸亥，<u>耶律沙</u>、<u>迪里</u>

献<u>宋</u>俘。戊辰，诏以粟二十万斛助<u>汉</u>，〔考异〕<u>毕沅续通</u>

<u>鉴</u>云，<u>辽</u>主使<u>乌珍</u>、<u>塔尔</u>分治南、北院，善课农田，年谷屡稔，故

能经费有余，恤<u>北汉</u>之匮，<u>北汉</u>赖之。<u>吴任臣</u> <u>十国春秋</u>作三十万斛。

按，与<u>乌珍</u>治南、北院者，<u>史</u>作<u>特烈</u>，即<u>达里</u>，此作<u>塔尔</u>，异。

寻赐以战马。

是岁，<u>汉</u>三遣使以<u>宋</u>事告。

<u>乾亨</u>元年（己卯九七九）〔考异〕<u>契丹国志</u>以是年为<u>乾亨</u>六

年，即<u>宋</u> <u>太平兴国</u>四年。春正月乙酉，遣<u>塔玛</u>原作<u>挞马</u>。〔考

异〕毕沅续通鉴作玳玛，又作达噶拉美，云辽扈从官。长寿使宋，问兴师伐汉之故。长寿还，言："河东逆命，所当问罪。若北朝不援，和好如故；不然则战。"

二月，宋帝自将伐汉。〔考异〕毕沅续通鉴云，帝次澶州，临河主簿宋捷，道旁献封事，帝见其姓名，喜曰："我师捷矣。"即拜将作监丞。　袁文瓮牖闲评议其以姓名窃爵禄，而谈苑以为北兵入边，太宗次大名时事。　吴任臣十国春秋云，宋始议兴兵，宰相薛居正等多以为不可。曹彬曰："以国家兵甲之强，剪太原如摧枯拉朽耳！"帝意乃决。先是，太祖征河东，白云先生陈抟谏止之。会军已兴，及还，果无功。至是，抟复来，始云河东可取。丁卯，汉使来乞援，诏南府宰相耶律沙、冀王迪里等率兵援之；命南院大王色珍原作斜轸以所部从，枢密副使穆济原作抹只督其军。

三月丙戌，汉遣使谢抚谕军民。己丑，汉复告宋兵入境，遣〔左〕（据辽史卷九景宗纪补）千牛卫大将军韩侼、大同节度使善补〔考异〕毕沅续通鉴作善布。以本路兵南援。丁酉，耶律沙与宋将郭进深州博野人。等战于白马岭，不利。冀王迪里等皆死之，士卒死伤甚众。〔考异〕李焘长编云，三月，驻（兵）〔跸〕（据长编卷二〇改）镇州。命郓州刺史尹勋攻隆州。都监齐（廷）〔延〕琛（同上书改）、（廷）〔侯〕（同上书改）美攻孟县，降之。阳曲寨民三百（八）〔三〕（同上书改）十八人归附。郭进破西龙门寨，擒获千计。命六宅使侯继隆、王贵攻沁州，王僎攻汾州，尹宪攻岚州。时郭进既破契丹于石岭关，北汉援绝，复以蜡书告急，为进得，徇于城下，

城中气始夺。史业破北汉鹰扬军，斩获甚众。北汉潜师扼我军，掠
供军刍粟米，信击败之，杀指挥裴正。克隆州，先登者为袁继忠、
许均。上次侧口顿，作闻捷奏平隆州诗。　　东都事略云，折御卿破
岢岚军，擒折令图以献。下岚州，杀其宪州刺史霍翊，擒其将马延
忠。迁崇仪使。　　薛应旂通鉴云，御卿官行营都监。时威胜军使解
晖攻隆州，破之。系之四月。　　宋史太宗纪，克隆州，获招讨李询
等六人。霍翊作郭翊。又，获夔州节度马延忠。节度蔚进、卢遂以
汾州降。所载各异。

　　夏五月己卯，宋师至河东，汉兵与战不利，〔考
异〕毕沅续通鉴云，宋攻城急，汉宣徽使范超来奔，误斩纛下，既而
汉尽杀超妻子，枭其首，投于城外。指挥郭万超来奔。范超以弑孝
和后，为英武帝所嬖，累官太保、永清节度。监修千佛楼，镂像范
容，帝复称其能。至是谋降宋，被戮。详吴任臣十国春秋。　　李焘
长编云，超时与阉人卫德贵分掌机务，平章李恽备员而已。刘继
文、卢俊来奔。

　　六月，刘继元降宋，汉亡。〔考异〕东都事略作五月五
日。契丹国志作四月。云尽广运十三年。　　路振九国志云，宋筑连
城壅汾河灌城。五月四日，城穿，南坏，水入注，夹城中，继元大
恐，自督众负土塞之。毕沅续通鉴云，壬午，帝幸城南，谓诸将曰：
"翼日重午，当食于城中。"遂自草诏赐之。夜，漏上一刻，城上有
苍白云如人状，及攻城急，左仆射〔致仕〕（据续通鉴卷一〇补）马
峰舁见汉主，流涕备言兴亡之理。夜，漏上十刻，乃遣客省使李勋
上表纳款。帝命薛文宝入城抚谕。甲申，继元率平章李恽请罪，封
彭城郡公，授恽等官，凡得州十，军一，县四十（四）〔一〕（同上
书改）。命刘保勋知太原府。恽字孟深，阳武人。乾祐初第进士，与
王溥、李昉同登第。国亡相见，追叙旧好，官至司农卿。子存诚，

驾部员外郎；存信，阁门祗候。商辂续纲目、薛应旂通鉴俱误作李
挥。马峰，太原人。历枢副、左仆射，致仕。其女为英武帝继后，
归宋转太府卿，分司西京，卒年八十余。　耶律沙传，沙将趋太原，
会汉驸马都尉卢俊来奔，言太原已陷，遂勒兵还。　方舆纪要云，
宋平太原，凡城邑宫阙，尽令毁坏。　陆游老学庵笔记云，太原平，
降为并州，废旧城，徙州于榆次。今太原则又非榆次，乃三交城也。
城在旧城西北三百里，为形胜之地。本名故军，尝为唐明镇，有晋
文公庙，甚盛。后三年，潘美奏乞为并州，从之。于是徙文公庙，
以其故址为州治。又徙阳曲县于三交，而榆次复为县。　吴任臣十
国春秋云，宋凡得州十，军一，县四十一，户十三万五千有奇。改
太原为平晋县，宋帝作平晋诗，命从臣和焉。又令撰平北汉碑文。
太原前临台骀泽，后倚悬瓮山，坚而难拔，命毁旧城，以榆次县为
并州。命康仁保护刘氏亲属百余人赴汴，赐甲第一区。世祖自乾祐
四年称帝，历四主，二十九年而亡。　玉海云，太原平，直史馆宋
白从征，因献平晋颂。东都事略云，宋寻以房州为保康军，授继元
节度，卒，遗书以六岁子三猪为托。名守节，后为西京作坊使，迁
诸卫将军。　王存元丰九域志云，太原府县九。建隆四年，以晋阳
府为平晋军。兴国四年，废军为县，省太原县入榆次，改广阳县为
平定，并乐平为平定军，以交城县隶大通监。宝元二年，交城县复
隶府。嘉祐四年，复为太原府河东节度。熙宁三年，省平晋县入曲
阳。所载各异。**甲子，封刘继文为彭城郡王，卢俊同平**
章事。〔考异〕李焘长编云，北汉主初出，继文刺代州，终疑之，遣
使案责，以忧死。盖据路振九国志，疑误，今从史。　东都事略云，
继元降，其弟继文据代州，依契丹援，拒命，郭守文讨平之。与史异。
守文，字世华，太原人。　十国春秋云，俊至辽，署平章事。明年，
景宗以第四女淑哥下嫁，复拜驸马都尉，出为兴国节度，卒官。

辽史纪事本末卷十八

穆宗之暴

世宗天禄五年（辛亥九五一）秋九月癸亥，泰宁王察克_{原作察割}等作乱，世宗遇害，逆党寻伏诛。丁卯，寿安王即位，是为穆宗，改元应历。〔考异〕李焘长编作"明"，当是后周避讳，宋史臣因之耳。小字舒噜。_{原作}述律，又作兀律。〔考异〕续纲目作乌噜，一作乌里。太宗长子，母曰靖安萧后。

穆宗应历二年（壬子九五二）春正月壬戌，太尉和尔郭勒济_{原作忽古质}，一作胡古只，横帐孟父房楚国王扬珠子。见皇族表，疑系一人。谋逆，诛。〔考异〕册府元龟云，周广顺二年四月，定州言契丹羽林部署辛霸卿等二十三人、马三匹并车牛来奔。史未载。

夏六月壬辰，国舅政事令萧默赫特、原作眉古得。

〔考异〕薛史、通鉴及契丹国志均作萧海贞，志并谓诈降周，不纳。册府元龟作禅得舍利，云永康王妻弟也。　按，穆宗朝为政事令者，萧眉古得外，尚有耶律娄国，即隆科，耶律敌禄、耶律寿远、萧排押；为北府宰相者，则萧海璃。均见沈炳震廿一史四谱。宣政殿学士李澣〔考异〕全唐诗作李瀚。　按，澣在后唐时为校书郎、集贤校理，晋天福中为右拾遗、翰林学士、吏部员外、礼部郎中、知制诰，迁中书舍人。归辽，历翰林学士。李涛弟，子曰新。所著有丁年集十卷行世。见宋史及通志艺文略。　续通考云，辽南面有宣政殿学士，李澣尝为之；观书殿学士，寿隆中王鼎尝为之；昭文馆直学士，杨遵勖子晦尝为之；崇文馆大学士，韩延徽尝为之；乾文阁学士，王观尝为之。所载甚详。谋南奔，事觉，诏暴其罪。默赫特寻伏诛，杖澣而释之。〔考异〕纲目云，勤政殿学士李澣与海真善，劝内附，从之。澣因谍以闻，且与兄涛书，言和战利害，不果从。册府元龟云，海真时为幽州节度，与澣相善，言及中国，深慕之。会定州谍者田重霸至，潜与密谋，澣因致书定帅。周太祖闻之，即令重霸赐诏书，并令涛密通家问，回书感谢，又奏阴事，且与涛书云：今王骄骏，唯好击鞠，耽于酒色内宠，无四

方之志，亲密贵臣，尚怀异志，或讨或和，宜速为计，将来必不为河东也。本传，归至涿，为逻者所获，下狱。屡求死不得，禁锢凡六年，卒用高勋荐，加礼部尚书，宣政殿学士。　通鉴云，澣为唐李回族曾孙，长兴四年冬，秦王从荣之乱，与江文蔚等勒归田里。陶岳五代史补云，澣初娶窦尚书女。成婚之夕，窦氏出参澣兄涛，涛望尘下拜，作歇后语曰："惭无窦建缪作梁山。"闻者绝倒。又云，

澥有逸才，性嗜酒，杨凝式尝受诏撰钱镠碑，多市美酒，召澥饮酒，酣，使代笔，经宿成，凡万五千字，词理典赡，皆叹伏。　陈继儒古今诗话云，澥及第，与座主和凝同任学士，会凝作相，澥为承旨，适当批诏，次日于玉堂，辄开和相旧阁，悉取图书、器玩去，留诗云："座主登庸归凤阁，门生批诏立鳌头；玉堂旧阁多珍玩，可作西斋润笔不。"人皆笑其疏纵。苏易简续翰林志云，澥以词藻特丽，俊秀不群。后值石晋不造，陷于北庭，亦神锋大峻之过也。纪载各异。

秋七月乙亥，政事令隆科、原作娄国。〔考异〕圣宗纪统和元年，司徒娄国，另一人。林牙迪里、原作敌烈侍中绅图、原作神都郎君哈里原作海里。〔考异〕陈浩辽史考证云，穆宗应历十三年，兽人被杀；十七年饔人被杀；十八年监囚被杀；卷八，景宗保宁二年，以杀萧思温被诛；又，六年，以告喜隐事授陇州防御；卷十六，圣宗开泰七年，天云军详衮，战死；卷二十，兴宗重熙十九年，六院军将；卷二十七，天祚乾统二年，谋叛；卷六十一刑法志，应历十二年，萧延之奴；卷六十五公主表，尚圣宗女伊木沁；卷七十属国表，统和元年，女直宰相；卷七十三传，约尼常衮；卷八十四传，上京留守漆水郡王；卷八十七萧孝先传，小字，十五人同名海里。谋乱，就戮。命乳媪兄赫噜原作曷鲁世为阿克苏原作阿速锡林原作石烈额尔奇木。原作夷离堇。〔考异〕册府元龟云，周广顺二年十月，契丹钓台镇将王彦、镇都将卢晓文、招收军使王琼等八人来奔。十一月，契丹界阙南都船务使王希、乾宁军使孙章而下二十四人来奔。十二月，契丹殿头王进、龙武，羽林军校及通事舍人胡延等六人来奔。史未载。

三年（癸丑九五三）冬十月己酉，太师唐古特原作唐骨德治大行皇太后园陵。鲁呼原作李胡子完、原作宛郎君札斡、原作嵇干迪里原作敌烈谋反，事觉，辞连太平王雅斯哈、原作罨撒葛。〔考异〕毕沅续通鉴云，世宗时，诏与晋王往复以昆弟礼。至是见主耽酒嗜杀，阴怀异志；主不悟，委以国政。所载较详。林牙华格、原作华割郎君锡伦原作新罗。等，皆执之。华格、札斡等未几诛，释完及雅斯哈。〔考异〕册府元龟云，周广顺三年正月，契丹王子元禄、羽林军使王遇、军将张超等十九人来奔。二月，镇州言，部送契丹来奔银院使张知训等七人。三月，契丹羽林军士十五人来奔。四月，契丹乾宁军使张韬等三十八人，羽林军将王兴等十五人来奔。五月，深州送契丹来奔麟院官李绪等十七人，指挥使李重筠等十人，为仪郎四十人至京师。六月，契丹瀛州戎军陶洞文等十二人，及巡检指挥使葛知长、云州牙将崔崇等十九人，招收军使李彦晖二十一人来奔。是月，定州送奚、契丹来奔绣院使邢福顺等十三人，并顺州刺史戴原等至阙。七月，契丹羽林军士杨士泽等十三人，殿直杨晏得等二十五人来奔。八月，定州部送契丹归明军士齐武等二十九人至京师。九月，云州吐浑指挥使党富达等五十一人，马驼四十二，并朔州军使马延嗣等来奔。史均未载。　游幸表，六月，障鹰于网山，猎于矩羊山。七月，障鹰于围鹿峪。纪亦未书。

四年（甲寅九五四）冬十二月辛（酉）〔丑〕（据中西回史日历改）朔，〔考异〕次年正月辛未朔，则是月不应辛酉朔，史恐误。谒祖陵，驻跸杏堝。〔考异〕游幸表，二月，猎于郭里山；七月，障鹰于白羊山。纪未载。

五年（乙卯九五五）夏四月癸丑，命郎君萧哈里原作海璃世为北府宰相。本传，字伊德森。貌魁伟，膂力过人。

屡尚公主。应历中，命（世）（据辽史卷七八萧海璃传删）预北宰相选，总知军国事。时诸王多坐反逆，每被命案狱，多得其情，人无冤者，由是知名。年五十，卒。〔考异〕续通考云，太宗天显二年十二月，诏选遥辇氏九帐子弟可任官者。应历十二年十二月，命北枢密萧护斯世预宰相选，辞曰："臣子孙贤否未可知，得一客省使足矣。"从之。景宗保宁时，耶律思温为北枢密、北府宰相，仍命世预其选。圣宗统和元年九月，太后言于越屋质有辅导功，命其子泮泆为林牙。九年七月，诏有没于王事者，录其子孙。时耶律谐里获宋将康保威，命世预节度选。宰相韩德让世预大医选，子孙入官者众。兴宗重熙中，诏世选官，择有才能者用之。道宗咸雍中，耶律那也以父斡死王事，九岁加诸卫小将军，为题里司徒。太康三年二月，诏北枢密乙辛同母兄大奴、同母弟阿思世预北、南枢密选，异母诸弟世预夷离堇选。此辽一代任子之可考者。 按，萧呼敦传，曾祖达鲁明医，阿附韩德让，得世预大医选。非德让也。续通考误。游幸表，九月，猎于西山。纪未书。

　　七年（丁巳九五七）夏四月戊午朔，还上京。女巫锡库〔考异〕毕沅续通鉴作萧衮。有罪，诛。初，锡库上延年药方，当用男子胆和之，不数年，杀人甚多。至是觉其妄，射杀之。〔考异〕游幸表，六年九月，击鞠；十月，与群臣水上击髀石为戏；七年六月，射柳；七月，复射柳；十二月，猎于赤山及伊喇山。纪均失书。而纪于七年十月书猎于七鹰山。表又未载。

　　九年（己未九五九）夏四月丙戌，周来侵。戊戌，命南京留守萧思温帅师御之。周取益津、瓦桥、淤口三关及瀛、莫诸州。〔考异〕契丹国志云，时主好猎荒政，每夜酣饮，达旦方寝，日中而起，国人谓之"睡王"。体气卑弱，恶见妇人，委任阉宦。瀛、莫之失，幽州急递至，主曰："三关本汉地，今以还汉，何失之有？"其不恤国事如此。又周于瓦桥关建为雄州，割容城、归义二县隶之；益津关建为霸州，割文安、大城二县隶之，皆辽地也。文献通考云，雄州控扼幽、蓟，本唐涿州；瓦桥在易水东，当九河之末。周世宗以来，西河之地置三关：霸州益津关；雄州瓦桥关；瀛州高阳关。分置重兵，与真定相椅角。有拒马河，在归义县。　清类天文分野之书，文安，汉县，属渤海郡，东汉置瀛州，以县属。唐属莫州，周属霸州，宋省永清入文安，寻复故。　乐史太平寰宇记云，大城，本汉东平舒县，属渤海郡，西北去霸州九十五里。周隶霸州瓦桥，亦呼瓦子济桥。又，破卤军，古淤口关，周收关南，于此置寨。王存元丰九域志云，信安军，本古淤口关。　舆地广记云，周取淤口关，置寨，属霸州。　程大昌演繁露云，周世宗由沧州北顺水而行，先降益津关，次瓦桥关，次瀛州。　续通考云，周始置霸州，辽为益津郡，隶河北东路，宋升永清军。　方舆纪要云，益津，唐县，今霸州治。唐为永清县地，高阳关在县东三叉口社，亦曰草桥关，为三关之一，而高阳尤要。朱彝尊日下旧闻云，永清，县名，唐初改，武隆又改，会昌、天宝中更今名。县南三里有金鹊庙，祀关侯，草中有辽大安中所立石幢，见上林汇考。　蒋一葵长安客话云，霸州，在宋世置榷场，与辽分界处。州北一里有界河，相传杨延朗建草桥于此，因名霸城，延朗所筑，号北方重镇，沿城有七十余井，号护城井。　宋史地理志有刘家涡、刁鱼、莫金口、阿翁、雁头、黎阳、喜涡、鹿角八砦。莫、金，相传二姓所居，同置莫金口寨。所载较详。

　　冬十二月庚辰，王子迪里、原作敌烈前宣徽使哈斯原作海思等谋反，囚之。〔考异〕哈斯传，字锋衮，隋国王实嚕庶子。与冀王迪里谋反，死狱中。萧托果传，应历初始入侍，会迪里、哈斯等谋反，托果与耶律阿里密告于上；上嘉其忠，诏尚朴谨公主。保宁初，为南京统军使。　按公主表无朴谨公主，外戚表亦称托果为平章政事，不称驸马都尉，疑朴谨公主非皇女也。又，皇族表，冀王迪里，太宗系。而皇子表尚载太平王雅斯哈、天德、必舒。续通考同。表未载。游幸表，八年七月，猎于赤山。九年五月，猎于鹿崛南林。六月，猎于白鹰山。七月，猎于凤凰门下。八月，射鹿于近山，迄于九月。十二月，猎于黑山。纪均未载。惟于八年七月书猎于伊喇山，迄于九月，射鹿诸山不视朝。游幸表又失书。

十年（庚申九六〇）秋七月辛酉，政事令耶律寿远、太保绰卜鄂博原作楚阿不等谋反，伏诛。

八月，幸怀州。庚午，以镇茵石狻猊击杀近侍古格。原作古哥

冬十月，鲁呼子喜隐谋反，〔考异〕毕沅续通鉴作赵王喜隐，云薛应旆通鉴赵王作宋王。据辽史，先封赵王，应历中未尝改封，至保宁中乃封宋王耳。又，谋反误系于十二月，徐乾学后编复仍其旧，今改正。辞连鲁呼，下狱死，释喜隐。〔考异〕游幸表，十年二月，猎于图伯特泉，如裹潭，猎于青济达井。五月，射碱鹿于凤凰门。八月，次三石岭，呼鹿射之。十二月，猎于天梯山。纪均未载。

十一年（辛酉九六一）春（二）〔三〕（据续通鉴卷二考异改）月辛亥，司徒乌呼济原作乌里只。〔考异〕卷八，景宗保宁元年，右皮室详衮乌里只，另一人。毕沅续通鉴作乌哩质。〔子特尔格原作迭剌哥〕（据道光四年殿本辽史卷六穆宗纪补）

诬告其父谋反，复诈乘传及杀行人，以其父请，杖而释之。〔考异〕毕沅续通鉴云，二月无辛亥，盖史脱"三月"字，宜从徐乾学后编作三月。

　　夏五月乙亥，司天王白、李正等进历。〔考异〕毕沅续通鉴云，先是，晋天福中，司天监马重绩奏上乙未元历，号"调元历"。及太宗入汴，收百司伎术、历象迁于中京，辽始有历。白等所进，盖调元历也。白，蓟州人。晋司天少监，太宗入汴得之。官节度使，撰百中歌行世。　按，百中歌，当即卜筮书也。星家亦有百中经，连江陈氏书目，直鲁古针灸脉诀书一卷。　江休复嘉祐杂志云，己亥历日，十一月大尽。契丹历此月小，十二月十四夜方当月蚀。戎使言，窃谓为已望。　按，己亥，宋之咸平二年，辽之统和十七年，时未通使也。后乙亥，宋宣和元年，辽之天庆九年，此时金伐辽，使命阻绝，此己亥应作乙亥，宋仁宗景祐二年。　叶梦得石林燕语云，苏颂，元丰中使辽，会冬至，辽历先一日，趣使者入贺。其实辽人精历学，辽历为正也。然势不可从，颂乃泛论历学，援据精博，彼莫能测，遂折服。归奏，帝大喜，问二历孰是？苏以实言，太史皆坐罚金。元祐初，遂命颂重修浑仪。　张邦基墨庄漫录云，熙宁十年，颂使辽贺生辰，遇冬至，本朝历先辽一日，北人问孰是？颂曰："历算迟速不同，如亥时节气，当交则犹是今夕；若逾数刻即属子时，为明日矣。故或先或后，有一日之异，然各从本朝之历可也。"遂各以其日为节焉。　吴曾能改斋漫录云，元丰元年，岁在戊午闰正月，时知定州薛向缴大辽所印历日，称闰月，乃在太康三年十二月，先一年，与本朝不同。乞送司天监重订。议者以两朝贺正之礼为疑，而台章以正朔为大，贺正为小，本朝之闰不同，即不过本朝之使先期而贺正于彼，彼国之使后期而贺正于此，料彼必不肯改以就此，则本朝岂可改以就彼乎？遂不改。史均未载。

六月甲午，赦。〔考异〕毕沅续通鉴云，先是，南京留守萧思温以老人星见，乞行赦宥，许之。草赦既成，留数月不出。翰林学士刘景曰："唐制，赦书日行五百里。今稽期弗发，非也。"不报。至是月始赦。　续通考云，老人星见，复见于应历十三年二月乙巳、十五年五月。又，圣宗统和元年十月癸未、三年七月丙寅，史凡五见。又云，是年十一月岁星犯月，圣宗统和八年五月，月掩天驷第一星，十二年六月，太白岁星相犯，道宗大安二年二月，太白犯岁星。所载甚详。

十二年（壬戌九六二）春二月己丑朔，以御史大夫萧和斯原作护思为北院枢密使，赐对衣、鞍马。〔考异〕毕沅续通鉴云，时辽诸王多坐事系狱，诏萧护斯穷治（得）〔称〕（据续通鉴卷二改）旨，迁官。命世预宰相选，辞，许之。主嗜酒，用刑多滥，护斯居要地，未尝匡救，议者少之。所载较详。

夏五月庚午，以旱，命左右以水相沃，顷之，果雨。〔考异〕刑法志云，十二年，国舅帐郎君萧延之奴哈里强凌伊喇图哩年未及之女，以法无文，加之官刑。仍付图哩为奴。因著为令。纪未载。

十三年（癸亥九六三）春正月，自丁巳，昼夜酣饮者九日。癸酉，杀兽人哈里。原作海里

三月癸丑朔，杀鹿人默勒济，原作弥里吉。〔考异〕刑法志，重熙时，郡王特布家奴弥里吉，另一人。枭其首以示掌鹿者。

夏六月癸未，近侍伤獐，（射）〔杖〕（据辽史卷六穆宗纪改）杀之。杀獐人哈玛尔。原作霞马

秋八月甲申，以生日，纵五坊鹰鹘。

九月庚戌朔，以青牛白马祭天地，饮于野次，终夕乃罢。已而复然。

冬十一月庚午，猎，饮于虞人之家，凡四日。

十二月戊子，射野鹿。庚寅，射歔人克酬。原作曷主。〔考异〕汪辉祖辽史同名录云，卷十一圣宗统和四年，小校；卷十八兴宗重熙六年，右祗候郎君详衮，三人同名曷主。游幸表，十一年三月，射鹿于约苏岭。六月，射鹿于赤山，复射柳。十二年二月，猎于苏隐山。六月，射舐碱鹿于玉山。十三年正月丁卯夜，观灯。三月，猎，多获雁鸭还宫，饮至终夜。自是昼出夜饮，迄于月终。五月，射柳。六月，猎于玉山。九月，登高，以南唐所贡菊花酒赐群臣。是秋射鹿于黑山、伊喇山。十二月，猎于三岭。纪均未载，惟于十一年四月，书射鹿不视朝；十二年，书秋如黑山、赤山射鹿；八月书幸近山，呼鹿射之，旬有七日而后返，而游幸表又失书。

十四年（甲子九六四）春二月戊辰，支解鹿人摩多、哈里原作没答、海里等七人于野，封土识其地。

夏五月，射舐碱鹿于白鹰山，至于浃旬。〔考异〕国语解云，鹿性嗜咸，洒碱于地以诱鹿，射之。又，哨鹿之法，辽史已有之。其法：每岁于白露后三日，猎者衣鹿皮，戴鹿头，天未明，潜伏草中，吹木筒作声，牡鹿闻之以为求其偶也，遂踊跃出，出则利镞加焉，无得脱者。见查慎行人海记。所载较详。

冬十月丙辰，以掌鹿舒苏原作刬思。〔考异〕卷八景宗保宁六年刬思使宋，另一人。代斡里〔考异〕陈浩辽史考证云，卷二十兴宗重熙时南克；卷六十五公主表，尚世宗女撒剌，姓萧氏，三人同名斡里。为札萨克辖原作闸撒（绒）〔狨〕（据辽史卷七穆宗纪改）。〔考异〕国语解云，抹里司官，亦掌宫卫之禁者。赐金带、金盏、银二百两。所隶〔死罪〕（同上书补）以下得专之。

十一月壬午，日南至，宴饮达旦。自是昼寝夜饮。杀近侍辖鲁原作小六于禁中。〔考异〕游幸表，十四年五月，猎于玉山，射卧鹿于白岭山。六月，射舐碱鹿于格德（众）〔泉〕（据道光四年殿本金史卷六八游幸表改），呼鹿射之。十二月，（杀）〔幸〕（据辽史卷六八游幸表改）枢密萧和斯（弟）〔第〕（同上书改）。纪均未载，惟于三月书如老林东添。六月，射鹿于玉山，竟月忘返。八月，如砲子岭，呼鹿射之，而游幸表又失书。

十五年（乙丑九六五）春二月，东幸。甲寅，以获鸭，除鹰坊剌面、腰斩之刑，复其徭役。按，国中复除之法，始见于此。〔考异〕续通考云，圣宗统和十年二月，给复云州流民；四月，朔州流民给复三年；十二年正月，霸州民李在宥年百三十有三，赐粟、帛、锦袍、银带，月给羊酒，仍复其家；开泰元年十月，前辽州录事张廷美六世同居，仪坤州刘兴允四世同居，各给复三年；道宗大安十年十二月，三河县民孙宾及其妻皆百岁，复其家。所载甚详。

三月癸酉，近侍栋尔原作东儿进匕箸，不时，手刃剌之。癸巳，虞人色勒迪原作沙剌迪侦鹅失期，加炮烙、铁梳之刑而死。

冬十二月甲辰，以近侍喜格原作喜哥私归，杀其妻。〔考异〕刑法志，时帝嗜酒及猎，不恤政事，五坊、（群）〔掌〕（据辽史卷六一刑法志改）兽、近侍、奉膳、掌酒人等，或〔獐鹿、野豕、鹘雉之属〕（同上书补）亡失伤毙，及召不时至，及饮食细故，或因犯者迁怒无辜，辄加炮烙、铁梳之刑，甚至无算。或以手刃（刈）〔刺〕（同上书改）之，斩（系）〔击〕（同上书改）射（镣）〔燎〕（同上书改），断手足，烂肩股，折腰胫，划口碎齿，弃尸于野。且命筑封于其地，死者至百有余人。京师置百尺牢以处系囚。季年，暴虐益甚，故及于难。所载较详。

　　附录王正燕山云居寺碑云，云居寺东一里有高峰，峰之上（十）〔千〕（据辽文汇卷四改）余步有九室，室之内有经四百二十万言，本（日）〔自〕（同上书改）静琬始厥谋，历道、暹诸公成其事。佛宇经厨，僧坊钟阁，材唯杞梓，砌则琳珉。古桧星罗，流水环绕，（口）〔璇〕（同上书改）堤相望，门闼洞开。风俗，以四月八日共庆佛生，凡水之滨，山之（口）〔下〕（同上书改），不远百里，预馈供粮，号为义食。先是，庚（午）〔子〕（同上书改）年，寺主谦讽和尚为门徒时，仆自皇后台被褐来游，论难数宵，以道相得。自兹一别，仆以职倅于瀛，掌记于武定，廉察于奉圣，陟在宪台，迁在谏署，佐兹邦计，迄今十五年，复会于兹寺（按，据辽文汇卷四，"迄今"至此凡十字，原文无）。和尚建库堂一座，五间六架；厨房一座，五间五架；转轮佛殿一座，五间六架；煗厅一座，五间五架。又，化助前燕王侍中兰陵公建讲堂一座，五间七架，又〔建饭廊二〕（同上书改）十三间四架；次又建东库四间五架，次建梵网经廊房八间四架，次盖后门屋（一）〔四〕（同上书改）座，余有舍短从长，加朱施粉，周而复始，不可殚论。乙丑岁，天顺皇帝御宇之十五载，丞相秦王统燕之四年，泰阶平格泽明，八风草偃，四海镜清，和尚庆此得时，恳求作记。仆以谦讽等同德经营，协力倡和，（给）〔结〕（同上书改）一千人之社，合一千人之心，春不妨耕，秋不废获，立其信，导其教，无贫富后先，无贵贱老少，施有定例，纳有常期，贮于库司，补兹寺缺。寺不坏于平地，经不坠于东峰，稽首灵岩，载铭贞石。

盐铁判官、朝仪郎、行右补阙、赐绯鱼袋王正述，前乡贡进士郑熙书。

沙门智光重修云居寺记云：应历十四载，寺主谦讽完葺一寺，结邑千人，请右补阙琊琊王公正作碑，顷因兵火，遂至伤阙。补阙子诸行宫都部署判官、都官员外郎、赐紫金鱼袋教，念先人遗迹，出俸钱再修，以释智光乃考之执友也，（改）〔故〕（据辽文汇卷五改）命刊述勒之。时昭圣皇帝御极二十三年，统和乙巳岁八月丁（酉）〔丑〕（同上书改）朔十一日丁亥记。按，王正碑文已入文苑传补。见厉鹗辽史拾遗。

十六年（丙寅九六六）春正月丁卯朔，被酒，不受贺。甲申，微行市中，赐酒家银绢。乙酉，杀近侍白海及家仆善福、原作衫福雅尔噶、原作押剌葛枢密使门吏隆科、原作老古塔玛原作挞马舒噜。原作失鲁

秋七月壬午，谕有司，凡行幸之所，必高立标识，令民勿犯，违以死论。〔考异〕刑法志云，是年谕有司，自先朝行幸顿次，必高立标识以禁行者，比闻绰呼辈故低置其标深草中，利人误入，用之取财。自今有复然者，以死论！所载不同，未知孰是。

九月己未，杀狼人纽斡哩。原作褭里。〔考异〕汪辉祖

辽史同名录云，卷十六兴宗重熙六年知南面行宫副部署；卷二十二道宗清宁九年宿卫官；卷九十四华格传，开泰时都监，四人同名裹里。

冬十二月甲子，幸酒人伯勒格原作拔剌哥家。复幸殿前都点检耶律伊勒哈原作夷（猎）〔腊〕（据辽史卷七穆宗纪改）葛。〔考异〕本传，字苏色，本宫分人，太师赫噜子。穆宗与为布衣交，与谋机密。帝酗酒嗜杀，屡谏不听。帝被弑时，坐守卫不严，诛。又，景宗纪之夷猎，百官志之夷剌葛，均系一人。毕沅续通鉴作伊喇哈，赫噜作哈噜。所载又异。第，宴饮连日，赐予无度，左右授官者甚众。是冬，驻跸黑山平淀。

十七年（丁卯九六七）夏四月戊辰，杀鹰人达鲁。原作敌鲁丙子，射柳祈雨，复以水沃群臣。

五月辛卯，杀鹿人札格。原作扎葛

六月己未，支解雉人寿格、原作寿哥宁古，原作念古杀鹿人四十四人。〔考异〕毕沅续通鉴云，主驻裹潭，好长夜之饮，因怒滥刑，醒亦悔之，谕大臣切谏。萧思温等畏懦，鲜能匡救，谏亦不听。己未，支解鹿人寿格、念古，命尽取其在系者六十五人，斩四十四人，余悉痛杖之，赖王子必摄等谏，得免。所载较详。

冬十月乙丑，杀酒人索纽。原作粹你

十一月辛卯，杀近侍廷寿。壬辰，杀豕人阿不（礼）〔札〕（据辽史卷七穆宗纪改）、赫噜、原作曷鲁珠噜准、原作术里者讷呼库。原作涅里括壬寅，杀鹿人唐古、

原作唐果<u>直格</u>、原作<u>直哥</u>萨喇。原作撒剌

十二月辛未，手杀（鹰）〔饔〕（据<u>辽史</u>卷七<u>穆宗纪</u>改）人<u>哈里</u>，原作<u>海里</u>复卤之。〔考异〕<u>游幸表</u>，十五年秋，猎于<u>黑山</u>。十二月，猎于<u>七鹰山</u>。十六年正月，击鞠。七月，猎于<u>玉山</u>。十七年二月，如<u>潢河</u>。四月，驻跸<u>裏潭</u>。十二月，猎于<u>碓嘴岭</u>。纪均未载，惟于十五年十二月书驻跸<u>黑山平淀</u>；十六年三月东幸，获鹅获鸭，皆饮达旦；九月猎于<u>黑山</u>、<u>赤山</u>，至月终；是冬，驻跸<u>黑山平淀</u>。而<u>游幸表</u>又失书。

十八年（戊辰九六八）春正月己亥，观灯于市。以银百两市酒，命群臣亦市酒，纵饮三夕。

二月乙卯，幸五坊使<u>锡沙哩</u>原作<u>霞实里</u>家，宴饮达旦。

三月甲申朔，如<u>潢河</u>。乙酉，获（驾）〔駕〕（据<u>辽史</u>卷七<u>穆宗纪</u>改）鹅，祭天地。造大酒器，刻为鹿文，名曰"鹿甒"，贮酒以祭天。〔考异〕<u>续通考</u>云，<u>辽</u>春猎，或<u>鸭子河</u>，或<u>延芳淀</u>。至时，侍卫皆服墨绿色衣，各备连锤、鹰〔食一器〕（原脱三字，据<u>续通考</u>卷九一<u>腊猎仪</u>补）锥于河（滦）〔涾〕（同上书改），周围相去各五七步排列，皇帝冠巾，衣时服，系玉束带。于上风，望有鹅处举旗，探骑驰报，鸣鼓惊鹅，左右皆举帜麾之，帝亲放海东青鹘搏鹅，鹅坠，恐鹘力不胜，在列者急举锥刺鹅，取其脑饲鹘。敕鹘人例赏银绢。帝得头鹅荐庙，群臣献酒果，举乐，互酬酢，致贺语，皆插鹅毛于首以为乐。赐从人酒，遍散其毛。弋猎网钓，春尽乃还。　<u>乐志</u>云，春飞放<u>杏堝</u>，帝射获头鹅，荐庙燕饮，乐工数十人，执小乐器侑酒。所载甚详。庚戌，杀鹘

人呼图哩、原作胡特鲁近侍华格原作化葛。〔考异〕汪辉祖辽史同名录云，卷一太祖六年特里衮；卷六十一刑法志，穆宗时太尉；卷一百十张孝杰传，圣宗时北枢密，四人同名化葛。及监囚哈里，原作海里仍锉哈里之尸。

夏四月癸丑，杀凫人察尔吉。原作抄里（吉）〔只〕（据辽史卷七穆宗纪改）

五月丁亥，重五，以被酒不受贺。〔考异〕礼志云，重五仪（按，考辽史卷五三礼志，辽只有重午仪，疑此处误）。至日，臣僚昧爽赴御帐，帝系长寿彩缕，升车，坐；臣僚合班如丹墀仪，所司各赐寿缕，揖；臣僚跪受，再拜。引退，从驾至膳所，酒三行。若赐宴，临时听敕。又，午时采艾叶和绵著衣，七事以奉天子，北、南臣僚各赐三事，君臣宴乐，渤海膳夫进艾糕。以五彩丝为索缠臂，曰"合欢结"。又以彩丝宛转为人形，簪之，曰"长命缕"。是日为"托卜伊能伊"，原作"讨赛咿呢"，国语，"讨"，五；"赛咿呢"，月也。壬辰，获鹅于硕格原作述古水，野饮终夜。丁酉，与政事令萧巴雅尔、原作排押。〔考异〕卷八十八，统和中左皮室详衮豳王排押，另一人。南京留守高勋、太师珠克、原作昭古。〔考异〕卷十七，圣宗太平九年昭古使宋，另一人。刘承训等，酣饮连日夜。己亥，杀鹿人颇德〔考异〕陈浩辽史考证云，卷十，圣宗统和元年北府司徒；又，二年南京统军使；卷十一，四年郎君；卷二十四，道宗太康六年南院大王，后迁南枢密使；卷七十三传，太祖时采访使，六人同名颇德。埒克、原作腾哥陶罕原作陶瑰等。

六月丙辰，杀凫人托诺。原作屯奴。

秋九月戊子，杀详衮巴兰、原作八剌伊喇原作拽剌罕都原作痕笃。〔考异〕卷七十四，太祖时北府宰相，另一人。等四人。己亥，猎熊，以唤鹿人布库原作铺姑并掖庭户赐伊勒哈。甲辰，加政事令，复以黑山东穆辰原作抹真之地数十里赐之。

冬十二月丁丑，杀酒人塔喇噶。原作搭烈葛。〔考异〕毕沅续通鉴云，时辽太平王谙萨噶久预国政，遂谋乱。以司天魏璘善卜，因请卜僭立之日。事觉，贬西北边戍，流璘于乌库部。纪未载，见方伎传。惟乌库作乌尔古，异。游幸表，十八年正月，幸太师农古第，宴饮终夜。二月，如裹潭。八月，射鹿于近山，三旬始返。九月，以菊花酒饮从臣，猎熊。十一月，射鹿于皇威岭。十二月，复往射虎。纪未载，惟于是秋书猎于西京诸山，是冬驻跸黑山东川。而游幸表又失书。

十九年（己巳九六九）春正月甲午，与群臣为叶格戏。〔考异〕钱易南部新书云，李郃为贺牧与妓人叶茂江行，因撰骰子选，谓之"叶子"，咸通以来，天下尚之。　文忠归田录云，"叶子"格者，唐中世后有之。唐人藏书皆作卷轴，其后有叶子，其制似今策子。凡文字有备检用者，卷轴难数卷舒，故以叶子写之，如吴彩鸾唐韵，李郃彩选之类是也。骰子格本备检用，故亦以叶子写之，因以为名尔。　焦竑国史经籍志云，编金叶子格一卷，新定编金叶子格一卷，击蒙小叶子格一卷，李后主妃周氏撰小叶子例一卷。　高士奇天禄识余云，唐同昌公主会韦氏族于广化里，韦氏诸家好为叶子戏，自咸通以来有之，即今之纸牌，其首选加朱采，岂古六赤编金之遗志耶？所载较详。醉中骤加左右官。

(三)〔二〕(据辽史卷七穆宗纪改)月癸酉，杀前导穆济伊喇，原作末及益刺锉其尸，弃之。己巳，如怀州，猎获熊，欢饮方醉，驰还行宫。是夜，近侍霄格、原作小哥盥人花哥、一作华格，旧作化哥。庖人锡衮原作辛古，一作锡古。〔考异〕萧思温传作斯奴古，系一人。等六人反，帝遇弑。年三十九，〔附〕（据辽史卷七穆宗纪补）葬怀陵。〔考异〕契丹国志云，帝醉，索食不得，欲斩庖人，掌膳者恐祸及，因奉食以进，挟刃杀之于黑山下。地理志云，怀州奉陵军，本唐归诚州。太祖破扶余城，下龙泉府，俘其人筑寨居之。会同中，掠幽、蓟民亦居此；太宗崩，葬西山，曰怀陵，世宗置州以奉焉。是年，猎人于祖州界见太宗乘白马，追白狐射之，殪，忽不见，获狐与矢，是日崩于栾城，后于其地建庙。又于怀州之凤凰门绘太宗驰骑贯狐之像。穆宗被弑，葬怀陵侧，建凤凰殿以祀。县二：扶余、显理。又，庆州，本太保山黑河之地，岩谷险峻，穆宗建城，号黑河州。每岁射虎障鹰于此。后在此遇害，州废，圣宗建号庆州。县三：元德、孝安、富人。辽国五代祖巴图，一作勃突，貌异常，有武略，众推为王，生于巴图山，因名。没，葬于此。在州二百里庆云山，本黑岭也。兴宗遵圣宗遗命，建永陵，有望仙殿、御容殿。按，怀州在今巴林部西北，临潢西南百里。庆州亦在临潢西百六十里，蒙古名察罕城，城中有辽行宫。　王士点禁扁云，金殿安圣宗神御，又大安、望仙、同天三殿均在庆州，其地有黑山、赤山。胡峤陷北记云，太宗葬西山中，两山相去一里，而长林丰草，珍禽异兽，野卉奇花，有屋宇碑石，曰陵所也。兀欲入祭，诸部人惟执祭器者得入，入而门阖，明日门开，曰"抛盏"。礼毕，问其详，皆秘不言。　张舜民使辽录云，彼中黑山，如中国之岱宗，谓戎人死魄皆归此山。每岁五京进人马纸各万余事，祭山而焚之，其礼甚严，非祭不敢进山。　武珪燕北杂记云，冬至日，焚白羊、白马、白雁，出生血和酒，望黑山奠神，言契丹死神为黑山神管系。　沈括梦溪笔谈云，黑山在大幕北，今谓之姚家族，西南即庆州，黑水出其下，西为夜来山，极高峻。契丹坟墓皆在山东南麓。近西有太祖射龙庙在山上，有龙舌藏庙中，形如剑。山西有一族，尤劲悍，北与黑水胡、南与鞑靼接境。庆州有跳兔，前足寸许，后足几一尺，一跃数尺，止则蹶然仆地，尔雅所谓蹶兔，亦曰蛩。蛩，巨骡也。　毛奇龄西河诗话云，塞北有吐儿山，在黑水东北，辽主避暑之地。　刘仲逵鸿书云，今契丹及交河北境有跳兔，爪足似鼠，长尾，端有毛，亦曰红毛兔。　王寂拙轩集云，庆州北山之麓，辽山陵在焉，俗称三殿。二十年前，尝为盗发，所得不赀。是所谓厚葬以致寇者欤？成诗曰："珠襦适足贾身祸，金碗传闻落世间；惭愧汉文遗治命，瓦棺深葬灞陵山。"

　　时世宗第二子贤扆从，闻变，夜率飞龙使尼哩、原作女里，积庆宫人，历官太尉政事令。侍中萧思温、南院枢密使高勋帅甲士千人，驰赴行在定乱，遂即位，是为景宗，改元保宁。以殿前都点检伊勒哈、右皮室详衮乌勒济宿卫不严，斩之。至保宁五年冬，逆党霄格等始就获伏诛。〔考异〕毕沅续通鉴云，主缓于讨贼，议者少之。

辽史纪事本末卷十九

宋初和战

穆宗应历十年（庚申九六〇）春正月，宋太祖称皇帝。〔考异〕李焘长编云，建隆元年四月，契丹入侵棣州，刺史何继筠追破其众于固安，获马四百匹。继筠，河南人，注作太原人。居北边前后二十年，知敌情，屡以少击众，契丹畏服，多画像祀之。史未载。

夏五月，宋潞州叛归汉。〔考异〕李焘长编云，周昭义节度使兼中书令太原李筠闻宋受禅，欲拒命；北汉主知其有异志，以蜡书诱筠，筠执监军周光逊、李廷玉，遣其教练使刘继冲及判官孙孚送于北汉，纳款求援。光逊，德威子；廷玉，嗣昭孙。均有旧第在晋阳，北汉释之，厚赐遣还第。北汉主将谋于契丹，继冲辞，从之。主行至太平驿，筠迎谒，言受周恩，主不悦，因使卢赞监其军，与筠有隙，遣卫融诣军中和解。太平驿在潞州府长治县西。

欧史云，筠遣继冲等奉表称臣于北汉，主自将出团柏谷；赵华谏，不听。后兵败，宋获卫融，致书求光逊等还，约亦归融，不报。

薛应旂通鉴云，筠起兵，北汉主以蜡书结筠，筠执监军光逊等送北汉。　吴任臣十国春秋，刘继冲作刘忠。汉封筠为西平王。筠见主仪卫不备，非如王者，心甚悔之。汉寻遣河阳节度使范守图援筠。华，荥阳人，官仆射、平章事、赞官、宣徽使。所载各异。

六月，宋兵围汉石州。庚申，（按是年六月己巳朔，月内无庚申，疑此处误）遣大同节度使阿拉原作阿剌率四部往援，诏萧思温以三部兵助之。时为南京留守、兵马都总管。

秋七月己亥朔，宋兵克石州，潞州复归宋。〔考异〕东都事略云，时石守信为归德节度，与高怀德率前锋破筠于长平，斩首三千级；复败其众于泽州，以功加平章事。　宋史，守信，开封浚仪人。怀德，字藏用，常山人，行周子。太祖纪，泽州之战，擒伪节度范守图，杀北汉援兵之降者数千。明年九月，契丹吉里来降。史未载。　李焘长编云，石守信等破筠军三万于泽州南，获范守图，杀卢赞。筠遁入泽州，婴城自固。六月，上至泽州，督诸军攻城。王全德、王廷鲁相继出降，贼势转蹙。都指挥马全（义）〔义〕（据长编卷一改）先登，克其城，筠赴火死。获卫融，不屈，释之，授太府卿。进攻潞州，筠子守节以城降，赦之，拜团练使。筠妾刘氏走，为守节购得，遗腹生子，卒为筠后。北汉主闻筠败遁还。上命元城李继勋为昭义节度使。所载较详。

十三年（癸亥九六三）春正月丙寅，宋欲城益津关，命南京留守高勋、统军使崔（延）〔廷〕勋（据辽史卷六穆宗纪改）**以兵扰之。**〔考异〕毕沅续通鉴云，八月，辽幽州岐沟关使柴（廷）〔庭〕翰（据续通鉴卷三改）等来降。闰十二月，永安节度使折德扆败（辽）〔北汉〕（同上书改）师数千于府州城下，获其卫州刺史杨璘。史未载。 东都事略云，德扆破太原兵数千于城下，擒其将杨璘。所载又异。府州，唐置，今葭州府谷县是。

十四年（甲子九六四）**春正月，宋侵汉。**

二月壬子，诏西南招讨使特烈原作挞烈**进兵往援汉，寻败宋兵于石州。**

十六年（丙寅九六六）**春正月。**〔考异〕毕沅续通鉴云，正月，辽侵易州，监军任德义击却之。（三）〔四〕（据续通鉴卷四改）月，辽天德节度使于延超之子来降。宋史太祖纪作延超与其子降。 李焘长编，延超子名仁爱。诏拜延超为右千牛卫大将军，领天德节度使。是年五月，契丹横海节度使桑进兴来降，拜左千牛卫将军。彭百川太平治迹统类五月作六月。桑进兴作桑兴。史均未载。

十七年（丁卯九六七）**春二月甲子，高勋奏宋城益津关，请以偏师扰之，从之。**〔考异〕勋传，宋略地益津关，勋击败之。 按，是年宋未尝略地也，从穆宗纪为是。 宋史太祖纪，四月，北汉石盆寨招收巡检使阎章以寨降。五月，指挥樊晖以鸿唐砦降。契丹国志云，春三月，五星聚奎。夏六月朔，日食。纪均未载。

十八年（戊辰九六八）**冬十月辛亥朔，宋师围太原，诏特烈为兵马总管，发诸道兵救之。**〔考异〕薛应旂通鉴云，北汉主继元遣使告即位于辽，且乞师，辽遣塔鲁救之。宋亦诏谕北汉，令降，以平卢节度使授之。又别赐郭无为诏，许以邢州节钺。无为劝纳款，不从。李继勋等闻辽师至，寻引还。所载较详。又，明年三月，宋帝自将围太原；五月，以暑雨班师。九月，辽涿州刺史许周琼来降，仍授刺史。十月，辽将王甲以丰州降。又，锡里、裕鲁等十六族来归。彭百川太平治迹统类云，丰州刺史王仲晏上言，契丹日利、月利等十六族归款，以其大酋领罗媒四人为怀化将军，罗侈八人为怀化郎君，余八十五人为归德司戈。李焘长编云，本纪作王重安，名号无可考，削不书。而王甲以丰州降，即命其子承美为丰州衙内指挥使。史均未载。

景宗保宁二年（庚午九七〇）春正月丁未，如潢河。

夏四月，幸东京。

六月，还上京。〔考异〕毕沅续通鉴云，冬十月，辽聚六万骑攻定州，帝命田钦祚领兵三千御之，与战于满城，辽骑小却，乘胜至遂城。钦祚马中流矢而踣，骑士王超以马授之，军复振，杀伤甚众。夜，入保遂城，辽围之。数日，钦祚开南门突出，不亡一矢。北边传言三千打六万。奏至，帝喜曰："契丹数入寇，我以二十四匹绢易一契丹首，其精兵不过十万，止费二百万（缣）〔绢〕（据续通鉴卷六改）则敌尽矣。"自是益修边备。王巩随手杂录云，太祖一日出幽燕图示赵普，普曰："此必曹翰所为。"帝曰："何如？"普曰："举必克之，须世世得曹翰守乃可。"帝不语，携图而入。不复言幽、燕之计。王存元丰九域志云，宋以幽州为化外州，安东上都护府领羁縻州十四。彭百川太平治迹统类云，太祖别置封桩库，尝密谓近臣曰："石晋苟利于己，割幽、蓟以赂辽，使一方之人独限境外，朕甚悯之，欲俟司库满三五十万，即遣使于辽约，苟归土地、民庶，即尽此金帛充其赎直。否则，散滞财，募勇士，俾图攻取耳。"会晏驾不果。王辟之渑水燕谈云，柳仲涂守宁边，今博野地，结客白万德，使说其酋豪，将纳质约，誓以为内应，掩其不备，疾趋直取幽州。会仲涂易地不果，河朔之人，至今为憾。　吴处厚青箱杂记云，曹翰平江南后，归环卫，值内宴，群臣赋诗，翰乞应诏，命以"刀"字为韵，立成诗曰："三十年前蕴六韬，英名常得预时髦；曾因国难披金甲，不为家贫卖宝刀。臂健尚嫌弓力软，眼明犹识阵云高；帐前昨夜霜风起，差睹盘花旧战袍。"太宗恻然，骤迁数级。　契丹国志满城作蒲城，且载于三年冬。钦祚，颍州汝宁人。

三年（辛未九七一）春正月辛酉，南京统军使魏国公韩匡美封邺王〔考异〕毕沅续通鉴云，正月癸亥，辽兵侵易州，监军任（德）〔得〕义（据续通鉴卷六改）击却之。史未载。

六年（甲戌九七四）春三月，宋遣使请和，以涿州刺史耶律昌珠原作昌术。〔考异〕孙逢吉职官分纪作琮，通鉴辑览作禅珠喇。加侍中，与宋议和。〔考异〕职官分纪云，开宝七年，契丹涿州刺史耶律琮贻书知雄州孙全兴，请讲好。宋史太祖纪云，七年十二月，命知雄州孙全兴答涿州修好书。契丹国志系于乾亨元年冬，乃保宁七年，为宋开宝八年也。与史异。　耶律和卓传云，拜涿州刺史，宋数遣人结欢，（兼）〔冀〕（据辽史卷八六耶律合住传改）达和意。和卓表闻，帝许之。和卓原作合术，或系一人，字诺木衮，太祖弟特尔格之孙，安边怀敌，多有力焉。　毕沅续通鉴载琮贻书，略云："两朝初无纤隙，若交驰一介之使，显布二君之心，用息疲民，长为邻国，不亦休哉！"是年七月，辽军器库副使石重荣、东头供奉官刘琼来降，授官有差。史均未载。　通鉴辑览云，据宋史，辽先贻书通和，而景宗纪则书宋遣使请和，盖讳之也。　汪辉祖辽史同名录云，卷二十二道宗清宁九年十月，和卓知北院大王事。和卓亦作合术；又本卷，咸雍二年，西京留守为南院大王；卷九十三萧页鲁传，咸雍九年，德呼部酋长，四人同名合术。

　　七年（乙亥九七五）契丹国志是年即书为乾亨元年。春正月甲戌朔，宋遣使来贺。

　　夏四月，遣郎君舒苏〔考异〕蒙古语高粱也。旧作矧思，今译改。宋史作克沙骨慎思，职官分纪作克实克舒苏，东都事略作克沙骨谨思，通鉴辑览作格什古星什。纪载各异。使宋。〔考异〕毕沅续通鉴云，辽史克卜茂固舒苏来聘，诏阁门副使郝崇信至境上迓之。及至，馆于都亭驿。己亥，入见，宴于长春殿，赐衣器有差。又，史作四月，而契丹国志作三月。各异。　李焘长编云，先是，涿州贻全兴书，云遣使克卜茂固舒苏，至是发书，但云克舒苏。或曰，"克"其官号；又曰其姓氏也。　宋史太祖纪云，三月己亥，契丹使至，召见于讲殿，观习射。八月壬戌，契丹遣耶律霸德等致御衣、玉带、名马。十一月，以校书郎宋准、殿直邢文庆贺契丹正旦。十二月，辽遣耶律乌正来贺正旦。　按，为霸德副者尚有雅勒呼、王英。令从猎近郭，上亲射走兽，矢无虚发；使者俯伏，呼万岁。私谓译者曰："皇帝神武无敌，射必命中，所未尝见也。"又，邢文庆一作邢文度，乌正作乌镇，为副者尚有萧呼噜固、陈延正。见长编。史均未载。

　　八年（丙子九七六）春正月癸酉，宋遣使来聘。

　　秋七月辛未，复遣使来贺天清节。〔考异〕宋史太祖纪云，遣阁门使郝崇信、太常丞吕端使契丹报聘。系于去年七月。又，是年二月，契丹遣耶律延宁来贺长春节；五月，遣田守奇如辽贺生辰。　玉海云，开宝九年二月，契丹贺长春节，献御衣、名马二匹，鞍勒副之，马百匹、白鹇二。太平兴国二年二月，辽使贡御服、金玉带、玉鞍、勒马、金银饰戎仗、马百匹，贺上登极。别贡御服、金带、鞍马为贺正礼。十月辛酉，献良马方物。 <u>李焘</u>长编云，<u>延宁</u>来贺，<u>毅州</u>刺史<u>史珪</u>坐漏泄省中语，出为<u>光州</u>刺史。为<u>田守奇</u>副者尚有<u>房彦均</u>。 按，<u>玉海</u>谓诞节名始于<u>唐</u>开元十七年。<u>宋太祖</u>节名长春，<u>太宗</u>乾明，又曰寿宁；<u>真宗</u>承天；<u>仁宗</u>乾元；<u>英宗</u>寿圣；<u>神宗</u>同天；<u>哲宗</u>兴龙；<u>徽宗</u>天宁；<u>钦宗</u>乾龙；<u>高宗</u>天中；<u>孝宗</u>会庆；<u>光宗</u>重明；<u>宁宗</u>瑞庆；<u>理宗</u>天基；<u>度宗</u>乾会。又，<u>章献</u>后曰长宁；<u>宣仁</u>后曰坤成；<u>恭圣仁烈</u>后曰嘉庆。又，<u>吕端</u>，字<u>易直</u>，<u>余庆</u>弟。

秋九月壬午，<u>宋</u>侵<u>汉</u>，命南府宰相<u>耶律沙</u>、<u>冀王迪里</u>原作<u>敌烈</u>赴援，<u>宋</u>师退。

冬十一月丙子，<u>宋太祖</u>崩，弟<u>晋王</u>即位，〔考异〕<u>景宗</u>纪书弟<u>炅</u>自立。 按，<u>太宗</u>改名在太平兴国二年二月，<u>辽史</u>乃预书之耳。遣使来告。遣郎君<u>旺禄</u>、原作<u>王六</u>。〔考异〕<u>毕沅续通鉴</u>作<u>旺陆</u>。<u>塔玛</u>原作<u>挞马</u> <u>讷默库</u>原作<u>涅木古</u>等使<u>宋</u>吊慰。

十二月壬寅，遣<u>萧哲库</u>、原作<u>只古</u><u>马哲</u>贺<u>宋</u>即位。〔考异〕<u>毕沅续通鉴</u>云，<u>辽</u>遣<u>萧巴固济</u>来聘。注云，旧作<u>哲古</u>、<u>马哲</u>。<u>宋史太祖</u>纪，时遣著作郎<u>冯正</u>、佐郎<u>张玑</u>使<u>契丹</u>告哀。史未载。

九年（丁丑九七七）春二月庚子，<u>宋</u>遣使致其先帝遗物。〔考异〕<u>毕沅续通鉴</u>云，二月，<u>辽</u>遣使来贺即位及正旦。三月，置威胜军，许<u>辽</u>人互市。 <u>王存</u>元丰九域志云，治<u>铜鞮</u>县。<u>曾巩</u>隆平集云，于<u>潞州</u>乱柳石围中为军。 <u>舆地广记</u>，<u>威胜军</u>，五代前地理与<u>潞州</u>同。太平兴国二年置<u>威胜军</u>，并<u>沁州</u>入焉。县四：<u>铜鞮</u>、<u>武乡</u>、<u>沁源</u>、<u>绵上</u>。 <u>李焘</u>长编云，初，<u>契丹</u>在<u>太祖</u>朝虽听沿边互市，而未有官司，于是始令镇、易、雄、霸、沧州各置榷务，命常参官与内侍同掌，辇香、药、犀、象及茶与相贸易。　熊克九朝通略云，后有范阳之师乃罢，不复通。纪均未载。

秋七月甲子，复遣使来聘。〔考异〕宋史太平兴国二年四月，契丹耶律敞来会葬，寻遣辛仲甫报谢之，主问曰："闻中朝有党进者，真骁将，如进比有几人？"仲甫曰："名将甚多，如进鹰犬材，何可胜数。"主欲留之，仲甫曰："信以成命，义不可留，有死而已。"主知其不可夺，厚礼遣还。见本传。　按，契丹国志，耶律敞时官鸿胪少卿，仲甫起居舍人，为副者右赞善大夫穆波。时宋将用兵取北汉，汉倚辽为援，仲甫迟留境上未敢进，宋诏趣行。史均未载。毕沅续通鉴穆波作穆被。云，仲甫还，帝谓左右曰："仲甫远使绝域，练达机宜，可谓不辱君命矣。"党进，朔州马邑人。仲甫，字之翰，汾州孝义人。　李焘长编云，是年十月，契丹遣使耶律阿移尔来贺乾明节，幸京城西北隅视卫士，与契丹使驰射。又召近臣及刘铱与李煜、契丹使宴射苑中。

冬十一月乙巳，遣太保塔喇噶原作迭烈割等使宋。〔考异〕李焘长编云，十一月，契丹遣太保耶律特尔格、礼宾副使王英贺正旦。　毕沅续通鉴云，十一月甲午，命监察御史李滨、阁门祗候郑伟贺契丹正旦。宋史李滨作李渎。

乾亨元年（己卯九七九）春正月乙酉，遣塔玛原作挞马长寿〔考异〕卷十，统和元年公主，同名长寿。使宋，问兴师之故。〔考异〕毕沅续通鉴云，时北汉主遣其子续为质于辽，纳重币以求援。纪未载。丙申，长寿还，言："河东逆命，所当问罪。若北朝不援，和好如故；不然则战。"〔考异〕契丹国志，宋太宗亲征北汉系于乾亨六年二月，宋史作太平兴国四年，云自是和好中绝。钱大昕云，明年，太宗亲征幽州，不克。南北不通使者二十五年。

二月丁卯，汉乞援，命南府宰相耶律沙本传，字安隐，总南边事。宋攻河东，将兵救之，有功，加太保。嗣屡侵宋，兵败坐诛，以皇后救免。为都统，冀王迪里〔考异〕索伦语头目也。旧作敌烈，今译改。为监军赴之；又命南院大王耶律色珍原作斜轸以所部从，枢密副使穆济〔考异〕满州语大麦也。旧作抹只，今译改。本传，字留隐，仲父隋国王后，历官开远节度。圣宗统和元年，抹只兼待中，为东京留守，系一人。督之。

三月丙戌，诏北院大王希达、原作奚底。孟父房楚国王之后。伊实原作乙室王萨哈勒〔考异〕满州语小围也。旧作撒合，今译改。字绥兰，伊实部人，南府宰相乌鲁斯子。等将兵戍燕。丁酉，耶律沙等与宋师战于白马岭，不利，冀王迪里等皆死之。〔考异〕契丹国志谓在石岭关之南，一云在忻州西南。　方舆纪要云，在孟县东北二十里。石岭关在太原府城东北，与忻州接界。　东都事略云，时郭进控石岭关，击败契丹援兵。田钦祚护其军，恣为奸利，以他事侵进，进刚直不能辨，自经死。所载较详。时沙将兵至白马岭，阻大涧遇敌。沙与诸将欲待后军至而战，迪里、穆济等以为急击之便，沙不能夺。迪里等渡未半，为宋人所击，兵溃。迪里与其子斡格、〔考异〕毕沅续通鉴作华格，一作洼哥。（按，辽史卷八四耶律沙传作蛙哥）沙之子德里〔考异〕毕沅续通鉴作德琳，一作德音。及图鲁卜原作突吕不部节度使〔考异〕耶律沙传作令（公）〔稳〕，（据辽史卷八四耶律沙传改）毕沅续通鉴作令衮，一作令稳。图敏、原作都敏黄皮室详衮原作详稳唐古〔考异〕满州语百数也。旧作唐箸，今译改。等五将均战死，士卒死伤甚众，会色珍兵至，万矢俱发，敌始退。

夏六月，汉刘继元降宋。甲子，宋来侵。丁卯，北院大王希达、统军使萧托果、〔考异〕蒙古语釜也。旧作讨古，今译改。字固宁，政事令斡之侄。伊实王萨哈勒击之，战于沙河，〔考异〕续通考云，在顺天府境霸州城南，与唐河合，至入海处呼为飞鱼口，又为五渠水，一曰长鸣水。又，幽之润县亦有沙河，源自滦州西北，流经县东南入海。又，沙河在广平府城北五十里，上从沙河县界流入永年县北境，下达鸡泽县界与洺河合。又，沙河自大名府境西南引漳河入城灌御河，复西北出城灌流沙河。洺河在广平府城北三十五里，源出辽州太行山，流经武安县东北入永平县北境，至鸡泽县与沙河合。 明一统志云，沙河源出复州卫东得利嬴城山，经流本卫城南，合麻河西流入海。又，清河源出盖州卫分水岭西南，经城南，名州南河，又西流，合泥河入海。盖州本高丽盖牟城，渤海改为盖州，又改辰州，辽为奉国军治建安县。薛延宠全辽志云，在辽阳城南二百四十里。 祝穆舆地要览云，盖州本唐地，后属契丹，有东山、白狼山。 通鉴辑览谓沙河为易水，亦曰北濡，源出易州西北，径定兴县为沙河，合中易水入拒马河。 按，易水在安州城北，自府境曹河、徐河、石桥河、一亩泉河、滋河、沙河、鸦儿河、唐河诸水，至此合流为易水，又至雄县南为瓦济河，过直沽入海。燕太子送荆卿处。又，雄河在雄县南三里，与易水合。亦见续通考。纪载各异。国兵失利。〔考异〕萨哈勒传，乾亨初，宋来侵，兼收本部兵守南京，与希达、托果逆战，<u>希达</u>等败走，独<u>萨哈勒</u>全军还，帝嘉之。<u>托果</u>传，时与<u>希达</u>拒<u>宋</u>军，溃，退屯<u>清河</u>，帝责之曰："卿等不严侦候，用兵无法，遇敌即败，奚以将为？"<u>托果</u>惧。俄援兵至，<u>托果</u>奋力败<u>宋</u>军，降<u>南京</u>指挥使。所载互异。 <u>毕沅</u>续通鉴云，<u>沙河</u>之战，指挥<u>傅潜</u>、<u>孔守正</u>先至，击之，后军继至，大败<u>希达</u>军，生擒五百余人。所载较详。

<u>己巳，宋</u>军围<u>南京</u>。

秋七月癸未，<u>耶律沙</u>等及<u>宋</u>兵战于<u>高梁河</u>，在<u>宛平县</u>西。<u>水经注</u>，<u>高梁水</u>出<u>蓟城</u>西北，即此。今为<u>玉泉山</u>水所经，上有桥。〔考异〕<u>乐史太平寰宇记</u>云，<u>高梁河</u>在<u>蓟县</u>东四里，南流合<u>桑乾河</u>。 <u>孙国枚燕都游览志</u>云，<u>玉泉山</u>有巨穴，泉喷而上，淙淙有声，或名之喷雪泉。 <u>梓溪集</u>云，京师形势，以堪舆家论之，<u>玉河</u>之水当直出合<u>南海子</u>，从<u>天</u>、地坛前转东入<u>潞河</u>，方为自然；<u>崇文门</u>外闸河宜塞之，庶几左臂不断，此乃帝王建都万代之计也。<u>陈全之蓬窗日记</u>云，<u>北京青龙水</u>为<u>白河</u>，出<u>密云</u>南，流至<u>通州</u>城。<u>白虎水</u>为<u>玉河</u>，出<u>玉泉山</u>，经大内出都城，注<u>通惠河</u>，与<u>白河</u>合。<u>朱雀水</u>为<u>芦沟河</u>，出<u>大同桑乾</u>，入<u>宛平</u>界，出<u>芦沟桥</u>。<u>元武水</u>为<u>湿余</u>、<u>高梁</u>、<u>黄花</u>、<u>镇川</u>、<u>榆河</u>，俱绕京师之北，而东与<u>白河</u>合。<u>水经注</u>虽有<u>高梁</u>，无上源之说，而兹水实承<u>西山玉泉</u>之委输，为<u>玉河</u>经流。<u>蒋一葵长安客话</u>谓，<u>高梁</u>源发<u>西山</u>者是也。而<u>蓬窗日记</u>误分<u>高梁</u>、<u>玉河</u>为二，且以<u>高梁</u>属京兆，非是。见<u>日下旧闻</u>考。<u>续通考</u>云，<u>玉带河</u>在<u>宝定县</u>北，东流入<u>会通河</u>。<u>大通河</u>旧名<u>通惠水</u>，自<u>玉河</u>出，绕都城东南，经<u>大通桥</u>流至<u>高丽庄</u>入<u>白河</u>。<u>白河</u>自<u>密云</u>南至<u>牛拦山</u>与<u>潮河</u>合流至<u>通州</u>入<u>直沽</u>，一名<u>白逯河</u>。<u>潮河</u>在<u>宝坻县</u>东，一名<u>白龙港</u>，源自<u>黎河</u>、<u>沟河</u>、<u>鲍邱河</u>，至<u>宝坻山</u>、<u>三叉口</u>合流为<u>潮河</u>入海。又，<u>密云县</u>东南有<u>潮河</u>，下流至<u>顺义县</u>界，合<u>白河</u>、<u>黄花</u>、<u>镇川</u>，源自塞外流入<u>黄花镇口</u>，经<u>昌平</u>至<u>怀柔</u>入<u>白河</u>。<u>沽水</u>，

一名西潞水，一名东潞水，源自塞外丹花岭，合九泉水，南经安乐故城西南，与螺山水合为西潞河，又南经狐奴故城西，与鲍邱水合为东潞河。又，磁河源自安州，聚九河之水，至雄县为瓦济河，至宝定县为磁河，入直沽。纪载各异。少却；休格、原作休哥色珍横击，大败之。太宗仅以身免，至涿州，窃乘驴车遁还。〔考异〕宋史纪事本末云，太宗既灭汉，欲乘胜取幽、蓟，诸将不欲行，用崔翰言，意遂决。六月，次东易州，刺史刘宇以城降；次涿州，判官刘厚德亦以城降；进围幽州，以潘美知行府事，契丹将多降。七月，顺州刘延义、蓟州刘守恩皆降。耶律学古时守燕，悉力备御不能支，城中汹惧。帝与沙等战，沙败将遁，适休哥、斜轸兵至，复战，大败，死者数万余人。命刘廷让、李汉琼等屯真定而还。　江邻几杂志云，宋帝自并幸幽，乘敌无备，辽主方猎，遁归牙帐，议弃燕、蓟，守松亭、虎北口。裕悦请兵十万救幽州。

王巩闻见近录云，时敌空山后遁，裕悦请兵五千尝王师，许之。

契丹国志云，于越逊宁号舍利郎君，率兵并西山薄幽陵，人夜持两炬，朝举两旗，夜从他道自宋军南，席卷而北，宋师遂退不复追。

朱昆日下旧闻补遗云，裕悦之救幽州，据王巩所记止五千骑，如江休复言，既拥十万师，何用人持两炬两旗以为疑兵乎？未免自相矛楯矣。又称裕悦为锡里郎君，考百官志，锡里司掌皇族军政，无郎君之官，而各院局郎君又无名锡里者，皆误也。又，逊宁系休哥字。刘厚德亦作刘原德。东易州当在定兴、安肃界。刘廷让，守文之孙，范阳人。崔翰，字仲文，京兆万年人。汉琼，洛阳人。　李焘长编云，东易州即岐沟关也。孔守正先入，说刘禹以城降；诏祁延朗守关城，召守正赴行在。初，上次定州，使祀北岳，作悲陷蕃民诗，令从臣和。次涿州，刘原德降，命杨恭知州事，拜原德右赞善大夫。次幽州，驻跸宝光寺，亲率兵乘城，斩首千余级，余党遁。

未几班师。以石守信督前军失律，贬崇信节度。余刘遇、史珪悉贬官。毕沅续通鉴刘宇作刘禹，刘延义作刘延素，云，休格被三创，战益力，后竟以创不能穷追，宋盖有天幸焉。所载各异。　萧斡传，字辖里，宰相敌鲁子，初不从察克乱，拜林牙，历北府宰相。高梁河之战，斡与休格并力击败之，上手敕慰劳，加政事令。时后以父呼斡；及为太后称制，数陈便宜，多见用。　按，后系思温女，斡与后，兄弟行，"父"恐系"兄"之讹。纪未载。**所获兵仗、粮饷不可胜计。辛丑，沙遣人上俘获，诏将士分别爵赏，降罚有差。**〔考异〕东都事略云，是年，太宗征河东，遣使起居，随寇石岭关以扰太原，为郭进所败，河东平，遂北征，勒兵幽州而还。时曹翰攻城东南隅，卒掘土得蟹以献。翰曰："蟹，水物而陆居，失所也，且多足，敌将至，不可进拔之象。且蟹者，解也，其班师乎?"已而果然。初至幽州，翰为东路濠寨总管，善风角。一夕，角声送风至帐，促令环带曰："寇至之兆也。"未几至，大败之于城下。见释文莹玉壶清话。　玉海云，帝驻跸城南，敌不敢居城中，有万余众屯城北，帝率兵乘之，斩千余级，余党遁。壬申，命诸将攻城，旬有五日，以卒疲食尽，七月壬申班师。均未言败。李焘长编亦同，盖讳之也。　潘永因宋稗类钞云，太宗围幽州城，夜大风，军中虚惊，南北军皆溃，诸将不知上所在，惟节度高琼随；翼日，上欲诛诸将，因琼谏而止。后出宣仁后，为天下母，人以为阴德之报。　王铚默记云，驾至幽州，四面攻城，而师以平晋不赏，又攻燕，遂军变，太宗与所亲厚夜遁，得钱俶殿乃得脱。后神宗语及北边事曰："太宗军溃，仅得脱，凡行在服御、宝器被掠，从人宫嫔尽陷没；上中两箭，岁岁必发，其弃天下亦以箭疮发"云。　毕沅续通鉴云，帝次金台驿，闻归师大溃，命崔翰往抚之，众遂定。金台驿在今清苑县。　王巩闻见近录云，前此，柴世宗画御河为界，敌未尝敢犯边，自尔日寻干戈，至澶渊之盟方息。御河，盖世宗运漕河也。　王得臣麈史云，富郑公尝为余言：永熙讨河东，既下，欲乘胜复蓟门，咨于众，参政赵昌言曰："自此取幽州，如爇鏊翻饼耳！"殿前都指挥呼延赞争曰："书生之言，不足尽信，此饼难翻。"永熙竟趋幽燕，卷甲而还，卒如赞言。郑公谓余曰："武臣中盖亦有人矣。"长编注，谓昌言参政在雍熙四年，距此凡九年。又，兴国四年无为参政者，得臣误甚。或呼延赞实有是言，此时尚为铁骑指挥使，连白、进超实为殿帅，崔翰为殿候，所云殿前都指挥使，得臣又误也。　事略又云，帝命翰知定州，会李汉超、崔彦进等破契丹于徐河，投西山坑谷者不可胜计，俘馘数万，他物什倍。进，博野人，汉超，云中人。史均未载。以权知<u>南京</u>留守<u>韩德让</u>、权〔<u>南京</u>〕（据辽史卷九景宗纪补）马步军都指挥使<u>耶律学古</u>、字伊实扬，裕悦斡庶孙。〔考异〕皇族表，斡孙特哩衮<u>学古</u>，东路统军使乌尔古巴，原作乌古不。按，卷八十八乌不吕传，<u>学古</u>之弟，以功为东路统军都监，因<u>德让</u>荐，为统军使，弟果啰。是乌古不即系乌不吕。知三司事<u>刘弘</u>，能安人心，捍城池，并赐诏褒奖。〔考异〕毕沅续通鉴云，宋攻城，<u>德让</u>惧甚，与<u>弘</u>日夜守御，城中人怀二心，会指挥<u>李札勒灿</u>出降，益惧。御盏郎君<u>学古</u>赴救，穴地以进，计安反侧，随宜备御不少懈。闻援师至，开门列阵，呼声震天地，宋大败。以<u>德让</u>为辽兴节度使，<u>学古</u>遥授保静节度使。所载较详。

九月己卯，命燕王<u>韩匡嗣</u>为都统，南府宰相<u>耶律沙</u>为监军，特哩衮原作惕隐<u>休格</u>、南院大王<u>色珍</u>、权奚王<u>穆济</u>等分道南侵。

冬十月乙丑，<u>韩匡嗣</u>与宋兵战于<u>满城</u>，败绩。

辛未，太保舒苏败宋师于火山。乙亥，诏数匡嗣罪，赦之。宴赏休格及有功将校。〔考异〕薛应旂通鉴云，九月，契丹遣韩匡嗣等寇镇州，报围燕之役，军于满城西。方阵，官军诈降，匡嗣纳之，休哥谏不听，俄而刘廷让阵于前，崔彦进潜师蹑其后，李汉琼等继至，合击，契丹军大溃，追至遂城，大败之，斩首万三百级，获三将，马万匹。匡嗣弃旗鼓遁，独休哥整众退。

毕沅续通鉴云，先是，帝以陈图授诸将，敌至分八陈。及军次满城，辽师大至，因赵延进及李继隆言，改为二陈，前后相副，以是获胜。所载较详。按：耶律穆济传，匡嗣军溃，穆济独部伍不乱，徐整旗鼓而归。　宋史太宗纪十一月，忻州言，与契丹战，败之关南，破契丹，斩首万余级。　李焘长编云，十一月，契丹于代州雁门、西（陉）〔泾〕（据长编卷二〇改）、护国、南川置寨，折彦赟与董思愿、刘绪、侯美追击，大败之，俘获甚众。岚州言三交口破契丹千余众。　阮阅诗话总龟云，工部郎中王矩，本燕人，为耶律某掌书记。某之兄及兄之子，兴国中战殁于大郡；后某经旧战处题诗，矩记其两句曰："父子尽从蛇阵没，弟兄空望雁门悲。"史均未载。

二年（庚辰九八〇）春正月丁亥，以休格为北院大王。〔考异〕毕沅续通鉴云，初，北汉刘继业素骁勇，继元降，继业（欲）〔犹〕（据续通鉴卷一〇宋纪改）据城苦战。帝令继元招之，乃释甲来见。复姓杨氏，止名业，授领军卫大将军，寻拜郑州防御使。本杨重贵，太原人，重勋之兄，北汉世祖赐姓名。　李焘长编云，据国史本传，谓孤垒甚危，业劝其主出降。其授官制辞曰："百战尽力，一心无渝；疾风靡摇，迅雷罔变。知金汤之不保，虑玉石之俱焚；定策乞降，委质请命。忠于所事，善自为谋。"与路振九国志异。　按，五代史，当时垂涕劝继元出降者止马峰一人，非业也。若果劝降，则当与继元俱出见，何用别遣中使召乎？然授官制辞，不应云尔，更须考之。　薛应旂通鉴云，是年三月，代州刺史杨业败契丹十万兵于雁门，杀其驸马侍中萧咄李、获都指挥李重诲。自是契丹畏业，望见旌旗即引去。主将多嫉之，潜上谤书，帝封付业。宋史太宗纪书作潘美事，且系之二月。王宗沐续通鉴，咄李作卓琳，通鉴辑览作绰里特，毕沅续通鉴作多啰，各异。史均未载。

　　冬十月辛巳，将南侵，祭旗鼓。癸未，次南京。己亥，围瓦桥关。

　　十一月庚子朔，宋兵夜袭营，萧斡原作干，时官图鲁卜部节度使。及耶律赫德〔考异〕满州语渣泽也。原作痕德，今译改。又萧斡传作允古。战却之。壬寅，休格败宋兵于瓦桥东，守将张师引兵出战，休格奋击，败之，斩师，余众退入城。戊申，宋兵陈于水南，休格涉水击破之，追至莫州，杀伤甚众。己酉，宋兵复来，击之殆尽。丙辰，班师，还次南京。寻拜休格为裕悦，大飨军士。〔考异〕契丹国志云，十一月，帝进攻关南，宋河阳节度使崔彦进御之，辽师失利。十二月，宋太宗亲征至大（石）〔名〕（据下文所引宋史、宋事类苑改），辽师遁，遂班师。　毕沅续通鉴云，帝次长垣县，关南言大破契丹万余众，斩首三千级，辽主引兵还。　李焘长编云，十一月，契丹寇雄州，〔副〕（据长编卷二一补）指挥使荆嗣击走之，俘获甚众。十二月，交州行营言破贼万余众，斩首三千余级。　宋史，太宗亲御契丹，次大名，诸军与之大战于莫州，败绩。时欲复伐幽州，李昉陈其未可，乃命刘遇、曹翰为部署而还。时张齐贤亦上疏劝其先本而后末，安内以养外。帝嘉纳之。　释文莹玉壶野史云，太宗将搜渔阳，李昉上疏力谏，词颇切直。昉居常奏事，雍容和婉，此疏上，士论骇服。后北伐果无成，太宗嘉许，始厚赐之。所载各异，齐贤，曹州冤句人。昉，深州饶阳人。　江少虞宋事类苑云，时辽寇高阳关，太宗御之，赋诗，有"銮舆临紫塞，朔野冻云飞"之句。次大名，又赋诗，示行在诸臣曰："一箭未施兵马退，六军空恨阵云高。"遂宁令何蒙献诗，召对，授赞善。释文莹玉壶清话濛作蒙。诗云："塞日穿痕断，边云背影飞。"又云："缥缈随黄屋，阴沈护御衣。"且进銮舆临塞赋，帝嘉赏。

　　三年（辛巳九八一）春二月丙子，东幸。己丑，复幸南京。〔考异〕宋史太宗纪，正月，易州破契丹数千众。五月，平（寨）〔塞〕（据宋史卷四太宗纪改）军与契丹战，败之。七月，帝欲大举伐契丹，遣使如渤海，令发兵以应，竟无至者。寻遣使至高丽，亦然。　薛应旂通鉴云，渤海本高丽别种，契丹尝取其扶余城为东丹国。帝将大举伐契丹，遣使赐其王诏书，令发兵以应，约灭辽之后，幽、蓟土宇复归中朝，朔漠之外悉与渤海，竟无至者。时以诏赐定安国王，定安本马、韩别种，其王乌元明数苦辽侵，得诏，令张掎角之势，王大喜，附女真进表，优诏答之。　洪皓松漠纪闻云，古肃慎城四面约五（百）〔里〕（据松漠纪闻卷上改）余，遗堞尚存，在渤海国都三十里。　玉海云，安定为契丹所破，保于西鄙。开宝六年，国王烈万华因女真遣使入朝，附表贡方物。端拱二年，献马雕羽。淳化二年，又上表，后不复至。女真，渤海别种，建隆二年八月贡名马，至兴国凡九入贡。　李焘长编云，太平兴国六年，易州之战，斩首三百级，马（三）〔五〕（据长编卷二二改）百匹，器甲千计。寻建易州太保寨为平寨军。（按宋史卷四太宗纪作平塞军，下同）潘美袭固（安）〔军〕（据长编卷二二改），降之，在三交西北三百里，积粟屯兵，敌不敢侵，边民以安。五月，契丹侵平寨军，击走之，杀获甚众。寻又言破契丹万余众。又载赐渤海诏书曰："闻尔国本为大藩，近年颇为契丹所制。尔迫于兵势，屈膝事之，谗慝滋多，诛求无已；虽欲报怨，力且不能。所宜尽出族帐，助予攻取，俟其翦灭，当行封赏。幽、蓟土宇，复归中朝，沙漠之外悉以相与。"九月，易州白继赟破契丹于平寨军北，斩首二千级，俘获甚众。史均未载。

四年（壬午九八二）夏四月，景宗自将南侵宋。至满城，战不利，守太尉奚幹里原作瓦里。〔考异〕毕沅续通鉴作达里。中流矢死。统军使耶律善补〔考异〕毕沅续通鉴作善布。 本传，字瑶升，孟父房楚国王后，安图从子，官都元帅。宋来侵，不敢战，故岭西（川）〔州〕（据辽史卷八四耶律善补传改）郡多陷。终南院大王。为伏兵所围，枢密使色珍救免，诏以失备，杖之。

五月，班师。〔考异〕契丹国志云，五月，辽分三道入宋，为其边将所败。 毕沅续通鉴云，三交行营言潘美败契丹于雁门，追破其垒三十六。未几，府州折御卿破之于新泽砦，获其将校百余。于辽是三道之师皆败。 李焘长编云，契丹三万骑，分三道：一袭雁门，潘美破之，斩首三千级，俘老幼万口，牛马五万计；一攻府州，折御卿破之，斩首七百级，羊马万计；一趋高阳关，崔彦进破之，斩首二千级，羊马数万。 方舆纪要云，是年，高阳关镇将奏败契丹于唐兴口，因置唐兴砦，寻建为顺安军，在今安州东南二十里。宋史，唐兴之战为崔彦进，纪要失书。史均未载。

秋九月庚子，幸云州。壬子，次焦山，崩。〔考异〕李焘长编，辽主之崩系于岁末，又引契丹国志以为在三月，疑系传闻之误。焦山在今朔平府左云县东南。子梁王隆绪即位。

尊母萧氏为太后，摄国政，改元统和。〔考异〕王宗沐续通鉴云，六月，复国号大契丹。史未载。毕沅续通鉴云，钱辛楣据兴中故城。释迦舍利塔记，其文有大契丹重熙十五年云云。余考李焘长编载仁宗与兴宗国书云："昔我烈考章皇帝与大契丹昭圣皇帝弭兵讲好。"又，王昕道山清话云，契丹使者论国书中所称大宋、大契丹，似非兄弟之国，宜易以南、北朝，梁庄肃折之，乃如故。盖道宗咸雍二年复称大辽，以前国书，南北称大契丹也。孙渊如因欲每年分注，于圣宗、兴宗两朝均书契丹。余谓统前后而计之，不妨仍书为辽，但中间更改之号，不当没而不书耳。

　　冬十二月辛酉，南京留守荆王道隐奏宋遣使献犀带〔请和〕（据辽史卷一〇圣宗纪补），诏以无书，却之。〔考异〕宋史太宗纪，是年闰十二月，丰州与契丹战，破之，获其天德节度使萧太。合二史观之，辽不书本国之败绩，宋亦不书本国之请和。又，东都事略云，燕燕专国政，以三万骑入寇，潘美击败之，日利、月利等十一族七万余帐内附，降者又三千帐，羊马万计。李焘长编，丰州之捷为刺史王承美，斩首二千级，羊马、兵器万数。萧太作韦太，日利月利等族为锡利裕噜岱、日威克约，所载互异。史均未书。

　　圣宗统和元年（癸未九八三）春正月丙子，以裕悦休格为南京留守，总边事。壬午，涿州刺史安吉奏宋筑城河北，诏休格以兵挠之，勿令就功，并严边备。〔考异〕宋史太宗纪，三月，丰州奏破契丹兵，降三千余帐。李焘长编谓系刺史王承美，击破万余众，追北百余里至青冢，斩首二千级，降者三千帐，获羊马、兵以万计。按，丰州之捷，未知即系去冬事否？史均未载。

四年（丙戌九八六）春三月，宋遣曹彬、字国华，真定灵寿人。崔彦进、大名人。米信本奚族，字海进。由雄州道；舆地广记云，战国属燕，唐属涿、易二郡，晋入辽，周收复，置雄州，今为易阳郡。县二：归信、容城。详卷十八。田重进幽州人。飞狐道；〔考异〕乐史太平寰宇记云，隋仁寿元年改广昌为飞狐县，因县北飞狐口为名。又飞狐道自县北入妫州怀戎县界，即古飞狐口也。汉书，郦食其说汉王曰："杜白马之津，塞飞狐之口。"晋中兴书曰，建兴中，刘琨自代北出飞狐口奔于安次，即此道也。

方舆纪要云，自恒山至代，有飞狐之口，倒马之关，夏屋、广昌、五回之险。　沈括梦溪笔谈云，北岳（常）〔恒〕山（据新校正梦溪笔谈卷二四杂志四四八条改，下同）今曰大茂山，半属契丹，以分脊为界。岳祠旧在山下，今祠乃在曲阳。祠北有望岳亭，中多唐人故碑。殿前一亭，中有李克用题名云亲领步骑五十万，问罪幽陵，回师自飞狐路即归雁门。今飞狐路在〔大〕茂山（同上书补）西，自银冶寨北出倒马关度虏界，却自石门子、冷水铺入瓶形、梅回两寨之间至代州。今此路已不通，唯北寨西出承天阁，可至河东，然路极狭。太宗车驾自太原移幸（尚）〔恒〕山，乃由土门路。至今有行宫。　阎若璩潜邱劄记云，舜典北岳恒山，禹贡太行恒山，疏曰：恒山在上曲阳西北。尔雅兼殷制，释山曰，河北恒。周礼职方氏，正北曰并州，山镇曰恒山，注曰：恒山在上曲阳。则舜当日早觐北诸侯于今曲阳大茂山之下，非。山经所称今浑源之北岳，水经注所称之元岳，历历可知也。　明一统志云，恒山在浑源州南二十里，即北岳，水经谓之元岳。　厉鹗云，岳祠旧在大茂山下。石晋之后，稍迁近里。今其地谓之神栅，则北岳自在上曲阳。辽史故无浑源之祀也。纪载各异。潘美、字仲询，太原人。杨继业雁门道方舆纪要云，雁门，一名勾注山，即西陉山，在代州西北二十五里，有关，最为险要。**来侵**。〔考异〕休格传，宋将范密（按，考宋史、长编诸书，宋将无称"范密"者，疑是潘美之讹）、杨继业出云州；曹彬、米信出雄、易。有范密而无潘美。而色珍传又云，杨继业出代州。所载各异。**岐沟、涿州、固安**，隋县，今属顺天府，〔在〕（据文义补）西南百二十里。本汉方城县，隋改置固安县，属幽州，辽隶涿州。学宫东偏有尊经阁，今护国仁王寺佛阁也，有飞骑尉兼管常平仓李成彦碑记。见日下旧闻考。　郦道元水经注云，固安东南径韩城东，诗韩奕章曰："溥彼韩城，燕师所完。"即此。王肃谓今方城县有韩侯城，世谓寒号，非也。　苏志皋固安县志，武阳城，在固安县西北，燕昭王所筑法华寺在县东二十五里。石碣有云："大辽国燕京涿州固安县万春乡皇台里乡贡进士张希颜述，考将仕郎、试太子正字、前守涿州司法参军张巩书。"重熙间重修募缘碣有云："时迁岁暮，堕残蟛蛛之梁；雨坏风摧，打碎鸳鸯之瓦。"又云："若抽鹅眼之资，必值龙华之会"等语。又，归依寺在县东北十八里，辽天庆七年立幢。大师塔在东徐村，辽奉圣州司候判官、给事郎、试太子校书郎、骑都尉蔡咨彦立碣。有进士焦山等字。天庆元年建。**新城**唐县，今属保定府。〔考异〕何济新城县志云，时承谏墓在新城县东北二里，本辽人。金赠镇东节度使兼侍中。金李晏时立爱墓志铭曰："公父讳承谏，积累巨万，发仓贷人，每折其券。负郭沮洳，常阻行路，创石为梁，人得平步。善庆攸钟，是生我公。"金史时立爱传，承谏作承谦，误。**皆失**。〔考异〕薛应旂通鉴云，雍熙三年正月，宋命曹彬等伐契丹。初，贺怀浦将兵屯三交，好议边事，与其子知雄州令图上言契丹主少，母后专政，宠幸用事，请乘衅取燕、蓟。帝信之。以曹彬为幽州都部署，崔彦进副之；米信为西北道都部署，杜彦圭副之；田重进为定州都部署，出飞狐；

潘美为云、应、朔都部署，杨业（按辽史卷一一圣宗纪作杨继业是）副之，出雁门。参政李圭谏，不听，罢为礼部侍郎。三月，彬取固安、新城二县，进克涿州，杀其相贺（浙）〔斯〕（据下文引长编改）；会米信至，又败之于新城东北。　李焘长编云，彬进壁涿州东，复与敌战，李继隆范廷召等皆中流矢，督战愈急，敌遂败，乘胜攻北门，克之，取涿州。彬既入城，遣部将李继宣等领轻骑渡涿河，觇敌势，敌众来攻，击破之于城南，斩首千级，获马五百匹，杀宰相贺斯。东都事略又作笃斯美。毕沅续通鉴李圭作李至，劝北伐者尚有文思使薛继昭。所载各异。　方舆纪要云，三交，城名，在太原府北五十里。契丹所保，多由此入寇。今阳曲县北。李至，字言几，真定人。贺怀浦，开封陈留人，太祖孝惠皇后兄。李继宣，开封浚仪人。诏宣徽使布琳原作蒲领驰赴燕南，与休格议军事，征各道兵赴援；复遣东京留守耶律穆济以诸军继进，赐剑专杀。丙子，统军使耶律颇德败宋军于固安；宏简录云，俘获甚众，加检校太师。休格绝其饷道，擒将吏，获车马器械无算。庚辰，寰州〔考异〕通鉴地理通释云，职方考，后唐明宗置寰州，舆地广记谓唐末置，领寰清一县。刺史赵彦章以城降宋。〔考异〕李焘长编云，美自陉与敌战，胜之，斩首五百级，逐北至寰州，复斩五百级。指挥薛超，金疮被体，部分〔军士〕（据长编卷二七补）自若；刺史赵彦辛（按，上文辽史作赵彦章）举城降，拜本州团练使。宋史太宗纪同。方舆纪要作杨业事。史未载。宋兵入涿州。（义）顺〔义〕（据辽史卷一一圣宗纪改）节度副使赵希赞以朔州降宋。〔考异〕李焘长编云，美进围朔州，赵希赞举城降，拜本州观察使。所载甚详。时圣宗自将与太后驻兵驼罗口，在涿州东北。

诏趣东征兵马以为应援。壬午，诏林牙勤德守平州之海岸以备宋。仍报平州节度使特哩衮原作迪里姑。〔考异〕汪辉祖辽史同名录云，卷一太祖纪，七年吐浑酋长；卷四太宗纪，会同元年郎君，三人同名迪里姑。趣行。癸未，国兵与宋田重进战于飞狐，不利，冀州防御使大鹏翼、康州地理志云，世宗迁渤海率宾府人户置，属显州。初建〔隶〕（据辽史卷三八地理志补）长宁宫，后属积庆宫，领县一：率宾。刺史马赟、〔考异〕文献通考、李焘长编均作马颁，国志作马硕。指挥使何万通被获。〔考异〕李焘长编云，重进至飞狐，西南招安使大鹏翼帅众来援，袁继忠劝乘逆击之。重进阵压东偏，数交锋，胜败未决。命荆嗣出西偏，薄山岩，以短兵接战。斩数百人，进拔小冶、直谷二寨。敌来攻，嗣请谭延美列队持白旗于道。自以所部疾驱出斗，契丹兵疑大军继至，遁去，重进乘之，生擒大鹏翼等，并契丹、渤海千余人，斩数千级，俘老幼七百，马畜万计。大鹏翼壮伟而勇健，名闻（近寨）〔边塞〕（据长编卷二七改），既擒，戎人夺气。后送至阙，授平州刺史。 东都事略云，重进时获契丹、渤海三千余人，斩首数千级，逐北四十里，下飞狐、灵邱等城。所载均较详。丁亥，命色珍为山西兵马都统、布琳为南征都统，以副休格。彰国节度使艾正等以应州附宋。郢州舆地广记云，晋、宋为竟陵郡，后周置石城郡，兼立郢州，唐因之，后为富水郡。县二：长寿、京山。今安陆府是。防御使吕行德等以飞狐附宋；都指挥穆超以灵邱县名，属蔚州，有赵武灵王墓，因名。见方舆纪要。 李吉甫元和郡县志云，太白山在县南十里。山有钟乳穴，其深不测，穴中钟乳如悬穗。隘门山在县东南五十里，壁立直上，层崖刺天。开皇长城，西自繁峙县经县北十里，东入飞狐县界。**附宋**。〔考异〕毕沅续通鉴云，重进围飞狐，令大鹏翼至城下谕马步都指挥吕行德等，行德与其副张继从、刘知进举城降。进围灵邱，穆超亦以城降。 李焘长编云，诏升飞狐为军。拜行德顺州防御使，继从檀州刺史，知进左监门卫将军，超右监门卫将军。所载较详。

夏四月己亥朔，次南京北郊。庚子，特哩衮瑶升〔考异〕善补传，字瑶升，此盖称其字耳。等以捷报。辛丑，潘美克云州。〔考异〕毕沅续通鉴云，四月壬寅，米信大破辽师于新城。己酉，田重进又破之于飞狐北，杀其二将。 李焘长编云，新城之胜，斩首三百级，敌众复集，信被围数重。会曹彬遣李继宣等援之，遂破敌于新城东北，斩首千级，获马百匹。史均未载。癸卯，休格复以捷报。戊申，布琳奏宋军引退，而奚王筹宁即和硕萧，详卷二十。等以兵追蹑，皆胜之。癸丑，籍艾正等家属分赐将士。宋曹彬、米信北渡拒马河，〔考异〕续通考云，晋刘琨守拒马河以拒石勒，因名。一作白沟河，亦曰界河，以宋、辽于此分界也。其上流为拒马河，出易州涞水县，至定兴、新城为白沟河；其下流径雄县为会同河，入于淀。本易州志，参何济新城县志。方舆纪要云，上流为桑乾河，源出山西马邑县西北洪涛山，经大同府南山阴县至顺天府西南，曰芦沟河，亦曰浑河，分二派：一合白河；一经固安县西为拒马河，与霸州界河合，至武清小直沽入海。 乐史太平寰宇记云，桑乾水自西北昌平县界来，南流经府西，又东流经府南，又东南与高梁河合。郦道元水经注云，桑乾水东流与洗马沟水合。又，㶟水南径燕山下，悬岩之侧，有石鼓，去地百余丈，望若数百石囷，一石梁贯之，东南，有石人援桴，状同击势。耆旧言:燕山石鼓鸣则主有兵。 孙世芳宣府镇志云，桑乾河在宏州，今顺圣城西南二十里，下与金龙池水合，流入芦沟河。范成大石湖集云，芦沟去燕山三十五里。宋敏求谓芦菇河即桑乾水也。郎蔚之隋图经云，湿水即桑乾河，至马陉山为落马河，出山曰清泉河，亦曰千泉，至雍奴人笥沟曰合口。水经注云，湿水出雁门阴馆县东北边，代郡桑乾县南，又东过涿鹿县北，又东南出山，过广阳、蓟县北。又，桑乾泉即索涫水也。吴文恪集云，芦沟河出太原天池，伏流至朔州马邑从雷山阳，为金龙池，东下为桑乾河，雁门云中诸水皆会，由大同、宣府、保安州通怀来，经两山间，至京城西四十里，石经山东，至□□口，分二派:一东流至通州高丽庄入白河，是为浑河;一南流至霸州合易水，南至丁字沽入湿河。至魏氏土地记云，蓟城南七里有清泉河，上承桑乾河，东流与潞河合，非是。固安县志云，浑河一名漯河，亦曰小黄河，源出马邑东北十里桑乾山，今永定河也。明一统志云，一名漯水，与温河浑河合流入宛平界。苏辙栾城集渡桑乾河诗云:"北渡桑乾冰欲结，心畏穹庐三尺雪，南渡桑乾风始和，冰开易水应生波。穹庐雪落我未到，到时坚白如盘沱，会同出入凡十日，腥膻酸薄不可食。羊修乳酪差便人，风隧沙场不宜客，相携走马渡桑乾，旌旆一返无由还。胡人送客不忍去，久安和好依中原，年年相送桑乾上，欲话白沟一惘怅。"金卢宜阳洵白沟河诗云:"白沙清浅不容舟，辽、宋封疆限此沟;到了山河无定主，碧波依旧只东流。"见元裕之中州集。字仁甫，高平人，第进士，官宜阳令，有诗学。与**休格**对**垒，挑战。**时**圣宗次涿州东五十里，诏诸将严备水道，毋令〔敌兵〕**（据辽史卷一一圣宗纪补）**潜至涿州。乙（未）〔卯〕（同上书改）休格**等败宋军，献所获。**

蔚州都押衙<u>李存璋</u>等，杀节度使<u>萧卓琳</u>。原作嗫里。
〔考异〕<u>汪辉祖辽史同名录</u>云，卷八，<u>圣宗保宁</u>三年<u>世宗</u>妃；卷六十
四<u>皇子表</u>，<u>太宗</u>子<u>必摄</u>下应<u>历</u>间罪人；卷八十五<u>高勋传</u>，<u>景宗</u>时驸
马都尉，<u>公主表世宗</u>女<u>和古典</u>下嫁<u>萧嗫里</u>，当即此人，四人同名<u>嗫
里</u>。按，<u>和古典</u>原作<u>胡骨典</u>，又作<u>胡古典</u>，一作<u>和克丹</u>。执监
(军)〔城使〕(同上书改)<u>铜州地理志</u>，<u>同州广利军</u>，<u>渤海</u>置。
兵事隶北兵马司，统<u>析木</u>一县。本<u>汉望平县</u>地，<u>渤海</u>为<u>花山县</u>，初
隶<u>东京</u>，后来属。节度使<u>耿绍忠</u>，〔考异〕<u>彭百川太平治迹统类</u>
作<u>耶律绍忠</u>。以城降<u>宋</u>。〔考异〕<u>李焘长编</u>云，<u>重进</u>至<u>蔚州</u>，<u>李
存璋</u>、<u>许彦钦</u>等杀敌酋<u>萧多啰</u>及其守卒千人。执监城使、<u>同州</u>节度
使<u>耿绍忠</u>，举城降。命<u>魏震</u>知<u>蔚州</u>，授<u>存璋顺州</u>团练使，<u>彦钦平州</u>
团练使，同知<u>蔚州</u>。初，王师入北境，<u>多罗</u>、<u>绍忠</u>等谋欲降；<u>存璋</u>
乃先事而发。<u>绍忠</u>父<u>美</u>为<u>奉圣</u>节度使，弟<u>绍雍</u>三司使。<u>绍忠</u>领<u>同州</u>，
州在<u>西楼</u>南数百里。方从<u>戎主</u>至<u>遥乐河</u>，闻王师至，命为<u>蔚州</u>监城
使。至是被执。<u>存璋</u>既杀酋党，虑孤城难守，尽率吏民奔<u>重进</u>军。
敌大至，指挥<u>江谦</u>妄言惑众，<u>荆嗣</u>斩之，悉收城中辎重，还〔集〕
(据<u>长编</u>卷二七补)<u>重进</u>军，与敌转战。军校多死，至<u>大岭</u>，<u>嗣</u>力
斗，敌始却，遂空<u>蔚州</u>。而<u>荆嗣</u>传载<u>蔚州</u>既降复叛。与他书异。丙
辰，复<u>涿州</u>。〔考异〕<u>陈桱五代史续编</u>云，<u>契丹</u>主与太后自攻<u>涿
州</u>，复之。盖以兵取也。 <u>李焘长编</u>云，时方炎暑，军疲食乏，<u>彬</u>
复弃之。未知孰是？辛酉，次<u>固安</u>，复其城。

五月庚午，国兵与<u>宋曹彬</u>、<u>米信</u>战于<u>岐沟关</u>，
〔考异〕<u>方舆纪要</u>云，在<u>涿州</u>西南四十里，亦曰<u>奇关</u>，又为<u>祁沟</u>。<u>胡
氏</u>曰，关在<u>易州拒马河</u>之北，由关而南至<u>易州</u>六十里，由<u>拒马河</u>而
东至<u>新城县</u>四十里。大败之，追至<u>拒马河</u>，溺死者无算。

余众奔高阳，又追击之，死者数万，弃戈甲如邱陵。〔考异〕薛应旂通鉴云，初，诸将陛辞。太宗曰："潘美但先趋云、朔、彬等，以十万众声言取幽州，且持重缓行，不得贪利；敌闻大兵至，必悉众救范阳，不暇援山后矣。"及彬等乘胜而前，屡告捷，帝讶其进军之速。彬既次涿州，休哥坚壁不战，分兵绝粮道，彬食尽，退师雄州，帝怪其失策，亟遣使止彬勿前，急引师缘白沟河与米信军接，俟美尽略山后地，会重进东下，合势取幽、蓟州。彬与诸将议不合，乃复趋涿；休哥率轻兵来薄，会圣宗与太后引军至，彬、信复退；休哥因出兵追蹑，以至大败。知幽州行府事刘保勋死之。　毕沅续通鉴云，保勋马陷淖中，其子利涉救之，不能出，遂俱死。殿中丞孔宜亦溺于拒马河死焉。　李焘长编云，初，彬欲令部将卢斌守涿州，斌力言不可守；遂令斌拥城中老幼并狼山而南，斌以大军退，无复行伍，为敌所蹑，致败。时知大名府赵昌言遣郑蒙诣阙上书，请斩败军将。曹彬等贬官有差。所载较详。癸酉，班师。壬午，次南京。癸未，色珍奏复蔚州，斩首二万余级，乘胜攻下灵邱、飞狐。丙戌，御元和殿，大宴将校，爵赏有差。〔考异〕毕沅续通鉴云，初，米信、傅潜等军败，众扰，独李继隆振旅而还，命知定州。田重进之师未尝挫败，擢马军都虞候。继隆，字霸图，处耘子，上党人。李焘长编云，时上以诸将违诏失律，作自劾诗赐近臣。初议兴兵，独与密院议，中书不与闻。及败，召王显、张齐贤、王沔，谓曰："卿等共视朕复作如此事否？"显等愧惧，若无所容。

六月丁未，度居庸关。甲寅，色珍奏复寰州。

秋七月丙子，复奏复朔州，宋将杨继业死之，并上所获将校印绶、诰敕。先是，国兵至蔚州，营于州左。得谍报，敌兵且至，乃设伏以待。敌至，纵兵逆击，追奔逐北，至飞狐口，遂乘胜鼓行而西，入寰州，杀守城吏卒千余人。杨继业素负骁勇，号杨无敌，北据云、朔数州。至是，引兵南出朔州三十里，至狼牙村，方舆纪要云，在朔州西南十八里，一名洪崖村。陈家谷亦在朔州南，通忻、代二州之道。云业至谷口之托逻台，死焉。所载各异。恶其名，不进；左右固请，乃行。遇伏四起，中流矢，堕马被擒。疮发，不食，三日死。自是宋守云、应诸州者，闻之皆弃城遁。〔考异〕薛应旂通鉴云，潘美屯代州，时斜轸将兵十万至定安西，贺令图遇之，败绩；又大败于五台，死者数万。明日，攻陷蔚州，令图与美复败于飞狐。杨业引兵护云、应、寰、朔吏民内徙，闻斜轸兵盛，欲领兵出大石路，直入石碣谷避其锋；护军王侁以避敌讥之，乃趋朔州，约至陈家谷口，张步兵强弩以相援。遂及斜轸战，萧挞览以伏兵蹙之，业大败，退趋狼牙村。侁自寅至巳不得报，谓业胜欲争功，即引兵擅离谷口，美不能制，行二十里，闻业败，遂遁。贺怀浦败没。业转战至谷口，见无援，大恸，自率麾下力战，被擒。其子延玉死焉。业不食，三日死。事闻，诏赠业太尉、大同节度使；削美三任，除侁名。延玉一作廷玉。定安，辽县，明省，故城在今宣化府。蔚县大石路，即今大石口，在应州南。石碣谷，即今石佛谷，在代州崞县西北。毕沅续通鉴，从业死者尚有岳州刺史王贵。助王侁者尚有顺州团练使刘文裕。侁配金州，文裕登州。录业子五人及贵子二人。吴任臣十国春秋，业子六人：延朗、延浦、延训、延瓌、延贵、延彬。所载较详。

　　八月己未，诏第山西诸将校功过而赏罚之。伊实帐宰相安宁以功过相当，追告身一通；迪锦原作谛居部节度使佛努原作佛奴。〔考异〕汪辉祖辽史同名录云，卷十五，圣宗开泰元年左夷离毕；卷六十一刑法志，开泰时五院部长；卷十九，兴宗重熙十三年四捷军详衮，四人同名佛奴。笞五十；特哩瑶升、伊喇伯呀，原作欻烈。〔考异〕欻烈系以逃遁夺官，下文配烈，云仍配隶本贯，即系一人。朔州节度使慎思、〔考异〕道宗太康六年同知北枢密慎思，另一人。应州节度使库济、原作骨只云州节度使华格、原作化哥蔚州节度使佛哩、原作佛留。〔考异〕汪辉祖辽史同名录云，是年，横帐郎君为都监；卷二十七，天祚天庆四年战死，三人同名佛留。都监崔其、刘继琛皆夺官；领国舅军旺禄原作王六笞五十。

　　冬十〔一〕（据辽史卷一一圣宗纪补）月丙子，圣宗自将南侵宋，次狭底埚。壬辰，次唐兴县。时宋军屯滹沱桥北，选将乱射之，进焚其桥。〔考异〕耶律辖里传，是年从伐宋，相拒滹沱河。辖里率精骑，便道先济，获其将康保威。又，华格传，是年南侵宋，擒谍者，知敌由海道来袭，即先据平州要地；事平，拜上京留守。　续通考云，耶律海里，令稳拔里得长子，为南院大王，却宋敌有功。圣宗屡南征，海里在南院，镇以宽静，户口增给，封漆水郡王。耶律洪古，遥辇氏后，统和初，以军事任拽剌、详稳，寻徙南京统军使，亦却敌有功，封楚国公。纪均未载。卓特原作楮特部节度使卢补古、都监耶律盼与宋师战于泰州，不利。寻以华格、佛哩代之。

　　十二月己亥，休格败宋军于望都；小校克酬原作（昌）〔曷〕主（据辽史卷一一圣宗纪改）袭宋辎重，并焚其刍粟。甲辰，诏南大王与休格合势进攻，自率兵与宋将刘廷让、李敬源战于莫州，败之。乙巳，擒宋将贺令图、开封人杨重进太原人等。〔考异〕薛应旂通鉴云，时刘廷让帅师数万，并海而北，与李敬源合，将趋燕；休哥以兵扼要害，逆于君子馆；会契丹主兵大至，围廷让数重。廷让先分精兵属李继隆为后援，继隆退保乐寿，廷让一军尽殁，以数骑脱走，敬源与杨重进皆死之。先是，休哥诈降，绐贺令图信之。廷让败，休哥宣言愿见雄州贺使君，引兵来逆，遂执之。父子贪功生事，一岁皆败，且贻中国之害。所载较详。契丹本传以廷让败在明年春，恐误。 方舆纪要云，君子馆在河间府西北三十里。 赵翼劄记云，是役也，继隆之罪，必须以军法从事；而太宗反下诏自悔，释继隆不问。此军律之弛，无怪乎宋之不竞也。国舅详衮塔喇噶、原作挞烈哥，一作特尔格。宫使萧达哩原作打里死之。〔考异〕薛应旂通鉴云，契丹薄代州城，知州事张齐贤选军出御，契丹少却。初，齐贤遣使约潘美以并师来会战，使为契丹执；俄美使至曰："奉密诏还州。"齐贤曰："敌知美来而不知美退。"夜发兵列帜然炬，契丹以为并师至，骇而却走。齐贤先伏步卒于土镫砦掩击，大败之，杀详衮挞烈葛、宫使萧打里，获马匹器械无算。毕沅续通鉴，禽王子一人，帐前锡里一人。齐贤悉归功于卢汉赟。后事闻，乃罢汉赟。

宋史太宗纪，十二月，定州田重进攻下契丹岐沟关，土镫砦之捷，杀监军、舍利二人，书作汉赟事。 李焘长编云，擒其北大王子一人，舍利一人，斩首二千余级，俘五百余人，获马千匹，牛羊器械甚众。所载较详。 方舆纪要云，土镫砦在崞县西北。续通鉴，塔喇噶等之死，载在壬子日。丁未，筑京观。复（人）〔以〕（据辽史卷一一圣宗纪改）南京禁军击杨团城，守将以城降。癸丑，拔冯母镇，大纵俘掠。〔丙辰〕（同上书补）邢州降。丁巳，拔深州，纵兵大掠。〔考异〕萧巴雅尔传，是冬攻宋，隶先锋，围蒲城，率所部先登，拔之，改南京统军使。　续通考云，是年四月，帝御宋，次沙姑河之北，以近侍粘米里所进自落鹘祭天地。纪均未载。　夏文彦图绘宝鉴补遗云，时陈升官翰林待诏，奉诏写南征得胜图于上京五鸾殿。史未书。

五年（丁亥九八七）春正月乙丑，破束城县，纵兵大掠。丁卯，攻文安，屠之。戊寅，还南京。〔考异〕契丹国志云，正月，契丹攻陷深、祁、德、易四州。陈均九朝编年备要亦书之。东都事略云，是岁南院宣徽使郭守文屯镇州，大破契丹于唐河。史未载。　玉海云，雍熙六年五月，以北戎未服，召田重进、潘美等入见，手书六韬兵法"将有五才十过"之说以赐之；又出平戎陈图，指画卷舒进退、号令出没，并赐之。　李焘长编云，时缘边疮痍，士无斗志，敌长驱直入，杀掠吏民，魏、博之北，咸被其害。

六年（戊子九八八）秋九月戊戌，帝幸南京。癸卯，祭旗鼓，南侵宋。庚戌，次涿州，射帛书谕城中降，不听。

冬十月乙卯，纵兵四面攻之，城破乃降，抚谕之。驸马萧勤德、太师达林原作阆览。〔考异〕据达林本传，应云原作挞凛。史疑误。皆中流矢。闻宋军退，遣色珍等追击，大败之。戊午，攻破沙堆驿。〔考异〕毕沅续通鉴，勤德作勒德，达林作达兰。云，皆中流矢。勒德载主车中以归。又系于九月乙卯。　按萧恒德传，从围沙堆，独当一面，督将士登其陣。城陷，中流矢，太后亲视，赐药。及攻长城口复先登，太后益多其功。时官驸马都尉、东京留守。所载各异。　汪辉祖辽史同名录云，世宗大同元年，郎君勤德；卷十一，统和四年林牙；又敞史；又北大王帐知事与驸马都尉，五人同名勤德。丙子，筹宁奏:破狼山方舆纪要云，在顺天府北五十里，即狼山。宋置砦于山上。捷。辛巳，复败宋兵于益津关。癸未，进军长城口，方舆纪要云，在安肃县东北。胡氏曰，在固安县南，亦曰黑卢堤，宋刘廷翰曾御契丹于徐河；别将崔彦卿潜军出黑卢堤北，缘长城口衔枚蹑其后。即此处。宋定州守将李兴以兵来拒，休格击败之。

　　十一月庚寅，驻长城口，督军进攻。士溃围，遁；色珍招之，不降；帝与韩德让邀击之，大败宋兵，杀获无算。甲午，拔满城，军士开门遁，谕降之。戊戌，攻下祁州。己亥，取新乐。庚子，拔小狼山砦。丁未，宋军千人出益津关，国舅郎君托卜威、原作桃委。〔考异〕圣宗纪，统和元年八月，命托卜威为政事令孙桢后，原作桃隈；又统和四年权领国舅军桃畏，均系一人。详衮实格原作十哥。〔考异〕公主表，圣宗女同名十哥。击走之，杀副将一人。〔考异〕东都事略云，契丹寇满城，大将郭守文、李继隆等与战于唐河，败之，斩首万五千级，获马万匹。宋会要略同。宋史太宗纪但归功郭守文。而李焘长编云，契丹大至唐河北，都部署李继隆与监军袁继忠出兵拒战。率易州骑兵，摧锋先入，契丹大溃，追击逾曹河。契丹国志同。所载各判。　方舆纪要云，唐河在唐县西三十里，古呕夷水也。源出恒山谷中，入定州界谓之㴲水，至祁州与沙河合。　乐史太平寰宇记云，滱水出灵邱西北高是山，周礼曰："并州其川呕夷"，即此。亦曰瓠瓤河。　续通考云，唐河源自灵邱县，南经飞狐口、倒马关，至县境入祁州，合沙河，可灌中山一带。郦道元水经注云，唐水西流，历左人亭注滱水，又东左会一水，水出中山城北郎中埠下，亦曰唐水，又名霤水，西南流入滱水，又东，恒水注之，所谓"恒卫既从"也。　纪要又云，顺圣州西城在东城西百里，今宣化府境。宋端拱初，潘美自寰州进攻，取其地，旋复没于契丹，置宏州博宁军，治永宁县，今改为保宁军。　石麟山西通志云，鹫峰寺在大同府城东百五十里，旧宏州龙树山之阳，内有塔，百尺，辽寿昌四年建。元好问中州集云，王元节，宏州人。祖山甫，辽户部侍郎。　孙世芳宣府镇志云，宏州有辽尚书左丞杨伯通墓。又，秋林亭在顺圣西城溜云山下。盛暑，山石滴水成冰，辽人建亭焉。又，崖木亭在顺圣西，峭壁千仞，驾独木为桥，经久不朽，辽人建亭其侧。　郡国志云，白道泉高坂有土穴出泉，即古乐府之"饮马长城窟"。姚燧牧庵集云，金甄官署令魏府君墓碣曰：魏氏由唐相知古子林刺朔州，子孙居桑乾，为今宏州之顺圣。辽有延恕者，生中奉大夫守成，中奉生通奉大夫余庆。史均未载。

七年（己丑九八九）春正月癸未朔，班师。戊子，宋鸡壁寨守将郭荣率众来降，诏屯南京。癸巳，谕诸军趣易州。甲辰，攻克之，降刺史刘墀，迁其军民于燕京。〔考异〕毕沅续通鉴云，时守陴将士南走，辽主帅师邀之，无得免者。东京骑将夏贞显之子仙寿先登，授高州刺史。主登五花楼，抚谕将士。余同。　按，易州之破，宋史及长编均不书。耶律穆尔古传，七年，以北院大王从侵宋为先锋，与耶律诺观破宋将李忠吉于定州；构疾，卒于军。纪亦未载。　宋史云，端拱中，宋琪请复幽、燕，言大军于易州循孤山抵桑乾河，出安礼寨，西北有卢师神祠，是桑乾出山之口，东及幽州四十里。赵德钧作镇时，欲遏西冲，曾堙此水；河次半，有崖岸不可轻度，其平处筑城护之，守以偏师，此断彼之右臂也。　方舆纪要云，安礼砦在府西南。宋琪言安礼砦东瞰燕城，才及一舍，此周德威取燕之路也。又安礼砦或作安祖砦。今无考。

夏五月辛巳，休格引军至满城，招宋降卒七百人来献。寻与巴雅尔原作排亚**破宋兵于泰州。**

秋七月癸巳，遣兵南侵。〔考异〕薛应旂通鉴云，八月，闻契丹复至，遣李继隆拨镇定兵万余，护送粮储数千乘趋威卤；休哥率兵邀诸途；都巡检尹继伦领兵潜蹑其后。至唐州徐河，将战，继隆陈于前，继伦从后急击之，获契丹一大将，众皆惊溃。休哥方食，失匕箸，为短兵中其臂，创甚，乘马先遁。余众引去。契丹为之夺气，自是不敢大入寇。每戒曰："当避黑面大王。"以继伦面黑故也。字正均，开封浚仪人，勋子。李焘长编谓枭其帅达延相公等三十余级。契丹国志云，杀契丹相皮室。　毕沅续通鉴云，是役也，辽师大溃，自相蹂践，死者无数。继隆与范廷召追奔过徐河十余里，俘获甚众。副部署孔守正又战于曹河之斜村，斩其帅大盈等。捷闻，授继伦洛苑使、长州刺史。史均未载。　宋史继隆传，时辽将裕悦率骑八万来战，继隆与尹继伦列陈以待；敌众方食，继伦出不意，击走之。与继伦传异。盖史臣欲著继隆之同功耳。见赵翼劄记。释文莹玉壶清话云，淳化中，著作郎孙崇谏陷北，归，太宗召见，面诘北事；崇谏备奏尹继伦唐河之功，上始尽知。叹曰："奏边者忌其功，不状其实以昧朕，非卿安知！"遽加防御使。　东都事略云，初，诏止令坚壁清野，继隆曰："阃外之事，将相得裁。"中黄门杜延寿止之，不可；故成功。诏废威卤军。继隆谓梁门为北面保障，不可废，遂复城守。　续通考云，徐河流经满城县北十里，名大册河，源出易州五回岭，径满城清苑，入安州界为依城河，下流入淀。威虏军，宋置，后改信安，治遂城。故城在今保定府安肃县。

十二年（甲午九九四）秋八月乙酉，宋遣使来议和，不许。

九月辛酉，复遣使求和，不许。〔考异〕毕沅续通鉴云，是年，帝再遣使如辽约和，弗许；于是募人泛海，赂女真及乌实等部叛之，二部不从。

冬十一月己未，官宋俘卫德升等六人。

十三年（乙未九九五）春三月戊辰，武清县在通州东南九十里，本前汉雍奴县，兴宗重熙八年三月，猎于武清之苇甸，即三角淀也。　顺天府志云，三角淀在县南，周二百里，古之雍奴也。自范瓮口、王家陀河、刘道口、鱼儿里诸水所聚，会大姑港。郦道元水经注云，南极滹沱，西至泉州、雍奴，东极于海，谓之雍奴薮也，其泽野有九十九淀。　徐昌祚燕山丛录云，永清三角淀，云是旧城，阴晦之旦，渔人多见城堞、市里、人物填集。　许铤武清县志云，大河以北之水多从直沽入海，此即古者九河入海之处。厉鹗云，金大定中置宝坻县，本辽武清县新仓地。　宝坻县志云，广济寺有辽碑二：一、银青荣禄大夫检校司徒宋璋佛殿记，太平五年立；一、重熙五年立。查为仁盘山纪游集云，宝坻古广济寺，殿有透灵碑，相传可以隔望。此言虽不足证，然光泽如镜，亦异事也。碑侧记皇朝建号太平十有一载仲夏之月，商税、曲铁都监、提点造船韩绍孚特建，供奉班祇候、前榷盐使监造、海行舟船刘可度，重熙五年十二月二十九日受敕。碑正面题检校司徒、使持节、儒州诸军事、儒州刺史兼御史大夫、上柱国、广平县开国男、食邑三百户宋璋撰文。县志载寺有辽碑二，此碑记重熙五年受敕，当即是第二碑。前一碑，太平五年立者，已失。

　　附录宋璋佛殿记，略云："夫闻宏高威德，运大神通。金刚座中，果结菩提之树；灵鹫山上，经宣菡萏之花。是以明帝梦从于汉室，佛宝初光；（装）〔奘〕公（据辽文汇卷五改）取（去）〔至〕（同上书改）于唐时，法轮渐转。故自三千界神化之后，五百年象教以来，通觉路于群（生）〔方〕（同上书改），辟空门于历代。粤有僧宏（性）演（同上书删），武（并）〔清井〕（同上书改补）邑生身，文殊阁院落发。竭总持之力，振拔沈沦；宏方便之机，赞裨调御。属以新仓重镇，（四）〔旧〕（同上书改）邑多人；悉谓向风，咸云渴德；载勤三清，深契四宏。此则振锡爰来，宁辞越里；彼则布金有待，永奉开基。因适愿以经营，遂立诚而兴建。富庶倾心，宾寮率已，材呈而风举云摇，匠斫而雷奔电击。乃以凿甘井，树华亭，建法堂，延讲座，累功岁久，报力时亏；念光阴之不停，嗟羸老之将至，乃谓门人道广曰：'吾以拨土匡（时）〔持〕（同上书改），踏荒成办；然稍增于缔构，奈冈备于规模。今汝勤修慧炬，播植福田，度人宜体于三轮，证果俾升于二梵。讵劳谦于后进，当善继于前修。'广法师谛听斯言，恭承彼事，应（尚）〔当〕（同上书改）根之善，立匪石之心。会头佗僧义宏，雅好游方，（同）〔洞〕（同上书改）谙化道，率王文袭等数十人，共结良缘，将崇胜概。度功量（赍）〔费〕（同上书改），价何啻于万缗；纠邑随缘，数须满于千室。栾拱叠施，棼橑复结；云蠹花砖，霞舒丹膜。奇标造立，三门之满月晬容；妙画铺题，四壁之方莲瑞相。其基构备也如彼，其功德圆也若此。香（界）〔刹〕（同上书改）初就，道场永开。阎浮业广，咸归精进之门；

兜率观成，悉有开生之路。适谋论撰，可叙因（编）〔缘〕（同
上书改）；庶纪录以具存，用刊修而克永。"见宝坻县志。

蒋一葵长安客话云，香河县境南，大龙湾、小龙湾二水，夏秋始合
流，经宝坻县界入七里海，相传为辽时海运故道。**百余人入宋
境剽掠，命诛之，还其所获人畜财物**。〔考异〕契丹国志
云，十三年正月，自振武攻宋。四月，又攻雄州。　薛应旂通鉴云，
至道元年正月，契丹韩德威率万骑诱党项、勒浪等族自振武入寇，
折御卿败之于子河汊；勒浪等乘乱反击，杀其将突厥舍利等，德威
仅以身免。四月，攻雄州。何承矩条子河汊之捷谕州民，契丹谍知
忿恚，将袭取承矩，承矩整兵击走之；帝怒其生事，罢之。十二月，
德威诇知御卿有疾，遂犯边。御卿力疾出御，卒于军。契丹乃退。

　东都事略，承矩，雄州之战，获契丹酋所谓铁林相公者，敌始引
去。复徙沧州。　毕沅续通鉴云，子河汊之战，边部丧气，不敢深
入。李焘长编，勒浪作啰朗威。契丹将号突厥太尉、司徒、舍利，
死者二十余人，生擒吐浑首领一人。自此一战，夏人亦丧气，不敢
深入为寇。初，并、代都部署张永德闻贼入寇，以太白万胜诀占之
曰："贼虽以年月便利，乘金而来，反值岁星对逆，兵家大忌，彼当
自败，不足虑也。"至是，人乃叹服。　按，勒浪一作埒克拉木。舍
利作浩里。子河汊在葭州府谷县境。承矩，字正则，河南人，继勋
子。御卿，世居云中，从阮裔。史均未载。　陆游老学庵笔记云，
李允则，真庙时知沧州。敌围城，城中无炮石，乃凿冰为炮，敌解
去。近时陈规守安州，以泥为炮，城亦终不可下。长编云，允则知
沧州，浚浮阳湖，葺营垒，官舍间掘井，人厌其扰，召归。及契丹
来攻，人入保而水不泛。上嘉之。所载甚详，姑附录之。

辽史纪事本末

〔清〕 李有棠 撰　崔文印 孟默闻 整理

二

卷二一〇至卷四〇

中华书局

辽史纪事本末卷二十

承天太后摄政

景宗保宁元年（己巳九六九）夏五月戊寅，立贵妃萧氏为皇后。后讳绰，小字燕燕，〔考异〕李焘长编作雅雅克，通鉴辑览作叶叶。北府宰相魏王思温女。〔考异〕契丹国志云，魏王萧守兴女。毕沅续通鉴，据史及东都事略作思温女为是。 李焘长编云，咸平六年七月，契丹供奉官李信来降，诏仍故官，赐器币、冠带。信言其国中事甚悉，谓后为辖里宰相女。所载各异。 沈炳震廿一史四谱，景宗朝为北府宰相者，思温外尚有萧斡、室昉。见本传。南府宰相则耶律沙，见景宗纪。又有郭袭者，官南院枢密使兼政事令，尝上书谏猎，帝嘉赐协赞功臣，拜武定节度使。见本传。早慧。思温尝观诸女扫地，惟后（喜）（据辽史卷七一后妃传删）洁除，喜曰："此女必能成家。"至是，由贵妃正位中宫。

景宗讳贤，字贤宁，小字明扆。〔考异〕契丹国志作明计。世宗第二子，〔考异〕皇子表，世宗三子：景宗第二；哈勒布第一；札穆第三。按，哈勒布原作吼阿不，即吼。札穆原作长没，即质睦。考见前。旧史，列长没第一，吼阿不第三，因景宗纪载亲祭吼墓，追册为皇太子，是以原本将吼阿不改作第一，长没改列第三。但圣宗纪载召见庶兄质睦，是吼阿不，系景宗之兄。长没乃甄妃所生，为景宗庶兄。表称景宗第二者，系就嫡子而言耳。所载较悉。母怀节皇后。察克原作察割作乱，世宗与后同被弑。景宗甫四龄，藏积薪中，因此婴疾，穆宗养之兴庆宫；〔考异〕毕沅续通鉴，四龄作九龄，兴庆作永庆。云，后赐傅父、保母等户口牛羊有差。又以潜邸给使者为塔玛部，置官主之。契丹国志云，世宗被杀，时帝方九龄，御厨尚食刘解里以毡束之藏积薪中，得免。及即位，婴风疾，多不视朝。性仁懦，好音律，喜医术，伶伦针灸之辈授以节钺使相者三十余人。游猎，体惫不能乘马。耽酒色，暮年不少休。所载较详。穆宗遇害，得嗣位。

国事皆后决之。明达治道，闻善必从，兼习知军政，能驾驭臣工，故多得其死力。

二年（庚午九七〇）夏四月，帝幸东京。

五月癸丑，西幸。乙卯，次盘道岭。盗杀后父北院枢密使萧思温；本传，思温以密戚预政，穆宗酗酒嗜杀，无所匡辅，士论不与，后从猎闾山，为贼所害。养侄继先为子，字惕隐（按，辽史卷七八萧继先传作字杨隐）。乾亨初，尚齐国公主。

屡破宋兵，拜北府宰相，<u>上京留守</u>，所至以善治称。　<u>绫通考</u>云，齐<u>国公主</u>，名<u>观音</u>，为睿（知）〔智〕皇后（据<u>辽史</u>卷七一<u>后妃传</u>改）生，加爱，赐奴婢万口。<u>重熙</u>中薨。所载较详。**以<u>右皮室</u>详衮**原作详稳<u>耶律贤适</u>**为北院枢密使**。

秋九月辛丑，得国舅<u>萧哈济</u>原作海只及<u>哈里</u>原作海里杀<u>思温</u>状，伏诛。流其弟<u>绅图</u>原作神睹于<u>黄龙府</u>，寻亦被诛。

三年（辛未九七一）夏四月丁卯，<u>世宗</u>妃<u>卓琳</u>及<u>普格</u>原作蒲哥厌魅，赐死。

秋八月辛卯，如<u>秋山</u>（按，据<u>辽史</u>卷八<u>景宗纪</u>，"如秋山"在甲戌），祭皇兄<u>哈勒布</u>原作吼。〔考异〕<u>皇子表</u>，<u>世宗</u>第一子<u>吼阿不</u>，疑系一人，考见前。<u>绫通考</u>谓系<u>世宗</u>第三子。又异。墓，追册为<u>庄圣太子</u>。

冬十二月己丑，皇子<u>隆绪</u>生。即<u>圣宗</u>。次子<u>隆庆</u>封恒王，<u>隆祐</u>封<u>齐国王</u>。〔考异〕<u>皇子表</u>，<u>隆庆</u>，字<u>燕隐</u>，小字<u>普贤奴</u>；<u>隆祐</u>，小字<u>高七</u>，一字<u>胡都堇</u>。　<u>契丹国志</u>云，<u>隆庆</u>生而歧嶷，幼与群儿戏，为战阵法，指挥无敢违者，<u>景宗</u>奇之，曰："此吾家生马驹也。"<u>隆祐</u>，性沉毅，美姿容，自少慕道，为<u>东京留守</u>，置道院，款接道流，诵经宣醮，用素馔荐献。<u>绫通考</u>云，<u>隆祐</u>，后谥<u>仁孝</u>，<u>重熙</u>间改谥<u>孝静</u>。初封<u>郑王</u>，<u>圣宗</u>伐宋、伐<u>高丽</u>，尝留守京师。<u>隆庆</u>于<u>统和</u>中为<u>南京留守</u>，屡败宋师，进王秦、晋，入觐还，道卒，追赠皇太弟。子<u>魏王查葛</u>，<u>幽王遂哥</u>，<u>陈王谢家奴</u>，<u>辽西郡王驴粪</u>，<u>漆水郡王苏撤</u>；<u>隆祐</u>子<u>周王胡都古鲁</u>，<u>魏王合禄</u>，<u>吴王贴不</u>。又，<u>三韩郡王宗范</u>亦<u>圣宗</u>侄，不详所出。　<u>李焘长编</u>云，<u>契丹李信</u>曰，萧后四子:长, 隆绪;次, 赞, 封梁王;三, 郭密, 封吴王;四, 郑哥。所载又异。

四年(壬申九七二)夏四月庚寅朔, 追封后父思温为楚国王。

五年(癸酉九七三)春三月乙卯朔, 追封后祖瑚穆里原作胡母里。〔考异〕外戚表作呼哩木, 原作忽里没;卷七十八萧思温传, 忽没里之子。是忽没里即系忽里没, 又作华默哩, 均系一人。为韩王, 赠伯瑚噜古原作胡鲁古兼政事令, 宁古齐原作尼古只兼侍中。

八年(丙子九七六)春二月壬寅, 谕史馆学士, 书皇后言亦称"朕"暨"予", 著为定式。

乾亨三年(辛巳九八一)春三月乙卯, 皇子罕巴卒。原作韩八。〔考异〕皇子表并无名罕巴者, 惟景宗四子药师努早卒。圣宗统和元年祭皇子药师努墓, 疑系一人。又, 韩八传, 官北院大王。另一人。李焘长编云, 契丹李信曰, 契丹主第四子名郑哥, 八月而夭, 疑即药师努也。卷九十一药师努传, 安宋军节度, 另一人。所载各异。

四年(壬午九八二)秋九月壬子, 景宗崩。〔考异〕李焘长编系于岁末。又引契丹本传谓在三月, 盖传闻之误。今从本传。遗诏梁王嗣位, 军国大事听皇后命。

冬十月辛酉, 尊为皇太后, 摄国政。以南院大王巴古济原作勃古哲。本传, 字字保诺延, 六院额尔奇木巴古济之后。时上疏陈便宜数事, 称旨也。通鉴辑览作博郭济, 字布尼雅, 六院额尔勒金布格齐之后。总领(按, 辽史卷八二耶律勃古哲传作"兼领")山西诸州事，北院大王、裕悦原作于越**休格**原作休哥为南面行军都统，**奚王和硕萧**原作和朔奴，字筹宁，奚汗之裔。〔考异〕毕沅续通鉴作寿宁。副之，同平章事**萧道宁**领本部兵驻南京；以**韩德让**、**耶律色珍**原作斜轸参决大政。〔考异〕薛应旂通鉴云，以德让为政事令兼枢密使，总宿卫兵。

圣宗统和元年（癸未九八三）春正月丙寅，太后幸荆王道隐第视疾。丙子，以**休格**为南京留守，总边事。

二月甲午，葬景宗于**乾陵**，谥孝成康靖皇帝。〔考异〕地理志云，乾州广德军，本汉无虑县地。统和三年置，以奉景宗。乾陵有凝神殿，隶崇德宫。统县四：奉陵、延昌、灵山、司农。州一：海北。以伶人**塔噜**原作挞鲁等为殉。太后与帝因为书附上大行。太后诣陵置奠，命绘近臣于**御容殿**，赐山陵工人物有差。

夏五月丙辰朔，国舅、平章事**萧道宁**以太后庆寿，请归父母家行礼，而齐国公主及命妇、群臣各进物。设宴，赐国舅帐耆年物有差。乙亥，诏近臣议太后上尊号册礼，枢密使**韩德度**以后汉太后临朝故事草定上之。

六月甲午，帝率群臣上太后尊号曰承天皇太后，〔考异〕礼乐志载册皇太后仪甚详。按，后妃列传，太宗会同初，册舒噜后为应天皇太后，是太后之受册始于会同初。第乐志载册皇太后乐次，特指为统和元年册承天皇太后之乐。其一切乐作、乐止诸仪，均与本志相符，则所载册皇太后之仪，似定自圣宗。见陈浩辽史考证。诏有司给三品以上法服，三品以下用大射柳之服。〔考异〕太祖丙寅岁即皇帝位，朝服衷甲，以备非常。其后行色克色礼，大射柳即此服。圣宗统和元年册太后，给三品以上用汉法服，三品以下用大射柳之服。见仪卫志。又辽自太宗入晋后，帝与南班汉官用汉服，太后与北班契丹臣僚用国服。其汉服即五代晋之遗制也。 续通考云，辽初转居荐草之间，去邃古之风未远。自太祖帝北方，太宗制中国，紫银之鼠、罗绮之筐、穰载而至；纤丽奭毳，被土网木。于是定衣冠之制：北从国，南从汉，各因其俗。圣宗太平中，禁天下服用金及金线。兴宗重熙末，诏八房族公服用巾帻。道宗清宁初，诏非勋戚后及夷离堇、副使并承应有执事人不带巾；又诏夷离堇副使之族并民庶不得服驼尼水獭裘。太康三年，诏禁士庶服用锦绮日月山龙之文。所载甚详。

秋七月甲寅朔，太后听政。

八月己丑，帝西谒祖陵。辛卯，太后祭父楚国王思温墓，遂俱谒怀陵，幸怀州。

九月辛未，太后言故裕悦屋只即乌哲也，原作屋质。有傅导功，录其子孙，以其子巴延原作泮涣为林牙。

冬十月丙午，命宣徽使布琳原作蒲领。〔考异〕一作普领，又作蒲宁，亦作普宁，自此至七年屡见，均系一人。按，耶律阿穆尔传原作阿没里。字布琳，原作蒲邻。约尼兆古汗之四世孙，官终政事令。而宏简录统和二年，阿穆尔奏讨女直捷；七年率兵备宋。本传未载，独圣宗纪载此二事。一作蒲宁，一作蒲领，音近致讹，疑即一人也。陈浩辽史考证云，姓萧氏，而统和二年四月讹作耶律，误。又，二年二月<u>归化州</u>剌史<u>耶律普宁</u>为<u>彰德</u>节度，另一人。
等征<u>高丽</u>。

十一月庚辰，太后与帝祭<u>乾陵</u>，诏谕三京官
属，当执公方，毋得阿顺。诸县令佐如遇州官及朝
使非礼征求，毋得畏徇。恒加采听，以为殿最。民
间孝义者旌其门闾。〔考异〕<u>续通考</u>云，<u>张廷美</u>，前<u>辽州</u>录事，
六世同居；<u>刘兴允仪坤州</u>人，四世同居；<u>圣宗开泰</u>元年各给复三年。
<u>靳文贵</u>，<u>庆州</u>人，八世同居，诏赐职。<u>达鲁</u>，奚人，三世同居，<u>咸
雍</u>十年赐官旌之。<u>张宝</u>，<u>锦州</u>人，四世同居，<u>太康</u>四年命诸子三班
院祗候。<u>田世荣</u>，<u>天德军</u>人，三世同居，<u>寿隆</u>六年诏官之，命一子
三班院祗候。

十二月壬午朔，幸<u>显州</u>。甲午，东幸。己亥，
太后观渔于<u>玉盆湾</u>。辛丑，观渔于<u>潚渊</u>。甲辰，敕
诸刑辟有冤者，〔听〕（据<u>辽史</u>卷一〇<u>圣宗纪</u>补）诣台诉。
是夕，燃万鱼灯于<u>双溪</u>。〔考异〕<u>续通考</u>云，<u>统和</u>十五年十
月，弛<u>东京</u>鱼泽之禁。<u>开泰</u>八年六月，弛<u>大摆山</u>、<u>猿岭</u>采樵之禁。
<u>寿隆</u>六年正月，弛<u>朔州</u>山林之禁。<u>乾统</u>三年二月，以<u>武清县</u>大水，
弛陂泽之禁。　<u>方舆纪要</u>云，<u>永平府迁安县</u>北四十里有<u>杨买驴</u>城，
周五百步。<u>皇甫鉴域冢记</u>云，系<u>圣宗</u>时<u>萧太后</u>所造。<u>杨买驴</u>，<u>辽</u>臣
姓名，司营筑之事者。史未载。

二年（甲申九八四）春（正）〔二〕（据<u>辽史</u>卷一〇<u>圣宗
纪</u>改）月癸巳，国舅帐<u>彰德</u>节度使<u>萧达林</u>来朝。〔考
异〕<u>达林</u>原作<u>阆览</u>，自此至七年屡见。前人以为即系<u>统和</u>十二年始见
之<u>萧达林</u>，原作<u>挞凛</u>。但考<u>统和</u>三年十一月，东征<u>女直</u>，都统<u>阆览</u>

以行军所经地里物产来上；四年正月，彰德节度使闼览上东征俘获；又，军还，使近侍旌其功；二月，闼览率族帅来朝，行饮至礼；四月，诏西部突骑赴蔚州助闼览，又以为诸军都部署；六年十月，太师闼览中流矢。核之挞凛传，其官阶事迹全不相符。挞凛于十二年八月，奉诏督皇太妃军事，抚定西边；十四年十二月，挞凛诱诛叛酋阿勒坦等，封兰陵郡王；十五年，挞凛奏讨准布捷；二十年，南京统军使挞凛破宋兵于泰州；二十一年，挞凛获宋将王继忠于望都；二十二年闰九月，挞凛败宋军于遂城；十一月，师次澶渊，挞凛中伏弩，死。是闼览挞凛，的非一人。又闼览子排亚，尚景宗女；挞凛子魀古尚圣宗女，然则的系二人更明矣。见陈浩辽史考证。　今按，萧达林传，六年中流矢之太师应作挞凛，余均合。又，卷二十二，道宗咸雍元年，孟父敞稳魀古，另一人。（二月）（按，上文已系月，今依本书例删）**庚子，帝朝太后，因从观猎于饶乐川**。〔考异〕孙世芳宣府镇志云，龙门县东五十里，境外有歇马台，萧后遗址尚存。隆庆州东北二十里有古城，为辽萧后所筑；应梦山在隆庆州城北二十里，萧后尝应梦，建寺于其巅，因名。又东、西羊房在州城西北，皆萧后养羊之所。　方舆纪要云，保安州西四十里有上花园，三十里有下花园，相传萧后插花处，今为戍守之所。徐兰出塞诗云："温洋二水尚潺湲，百里亭台无一存；绿是蒺藜黄是土，上花园与下花园。"明涿人顿锐诗云："岭云沉日暝烟斜，见说穷边亦有花；应是汉宫青冢怨，不甘玉貌委泥沙。"沈德符野获编云，燕京大内北苑中有广寒殿者四，闻为耶律后梳妆台。杨士奇郊游记云，降而观于浮图之址，问僧此寺所创，僧指其南废址曰："此辽太后梳妆台也。"高士奇金鳌退食笔记云，琼华岛在太液池中，其巅古殿，相传本辽太后梳妆台。　毛奇龄西河诗话云，辽后梳妆台在太液池东小山上，一名琼花岛，即今白塔寺址是也。萧后遗迹，见志乘者甚多，梁氏园在燕京西南五十里外，有四城，号太后城，盘山有汤泉，云是后浴处；昌平州有水盆石，在东山岭，云是后梳洗处，石下刻燕窝二字；密云、怀柔二县均有看花台；有太后墓，云是后葬处；滦州长春淀旧有行宫，云是后所建；怀来县有团蕉亭、雪兴亭、碧桃亭、养鹅池；锦县有太后梳洗楼；大同府西北隅有后梳裹楼，天镇县有萧后井。见周春辽诗话。　胡峤陷北记云，汤城淀，地气最温，其水泉清冷，草软如茸，可借以寝，而多异花，记其二种：一曰旱金，大如掌，金色烁人；一曰青囊，如中国金橙而色类蓝，可爱。　王氏谈录云，契丹中有铁脚草，采取阴干，投之沸汤中，顷之，茎叶舒卷如生。　查慎行人海记云，旱金，莲花瓣小而色如真金，曝干可致远，古北口塞外山多有之。　幽燕纪异云，茅地，经冬烧去枝梗；至春，取土中余根白如玉者，捣汁煎之，至甘，可为洗心糖。　段成式酉阳杂俎云，左行草，使人无情。范阳县贡之。　析津志云，草之品示俭草，包茅荐草。叶世奇草木春秋，示俭草，亦作誓俭草。　庄绰鸡肋编云，燕山倡伎皆以子为名若香子、花子之类。无寒暑必系绵裙。其良家女子皆髡首，许嫁方留发。冬月以栝蒌涂面，谓之佛装。但加傅而不洗，至春软方涤去；久不为风日所侵，故洁白如玉也。严绳孙西神脞说云，辽时妇人有颜色者目为细娘，面涂黄曰佛装。宋彭汝砺诗曰："有女夭夭称细娘，真珠络臂面涂黄；南人见怪疑为瘴，墨吏矜夸是佛装。"是也。

夏四月庚寅，太后临决滞狱。

六月己卯朔，〔考异〕朔考作庚辰朔，陈大任作己卯朔。各异。（按，据中西回史日历，朔为庚辰是）**太后决狱至月终。自是，岁以为常。**〔考异〕刑法志云，后称制，留心听断，尝劝帝宽法律。帝壮，益习国事，更定法令凡十（复）〔数〕（据辽史卷六一刑法志改）事，多合人心。开泰间，（饬）〔敕〕（同上书改）

诸处刑狱冤者，听诣台诉，委官复问，并置大理少卿，及正主之，及亲为录囚。且数遣使诸道审决冤滞，如邢抱朴之属，所至人以为无冤。五院部民有自坏铠甲者，其长佛努杖杀之，诏夺官。达尔罕纳旺舒克因醉言宫掖事，法当死，贳其罪。五院部民偶遗火，延及木叶山兆域，当死，杖而释之。而近侍琉格、乌古斯尝从齐王妻逃，赦，后（令）〔会〕（同上书改）千龄节出首，腰斩之。于是国无幸民，人重犯法。故统和中，南京及易、平二州以狱空闻。嗣至诸道皆狱空，有刑措之风焉。所载较详。

秋七月癸丑，太后行再生礼。〔考异〕礼志云，再生仪，季冬月，择吉日。前期，禁门北除地置再生室、母后室、先帝神主舆。在再生室东南，（侧）〔倒〕（据辽史卷五三礼志改）植三歧木。其日，以童子及产医妪置室中。一妇人执酒，一叟持矢箙，立室外。有司请神主降舆，致奠。奠讫，帝出寝殿，诣再生室，释服，跣。以童子从，三过歧木下。每过，产医妪致（祠）〔词〕（同上书改），拂拭帝躬。童子过歧木七，帝卧木侧，叟（挈）〔击〕（同上书改）箙曰："生男矣。"大巫幪帝首，（与）〔兴〕（同上书改），群臣称贺，再拜。产医妪受酒转进，大巫奉褓裸、彩结等物，赞（视）〔祝〕（同上书改）之。预选七叟，各立御名系于彩，皆跪进。帝选嘉名受之，赐物。再拜，退。群臣皆进褓裸、彩结等物，帝拜先帝御容，宴群臣。此苏尔威汗所制之礼，垂训后世，示不忘本也。所载甚详。

四年（丙戌九八六）春三月甲戌，裕悦休格奏宋遣曹彬等分三道来侵，诏发诸道兵助休格御之。太后与帝驻兵驼罗口。

夏四月己亥朔，次南京。诸将各以捷报。帝以酒脯祭天地，率群臣贺于太后。〔癸丑〕（据辽史卷一一圣宗纪补）次涿州东五十里。丙辰，复其城。庚申，帝朝太后。壬戌，克固安。

五月庚午，国兵与宋曹彬等战于岐沟关，大败之。详宋初和战事中。壬（辰）〔申〕（同上书改），以太后生辰，纵还俘获。癸酉，班师。壬午，还次南京。将士论功行赏有差。

六月丁未，度居庸关。戊午，幸凉陉。

秋七月辛卯，色珍奏，复朔州，擒宋将杨继业，不食，三日死。函其首以献，传示诸军。亦详宋初和战事中。

八月丁酉，以北大王普努宁原作蒲奴宁为山后五州都管。诏复山西今年租赋。

九月丙寅朔，皇太妃以帝纳后，进衣物、驼马，以助会亲颁赐。甲戌，次黑河。以重九登高于高水南阜，祭天。赐从臣命妇菊花酒。〔考异〕重九仪，北南臣僚旦赴御帐，从驾至围场，赐茶。帝就座，臣僚班立，所司各赐菊花酒，跪受，再拜。酒三行，揖，起。又，重九日，天子率群臣部族射虎，少者为负，罚重九宴。射毕，择高地卓帐，赐番、汉臣僚饮菊花酒。兔肝为臡，鹿舌为酱。又研茱萸酒，洒门户以祓禳。是日为“博啰哩乌楚哩”，原作“必里迟离”，国语，九月九日也。所载甚详。丙（申）〔戌〕（同上书改）次儒州。以将南侵，诏缮甲兵。

冬十月丁酉，太后复行再生礼，为帝祭神祈福。甲（申）〔辰〕（同上书改），出居庸关。乙卯，次南京。

十一月丙子，军次狭底埚，太后亲阅辎重兵甲。辛卯，次白佛塔川，获自落驯狐。以为吉征，祭天地。壬辰，至唐兴县。〔癸巳〕（同上书补）涉沙河，休格来议军事。

〔十二月〕（同上书补）壬寅，营于滹沱河北。〔考异〕汉志云，滹沱河行经千三百七十里。过郡者六。 续通考云，刺史杨真改为清宁河，即萧王麦饭处。冰合复解，因名"危渡"。又云，在束鹿县南三十里，来自晋州，经县境达深州，至直沽入海。方舆纪要云，源出山西繁峙县东北百二十里之太戏山，经忻、代入真定府，流经清县东南盆河口，合卫河至静海县小直沽入海。横亘河北，燕、赵有事，上下皆为津渡处。宋咸平中，何承矩筑堤储水以限戎马，尝引滹沱为塘泊云。诏休格以骑兵绝宋兵；毋令入（邢）〔祁〕（据契丹国志卷七圣宗纪、长编卷二八改，下同）州。甲辰，亲率兵会休格，与宋将刘廷让等战于莫州，败之。乙巳，国舅详衮塔刺噶原作挞烈哥等战死。丁未，班师。（邢）〔祁〕州、深州相继降。

五年（丁亥九八七）春正月乙丑，破束城县及文安（按，据辽史卷一二圣宗纪，"破文安"在丁卯）。戊寅，还南京。

〔夏四月丁酉〕（同上书补）加上太后尊号。〔考异〕

孙承泽北平古今记云，辽有二长春宫：一在南京，一在长春州。若统和五年三月癸亥朔，幸长春宫赏花钓鱼；十二年三月，如长春宫观牡丹；十七年正月，如长春宫，均非南京之长春宫也。张祥溵县志云，郭世珍，溵阴人，仕辽为司徒。承天太后侵宋，俘获甚众。师次范阳，世珍上言降卒必有怀土之情，驱之而北，终不为用。太后嘉纳，纵活数万人。史未载。

六年（戊子九八八）夏四月乙未，幸南京。丁酉，呼勒希原作胡里室横突韩德让堕马，太后怒，杀之。

秋九月丁酉，太后幸韩德让帐，厚加赏赉。命从臣分朋双陆以尽欢。癸卯，南侵宋。〔庚戌〕（同上书补）次涿州。

冬十月乙卯，攻涿州，克之。戊午，破沙堆驿。

十一月庚寅，克长城口。甲午，拔满城。戊戌，下祁州及新乐。庚子，破小狼山砦。

〔十二月〕（同上书补）丙辰，畋沙河。〔考异〕续通考云，是年八月，耶律抹只为大同节度，奏今年民苦旱伤，所纳三司税钱请增价折粟，以利贫民。从之。先是，抹只镇开远时，故事，民岁输税，斗粟折钱五铢，抹只表请钱六，部民便之。纪未载。

七年（己丑九八九）春正月癸未朔，班师。甲辰，克易州。辛亥，还次南京，请军解严。

夏四月丁卯，太后谒奇善汗原作奇首可汗庙。

八年（庚寅九九〇）春正月辛巳，如台（洲）〔湖〕（据辽史卷一三圣宗纪改）。庚寅，诏决滞狱。庚子，如沈子泺。〔考异〕王濬初恒岳志云，宋太宗淳化元年，即辽统和八年也。时戎欲入寇，使诣北岳庙卜神，不许。戎使怒，纵火焚庙而去，遂不入寇。史未载。　续通考云，是年三月庚辰，太白荧惑斗，凡十有五次，十月丁酉，太白昼见；二十年正月癸丑，东方五色虹见。又，道宗咸雍元年十一月，有星如斗，逆行，隐隐有声；十二月壬子，荧惑与月并行，自旦至午；三年七月，荧惑昼见，凡三十五日；大安四年正月甲寅，太白昼见。所载甚详。

十二年（甲午九九四）秋八月庚辰朔，诏皇太妃领兵抚定西边，以萧达林原作挞凛督其军事。

十三年（乙未九九五）秋九月丁卯，奉安景宗及太后石像于延芳淀。方舆纪要云，在通州漷县西，广数百亩，辽时每春季则弋猎于此。又，云州堡在龙门卫东北二百十里，亦为契丹游猎之所。其主贤，尝建潜邸于此，号御庄。寻置望云县，属奉圣州。〔考异〕孙承泽北平古今记云，统和四年，命皇族庐帐驻东京延芳淀。是东京亦有延芳淀也。　清类天文分野之书，漷县，汉泉州地，辽故漷阴县，金因之，元升为州，今裁并通州。　圣宗纪，统和十二年正月，漷阴镇水，漂溺三十余村，诏疏旧渠。天祚纪，乾统四年，凤凰见于漷阴。　蒋一葵长安客话云，（泗）〔泗〕河（据长安客话卷六畿辅杂记改）在县东四里，即运河也。四水会流故名。故城在通州城南四十五里。见明一统志。　又张祥漷县志云，独秀园亭在县北二里，辽司徒郭世珍建。　徐昌祚燕山丛录云，漷县得仁务有三大冢，其西北有洞最深，有灯荧然，掷以瓦砾，则矢外射，盖辽、金诸人冢也。

十四年（丙申九九六）十一月乙酉，奉安景宗及太后石像于乾州。

十五年（丁酉九九七）秋八月丁酉，帝猎于<u>平地松林</u>，〔考异〕<u>方舆纪要</u>云，<u>龙门卫</u>西十里有<u>大松山</u>，上多古松。<u>宋天禧</u>四年，<u>隆绪</u>如鸳鸯泺，遂猎于<u>松山</u>。即此。 <u>释智朴盘山志</u>云，<u>盘山</u>之松以百万计。奇绝者多生石罅中，大者数十围，龙鳞班驳。口北多松柏，蔽云干霄，为千里松林，即<u>平地松林</u>也。在<u>临潢府</u>地，今<u>克什克腾旗</u>西北。所载较详。太后诫曰："前圣有言，欲不可纵。吾儿为天下主，驰骋田猎，万一有衔橛之变，适贻予忧，其深戒之！"〔考异〕<u>马得臣</u>传，<u>南京</u>人，由政事舍人，历谏议大夫，知宣徽院事。时上击鞠无度，上书谏言，宜以<u>唐太宗</u>、<u>玄宗</u>为法，不当轻万乘之尊，图一时之乐，万一有衔勒之（异）〔失〕（据<u>辽史</u>卷八〇<u>马得臣</u>传改），其如社稷、太后何？帝嘉叹。卒，赠太子太保（按，<u>辽史</u>卷一二<u>圣宗</u>纪<u>统和</u>七年六月作"太子少保"）。纪载于<u>统和</u>七年。<u>得臣</u>疏谏击毬有三不宜，宜念继承之重，止危险之戏等语。与传略异。 <u>郭造卿永平府志</u>云，鹰而生犬，<u>辽史</u>以之纪异。凡北方皂雕作巢，所在官司必令人穷巢探卵，较其多寡，如一巢而三卵者，置卒守护，日视之；及其成彀，一乃狗耳。取饲以进于朝，状与狗同，但耳尾上多毛羽数茎。田猎，雕则戾天，狗则走陆，所逐同速，名曰"鹰眥狗"。 <u>熊大古冀越集</u>记云，胎生卵生，分毛羽二族，余经<u>上都</u>过雕巢站，站吏指山上一穴曰："往年雕窠，其中生三卵：一为雕；一为犬，一为蛇。心窃疑之。后于<u>脱脱</u>丞相家见一犬，坐客咸指为雕窠所生，则知向者为不诬也。 <u>张舜民</u>使辽录云，北地雕窠中生猎犬，极难得，今驾前有二只，性颇异，每猎而获，十倍于常犬。北人取法：饮以醇酒，于腋间破之，取去少肉，然亦十丧八九也。

十七年（己亥九九九）秋九月庚辰朔，幸<u>南京</u>，南侵宋。

　　冬十月癸酉，攻遂城，不克。遣北府宰相萧继远即继先，史有传，字惕隐。思温侄，命为子，尚齐国公主。屡将兵，未尝失利。但纪书继远，而传称继先。且外戚、公主表只载继先，事迹均同，系一人。取狼山镇石砦。次瀛州，击败宋兵，擒其将康昭裔、宋顺，进拔乐寿县。寻班师。

　　十八年（庚子—〇〇〇）春二月，幸延芳淀。

　　夏四月己未，驻跸清泉淀。

　　五月丁酉，清暑炭山。〔考异〕顺天府志云，衍法寺有敕建碑，在阜城门外大街路北。明碑二：一李东阳撰，一杨一清撰。寺后殿有辽尊胜陀罗尼幢记。又施食幢仅余下截，上刻神像，记曰："伏闻护明下降，爰欲度于四生；调御出兴，遂震摇于六种。恒施慈念，广建悲心。示方便于三（来）〔乘〕（据辽文汇卷五改），发宏誓于四愿。教之惠施，作苦海之津梁；化以归依，指迷途之径路。比为常宏释梵，永济人天；迁神忽现于缘周，示迹故留于遗法；遂有封秩于堂殿，或乃刊勒于碑幢。讽（讽）〔之〕（同上书改）者福不唐捐，诵（诵）〔之〕（同上书改）者功超远劫。若乃轻埃沾处，微影覆时，非惟获果于未来，兼亦除殃于过去者，莫若佛顶尊胜陀罗尼矣。翊爰从稚齿，幸忝趋庭，才逾辨李之年，旋禀学诗之训，遂乃自强不息，温故知新，砺铅刃而不愧雕虫，望金科而将期中鹄。岂为祸从天降，运与愿违；立身才始于弱冠，倏尔俄钟于何怙？迳后董帷孙闱，悉捐子夏之书，日往月来，但泣高柴之血。其奈世同石火，时若电光，伤嗟未复于筋骸，荏苒旋逾于终制。遂乃扪心静算，涤虑（洗）〔沉〕（同上书改）思，深惭于圣代甘闲，又耻于明时虚度。是以编联陋唱，采缀芜词，相（度）〔庭〕（同上书改）始叙于行藏，侯府骤升于莲幕。粉帏兰省，数年而幸忝优游，典郡倅戎，两镇而谬经履历。至若贰留三使，仗钺拥旌，盖严训之所致也。今于坆所建斯幢者，奉为荐考妣之亡灵也。亡考长官，世袭簪（裾）〔裙〕（同上书改），性惟清慎，守谦恭则无爽五常，蕴敏惠则洞闲（二）〔三〕（同上书改）教。爰因筮仕，著功勤而早遂（科）〔利〕（同上书改）名；不愿字人，叹徒劳而终归里社。亡妣夫人，浮阳茂族，邹、鲁名家，禀亲教而洞晓妇仪，承训诲而妙熟女史；加以姿瑰态逸，从夫之淑慎遐彰；仪静体闲，守德之功容备著。岂谓因缠微恙，莫驻盛颜；畏日煦而花露俄零，悲风扇而香魂忽散。翊念兹永诀，痛切追思！早年虽备于送终，继日徒嗟于不逮。是以特抽静俸，用构良缘，市翠琰于灵岩，命奇工于帝里。磬之巧思，运彼殊材，次鹄鹤以翔空，列狻猊而绕座；匪图壮丽，悉去繁华。惟仗圣言，以资冥魄，云盘雨泛，如闻甘露之香；宝铎风摇，似听苦空之韵。多多盛事，一一难宣。靡托高才，贵形宝录。伏愿惊禽骇兽，依圣影以获安；孝子顺孙，荐〔幽〕（原缺一字，同上书补）灵而勿替。时统和十八年，岁次庚子，四月戊申朔，七日甲寅（而）〔丙〕（同上书改）时大同军节度、管内观察处置（等）（同上书删）使、金紫崇禄大夫、检校太保、使持节云州诸军事、云州刺史兼御史大夫、上柱国、陇西县开国男、食邑三百户李翊、弟将仕郎守秘书省校书郎懿建幢。

二十一年（癸卯一〇〇三）夏四月，耶律诺观、原作奴瓜萧达林原作挞凛获宋将王继忠于望都。太后释之，用为户部使。〔考异〕方舆纪要云，宋咸平六年，高阳关将王继忠为契丹所获，见其主隆绪于炭山。在宣化府西百二十里，滦水所出，亦曰陉头。契丹尝游猎于此，有凉殿，萧后纳凉所也。炭山西即契丹室韦相连之地。按，此炭山在今宣化府万全卫西南，即归化州之陉头，非辽初建城于滦河上之炭山也。

二十二年（甲辰—〇〇四）秋闰九月己未，太后与帝大举南侵宋，与战于唐兴，大败之，嗣屡战不利。

冬十一月壬申，次澶渊。萧达林原作挞凛中伏（努）〔弩〕（据辽史卷一四圣宗纪改）死。师大挫衄。会宋真宗自将来御，遂用王继忠言与宋约和而还。自是信使不绝。太后有机智，每侵宋，亲被甲督战。及通好，亦出其谋。惟性残嗜杀耳。

十二月戊子，宋遣李继昌结和，以太后为叔母，即使阁门使丁振报（谢）〔聘〕（同上书改）。遂班师。〔考异〕析津志云，报先寺有辽圣文神武全功大略聪明睿孝天祐皇帝御书法严经觉林菩萨偈。元一统志云，法宝寺在旧城，辽统和二十二载秘书省校书郎仇正己撰幢记，杜永祚舍地基建寺。

二十四年（丙午—〇〇六）春正月，如鸳鸯泺。

夏五月壬寅朔，幸炭山清暑。幽皇太妃呼纽原作呼辇于怀州，幽夫人伊兰原作夷懒于南京，余党皆生瘗之。〔考异〕毕沅续通鉴呼纽作和罕，旧作和辇，伊兰作伊勒兰，旧作夷懒，云明年皆赐死。李焘长编疑为太宗第二子齐王妃，即太后姊也。云，王死，自称齐妃，领兵三万屯驴驹儿河，见番奴挞兰阿巴，美，召侍帐中。萧氏縶挞兰阿巴，挟以沙囊四百而离之。逾年，请于萧后以为夫，使西捍駊駓，尽除之，因谋奔瓜里佳国作乱。后夺其兵，命领幽州。所载甚异。

秋九月，幸南京。

冬十月庚午朔，帝率群臣上太后尊号。

二十七年（己酉—〇〇九）冬十二月乙酉，太后不豫。戊子，肆赦。辛卯，太后崩于行宫。〔考异〕契丹国志云，帝亲政方一月，太后暴崩，帝哀毁骨立，哭必呕血，群臣请改元，不许，终制，三年。后天性忮忍，阴毒嗜杀。次女曰长寿奴，适后侄东京留守悖野；又次曰延寿奴，适悖野母弟揹头。延寿奴出猎，为鹿所触，死，后缢杀揹头以殉。后次姊适赵王，王死，赵妃因会饮毒后，为婢所杀，后酖杀之。谥曰圣神宣献，后更曰睿知，年五十七，葬乾陵。〔考异〕东都事略云，先是，蕃民殴汉人死，赏以牛马；汉人则斩之，仍以其亲属为奴婢，后一以汉法论。与耶律隆运通，遣人缢杀其妻。又幸医工迪里姑。有私议其丑者，辄杀之。隆绪畏之，莫敢言。契丹国志亦谓隆运有辟阳之宠。　圣宗纪，即位之十二月甲子，达尔罕纳旺舒克醉言宫掖事，法当死，杖而释之，究未明言其事。达尔罕原作达剌干，卷十，统和二年，准布酋长达剌干，另一人。纳旺舒克作乃万干。卷六十一刑法志作乃方十，系一人。毕沅续通鉴作达喇干乃曼实。又异。

辽史纪事本末卷二十一

耶律隆运柄用　张俭事附

景宗乾亨元年（己卯九七九）秋七月辛丑，以权知南京留守韩德让御宋有功，赐诏褒奖。德让，蓟州〔考异〕熊相蓟州志云，盘山，一名盘龙山，在蓟州城西北二十五里，高二千余仞，周百余里，势磅礴而盘桓，因名。山北数峰，陡绝而紫，盖宿猿尤奇特。最高曰上盘；稍卑曰中盘；东行十余里，怪石突起，曰白崖，上有古寺七十余所。释智朴盘山志云，山巅有云罩寺，为宝积禅师卓锡地，一名降龙庵。东岭有舍利塔，中藏戒珠十六颗，佛牙一具。辽太康中，释惠深辈曾有碑记。又，九华峰有寺曰千像，即祐唐寺，辽乾亨二年僧希悟重修，刻千佛像，有统和五年碑，知蓟州军事判官李仲宣撰文，沙门德麟书。

附录仲宣讲堂碑记曰："夫幽、燕之分，列郡有四，蓟门为上，地方千里，籍冠百城。红稻青秔，实鱼盐之沃壤；襟河控岳，当旗戟之奥区。于古堞之外，西北一舍，有盘山者，乃箕尾之巨镇也。深维地轴，高辟天门，暖碧凝霄，寒青压海。珠楼璇室，仰窅窱于昆邱；宝洞琼台，耀磅礴于恒岳。崆峒左倚，太行右连，怀珠之水派其阳，削玉之峰峭其后。岭上时兴于瑞雾，谷中虚老于乔松，奇树珍禽，异花灵草。绝顶有龙池焉，向旱岁而能兴雷雨；岩下有潮井焉，依旦暮而不亏盈缩。于名山之内，最处其佳。此境旧有五寺，祐唐者乃备其一。自昔相传，有尊者挈杖远至，求植足之所，僧室东北隅，岩下有澄泉，恍惚之间，见千僧洗钵，瞬息而泯，因兹构精舍晏坐矣。厥后，于溪谷涧石之面，刻千佛之像，而以显其殊胜也。虽雨渍苔班，睟仪相而犹在；阳舒阴惨，流善誉而不堕。向此蓝垣之北，长松之下，有大石焉，重万余钧，或遇敬信者，微触而动。迄今游阅之士，冠盖相望，四序不绝于阡陌也。当昔全盛之时，砌叠龙蟠，檐排凤翅，晨钟暮磬，上闻兜率。禅宗律学，宛是祇园，骈阗可类于清凉，赫奕遥同于白马，乃法侣辐辏之乡也。爰自大兵之后，并已烬灭，由谓物不可以久废，故享利于德人。德人者，即寺主大德，乃当寺之景派也。厥本惟裔，其神不测，苦随念尽，乐与人同，化六趣之茫然，归十方之安稳。年腊未晚，行业弥高，既多有续之闻，宜示无穷之绩。寺主大德，俗姓琅耶氏，释讳希悟，镇阳夏博人也。爰自聚沙之岁，礼当寺寺主在楚禅师授法焉。剿除五盖，慕别四生，舍欲棹而誓泛慈舟，弃毒药而愿食甘果。年二十，诣长兴寺，具月罗由启宏愿，延僧一十万，次第竟矣。于是谓其友曰：闻二仪舒惨，四序推迁，人生几何，岁不我与；览斯基阯，孰忍凄凉，野鹿群麇，昼夜而草眠香径；坏碑毁塔，高低而蔓挂藤萝。玉毫消尽于华鬘，钟磬罢闻于斋忏。上漏下湿，日就月将，徐兴再造之心，爰起从新之务。于是手披榛棘，力用经营，移怪石而截断云根，伐灌木而摧折烟色。<u>应历</u>十二年，化求财赆，盖佛殿一座。栾栌娟妙，丹腾鲜新，塑佛中央，图像四壁。<u>保宁</u>四年，又建厨库、僧堂二座，俾饔饎之有所作也，宾旅之有所归也。<u>乾亨</u>二年，加授紫衣，载议门迎广陌，地处幽凉；虞生肇之徒见临顾，讲赞之所交阙。乃于僧室之阴，叠磷磷之石，瀹瑟瑟之泉，高广数寻；骈罗万树，薙除沙砾，俯就基坰，而又请邑人醵缗聚赂，四远之乐施者，如鳞介之归巨海也。既乃市木云峤，采石烟岩，穷斧斤之功，极磨砻之妙。初心才启，大厦攸成；式导昏衢，弥光世德。其堂也，<u>保宁</u>十年创建，带云川之渺渺，总远岫之峨峨，东观种玉之田，西挹筑金之阙。兰楹镂彩，桂柱凝丹，月入秋窗，风含夏户；檐外之杉松郁鬱，槛前之烟水潺湲。所贵安芯刍僧，置狻猊座，高谈玉偈，然慧炬而绝烦恼薪；妙演金文，挥智刃而剖无明縠。长依佛（住）〔座〕（据<u>辽文汇</u>卷五改），永压山门；对延灵岫之峰，阐说瑜伽之旨。此皆邑人等心犹慕善，志乃忘筌，知浮生石火以难停，觉幻质风烟而易灭，各抽净施，共构良因，即寺主<u>希悟大德</u>激劝之所致也，缘惠之所被也。厥外井有甘泉，地多腴壤；闲栽珍果，棋布蔬畦。清风起兮绿干香，细雨霁兮红葵茂。载谅鸿基必葺，白足咸来，其供给之费恒不阙于祇赡者，<u>大德</u>寺主力办也。盖惟寺主<u>大德</u>，道洽空有，识洞幽冥；全资化导于多方，以至圆成于能事。所冀皇朝永安神业矣，相国长调鼎鼐矣，京尹之仁无秕稗矣，郡牧之信及竹童矣。一切含灵，同沾（乐）利〔乐〕（同上书乙正）；一切惑溺，并向真如。爰述懿徽，俾雕翠琰，其邑人姓氏，具列碑阴。<u>仲宣</u>靡职之岁，华构方成，命修辞以序之，序之伊何？即为铭而记之，铭曰："峭壮灵峰，创兴华宇；式开讲肆，用陈法侣。物置人多，利圆三宝，庶几乎作善之祥，传名旷古。统和五年岁次丁亥四月八日。"

盘山志又载辽少府少监冀州南抃上方感化寺碑记云："噫！西圣人教既一唱而东也，应而和者，其徒半天下，是以城间邑聚，塔庙日兴，后数百年，竞相高以奢丽，有大苾刍众乐诸阿兰若，岩居野处，如鹫峰鹿苑者，比比而是，方之城邑，则又过焉。渔阳古郡之西北，丛岫迤逦，其势雄气秀，曰田盘山，冈峦倚叠，富有名寺。而感化者，旧号元宫。物无常名，事穷则变；会幽州主帅清河张公奏请之，故因以是额易其前号。独亢爽清胜，确乎不移，既肘腋乎绝巘，又襟袖于列刹，故自往昔，目为上方，非诸信舍财而附益，高流择地以来集，则何以增崇垂远至于是哉！魏太和十九年，无终县民田氏，兹焉营办。唐太和、咸通间，道宗常实二大师，前季后昆，继踵而至，故碑遗像，文迹具存。尔后人多住持，处亦成就，布金之地，广在山麓，法堂佛宇敞乎下，禅窦经龛出乎上，松杉云际，高低相望，居然缁属，殆至三百。自师资传衣而后，无城郭乞食之劳，以其创始以来，占籍斯广，野有良田百余顷，园有甘栗万余株，清泉茂林，半在疆域，斯为计久之业，又当形胜之境，宜乎与法常住，如山不骞，是使居之则安，不为争者所夺。奈何太康初，邻者侵境，割据岩壑，斗诤坚固，适在此时，徒积讼源，久不能决。先于蓟之属县三河北乡，自乾亨前有庄一所，辟土三十顷，间艺麦千亩，皆原隰沃壤，可谓上腴。营佃距今，即有年祀，利资日用，众实赖之。大安中，燕地遣括天荒使者驰至，按视厥土，以豪民所首，谓执契不明，遂围以官封，旷为牧地。吞我林麓既如彼，废我田壤又若此，使庖舍缺薪蒸之供，斋堂乏饼饵之给。可叹香火而至于是，寺僧法云暨法逍次言及众曰：'先世有所遗籍，吾侪不能嗣守，亦空门之不肖者也，安忍坐受其弊，拱默而已。'相与诣阙陈诉，历官辨论，一旦得直其诬，两者复为所有。寻奉上命，就委长吏，辨封立表，取旧为定。自是樵爨耕获之利，随用而足。以小大协力，始终一心，而令释氏家肥不减畴昔。赫矣能事，于前有光，虽汶阳归已侵之疆，兴平还既夺之地，不是过也。乾统六年冬，老比邱崇简与前蓟州管内都纲提点寺事沙门士贤、元悟、上座僧士侃、都知僧圆净等，以始末纪石为请，会余有故不果；顷又走书来速文，勤至再三，岂可无述！夫藏用于形迹者莫妙于理智，显用于事为者莫大乎势力，佛之道理与智也；宏之在人，势与力也。若兹寺者，像设攸在，法相所寄；智与形会，理随事集。向内不资徒侣之力，外不托王臣之势，则有所废矣，孰能兴之！今豪夺者止，诬取者与，使禅杖律裔，保有其业，良以此也，后之补处是者，其念之乎！乾统七年春正月元日。"

玉田人，后赐姓耶律，名隆运。为中书令知古孙，燕王（按契丹国志卷一八耶律隆运传作秦王）匡嗣子。重厚有智略，明治体，建功立事。景宗婴疾，萧后与决国政，加东头供奉官，充枢密院通事，转上京皇城使，〔考异〕毕沅续通鉴云，遥授彰德节度使，自是日见进用。代其父匡嗣为上京留守，甚有声誉。寻复代父守南京，时人荣之。宋兵取河东，侵燕，五院纠详衮原作详稳希达原作奚底等败归；宋人围城，人心汹惧。德让与耶律学古等日夜登城，守御甚力。援军至，围解。及战高梁河，宋兵败走，德让邀击，又破之，以功进辽兴节度使，诏褒奖之。

三年（辛巳九八一）冬十二月，以韩德让为南院枢密使。

四年（壬午九八二）秋九月壬子，景宗崩于焦山行宫，德让与色珍原作斜轸等受顾命，〔考异〕毕沅续通鉴云，主猎于详古山，不豫；德让不俟召，率其亲属赴行帐，白皇后易置大臣。立梁王，尊萧后为皇太后，称制。德让总宿卫事，太后益宠任之。时主少国疑，宗室拥重兵，内外震恐。德让劝太后敕诸王归第，不得私相燕会，夺其兵权，人心大定。

圣宗统和元年（癸未九八三），加韩德让开府仪同三司。〔考异〕耶律和克传，原作虎古，字海南，六院额尔奇木迪里孙。保宁初使宋，还言宋必取河东，与匡嗣忤。统和初为涿州刺史，召赴京师，与韩德让复以事相争；德让怒，取护卫所持戎仗击其脑，卒。德让传及圣宗纪均未载。和克子穆尔古，字道隐，官北院大王，统和七年伐宋为先锋，卒于军。事见前。

三年（乙酉九八五）冬十一月，以韩德让兼政事令。

四年（丙戌九八六）春三月，宋将曹彬等分三道来侵，韩德让从太后出师，败之，加守司空（按辽史卷一一圣宗纪，统和四年十一月庚午作"守司徒"），封楚国公。

师还，与北府宰相室昉共执国政，奏复山西今年租赋。〔考异〕宏简录云，十一月庚午，加守司徒。纪未载。 食货志云，帝尝过薰城县，〔见〕（据辽史卷五九食货志补）伊实威部下妇人迪辇等黍过熟未获，遣人助刈。太师韩德让言，兵后逋民弃业，禾稼栖亩，募人获之，以半给获者。政事令室昉亦言，山西诸州给军兴，民力凋敝，田谷多蹒于边兵，请复今年（税）〔租〕（同上书改）。 按，统和七年二月，云州租税请止输本道，从之；三月，禁刍牧伤禾稼。八年五月，诏括民田。九年正月，诏免三京租赋，仍罢括田。十年八月，观稼，仍遣使分阅；十月，诏定均税法。十三年正月，增泰州、遂城等处赋。四年，以南京新定税法太重，减之。开泰元年，诏年谷不登，田园芜秽，给牛种以助之。太平八年正月，诏州县长吏劝农。均见续通考。所载甚详。

六年（戊子九八八）夏四月乙未，幸南京。丁酉，太后（亲）〔观〕（据辽史卷八二耶律隆运传改）击鞠，呼勒希原作胡里室。〔考异〕毕沅续通鉴作瑚理实。突韩德让堕马，命立斩之。

九月丁酉，太后幸韩德让帐，厚加赏赍，命从臣分朋双陆以尽欢。癸卯，从太后南侵宋。

冬十月戊午，攻沙堆驿，敌乘夜来袭，德让严军以待，败走之。

十一月庚寅，从圣宗击败宋兵于长城口，杀获殆尽。〔考异〕食货志云，六年，霜旱，灾民饥，诏三司，旧以税钱折粟，估价不实，其增以利民，又徙济必（塞）〔寨〕（据道光四年殿本辽史卷五九食货志改）居民三百户于檀、顺、蓟三州，择沃壤，给牛、种谷。十三年，诏诸道置义仓。岁秋，社民随所获，户出粟庤仓，社司籍其目。岁俭，发以赈民。十五年，诏免<u>南京</u>旧欠义仓粟，仍禁诸军官非时畋牧妨农。此皆<u>德让</u>当国时事。<u>纪</u>、<u>传</u>均未载。

七年（己丑九八九）春正月癸未朔，班师。

二月乙卯，大飨军士，封<u>韩德让</u>为<u>楚国王</u>。〔考异〕<u>契丹国志</u>，<u>隆运</u>由<u>辽州</u>节度使改同知<u>燕京</u>留守，迁<u>平州</u>节度使，改枢密使兼行营都部署。以辅立功守司徒，封<u>晋王</u>，加尚书令。赐以几杖，入朝不拜，上殿不趋。<u>宏简录</u>谓由司空守司徒。<u>传</u>均未载。<u>志</u>所载尚书令，<u>史</u>作赠官。所载各异。

十二年（甲午九九四）秋七月，以<u>韩德让</u>代<u>室昉</u>为北府宰相，仍领枢密使，监修国史，赐号<u>兴化功臣</u>。奏三京诸鞫狱官吏，多因请托，曲加宽贷，或妄行榜掠，乞为禁止。诏从之。又表请任贤去邪，太后喜，优加赏赍。先是，丁母忧，诏起复之。及服阕，加守太保兼政事令。

十四年（丙申九九六）夏四月己亥，凿<u>大安山</u>，取<u>刘守光</u>所藏钱。〔考异〕<u>毕沅续通鉴</u>云，时辽凿<u>大安山</u>取<u>刘仁恭</u>所藏铁钱，散诸五计司，兼铸"太平钱"，新旧互用，自是钱币充溢。盖本<u>薛史</u>僭伪传及<u>册府元龟</u>之说。谓<u>仁恭</u>埏泥为钱，敛铜钱于<u>大安山</u>藏之，而<u>圣宗纪</u>及食货志<u>仁恭</u>作<u>守光</u>，稍异。又，<u>册府元龟</u>云，<u>仁恭</u>所藏钱系石穴，共数百万。藏毕，杀匠以灭口。败后，莫知处所，竟无所得。又异。 食货志云，鼓铸之法，先代<u>色勒迪</u>为<u>额尔奇木</u>，以土产多铜，始造钱币。<u>太祖</u>用之以至富强。<u>太宗</u>置五冶太师，以总四方钱铁。石敬瑭又献沿边所积钱，以备军实。景宗以旧钱不足，始铸乾亨新钱，钱用流布。圣宗得刘守光所藏钱，兼铸"太平钱"，新旧互用，至出内藏钱赐南京诸军司。开泰中，诏诸道贫乏百姓有典质男女，计佣价日以十文，折尽，还父母。每岁春秋，以官钱宴犒将士，钱不胜多，故东京所铸至清宁中始用。时诏禁诸路不得货铜铁，以防私铸。又禁铜铁卖入回鹘，法益严矣。道宗钱有四等，皆因改元易名。肉好，铢数无所考。第诏杨遵勖征户部司逋户旧钱，得四十余万锱，拜枢密直学士；刘伸为户部使，岁入羡余钱三十万锱，擢南枢密〔副〕（据辽史卷九八刘伸传补）使。又以灾沴，出钱振贫乏及诸宫分边戍人户，亦可谓富矣。末年，经费浩穰，国用不给。虽以海云佛寺千万之助，（拒而不受）〔受而不拒〕（据辽史卷六〇食货志乙正）。寻禁民钱不得出境。天祚更铸乾统、天庆二等新钱，而上下穷困矣。续通考刘伸作刘辉。洪遵泉志云，契丹国天赞钱，太祖所铸，径九分，重三铢六参，文曰"天赞通宝"；穆宗改元应历，钱文曰"应历重宝"；兴宗改元重熙，钱径九分，重三铢，文曰"重熙通宝"；道宗改元太康，钱有二品，并径九分，重二铢四参，以"太康通宝"、"太康元宝"为文。而董逌钱谱以"太康通宝"为"太康同宝"，未知孰是？钱谱又云，"统和元宝"，圣宗于宋太平兴国八年铸；"太平元宝"，圣宗于宋天禧五年铸；"清宁通宝"，"道宗改元清宁铸径九分，重三铢；又改咸雍钱，文曰"咸雍通宝"，宋治平二年铸。　李季兴诸蕃枢要云，道宗改元大安，钱径八分，重二铢，文曰"大安元宝"；又改元寿昌，钱径九分，重二铢四参，文曰"寿昌元宝"；天祚改元天庆，钱径九分，重二铢四参，文曰"天庆元宝"。赵志忠北廷杂记云，景宗朝置铸钱院，年额五百贯则辽之铸钱旧矣。泉志又云，"千秋钱"，李孝美曰，此钱径三分，文曰"千秋万岁"，今甚易得。盖常岁北使入贡，人多贸易得耳。董迫云，辽国钱盖近世所为云。　按，重熙二十二年闰七月，长春州置钱帛司。见兴宗纪。清宁二年闰三月，诏东京所铸钱；九年正月，禁民鬻铜；太康九年七月，禁外官部内贷钱取息；十年六月，禁毁铜钱为器；大安四年七月，禁钱出境。见道宗纪。

十七年（己亥九九九）秋（七）〔九〕（据辽史卷一四圣宗纪改）月癸卯，魏王色珍卒，命韩德让兼知北院枢密事；寻拜大丞相，进王齐，总二枢府事。〔考异〕有辽一代为大丞相者，只韩德让一人。而圣宗朝为政事令者，德让外，尚有张俭、萧宏义。宰相则耶律安宁、萧婆项、吕德懋；左丞相则张俭；右丞相则马保忠；平章事则萧道宁、耶律章瓦、卢俊、萧绍业；北府宰相则萧继远、萧排押、萧孝穆、刘晟、刘慎行、萧普古、萧朴；南府宰相则耶律解领、耶律宏古、耶律奴瓜、刘慎行、耶律涤冽、耶律吾剌葛、耶律合葛、大康义、耶律狗儿。均见沈炳震廿一史四谱。按：刘晟即刘慎行，谱误分为二，辨见卷七。以南京、平州岁不登，奏免百姓农器钱，及请平诸州商贾价，从之。〔考异〕孙世芳宣府镇志云，统和十八年，诏北地节候颇晚，宜存后唐旧制，大、小麦、豌豆，六月十日起征，至九月纳足；正税匹帛、钱鞓、地榷、曲钱等，六月二十日起征，十月纳足。纪未载。

十九年（辛丑一○○一）春三月壬辰，赐大丞相韩德让名德昌。〔考异〕毕沅续通鉴云，先是，有图鲁卜者，从伐宋，尝以言触德昌怒，诘之，词无所挠，笑释之。至是荐其材可任统军使，太后曰："彼尝不逊于卿，何善而荐？"对曰："于臣犹不屈，况于其余？若任使之，必能镇抚诸蕃。"从之。　按，乌尔古巴传，字留隐，学古弟，官东路统军都监，德让荐为统军使，载此事。

疑是其人。

二十二年（甲辰—一〇〇四）秋闰九月己未，太后南侵宋，韩德昌从，及澶渊，许宋成而还。徙王晋，赐姓耶律，出宫籍，隶横帐季父房，位亲王上。〔考异〕萧呼敦传，曾祖达鲁，明医，统和中，德让贵宠，达鲁希旨，请赐国姓，籍横帐，由是世预大医选，子孙入官者众。德让传未载。

苏辙龙川别志云，朝廷使曹利用与契丹讲和，利用见戎母于军中，与蕃将韩德让偶在驼车上坐。利用下车，馈之食，共议和事，利用许之。史未书。

二十七年（己酉—一〇〇九）冬十二月乙酉，太后〔南〕幸（南京）（据辽史卷一四圣宗纪改），耶律德昌从行。辛卯，太后崩于行宫。

二十八年（庚戌—一〇一〇）夏四月甲子，葬太后于乾陵，改赐耶律德昌名隆运。赐田宅及陪葬地。

二十九年（辛亥—一〇一一）春正月乙亥朔，圣宗伐高丽师还，耶律隆运从。

三月己卯，隆运遘疾，卒于军。时帝与后亲视医药，年七十一，〔考异〕李焘长编云，萧后与隆运通，隆绪亲书铁券读于北斗下以赐之，置护卫百人，与国主同，隆绪父事之。

契丹国志云，帝以隆运勋大，恩数优渥。秦、齐（三）〔二〕（据契丹国志卷一八耶律隆运传改）王每日一问起居，至帐二里外，下车徒步进；回，仍列揖于帐外，隆运坐受之。帝或至其帐，亦五十余步下车，隆运出迎，尽礼，帝亦先为之揖。入内，同家人礼，饮膳服食，尽一时珍奇。诸国争为奇怪入贡，动骇耳目。隆运疾，帝与后祷告山川，召蕃、汉名医畛视，朝夕不离左右。史多未载。

毕沅续通鉴云，隆运卒，以耶律实噜代为北枢密。自隆运知北院，职多旷废，实噜拜命之日，朝野相庆。当隆运病，辽主问"谁可代卿者"？荐耶律世良，因使代实噜为北院大王。实噜传，原作室鲁，字伊实杨，六院部人，封韩王。从上猎松林，至沙岭，卒，年四十四。赠守司徒政事令。二子：乌鲁斯，官西南招讨使；实神努，南院大王。　按，圣宗纪，奚王府监军实噜为南院大王。宏简录同。传未载南院及监军。赠尚书令，谥文忠。续通考云，北府宰相萧常哥，国舅族，谥钦肃；右丞相杜防，涿州人，谥元肃；北枢密萧孝穆谥贞；南京留守萧孝先谥忠肃；西南招讨挞不野，孟父房后，谥贞悯；中京留守耶律良，著帐郎君，后谥忠成；上京留守姚景行，兴中人，谥文宪；北枢密耶律干特剌谥敬肃；中京留守窦景庸，中京人，谥宪肃；平章赵徽，南京人，谥文宪；南枢密耶律仲禧，析津人，谥钦惠；知枢院耶律俨，仲禧子，谥忠懿；司徒马人望谥文献；北府宰相杨遵勖，范阳人，谥康懿。辽臣之贤而有功、得赐谥者止此。故据史录之。详谥法考。给葬具，立庙乾陵侧。

〔考异〕续通考云，此与宗庙同堂配享者不同，然在乾陵侧，亦有配享意。后重熙二十一年八月，太尉乌者薨，配享圣宗庙。辽时配享止此。帝后以下亲为制服。丧葬礼一依承天太后故事。〔考异〕李焘长编云，祥符二年，太后殂，隆运寻卒，与太后同柩而葬。按，祥符二年，乃辽统和二十六年，史称太后崩于二十七年，隆运卒于二十九年，相隔三年，则同柩而葬之诬，不辨自明。今从史。隆运自为相，结欢宋朝，修睦无间，中外帖服，靡有邪谋，故始终眷遇，鲜与伦比。〔考异〕契丹国志云，隆运兄弟九人皆封王，从子三十余人封王者五，余皆为节度使、部署等官。所载较详。隆运卒无子，帝特以魏王特布原作贴不子雅鲁原作耶鲁。〔考异〕卷十二，圣宗统和六年，奚详稳，另一人。为之嗣。〔考异〕东都事略以隆裕子周王宗业为之子。天祚立，以皇子额鲁温原作敖卢干继之。

同时张俭，宛平人。性端悫，不事外饰。举进士第一，〔考异〕景宗纪，保宁八年十二月，诏南京复礼部贡院，不言其设科取士。至统和六年始开科选举，放高第一人。然林烨章易水志，保宁九年有进士魏璟，则是时既开贡院，即有进士，或未及行于他处耳。因考圣宗纪统和六年，诏开贡举，一人及第；七年八月，放进士高正等二人及第；八年，郑云从等二人；九年，石用中一人；十年，王熙载二人；十二年，吕德懋二人；十三年十二月，王用极二人；十四年，张俭等三人；十五年，陈鼎等二人；十六年，杨文立二人；十七年，初锡四人；十八年，南承保三人；二十年，邢祥六人；二十二年，李可封三人；二十四年，杨佶等二十四人；二十六年，史克恕十三人；二十七年，御前引试刘二宜三人；二十九年，高承颜三人；开泰元年，史简十九人；二年，鲜于茂昭六人；六年，张用行三十一人；五年，孙杰四十八人；七年，张克恭三十七人；九年，张仲举四十五人；太平二年，张渐四十七人；四年，李炯四十七人；五年十一月，命进士赋诗第工拙，得张昱等七十二人，授官有差；八年，张宥五十七人；九年十一月，试辽东防城进士张人纪、赵陆等二十二人；六月，兴宗立，放刘贞五十七人；重熙元年，师贞五十七人；五年十月，御元和殿，以日射三十六熊赋、幸燕诗试进士于廷，放冯立、赵徽四十九人第，并授官，御试进士自此始；七年六月，邢彭年五十五人；十一年六月，王实六十四人；十五年六月，王棠六十八人；十九年六月，御金銮殿试进士，未载人数；道宗纪清宁元年，张孝杰四十四人；五年，梁援百十五人；八年六月，王鼎九十三人；咸雍二年，张臻百一人；六年，赵廷睦百三十八人；十年六月戊辰，亲出题试进士；丙子，御永安殿策贤良；太康五年六月，刘瓘百十三人；九年，李君裕五十一人；大安二年五月，张毂二十六人；六年，文充七十二人；八年，冠尊文五十三人；寿隆元年，（刘）〔陈〕衡甫（据辽史卷二六道宗纪改）百三十（八）（同上书删）人；六年，康秉俭八十七人；天祚纪乾统三年，马恭回百三人；七年，李石百人；九年，刘祯九十人；天庆二年，韩昉七十七人；八年，王翬百三人；魏王建福元年，李宝信十九人，又以李爽、陈祕等与大计，皆赐进士，授官。　永乐大典，统和六年，书放高举一人及第；萧妃德兴元年，李球百八人。此辽一代科举始末备此。又重熙中，帝欲赐张俭第五人皆进士第，俭辞，乃止。耶律蒲鲁举进士第，王文以契丹无举进士之条奏上，杖其父庶箴二百。统和中，宋进士挈家来归者十七人，命有司考其中第者授以官。　契丹国志云，辽三岁一试进士，殿试临时取旨，第一人赐官，授奉直大夫，翰林应奉文字，第二、第三授从事郎，以下同。

　　元遗山文集，显武将军吴君阡表曰："君讳璋，字器玉，姓吴氏。石晋时有官献州从少帝北行者，又自辽阳迁泰州，其子孙遂为长春人。六世祖匡嗣，辽开府仪同三司同中书门下平章事、陈国公，五世祖昊，咸雍十年刘霄榜登科。　按，霄后仕金为侍中。在真定发策试进士，以"徽宗无道、钦宗失信"为问，褚承亮不对而出。见周密癸辛杂志。又，林炫章易水志，统和二年有魏上达；五年，魏元真；涿州王言甫于天庆二年试律学第一，除参军。见唐舜卿涿州志，今附录于此以备考。调云（中）〔州〕（据辽史卷八〇张俭传改）幕官。故事，车驾经行，长吏当有所献。圣宗猎云中，节度使进曰："臣境无他产，惟幕僚张俭，一代之宝，愿以为献。"先是，帝梦四人侍侧，赐食人二口，至闻俭名，始悟。召见，容止朴野，访及世务，占奏三十余事，由此顾遇特异。践历清华，号称明干。〔考异〕续通考云，统和中，邢抱朴官参政，用枢密韩德让荐，按：察诸道吏守令能否而黜陟之，大协人望。寻诏诸所保宋人有官吏抱器能者，具以名闻。官卫德升等六人。重熙九年十二月，诸职官有治民安边之略者，悉具以闻。十年十月，诏东京留守萧孝忠举察清廉者，具以实闻。又，重熙中，刘伸镇崇义，政务简净，民用不扰，致乌鹊同巢之应，诏褒迁其官。所载甚详。

开泰中，累迁同知枢密院事。太平五年，出为武定节度使，改大同。六年，入为南院枢密使。进左丞相，封韩王。〔考异〕续通考云，后徙王陈。毕沅续通鉴云，兼政事令，辽主眷倚。参政吴叔达与俭不相能，主怒，出叔达为康州刺史。圣宗纪康州作东州，稍异。又，开泰五年秋，大猎，帝射虎，不中，将犯跸，云州陈昭衮直前杀之，帝喜，设燕，赐以酒器，加节钺，命俭及吕德懋赋诗以美之。见本传。昭衮本作扎衮，小字旺玖，原作王九，西南招讨都监归义节度使；卷二十二，道宗太康四年二月，耶律旺玖为特哩衮，官至南府宰相。旺玖亦作王九，另一人。

兴宗立，受遗诏辅政，拜太师、中书令，加尚父，进见不名。赐诗褒美。性俭，素食不重味。一敝袍，三十年不易，月俸有余，赒给亲旧。在相位二十余年，裨益为多。致政归，会帝欲侵宋，幸其第问策，俭极陈利害，帝悦而止。〔考异〕李焘长编云，河北既罢兵，知雄州李允则治城垒不辍。主问俭曰："闻南朝尚修城备，得无违誓约？"对曰："李雄州为安抚使，其人长者，不足虑。"帝闻而责之，奏曰："初通好，不即完治，他日颓圮，安敢动？因此废守备，臣恐辽难测也。"上然之。上元旧不燃灯，允则结彩山，聚优乐，使民纵游。明日，侦辽帅欲间入城中观，允则与同僚伺郊外，果有紫衣北人至。比夕，与俱入传舍，不交一语出。妓女罗倚左右，剧饮而罢。且置其所乘驴庑下，遁去，即幽州统军也，后数日为辽所诛。又得辽谍，释缚，厚遇之，谍言燕京大王遣来；因出所刺沿边金谷兵马数。允则曰："若所得，谬矣，呼主吏按籍书实数与之。"谍请加缄印，厚金遣还；未几，谍遽至，还所与数，缄印如故，反出辽中兵马、材力、地里委曲以为报。有卒亡入辽中，移文索还，答以不知所在。允则曰："在某所。"骇不敢隐，即归卒，斩以徇，后无敢亡者。在雄州十四年，近臣鲜能及之。苏辙龙川别志云，时谍者常告敌中要官，遣人至京造茶笼燎炉，允则亦使倍与直作之，纤巧无毫发之异，且先期携至榷场，令蕃酋遍观之，知蕃官所作已过，乃不复出。敌中相传谓允则贻之，恐有奸变，蕃官无以自明，乃自杀。　张舜民画墁录，允则作元则，云北人信誓两界，非时不得葺理城堞；元则知雄州，欲展城，无由，作银香炉置城北土地堂，使人窃取之，遂大喧索，辞连北疆，纷纭久之，因兴工起筑，今雄州城北是也。又建浮图九层，下瞰幽境如指诸掌。司马光涑水纪闻又作允则事，银香炉作银器五百两。稍异。**重熙十二年卒，年九十一。功著两朝，时称贤相。**〔考异〕续通考云，俭字师约，兄文师、弟延师，并光禄大夫，门皆列戟，人号三戟张氏。传未载。时杨佶，字正叔，南京人。幼颖悟，读书自能成句。终吏部尚书、平章事，所著有登瀛集。　契丹国志云，马保忠，营州人，谨重寡欲。太平中，授洗马，改殿中丞。兴宗朝为枢密使、尚父、守太师兼政事令，封燕国公。尝上言：强天下者儒道，弱天下者吏道，今之授官，大率吏而不儒。崇儒道则乡党之行修，修德行则冠冕之绪崇，自今非圣帝明王，孔、孟圣贤之教者，愿下明诏痛绝之。其笃意风教如此。卒，谥刚简。时兴宗爵赏滥，除授无法，保忠疏谏，言国家起自朔漠，奄有幽、燕，量才授官，人始称职，今臣下豢养，承平无勋可陟，宜且序进之；帝怫然怒。史未立传。而圣宗纪太平四年四月右丞相马保忠之子世宏使岭表，至平地松林为盗杀，诏赠昭信节度使。并附录以备考。

辽史纪事本末卷二十二

色珍战绩

景宗保宁八年（丙子九七六）夏六月，以西南面招讨使耶律色珍原作斜轸。〔考异〕圣宗纪开泰二年西南招讨使斜轸，另一人。为北院大王。色珍，字韩隐，德呼原作迭剌部人，〔考异〕系懿祖系匣马葛后，见皇族表，传未载。裕悦原作于越。赫噜原作曷鲁孙。性明敏，不事生产。保宁元年，枢密使萧思温荐其有经国才，景宗曰："朕知之。第佚荡，岂可羁屈？"对曰："外虽佚荡，中未可量。"乃召问以时政，占对（恺）〔剴〕（据辽史卷八三耶律斜轸传改）切，帝器重之；妻以皇后之侄，命节制西南面诸军，仍援河东。擢南院大王，改北院。

乾亨元年（己卯九七九）春二月丁卯，汉以宋兵压境，乞援。命色珍以所部从都统耶律沙赴之。时宋再攻河东，色珍从耶律沙行至白马岭，遇敌，沙等战不利；色珍救之，令麾下万矢齐发，敌气褫而退。

夏六月，宋师灭汉，乘胜来侵，北院大王希达、原作奚底统军使萧托果原作讨古等逆战，败绩，自沙河退屯清河北。色珍取希达等青帜军于得胜口以诱敌，敌果争赴。因绕出其后，奋击，败之。

秋七月癸未，耶律沙等及宋兵战于高梁河，少却；色珍与休格原作（八）〔休〕哥（同上书改）分左右翼横击，大败宋军。

九月己卯，色珍等奉诏率所部兵从燕王韩匡嗣南侵宋，匡嗣兵败于满城。

四年（壬午九八二）夏四月，景宗自将南侵。至满城，战不利，守太尉奚斡里原作瓦里中流矢死。统军使耶律善补为伏兵所围，枢密副使色珍救之得免。

圣宗统和元年（癸未九八三）夏六月丁未，命色珍守司徒，拜北院枢密使。时景宗崩，圣宗幼，萧太后临朝，益见委任。〔考异〕名山秘录云，后有琥珀杯二枚，形如半桃核，合之无缝，容酒半升许。每朝会，酌赐有功大臣，当时惟斜轸得赐数次，国人荣之。史未载。命帝与色珍于其前易弓矢、鞍马，约以为友。

三年（乙酉九八五）秋八月癸酉，命色珍为都统，与监军驸马都尉萧恳德〔考异〕宏简录作勤德。同领兵讨女直。

四年（丙戌九八六）春正月丙子，色珍等上讨女直所获生口十余万、马二十余万匹。遣近侍尼勒坚原作泥里吉持诏旌其功，劳以酒果。

二月甲寅，色珍等来朝，行饮至之礼，赏赉有差。

三月，宋将曹彬等分三道来侵，帝奉太后帅师救燕，以色珍为山西兵马都统。寻赐密旨，及彰国节度使双宽原作朳窊印以趣征讨。〔考异〕仪卫志云，双宽，鸷鸟之总名，以为印纽，取疾速之义。行军诏赐将（军）〔帅〕（据辽史卷五七仪卫志改）用之。道宗赐耶律仁先鹰纽印，即此。又，查吏部印文曰"吏部之印"，银铸，以印文官制诰；兵部印文曰"兵部之印"，银铸，以印军职封诰；北、南枢密院，契丹、汉人诸行宫部署，中书省印并银铸，文不过六字，以上以银朱为色；南北王以下内外百司印并铜铸，以黄丹为色；诸税务以赤石为色。所载甚详。

夏四月戊申，诏两部突骑赴蔚州：将军华格原作化哥统平州兵马，横帐郎君努克原作奴哥。〔考异〕卷二十八，天祚天庆八年，奴哥使金，另一人。为黄皮室都监，郎君伊里原作谒里为北府都监，各以步兵赴蔚州以助色珍。庚戌，以色珍为诸路兵马都统。

五月癸未，色珍遣判官博诺原作蒲（奴）〔姑〕（据辽史卷一一圣宗纪改。下同）。〔考异〕永乐大典作蒲姑。汪辉祖辽史同名录云，卷十七，奚六部大王姓萧氏；卷四十八百官志，开泰末上京内客省副使，姓耶律氏，三人同名蒲奴。奏复蔚州，斩首二万余级，乘胜攻下灵邱、飞狐。时杨继业取山西诸郡，各以兵守，自屯代州。色珍至定安，击败贺令图军，追至五台，斩首数万级。明日，至蔚州，敌不敢出，书帛射城上，谕以招慰意。阴闻宋军来救，命都监耶律托色原作题子。本传，字胜隐，北府宰相乌里孙，从色珍败贺令图于定安，攻克蔚州，进围寰州，冒矢石先登。继业之被擒，托色功居多。未几，从征至易州，卒。所载较详，余详卷六。夜伏兵险厄，俟敌至而发。城守者见救至，突出。伏发，击其背，内外二军俱溃，追至飞狐，斩首二万级，遂复蔚州。贺令图、潘美兵复至，逆战，又败之。宋军在浑源、应州者皆弃城走。捷闻，赐博诺原作蒲（奴）〔姑〕酒及银器。戊子，色珍奏宋军复围蔚州，击破之。

六月甲辰，诏南京留守休格遣炮手西助色珍。甲寅，色珍奏复寰州。

秋七月丙子，枢密使色珍遣侍御讷呼台、原作涅里底噶楚噶原作斡勤哥奏复朔州，擒宋将杨继业。及上所获将校印绶诰敕，赐讷呀台等酒及银器。时<u>色珍</u>闻<u>继业</u>出兵，令<u>萧达林</u>_{原作达凛}伏兵于路。明旦，<u>继业</u>兵至，<u>色珍</u>拥众为战势。<u>继业</u>麾帜而前，<u>色珍</u>佯退。伏兵发，仍进攻，<u>继业</u>败走，至<u>狼牙村</u>，心恶之，欲避不可得，众军遂皆溃。<u>继业</u>为流矢所中，被擒。〔考异〕<u>萧达兰传</u>，<u>继业</u>率兵自<u>代州</u>来，<u>达兰</u>从<u>色珍</u>败之，擒<u>业</u>于<u>朔州</u>。<u>耶律希达传</u>，<u>希达</u>射<u>继业</u>堕马。先是，军令，须生擒<u>业</u>，<u>希达</u>以故不能为功。似射<u>业</u>者<u>希达</u>，擒<u>业</u>者<u>达兰</u>。所载各异。<u>宋史</u>亦云，<u>耶律奚底</u>望见袍影射之。<u>奚底</u>即<u>希达</u>也。<u>本传</u>，<u>奚底</u>又作<u>奚低</u>。<u>五代史</u><u>达兰</u>作<u>挞览</u>。<u>辽史</u>作<u>挞凛</u>，字<u>托纽</u>，旧作<u>驼宁</u>。又<u>耶律斡拉传</u>，时为护卫太保，从破<u>宋</u>将<u>杨继业</u>于<u>山西</u>。纪未载。<u>色珍</u>责之曰："汝与我国角胜三十余年，今日何面目相见？"<u>继业</u>但称死罪而已。初，<u>继业</u>在<u>宋</u>以骁勇闻，人号<u>杨无敌</u>。首建梗边之策。至是为所擒，三日死。〔考异〕<u>薛应旆通鉴</u>云，<u>业</u>太息曰："上遇我厚，期讨贼捍边以报，而反为奸臣所迫，致王师败绩，何面目求活耶？"乃不食，三日死。士卒战死，无一生还者。　<u>契丹国志</u>云，麾下百余人皆从死。余同。　<u>史</u>云但称死罪，盖不足信。又<u>业</u>之死，<u>史</u>作七月，<u>宋史</u>作五月，<u>李焘长编</u>、<u>契丹国志</u>作八月。所载各异。　<u>长编</u>又云，<u>业</u>早知书，忠烈武勇，有智略，练习攻战，与士卒同甘苦。<u>代</u>北苦寒，人多服毡罽，<u>业</u>但挟纩露坐。治军事，傍不设火，侍者殆僵仆，而<u>业</u>怡然无寒色。　<u>顾炎武昌平山水记</u>云，<u>古北口</u>城北门外有<u>宋杨业</u>祠。<u>业</u>以雍熙中为<u>云州</u>观察使。<u>契丹</u>陷<u>寰州</u>，遇于<u>雁门</u>北<u>陈家谷口</u>，力战不支，被擒，不食，三日死。忠矣！然<u>雁门</u>之北口非<u>古北口</u>，

祠于斯者，误也。　刘敞公是先生集，杨无敌庙诗云：“西流不返日
滔滔，陇上犹歌七尺刀；恸哭应知贾谊意，世人生死两鸿毛。”苏辙
栾城集，杨无敌庙诗云：“行祠寂寞寄关门，野草犹知避血痕；一败
可怜非战罪，大刚嗟独畏人言。驰驱本为中原用，尝享能教异域尊；
我欲比君周子隐，诛彤聊足慰忠魂。”按，古北口杨无敌祠，顾氏以
为误考。刘、苏二诗在奉使时作，则祠创自辽日可知。无敌忠义感
动敌国，又何论古北口之非陈家谷也。见厉鹗辽史拾遗。色珍以
功加守太保。〔考异〕宏简录云，封魏王。

六年（戊子九八八）冬十月乙卯，帝南侵宋，克
涿州。驸马萧勤德等中流矢。闻宋军退，命色珍等
追击，大败之。

十七年（己亥九九九）秋九月己亥，帝南侵宋，
色珍等从行。癸卯，卒于军。〔考异〕宏简录作十九年九月。
太后亲为哀临，仍给葬具。

太平八年（戊辰一〇二八）冬十月，色珍孙妇阿古
原作阿睦指斥乘舆，其孙古云原作骨欲为之隐，事觉，
乃并坐之，仍籍其家。〔考异〕宏简录、毕沅续通鉴与圣宗纪
略同。本传未载，今从纪。色珍庶子格尔原作狗儿。〔考异〕卷
六十四皇子表，圣宗子南府宰相，另一人。官至小将军。

辽史纪事本末卷二十三

休格将略

景宗保宁五年（癸酉九七三）春正月甲子，特哩衮原作惕隐耶律休格原作休哥伐党项，破之，以俘获之数来上。休格，字逊宁。祖实噜，原作释鲁隋国王，父乌苏，原作绾思南院额尔奇木。原作夷离堇。〔考异〕卷七十七赖传，卷八十三休格传，俱称为实噜孙，乌苏子；皇族表未载乌苏名。休格子果巴，官至节度，亦未载。又，卷一百十三哈斯传，宣徽使实噜庶子；道宗纪，宿国王辰赉；续通考谓系实噜孙；卷八十四穆济传，隋国王之后。表均未载。休格少有公辅器。初从北府宰相萧斡原作干讨乌尔古、原作乌古室韦二叛部。应历末，为特哩衮。

乾亨元年（己卯九七九）夏六月甲子，宋太宗来侵。北院大王希达原作奚底等与战于沙河，失利。宋兵进围南京。

秋七月癸未，耶律沙等及宋师战于高梁河，〔考异〕王宗沐续通鉴作大梁河。考详卷十九。少却；会帝命休格将五院军往救。兵适至，与耶律色珍原作斜轸分左右翼横击，大败之，追杀三十余里，斩首万余级，休格身被三创。明旦，宋太宗退至涿州，窃乘驴车遁，休格以创不能骑，轻车追至涿州而还。所获器甲、粮馈无算。

九月己卯，命燕王韩匡嗣、南府宰相耶律沙侵宋，以报围燕之役。诏休格以所部兵从。与宋师战于满城，方陈，宋人诈降，匡嗣信之。休格谏曰："彼众整而锐，必不肯屈，乃诱我耳。宜严兵以待！"匡嗣不听。休格引兵凭高而视，须臾，南兵大至，鼓噪疾驰。匡嗣仓卒不知所为，士卒弃旗鼓而遁，遂败绩。休格整兵进击，敌乃却，全军而还，诏总南面戍兵。

二年春正月丁亥，以休格为北院大王。

冬十月癸未，帝自将侵宋，次南京。己亥，围瓦桥关。

十一月壬寅，休格败宋兵于瓦桥东。时宋兵来救，守将张师突围出，帝亲督战，休格斩师，余众退走入城。宋陈于水南。将战，帝以**休格**马介独黄，虑为敌所识，命易以玄甲、白马。遂率精骑渡水，击败之，追至**莫州**，杀伤甚众，生获数将以献。帝悦，赐御马、金盂，劳之曰："尔勇过于名，若人人如卿，何忧不克！"师还，拜裕悦。原作于越。

四年（壬午九八二）冬十月辛酉，以**休格**为南面行军都统，便宜从事。时**圣宗**新立，**萧太后**称制，益委任之，因均戍兵、立更休法，劝农桑，修武备，边境大治。

圣宗统和元年（癸未九八三）春正月丙子，以**休格**为**南京**留守，赐总管印绶，总边事，并赐汤药，榜谕**燕**民。〔壬午〕，（据**辽史**卷一〇圣宗纪补）**涿州**刺史安吉奏宋筑城河北。诏**休格**挠之，不果城。

秋八月乙巳，诏**休格**提点元城。

九月，〔**南京留守**〕（同上书补）奏秋霖害稼，请权停关征，以通**山西**籴易。从之。〔考异〕食货志云，征商之法，自**太祖**置羊城于炭山北，起榷务以通诸道市易。**太宗**置**南京**，城北有市，百物山待，命有司治其征。余四京及他州县懋迁地，置亦如之。**东平郡**城中置看楼，分南、北市，禺中交易市北，午漏下交易市南。**雄州**、**高昌**、**渤海**亦立互市，以通**南宋**、西北诸部、**高丽**之货。故**女直**以金、帛、布、蜜、蜡诸药材及**铁离**、**伊济**、**靺鞨**等部以蛤珠、青鼠、貂鼠、胶鱼之皮，牛、羊、驼、马、麂罽等物来易于**辽**者，道路（禫）〔襁〕（据**辽史**卷六〇食货志改）属。**圣**

宗统和初，燕京留守司言民艰食，请（移诸）〔弛居〕庸关（同上书改）税，以通山西籴易。又（谕）（同上书删）令有司谕诸行宫，布帛短狭不中尺度者，不粥于市。明年，诏以南、北府市场人少，宜率（诸）〔当〕（同上书改）部车百乘赴集。开奇峰路以通易州贸易。二十三年，振武军及保州并置榷场。时北院大王耶律实噜以俸羊多阙，部人贫乏，请以羸老之羊及皮毛易南中之绢，上下为便。所载南京留守请停关税，未知是指休格否？　续通考云，统和四年十一月，以古北、松亭、榆关征税不法，致阻商旅，遣使鞫问之；十二年二月，免诸部岁输羊皮关征；十九年十一月，减关市税；开泰二年十二月，贵德、龙化、仪坤、双、辽、同、祖七州，至是下诏始征商。

四年（丙戌九八六）春三月，宋遣曹彬等分道来侵，帝与太后率师往援。命宣徽使布琳原作蒲领为南征都统，以副休格。

夏四月己亥朔，次南京。复遣穆济、原作抹只穆尔古、原作谋鲁（古）〔姑〕（据辽史卷一一圣宗纪改）勤德等领偏师助休格，仍赐旗鼓、双宽原作杓窊印抚谕将校。癸卯，休格复以捷报，曹彬、米信出雄、易，取岐沟、涿州，克固安，置屯。时北南院、奚部未至，休格兵寡，不敢力战。夜以精骑出两军间，杀其单弱以胁余众，昼则以精锐张其势，使彼劳于防御，以疲其力。又设伏林莽，绝其粮道。彬等食尽，退保白沟。月余，复至。亟引轻兵薄之，伺彼蓐食，击其离伍单出者，且战且却。由是南军自救

不暇，结方阵，堑地两边而行。军渴乏井，漉淖而
饮，凡四日始达<u>涿州</u>。〔考异〕<u>李焘</u>长编谓历二十余日始至。
闻太后军至，<u>彬</u>等冒雨而遁。太后益以锐卒，追及
之。彼力穷，环粮车自卫，<u>休格</u>围之。至夜，<u>彬</u>、
<u>信</u>以数骑亡去，余众悉溃。追至<u>易州</u>东，闻<u>宋</u>师尚
有数万，濒<u>沙河</u>而爨，进击之。<u>宋</u>军死者过半，<u>沙
河</u>为之不流。〔考异〕续纲目云，战于岐沟关，<u>彬</u>、<u>信</u>败走，无
复行伍。夜渡<u>拒马河</u>，<u>休格</u>引精兵追及，溺死无算。太后旋旆，
<u>休格</u>以<u>宋</u>尸为京观。请略地至河为界，太后不许。
封为<u>宋国王</u>。

　　冬十一月丙子，太后南侵<u>宋</u>，以<u>休格</u>为先锋
都统。

　　十二月己亥，败<u>宋</u>军于<u>望都</u>，遣人献俘。时<u>宋</u>
将<u>刘廷让</u>以数万骑并海而出，约与<u>李敬源</u>合兵，声
言取<u>燕</u>。<u>休格</u>先以兵扼其要地。会太后军至，接
战，杀<u>敬源</u>，<u>廷让</u>走<u>瀛州</u>。擒<u>贺令图</u>、<u>杨重进</u>等。
〔考异〕续纲目，<u>重进</u>与<u>敬源</u>同战死。宋史同。诏<u>休格</u>以下入内
殿，赐酒劳之。

　　六年（戊子九八八）春三月己未，<u>休格</u>奏<u>宋</u>事宜，
帝亲览之。

　　夏四月乙未，帝次<u>南京</u>。戊戌，幸<u>休格</u>第。

　　秋七月己亥，赐<u>休格</u>、<u>巴雅尔</u>原作排亚部诸军战马。

八月戊午，**休格**与**巴雅尔**、**纽勒珲**原作裹里葛捉生，将至**易州**，遇宋兵，杀其指挥使而还。

九月丙申，**休格**遣详衮原作详稳**音德尔**原作意德里献所获宋谍者。

冬十月癸未，国兵进次长城口，宋定州守将**李兴**以兵来拒，**休格**击败之。

十一月己酉，**休格**献黄皮室详衮徇地**莫州**所获马匹、士卒。命隶**燕京**。又送降卒，命给衣裘。

十二月丙辰，**休格**献奚详衮**雅鲁**原作耶鲁所获宋谍。

七年（己丑九八九）（春）（据辽史卷八三耶律休哥传删），宋将**刘廷让**等乘暑潦来攻**易州**，诸将惮之，独**休格**率锐卒逆击于**沙河**之北，杀伤数万，获辎重不可胜计，献于朝。〔考异〕沙河之战，宋史未书。圣宗纪亦无休格战事。

三月戊子，赐宋国王**休格**红珠筋线，命入内神帐行再生礼，太后赐物甚厚，诏免拜不名。自是宋人不敢北向。至欲止儿啼，乃曰："裕悦至矣。"

夏五月辛巳，**休格**引军至满城，招降卒七百余人，遣使来献，诏隶**东京**。时**燕**民疲弊，为省赋役、恤孤寡，戒戍卒毋犯**宋**境，有马牛（送）〔逸于北〕（同上书补）者，悉还之。远近向化，边鄙以安。〔考异〕续纲目，是年，**休格**为宋将**尹继伦**击败之于**徐河**。本传未载。

十六年（戊戌九九八）冬十二月丙戌，**休格**卒。

〔考异〕王宗沐续通鉴、薛应旂通鉴、徐乾学后编，均作十一月，误。

是夕，雨木冰。圣宗辍朝五日，诏立祠南京。〔考异〕续通考，道宗寿隆五年，以旧臣姚景行忠贤，亦诏为立祠。休格智略宏远，料敌如神。每战胜，让功诸将，故士卒乐为之用。身更百战，未尝多杀无辜。

　　二十一年（癸卯—〇〇三）冬十一月壬辰，休格子道士努、原作道士奴噶济原作高九。〔考异〕卷十六，太平三年林牙；开泰七年使宋。三人同名高九。等谋叛，伏诛。余子果巴原作高八。〔考异〕卷十八，兴宗景福元年七月，右皮室详衮；卷二十二，道宗咸雍三年南院大王；卷二十九，天祚保大二年同知点检事；卷九十六，萧惟信父右伊勒希巴，五人同名高八。官节度使；果实〔考异〕满州语疼爱也。旧作高十，今译改。卷十八，兴宗重熙五年北院大王；卷七十四韩德凝传，德凝孙，辽兴节度，三人同名高十。终裕悦。孙玛格原作马哥。〔考异〕卷二十八，天祚天庆五年北面林牙；卷九十九耶律实噜传，子平章事，三人同名马哥。以上均见汪辉祖辽史同名录。仕至匡义节度使。〔考异〕续通考云，太祖开国之初，即建开教寺，后六年征讨，以所获僧崇文等五十人归西楼，建天雄寺居之，以示天助雄武。神册三年，诏建佛寺；四年，命后及太子分谒寺观；天赞四年，幸安国寺饭僧。嗣后，太宗以降，饭僧、祝釐、讲经、建寺、史不绝书。惟圣宗时休哥孙马哥入见，上问："卿奉佛乎？"对曰："臣每旦诵太祖、太宗及先臣遗训，未暇奉佛。"帝悦。本传，字额特埒。问奉佛作兴宗事。稍异。

辽史纪事本末卷二十四

澶渊之盟

圣宗统和十七年（己亥九九九），宋真宗咸平二年
也。秋九月庚辰朔，圣宗幸南京。己亥，南侵宋。
〔考异〕李焘长编云，徐台符传曰："咸平元年，契丹为梗。"经武圣
略曰："契丹犯边。"按，元年，契丹未动，观台符上疏可知。疏云：
"已讫谅暗，将终祥禪。"则台符上疏时乃二年春矣。今从之。　毕
沅续通鉴云，九月，傅潜遣先锋田绍斌、石普等戍保州，普阴与知
州杨嗣出兵击敌，为所困，渡严凉河，颇丧师徒。绍斌率众援之，
即合势疾战，斩首二千余级，获马五百匹。宋史真宗纪，严凉河即
廉良路，疑是一事。石普传作炎凉城。史均未载。绍斌，汾州人。
普，太原人。

冬十月癸酉，攻遂城，不克。遣萧继远攻狼山

镇石砦，破之。〔考异〕萧柳传，字图们，恒德侄。是年从伐宋，宋将范（延）〔庭〕（据辽史卷八五萧柳传改）召列方阵而待。时隆庆为先锋，问"谁敢当者？"柳请，驰马而前，南军乱。柳中流矢，裹创而战，众皆披靡。　按，柳为阿古齐五世孙，幼养于伯父巴雅尔家，叔父恒德荐其才。外戚表，恒德作恒，误，今改。延召即廷召。　毕沅续通鉴云，初，耶律铎轸性疏简，人多短之；至是命率羸师以从。及战，铎轸取绯帛被甲胄以自标显，驰突出入，格杀甚众，太后厚赏之。纪均未载。　本传，名都沁，字敌辇，积庆宫人。柳好滑稽，仕终南京统军使。所著诗千篇，号岁寒集，编其集者为观音奴。见本传。　汪辉祖辽史同名录云，卷十八，景宗景福元年，哲伯埒党，被杀；卷八十五，传，统和时同知南院事，三人同名观音奴。**次瀛州，与宋军战，擒其将康昭裔、宋顺，获兵仗器甲无算**。〔考异〕续纲目云，时契丹主入寇，傅潜为镇定高阳关都部署，拥重兵不战，令范廷召分兵出御。廷召复求援于都部署康保裔。保裔赴救，遇敌瀛州，约诘旦合战，而廷召潜遁，保裔不之觉；迟明，敌围之数重，保裔决战数十合，杀伤甚众，兵尽矢穷，保裔死之。契丹遂自德、棣济河，掠淄、青，真宗亲御之。次大名，闻保裔死，赠侍中，录其子孙。流潜房州。　按，薛应旗通鉴云，时钱若水劾奏傅潜，孙何请斩潜以徇，乃流房州。　契丹国志，保裔战死在瀛州西南裴村，又系之十八年。而毕沅续通鉴云，宋史文苑传载路振祭战马文曰："执大将康保裔。"咸平六年，谢德权入对，亦言保裔被擒。是当时之人皆曰被擒，而非战殁于阵矣。田雯黔书云，贵州有保裔庙，此因其子继英为贵州团练使，故立庙耳。今从圣宗纪作被擒，较妥。又，宋史保裔等传均无廷召潜遁事。云保裔战殁，来援者惟张凝、李重贵。后重贵仕至郑州防御使，改左领军大将军，致仕；凝加殿前都虞候。卒，赠彰德节度使。陆游老学庵笔记亦谓保裔战死，且云：祖志忠，后唐明宗时讨王都战死；父再遇，从太祖讨李筠战死，三世皆死国事。　李焘长编云，保裔谨厚多礼，延儒士。骑射尤妙。赏赐颁麾下。及战殁，将校从死者十三人。诏除其子继英顺州刺史。五子及孙皆加宠秩，母妻悉封国夫人。真宗纪，保裔之死系于咸平三年正月。夏守赟传，时奉命察实，还言保裔因送客，猝与敌遇，援兵不至，遂死。奏称旨。纪载各异。保裔，洛阳人。傅潜，冀州衡水人。若水，字长卿，河南新安人。廷召，冀州枣强人。**进攻乐寿县，拔之。次遂城，敌众临水以拒，纵骑兵突之，杀戮殆尽。**〔考异〕续纲目云，契丹兵攻遂城。城小无备，众情危惧；守将杨延昭，业子也，登陴固守。会大寒，汲水灌城上，旦，悉为冰，坚滑不可上，契丹兵引去，掠祁、赵、邢、洺州。系之于瀛州事前。薛应旂通鉴延昭作延朗。　李焘长编云，十月，契丹寇定州，次怀远驿，诏遣李继宣往袭之，追奔五十余里。至常山，契丹拔（塞）〔寨〕（据长编卷四五改）遁去。继宣锐于击贼，数为傅潜所抑，故无功。十二月，上北巡，驻跸澶州。知冀州张旻奏破契丹于城南，杀千余人，获马百匹。次大名府。威（卤）〔虏〕军（同上书改）言契丹来寇，出兵击败之，杀其酋帅。府州折惟昌，与宋思恭、刘文质等引兵入契丹五合川，破巴罕太尉寨（按，长编卷四五作"黄太尉寨"），尽杀敌众，焚其帐千五百余，获战马牛羊万计，铠甲千事。捷闻，升擢有差。东都事略折惟昌作折御昌，巴罕太尉寨作黄太尉砦。宋史真宗纪五合川作五合州。　王辟之渑水燕谈云，王樵，字肩望，淄川人。咸平中契丹内寇，举族北俘，潜入敌中访其亲，累年乃归，持诸丧，刻木为亲，葬诸山东。

　　十八年（庚子—○○○）**春正月，帝还次南京，赏有功将士，罚不用命者。诏诸军各还本道。**〔考异〕续纲目云，契丹知真宗亲征，乃纵掠而去。范廷召等追败之于莫州，斩首万余级，尽获所掠，余遁出境。玉海云，正月，廷召捷奏至，百官称贺。御六师幸澶、魏，天声一振，戎骑四逃。宴从臣于行宫，作喜闻捷奏五、七言诗二首，题行宫之壁，命从臣馆阁属和。　李焘长编云，时王荣受诏攻敌；荣不欲见敌，以所部略界河南岸而还。九月，契丹应州节度萧锡喇、弟克图、侄卓库崇噶尔等归顺，赐名，授各卫将军，并赐袍带器币。十二月，契丹税木监使黄颢、张文秀、刘继隆、张显等归顺，赐冠带袍笏。皆于越族。史均未载。　长编又云，舍人王侃言，前知赵州，契丹兵至城下，有学究米著，勇而善射，募士守南门，讫敌退，无敢窥其门者。召见，补三班借职。

王皞百一编云，侃，吴越故臣，归朝任中允。知赵州，戎入寇，侃独启城门以示之；敌不敢窥。迁守济州。年九十三卒。实录未书。

陆游避暑漫钞云，芳仪，江南国主李景女。纳土后，在京师，初嫁供奉官孙某，为武强都监妻，生女，皆为辽圣宗所获，封芳仪，生公主一人。赵志忠虞部，自北归，复官。尝仕辽为翰林学士，修国史，著北庭杂记，载其事。时晁补之为北都教官，览其书而悲之，与顾复长道作芳仪曲云："金陵宫殿春霏微，江南花发鹧鸪飞；风流国主家千口，十五吹箫粉黛稀。满堂诗酒皆词客，拭汗争看平叔白，后庭一曲时事新，挥泪临江悲故国。令公献籍归未央，敕书筑第优降王，魏俘曾不输织室，供奉一官奔武强。秦淮潮水钟山树，塞北江南易怀土；双燕清秋梦柏梁，吹落天涯犹并羽。相随未是断肠悲，黄河应有却还时；宁知翻手明朝事，咫尺千山不可期。苍黄三鼓潯沱岸，良人白马今谁见；国亡家破一身存，薄命如云信流转。芳仪加我名字新，教歌遣舞不由人；采珠拾翠衣裳好，深红暗尽惊胡尘。阴山射虎边风急，嘈杂琵琶酒阑泣；无言数遍天河星，只有南箕近乡邑。当年千指渡江来，千指不知身独哀；中原骨肉又零落，黄鹄寄意何当回。生男自有四方志，女子那知出门事；君不见李君椎髻泣穷边，丈夫漂泊犹堪怜。"吴任臣十国春秋云，芳仪，疑即永嘉公主。又曲内"拭汗争看平叔白"，作"夺锦挥毫在瑶席"。又多脱字。

厉鹗辽史拾遗云，公主表，圣宗第十三女赛哥，封金乡公主，李氏生，当即是芳仪。又，庐山真凤观碑有泰宁公主、永嘉公主二人，皆景女，不知芳仪者孰是。续通考云，赛哥适萧图玉，以杀无罪婢被谪，图玉亦坐贬官。李氏生。　晁公武郡斋读书后志云，北廷杂记十卷，赵志忠撰。始于阿保谨，迄宗真。李清臣曰，志忠仕北为中书舍人，得罪宗真，来归，上此书及契丹地图，言北事甚详。陈振孙直斋书录解题云，阴山杂记十六卷，莆田郑氏书目谓赵志忠撰。欧公归田录曰，志忠，本华人，陷北。性明敏，在辽举进士，至显官。归国能述其君臣世次、山川风物甚详，观此书可见矣。刘延世孙升谈圃云，志忠归朝，官至正郎。尝求差遣，不报。在都堂厉声曰："天下只有阎罗大王至公，若教不公似志忠底，已死二三十个。"志忠归时，上书及契丹文字甚多，盖尝为契丹史官故也。

十九年（辛丑—一○○一）夏六月乙巳，以所俘宋将康昭裔为昭顺节度使。〔考异〕李焘长编云，咸平四年六月，耶律隆庆下内四友班首兼北宫都博田凤容及其弟从寿来降，补三班（借）〔奉〕（据长编卷四九改）职，恩赐有差。史未载。

冬十月己亥，帝南侵宋。壬寅，次盐（城）〔沟〕（据辽史卷一四圣宗纪改）。诏梁国王隆庆统先锋军以进。甲寅，与宋兵战于遂城，败之。进次满城，以泥淖，班师。〔考异〕宋史真宗纪云，十月己未，张斌破契丹于长城口。　毕沅续通鉴云，时积雨，辽人弓用皮弦皆缓湿，斌击败之。渐次界首，辽伏骑大起，而三路统帅未及进，前陈兵少，为辽师所乘，退保威（鲁）〔虏〕（据续通鉴卷二二宋纪改）军。盖此战互有胜负，故两国各言其胜，致所载不同也。　薛应旂通鉴云，冬十月，以王显为镇定三路都部署，王超副之，与契丹战于遂城，大败之，戮二万余人。契丹进至满城，遁还。　东都事略云，辽冠威卤军，何承矩、王显均以大兵至，破二万余人，斩其铁林十五人。毕沅续通鉴作获其统军铁林。释文莹玉壶清话云，契丹兵猎于威胜军，王显袭击，大破之。时出师定州，忽道士通谒，自称酆都观主，谓曰："昨日上帝牒番魂二万至本观，死于公手。公果杀之，则功冠于世，然减算十年，二端请裁之。"显叱退。数月，果有是捷，斩二万人。露布以闻。至阙，召为使相，数稔卒。威胜亦作威卤。超，赵州人，德用父。显字德明，开封人。　李焘长编云，是役也，王显会师，实屯中山，未尝出师，所奏十月十六日之捷，系专指前军张斌事。据本传，显又上表待罪，可知。又，何承矩所奏之捷亦同。契丹传分为二事，盖误。今不取。　陈均九朝编年备要云，李继宣败辽于山谷。宋史未载，他书亦无可考。杨延朗传，咸平三年冬，契丹复入寇。延朗伏锐兵于羊山，敌至，伏发，大败，获其将，函首以献。进团练使，与杨嗣并命。又，王汉忠传，敌寇中山，汉忠追击，大破之，获其贵将，加殿前副都指挥使。　按，去年春，上自大名还京，至今年春，契丹并无入寇事。其复入寇在四年冬，实录、本纪皆同。据杨嗣传，延朗之升，因嗣让，非因破敌功。而汉忠擢殿副，与高琼、葛霸并迁，亦不言获敌事。疑延朗、汉忠战事，当（十）〔是〕（据长编卷四八改）二年冬及三年春上在大名时，或四年冬事，二传误载耳。见李焘长编注。咸平四年乃辽统和十九年也。长编又云，初，杨嗣、杨延朗与李继宣、秦翰并为前阵，及是会师于威卤。延朗、嗣轻骑先赴羊山，几为敌所乘，继宣与翰军合势大战，敌走，上羊山，继宣等追击至牟山谷，大破之。据此，则延朗传羊山之捷为三年冬，其误审矣。又，闰十二月，契丹阁门使寇卿子用和、继忠来降，用和授三班（借）〔奉〕（据长编卷五〇改）职，继忠补〔外州〕（同上书补）镇将。又有李绍隆亦来降，补三班奉职。

十一月丙子，宋兵出淤口、益津关来侵，侦候玛、原作谋注虞人珠克击败之。〔考异〕彭百川太平治迹统类所载与长编同作丙子，而宋史作壬申。系日少异。

二十年（壬寅—〇〇二）春三月甲寅，遣北府宰相萧继远等南侵宋。

夏四月丙寅朔，文班太保达里塔原作达里底。〔考异〕毕沅续通鉴作达哩斯。败宋兵于梁门。甲戌，南京统军使萧达林原作挞凛破宋军于泰州。〔考异〕达林传，二十年，复伐宋，擒其将王先知，破其军于遂城，下祁州，上手诏奖谕。达林字驼宁，思温再从侄，敦厚，有材略，通天文。历官侍中，封兰陵郡王。子缵古，官南京统军使。亦作愷古。按，圣宗纪太平六年，以东京统军使萧缵古为契丹行宫都部署。公主表，圣宗第八女临海公主改适萧缵古。传均未载。又，契丹国志，挞凛作挞里磨，子奥只，番名埽古，即愷古。以父战功为祇候郎君，仕至北宰相、宣徽使，封郑王。虚己接物，汲引名士，时论贤之。尝接伴宋使张昇，从容言两朝盟好，誓若山河，毋以小嫌伤大信。昇称为北朝仪表。史未载。外戚表，达林父马群侍中珠呀哩，原作术鲁烈，达林传作术鲁列，系一人。毕沅续通鉴达林作达兰。泰州作秦州。又，王先知之擒作二十二年事。今从史。李焘长编云，咸平五年正月，契丹将萧继远亲吏刘澄、张密挈其族归顺，并补三班借职，赐袍笏、缗钱。四月，契丹都监种坚乞复置榷场。因何承矩言，听于雄州复置。七月，契丹<u>大林寨</u>使<u>王昭敏</u>等归附，赐衣服、钱帛，补镇将。<u>洪德寨</u>主<u>段守伦</u>言戎人抵城下，率兵击走之，获羊马器甲甚众。赐袍带。九月，知<u>镇戎军</u><u>李继</u>和言戎人入寇，抵城下，<u>继</u>和与都监<u>史重贵</u>拒战，败走之，大获甲骑。<u>高阳关</u>部送归顺<u>奚</u>人吹<u>赍</u>、汉口<u>李美</u>，各赐衣服、缗钱。以吹<u>赍</u>隶<u>渤海</u>，<u>李美</u>给田处之。是岁<u>契丹</u>稍侵掠边境，所在击走之，卒不深入。与<u>史</u>异。二十一年（癸卯一〇〇三）夏四月，<u>耶律诺观</u>、原作奴瓜。〔考异〕一作诺郭。<u>毕沅续通鉴</u>作诺衮，字<u>延宁</u>，<u>太祖</u>异母弟<u>苏</u>之孙，历官平章事，加尚父。见<u>本传</u>。<u>萧达林</u>原作挞凛<u>获宋</u>将<u>王继忠</u>于<u>望都</u>。

〔考异〕<u>薛应旂通鉴</u>云，<u>耶律奴瓜</u>等寇<u>望都</u>，副都部署<u>王继忠</u>与大将<u>王超</u>、<u>桑赞</u>等帅兵赴之，至<u>康村</u>，与<u>奴瓜</u>战。<u>继忠</u>陈东偏为敌所乘，断饷道，<u>超</u>、<u>赞</u>皆畏缩，退师。<u>继忠</u>独与麾下跃马驰赴，服饰稍异，<u>契丹</u>识之，围数十重，士皆殊死战。且战且行，旁<u>西山</u>而北，至<u>白城</u>，力不能支，遂被执。用为户部使。<u>白城</u>在<u>保定府</u><u>清苑县</u>西南。

<u>契丹国志</u>云，<u>契丹</u>攻<u>定</u>、<u>宋</u>二州，<u>王超</u>、<u>桑赞</u>与<u>周莹</u>逆战<u>望都</u>。翼日，至县南六里，<u>继忠</u>力战，被擒。不言<u>超</u>、<u>赞</u>退遁，且有<u>周莹</u>。

<u>东都事略</u>云，<u>王超</u>败<u>契丹</u>于<u>望都</u>南，既而敌众数万至，<u>继忠</u>战于<u>康村</u>，陷焉。<u>康村</u>在今<u>庆都县</u>东北。　<u>王文正笔录</u>云，<u>继忠</u>与侍中<u>张耆</u>同守<u>镇定</u>，会边骑大至，分左右翼出御，陈西偏为兵冲，<u>继忠</u>固请代<u>耆</u>，及兵败，遂为所获。<u>耆</u>字<u>元弼</u>，<u>开封</u>人。所载各异。

<u>李焘长编</u>云，<u>咸平</u>六年二月，<u>契丹</u><u>平州</u>牙校<u>韩守荣</u>等来归，并补三班借职，赐袍带、钱帛。又北宰相亲吏<u>刘廷凤</u>等来降，各补三班借职。<u>史</u>未载。

二十二年（甲辰一〇〇四）秋闰九月己未，帝南侵<u>宋</u>。癸亥，次<u>固安</u>。丙寅，与<u>宋</u>兵战于<u>唐兴</u>，〔考异〕

王宗沐续通鉴作唐河，即古呕夷水。宋史真宗纪，景德元年正月，契丹言埊族拔黄三百余帐内属。三月，威卤军破契丹于长城口，追北过阳山，斩获甚众。九月，耶律吴欲来降。　李焘长编云，八月，契丹班济库都监耶律（乌）〔吴〕裕（据长编卷五七改）来降，补三班（借）〔奉〕（同上书改）职。又，林牙使摄推官刘守益等及其兄恕来降。史均未载。大破之。丁卯，萧达林原作挞凛败宋兵于遂城。

冬十月丙戌，攻瀛州，不克。〔甲午〕，（据辽史卷一四圣宗纪补）下祁州。

十一月〔考异〕李焘长编云，十一月己未，契丹逼冀州，知州王玙击走之。纪未载。癸亥，马军都指挥使耶律科里原作课里。〔考异〕毕沅续通鉴作珂礼。遇宋兵于洺州，击退之。甲子，东京留守萧巴雅尔原作排押获宋魏府官吏田逢吉等以献。丁卯，南院大王善补奏宋遣人遗王继忠弓矢，密请求和。诏继忠与使会，许之。〔考异〕继忠传，时宋使来聘，遗弧矢、鞭策及求和札子，有曰："自临大位，爱育黎元，岂欲穷兵，惟思息战。每敕边事，严谕守臣。至于北界人民，不令小有侵扰。众所具悉，尔亦备知。向以知雄州何承矩已布此恳，自后杳无所闻。汝可密言，如许通和，即当别使往请。"诏继忠与宋使相见，仍许讲和。与纪合。而续纲目云，时故将王继忠为契丹言和好之利，因遣李兴以继忠书及密表诣莫州部署石普议和。普闻于朝，用毕士安言，许之。毕字仁叟，云中人，谥文简。毕沅续通鉴载继忠状，略云："北朝以臣早事宫庭，尝荷边寄，被以殊宠，别于诸臣。臣尝念昔岁面辞，亲奉德音，唯以息民止戈为事。况北朝钦闻圣德，愿修旧好，必冀睿慈，俯从愚瞽。"帝以手诏答曰："朕丕承大宝，抚育群民，尝思息战以安人，岂欲穷兵而黩武！今览封疏，深嘉恳诚。朕富有寰区，为人父母，倘谐偃草，亦协素怀。诏到日，卿可密达兹意。果有审实之言，即附边臣闻奏。"继忠欲朝廷先遣使命，帝未许也。据此，则和意出契丹，史盖讳言之耳。　宏简录云，继忠，开封人。幼给事真宗藩邸，镇定州，被执，宋赠官赐邮。后闻尚在，每遣使至，必有附赐。南北弭兵，与有力焉。仕终南院枢密使，封楚王，赐姓名耶律显忠，改宗信。子怀玉，官防御使。宋史，继忠子有怀节、怀敏、怀德、怀政，盖官其四子之名，而此所载怀玉，则仕辽时所生耳。　沈括补笔谈云，宋赠继忠官大同节度兼侍中。有子名从伓，后蒋颖叔为河北都转运，为论奏，追录其功。王文正笔录称其性谨饬，强固有守，结南北欢好，尽忠两国，与无益而苟活者异矣。辽封河间王。曾巩隆平集作吴王。　释文莹玉壶清话云，真宗尹开封，呼通衢中铁盘市卜一瞽者，令张耆、夏守赟、杨崇勋左右数辈揣听声骨，或中或否，独相王继忠，骇曰："此人可讶，半生食汉禄，半生食胡禄。"真宗笑而遣去。后果验。景德初，弭兵讲和，每岁遣使，真宗手封御带药茗以赐。继忠，服汉章，南望天阙，称未死臣，哭拜不起。问圣主安，不避主嫌。以其姿仪雄美，以女妻之，人谓"陷蕃王氏"云。　李焘长编云，继忠之战望都也，定州钤辖张旻往援，城已陷，与敌战，身被数创，杀一枭将。继忠被擒，旻还，言天道方利客，先起者胜，宜大举北伐，并上兴师出境之日。不许。及亲征，奏边事十余。召还，入对，上曰："契丹入塞，与卿所请北伐之日同，悔不用卿策。"命守澶州。景德二年，韩国华使北还，继忠奉表，恳请致书国主召己还。帝不许。因任正中使北，赐手诏，谕旨："若国主自许卿，则当重币为谢。"然契丹主遇继忠厚，亦弗许也。纪载甚详，史多未书。**庚午，攻破德清军**。故城在今大名府清丰县。〔考异〕毕沅续通鉴云，萧巴雅尔、观音努破德清军，知军张旦及子三班借职利涉、虎翼都虞候胡福、指挥使尚祚及张睿、刘福、辅能等十四人皆死之，悉赠官，并录其子。（按，续通鉴卷二五宋纪"胡福"之下，未载"尚祚"等四人死并录其子事）所载较详。 巴雅尔传，时将渤海军，破德清军。及达林卒，专任南面事。和议成，加北府宰相。观音努传，姓萧，字伊聂，奚王达哈孙，官同知南院事。

王寂拙轩集，先君行状云，六世祖昼，宋魏国公旦从弟，为人勇果善骑射。咸平初，以灵夏之役，累功迁供备库使。景德中，命率所领戍雄州，御契丹。时鸣镝满郊，每战辄胜。一日轻兵追北，阴霾迷所向，误坠溺津，辽人逻得之，羁縻于景州南部落，子孙因家焉。

壬申，次澶渊，〔考异〕契丹国志云，初，统军顺国王挞览引兵掠威（卤）〔虏〕军、（据契丹国志卷七圣宗纪改）安顺军，前锋为魏能败。又攻北平寨，为田敏等击走，遂东攻保州，不克；攻定州，王超拒于唐河。又分兵围岢岚军，为贾宗击走。初，契丹自定州帅众，东驻阳城淀，遂缘胡卢河逾关南抵瀛州，与其母亲鼓众攻之，为李延渥败，死者三万余人，伤者倍之，乃解去。延渥等并进秩。

张师正括异志云，贾昌朝生始数岁，先令公为瀛幕，公时在膝下，契丹兵数十万攻城，甚急，守陴者闻空中神语曰："城中有中朝辅相，勿忧贼也。"数日敌遁去。 薛应旂通鉴云，高继祖击败契丹于岢岚军，魏能守安肃州，杨延朗守广信军，攻围百战不能下，遂引去。时号"铜梁门""铁遂城"。李焘长编云，延朗即延昭，智勇善战，身先士卒，克捷，推功于下，俸赐悉犒军，人乐为用。在边二十年，敌畏之，目为杨六郎。终莫州防御，遣中使护丧，河朔人多望柩而泣。官其三子。颇信小校周正，为所罔，上戒之。时敌骑数万寇岢岚军，贾宗力御之。高继勋赴援，登高望草城川，谓宗曰：

"敌众而陈不整，可以奇取胜，先设伏山下，战合必南去，汝起乘之，当大溃。"及战，至寒光岭，伏发，敌败死者万余人，获马牛甚众。捷闻，悉迁官。又诸路并言击败契丹，群臣称贺。是役张凝、田敏皆以偏师抵易州南，掳获人畜、铠甲数万计，独魏能逗挠无功。

续纲目云，契丹围岢岚军，高继勋力战御之，遂驻兵阳城淀，号二十万，每纵游骑剽掠，小不利即引去。寇准曰："是狃我也。"请练师命将，简骁锐，据要害，以备之。十一月，进陷德清军，逼冀州，知州王玙击走之，遂抵澶州。 毕沅续通鉴云，钤辖韩守英、张志言大破辽兵于朔州界，杀戮甚众，获羊马、铠甲数万计。时辽师方围岢岚军，闻败，即遁去。彭百川太平治迹统类又谓系折惟昌事。方舆纪要云，北平寨在保定府完县西南，宋后于此置北平军。阳城淀在完县东南五十里。通鉴辑览云，在庆都县东南。郦道元水经注，阳城故城近在西北，故名。纪载各判。**萧达林**原作**挞凛**中伏弩死。〔考异〕续纲目云，时中外震骇。王钦若请幸金陵；陈尧叟请幸成都。因寇准谏，乃决策亲征。以李继隆、石保吉将前锋。继隆军与契丹遇，伏兵要害，控弦暴至。达兰躬出督战，继隆将张环守床子弩，射杀之。达兰有机勇，所领皆锐兵。既死，敌大挫衄。帝至澶渊，遂渡河，驻跸北城。将士望见御盖，踊跃呼万岁，声闻数十里。敌怖骇。俄数千骑薄城，击败之。 李焘长编云，先是，诏王超等率兵赴行在，逾月不至，寇益南侵。上驻兵韦城。群臣复以金陵之谋告，上意且惑，召问准。将入，闻内人劝还京，准力言不可。高琼、王应昌等均请幸澶州，意始决。及次南城，将止焉，准请渡河，琼麾卫士进辇，冯拯在前呵之。琼怒曰："君以文章致位两府，今何不赋一诗退敌耶。"刘延世孙公谈圃云，契丹犯澶渊。奏至，寇准适在〔病〕告（据孙升谈圃补），上召计事，准辞疾。复遣卫士舁病入，亦不至，明日始入对。上引视二图：一江南，一蜀中也。

准曰："江南必钦若，蜀中必尧叟。"二人皆以乡里皆亡国语。因请亲征。即出所拟将校凡数百人，诏敕皆具。天戈即日言迈。田况儒林公议云，章圣将幸澶渊，中外震惧。车驾发京师，六军奏作乐，上疑，问左右，杜镐曰："周武伐纣，前歌后舞。"上悦。遂作乐，人情颇安。达林传，时未接战，按视地形，取宋之羊，观盐堆凫雁。中伏弩死。 长编又云，达兰死时，上犹未至澶州。刘攽所作准传及他书皆误。今不取。又，太祖初即位，供备库副使魏丕治兵器，无不精办，旧床子弩止七百步，丕增造至千步。玉海云，熙宁初，张若水献神臂弓，射二百四十余步。政和中，和诜知雄州，上制胜强远弓，边人号凤凰弓。元丰中，又尝造乌弰弓、插弰弓。 司马光涑水纪闻云，张乖崖常言，使寇公治蜀，未必如咏，至澶渊一掷，咏不敢为也。深叹服之。时枢密陈尧叟奏请江、河皆撤去浮桥，舟船皆收南岸；敕下河阳、陕州、河中府。如其奏。民皆惊骇，御史王济知河中府，封还敕书，奏陈不可。陕州通判张稷适外出，州中已撤浮桥，稷还乃复修。因此，结寇相知，召济为侍御史，出知洪州；稷亦至转运使。 潘永因宋稗类钞云，帝幸澶渊，丁谓知郓州兼安抚使，时契丹深入，民大惊，争趋杨刘渡，州人不时济；谓取死囚伪作驾舟人，立命斩之，舟遂集，民乃得渡。因部分沿河防御，敌引去。擒契丹谍者马珠勒格，即斩之。据言徒侣甚众，请下诸路分捕。从之。 江邻几杂志云，裴如晦曰：景德澶渊之幸，军费二十余万，时郊费用度六百万，今千万余贯矣。 东都事略云，石保吉，守信子。时为排阵使。戎骑数万至城下，保吉不介马而驰，当其前锋，敌引去。钦若，字定国，新喻人。尧叟，字唐夫，四川新井人。薛应旂通鉴李继隆作李建隆，恐误。纪闻载王、陈言，并云车驾时在澶渊。 按，钦若以九月二十四日出知大名，十月初二日行，车驾以十一月二十日方亲征。纪闻盖误也。盖准先已决澶渊议，钦若、尧叟潜沮之，准因斥言其过。张唐英作准传，又有江南人劝幸金陵，蜀人劝幸成都之语。若谓准以为然则可耳，必不对上斥言也。且唐英叙准事多失实，今不取。钦若既不能沮准，或请守魏以自效，奸雄为身谋或如此。本传宜得之。刘敞作莱公传亦云，上北征至澶州，不欲渡，始请斩建议幸金陵及蜀者。与纪闻同误。皆不取。**乙亥，攻破通利军**〔考异〕李焘长编云，时知军王固宵遁。固至河阳，为赵昌言所缚，送阙下，贬官。王存元丰九域志云，通利军，端拱元年以澶州黎阳县建军；天圣元年改安利，县二。熙宁三年废为卫州。**丁丑，宋遣崇仪副使曹利用**字用之，赵州宁晋人。**请和，即遣飞龙使韩杞**〔考异〕东都事略作韩杞。**持书报聘。**

〔考异〕毕沅续通鉴云，先是，王继忠得帝手诏，即附石普奏，乞早遣使议和。乃募军士李斌持手诏，许焉。会王继英言殿直曹利用自陈愿往，授阁门祗候，假崇仪副使，奉书往。至天雄，王钦若用孙全照言，留不遣。继忠具奏帝赐钦若诏，并遣指挥张皓督同北去。而东都事略云，时利用适奏事行在，以利用使于行间。宋史利用传亦同。毕沅云，利用初使时，真宗尚在京师，至再使乃见于行在耳。宜从长编。司马光涑水纪闻云，时孙全照请钦若居府署处分，自任城守，每地分弩手，射人马洞彻重甲，用无不胜；因大开北门，下钓桥以待。契丹畏之，趣故城，嗣还攻德清军。钦若遣兵进击，伏起，断其后，天雄兵不能进退，全照率兵出南门击却之，杀伤其伏兵略尽，天雄兵复得还，存者什三四。　沈括补笔谈云，张皓初去时，出澶州，为贼掠，具言和意，引见戎母萧及戎主。萧擘车帷召皓，以木横车轨上，令坐，与酒食，抚劳甚厚。皓既回，闻敌欲袭我北寨，密告守将周文质及李继隆、秦翰为备。黎明，兵果至，近，射杀其将挞览，坠马死，敌兵大溃。上复使皓申前约。皓入大名，告钦若，与利用俱往，和议遂定。后为利用轧，终右侍禁。真宗后知之，录其子牧为三班奉职。　按，括系皓孙女婿，尝为牧志墓，多饰说，不可尽信。　魏泰东轩笔录云，真宗次澶渊，谋天雄守臣，准谓智将不如福将，请用参政钦若。即时进熟敕。退，召王于行殿，谕以上意，授敕便行，且酌太白饮之，命曰"上马杯"。饮讫，拜别。时戎骑满野，无以为计，但塞门危坐。越七日，敌退，召为平章事。或曰准以其数进疑辞，因事出之，以成胜敌之绩耳。所载各异。继英，祥符人。

十二月庚辰朔，日有食之，既。〔考异〕毕沅续通鉴云，时韩杞入对，会日食，真宗惧甚，司天官言主两国和解，帝意稍释。潘汝士晋公谈录云，司天言本星经，帝不之信。后检晋书天文志，亦主和解。移时戎兵果退，而续驰书至，求通好。所载较详。**曹利用复来，以无还关南地之意，遣监门卫大将军姚東之持书往报。**〔考异〕陈师道后山谈丛云，始讲和，辽使韩杞匿其善饮，曰："两国初好，数杯之后，一言有失，所误匪细。"后使姚東之既去，而顾手颡再三，是以知敌之情也，東之曰："守之事力，契丹之士马皆盛，然北军用于阻隘，不能敌南军；平原驰突，南军亦不能支也。孔平仲谈苑云，程戡侍郎自言为御史时，接伴北人帐，张观中丞教之曰："待之以礼，答之以简。"戡佩服其言。或云："不然，北人见语简便生疑心，极恼人，不若坦然以诚接之。"**戊子，宋遣李继昌来议，以太后为叔母，岁输银十万两，绢二十万匹。许之。即遣阁门使丁振奉誓书**〔考异〕契丹国志载宋誓书，略曰："共遵诚信，（庆）〔虔〕（据契丹国志卷二〇宋真宗誓书改）守欢盟。以风土之宜，助军旅之费，每岁以银绢云云，沿边州军，各守疆界，两地人户，不得交侵；或有盗贼遁逃，彼此毋令停匿，至于陇亩稼穑，南北勿纵（惊）〔搔〕

（同上书改）扰；所有两朝城池，并可依旧存守。淘濠完葺，一切如常，即不得创筑城隍，开（拔）〔掘〕（同上书改）河道。誓书之外，各无所求；必务协同，庶存悠久。自此保安黎献，谨守封陲，誓于天地神祇，告于宗庙社稷，子孙共守，传之无穷。有渝此盟，不克享国。昭昭天鉴，当共殛之！"契丹誓书略云："共议戢兵，复（输）〔论〕（据契丹国志卷二〇契丹圣宗誓书改）通好，兼承惠顾，特示誓书，以风土之宜云云。某虽不才，敢遵此约，告于天地，誓之子孙，苟（逾）〔渝〕（同上书改）此盟，〔神〕明（神）（同上书乙正）是殛！"史未载。欧阳修归田录云，杨大年为学士时，草答契丹书云："邻壤交欢。"真宗自注其侧曰："朽壤、鼠壤、粪壤。"大年遽改为"邻境"。明旦，引唐故事求罢，上曰："亿不通商量，真有气性！" **如宋。诸军解严，乃班师。自是信使往来不绝。**〔考异〕续纲目云，寇准不欲赂以货财，且欲邀其称臣及献幽、蓟地，因画策以进曰："如此，则可保百年无事，否则戎将生心矣。"帝不听。遣利用许岁币，成约而还。戒诸将勿出兵邀其归路。契丹以兄礼事帝，引兵北归。　司马光涑水纪闻云，初，诏刘仁范往议和。仁范辞以疾，乃遣利用。利用先与约岁赂二十万，主嫌其少。还奏，上许百万以下。按，敌始求和，兵固未退，利用初使并未及岁币，再使即许三十万，亦不因还奏而始增。恐误。　毕沅续通鉴云，利用还，帝方进食，未即见，使内侍问所赂。利用但以三指加（额）〔颊〕（据续通鉴卷二五改），内侍入告，谓为三百万，帝失声曰："太多。"既而曰："姑了事亦可耳！"及对，始知三十万。喜甚。故利用被赏特厚。先是，帝北巡，司天言，日抱珥黄气充塞，宜不战而却，有和解之象。至是果验。　苏辙龙川别志云，当时皆以三十万为过厚，惟毕士安曰："不如此，敌所愿不满，和事恐不能久。"众未以为然也。然自景德至今将百年，自古汉、蕃和好所未常有，毕公之言得之矣。玉海云，景德（三）〔元〕（据玉海卷一九三上景德亲征条改）年冬十二月庚辰，契丹使韩杞请盟；乙酉，御行宫南楼，观大河，宴从臣；丙戌，遣李继昌使契丹；戊子，燕从臣于行宫，上作北征回銮诗曰："锐旅怀忠节，群胡窜北荒，坚冰消巨浪，轻吹集嘉祥。继好安边境，和同乐小康。"命边臣和。后仁宗命于州廨刻石藏之。又敕边臣为景德御寇图。皇祐五年，仁宗宣谕曰："恭惟真宗御契丹于澶渊，是偃武之信也，宜即澶州旧寺建武信殿于开福禅院。"命枢密高若讷奉安真宗御容。　李焘长编云，利用言："柬之谓国母比欲致书，以南朝未有缄题，故寝而不议。若南朝许发简翰，颇合便宜。"遂并致两书，又各送衣服、金器等，以答柬之所献者。时北面诸州军，奏侦契丹北去，未即出塞，颇纵游骑骚扰。诏曹璨、张凝、李继和等率兵分蹑，戎寇敢劫掠，则所在合势剪灭。赐继忠手诏，命还所掠老幼。李继隆奏，刘晋领兵夺戎人车牛、生口凡万余计。凝等寻奏戎骑团结北去。华斌还，继忠具奏北朝已严禁樵采，令凝等毋妄杀伤。杨延朗请饬诸军扼要路掩杀，不报；独率所部抵契丹界，破古城，俘馘甚众。见延朗传。　东都事略云，帝谓辅臣曰："初欲令杨延朗邀其归路，而以精兵蹑其后，腹背击之，可无噍类。然兵连祸结，何时已哉！故徇其请，以休息天下之民。若彼自渝盟，以顺讨逆，殆未晚也。"命诸死事者李正辞、夏承皓、刘超、李知顺、胡度、武白皆赠官，录用其子，布告天下。王超逗留，释不问。　耶律楚材湛然居士集怀古诗注云，昔宋事辽为兄，仍请随代以序昭穆，至末年，辽为翁，宋为孙。赵翼剳记云，澶渊之盟，宋为兄，辽为弟。故辽使常稍屈。　宋史程琳传，契丹遣萧蕴、杜防来，蕴出坐位图示琳曰："中国使者坐殿上高位，今我位乃下，请升之。"琳曰："此真宗所定，不可易也。"乃已。然辽人亦间自尊大。程师孟使辽，至涿州，契丹来迓者正席南面，涿州官西向，而设宋使席东向：师孟不肯就坐，叱傧者易之，乃与迓者东西相向。见师孟传。吴奎使辽归，遇辽使于途。辽以金冠为重，纱冠次之，旧时两使相见，必轻重适均，至是，辽使服纱冠，奎亦杀其仪以见。见奎传。沈立使辽，适其国行册礼，欲令其从国服，否则见于门。立曰："北使来南，未尝令其变服，况门见耶？"乃止。见立传。哲宗崩，辽使来吊祭，胡宗炎迓境上，使者不易服，宗炎以礼折之，须其听命乃相见。此宋、辽兄弟之国，使命往来故事也。宋史未立交聘表，其可考者如此。　王辟之渑水燕谈云，景德中，朝廷始与契丹通好，诏辽使将以北朝呼之。王沂公以为太重，但称契丹本号可也。真宗激赏再三，朝论韪之。　玉海又云，景德元年盟好之议，学士赵安仁多所参预，撰答诏。又记太祖朝书问规式，及接伴，乃裁定觌见仪制。安仁又录和好以来事迹及采古事可附于今为预备者，作戴斗怀柔录以献。见本传。　长编云，时韩杞受袭衣之赐，及辞，复左衽，且以赐衣稍长为辞；安仁责之，杞即改服而入。吴处厚青箱杂记云，魏野有赠准诗曰："有官居鼎鼐，无地起楼台"之句，传播辽中，使至，问那个是"无地起楼台，相公。时准居散地，因召还。　释文莹玉壶清话云，辽使言本国喜诵魏野诗。真宗召用，野死已数年，得草堂集十卷，诏赐之。　叶澐纲鉴会编云，准从东封还，改户部尚书，知天雄军。契丹尝过大名，谓准曰："相公望重，何故不在中书？"准曰："主上以朝廷无事，北门锁钥，非准不可耳。"姚宽西溪丛语云，赵纯师孟曰，澶渊之役，班师，留兵器于开德府，谓之御前甲仗库，著令监官四员，二员宗室。库内有张承业财计书，李克用兵法，此书今亡。

二十三年（乙巳—〇〇五）春二月丙戌，复置榷场于振武军。〔考异〕东都事略云，是岁，宋令雄、霸州、安肃军置榷场以通其贸易。所载稍殊。　毕沅续通鉴云，正月，真宗召辅臣观瀛州所获辽人攻城战具，皆制度精好，锋锷铦利。梯冲竿牌，悉被以铁。城上悬板才数寸，集矢二百余。其后李继宣浚高阳濠，得遗矢凡四十万。辽人攻城，不遗余力如此。

夏五月戊申朔，宋遣孙仅等贺太后生辰。〔考异〕

毕沅续通鉴，仅时为开封府推官，为副者尚有阁门祗候康宗元。云入境供应甚备。主每岁避暑含凉淀，闻使至，即来幽州，郊劳宴会，礼遇优渥。有过当者，仅必抑而罢之。自后奉使者率循其制，时称得体。　李焘长编云，仅等入境，刺史皆逆谒，命幕职、县令、父老捧卮献酒于马前，民庶焚香相迎，门置水浆盂杓于路侧。接伴者察使人中途所须即供应，具蕃、汉食。汉食贮以金器，蕃食银器。所至无得鬻食物受钱，违者斩。　礼志云，太后生辰朝贺仪，自兴宗朝应圣节，宋使来贺，始制此仪。　按太宗纪，天显十二年十月，太后永宁节，晋及诸国来贺，会同四年，诏以永宁、天授二节及正旦、重午、冬至、腊并受贺，著为令（按，辽史卷四太宗纪，会同四年不载"著为令"云云）。贺太后生辰，非自兴宗始也。如谓前此只本国臣僚，至兴宗时宋使来贺始制此仪，然则统和二十三年已有宋使贺太后生辰，则宋使之来，亦非始自应圣节。　陈浩辽史考证云，景德初，宋、辽通好，于是宋置国信司，主庆吊仪。自统和二十三年孙仅来贺之后，史不绝书，则礼志所载宋（史）〔使〕（据文义改）见太后及帝之仪，似宜制自圣宗。又礼志载曲宴宋使仪。按，宋史赵挺之传，哲宗时，官给事中，使辽，主尝有疾，不亲宴客，命近臣即馆享宋使。其仪每与诸国使臣等，挺之始争正其礼。挺之出使，宋史既无年月，道宗纪亦未志，第据挺之传，则辽宴宋使仪不同于高丽、西夏者，应自道宗时始。　成德渌水亭杂识云，辽曲宴宋使，酒一行，觱篥起歌；酒二行，手伎入；酒四行，琵琶独弹。茶瓶致语，食入，杂剧进，继以吹笙、弹筝、歌击架乐、角觚。王介甫诗曰："涿州沙上饮盘桓，看舞春风小契丹。"盖纪其事。至范致能使金，有鹧鸪天词，亦曰："休舞银貂小契丹，满堂宾客尽关山。"金源或袭，为故事耳。 张舜民画墁录云，北戎待南使，乐列三百余人，舞者更无回旋，止于顿挫、伸缩手足而已。角觚以倒地为负、两人相持终日、欲倒而不可得。又物如小额，通蔽其乳，脱若襹露之，则两手覆面而走，深以为耻也。乐志载宴宋使乐次，虽有歌、角觚之文，而乐列几人未详载。魏泰东轩笔录云，北蕃每宴人使劝酒，器不一，其间最大者，剖大瓠之半，范以金，受三升。前后使人无能饮者，惟方偕一举而尽。戎主大喜，至今目其器为方家瓠。每宴南使则出之。 程大昌演繁露云，今使北者，礼例中所得有徐吕皮，红色光滑，云是徐、吕二工所制。武珪燕北杂记谓即黑斜喝里皮，盖回纥野马皮也。用以为靴骑，而越水不透里，故可贵也。 王继恩传，每宋使来聘，继恩多称宣赐使。继恩，棣州人。南侵被俘，阉为竖。聪慧，通书及辽语。圣宗时，历灵州观察使，内库都提点。好清谈，不喜权利。购书万卷，诵读不辍。后不知所终。

秋九月甲戌，遣太尉阿里、太傅杨鲁原作杨六。〔考异〕汪辉祖辽史同名录云，卷二十三，道宗太康元年，鹰坊使；卷六十五公主表，尚圣宗女陶哥，三人同名杨六。**贺宋主生辰。**〔考异〕李焘长编云，景德二年五月，知雄州何承矩言，将来契丹使入界，欲令暂驻新城，俟接伴使至，迎于界首。从之。又言使命始通，待遇之礼，宜得折中，庶可久行，悉条上；嘉纳之。仍听事有未尽者，便宜裁处。凡使及境，遣常参官、内职各一人，假少卿监、诸司使以上接伴。内诸司供帐，分为三番，内臣主之。至白沟驿赐设，至贝州赐茶药各一银合，至大名府又赐设，及畿境，遣开封府判官劳之，又命台省官、诸司使、馆伴迓于班荆馆，至都亭驿，各赐金花、银灌器、锦衾褥。朝见日，赐大使金涂银冠、皁罗毡冠、衣八伴、金鈒鞢带、乌皮靴、银器二百两，彩帛二百匹，副使皁纱折上巾、衣七件、金带、象笏、乌皮靴、银器百两、彩帛二百匹、鞍勒马各一匹，其从人，三节以次递减。就馆赐生饩，则有秔粟各十石，面二十石，羊五十，法酒、糯米酒各十壶，副使略逊。遇承天节，各赐衣一袭。遇立春及玉津园宴射，遇节序均有赐。辞日，长春殿赐酒五行，大使赐盘球晕锦窄袍，副使紫花罗窄袍，及衣帛银器，并加金束带，杂色罗锦绫绢百匹。临发，赐银瓶、合盆、沙罗、注椀等，令边臣饯于班荆馆，推官饯于郊外，接伴副使复为送伴，累（从）〔赐〕（据长编卷六〇改）设。初，命内侍阁承翰排办礼信，议者欲以汉衣冠赐北使，承翰不可，乃止。　玉海云，晋天福五年九月，改东京上源驿为都亭驿，在光化坊。旧制，待河西蕃部，其后专馆契丹使。又景阳门外有班荆馆，为宴饯之所。绍兴中建于临安，以馆北使。周淙乾道临安志云，南渡后，都亭驿在临安府候潮门里，国信所附之。怀远驿旧在德慧寺。今废。班荆馆在赤岸港。

　　冬十月癸卯，宋岁币始至，后为常。

　　十一月戊申，帝遣太保和卓、原作合住。〔考异〕兴宗重熙六年，护卫太保，疑系一人。又，合住传，镇国节度使，另一人。颁给使韩（简）〔檝〕（据辽史卷一四圣宗纪改），太后遣太师博诺、原作盆奴政事舍人高正使宋贺正旦。〔考异〕李焘长编云，景德二年十一月，契丹国母遣左金吾卫上将军耶律留宁、崇禄卿刘经；国主遣左武卫上将军耶律乌延、卫尉卿张肃来贺承天节。对于崇政殿。旧例，舍利从人，惟上等入见，余拜殿门外，上悉许令入见。节日上寿，班在诸上将军下，大将军上。十二月，召辅臣于龙图阁，观契丹礼物及祖宗朝所献者。自后使至，必以绮帛分赐二府，脯腊赐近臣。又，<u>契丹遣使保静节度耶律乾宁</u>、<u>左卫大将军耶律昌主</u>，副使宗正卿<u>高正</u>、左（按，<u>长编</u>卷六一作"右"）金吾卫将军韩橁贺正旦。所载姓名互异。

十二月丙申，<u>宋遣周渐</u>等来贺千龄节。丁酉，复使<u>张若谷</u>等来贺正旦。〔考异〕<u>宋史</u>不载周渐之使。国母正旦所遣系<u>韩国华</u>，字元弼，<u>安阳</u>人。若谷，<u>南剑</u>人。时<u>渐</u>官太常博士，为副者阁门祗候<u>郭盛</u>。<u>国华</u>官职方郎中，为副者通事舍人<u>焦守节</u>。<u>若谷</u>官秘书丞，为副者阁门祗候<u>郭允恭</u>，系为国主正旦使。见<u>钱大昕宋使臣年表</u>。　曾巩<u>隆平集</u>云，守节使<u>契丹</u>，馆伴<u>丁求</u>说颇易之，指远山曰："此黄龙塘也。"应声问曰："燕然山距此几许？"<u>求</u>说惭，乃加礼焉。黄龙塘即<u>德光</u>安置<u>晋少帝</u>之所。　欧阳修<u>居士集</u>载皇帝贺<u>辽</u>主正旦书曰："玉历正时，布王春而兹始；宝邻敦契，讲信聘以交修。衣履新阳，益绥多福；其于祝咏，罔罄敷言。今差具官某某充正旦国信使、副，有少礼物，具诸别幅，专奉书陈贺，不宣。谨白。"又，贺国母正旦书曰："岁历更新，春阳畅达，因履端之叶吉，敦永好以申欢。载惟慈懿之和，方集寿康之祉，更希善摄，用副遐惊。"余同上。　王安石<u>临川集</u>载问候<u>辽</u>主书曰："嘉生备舍，华岁几终。惟素讲于邻欢，想具膺于时福；弥加葆卫，永御吉康。"，又，贺国母生辰书曰："玉烛告和，方御闭藏之候；椒庭集庆，载邻诞毓之辰。具饬使车，肃将礼币；式修旧好，申祝永年。　契丹<u>国志</u>载<u>宋</u>贺<u>辽</u>主生辰礼物：金酒食茶器三十七件，衣五袭，金玉带二条，乌皮、白皮靴二纳，红牙笙笛，斑篁拍板，鞍勒马二匹，缨复鞭副之，金花银器三十件，银器二十件，锦绮透背杂色罗纱绫縠绢二千匹，杂彩二千匹，法酒三十壶，的乳茶十斤，岳麓茶五斤，盐蜜果三十（罐）〔罐〕（据契丹<u>国志</u>卷二一改），干果三十笼。正旦，则遗以金花银器、白银器各三十件，杂色罗绫纱縠绢二千匹，杂彩二千四。又北朝献宋帝生辰礼物：刻（照）〔丝〕（同上书改）花罗、御样透背御衣七袭，或五袭七件，紫背貂鼠翻披，或银鼠鹅（项）〔顶〕（同上书改）鸭头衲子，涂金银装箱金龙水（精）〔晶〕（同上书改）带，银匣副之，锦缘皂皱皮靴，金玦京皂白熟皮靴鞾，细锦透背清平内（装）〔制〕（同上书改）御样合线缕机绫共三百匹，涂金银龙凤鞍勒，红罗匣金线绣方鞯二具，白楮皮黑银鞍勒毡鞯二具，绿褐楮皮鞍勒、海豹皮鞯二具，白楮皮（黑里银）〔裹筋〕（同上书改）鞭一条，红罗金银线绣云龙银器仗一副，黄禅皮缠楮皮弓一，红锦袋皂雕翎𩨆角骲头箭十，白盐十（箱）〔椀〕（同上书改），牛、羊、野猪、鱼、鹿腊二十（二）（同上书删）箱，御马六匹，散马二百匹，以及色面、果、法酒等物。正旦，御衣三袭，鞍勒马二匹，散马一百匹。国母又致御衣、衣锦、果实、腊肉凡百品，水晶鞍勒、新罗酒，青白盐。国主或改戎器宾铁刀，鸷禽曰"海东青"之类。承天节又遣庖人持本国异味，前一日就禁中造食，以进御云。

二十七年（己酉一〇〇九）冬十二月辛卯，太后萧氏崩。〔考异〕东都事略云，时燕燕死，隆绪暗弱，而隆庆桀黠，国人多附之。又缮甲兵，以私书交结贵臣。隆绪召不至。其亲信录其书抵雄州，且言隆绪不能睦族，国人皆思归汉。真宗敕边吏勿报。李焘长编云，孙仅言国主气浊而体肥，隆庆瘦而刚果，人多归之。隆庆见本朝岁有赠送，屡劝行赏国中，其志欲激动众心也。后宋抟亦云廷臣因请加恩隆庆，帝不许。所载均与史异。遣使告哀于宋。〔考异〕毕沅续通鉴云，宋闻太后丧，辍朝七日。辽遣耶律信宁来告哀，时正旦使耶律特噜古犹在馆，就开宝寺设位奠哭，百官至都亭驿吊之，帝于内东门制服发哀，群臣进名奉慰。　李焘长编云，景德三年十月，以太常博士王曙贺契丹国主生辰，阁门祗候高继忠副之。直集贤院李维贺国母正旦，崇仪使张利涉副之。太常博士段

（煜）〔晔〕（据长编卷六四改）贺国主正旦，如京副使孙正辞副之。（继）〔维〕（同上书改）等使还，言主见汉使强服衣冠，事已，即幅巾杂蕃骑出射猎矣。官属随帐，皆自办器械糇粮。始，孙仪使时，所过官属，路（在）〔左〕（同上书改）献酒，至是变改，然遇汉使益厚。又言蕃法极严，罪死者必屠割惨毒。主尝云契丹乃禽兽，非同汉人可以文法治也。先是，工部郎中陈若拙接伴北使，谈词鄙近，命〔太子〕（同上书补）中允孙仪代之。若拙多诞妄，寡学术，虽以第三人及第，素无文。旧语第三人及第号"榜眼"，因目若拙为"瞎榜"。诏入契丹使从不过百人。每遣使，诏有司谕其遵守近例，凡文词送（翰林）〔学士〕（同上书改）院看详，中礼乃用之。十一月，契丹遣使〔左监门〕（同上书补）卫将军耶律阿古、节度耶律嘉宁（按，同上书作"尧宁"），副使太常少卿石用中、秘书少监马保佐贺承天节。阿古有疾，不能入见，遣医官诊视，勿令和药。诏自今彼此均以医随行。十二月，契丹遣使上将军萧和尼、节度耶律留宁，副使宗正少卿吴克昌、〔右金吾〕（同上书补）卫将军王式贺明年正旦。按，景德三年即辽统和二十四年也。景德四年八月，置管勾往来国信司，命内侍阁承翰、带御器械綦政敏主之。自契丹修好，岁遣使交聘，承翰始专其事，因为排办礼信所，至是署局铸印焉。十一月，契丹遣使上将军耶律元、节度耶律谐里，副使大将军李琮、殿中少监李操贺承天节。蕃俗最重食塔尔布斯，发土得之，唯以供主母。至是使者挈数头至，饮羊乳，遂令庖人造蕃食以献，上许进入，择其味佳者再索之，使感悦。接伴王曙等言：臣尝使北，群臣趋揖，竞问我朝曾使北者安否？臣以实对。今北使至，乞谕群臣有使北者亦如之，庶得其欢心。从之。耶律元馆于京师，尝问左右曰："馆中日闻鼓声，岂习战阵耶？"或对以优俳（战）〔戏〕（据续通鉴卷二七宋纪改）场，闾里筵设。上曰："不若以实谕之，诸军比无征战，阅习武艺亦国家常事，且可示无间也。"十二月，<u>契丹</u>遣使上将军<u>萧留宁</u>、节度<u>耶律信宁</u>，副使崇禄少卿<u>邢详</u>、大将军<u>耶律遂正</u>来贺正旦。<u>祥符</u>元年六月，将封禅，命<u>孙奭</u>至<u>契丹</u>境上以书谕意。<u>契丹</u>报曰："中国自行大礼，何烦告谕？其礼物，虑违誓，更不敢辄受。"上曰："异域常能固守信誓，良可嘉也。"十一月，<u>契丹</u>使<u>萧永</u>、<u>耶律留宁</u>及<u>董继澄</u>、<u>杨又元</u>贺承天节。十二月，复使<u>萧知可</u>、<u>萧留宁</u>及<u>成永</u>、<u>徐备</u>贺正旦。<u>祥符</u>二年正月，命太常博士<u>王随</u>贺国母生辰，阁门祗候<u>王承瑾</u>副之。初，<u>王继忠</u>尝因入北使回，献名马、貂、锦等物，贺东封。于是答赐器币，命<u>随</u>等赍诏以往。诏自今北使有例外赠遗接伴、馆伴、使者，再辞不已，则许纳之，官给器币为答。初，北使<u>萧知可</u>等至<u>白沟驿</u>，与送伴<u>陈知微</u>酌酒为别，以所乘遗<u>知微</u>，又以二马令自择，固辞不受。上务怀远俗，故有是命。十一月，<u>契丹</u>遣使<u>萧塔喇噶</u>、<u>耶律阿固达</u>，副使<u>裴元咸</u>、<u>张文</u>来贺承天节。十二月，<u>契丹</u>遣使<u>耶律图噜库</u>、<u>耶律锡尔宁</u>，副使<u>寇卿</u>、<u>邢祐</u>贺明年正旦。<u>锡尔宁</u>中途遇疾，遣使抚问。<u>宋史</u>，<u>祥符</u>元年十二月，<u>契丹</u>使<u>萧智可</u>等来贺。二年九月，命工部侍郎<u>冯起</u>为<u>契丹</u>国信使。　<u>宋（史）〔使〕臣年表</u>（据本书卷末引用书目改），二十四年三月，兵部员外郎直史馆<u>任中正</u>、奖州刺史<u>李继昌</u>贺国母生辰。二十五年三月，户部副使<u>崔端</u>、阁门祗候<u>张利用</u>贺国母生辰。九月，祠部郎中<u>宋抟</u>、阁门祗候<u>冯若拙</u>贺国母正旦。著作郎<u>陈知微</u>、阁门祗候<u>王承僎</u>贺国主正旦。殿中丞<u>滕涉</u>、阁门祗候<u>刘煦</u>贺国主生辰。<u>煦</u>坐轻肆鲜礼，免官，削两任。二十六年三月，都官员外郎<u>乔希颜</u>、阁门祗候<u>景元</u>贺国母生辰。九月，御史<u>马亮</u>、<u>西京</u>作坊使<u>魏昭易</u>贺国母正旦，都官员外郎<u>孙奭</u>、阁门祗候<u>薛昭廓</u>贺国主正旦。

二十八年（庚戌—一〇一〇）春二月丙戌，宋遣<u>王随</u>、<u>王儒</u>等来吊祭。遣左龙虎卫上将军<u>萧和卓</u>原作合卓馈太后遗物于宋，仍遣临海节度使萧实喇、原作虚列左领军卫上将军张崇济谢宋吊祭。

　　三月，宋遣使来会葬。〔考异〕毕沅续通鉴，宋祭奠使为王随，字子政；吊慰使为王曙，字曙叔。均开封人，同官太常博士。副随者郭允恭，副曙者阁门祗候王承瑾。　薛应旂通鉴云，是年六月，边臣言契丹饥，来市籴，诏雄州发粟二十万石赈之。先是，宋东封，契丹遣人于岁币外别假钱帛用；王旦言于岁额内各借三万，次年除之。契丹得之，大惭。旦字子明，大名莘人。见宋史。　李元纲厚德录云，赵观察滋知雄州时，契丹大饥，旧，米出塞下不得过三升。滋曰："彼吾民也，令出米无所禁。"李焘长编边臣指雄州李允则，粟作二万石。稍异。云，祥符三年二月，雄州言入契丹副使潘惟吉卒。时官天雄军驻泊都监，副乐黄目使北。受命入谢，时已病，上察询之，且言（大）〔不〕（据长编卷七三改）病。入境疾作，肩舆而还。命其子往迎，至雄州卒。官给葬事。四月甲子，契丹主葬其母于显州北二十里。诏以是日废朝，仍令边臣禁乐三日。五月，契丹内部南北大王、皮室、伊实、本布太师、奚、室韦、黑水女真等赋车二千乘于幽州，载戎器将伐高丽。（按，长编卷七三原按云："女真不属契丹，此举又为高丽及女真所败，不知所调车乘何以及女真，岂别种耶？"录以备考）杀其臣邢抱朴，召刘晟知政事。九月，契丹遣使萧噶琳及室程奉其母遗物来上。又遣萧善宁、张崇济献御衣、文犀带、名马、弧矢等谢赗礼。十月，契丹将征高丽，遣耶律宁奉书来告。寻遣右司谏李迪贺国主生辰，六宅使白守素副之。〔监察〕（据长编卷七四补）御史乞伏矩贺国主正旦，〔阁门〕（同上书补）祗候翟继思副之。守素居边岁久，敌中畏服，故遣之。允则言契丹由显州东侵高丽，期以十二月还中京，盖虑朝廷使至彼也。又上契丹兵数，且言凡调发，先下令使自办兵器、驼马、粮糗，故钞略所得不补所失。常索境内汉口有罪者配军，曰"骁武"，人皆嗟怨，不为用。又给假令归，颇扰乡（间）〔闾〕（同上书改），恣求财贿。其人或是两地供输户，已移文涿州止绝之。祥符四年正月，将祀汾阴，命太常丞李阶赍书谕契丹，至境上付其疆吏。三月，雄州言入契丹副使崔可道病卒，契丹自幽州具鼓吹卫送其枢以归。诏遣中使护其丧事。六月，契丹界自应州而北，地震裂有声，室宇摧圮，人多压死。上曰："此必辽境民（贫）〔灾〕（据长编卷七六改），宜谕边臣常为备。"九月，以龙图阁待制张知白贺契丹国主生辰，崇仪副使薛惟正副之。侍御史知杂事赵湘贺正旦，阁门祗候符承翰副之。惟正至幽州，赴会饮射不如仪，使还，诏劾其罪。十一月，契丹遣使上将军萧昌琬、副使卫尉卿王宁来贺承天节。复遣使耶律汉宁、张俭贺明年正旦。晁公武郡斋读书志云，载斗奉使录二卷，王曙撰。盖景德三年为国主生辰使、祥符二年为吊慰使所录也。乘轺录一卷，路振子发撰，祥符初使契丹，撰此以献。事见本传。宋使臣年表，二十八年十月，右司谏李迪、内园副使崔可道贺国主生辰。监察御史乞伏矩、阁门祗候翟继思贺正旦。二十九年九月，龙图阁待制张知白、崇仪副使薛惟正贺国主生辰。

开泰元年（壬子—一〇一二）春正月己巳朔，宋遣赵湘、符成翰来贺。

七月丙子，命耶律释绅努、原作释身奴李操贺宋生辰，萧尼古、原作涅衮齐泰贺宋正旦。〔考异〕李焘长编云，开泰元年十月，以主客郎中王曾贺国主生辰，荣州刺史高继勋副之。屯田郎中李士龙贺正旦，内殿崇班李儒懿副之。旧例，出使必假官。继勋本秩既崇，不复假官，自是为例。曾使还云，是岁契丹改统和三十一年为开泰元年。辽史纪年表谓统和三十年十一月改开泰。较妥。十一月，契丹使耶律宁、季道纪来贺承天节。十二月，复遣萧衮、齐泰贺正旦。司马光涑水纪闻云，祥符中，王沂公使辽，馆伴邢祥颇肆谈辨，深自炫鬻，且矜新赐铁券。公曰："铁券者，勋臣有功高不赏之惧，赐之以安反侧耳，何为辄及亲贤？"祥大沮。按，王曾使辽，辽、宋二史均阙书，然曾有上使契丹事，屡见他书。今依长编及纪闻载之，亦见宋使臣年表。

二年（癸丑—一〇一三）冬十月己未朔，命耶律阿营等使宋贺生辰。〔考异〕李焘长编云，祥符六年九月，以翰林学士晁迥贺国主生辰，崇仪副使王希范副之。龙图阁待制查道贺正旦，阁门祗候蔚进副之。晁迥使还，有言迥与辽人劝酬戏谑，道醉而乘车，皆可罪。上虽知其失体，释不问。十一月，契丹遣耶律阿果、石弼来贺承天节。十二月，复遣耶律远宁、赵为箕贺正旦。七年十一月，契丹遣萧延宁、张翊来贺承天节。十二月，复遣耶律少宁、耿宁贺正旦。八年十一月，契丹遣耶律珍、吕德懋来贺承天节。十二月，复遣萧日新、田文贺正旦。宋使臣年表，开泰三年九月，殿中侍御史周实、西京作坊副使段守伦贺国主生辰。屯田员外郎赵世长、阁门祗候张舜臣贺正旦。四年九月，右司谏刘筠、供奉官宋德文贺国主生辰，户部副使李及、阁门祗候李居中贺正旦。史均未载。

五年（丙辰—一〇一六）冬十二月丁酉，宋遣张逊、王承德来贺千龄节。〔考异〕李焘长编云，祥符九年九月，命工部侍郎薛映贺国主生辰，东染院副使刘承宗副之；寿春郡王友、户部郎中张士进贺正旦，供备库使王承德副之。史未载薛映、刘承宗使事。

六年（丁巳—一〇一七）冬十二月戊子，宋遣李行简、张信来贺千龄节。翼日，宋冯元、张纶来贺正旦。〔考异〕李焘长编云，天禧元年十一月，契丹遣耶律准、仇正己来贺承天节。十二月，复遣萧质扬、张信贺正旦。史均失书。

七年（戊午一〇一八）夏六月庚申，遣耶律留宁、吴守达使宋贺生辰，萧噶济、原作高九马赆谋使宋贺正旦。〔考异〕李焘长编云，天禧二年二月，秦州部署曹玮言，知镇戎军内殿崇班张纶昨召赴阙，令使契丹。纶颇知蕃情，政治详敏。使还，望复委本任，诏可。史于张纶使事系之六年冬。稍异。又，萧噶济，长编作萧留宁。又异。

八年（己未一〇一九）秋七月庚午，命解宁、马翼使宋贺生辰。

九月己巳，宋遣崔遵度、王应昌来贺千龄节。

冬十月戊子，命耶律继崇、郑玄瑕使宋贺正旦。〔考异〕李焘长编云，天禧三年六月，诏自今略卖人口入契丹界者，首领并处死，诱致者同罪，未过界者决配军城。九月，命左谕德崔遵度贺国主生辰，左藏库使王应昌副之；监察御史刘平贺正旦，阁门祗候张元普副之。十一月，契丹遣萧吉哩、马翼贺承天节。十二月，复遣耶律继宗、郑去瑕贺正旦。与史所载姓名互异，未知孰是？史于刘平、张元普之使，书于九年正月。

九年（庚申一〇二〇）秋七月甲寅，命察喇、原作查刺耿元吉、哈济、原作韩九宋璋为来年贺生辰、正旦使副。

九月，宋遣使宋绶、骆继伦来贺千龄节。〔考异〕李焘长编云，天禧四年九月，命知制诰宋绶贺国主生辰，阁门祗候谭伦副之；左谕德鲁宗道贺正旦，阁门祗候成吉副之。十一月，契丹使萧阿括、耿元吉贺承天节。十二月，复遣萧侃、宋璋贺正旦。与史稍异。史于宋绶等之使，系于明年正月。亦异。　胡三省通鉴注云，契丹置通事，以主中国人，以知华俗、通华言者为之。宋白曰，契丹主腹心能华言者因为通事，谓其洞达庶务。　范成大揽辔录云，燕京客馆名会同馆，辽已有之。孙承泽春明梦余录云，望京馆在城东北五十里孙侯村，辽建为南北使馆。王曾上契丹事云，出燕京北门至望京馆，即此。朱彝尊日下旧闻云，今其地名孙河屯，或孙侯村之转音也。为古北口孔道。

太平元年（辛酉一〇二一）冬十月（甲寅）〔壬子〕（据辽史卷一六圣宗纪改），宋使李懿、王仲宾来贺千龄节，及苏惟甫、周鼎贺正旦；即遣萧善、程翥报聘。

冬十一月癸未，帝御昭庆殿，受尊号曰天辅皇帝，改元太平。宋遣使来聘。〔考异〕李焘长编云，正月，宴尚书省五品诸军都虞候已上、契丹使于锡庆院。寻对辅臣于承明殿，因言契丹益敦信好，出所献双龙金带示之。九月，命翰林学士李谘贺国主生辰，阁门祗候王仲宝副之，太常博士苏耆贺正旦，阁门祗候周鼎副之。耆遭母丧，罢，以苏惟甫代行。十一月，契丹遣萧善、程翥贺承天节。十二月，复遣萧衮、韩绍升贺正旦。所载姓名稍异。史于十二月之使，复未书姓名。

二年（壬戌一〇二二）春三月，宋真宗崩，子仁宗即位。丁丑，遣薛贻廓来告。命都点检耶律僧隐〔考异〕卷十六，太平元年以西北路金吾为大将军；二年，充宋祭奠使，九月，以尚书贺宋帝即位；三年，为平章事，疑系一人。通鉴辑览作升音。等充宋祭奠使副；林牙萧日新、观察冯延休充宋后吊慰使副。戊寅，遣金吾谐领、〔考异〕卷十七，太平八年，官西北招讨使谐领，另一人。引进姚居信充宋帝吊慰使副。戊子，为宋帝饭三京僧。

夏六月己未，宋遣薛由等馈先帝遗物。

秋九月癸巳，遣尚书僧隐、韩格贺宋帝即位。

冬十月壬寅，遣耶律缫古、原作扫古。〔考异〕汪辉祖辽史同名录云，卷一，太祖七年，辖赖县人，以罪诛；卷十八，兴宗重熙六年，诸行宫都部署，三人同名扫古。韩玉贺宋太后生辰；耶律仙宁、史克忠贺宋正旦。

十一月丙戌，宋遣使来谢。

十二月甲寅，宋遣刘（煜）〔烨〕（据辽史卷一六圣宗纪改，下同）、郭志言来贺千龄节。〔考异〕薛应旂通鉴云，主闻帝崩，集番、汉大臣举哀。置御灵，建资福道场，百日而罢。诏诸州军不得作乐，凡国中犯御讳者悉改之。　谢维新合璧事类后集云，真宗上仙，遣薛贻廓使，于是有告哀之名；遣薛田使，于是有遗留礼物之名；遣任中行使，于是有告登宝位之名；遣刘锴、赵贺使，于是有皇太后、皇帝回谢礼物之名。陈浩辽史考证，薛田作薛由，与史同。谓礼志所载宋使告哀、进遗留物，其仪似昉自圣宗。李焘长编云，乾兴元年三月，真宗崩，契丹主谓其妻萧氏曰："汝可致书大宋皇太后，使汝名传中国。"又谓宰相吕德懋曰："与南朝约为兄弟垂二十年，忽报登遐，吾虽少两岁，顾余生几何？"因复大恸。又曰："闻皇嗣尚少，恐未知通好始末，倘为臣下所间，奈何？"及薛贻廓至，具道朝廷意，乃大喜。差耶律僧隐、马贻谋来祭奠，耶律宁、姚居信来吊慰；萧日新、冯延休吊慰太后。及使者入奠大行神御于滋福殿，复进慰书于东厢；又诣承明殿进萧氏书。及还，又辞于滋福殿，退诣崇德殿，阁门宣遗旨曰："两朝欢好，务以息民继及子孙。"又诣承明殿辞太后。时程琳接伴吊慰使，使者将致问于皇太后，琳曰："昔先帝尝与承天太后通使，今太后乃嫂也，礼不通问。"使者语屈。又杨蜕接伴祭奠使，在道失仪，贬官。七月，命户部郎中刘镨为皇太后回谢使，客省使曹仪副之，工部郎中赵贺为皇帝回谢使，祗候杨承吉副之。八月，遣礼部郎中张师德为契丹妻生辰使，左藏库使赵忠辅副之。寻诏密院每岁送契丹礼物。耶律宗信亦以袭衣金带赐之。宗信即继忠也。任中行等还，宗信亦以名马贺登极。寻遣吏部员外郎刘烨、作坊副使郭志言、屯田员外郎王骏、祗候刘怀德使契丹，贺其主生辰及正旦。十二月，契丹遣耶律仙宁、史克忠贺正旦。按，乾兴元年即辽太平二年也。

三年（癸亥一〇二三）秋七月丙戌，以皇后生辰为顺天节。

闰月壬辰，以萧伯达、韩绍雍贺宋正旦；唐古特、原作唐骨德程昭文贺宋生辰。

冬十月庚辰，宋遣薛奎、郭盛来贺顺天节；王臻、慕容惟素贺千龄节。〔考异〕陈浩辽史考证云，辽太后、皇帝生辰受诸国使臣贺，自太宗时已然，特无宋（史）〔使〕（据文义改）之贺耳。至皇后生辰，则自圣宗太平三年以后生日为顺天节，宋遣薛奎等来贺。则贺皇后生辰之使，实自圣宗始。　李焘长编云，仁宗天圣元年正月，契丹遣萧师古、韩玉贺太后长宁节。四月，诏奉使契丹臣僚辞见，并请许上殿奏事；从之。契丹遣耶律唐古特、成昭文贺乾元节，使至，上寿于崇德殿。宰相言，自今奉使北朝，止令中书枢密选择充使，奏可。七月，遣龙图阁待制薛奎为契丹萧后生辰使，阁门使郭盛副之。九月，遣度支副使王臻贺契丹主生辰，内殿承制慕容惟素副之；太常博士程琳贺正旦，祗候丁保衡副之。时主在幽州，朝廷以为疑。琳还言：“彼尝虐用其民，恐叛不附，特以兵来厌伏耳！”十二月，契丹遣萧昭古、刘彝范贺正旦。　萤雪丛说云，前辈尝说北狄致祭皇后文，杨大年捧读，空纸无一字，随自撰曰：“惟灵，巫山一朵云，阆苑一团雪；桃源一枝花，秋空一轮月。岂期云散雪消，花残月缺！伏维尚飨。”仁庙喜其敏给，有壮国体。

四年（甲子一〇二四）春正月庚寅朔，宋遣张传、张士禹、程琳、丁保衡来贺。〔考异〕李焘长编于程琳、丁保衡之使，系之去年九月。见上。

冬十月，宋遣蔡齐、李用和来贺千龄节。

十二月，以萧从政为归义节度使、康筠监门卫贺宋正旦。〔考异〕李焘长编云，天圣二年六月，出殿中侍御史李孝若同判郓州，坐接伴契丹使失仪检也。上因叹才识之士为不易得，选择颇难其人。七月，初遣郎中李若谷、祗候范守庆贺契丹妻生辰。若谷等辞日，不俟垂帘请对，遽诣长寿殿奏事，太后不悦；寻命刑部郎中章得象、祗候冯克忠代焉。九月，命度支副使蔡齐贺契丹生辰，祗候李用和副之；兵部员外郎张传贺正旦，祗候张士禹副之。十二月，契丹遣萧悖、李延贺正旦。　毕沅续通鉴云，冬，辽大阅，声言猎幽州。二府皆请备粟练师，以待不虞，枢副张知白力辨其伪。未几，果无事。　长编又云，雄州候兵报：有兵入钞边界，已乃知渤海人叛契丹，行剽两界也。司马光涑水纪闻谓借塞内牧马。王钦若方病在家，章献太后命肩舆入殿，问之，曰：“不与则示怯，不如与之；彼以虚言相恐喝耳，未必果来。宜密诏曹玮，使奏乞整顿军马，备非常。”从之。契丹果不入塞。玮时知定州。知白，字用晦，沧州清池人。　欧靖宋圣掇遗云，天圣初，北朝遗书，称彼境荒馑，借雄州地猎。钦若假告，未知所答。数日，朝，上谕之，对曰："愿假与之。"且曰："咸平中彼来侵疆，岂先有书乎！"遂依答之。甚掉阖焉。李焘谓曹玮时知天雄军，明年十一月，钦若卒。四年正月，又徙永兴；七月，复知天雄军，未尝知定州也，皆恐传闻之误。又，张传等之使，载在天圣三年，即辽太平五年也。又异。

五年（乙丑一○二五）秋（七）〔九〕（据辽史卷一七圣宗纪改）月己亥，以萧迪烈、〔考异〕卷十一，圣宗统和四年，奚王府监军，另一人。李绍琪贺宋太后生辰；耶律守宁、刘四端贺宋帝生辰。

冬十月辛未，宋太后遣冯元宗、史方来贺顺天节。

十二月己巳，遣萧谐、李琪贺宋正旦；乙亥，宋使李维、张纶来贺千龄节。〔考异〕李焘长编云，天圣三年正月，契丹遣宣徽南院使萧从顺、枢密直学士韩绍芳来贺长宁节，见于宣政殿，皇太后垂帘置酒燕之。薛奎馆伴，使欲见太后，奎辞之。及辞，从顺有疾，命宰臣王曾押宴都亭驿，从顺问："南使官多假摄何也？"曾曰："使者之任，惟其人，不以官之高下，今二府八人，六曾奉使，惟其人不以官也。从顺默然。桀骜，称疾留馆下，不时发。上遣使问视，曹利用请罢之，从顺知无能为，徐引去。四月，契丹遣耶律守宁、刘四端贺乾元节。七月，命承旨李维贺契丹妻生辰，庄宅副使张纶副之。九月，户部郎中夏竦贺国主生辰，祗候史方副之；兵部郎中姜遵贺正旦，祗候许兆信副之；右正言张观贺契丹妻正旦，祗候赵应副之。专遣使贺契丹妻始此。竦自言父承皓与契丹战殁，母丧未期，义不可行，改命龙图阁待制冯宗元。十二月，<u>契丹</u>遣<u>彰圣</u>节度使<u>萧穆古</u>、<u>潭州</u>观察使<u>郑文圉</u>贺太后正旦。<u>辽</u>使贺太后正旦始此。后遣<u>萧从正</u>、<u>仇道衡</u>贺<u>宋</u>正旦。纪载各异。

六年（丙寅—〇二六）春正月己卯朔，<u>宋</u>遣<u>徐奭</u>、<u>裴继起</u>、<u>张若谷</u>、<u>崔准</u>来贺。

冬十一月乙丑，〔考异〕十一月，应列戊辰之上，考<u>历象志朔考</u>，十一月系癸卯朔，乙丑乃二十三日，戊辰乃二十六日，今将十一月移于乙丑之上。见<u>陈浩辽史考证</u>。<u>宋</u>遣<u>韩翼</u>、<u>田承说</u>来贺顺天节。

十二月戊戌，命<u>杜防</u>、<u>萧蕴</u>贺<u>宋</u>生辰。〔考异〕<u>李焘长编</u>云，<u>天圣</u>四年正月，<u>契丹</u>遣<u>萧迪烈</u>、<u>康筠</u>贺长宁节。<u>迪烈</u>等来，遣使赐酒果，凡三十余人。因<u>王曾</u>言以州兵代。三月，以承旨<u>李继</u>为<u>相州</u>观察使。初，塞下讹言<u>契丹</u>将绝盟，故遣<u>继</u>往使，主素服其名，馆劳加礼。使即席赋<u>两朝悠久</u>诗，下笔立成，主大喜。既还，帝欲擢枢副，或斥其不当自称小臣，乃加刑部尚书，<u>继</u>辞，固有是命。四月，<u>契丹</u>遣<u>萧谐</u>、<u>李绍琪</u>贺乾元节。七月，命龙图阁待制<u>韩亿</u>贺<u>契丹</u>妻生辰，崇仪副使<u>田承说</u>副之。诏<u>亿</u>名犯北朝讳，权改曰"<u>意</u>"。<u>承说</u>，太后姻庸而自专妄。传旨曰："南北欢好，传示子孙；两朝之臣，勿相猜阻！"<u>亿</u>初不知也。主命别置宴，使其大臣来伴，问<u>亿</u>曰："太后即有旨，大使宜知之，何独不言？"<u>亿</u>曰："本朝每遣使，太后必于帘前戒励之，非欲达于北朝也。"主悦，曰："此两朝生灵之福也！"即命<u>亿</u>以此语致谢。时皆美<u>亿</u>。使还，<u>承说</u>坐罚铜。八月，以右谏议大夫<u>范雍</u>贺<u>契丹</u>生辰，染院使<u>侯继隆</u>副之；起居郎<u>徐奭</u>贺正旦，<u>裴继巳</u>副之；发运使<u>张若谷</u>贺<u>契丹</u>妻正旦，祗候<u>崔准</u>副之。十二月，<u>契丹</u>遣<u>萧翰宁</u>、<u>郑节</u>贺太后正旦；复遣<u>萧信</u>、<u>石宇</u>贺正旦。接伴使<u>孔道辅</u>言北朝并知两制臣僚之数，欲乞假官外，各令兼带本职。太常礼院定国信司奏，正旦朝会，契丹使依旧仪设位龙墀上，次节度使南，升殿、登位如侍宴仪。宋使臣年表，四年七月，刑部郎中章得象、祗候冯克忠贺国后生辰。史均未载。又，长编于章得象等之使，系于二年七月。稍异。又谓韩亿避辽讳，改亿曰"意"，史作"翼"。又异。

七年（丁卯一〇二七）春正月壬寅朔，宋遣张保维、孙继业、孔道辅、马崇至来贺。〔考异〕宋史，保维作宝维，继业作继邺，"崇"下无"至"字。

冬十一月，宋遣石中立、石贻孙来贺千龄节；王博文、王双贺顺天节。

十二月丁卯，命耶律苏叶、原作遂英王永锡贺宋太后生辰；萧苏色原作速撒马（宝）〔保〕永（据辽史卷一七圣宗纪改）贺宋正旦。〔考异〕契丹国志云，太平六年冬十二月，宋龙图待制孔道辅使契丹，有优人以文宣为戏；道辅艴然径出，主者邀还，坐，且命谢。道辅曰："中国与北朝通好，礼文相接，今俳优侮慢先圣，北朝之过也，何谢为！"契丹君臣默然，酌大卮谓曰："方今天寒，饮此可以致和气。"曰："不和固无害。"自是中国使至不敢侮。道辅，字原鲁，孔子四十五代孙也。史未载。李焘长编载于天圣五年十二月。云，擢道辅为左司谏、龙图阁侍制，时使契丹犹未还也。及还，言于帝曰："契丹比为黑水所破，其势甚蹙。每汉使至，必为侮慢；若不校，恐益易中国。"上然之。按，天圣五年，即太平七年也。年月均与国志异。长编又云，天圣五年正月，契丹遣萧道宁、张克恭贺长宁节。二月，诏民间摹印文字，并上有司候委官看详，方定镂板。初，上封者言契丹通和，河北缘边榷场商人往来，多以本朝臣僚文集，传鬻境上；其间载朝廷得失，或经制边事，深为未便。故禁止之。四月，<u>契丹</u>遣<u>萧蕴</u>、<u>杜防</u>贺乾元节。时<u>程琳</u>为馆伴，<u>蕴</u>出位图指曰："南使至<u>契丹</u>，坐殿上，位高；今北使位下，请升之。"<u>琳</u>曰："此<u>真宗</u>皇帝所定，不可易。"<u>蕴</u>又曰："大国之卿，当小国之卿，可乎？"<u>琳</u>曰："南、北朝安有大小之异？"<u>防</u>不能对。或谓此细事，不足争。<u>琳</u>持不可。<u>蕴</u>乃止。八月，命户部副使<u>王博文</u>、六宅使<u>王准</u>贺<u>契丹</u>妻生辰。十二月，<u>契丹</u>遣<u>耶律宁</u>、<u>元化</u>贺太后正旦；遣<u>耶律罕</u>、<u>王用保</u>贺正旦。<u>契丹国志</u>云，七年四月，星大如斗，声如雷，自北流西南，光烛天下，尾长数尺，久之，散为苍白云。

八年（戊辰一○二八）夏六月，命<u>哈纳</u>、<small>原作韩宁</small><u>刘湘</u>贺<u>宋</u>太后生辰。

冬十月，<u>宋</u>遣<u>唐肃</u>、<u>葛怀愍</u>来贺顺天节。

十二月丁亥，<u>宋</u>遣<u>寇瑊</u>、<u>康德</u>来贺千龄节；<u>朱谏</u>、（唐）〔<u>曹</u>〕<u>英</u>（据<u>辽史</u>卷一七<u>圣宗</u>纪改）、<u>张逸</u>、<u>刘永钊</u>贺两宫正旦。〔考异〕<u>李焘</u>长编云，<u>天圣</u>六年正月，<u>契丹</u>遣<u>耶律阿果</u>、<u>李奎</u>贺长宁节。四月，<u>契丹</u>遣<u>耶律锡</u>、<u>刘双美</u>贺乾元节。八月，命给事中<u>寇瑊</u>贺<u>契丹</u>生辰，祗候<u>康德</u>舆副之。侍御史<u>朱谏</u>贺正旦，祗候<u>曹荣</u>副之。侍御史<u>张逸</u>贺<u>契丹</u>妻正旦，祗候<u>刘永钊</u>副之。<u>荣</u>仍改名<u>英</u>，疑是避<u>契丹</u>讳。　<u>契丹国志</u>云，八年三月，<u>契丹</u>饥，流民之<u>宋</u>境上，<u>仁宗</u>曰："皆吾赤子也。"命给以<u>唐</u>、<u>邓</u>闲田，所过州县给食。　<u>晁公武</u>郡斋读书志云，<u>寇瑊</u>奉使，著<u>生辰国信语</u>一卷，往返语录，并<u>景德</u>二年至<u>天圣</u>八年使副姓名及杂传附于后。　<u>沈括</u>梦溪笔谈云，<u>天圣</u>中，侍御史知杂事<u>章频</u>使<u>辽</u>卒于戎中，戎俗无棺椁，舆至<u>范阳</u>方就敛。自后<u>辽</u>人常造数漆棺，以银饰之。各使入境，则载以随行。至今为例。　<u>宋史</u>，<u>频</u>至<u>紫蒙</u>馆卒。<u>辽</u>遣内使就馆奠祭。命接伴副使护其丧，以锦车驾橐驼载至中京，又具羽葆、鼓吹，吏士持甲兵卫道至白沟。　王巩甲申杂记云，辽谓天使为赦例郎君。依赦例，日行五百里也。　江休复嘉祐杂志云，予奉命迓辽贺正使于雄州，介曰："唐中和自作借职，割俸与弟。至今四十年，士大夫恐罕能如此。　按，史卓行传止三人，无中和名，其笃念天显，何异李元彤乎？应补入卓行传。又，许铤武清县志云，张潜道人精于易，不乐仕进，乡里称贤。有馈以瓜田者，辞不受。江邻几杂志云，沈文通学士与高继方同事，贺契丹正旦于幽州，亦效中国排仗法，服宫驾。欧阳修归田录云，国朝之制，自学士已上赐命带者，例不佩鱼；若奉使契丹，及馆伴北使则佩，事已复去之。惟两府之臣则赐佩，谓之重金。

　　九年（己巳－〇二九）夏六月戊子，以耶律思忠、耶律荷、耶律暠、约尼_{原作遥輦}色佛呼、_{原作谢佛留}陈邈、韩绍一、韩知白、张震贺宋两宫生辰及来岁正旦。

　　冬十二月丁未，宋遣仇永、韩永锡来贺千龄节；命耶律育、吴克荷、萧可观、赵利用贺宋生辰；耶律元吉、崔闰、萧珠克、_{原作昭古}窦振贺来岁正旦。〔考异〕史于六月，载耶律思忠等八人充贺宋两宫生辰及来岁正旦。十二月，又载耶律育等八人充贺宋生辰及来岁正旦。前后两次凡十六人，未知误否？姑照录之。李焘长编云，天圣七年正月，契丹遣耶律汉宁、刘湘贺长宁节。四月，遣耶律衮、张震贺乾元节。七月，命刑部郎中狄棐贺契丹妻生辰，陈宗宪副之。八月，侍御史知杂事鞠咏（按，上文正文作仇永）贺契丹主生辰，祗候王永锡（按，上文正文作韩永锡）副之；职方员外郎张群贺正旦，如京副使石元孙副之；度支员外郎苏唐贺契丹妻正旦，祗候王德明副之。十二月，契丹遣耶律倚、韩昭一贺正旦，复遣耶律高、韩知白贺太后正旦。 宋使臣年表，九年八月，户部判官苏耆、内殿承制王德贺国后生辰，稍异。余同。史均未载。

十年（庚午—一〇三〇）春正月乙卯朔，宋遣王夷简、窦处约、张易、张士宜来贺。

冬十二月乙巳，宋遣梅询、王令杰来贺千龄节。〔考异〕李焘长编云，天圣八年正月，契丹遣耶律忠、陈邈贺长宁节。四月，耶律育、吴克荷贺乾元节。七月，盐铁判官张宗象贺契丹后生辰，香药库使李渭副之。八月，工部郎中梅询贺契丹生辰，副使王令杰副之；秘阁校理王夷简贺正旦，西染院使窦处约副之；侍御史张亿贺契丹后正旦，礼宾副使张士宜副之。十二月，契丹萧昭古、富振贺太后正旦，复遣耶律元吉、崔润贺正旦。史均未载。周春辽诗话云，询使辽贺生辰，诏杨佶迎送，多唱酬。询每见称赏，后居相位，卒。有登瀛集五卷行世。见宋史艺文志。 沈括梦溪笔谈云，刁约使辽，尝戏为四句诗曰："押宴移离毕，看房贺跋支；饯行三匹裂，宣赐十狸狐。"皆纪实也。移离毕，官名，如中国执政。贺跋支，如执衣防阁。匹裂，小木罂，以色绫木为之，如黄漆。狸狐，穴居，味如狗子而肥。移离毕，译作伊勒希。按班伊勒希，满州语"副"也。按班，大臣也。陆游家世旧闻云，楚公佃，字师农，使北归，携所得貔狸至京，状如大鼠，极肥脂。畏日，为隙光射辄死。性能糜肉，以一脔投鼎中，肉即糜烂，北人不甚贵之，但谓为珍味耳。刘绩霏雪录云，北方黄鼠，穴处，各有配。人掘其穴者，见其中作小土窖若床榻状，即其牝牡居也。秋时蓄黍菽及草木之实以御冬，各为小窖别贮之。睦则出坐穴口，见人则拱两腋如揖状，即窜入穴。韩孟联句，所谓"礼鼠拱而立"者是也。惟北地猴，形极小，人驯养之，纵入其穴，则衔其鼠而出。味极肥美。北朝恒为玉食之献，置官守其处，人不得擅取也。纪昀姑妄听之云，辽重毗离，亦曰毗令邦，即宣化黄鼠，明人尚重之，今不重矣。陈继儒古今诗话作"盏行二匹裂，密赐十貔狸"。移离毕作伊勒希巴，贺跋支作哈卜齐勒。王辟之渑水燕谈云，貔狸，穴地取之，尝饲以牛乳。自公相以下皆不得尝。顷北使曾携至京，烹以进御，本朝使其国者皆得食之。张舜民使辽录谓之比令邦。周密齐东野语云，味若狲而脆。数说当有异同，亦如竹䶂獾狸之类耳。近世不闻有此，问之北客，多不谓然，中国人亦不嗜其味。姜宸英湛园杂记云，辽史国语解引宋刁约诗"押宴移离毕"，云是执政重臣，余读金史礼乐志，凡行省来，宴，回宴之，押宴官皆从行省定差，就借以文武高爵长官之职以为转衔之光。想此即辽遗制，虽在朝廷亦借衔也。张舜民画墁录云，北使至，密赐之，使银一千五百两，副使一千三百两，中金也。南使至北，密赐羊羓十枚，毗黎邦十头。大鼠也。本国岁课，其方别无征徭，唯采捕十数以拟上供。上意礼厚南使，方赐一枚。宋庠杨文公谈苑云，契丹通事舍人刘澄奉使，路中有野燕，可食，味绝佳，作诗曰："野燕寒犹长，沙泉晚更佳。"按圣宗纪，开泰二年，户部侍郎加工部尚书。百官志刘澄为礼部尚书，其奉使年月未详。见杨复吉辽史拾遗补。谈苑又云，北中大寒，匕箸必于汤中醮之，方得入口，否则与肉相沿不肯脱。石鉴奉使，不曾醮箸以取榛子，沾唇，如烙，皮脱血流，淋漓衣服上。朱彧萍洲可谈云，先公至辽，日供乳粥一碗，甚珍，但沃以生油，不可入口。谕之使去油，不听，因给令以他器贮油，使自酌用之，乃许。遂得淡粥。又辽人相见，其俗先点汤，后点茶。至饮亦先水饮，然后品味叠进，但时与中国相反，本无义理。张邦基墨庄漫录云，玫瑰油，出北中，色白，香馥不可名状。用为试香，法用众香煎炼，北人贵重之，每杂聘礼物中，只一合。奉使者例获一小罂。法秘不传。<u>宣和</u>间<u>周武仲</u><u>宪文</u>使北，过<u>磁州</u>时，<u>叶著宣远</u>为守，谓<u>周</u>曰："回日愿以此油分饷。"反命，赠之，辞曰："近禁中厚赐北使，得其法，煎成赐近臣，色香更胜。妇翁<u>蔡京</u>新寄数合"云。

十一年（辛未—〇三一）夏六月己卯，<u>圣宗</u>崩于<u>大福河北行宫</u>，〔考异〕<u>毕沅续通鉴</u>云，<u>辽</u>主末年得消渴疾，语多忌讳，凡死亡者，均不得言及之。守约甚坚，未尝启边衅。诸帝中号为令主。葬<u>庆陵</u>，谥<u>文武大孝宣皇帝</u>。<u>契丹国志</u>，<u>大福河</u>作<u>大斧河</u>，在<u>上京</u>东北三百里。年六十一，在位四十九年。帝谨事<u>太后</u>，服御皆自检校。<u>后</u>信谗，每庭辱，帝皆顺受无怨辞。好读<u>唐贞观政要</u>及<u>太宗明皇实录</u>，称为中国英主。译<u>白居易讽谏集</u>，命番臣读之。喜吟诗，有御制曲五百余首。尝驰马连殪二虎，又一箭贯三鹿。时<u>幽州</u>试举人，以"一箭贯三鹿"为赋题。<u>刘三嘏</u>献"射二虎颂"。每南使入境，先取<u>宋朝</u>登科记，验其等甲高低、及第年月。其赐赍物，密令人体探。诏汉儿公事，皆体问<u>南朝</u>法度，不得造次。其钦重<u>宋朝</u>百余事，皆此类也。时<u>马得臣</u>尝录<u>唐高祖</u>、<u>太宗</u>、<u>明皇</u>三纪行事可法者以进。<u>续通考</u>云，时殡梓宫于<u>永安山太平殿</u>，<u>太后</u>率皇族大临，诏写御容；并写北府宰相<u>萧孝先</u>、南府宰相<u>萧孝穆</u>像于御容殿。八月，还梓宫于<u>菆涂山</u>，率百官掩奠，出御服瘗之。<u>李焘十朝纲要</u>谓隆绪在位五十八年。稍异。子<u>兴宗</u>即位。甲申，遣使告哀于<u>宋</u>。

秋九月辛亥，<u>宋</u>遣<u>王随</u>、<u>曹仪</u>致祭；<u>王罄</u>、许怀信、梅询、张纶来慰两宫；<u>范讽</u>、<u>孙继业</u>贺即位；<u>孔道辅</u>、<u>魏昭文</u>贺太后册礼。甲戌，命御史中丞<u>耶律羲</u>、司农卿<u>张确</u>、详衮<u>耶律励</u>、四方馆使高维翰谢宋吊慰。

冬十月丙戌，遣工部尚书高德顺、崇禄卿李可封如宋馈遗物；上将军耶律逊、少府监马（恽）〔惲〕（据辽史卷一八兴宗纪改）、上将军耶律元载、引进使魏永充太后及帝谢宋使。戊戌，命萧格、赵为果、耶律郁、马保业贺宋来岁正旦。〔考异〕李焘长编云，天圣九年正月，契丹萧可观、赵利用贺长宁节。四月，契丹萧升、姚居信贺乾元节。六月，契丹主讣闻，辍视朝七日，在京及河北、河东缘边禁音乐。七月，命御史中丞王随祭奠，西上阁门使曹仪副之；龙图孔道辅贺登位，崇仪副使孙继邺副之；龙图梅询吊慰国母，昭州刺史张纶副之；盐铁副使王礨吊慰国主，祗候许怀信副之。契丹耶律克实来告哀，上为成服于内东门幄殿。引使者至文德殿门奉书，博士赞导，由西阶至西上阁门阶下北向跪授，阁门使转授入内都知以进；次引使者见于幄殿，帝向其国五举哀而止；太后举哭如上仪。遣近臣诣馆吊慰，常服，黑带，系鞢，不佩玉。改命枢密直学士寇瑊贺登位，而以道辅贺契丹母册礼使，西染院使魏昭文副之。国母册礼使自此始。瑊病不能行，改命天章阁待制范讽。讽过幽州北，见原野平旷，慨然曰："此为战地，不亦佳哉！"北人相目不敢对。时王曾知天雄军，北使往还，肃车徒而后进，无敢大声疾呼者。人乐其政，为画像而生祠之。十月，度支员外郎郑向贺契丹生辰，供备库使郭遵纪副之；礼部郎中任布贺国主正旦，副使王道范副之；侍御陈炎贺正旦，舍人王克忠副之。闰十月，契丹萧德顺、李可封以契丹主遗留物来献。诏御史台自今契丹使见辞，遇假及双日并为常朝。十二月，契丹耶律励、高惟翰来谢册礼；复遣耶律郁、马保〔业〕（按，上文作马保业，辽史卷一八兴宗纪同，今据补）贺太后正旦；萧格、赵果贺正旦。按，天圣九年为辽太平十一年。六月，圣宗殂，子宗真立，改景福元年。契丹国志称太平十年，而称景福二年为景福元年。互异。又，长编云，天圣九年，圣宗讣闻，遣王随等为祭奠吊慰使。盖宋自真宗，辽自圣宗而后，凡吊庆之事，载书史册者为详。本纪所载宋使祭吊之仪，虽辽史无明文，谓其仪始自道宗清宁间，第据礼志内有太皇太后之文，考本纪中尊为太皇太后者，自宣简皇后于太宗天显间尊为太皇太后，钦哀皇后于道宗清宁间尊为太皇太后，他无闻焉，则礼志之吊慰两宫，似在道宗之时。见陈浩辽史考证。

辽史纪事本末卷二十五

西夏封贡

圣宗统和四年（丙戌九八六）春二月癸卯，西夏李继迁叛宋来降，拜定难军节度使，都督夏州诸军事。

西夏本魏拓跋氏后，古赫连国地。远祖思恭，唐季赐姓曰李，涉五代至宋，世有其地。至继迁始大，据有夏、银、宥、绥、静五州。夏州，唐置。银州，后周置，故城在今绥德州米脂县。宥州，唐元和中置，在今鄂尔多斯右翼前旗。绥州，今绥德州，唐乾元初置，振武军，领麟、胜二州，地在葭州神木县。静州，五代时以唐静边废城置，故城在今绥德州米脂县。均见宋史地理志。〔考异〕舆地广记云，夏州，古为戎狄，秦属上郡，后没匈奴，汉武立朔方郡，东汉因之，后入戎狄，赫连勃勃都焉。元魏立夏州，西魏为宏化郡，隋为朔方郡，唐曰夏州，又为朔方郡，升静难军。县三：朔方、德静、宁朔。银州，春秋为白翟，二汉属西河郡，元魏曰开光郡，后周为真乡郡，并立银州，唐因之，又为银川郡，唐末陷拓跋氏，今收复。县四：儒林、真乡、开光、宁朔。宥州，历代地理同盐州，唐立六胡州，后置兰池都督府，分六胡州为县，并为匡、长二州，改宥州，后为宁朔、怀德、宝应等郡，后没吐蕃。长庆中，李祐奏置县二：延恩、长泽。绥州，春秋为白翟，秦、汉属上郡，西魏立安乐郡，并立绥州，隋改雕阴郡，唐为绥州，今为绥德城，升为军。县五：龙泉、延福、绥德、城平、大斌。所载各异。民俗〔勇〕（据辽史卷一一五西夏传补）悍，习战。初臣宋有年，赐姓赵。因兄继捧朝宋，诏发亲属赴阙；继迁不乐内徙，叛入地斤泽，〔考异〕东都事略作地邱泽，在榆林府怀远县故夏州东北。袭据夏州，至是来附，遂复姓李。时宋太宗雍熙三年也。〔考异〕李焘长编云，时继迁与其党数十人奔入地斤泽，距夏州东北三百里。知夏州尹宪侦知，与巡检使曹光实选精骑夜袭，继迁与弟继冲遁免，获其母妻而还。乃宋太平兴国七年，即辽统和元年。是继迁先已叛宋，至是始来附耳。续纲目云，雍熙二年二月，李继迁诱杀曹光实，据银州；田仁朗讨之，征还，副将王侁击走之。银、麟、夏州蕃内附。明年二月，继迁遂降契丹。毕沅续通鉴云，辽又以继冲为副使。史未载。　宋史太宗纪，雍熙二年四月，夏州行营破西蕃息利族，斩其代州刺史折罗遇并弟埋乞。又破保、洗两族，降五十余族。东都事略云，时武州团练使郭守文破夏州盐城镇岌罗赋等十四族，斩首数千级，焚千余帐，俘获无算。又破哗鬼，歼焉。诸部来降。凡银、麟、夏三州归附者百二十五族，万六千余户。西鄙以宁。仁朗，元城人。<u>王佺</u>，浚仪人，<u>周王朴子</u>。曹光实，字显忠，雅州<u>百丈人</u>。<u>继迁</u>为<u>继捧</u>族弟，其高祖思忠为思恭弟，讨黄巢战殁。

冬十月，遣使来贡，自是信使不绝。

十二月丁巳，<u>继迁</u>引五百骑款塞，愿婚大国，永作藩辅。诏以王子帐节度使<u>耶律襄女题木</u>原作汀封<u>义成公主</u>下嫁，赐马三千匹。（按，下文七年三月亦记此事，<u>辽史卷一一圣宗纪</u>同。考卷一一五<u>西夏传</u>，似以七年为是，则此年或系请婚，七年成婚）

六年（戊子九八八）春三月癸未，<u>李继迁</u>遣使来贡。〔考异〕<u>薛应旂通鉴</u>云，时<u>继迁</u>侵扰日甚，<u>赵普</u>请复命<u>继捧</u>镇<u>夏州</u>，帝召见，赐姓名<u>赵保忠</u>而遣之。为宋端拱元年，即<u>辽</u>统和六年。<u>西夏外纪</u>未载。

七年（己丑九八九）春三月戊戌，以王子帐<u>耶律襄女</u>下嫁<u>李继迁</u>。〔考异〕<u>续通考</u>云，统和十四年三月，以<u>萧恒德女</u>嫁<u>高丽王治子</u>；太平元年三月，以王子班郎君<u>胡思里女可老</u>为公主，嫁<u>大食国王</u>；兴宗景福元年十二月，以<u>兴平公主</u>嫁<u>夏国王元昊</u>；道宗寿隆五年，以族女<u>成安公主</u>嫁<u>夏国王李干顺</u>。此<u>辽</u>一代和番公主之可考者。按，<u>恒德女</u>系许嫁<u>高丽王治</u>，未嫁而<u>治</u>卒。见<u>高丽外纪</u>，与<u>续通考</u>异。

八年（庚寅九九〇）春正月，<u>夏</u>遣使来谢。

三月丁丑，遣使来贡。

秋九月壬辰，遣使献宋俘。

冬十月丙午，复以败宋军来告。

十二月癸卯，克宋<u>麟</u>、<u>鄜</u>等州，来告。〔考异〕<u>毕</u>

沅续通鉴云，是岁三月，夏州败李继迁。此外并无战事，考之各书皆然。疑伪。 宋史地理志云，鄜州，元魏置为洛交郡，保大军，治宜川。舆地广记云，春秋属白翟，秦、汉属上郡，晋陷戎狄，元魏置东秦州，又为北华州，西魏改敷州，隋为鄜城郡，唐号鄜州，后改洛交郡，升保大军。今县四：洛交、洛川、鄜城、直罗庚戌，遣使封李继迁为夏国王。〔考异〕宋史夏国传作雍熙三年事。

九年（辛卯九九一）春二月丙（子）〔午〕（据辽史卷一三圣宗纪改）夏国遣使来告侵宋捷。

夏四月乙亥，遣李知白考详卷七来谢封册。

秋七月己未，以复银、绥二州来告。

冬十月壬申，遣使上宋所授敕命。其兄继捧来附，授检校太师兼侍中，封西平王。〔考异〕毕沅续通鉴云，继捧降契丹事，宋史及诸书俱不载，惟陈樫续编载之，与辽史同。足知宋史之疏漏多矣。陈浩辽史考证谓继捧未尝附契丹，盖继迁之误。又异。

十二月，继迁潜附宋，遣招讨使韩德威持诏谕之。〔考异〕续纲目云，淳化二年七月，赵保忠言继迁悔过归诚，拜银州刺史。未几，与战于安庆泽，继迁中流矢，遁去。复寇夏州，遣翟守素赴援；兵至，继迁谢罪，授银州观察使，赐姓名赵保吉。子德明为蕃落使。 毕沅续通鉴云，亲弟继冲亦赐名保宁，授绥州团练使，封其母罔氏西河郡太夫人。所载较详。 欧阳修归田录云，王元之在翰林，尝草夏州李继迁制，继迁送润笔物数倍于常；然用启头书送，拒而不纳，盖惜事体也。 王辟之渑水燕谈云，元之草继迁制，送马五十匹，润笔，却之。后守永阳，闽人郑褒有文翰，徒步谒公，及还，公买马一匹遗之，或谤其亏价。太宗曰："彼能却继迁五十匹，顾肯亏一匹马价乎？"刘於义陕西通志云，安庆泽在怀远县北套内榆林府北界。又，夏州寨门镇北十八里有芦子关。后唐长兴四年，李彝超以夏州拒命，遣药彦稠等讨之，进屯芦关；彝超使党项抄掠，官军自芦关退保金明。见通鉴。宋淳化中筑砦，后废，元丰四年，复为戍守之所。见宋史。又，银州关在米脂县西九十里，上有古城。宋元丰五年，种谔上言，横山延袤千里，城垒皆控险，足守御，兴功当自银州始。见宋史种谔传。

十年（壬辰九九二）春二月乙丑朔，韩德威奏李继迁托故不出，至灵州舆地广记云，古戎狄地，秦、汉、魏、晋属北地郡，元魏立灵州，后周为普乐郡，隋废州立灵武郡，唐改灵州，又为灵武郡，升朔方军。县四：回乐、灵武、怀远、保静。俘掠以还。寻遣使来诉，诏抚谕之。

十二年，（甲午九九四）夏遣使来贡。〔考异〕续纲目云，淳化五年正月，赵保吉寇灵州，遣李继隆等讨之。三月，入夏州，执赵保忠送京师。保吉遁去。诏削姓名。　毕沅续通鉴云，保忠为保吉所袭，已又阴结保吉，指挥赵光嗣知之，执保忠，幽于别所。丁丑，开门纳王师，继隆擒送阙下。诏拜光嗣夏州团练使。因吕蒙正言，堕夏州城，继隆谏，不听。七月，继迁献良马。八月，遣弟延信奉表请罪。十一月，帝遣张崇贵往谕，赐以器币。而宋史秦翰传云，翰讽保忠郊迎王师，因就擒。　沈括梦溪笔谈云，继捧与弟继迁谋叛，李继隆率师驰至克胡，渡河入延福县，自铁箔驿夜入绥州，遂引兵驰抵抚宁县，继捧犹未知；进攻夏州，继捧狼狈出迎，擒之归。宋史周美传，时命美开治塞门、鸦儿两路，大破贼于芙蓉谷及野家店，屠嘉勒斡多叶二百帐，焚其积聚以归。塞门砦在安塞县西北百五十里。　李焘长编云，时裨将侯延广等议诛保忠及出兵追保吉。继隆曰："保忠机上肉，当请于天子；保吉远窜穷碛，难于转输，宜持重，未易轻举也。"延广等服其言。保忠至京，封宥罪侯，削保吉所赐姓名。五月，府州折御卿言：银、夏等州蕃、汉户八千帐族来附，获马牛羊万计；授御卿永安节度。八月，继迁遣赵光祚、张浦诣绥州，见张崇贵，求纳款，会于石堡寨，犒谕之；弟延信到京，上召见，锡赉甚厚。初，学士钱若水撰赐继捧诏曰："不斩继迁，存狡兔之三窟；潜疑光嗣，指首鼠之两端。"上大喜，谓若水曰："此四句正道着我意。"及是，又草赐继迁诏曰："既除手足之亲，已失辅车之势。"上批其后曰："依此诏本，极好！"若水家因宝藏之。　宋史夏国传，延信作廷信。保忠后死于复州，赠威塞节度使。蒙正，字圣功，谥文穆。史未书夏为宋败事。

十三年（乙未九九五）春三月癸丑，夏遣使来贡。

冬十二月辛巳，以败宋师，遣使来告。〔考异〕毕沅续通鉴云，至道元年三月，继迁遣押衙张浦来贡。六月，授继迁鄜州节度使，不奉诏。八月，入寇清远军，击走之。薛应旂通鉴谓为张延所败，未尝言宋败也。清远军，宋置，故城在宁夏府灵州东南。

十四年（丙申九九六）春正月丙寅，夏遣使来贡。〔考异〕毕沅续通鉴云，至道二年，继迁寇灵州，围城岁余，地震二百余日，城中粮绝。中使窦神宝潜遣人市籴河外，宵运以入，间出兵击贼，卒全其城。　薛应旂通鉴云，初，白守荣护刍粟四十万赴灵州，继迁邀击于浦洛河，尽夺之。帝怒，命李继隆等分五路进讨，直趋平夏。保安军奏获继迁母，置之延州。继隆不见敌而还；副将范廷召击败之于乌、白池。宋史太宗纪，乌、白池之战，获末幕军主吃啰及指挥等二十七人。　李焘长编云，时继隆请自青冈峡抵继迁巢穴，不及援灵州。上怒，切责。继隆不俟报，发兵，与丁罕合，行十数日不见敌，引还。张守恩见贼不击，归本部。独王超、范廷召至乌、白池，破贼，斩首五千级，生擒二千余人，获其酋鄂摩克车、主齐啰、指挥使二十七人；马二千匹，兵仗万计。继迁遁去。超子德用战尤力。继隆后病痈，医言不可治。真宗曰："继隆往岁西征，枉道误期，至陕西之民殍死甚众，仓卒多杀戮，必冤枉，此可为戒也。"命僧作佛事四十九日而罢。卒，赠中书令，谥忠武。 方舆纪要云，平夏，城名，即怀德军，隶鄜延路。今延安府保安县。又，浦洛河，亦曰溥乐河，在宁夏府灵州南，北流入黄河。乌、白池，盐池也，在灵州东南。李吉甫元和郡县志云，灵州五原县有乌、白二池，出盐，即此。盐州，今升为郡，故城在今宁夏府灵州，即花马池营也。延州，即今延安府。 续通考云，盐池有二：一在宁夏卫北四百里；一在卫东南二百七十里。盐皆不假人力而成。又，山丹卫城北五百里，池产红盐。又，居延泽旁亦有池，产白盐。外纪未载继迁母被擒事。

十五年（丁酉九九七）春二月丙午，夏遣使来贡。

三月己巳，以破宋兵，遣使来告。己卯，封李继迁为西平王。

夏六月壬子，遣使来谢封册。

冬十二月壬子，夏遣使来贡。〔考异〕续纲目云，至道三年三月，真宗立。十二月，继迁复请降，诏以五州与之，赐姓名如故，未言战事。惟毕沅续通鉴云，十月，继迁寇灵州，杨琼击走之。又未言宋败。

十六年（戊戌九九八）春二月庚子，夏遣使来贡。〔考异〕潘永因宋稗类抄云，真宗咸平元年，赐继迁名，复封西平王。时诸翰林草诏册不称旨，惟宋湜深探上意，必欲推先帝欲封之意，因进辞曰："先皇帝早深西顾，欲议真封，属轩鼎之俄迁，建汉坛之未逮。故兹遗命，特付眇躬；尔宜望弓剑以拜恩，守疆垣而效节！"上大悦。未几参大政。李焘长编谓遣内侍张崇贵持诏赐之。又云，二年秋，河西叛羌和诺克族长蒙吉布等引赵保吉寇麟州万户谷，进至松花（谷）〔寨〕（据长编卷四五改），知府州折惟昌力战御之，兵小衄，从叔（悔）〔海〕（同上书改）超、弟惟信死之。未几，保吉党旺布、伊特满复来寇，惟昌与宋思（蒙）〔恭〕（同上书改）、刘文质合兵击败之于埋井峰，斩获甚众。诏书褒美。按，咸平二年即辽统和十七年也。史均未载。

十八年（庚子—○○○）冬十一月甲戌朔，授李继迁子德昭朔方节度使。〔考异〕宋史夏国传，继迁子德明，史作德昭，盖因避讳改耳。小字阿移。 李焘长编云，咸平三年九月，知灵州李守恩、转运使陈纬部送刍粟过瀚海，为继迁所邀，皆战没，守恩弟守忠、子象之、望之俱死。上震悼，悉赠官。未几，防御使王荣护送灵武刍粟至积石，为番部抄掠，徐兴、李重诲等与战，兵败，亡失殆尽。事闻，并削籍坐流。注谓与守恩疑系一事，恐史载不详耳。张崇贵传，时继迁与李继福有隙，因缘内扰，崇贵与张守恩击败之，俘获甚众。史未载宋、夏战事。

十九年（辛丑—○○一）春三月乙亥，夏遣李文贵〔考异〕夏国外纪作李文冀。来贡。

夏六月戊午，奏下宋恒、环、庆等三州，赐诏褒美。〔考异〕续纲目云，咸平四年八月，命张齐贤为泾原诸路经略使，奏灵武难守，通判何亮上安边书争之。诏群臣议:杨亿言弃之便，辅臣不可。遣王超为行营都部署，将步骑六万援灵州。九月，保吉寇清远军，都监段义叛降，杨琼拥兵不救，城遂陷。复攻定州、怀远，至唐隆镇，曹璨击败之。　李焘长编云，时继迁遣牙将来贡马，犹称赐姓，然抄掠益甚。命张齐贤行边，梁灏为副。　按，宋史齐贤传，谓清远军陷乃出使，盖误贼陷清远在九月二十日，此时未也。司马光涑水纪闻云，石熙政知宁州，上言：昨清远军失守，盖朝廷素不留意，因请兵三五万。真宗曰："西边事吾未尝忘，熙政远不知耳！"周莹等曰："清远失守，将帅不才也，而熙政敢如此不逊，必罪之！"上曰："群臣敢言者甚难得，言可用，用之；不可用，置之。若必加罪，后谁敢言者！"因赐诏褒美。时齐贤等西还，录故驻泊李赞死事功，授其子重贵等官。毕沅续通鉴谓援灵州者尚有张凝、秦翰，均未言下恒、环、庆三州。舆地广记云，环州由灵州分置，后周曰会州，隋改环州，唐初为会州，改环州，又为安乐州，以居吐谷浑部落。后入吐蕃，大中三年收复，名威州，周为环州，升通远军。庆州，周之先不窋居之，秦、汉属北地郡，西魏立朔州，隋曰庆州。按，环州，今庆阳府环县。是宋以庆、环、邠、宁、乾为环庆路。定州，宋置，故城在今宁夏府新渠县。怀远镇在宁夏县西南。宋史真宗纪，是岁西夏蕃族讹遇等归顺。又，讹猪等率属来附。河外砦主李琼等以城降西夏。曹璨，字韬光，彬子。

二十年（壬寅一〇〇二）春正月甲寅，夏遣使贡马、驼。

夏六月，夏遣刘仁勖来告下灵州。〔考异〕宋史真宗纪，正月，夏将卧浪己等内附，张凝袭诸蕃，焚族帐二百余，斩首五千级，降九百余人。李焘长编云，咸平五年正月，庆州胡家门等族桀黠难制，凝乘其不备击破之。石、隰州部署言，继迁部下指挥使鄂朗吉等四十六人来附。诏补军主，赐袍笏，给田处之。时裴济守灵州，凡二年，谋辑八族兴屯田，民甚赖之。及被围饷绝，刺指血染奏求救，大军远，不至，城遂陷；事闻，赠镇江节度。其子德昌等悉授官。九月，延州言戎人入寇，金明都监李继周击走之。

毕沅续通鉴云，初，庆州发粟诣灵州，殿中丞郑文宝策其必败，已而转运使陈纬果没于贼；三月，遂陷灵州，知州事裴济死之。继迁以灵州为西平府，居之。在宁夏镇南九十里。六月，以众（三）〔二〕（据续通鉴卷二三宋纪改）万攻麟州，知州卫居实出战，杀万余人，继迁遁。史只载下灵州，未言麟州兵败事。唐书，高宗咸亨中，吐谷浑畏吐蕃，徙之于灵州，以鸣沙县地置安乐州处之。鸣沙故城在今宁夏府中卫县。济，字仲浦，闻喜人。

二十一年（癸卯—一〇〇三）夏五月丁巳，西平王李继迁卒，其子德昭遣使来告。

六月己卯，赠尚书令。遣西上阁门使丁振吊慰。

秋九月己亥，李德昭遣使来谢。〔考异〕李焘长编云，咸平六年二月，继迁子阿伊克元从刘荣来降，补三班借职，赐居第。又，蕃部伊实族罗莽等帅其族百余帐来归，诏授指挥使，喇呼为军使，赐赍有差。三月，绥州东西蕃部军使叶锦等百九十五口内属。环庆都部署张凝言招降前后所得沁阳等一百八十四族，优给赏赐。四月，洪德寨主段守伦言继迁入寇，蕃官庆桑、泊伽哲庆等族相与败走之；授庆桑顺州刺史，伽哲庆罗州刺史。九月，银州牙校时（义）〔乂〕（据长编卷五五改）等挈族归顺，补右三班借职。（按，据同上书，此事在十月丙戌）又，指挥刘赟率属来降。（按，据同上书，此事在十一月癸巳）宋史真宗纪，四月，继迁寇洪德砦，蕃庆香、乩趁庆等击走之，以庆香等领刺史。续纲目云，保吉陷清凉，杀丁惟清，蕃酋巴勒结伪降，因集众合击，保吉大败，中流矢，创甚，奔还灵州，死焉。子德明幼，曹玮请讨之，弗许。史未载继迁中矢事。玮字宝臣，真定灵寿人，彬子。　毕沅续通鉴，巴勒结作潘罗支，云，六月，丰州瓦窑没剂、加（罪）〔罗〕（据续通鉴卷二三宋纪改，下同）、昧（加）〔克〕（同上书改）等族以兵济河击李德明，败之。时德明尚幼，辅臣请降；诏招谕。钤辖张崇贵先遗书。答称："未葬，难发表章，乞就便具奏。"事闻，赐诏谕意。宋史加（罪）〔罗〕作如（罪）〔罗〕（据宋史卷七真宗纪改）。又作击败继迁。　司马光涑水纪闻云，继迁兵败被擒，且死，属德明必归朝廷。及死，德明纳款。诏向敏中知延州，受其降。长编谓继迁未必有此遗言，恐系德明假托之辞。巴勒结作博罗齐。又谓德明初名阿伊克，书其事于景德元年正月。均异。　按，继迁之死，本传及吐蕃传并在去年十一月。司马光稽古录亦同，独本纪、实录仍于今年二月书之，恐传、录因西凉事并书，其实在今年正月也。按，景德元年为辽统和二十二年。所载各判。后博啰齐以救泹隆族为继迁党所伐，弟斯多特代为首领。今考宋史夏国传亦谓继迁死在景德元年正月，而续纲目作是年十二月，又异。又，巴勒结亦作巴喇济，保吉党，系密珠尔等族。丰州，隋置，故城在今鄂尔多斯右翼后旗。清凉即凉州，宋初为西凉府。敏中，字常之，开封人，谥文简。

二十二年（甲辰—一〇〇四）春三月乙未，李德昭遣使上其父继迁遗留物。

秋七月甲申，封德昭为西平王。

冬十月己酉，遣使谢封册。〔考异〕宋史真宗纪，景德元年三月，麟府路败夏人于神堆，破其砦，其部将都尾等内附，败戎人于石门川。李焘长编云，时知镇戎军许均、钤辖秦翰领兵入蕃界，获生口，降部落甚众。又，石门川之捷为曹玮，时犹许均知州事。外纪均未载。

二十三年（乙巳—一〇〇五）春二月丁巳，夏遣使告下宋青城。〔考异〕李焘长编云，景德二年（正）〔二〕（据长编卷五九改）月，**环州**言戎人入寇，熟户**旺家族**击走之，获其军主，俘掠甚众。四月，寇**环州**，败之。执其酋**庆结**送阙下，请斩于**藁街**以警蕃部；上令配隶**淮南**。六月，**德明**遣牙将**王旻**奉表归款，赐旻锦袍、银带，遣侍禁**夏居厚**赍诏答之。因**张崇贵**言，诏诸部勿纵兵出境。十二月，复遣其教练使**郝贵**来贡。此据**会要，国史、实录**皆无之。明年五月，**德明**遣其兵马使**贺永珍**来贡马，复遣**贺守文**来贡。时**德明**虽累修贡，而于**张崇贵**所议七事，讫莫承顺。**曹玮**请假精兵，出不意，擒**德明**送阙下；不报。**密鄂克、延家、硕克威**等族三千余帐内附。**玮**领兵徙其家属以还。六月，**德明**使**贺永正**等来贡。　**毕沅续通鉴**云，九月，**赵德明**始遣其都知兵马使**白文寿**来贡。未言下**青城**事。明年复遣**贺守文**来贡。　**陆游老学庵笔记**云，**王荆公**所赐玉带，阔十四（稻）〔掐〕（据津逮秘书本**老学庵笔记**卷七改），号"玉抱肚"，**真庙**时**赵德明**所贡。至**绍兴**中，**王氏**犹藏之，曾孙奉议郎**璹**始复进入禁中。

　　二十五年（丁未一〇〇七）秋七月壬申，**李德昭**母卒，遣使吊祭，起复。〔考异〕**李焘长编**云，景德三年九月，钤辖**张崇贵**奏："**德明**遣牙校**刘仁勖**来进誓表，请藏盟府。"许之。擢**崇贵**内侍省都知，赏其功。**德明**寻遣使贡马驼。　**续纲目**云，景德三年十月，**赵德明**请降，授定难节度使，封**西平王**。未几，**契丹**亦册为**夏国王**。按景德三年为**辽统和**二十四年也。所载年月稍异。

　　二十七年（己酉一〇〇九）冬十二月辛卯，太后崩。壬辰，遣使报哀于**夏**。

　　二十八年（庚戌一〇一〇）秋九月乙酉，册**李德昭**为**夏国王**。

　　开泰元年（壬子一〇一二）夏四月壬寅，**夏**遣使进良马。

冬十一月己亥，赐夏使曹文斌、吕文贵、窦珪祐、守荣、武元正等爵有差。〔考异〕西夏外纪未载夏使赐爵事，今从圣宗纪。

二年（癸丑一○一三）秋七月，诏李德昭："今西伐党项，尔当东击，毋失犄角之势。"〔考异〕外纪未载，今从圣宗纪。

八月壬戌，遣引进使李延弘赐德昭及义成公主车马。

太平元年（辛酉一○二一）冬十一月，夏遣使来贡。〔考异〕毕沅续通鉴云，天禧五年冬，赵德明始城怀远镇而居之，号兴州。 宋史夏国传，天禧四年，辽主亲将兵五十万攻凉甸，德明率众逆击，败之。时辽开泰九年也。圣宗纪及外纪均未载。续通考云，夏据五州，缘境七镇，东西二十五驿，南北十余驿。李德明晓佛书，通法律，尝观太乙金鉴诀、野战歌，制番书十二卷，又制字若符篆。其自号嵬名。设官分文武。凡出兵，四卜：一、炙勃焦，以艾灼羊髀骨；二、擗算，擗竹于地求数若揲蓍；三、咒羊，夜牵羊焚香祷之，又焚〔㲉〕（原缺，据辽史卷一一五西夏外记补）火于野，次晨屠羊，肠胃通则吉，羊心有血则败；四、矢击弦，听其声知胜败。及敌至期，病，惟召巫送鬼，或迁他室，名闪病。喜执仇人，负甲叶于背识之。仇解，用犬血和酒贮髑髅中饮之，誓不复仇；否则率壮妇纵火焚庐。俗以敌女兵不祥，辄避去。出军用单日，避晦日；多立虚寨，设伏兵，衣重甲，乘善马。以铁骑为首锋，用铁勾索（级）〔绞〕（同上书改）联，虽死马上不落。此其大概也。所载甚详。

二年（壬戌—一〇二二）冬十月壬寅，遣堂后官张克恭贺李德昭生辰。〔考异〕外纪未载，今从圣宗纪。又八年六月，复遣吴克荷贺德昭生辰。外纪亦未载。

六年（丙寅—一〇二六）冬十月庚辰，遣使问夏国五月与宋交战之故。〔考异〕外纪未载，今从圣宗纪。康海武功志云，天圣中，夏人犯边，自新平以下，时被抄掠。武功令种世衡选子弟数千人教之骑射。时称武功人善射者，世衡之所教也。

十一年（辛未—一〇三一）夏六月，圣宗崩，报哀于夏。李德昭遣使来进赙币。是岁，兴宗立，以兴平公主下嫁德昭子元昊，拜驸马都尉。〔考异〕李焘长编云，德明凡娶三姓。默穆氏生元昊，密克默特氏生沁威。元昊小名叶迈，羌语惜富贵也。长五尺余。少时衣长袖绯衣，冠黑冠，佩弓矢。出乘马，前后百余骑护从。晓浮屠学。初制秃发令，先自秃发，下令国中，三日不从则杀之。以兵法部勒诸羌。始衣白窄衫、毡冠、红里顶，冠后垂红结绶。自号嵬名吾祖（按，辽史卷一一五西夏外记作“嵬名”，无“吾祖”二字。）欲举兵，率酋豪猎，问所见，择取其长。按，默穆一作米母；密克默特一作咩迷沁裕勒，一作成遇额藏渠怀，一作讹藏屈囊；沁威一作成嵬；叶迈一作崖埋。毕沅续通鉴云，德明娶卫慕氏，生元昊，性凶鸷猜忍，通蕃、汉文字。尝引兵袭夜洛隔可汗王，破之，夺甘州。数谏德明无臣中国。德明谓：“三十年锦绮皆宋天子恩。”元昊曰：“英雄之生，当王霸耳，何锦绮为？”复攻拔西凉府。 续纲目云，元昊，小字嵬理。雄毅多大略。善绘画，能创制物始。圆面高准。明号令，立蕃、汉学。用华州二生，曰张元、吴昊为谋主。其徒遇乞先创造蕃字，累年方成。至是下令国中，悉用蕃书。又，元昊制字，命野利仁润色之，字体方整

类八分。见宋史。沈存中作约噶制蕃字，独居一楼。又异。洪迈容
斋三笔云，张、吴皆关中人。吴诗不传，张为鹦鹉诗，末云："好令
八龙收拾取，莫教飞去别人家。"蔡絛西清诗话载其雪诗，末云：
"战罢玉龙三百万，败鳞残甲满天飞。"岳珂桯史云，景祐末，张、
吴初入夏酒家，剧饮，书壁曰："张元、吴昊来饮此楼。"逻者执之，
夏酋诘以入国问讳之义，曰："姓尚不理会，乃理会名耶！"时曩霄
未更名，且用中国赐姓也，竦然异之，日尊宠用事。其诗、文杂见
于田承君集。长编注云，康定元年五月九日，捕家属送阙；六月，
安置房州。田画记张、吴事云，时二人家属羁縻随州，二人使谍矫
中国诏释之，西人临境作乐迎护，骏马驰去。沈括清夜录云，二人
累举不第，有纵横才，欲谒韩范，刻诗石上，使曳于市而笑。后有
姚嗣宗，亦关中人，与张、吴善，题诗崆峒寺云："南粤干戈未息
肩，五原金鼓又轰天；崆峒山叟浑欲语，饱听松声春昼眠。"范巡
边，见之，大惊。又有"踏破贺兰石，扫清西海尘；大开双白眼，
只见一青天"句。后不知所终。　周煇清波杂志云，元本布衣，献
诗于魏公，不纳；遂投西夏用事。熊子复九朝通略云，康定元年，
华州进士张源逃入夏界，诏赐其家钱米以反间之。却用此"源"字。

**兴宗重熙元年（壬申一〇三二）冬十一月丙戌，夏
遣使来贺。辛卯，李德昭卒，册其子夏国公元昊为
王。**〔考异〕李焘长编云，宋仁宗明道元年十一月，进德明夏王，寻
卒，延州以闻，辍视朝三日，赠官。命朱昌翰等为祭奠使，赐赙绢
布有差。将葬，赐物称之。太后所赐亦如之。帝与太后复为德明成
服于苑中，百官奉慰，封元昊西平王。遣杨告为旌节官告使，朱允
中副之。时阴怀叛计。明道改元，而元昊避父名称显道。初对使者
设席，自尊大，而告徙坐即宾位，不为屈。又闻屋后有数百人锻声，
知其必叛，不敢言。又，昌符道病故，改命孙祖德。景祐元年闰六

月，府州言元昊自正月后屡寇边，诏部署司严兵备之。八月，元昊率万余众来寇。先是，庆州柔远蕃部巡检威布领兵攻破夏州后桥新修诸堡，至是称"报仇都巡检"。杨遵柔等与战于龙马岭，败绩；都监齐宗矩等援之，次节义峰，遇伏，宗矩被执，久之放还，均坐贬。母米氏、族人尚实谋杀元昊，事觉，酖其母米氏，沈尚实之族于河。遣使告哀，命祗候王中庸致祭，舍人郭劝吊慰。赂遗劝等百万，拒不受。元昊复立额藏渠怀为乌尼。乌尼者，太后也。景祐二年冬，元昊遣索诺尔将兵二万五千攻嘉勒斯赉，败死略尽，索诺尔被执。元昊自攻氂牛城，不下；诈约和，城闭，乃大纵杀戮。又攻青唐、带星岭诸城，阿萨尔以兵绝元昊归路，昼夜战，萨尔败，然部兵溺总噶尔河及饥死甚众。元昊并兵临河湟，既渡河，插旗帜识其浅；嘉勒斯赉潜使人移植深处以误之。及大战，元昊溃而归，视帜渡，溺死十八九。所斩获甚众。　续纲目云，明道元年冬，封德明夏王，寻卒，赠太师、尚书令兼中书令。遣杨吉授元昊三使，封西平王。避父讳，改明道为显道，称于国中。景祐元年七月，元昊反，寇环、庆。初，庆州巡检威通攻破后桥诸堡，元昊遂寇庆州，杨遵与战，败绩，齐宗矩被执，寻放还。改元开运，或言石晋败亡之号，始改广运。米氏作威摩氏；尚实作山喜。二年十二月为吐蕃嘉勒斯赉所败。氂牛城作猫牛城；总噶尔作宗噶尔；阿萨尔作阿洎尔。三年冬，取瓜、沙、肃州，而洪、定、威、龙皆即堡镇号为州，仍居兴州，号兴庆府。阻河，依贺兰山为国，地方万里，改元大庆。设十六司总庶务，置十二监军司，兵十五万备镇守。贺兰山，在今宁夏府宁朔县西。　李壆十朝纲要云，元昊举兵攻兰州，诸羌侵掠至马衔山，遂并甘、瓜、沙、肃兵五十余万。　赵珣聚米图经云，元昊既屠氂牛城，筑城凡川会，绝吐蕃通中国路，诱胁诸部酋豪。斯赉因二子猜阻，徙居哩沁城，在总噶尔城西。　高永年陇右日录云，斯赉势折而徙青唐城，或即哩沁也。元昊传作景祐二年事，聚米图经谓在明道中。后再举，陷瓜、沙、肃三州。与实录附传先后不同。　魏泰东轩笔录云，吐蕃后有唃厮罗，甚强；祥符间，败于三都谷，势遂弱，谨修朝贡。自元昊举兵攻破莱州诸羌，南侵至马衔山，断兰州路，唃氏不能入贡。宝元二年，议者欲牵制西夏，遣屯田员外郎刘涣奉使抵青唐城，命为邈州都统；厮罗大喜，举兵助讨贼，复与中国通矣。　周煇清波杂志云，时刘涣至吐蕃。蕃中不识朝廷，但言赵家天子及东宫赵家阿舅。盖吐蕃与唐连姻，故称阿舅，至今不改。　宋史仁宗纪，景祐元年十二月，赐元昊佛经，未书其反，而宝元二年十二月始载之。外纪均阙书。　王辟之渑水燕谈云，景祐中，元昊尚修职贡，蔡州进士赵禹上言元昊必反，请为边备。流建州。明年果反。逃归，至京上书，下开封狱；得陈希亮救，擢徐州推官。石守道诗曰：“蔡牧男儿忽议兵”，谓此也。　刘攽中山诗话云，景祐中，元昊叛，夏郑公出镇长安，梅圣俞送诗曰：“亚夫金鼓从天落，韩信旌旗背水陈。”时独刻公诗于石。

七年（戊寅一〇三八）春三月辛亥，夏遣使来贡。

夏四月，兴平公主卒。公主生与元昊不谐，遣北院承旨耶律庶成往诘其故。〔考异〕李焘长编云，宝元元年九月，元昊欲三道入寇，从父善约特数谏不听，惧诛，潜送款于李士彬。知延州郭劝、钤辖李渭遣韩周执送元昊，至蒲博坡，元昊射杀之。时元昊自称乌珠。乌珠者，华言青天子也，谓中国为黄天子。十月，遂僭号，号大夏。仍遣使来告。宝元二年正月，抵延州，劝等言虽僭号，尚称臣，可渐以礼屈；诏许使者赴京师。劝等令韩周与俱，及东华门始去本国服表曰：“臣祖宗本后魏帝赫连之旧国，拓跋之遗业也。远祖思恭，当唐季，率兵拯难，受封赐姓。”余同诸书。又以三万骑围承平寨，部署许怀德射杀其将，贼解去。闰十二月，<u>元昊</u>复遣贺九言遗嫚书，纳旌节官告。书略曰："特命之使未还，南界之兵噪动于<u>鄜延</u>、<u>麟府</u>、<u>环庆</u>、<u>泾原</u>路，九处入界。"又曰："南兵败走，收获甚多，兼杀下蕃人及军将士不少。"又曰："既先通誓约，又别降制命，诱导边情，潜谋害主，谅非圣意，皆公卿异议，心膂妄图。有失宏规，全忘大体。"末曰："伏冀再览菲言，深详微恳，回赐通和之礼，浡行结好之恩！"见<u>夏台</u>事迹。不具载。

<u>续纲目</u>云，<u>宝元</u>元年十月，<u>元昊</u>遣使诣<u>五台</u>供佛，以窥<u>河东</u>道路。既还，与诸酋歃血，约先攻<u>鄜延</u>，欲自<u>靖德</u>、<u>塞门砦</u>、<u>赤城</u>路三道并入。叔父<u>山遇</u>谏不听，挈妻子来降，<u>郭劝</u>执还<u>元昊</u>。<u>元昊</u>杀之，遂称帝。改元<u>天授</u>，礼法延祚。寻遣使奉表。二年六月，削赐姓官爵。十一月，寇<u>保安军</u>，<u>狄青</u>击败之。　<u>司马光涑水纪闻</u>云，初，<u>元昊</u>入贡，表称教练使，衣服礼容皆如牙吏。<u>宝元</u>二年十二月，<u>鄜延路</u>奏<u>元昊</u>奉表，略曰："臣祖宗本出<u>帝胄</u>，当<u>东晋</u>之末运；创<u>后魏</u>之初基。曩者，臣祖继迁，心知兵要，手握乾符，大举义旗，悉降诸部。临河五郡，不旋踵而归；沿边七州，悉差肩而克。"又曰："臣父<u>德明</u>，嗣奉世基，勉从朝命。真王之号，凤感于颁宣；尺土之封，显蒙于割裂。"又曰："称王则不喜，朝帝乃是从。辐辏屡期，山呼齐举，伏愿以一垓之土地，建为万乘之邦家。"于时再让靡遑，群情又迫。事不得已，顺而行之，遂以十月十一日郊坛备礼，为<u>世祖</u>谥始文本武兴法建礼仁孝皇帝。　<u>毕沅续通鉴</u>云，元年（八）〔九〕（据续通鉴卷四一宋纪改）月，<u>山遇</u>来降，不受；诏知<u>延州</u>郭<u>劝</u>等送还，被杀，遂僭号。二年正月，<u>劝</u>等以其表闻，略云："臣以狂斐，制<u>小蕃</u>文字，改<u>大汉</u>衣冠，革乐之五音为一音，裁礼之九拜为三拜。军民屡请，愿建邦家，是以受册即皇帝位。伏愿陛下睿哲知人，宽慈及物，许以西郊之地，册为南面之君。敢竭庸愚，常敦欢好，鱼来雁往，任他邻国之音；地久天长，永镇西边之患！至诚

历恳，仰俟帝俞。"（按，续通鉴卷四一宋纪只载上述引文的一部分）
劝等坐降官。　田况儒林公议云，郭劝械送山遇，贼戮其族无遗类，
西人怨惧，向化之心绝矣。贼为患既剧，朝廷降诏，购募贼中有伪
署名职至卑如埋移香者，作输归款，重其封禄，待以郡王，亦终不
至，贼党益炽。狄青，字汉臣，汾州西河人，谥武襄。　张舜民画
墁录云，武襄本西河书佐，逋罪入京，窜名赤籍，以三班差使殿试，
出为青涧城指挥使，种世衡异之，授以兵法，延誉于范公，遂知名。
宝元二年二月，夏寇保安，青与钤辖卢守懃击却之，功最多，除殿
直。时金明都监李士彬获夏州刺史刘乞铎，送京师斩之。

九年（庚辰一〇四〇）秋七月癸酉，宋遣郭祯以伐
夏来报。〔考异〕李焘长编云，康定元年正月，元昊遣贺真伪降，
范雍厚礼遣之。嗣闻贼大举，令李士彬分守三十六寨。子怀宝谏，
不听。未几，贼奄至，怀宝战死，士彬被执。后十余年乃死。夏人
畏士彬，号"铁壁相公"。遂乘胜抵延州，雍檄刘平、石元孙来救。
平力战，黄德和先遁，遂与元孙俱被执。实录谓系是月十九日。聚
米图经、涑水纪闻作二十三日戊寅。各异。　图经云，士彬自屯黑
儿寨，贼并兵攻入，连破三十余寨，士彬父子均死。时金明县令陈
说固守，力战死。赠郎中，录其子。七月，贬赵振知绛州；以固守
延州不救塞门、安远二寨，致陷没故也。以张存代知延州；求内徙，
以范仲淹代。命都监周美复金明寨，贼至，击走之。寻遣殿直狄青
等攻西界，卢子平破之。九月，部署葛怀敏出保安军北木场谷、珪
年岭袭西贼，破之。十月，钤辖朱观等袭洪州界郭壁等十余寨，破
之。高继隆攻经纳、旺穆等砦，破之。　续纲目云，康定元年正月，
夏寇延州，刘平、石元孙战殁。贬范雍知安州。命韩琦、范仲淹副
夏竦，经略陕西。　毕沅续通鉴云，刘平、石元孙被执，贼围延州
七日，会大雪，解去。破金明砦，诱李士彬及其子怀宝，均陷没。

延州之败，黄德和先遁，反诬奏平等降贼。诏置狱。河中府发兵围平等家。因富弼力奏及吏民赴阙诉平等战殁状，事始白。腰斩德和，赠平等官。后纳款，归元孙，削官编管全州。东都事略云，元孙为守信孙，官鄜延副总管，败于三川口，被执。　司马光涑水纪闻云，金明之陷，从死者高益、韩遂、蔡咏、曹度、王谷，皆赠官。士彬本属国胡酋，所部十八寨，胡兵近十万，为夏人所畏。降者甚众，后为内应，袭擒之，元昊割其耳不杀。后十余年卒于敌中。母妻奔延州。都监桑怿战死于镇戎军。　按，长编载刘平等之执，在李士彬兵败后，与毕沅续通鉴异。余同。平，字士衡，祥符人。雍，字伯纯，河南人。琦，字稚平，安阳人，谥忠献。仲淹，字希文，吴县人，谥文正。竦字子乔，江州德安人，谥文庄。士彬，延州金明人。　魏泰东轩笔录云，德和系监军内臣，时屯娘娘谷，去五龙川不及十里，裨将郭遵突围出，请救不应；又赴延州求援于范雍，不出。二将面缚，遵亦战死。事闻，遵赠果州团练使，子弟悉拜官。李元纲厚德录云，后元孙自西夏归，议赐死，贾昌朝独曰："自古将帅被执，归不死。"元孙获免。　宋史周美传，康定初，夏破金明诸砦，美请于仲淹曰："金明当敌冲，今不亟城，将遂失之。"因令美复城如故。张亢传，康定中，亢护赏物送麟府，敌趋柏子堡来邀，亢击败之，乃修建宁等堡。夏人数出争，战于兔毛川，败之。建宁堡在府谷县西北七十里。　涑水纪闻又云，康定初，夏寇延州永平塞，塞主监押欲遁，史吉率兵遮城门不令出。敌围城，吉拒守，乃解去。官至团练使。女为郭遵妻，有明识，劝勿多藏。时洛苑使高继隆、知庆州张崇俊、祇候刘政、郭仁禹等破夏后桥塞，转官有差。是秋，夏寇保安，都部署任福攻其白豹城，克之，俘获无算。诸将分破族帐四十一，擒伪官张团练等七人，斩数百级。时指挥严顺戍丰州夏团城，力拒守，斩馘甚多，城陷被害。下州录其后。见长编。

宋史仁宗纪，五月，夏陷塞门砦，监押王继元死之。寇三川砦，巡检杨保吉死之。陷乾沟等堡，死者五千余人。史未言宋败。金明砦，隋县，故城在今延安府安塞县。河中府为河东郡护国军。安州，今德安府。全州，隶广西路。

十年（辛巳一〇四一）**秋九月丙寅，夏遣使献宋俘。**〔考异〕续纲目云，庆历元年正月，诏鄜延、泾原会兵讨元昊。仲淹与琦议不合，不果行。元昊遣人至延州，仲淹以书谕之。二月，寇渭州，任福败死于好水川，徙琦知秦州。三月，元昊答书语不逊，仲淹焚之，贬知耀州。八月，陷丰州，夏竦、陈执中免。分陕西为四路，以仲淹、琦、庞籍、王沿经略之。军声稍振。　东斋录云，时张元题诗界上曰："夏竦何曾耸，韩琦未是奇；满川龙虎辇，犹自说兵机。"李焘长编云，好水川之败，死者尚有狄傅、桑怿、丰斌、王庆、刘钧、刘肃、唐忠、王贵、刘千、白兴、杨玉。均赠郦有差，又将校数百人，军士死者六千人。实录作二月十二日；尹洙集作十四日，今从之。五月，命赵珣为招讨都监，治笼竿城，击败之，俘获千计。珣上聚米图经及五阵图兵事十余篇；太常丞田况亦上兵策十四事。嘉纳之。　宋名臣言行录云，陕西豪士刘易多游边，喜谈兵，韩公宣抚五路时荐之，赐处士，号易。善作诗，公为书石，或不可其意，则发怒洗去；公欣然再书，不惮。　周辉清波杂志云，韩公镇延安，夜有持匕首至卧内者，乃夏人所遣也。公语之："汝取我首去！"其人曰："不忍，得谏议金带足矣。"明日，公不治此事。俄有守陴者以原带来纳之。或谓不治为得体，卒受其带，则堕奸人计矣。公叹为非所及。　按，延安刺客实张元所遣。　世史类编云，范公经略陕西，子纯佑年方弱冠，与将卒错处，钩深探隐，得其才否。由是用人无失，所向有功。公尝作麟州诗云："宣恩来到极西州，城下羌山隔一流；不见耕桑见烽火，愿封丞相富民侯。"田况儒林公议云，夏竦帅泾原，范雍帅鄜延，元昊未尝侵轶，竦坚守不动。雍谓元昊小而怯，率兵纵掠，遂入寇，致刘平之败。琦经略陕西，判官尹洙诣阙献入攻之策，夏竦、杜衍以为非，夷简谓韩、尹健果，力主之。仲淹守延安，不预此议，洙劝协力，终不从。任福败于好水川，洙亦被谴。仲淹疏戒轻举，城承平等十二寨；凡六奏，卒城之。蕃、汉民相踵复业。　司马光涑水纪闻云，任福，字祐之，开封人。官亲军都虞候，子怀亮从死，悉赠官，子弟除殿直。诸将如武英、王珪、赵律、李简、李禹亨、刘肃、耿傅，皆死于贼。又，庆历初，元昊围麟州，苗继宣募能求援者，王吉愿出，秃发，衣胡服，走诣府州告急；兵至，围解。尝从都监王凯与夏兵数万遇，力战，杀万人及大将。除礼宾副使。子文宣亦材高。时与吉齐名者，又有张节。　宋史仁宗纪，八月，夏破宁远砦，王世彖、王显战死，陷丰州，知州王余庆、监押孙吉、侯秀死之。地理志云，泾州，为安定郡彰化军，县四，治保定。原州平凉郡治临泾。秦州，本天水郡，治成纪。耀州华原郡感义军。丰州，隶河东路。渭州，宋置，治平凉。好水川，今名甜水河，在平凉府隆德县东，源出六盘山，西南流，与苦水合。苦水即瓦亭水。执中，字昭誉，南昌人，恕子。籍，字醇之，武城人。沿，字圣源，馆陶人。

　　十一年（壬午—一○四二）春正月庚戌，南院宣徽使萧特默原作特末等使宋，问兴师伐夏之由，且求关南地，寻及宋平。

　　冬十二月壬子，以托欢、原作吐浑党项多鬻马夏国，诏谨边防。〔考异〕续纲目云，庆历二年九月，宋与契丹结成，元昊寇镇戎军，葛怀敏败死，遂大掠渭州，仲淹赴援，乃引去。命琦与仲淹经略四路，中外倚以为重。毕沅续通鉴云，怀敏败于定川寨，诸将曹英等十六人均从死。宋史作十四人，悉赠官。王沿降知虢州。外纪未载宋败事。司马光涑水纪闻云，时寇攻平定，守郭固请援，李知和赴救，败还；怀敏诸将皆欲走。赵珣请由笼竿往，不听；及定川，寇蹑其后，分两道旁截，前军脱者十二三。后军自笼竿，尽免。宋史附赵珣于父振传，附怀敏于父霸传。此外，曹英、李知和、王保、王文、许思纯、李良臣等悉遇害。怀敏谥忠隐。李焘长编尚有赵珣、刘贺、李岳、张贵、赵璘、杨遵、姚奭、董谏、唐斌、霍达。余军陷贼者九千四百余人，马六百匹。渭州六七百里，焚掠甚惨。后李良臣自西归，见琦疏。珣亦不死，见本传。后没于敌中。初，怀敏驻镇戎，王沿驰书戒勿入，以羸师诱寇，设伏击之，弗听。沿子豫，谓怀敏非将才，请易之，不从，故败。贼犯渭州，沿多张旗帜为疑兵，贼引去。　宋史赵珣传，时元昊入寇，珣会葛怀敏于瓦亭。怀敏西至马栏城，珣谓依马栏城布寨以扼其路。即马栏镇，在宜君县西南百二十里，通庆阳界。周美传，庆历中，城安定，黑水、佛堂等十一堡。游师雄传，鄜延将刘琯欲自延安入安定、黑水，师雄惧有伏，请由他道。既而谍者言夏人伏精骑于黑水傍。明一统志，黑水砦在安定县北一百里。延安府志，安定堡在安定县城东二里。镇戎军，宋置，今平凉府镇原县，是即固原州。定川砦在固原西北。虢州，县四，隶永兴军路。　按，萧塔喇噶传，字雄隐，五院部人，官西南招讨使。是年使夏谕伐宋事，约元昊出别道以会。纪未载。嗒喇噶亦作塔列葛，八世祖名只鲁，官北府宰相，卷二十二道宗清宁九年宫分人，亦名只鲁，另一人。

十二年（癸未一〇四三）春正月辛未，遣同知析津府事耶律迪里、原作敌烈枢密院都承旨王惟吉谕夏与宋和。

二月己酉，夏遣使贺加尊号。甲寅，迪里等还奏夏国罢兵；〔考异〕西夏外纪，正月，遣王惟吉谕夏与宋和。二月，迪里等使夏还，奏罢兵，与兴宗纪不合。今从纪。**遣使报宋**。〔考异〕李焘长编云，庆历二年正月，初，元昊贵臣叶勒、纲朗凌、约腊之弟，皆有才，亲信用事。纲朗凌即旺荣也。初答仲淹书，词嫚。嗣庞籍代知延州，谍知夏困，令知保安军刘拯为书达旺荣，许以西平茅土；而王沿、葛怀敏亦遣僧法淳持书及珍宝遗约腊。种世衡又为蜡书遣王嵩遗纲朗凌，趣其归附，以枣缀画龟谕意。纲朗凌惧，执嵩送元昊。疑不得还所治，锢嵩穽中；遣李文贵以纲朗凌旨报世衡。籍不信，止文贵于青涧城。数日，怀敏败于定川，密诏籍招纳，乃厚赆遣文贵归。元昊喜，乃出嵩厚礼之，与文贵偕来。月余，文贵复持纲朗凌及其弟等书抵籍议和。籍嫌其不逊，请于朝，诏许其和。令称旺荣为太尉，籍不可。言其自称宁凌或默宁，皆戎官，称之无嫌。三年正月，籍遣文贵还，再答旺荣等书，约其奉表、削僭号始敢闻。于是文贵偕其伊州刺史贺从勖持元昊书，称男邦泥鼎国乌珠曩霄上书父大宋皇帝。并言本国自有号，无奉表体式，称乌珠，如古单于、可汗。籍以闻，听从勖诣阙。命邵良佐往议，许岁赐绢十万匹，茶三万斤。七月，复遣吕尼如定兴、舍僚礼旺、约特和尔与邵良佐俱来，所请凡十一事，称男不称臣，琦持不可。蔡襄、欧阳修均言其自称吾祖为何等语。盖乌珠，华言吾祖也。复遣张子奭等往，所许乃二十万。又欲每年入中青盐十万斛，以半价约之，计二十余万贯。四年五月，元昊始称臣上誓表，复遣杨守素来议事。十月，颁誓诏。十二月，遣张子奭等往册封，用宾客礼。置榷场于保安军及高平寨，惟不通青盐。然朝使往，馆于宥州，不得至兴、灵焉。元昊誓表曰："两失和好，遂历七年。立誓自今，愿藏盟府。其前日所掠将校民户，各不复还。嗣有逃亡，毋得袭逐，悉以归之。臣近以本国城寨进纳朝廷，其栲栳、镰刀、南安、承平故地，及他边境蕃、汉所居，乞画中央为界。界内听筑城堡。朝廷岁赐绢十三万匹，银五万两，茶二万斤。进奉回赐及赐时服、生日礼物银绢有差，各如常数，不致改更。臣更不以他事干朝廷。今本国独进誓文，辄乞俯颁誓诏。盖欲世世遵承，永以为好。倘君亲之义不存，或臣子之心渝变，使宗社不永，子孙罹殃！"赐誓诏曰："朕临制四海，廓地万里，西夏之土，世以为服。今日纳忠悔咎，表于信誓，质之日月，要之鬼神，及诸子孙，无有渝变。申复恳至，朕甚嘉之！俯阅来誓，一皆如约。所宜明谕国人，藏书祖庙。"涑水纪闻称梁适使契丹，主亲与言，元昊欲归款南朝，若优礼怀来，彼宜自新。王珪撰适墓志，谓契丹遣六符来报，元昊欲纳款，因命适聘契丹。已而元昊遣贺从勖赍表至境，命适至延州，遂称臣。长编谓此言系萧偕所致，适归自契丹，复继言，故亟遣适与籍议。然载招怀数语，但云契丹使者来言，不指名六符及偕以示疑。续纲目，夏使作张延寿，外有儒定裕舍，旧作儒定聿舍。王嵩，本僧人王先信，种世衡奏补三班借职，更名嵩。遣遗书间其三大将，野利、刚哩拉、雅奇皆得罪，嵩被囚，议和乃得还。　毕沅续通鉴云，乌珠旧作兀卒；张延寿作吕你如定。　沈括梦溪笔谈云，天都王野利为夏谋主，与元昊乳母白姥有隙，尝谮其欲叛。世衡尝得番酋子苏吃曩，厚遇之，窃得野利宝刀。世衡因倡言野利为白姥谮死，为文设祭境上，叙旧欢，为元昊见，又识其所赐刀，遂赐野利死。自此君臣猜贰不能军。世衡功为多，卒，赠观察使。世衡初赠嵩絮袍，元昊执之，得其领中书，杀遇乞，囚嵩于北境，亡归。　魏泰东轩笔录云，元昊分山界战士为二厢，命刚浪凌统明堂左厢，野利、遇乞统天都右厢。二将能用兵，刘平诸败皆其谋。王嵩为悟空寺僧，王光信归，官左藏库使。田况儒林公议云，夏有野利、刚浪崖、遇乞三将，号为谋勇，人或言其有异志，并诛之，势亦不衰。又异。潘永因宋稗

类钞作紫山寺僧法崧。野利，王名；遇乞外有天都王。世衡因野利
死，祭文述二将相结意，亦得罪。　宋史夏国传云，渭州百姓范仁
美、姚家堡十将张遂诣王沿，言约噶、刚朗凌、沁布诸人欲内附；
沿遣仁美持书往招之。事觉，元昊族三家，并杀仁美，配遂，居摊
粮城。此传虽未可信，然足见三将被诛，不缘王嵩也，嵩但能离间
元昊使不任三将尔！世衡越境设祭，亦非事实。然仲淹志世衡墓，
乃云："遣谍者入敌中，敌诛用事者二三人。"世衡早没，其后不显；
或据世衡子古之言，要非事实也。皇祐元年冬，赠世衡团练使，授
古天兴尉。熙宁四年冬，嵩子元规乞赠父嵩官，可参考也。见长编。

苏辙龙川别志云，夏竦为总帅，居长安，精兵勇将留置麾下，四
路战守皆取决，败则罚不及，因谏官张安道言降知州，使四路各任
其事。及边兵屡屈，夏亦厌兵，安道又因郊需请纳其自新之请，以
安西界生灵，仁宗喜，即敕行。自是戎、夏皆息肩。宋史云，岁赐
银绢茶采凡二十五万五千。

秋七月庚寅，夏表请侵宋；不许。

冬十月，夏侵党项。壬子，遣延昌宫使耶律高
嘉努原作高家奴诘让。〔考异〕宋史夏国传，辽夹山部落呆儿族八
百户归夏，兴宗责还，留不遣，遂亲征。　田况儒林公议云，陕西
界夹山部落呆家等族叛附夏，契丹责问，不报。自称西朝，谓契丹
为北边。契丹乃聚兵云州谋西伐，预备刍茭以备冬，元昊焚之殆尽。
及其与战，遂败。

十三年（甲申—一〇四四）夏四月，党项及山西部族
叛入夏，诏诸道讨之。〔考异〕李焘长编云，庆历四年六月，
仲淹言契丹遣使来言欲西征，今边报称契丹大发兵马伐岱尔族并夹
山部落，并与元昊兵马相杀。元昊亦点集左厢军马，恐其合兵入寇，

有"六可疑、三可忧"之语。欲发兵为备。富弼决其必不入寇河东，杜衍亦力争，乃止。　按，庆历四年，即辽重熙十三年也。　续纲目云，时朝廷欲加夏封册，而北使适至，帝疑其同谋以见欺，欲调发为备，召群臣议，弼言契丹实有怨于夏，保无他。余靖言挟诈不可轻许，乃命靖致赆礼，而留封册不发。

五月壬戌朔，**罗汉努**原作罗汉奴。〔考异〕卷十六圣宗太平元年，右皮室详衮，疑系一人；卷六十六皇族表，景宗系隆庆孙，祗候郎君，另一人。奏部兵与**党项**战，不利，**李元昊**来援叛党，命诸道会西南边兵讨元昊。〔考异〕萧塔喇台传，时伐夏，将偏师首入境，多所俘掠，迁都点检。库德传，时为先锋，伏发，力战，麾下士多没，单骑突出。遇元昊来围，势甚急，驰射辄仆，直击中坚，夏兵不能当，晡乃还营，改兴圣宫太保。纪及外纪均未载。

六月甲午，**准布**原作阻卜**酋长乌巴**原作乌八遣其子执元昊所遣（来）〔求〕（据辽史卷一九兴宗纪改）援使**阿雅噶**原作宼邑改。〔考异〕陈浩辽史考证作斡里噶拉。来，且乞以兵助战，许之。〔考异〕西夏外纪云，准布子乌巴执元昊。恐误。今从纪。遣延昌宫使耶律高嘉努以将伐夏告宋。

秋七月庚辰，夏遣使来朝。

八月乙未，以夏使对不以情，羁之。丁巳，复遣使来，询以事宜，又不以实对，答之。

〔九月〕（同上书补）壬申，会军于九十九泉。志云，在丰州境内。〔考异〕何氏曰，在新州西北。方舆纪要云，在保安州境牧牛山下。以太弟重元、北院枢密使萧惠将先锋兵西征。

冬十月丁酉，元昊请罪。〔辛亥〕，（据辽史卷一九兴宗纪补）且进方物，诏枢密副使萧格原作革。小字华格，原作滑哥，字和尔沁，原作胡突革堇，国舅房林牙和尚之子。迓之。〔壬子〕，（同上书补）军于河（西）〔曲〕（同上书改）。格言元昊亲率党项三部来，诏格诘而遣之。群臣请进讨，督数路兵掩袭，杀数千人，驸马都尉萧呼都克原作胡睹。〔考异〕汪辉祖辽史同名录云，卷二十二道宗清宁九年，同知北院枢密；咸雍七年，知北院枢密司事，三人同名胡睹。被执。〔考异〕萧惠传，帝因惠言进兵，夏列拒马于河西，蔽盾以立，惠击败之。元昊走，惠邀之。夏兵千余溃围出，逆击之。忽大风飞沙眯目，军乱，为夏乘，蹂践死者不可胜计。　续纲目云，九月，契丹兵分三路济河，萧惠击败夏兵于贺兰山北。元昊请和，主将许之，惠不可。元昊凡三退师，每退必赭其地，契丹马无所食，乃许和。元昊因纵兵急击惠营，大败之，去。从数骑得免。　伶官传云，帝败，单骑突出，几不得脱。先是，元昊获辽人，辄劓其鼻，有奔北者，惟恐追及。故罗衣轻止之，曰："且观鼻在否？帝怒，将杀之，太子笑曰："打（浑）〔诨〕（据辽史卷一〇九伶官传改）的不是黄幡绰。"罗衣轻应声曰："行兵的亦不是唐太宗。"帝闻而释之。田况儒林公议云，契丹兵败，惧宋知之，乃出牓幽州，称元昊归款自矜，大略曰："元昊曩自先朝求为钜援，据一方之裂壤，迨二世以袭封。"又云："枭音弗变，犬态多端，忘牢豢之深恩，肆狂悖之凶性。擅诱边俗，巧谍欢邻，罪既贯盈，理当难赦。是用躬驱锐旅，往覆危巢，方迩贼庭，乞修觐礼。"云云。然燕人皆知其妄。而我之谍者亦见其舆尸重伤相继而至。史未言兵败。陈均九朝编年备要云，宗真亲至夏境，曩霄奉卮酒为寿，大合乐，折箭为誓。及罢，契丹夜以兵劫其营，反为所败，曩霄纵之去。亦与史异。丁巳，元昊遣使以所执王人来归，（按，据辽史卷一九兴宗纪、卷一一五夏国外记，皆作遣使以先“被执者来归”，未及“王人”云云）诏所留夏使亦还其国。

十一月甲子，班师。

十二月戊申，萧呼都克自夏还。〔考异〕耶律纽斡哩传，萧呼都为夏所执，奉诏索之，三反以归，转永兴宫使。纪及外纪未载。萧滴冽传，字托纽，约尼森济汗宫人，累官右伊勒希巴。会车驾西征，元昊乞降，帝遣滴冽往觇诚否。因为元昊陈述祸福，听命乃还。终西京留守。纪亦未载。

十四年（乙酉一〇四五）春正月甲申，夏遣使进鹘。以常侍额古德原作斡古得战没，命其子锡呼原作习罗为帅。

夏六月庚辰，夏遣使来（告）〔贡〕（据辽史卷一九兴宗纪改）〔考异〕李焘长编云，庆历五年正月，契丹遣林牙耶律宗睦来告讨夏，师回。先是，元昊既败契丹，赍表献俘，诏却俘受表。及宗睦来，知制诰余靖言：窃缘臣昨到契丹，彼君臣将元昊表状皆示臣，中有毁薵本朝之语。但敌主佯詈元昊小人翻覆，交斗两朝。臣谓今宜令馆伴将元昊献俘表示宗睦，兼言不受所献，复令送还北朝之意，使敌知我闻其败衄不敢邀求也。寻遣靖及引进使王克基回谢契丹。二月，夏曩霄初遣鼎努、关聿则等来贺正旦，聿则以留延州议事，后至。四月，复遣素齐咩布移则、张文显贺乾元节。闰五月，遣鼎罗威明、叶云、吕则依、张延寿来谢册命，又遣僧吉外吉法正谢赐藏经。时余靖言：夏与契丹约和，寻复侵掠，恐其兵忿不解，又遣使来告西伐，将命不绝，蠹耗财用。今奉使往谕，以此须边上关报，更不遣使。从之。六年十月，夏既献鄂尚绷、乌伊特、哈布九寨及丰州故地，诏遣楚建中往延州议疆事，以横阳河为界。　　按，庆历五年，即重熙十四年也。

十七年（戊子—〇四八）春二月，李元昊卒，其子谅祚遣使来告。〔考异〕续纲目云，庆历八年，夏元昊卒，年四十六。子谅祚方期岁，没藏氏生，养于母族鄂特彭，遂以三大将分主国政。谥元昊武烈皇帝，庙号景宗，尊没藏氏为太后。　　毕沅续通鉴云，密藏氏初与元昊私通，事觉，雅尔后出之为尼。元昊死，以其有遗腹，立为太后，果三月而生子，是为谅祚。　　东都事略，雅尔后作野利氏，雅奇妹也。生子曰甯令格，立为太子。雅奇诛，元昊得其妻密藏氏，私通，野利氏出之为尼。会元昊欲为甯令格娶玛伊克氏，见其美，自取之；甯令格愤杀元昊，不死，劓其鼻而去，为密藏氏之兄鄂博所杀，即鄂特彭也，旧作讹庞。谅祚，小（子）〔字〕（据文义改）甯令格，旧作甯令哥。夏国语谓欢嘉为"甯令"。两坌河名也。密藏氏从元昊出猎，至此生谅祚，因名。　　李焘长编云，曩霄凡七娶：一、默穆氏，舅女也。生一子，以貌类他人，杀之。二、索氏。始曩霄攻鏖牛城，讹传战没，索氏喜，日调音乐，及曩霄还，惧而自杀。三、多拉氏。早死。四、密克默特氏。生子阿哩，谋杀曩霄，为鄂桑格所告，沉于河，杀密克默特氏于王亭镇。五、叶勒氏。约噶从女也。颀长，有智谋，曩霄畏之，生三子：曰甯明，喜方术，从道士路修篁学，辟谷，气忤死；次甯凌噶，貌类曩霄，特爱之，以为太子；次锡哩，早死。后复纳摩移克结星女，营天都山居之。叶勒族不平，谋作乱，遂族约噶、纲朗凌、沁布等三家。叶勒氏诉其无罪，曩霄悔，得约噶妻阁于三帝香家。后与私通，叶勒氏出之为尼，号密藏太师。六、耶律氏。七、摩移克氏。初欲纳为甯凌噶妻，见其美，自取之，号新皇后。甯凌噶愤杀曩霄，不死，劓其鼻，为黄罗浶杀，曩霄因创死。密藏氏初为尼，有娠，立为太后。三月，谅祚生，而政在密藏氏。按，默穆即米母，叶勒即野利，约噶即遇乞，甯凌噶即甯令哥，与谅祚是两人。宋史，谅祚，小字甯凌噶。以庆历七年二月六日生，至八年正月方期岁，即位。与长编异。而沈括梦溪笔谈云，元昊后房生一子曰甯令受。"甯令"（受）〔者〕（据梦溪笔谈卷二五杂志二改），华言大王也。复又纳没藏讹庞之妹，生谅祚而爱之。甯令受与母谋杀元昊，入其室，与之遇，刺之，不殊而走。甯令受被戮。明日，元昊死，谅祚立，舅讹庞相之。有梁氏者，中国人，为讹庞子妇，与谅祚通；讹庞谋乱，谅祚诛之，夷其宗。以梁氏为妻，又命其弟乞埋为家相，许其世袭。厉鹗云，曩霄为子甯令受所杀始末，沈括与李焘所述不同，当以焘为正。　欧阳修归田录云，讹庞教佞令受以弑逆之谋，元昊见杀，讹庞遂以罪诛佞令受母子，立谅祚，而专其国政。又异。　兵卫志云，重熙十七年，有图伯特国者，乞以兵助讨夏国，诏不许。纪未载。　续通鉴云，夏告哀，议者欲以节钺畀其三大将以分其势，程琳言，幸丧，非所以柔远，请因而抚之。遣使封为夏国王。时孙沔亦言，伐丧，失中国体。遂命任颛往册封，宋守约副之。　琳传，谓册礼使行，夏方围庆阳，琳止诏使于郊，先具礼币赐予之。数移报之，果喜，迎册使，而庆阳围解。此事附传及欧公碑铭皆不载。疑误，今不取。时夏告哀使为杨守素，祭奠使为开封判官曹颖叔，吊慰使为六宅使邓保信。请以节度分授诸将。见何剡奏议。当时不知复有何人，当考。见长编。

十八年（己丑—〇四九）春正月戊戌，留夏国贺正使不遣。议伐之，遣枢密副使萧惟信往告宋。

夏六月壬戌朔，以韩国王萧惠为河南道行军都统，<u>赵王萧孝友</u>、<u>汉王</u><u>特布</u>、原作贴不副之。〔考异〕<u>毕沅续通鉴</u>云，时师分三道，<u>惠</u>等所将为<u>河南道</u>；其北道为行军都统<u>耶律达和克</u>所将；中道则<u>辽</u>主自将，尚未发也。所载稍异。<u>辛巳</u>，<u>夏</u>使来贡，留之不遣。

秋七月<u>戊戌</u>，帝亲征。〔考异〕<u>毕沅续通鉴</u>云，时以太弟<u>重元</u>及北院大王<u>耶律仁先</u>为前锋。<u>外纪</u>未载。

八月<u>辛酉</u>，渡<u>河</u>，<u>夏</u>人遁，乃还。〔考异〕<u>毕沅续通鉴</u>云，初，<u>辽</u>主将城西边，命统军使<u>耶律多珍</u>相地及造战舰，因成楼船百三十艘，上置兵，下立马，规制坚壮。主嘉之。至是，渡<u>河</u>，所御皆<u>多珍</u>造。主悦，亲赐卮酒，手书其衣裾曰："勤国忠君，举世无双。"据<u>耶律都沁传</u>载此事云，原作铎轸，系一人。<u>统和</u>初南征，力战，见赏<u>承天太后</u>。详上卷。<u>纪</u>亦未载。

九月<u>丁未</u>，<u>萧惠</u>等为<u>夏</u>人所败。时<u>惠</u>自<u>河南</u>进战，战舰粮船绵亘数百里。既入敌境，不设备；忽报<u>夏</u>师至，<u>惠</u>方诘妄言罪，<u>谅祚</u>军从（陂）〔阪〕（据<u>辽史卷九三萧惠传</u>改）而下，<u>惠</u>与麾下不及甲而走，追者射之，几不免。军士杀伤甚众。〔考异〕<u>萧博诺传</u>，时以兵二千据<u>河桥</u>，聚巨舰数十艘，仍作大钩。战之日，布舟于<u>河</u>，绵亘三十余里。大军既失利，有大木顺流下，辄钩致之，桥得不坏。又，<u>耶律古云传</u>，子<u>伊逊</u>从<u>惠</u>讨<u>西夏</u>。<u>惠</u>败，<u>伊逊</u>一军独全，拜北院大王。<u>纪</u>均未载。

冬十月，北道行军都统<u>耶律达噜噶</u>原作敌鲁古。〔考异〕<u>陈浩辽史考证</u>云，卷八十二传作涤鲁；卷一百十五又作敌古，均系一人。卷七十五<u>图勒锦传</u>，父<u>敌鲁古</u>，<u>太宗</u>时五院<u>额尔奇木</u>，另一人。<u>毕沅续通鉴</u>作<u>达和克</u>。率准布军至贺兰山，在宁夏镇西六十里。获元昊妻及官属，歼其众三千；都详衮原作详稳<u>萧慈实努</u>、原作<u>慈氏奴</u>南克<u>耶律斡里</u>死之。〔考异〕<u>毕沅续通鉴</u>云，时<u>达和克</u>以功封<u>漆水郡王</u>。萧惠以子<u>慈氏奴</u>战没，释丧师之罪。赠<u>慈氏奴</u>平章事。<u>外纪</u>未载。　惠传，字<u>伯仁</u>，<u>阿古齐</u>五世孙。历官开府、太师、兼侍中，以宋增币议成，擢北院枢密使，封<u>魏国王</u>。二子：<u>慈实努</u>；<u>乌尔古纳</u>。<u>乌尔古纳</u>终北府宰相，原作<u>乙古匿</u>。<u>道宗纪</u>作<u>兀古匿</u>，系一人。尝为北院大王，<u>契丹</u>行宫都部署。又，惠弟<u>实喇</u>，<u>统和</u>中为<u>海宁</u>节度，<u>重熙</u>中加侍中，封<u>辽西郡王</u>，转北府宰相，徙<u>辽兴</u>节度。<u>外戚表</u>未载其名。惠孙<u>普尔布</u>，原作<u>蒲离不</u>，一作<u>蒲离乃</u>，字<u>绥兰</u>。性孝悌，精文艺，累征不就，卜居<u>玛古山</u>，谢绝人事。见<u>卓行传</u>。<u>外戚表</u>谓系<u>兀古匿</u>之孙。　<u>续通考</u>云，惠尚<u>圣宗</u>第二女<u>魏国公主岩母堇</u>，初适<u>萧啜不</u>，次适<u>萧海里</u>，三适<u>萧胡睹</u>，俱不睦，乃改适惠。以帝女而改适者四，夷风犹不改云。

十九年（庚寅一〇五〇）春正月辛丑，遣使问罪于<u>夏</u>。

二月丁亥，<u>夏</u>将<u>旺布</u>、原作<u>洼普威赫</u>、原作猥（贺）〔货〕（据<u>辽史</u>卷二〇<u>兴宗纪</u>改）<u>伊特凌结</u>原作<u>乙灵纪</u>等来攻<u>金肃城</u>，在废<u>胜州</u>东北，<u>重熙</u>十三年伐<u>夏</u>置城。南面林牙<u>耶律高嘉努</u>原作<u>高家奴</u>。〔考异〕<u>毕沅续通鉴</u>作<u>杲嘉努</u>。等破之。<u>旺布</u>被创，遁；杀<u>威赫</u>、<u>伊特凌结</u>。〔考异〕<u>耶律布勒锦</u>传，原作<u>仆里笃</u>，字<u>燕隐</u>，<u>六院</u>部人。时摄<u>西南</u>招讨使。<u>夏</u>攻<u>金肃</u>军，败之，斩首万余级，加右武卫上将军。<u>耶律图丹</u>传，字<u>和尔沁</u>，太师古云子。重熙初，为左护卫，将禁兵从伐夏，有功，授十二行纠司徒。再举伐夏，图丹括山西诸郡马。还，迁伊喇详衮。西南未平，命知金肃军事，击败夏兵。仕终辽兴节度使，赠平章事。子阿苏，有传。纪未载二人胜夏事。 李焘长编云，皇祐二年二月，契丹遣忠正节度耶律益、彰德节度赵东之来告伐夏捷。益自言契丹兵三路进讨，主出中路，大捷，北路兵至西凉府，俘获甚众，惟南路少失利。盖妄说军胜，边奏皆谓戎主济河不遇贼，马多死。耶律贯宁大败于师子口，惟列常获属羌二十人，因而来献也。与史异。

三月戊戌，殿前都点检萧塔喇台原作迭里得与夏战于三角川，败之。擒观察使，以功授汉人行宫都部署。癸卯，命西南招讨使萧博诺、原作蒲奴北院大王伊逊、原作宜新林牙萧萨满原作撒抹等帅师伐夏，以行宫都部署布古德原作别古得监战。遣同知北院枢密使萧格按军边城，以为声援。〔考异〕毕沅续通鉴云，革狁佞擅权，师还，擢南院枢密使，转北院，封吴王。

五月癸巳，博诺等师入夏境，不遇敌，纵兵俘掠而还。丁酉，夏将旺布来降。

秋九月壬寅，夏人侵边，达噜噶遣六院军将哈里原作海里击败之。

冬十月辛未，谅祚母遣使乞依旧称藩。

十二月壬子，谅祚上表如母训。

二十年（辛卯一○五一）春二月甲申，遣前北院都监萧约噶原作友括。〔考异〕西夏外纪作㳠括。毕沅续通鉴作友恬，又作雅噶。今从纪。使夏，索党项叛户。

夏五月癸丑，<u>约噶</u>使还，进<u>李谅祚</u>母表，乞如<u>党项权</u>进马、驼等物。已巳，遣使来求<u>唐隆镇</u>并罢所建城邑，诏答之。

六月丙戌，诏以前所获<u>元昊</u>妻及前后所俘夏人安置<u>苏州</u>。<u>地理志</u>云，本<u>高丽</u>南<u>苏城</u>。见各书，惟<u>辑览</u>作<u>蓟州</u>。异。

二十一年（壬辰—一〇五二）冬十月丁亥，<u>李谅祚</u>遣使乞弛边备，诏谕之。嗣后朝贡如例。

二十二年（癸巳—一〇五三）春三月癸亥，夏以赐诏许降，遣使来谢。

秋九月壬辰，遣使进降表。甲午，遣南面林牙<u>高嘉努</u>等奉诏抚谕。〔考异〕<u>西夏传</u>作七月。

二十三年（甲午—一〇五四）秋七月己巳，夏遣使求婚。

冬十月丙（子）〔辰〕（据<u>辽史</u>卷二〇<u>兴宗纪</u>改），遣使进誓表。〔考异〕<u>兴宗纪</u>，是年冬十月，以<u>开泰寺</u>铸银佛像，曲赦在京囚。　按<u>游幸表</u>，开泰八年十二月，幸<u>开泰寺</u>宴饮。<u>鸿雪录</u>云，<u>燕</u>旧有<u>开泰寺</u>，<u>王沂公</u>谓是<u>辽魏王汉宁</u>所建。<u>元王恽秋涧集</u>中载<u>重修开泰寺功德疏</u>，亦曰："乃眷<u>燕山</u>，昔为<u>辽府</u>开泰禅寺者，爰因邸第，建自枢臣。"然<u>辽史</u>宗室初无<u>魏王汉宁</u>传也。<u>元一统志</u>云，寺在<u>昊元寺</u>西北，故基为统军<u>邨王</u>宅，枢密<u>魏王</u>所置，赐名<u>圣寿</u>，作十方大道，开泰六年改今名，殿宇冠全<u>燕</u>，<u>金</u>复增之，兵毁，独存大殿。壬子春，<u>云山珍公</u>复于此开堂演法，<u>宪宗</u>赐以金帛。<u>晁以道嵩山集</u>云，<u>辽主洪基</u>以白金数百两铸两佛像，铭其背云："愿后世生中国。"朱昆田曰下旧闻补遗谓铸银佛像在重熙二十三年，晁说误也。

二十四年（乙未—一〇五五）是年八月后改清宁元年。春二月甲寅，夏遣使来贺。〔考异〕毕沅续通鉴云贺尊号也。纪未载。

秋七月壬午，如秋山。次南崖之北峪，不豫。

八月己丑，帝崩。年四十，葬庆陵，谥神圣孝章皇帝。〔考异〕西夏外纪作二十三年，误。今从纪。癸巳，遣使告哀于夏。〔考异〕李焘长编云，兴宗性佻脱，尝与教坊使王刷、尔谦等数十人约为兄弟，出入其家，至拜其父母。数变服入酒肆、佛寺、道观。王纲、姚景熙、冯立辈遇之于微行后，皆任显官。尤重浮屠，法僧有正拜三公三师兼政事令者，凡二十人。马保忠谏，怒，不从。自是欲有迁除，必先厚赐贵臣以绝其言，故亲信者拉克珠等数十人皆拔处将相。尝夜燕，与刘四端兄弟王纲入乐队，命后妃易衣为女道士；后父萧穆济曰："汉官皆在，后妃入戏，恐非所宜。"宗真殴穆济败面曰："我尚为之，汝女何人耶？"宗真善画。尝以所画鹅雁来献，上作飞白书答之。　按，耶律和尚传，系出季父房，善滑稽。帝笃于亲亲，凡孟父之后，皆序父兄行。第于和尚独狎爱；然未尝有一言之过。上重之，官中京路案问使，卒。卷八十六，开泰时唐古部节度；卷二十九，天祚保大二年侦人，三人同名和尚。续通考云，释常住辽，重熙间在宝坻县城南隅、渠水之阴，建弥佗佛舍，结庐其旁，持经奉佛，栖心入道，淡然而居其中，后趺坐而化。荼毗之日，火身不灰，僧徒以其身立于佛侧。已而发再生焉，逾月则削之。后有女子以手扪其顶，发遂不生。　兴宗纪，重熙八年十一月，朝皇太后，召僧论佛法。十九年正月，僧惠鉴加检校太尉。十一年十二月，以宣献皇后忌辰，上与太后素服饭僧于延寿、悯忠、三学三寺。 洪皓松漠纪闻云，燕京兰若相望，大者三十有六，然皆律院。自南僧至始立四禅寺，曰大觉、招提、竹林、瑞像、延寿院主有质坊二十八所。僧职有正副判录，或呼司空。**夏遣使来贺即位。**

九月壬午，遣使以先帝遗物赐夏。

道宗清宁三年（丁酉—〇五七）**冬十二月己巳，太皇太后崩。**

明年春正月壬申朔，遣使报哀于夏。夏寻遣使来会葬。〔考异〕毕沅续通鉴云，嘉祐元年十二月，夏告母密藏氏哀。初，密藏氏通于李守贵，又通吃多己。守贞杀吃多己及密藏氏。其母族鄂特彭乃族守贵，保护谅祚，以女妻焉，时方九岁。 按，吃多己，长编作齐特济勒，实录书为拜锡相公。李守贵或作威密烈圭。云与密藏、鄂特彭杀其国母及拜锡相公。稍异。 司马光涑水纪闻云，嘉祐二年五月，管勾麟府路公事郭恩遇夏贼于屈野河，与战，败绩。恩及走马承受公事黄元道皆被禽。秋，纵元道归。 魏泰东轩笔录云，嘉祐中，麟州之役，谅祚二年间连以兵屯屈野河，进逼边界，聚而复散，故武戡、郭恩习以为常，轻兵而出，至忽里堆，伏发，兵败。屈野河西素为禁地。见司马光河外谙目。西人侵耕闲田，诏停沿边贸易，致有此败。 按，嘉祐元年、二年，即辽清宁二年、三年也。外纪未书。又，嘉祐六年六月，代州刺史苏安静上屈野河界图，筑堰三十六，界始定。见长编。

咸雍元年（乙巳—〇六五）**夏五月辛巳，夏遣使来贡。**〔考异〕李焘长编云，英宗治平元年秋，谅祚出兵寇秦凤、泾原路，熟户扰近寨，弓箭手杀掠人畜以万计。诏遣文思副使王无忌赍诏诘问，谅祚迁延弗受诏。因其贺正使哩穆先附表，归罪边吏，辞多非实，复下诏戒谕，终弗听。贬都转陈述古官。时敌兵二十万，焚荡数百里，秦、渭两路未出一人一骑。见文忠疏。　按，治平元年，即清宁十年。盖洪基以二十三年嗣立，即改元清宁，不待逾年。宋史误以逾年数之，故以治平元年为清宁九年，其实当清宁十年。又误以治平元年为四年也。见长编注。

三年（丁未—〇六七）冬十一月壬辰，夏遣使进回鹘僧、金佛、梵觉经。

十二月，李谅祚卒。〔考异〕薛应旂通鉴云，治平三年四月，夏寇环庆，经略蔡挺击走之。先是，谅祚遣吴宗来贺即位，语不逊，至是寇大顺城，挺使蕃官赵明等击之，败溃，退屯金汤。李焘长编云，谅祚败退，徙寇柔远城；副总管张玉等募兵夜出扰其营，贼惊溃。上赐挺手诏慰劳。谅祚退至金汤，声言复寇大顺城，安抚陆诜止其岁赐银绢，牒宥州问故，贼大沮，取粮寨下而还。十月，遣左藏库副使何次公往诘问。寻上表，多游辞，归罪边吏，复赐诏责之。明年闰三月，遂上表谢罪，如诏旨。用韩琦议也。　毕沅续通鉴云，九月，夏寇大顺城，琦请止岁赐，往诘问（按，据续通鉴卷六四，奏"止岁赐，往诘问"者为陆诜，且为二年九月事）。四年正月，帝崩，神宗立。二月，夏献方物谢罪。七月，遣使奉慰及进助山陵。九月，知青涧城种谔复绥州，擒其将嵬名山。费六十万，西方用兵自此始。十月，夏诱知保定军杨定等杀之。命琦经略陕西，谔坐贬官，窜随州。十二月，夏以杀杨定首领李崇贵、韩道喜来献。俄谅祚卒，谥毅宗，昭英皇帝。子秉常嗣。授嵬名山供备库副使，赐姓名赵怀顺。　司马光涑水纪闻云，夏酋嵬名山，众数万（按，涑水纪闻卷一一作"众万余"），在故绥州。弟夷山先降为熟户。种谔因夷山以诱名山，赂以金盂，名山小吏，受而许之。谔遂拥兵围其帐，名山惊，夷山曰："兄已约降。"其姊问为谁？曰：

"夷山也。"示之手无一指，且言其受种金盂，文喜出示之。名山投枪而哭。谔遂驱其部落牛羊南还，至塞才四千余人。是役，两府初不知。事闻，文潞公请归之。以琦判永兴军。至陕，言可受朝旨诘责，令勿给粮，追还戍兵，谅祚若攻，弗救也。嗣因经略郭逵力争，乃奏请筑城置戍，命曰绥德城。崛名山又作威明山，夏监军。时潞公以取绥州为无名，请以易安远、塞门于夏，令韩缜与夏臣薛老峰议，允之。枢密院下劄鄜延弃绥德，经略郭逵虑夏欺，俟得二塞，然后弃之未晚，匿其劄不行。既而夏交地止塞基，土田不可得。事闻，上让潞公，求前劄，不获，甚忧，逵乃出示之。　沈括梦溪笔谈云，谅祚凶忍好乱，治平中举兵犯大顺城，谅祚乘骏马，张黄屋，自出督战。守坤者彄弩射，中，乃解围去。创甚，驰入一佛寺，有牧牛儿不得出，惧，伏佛座下，见其脱靴，血沍于踝，使人裹创舁载而去，至其国，死。子秉常立。　陈均九朝编年备要云，谅祚既诛讹庞，杀妻没藏氏，性狂脱无常，过酋豪大家，辄私其妇女，酋豪多怨。纳叛人景询以为枢密使，弃蕃礼，用汉制。所载又异。宋史地理志，青涧城即延州旧城，在怀宁军南七十里。随州为汉东郡崇义军。宋史哲宗纪云，金汤城，元符二年筑，在保安县西北一百二十里。周美传，美为东路都巡检，败夏人于金汤城，焚其部族二十一，即此处。河套有警，为戍守要地，与庆阳黑水接界。城南六十里有德靖砦，宋宝元初，元昊与诸酋约攻鄜延，欲自德靖、塞门、赤城三道并入。见通鉴。　刘於义陕西通志云，治平四年，种谔复绥州，夜渡大理水。又，德明曾于祥符中出大理河，筑栅苍耳坪，大理河源出龙州堡双城儿。又，小理河出怀远之威武堡，合大理河入绥德州境，径州西北入无定河。

四年（戊申一〇六八）春二月壬子，李秉常遣使来告哀。

三月丙子，遣使吊祭。乙未，夏遣使来献遗留物。

冬十月戊辰，册秉常为夏国王。

十二月辛（未）〔亥〕（据辽史卷二二道宗纪改），夏使来贡。〔考异〕宋史神宗纪，熙宁元年三月，谅祚卒。按，谅祚实卒于去年十二月，纪所书者赴告之日耳。万斯同、赵骏烈纪元汇考云，本纪谓谅祚改元兴化，有六年，与夏国传拱化五年之文自相违异。 毕沅续通鉴云，三月，夏遣薛宗道等告哀于宋。及崇贵至，始知杨定受贿事，薄崇贵罪，削定官，没其田宅万计。外纪只载告哀于辽事。

五年（己酉—一〇六九）秋七月戊辰，夏遣使来谢封册。寻乞赐印绶。〔考异〕毕沅续通鉴云，熙宁二年二月，遣刘航等册秉常为夏国王。十月，夏来谢封册。三年五月，夏筑闹讹堡，知庆州李复圭出战，大败，郭贵袭之亦不克，边衅大起。八月，夏寇环庆，钤辖郭庆等战死，命韩绛宣抚陕西。十一月，夏寇大顺城，燕达击走之。十二月，复寇镇戎军，巡检赵普击败之。四年正月，绛使种谔袭败夏兵，城啰兀及抚宁故城。永乐六砦为夏陷。寊谔潭州，绛免官。 宋史神宗纪，二年，夏请纳塞门、安远二砦以乞绥州，诏许之。 李焘长编云，熙宁三年八月，判延州郭逵加检校太尉雄武留后，令再任。先是，夏人以亲军夹河，壮骑侵顺安、绥平、黑水等寨，诸将请击之，逵弗许；及侵汉地，筑城障，暴掠尤甚，逵乃使李安、李颙出绥德；彭达出顺安；燕达出绥平；贾翔出安寨。檄宥州及使人谕贼。贼弃顺安走，纵之；拒官军者，诸将合击之，斩首数百余，贼遁。未几，夏攻庆州，巡检姚兕败之于荔原堡，钤辖郭庆、都监高敏死之。贼攻柔远城，林广设计拒守，贼引去，悉迁官。先是，四月，夏兵侵绥德城，筑八堡，郭逵遣燕达击走之；蕃部巡检李宗谅与贼战于纳干，李复圭遣李信等越境助之，被围，逃回；又使梁从吉等别破金汤、白豹、兰浪、萌门、和市等寨；又遣李克忠袭金汤，不克，东出延州，以余众还，贼遂举国入寇，屯榆林，去城四十里。陕右大震，九日乃退。谢景温劾复圭擅兴致寇，坐贬官。复圭初出兵，不利，归罪信等，斩之，人以为冤。　按，与高敏死者尚有魏庆宗、秦勃。熙宁四年正月，韩绛命种谔领兵次娄城，敌帅都勒玛斡聚兵马户川，谔击破之，玛斡遁。复令吕真追之，悉溃去，遂城娄。绛所费计六百万缗，凡二十五日毕工。斩首千余级，降生口千余。谔谍知横山有积粟，令民兵多辇版筑之具，因粮于敌，故功速成，并筑永乐川、赏逐岭二寨及抚宁故城。二月二十日，抚宁陷，娄城亦弃不守。谔闻之战悸，欲作书与燕达，不能下笔，顾判官李南公，涕泗不已。九月，夏秉常遣使阿克尼、威明科荣等入贡，表乞绥州城；答诏不令夏交割寨门、安远二砦，绥州更不给还。谕鄜延经略立绥德城界至，及诸路立封沟，彼此更无侵轶。表辞曰："臣近承边报，传及睿慈，起胜残去杀之心，示继好息民之意；人神欣悦，海宇欢呼，仰戴诚深，忭跃曷已！恭惟皇帝陛下，深穷圣虑，远察边情；念兹执戟之劳，恤彼交兵之苦。岂谓一城之地，频伤累世之盟；觊斥边吏之云为，乃是天心之恻隐。况此绥州居族，岁久悉怀恋土之思；积愤情深，终是争心之本。远施命令，早为拔移。得遵嗣袭之封，永奉凝严之德。佇使枕戈之士，翻成执末之人；顿肃疆场，重清烽堠。顾惟幼嗣，敢替先盟；翘命中宸，愿依旧约。贡琛赆宝，岂惮于逾沙；向日倾心，弥坚于述职！"伪学士景珣辞也。　按，熙宁三年、四年，即辽咸雍六年、七年也。外纪未载。闹讹堡，一作诺和堡。啰兀城成，赐名嗣武砦。抚宁故城在无定河川中，李继隆迁于绥德州之滴水崖，曰啰兀城。

兹所筑乃旧城，本道图经皆不载，惟继隆西征记言之甚详。见沈括梦溪笔谈。啰兀城又作罗瓦城。大顺城在庆阳府西北百五十里。永乐城在米脂县西百五十里。地理志云，旧啰岩城，元丰四年置，寻废，崇宁三年修复。明一统志云，在米脂县西四十里。宋史（种谔传）〔夏国传〕（据宋史卷四八六夏国传改）熙宁四年，谔遣都监赵璞筑抚宁故城，及分荒推三泉、吐浑川、开光岭，葭芦川四砦。开光，堡名，在绥德州北四十里。潭州，今长沙府。绛字子华，开封人，亿子。谔字子正，世衡子。

辽史纪事本末

　　九年（癸丑—一○七三）**冬十二月壬辰，夏遣使来贡。**〔考异〕李焘长编云，熙宁五年八月，赵卨遣曲珍、吕真分山东西路，适夏方以四万人攻绥州，至鲁班崖与之遇，亟战，敌败走，俘斩千计。　续通鉴云，五年，种谔遣曲珍率兵通黑水、安定堡，与夏人遇，大败之。外纪未载。　长编又云，熙宁五年五月，诏以古渭寨为通远军，以王韶兼知军事。上将恢复河、陇，故命建军为开拓之渐，遣刘宗杰与韶及高遵裕议之，降是诏。寻加青唐大首领裕啰格勒为西头供奉官，赐姓包，名顺。因朝见时，谓押伴使，平生闻包拯为朝廷忠臣也。韶上言已拓地千二百里，招附三十余万。又，七月，诏王韶修玛勒寨及筑策缴丕勒堡。时夏进表不依旧式，但谢恩而不设誓，又不言诸路商量地界事。密院疑之。安石言乃降答诏。八月，韶复武胜军，其酋吹斯缴王阿噶出降，遂城守，诏以为镇洮军，令高遵裕知军事。吴充谏，不听。是月，奏破河州刺史摩正兵于观凌城，其弟结斡延正举族帐来降，擢礼宾副使。改镇洮军为熙州，建熙河路，命韶为安抚使。遵裕知通远军。六年二月，韶克河州，斩千余级，摩正遁，擒其妻子，俘获无数。寻降。羌叛，摩正复陷河州，韶遁还。九月，韶既城河州，克复洮、岷、叠、宕等州，计二千余里，斩获近二万级，招抚蕃族三千余万帐。七年二月，知河州景思立等与董毡将战，死于踏白城。四月，诏大破西蕃，摩正降，前后斩七千级，烧二万帐，俘获八万口。赐摩正姓名赵思忠，为荣州团练使，母妻子弟锡官封，令入见。十年五月，李宪讨山后生羌，斩隆吉卜，杀获万计。董毡惧，入贡，授西平节度使。诏死时，病疽发背，见五脏是其报。　按，熙宁五年、六年、七年，即辽咸雍八年、九年、十年也。

太康二年（丙辰—一〇七六）春三月辛酉，仁懿太后崩。遣使报哀于夏。戊寅，以太后遗物赐之。

夏六月戊子，夏遣使来吊祭。

五年（己未—一〇七九）冬十月戊戌，夏遣使来贡。〔考异〕宋史高永能传，元丰初，夏人二万犯当川堡。永能以千人与遇，依险设疑兵，敌解去。当川堡在葭州西四十里。　沈括梦溪笔谈云，元丰中，夏戎母梁氏遣将引兵围顺宁寨，有娼姥李氏，得梁氏阴事甚详，乃登陴，抗声骂之，尽发其私。敌射之，莫能中，李氏骂愈丑，敌恐得罪，中夜解去。顺宁砦在保安县北四十里，东北控扼黄河蕃部。见明一统志。　按，大康五年为宋元丰二年也。外纪未载。

八年（壬戌—一〇八二）春二月己巳，夏以所获宋将张天一〔考异〕西夏外纪作张天益。来献。〔考异〕续纲目云，元丰四年五月，夏人幽其主秉常。七月，诏宦者李宪会五路兵讨之。九月，宪克兰州，种谔克米脂。十月，高遵裕复清远军，王中正入宥州。十一月，刘昌祚大破夏军于玛伊克隘，会遵裕围灵州败还，谔破石堡城，至夏州，溃退，宪引师归。贬遵裕等官。仍命宪为经略，图再举。五年，命徐禧城永乐，夏攻陷，禧等败死。二役所得只六砦，死者六十万人。六年二月，寇兰州，贬宪官。夏复修贡。

见闻录谓，西师大举，其议实<u>王珪</u>发之，而种谔力居多，<u>俞充</u>亦先发难者。谔入对，言秉常孺子，臣请提其臂而来，上壮之。<u>孙固</u>谏，不听。　苏辙<u>龙川别志</u>云，神宗晚年以事无成功，当宁大息，欲召用<u>司马君实</u>，蔡确与珪建议兴西师以沮之。自是夷、夏被害，死者无算，<u>新州</u>之命则此报也。　李焘<u>长编</u>云，<u>元丰四年</u>九月，敕榜招谕<u>夏国</u>曰："眷兹<u>西夏</u>，保有旧封。爰自近世以来，尤谨奉藩之职。忽奸臣之擅命，致弱主之被囚。追移问其端倪，辄自堕其信约。累驱兵众，直犯塞防，在神理之莫容，因人情之共愤。方切拯民之念，宜兴问罪之师，已遣将臣，诸道并进。其先在<u>夏国</u>主左右与<u>嵬名</u>诸部族同心之人，并许军前拔身自归，及其余首领能相率效顺，共诛国仇，随功大小，爵禄赏赐，各倍常科。许依旧土地住坐，子孙世世常享安荣。其或违拒天兵，九族并诛无赦！盖天道助顺，必致万灵之归，王师有征，更无千里之敌。咨尔士庶，久罹困残，其坚向化之心，咸适更生之路。敢稽朕命，后悔何追！"五年二月，诏<u>西蕃</u>酋领<u>董毡</u>助顺，封<u>武威郡王</u>，余悉进官。四月，<u>沈括</u>遣曲珍将步骑二万袭<u>金汤</u>，拔斩千五百级，俘<u>宥州</u>观察使，格众数千人而还。移军讨<u>葭卢</u>，夏回救，还，得地二百里，控弦四千人，以守<u>河梁</u>。六月，上议再举兵，会<u>李舜举</u>自<u>泾原</u>来，泣言若再出师，<u>关中</u>必乱，始诏<u>李宪</u>归<u>熙河</u>。舜举退，诣执政，<u>王珪</u>曰："朝廷以边事属押班及<u>李</u>留后，无西顾之忧。"答曰："四郊多垒，卿大夫之辱也。相公当国，而以边事属二内臣可乎？"闻者代<u>珪</u>发惭。时<u>文彦博</u>、王安礼亦力言不可而止。六年闰六月，<u>夏复修贡</u>。降诏，略曰："朕以尔膺受封爵，世为藩臣。职贡之修，岁时无怠；朝廷待遇，恩数加隆。顷以权强，敢行废辱，达于予听，良用震惊。王师徂征，盖讨有罪，义存拯患，非获已焉。今者，遣使造庭，辞礼恭顺，已戒边吏，毋辄出兵。尔其遵守先盟，愈励臣节！"云云。<u>珪</u>闻<u>米脂</u>捷，诗云：

"神兵十万忽横秋，西碛妖氛一夕收。匹马不嘶榆塞外，长城自起玉关头。君王别绘凌烟阁，将帅今轻定远侯。莫道无人能定国，红旗行去取凉州。"苏轼诗云："闻说将军取夏、银，将军旗鼓捷如神；应知无定河边柳，得共中元雪絮春。"东坡志林云，张舜民言永洛之役，李舜举、徐禧、李稷皆在围中。上手诏赐西人：若能保全吏士，当尽复侵地。诏未至，舜举等已死。将死，以败纸半幅书其上曰："臣死无所恨，愿陛下勿轻此贼。"时稷亦书纸后曰："臣稷千辛万苦。"上为一恸。然以见二人之贤不肖也。张舜民画墁录云，永洛之役，丧马七千匹。舜举遗奏达神宗，悲涕累日。城陷时，人见舜举面上中箭，在瓮城内。禧不知所归，或有见之夏国者。　司马光涑水纪闻云，禧乘势使气，常言用此精兵破羸虏，左萦右拂，直前斩之，一步可取三级。敌阵未出，高永能请击之，禧曰："王者之师，岂可以狙诈取胜耶？"有献策者，笑曰："妄语，可斩！"由是致败。永洛既失，夏以书系矢射环庆境上，经略卢秉弃之；复遣俘囚持书移牒遣秉，以闻。宋史夏国传谓泾原总管刘昌祚上其书，诏答之。

　郑景望蒙斋笔谈云，长安张芸叟侍郎为遵裕机宜，师败，有得芸叟在军中诗上闻者，坐谤讪，谪监柳州酒。芸叟即舜民，邠人。博学喜为诗，后以党籍废。关中学者多师之。尝上书陈述在军中神益事件，上送宇文昌龄究实，还鄜州供答，谪官邕州。后多如所陈，稍内徙。见长编。芸叟诗曰："灵州城下千株柳，总被官军斫作薪；他日玉关归去路，将何攀折赠行人。青铜峡里韦州路，十去从军九不回；白首似沙沙似雪，将军空上望乡台。"为判官李密奏，得罪。见志林。　刘於义陕西通志云，宋元丰四年，种谔攻米脂，败夏人于无定河。元和志云，朔方县无定河，一名奢延水，源出县南百步，今在怀远县北。郦道元水经注云，奢延水出奢延县西南赤沙阜，山海经所谓生水出孟山者，一曰朔水，俗名混忽都河，合黑水诸流东过怀远堡、苦水川，与圁水会为无定河。沈括笔谈谓即古之流沙，经米脂、绥德而势益大，为古战守要地。又，米脂县西北有明堂川，自榆林流入无定河。元丰五年，曲珍败夏人于明堂川，即此。见通志。又，石堡砦在保安县北三十里，宋景思立。曲珍拔夏人磨崖、葭芦、浮图城。沈括议筑石堡砦以制夏人。见括传。崇宁三年始筑城，后为夏得。政和七年，姚古知庆州始克之。见地理志。兰州，金城郡，隶甘肃。永乐城，即银川砦，在米脂县西六十里，距故银州二十五里，为夏陷，崇宁四年收复，仍为银州。五年，废为银川城。葭芦砦，在葭州北十里。吴堡，砦名，属绥德州。又，神木县有吴儿堡寨。义合砦在绥德州东六十里，本夏地，元丰四年收复。均见地理志。　李吉甫元和郡县志云，榆林县有榆林关，在县东三十里，隋置。玉海云，秦有榆关，汉有榆溪。旧寨。正义曰，今榆木寨也，在胜州。通典云，榆溪寨即胜州，榆林县南界。水经注又云，诸次水东经榆林塞，为控扼匈奴之处。石堡城，宋置。寨旁有湺流，名藏底河，为要害必争之地，一名威德军，在榆林县南。六砦，为葭芦、吴堡、义合、米脂、浮图、寨门，凡六城。　按，元丰五年、六年，即辽大康八年、九年也。外纪未言夏主被幽事，所载宋事亦不及此详。

大安元年（乙丑—○八五）冬十月戊辰，李秉常遣使报其母梁氏哀。〔考异〕沈括梦溪笔谈云，秉常立，梁氏主国事。梁乞埋死，其子移遇继之，谓之没宁令。华言天大王也。时执国政者有嵬名浪遇，元昊弟，最老于军事，不附诸梁，迁下治死。存者三人，移遇以世袭居长，次曰都罗马尾，又次曰关萌讹，略知书，私侍梁氏，皆庸才。秉常不得志，信秦人李清言，欲以河南归国；谋泄，清为梁氏诛，而秉常废。外纪未载。　李焘长编云，元丰七年九月，夏围定西城，秦贵等击却之。十月，夏犯泾原，民多以火死。复寇静边寨，彭孙击却之，李贵战死，杀其酋星多哩鼎斩获甚众。十一月，夏赍表入贡，仍乞还侵地。时李宪率师渡河，自瑞巴普、克抡井、罗噶尔转战，斩首四千七百余级，获生口八万余，擢宪等官。八年三月，神宗崩，四月，知太原府吕惠卿遣将入西界，破六寨，斩首六百余级。五月，西人犯边复仇，供奉官王英战死，陷没者六千余人。见刘挚、王觌等劾疏。夏寻遣人进慰表，赐帛有差。是年，夏梁氏卒，遣杜镐往吊慰；夏使来谢。先是，惠卿在延州，首以边事迎合朝廷；既去官，沈括继之，遂请讨伐。种谔深入无功，遵裕以环庆之师至灵州城下，狼狈而还。西边困敝，天下共望息兵，而沈括、种谔复陈进取之策，请筑城。禧用惠卿荐，得骤用。好言边事，故遣往经画。既至，不设备，寡谋，致败。上始知边臣不可信，无意西伐矣。按，元丰八年，即辽大安元年也。外纪未载宋、夏战事。

二年（丙寅—一〇八六）冬十月，李秉常卒。丁亥，遣使诏其子乾顺知国事。

十二月己亥，夏遣使进其父遗留物。〔考异〕续纲目云，哲宗元祐元年七月，秉常卒，遣使告哀；命穆衍往吊祭，封乾顺夏国王。即大安二年也。惟作七月，异。李焘长编云，夏遣吕则依、纲裕玛等八人来告哀，命金部员外郎穆衍充祭奠使，供备库副使张懋充吊慰使。寻复遣使会葬，赐赙物。命学士院别降祭文、诏录各一。诏元丰四年用兵所得城寨，除元系中国及西蕃旧地外，候送到陷没人口，当委边臣分画给赐夏。寻遣使进马匹，附表陈谢。

四年（戊辰—一〇八八）秋七月丙辰，遣使册李乾顺为夏国王。〔考异〕李焘长编云，元祐二年正月，李乾顺遣使献遗物。命枢密都承旨刘奉世、崇仪副使翟象先册乾顺为夏国王。五月，西蕃果庄举兵寇洮州，杀掠数千人，进围河州南川寨，并导夏人数万攻定西城，败官军，杀都监吴猛而去。七月，夏寇镇戎军诸堡。八月，知岷州种谊复洮州，擒果庄及大首领九人，斩馘数千，牛马器械数万。后章楶谓为游师雄功，录用其子。复寇泾原诸寨，败之。九月，复犯镇戎军，经略范纯粹遣将曲珍疾驰赴援，斩千二百级，俘六百余人，泾原围解。三年二月，夏侵德靖寨，张诚败之。四月，攻寨门砦，米斌、郝普、吕惟正战死。赵卨遣刘安、李仪袭洪州，大败之。 按，元祐二年、三年，即辽大安三年、四年也。外纪未载战事。

　　五年（己巳—〇八九）夏六月甲寅，夏遣使来谢封册。〔考异〕李焘长编云，元祐四年二月，夏遣使来谢封册，令降回诏。五年六月，夏犯智固、胜如二堡。七月，遣使贺坤成节。六年闰八月，夏兵十五万寇麟州及神木等寨，杀掠甚众，经略范纯粹请止岁赐勿往。 续纲目云，五年二月，夏归永乐俘，以米脂四砦界之。宋史哲宗纪，四年，夏犯麟州神堂寨，出兵讨之（按，宋史卷一七哲宗纪未载此事）。神堂寨在神木县东南六十里。按，元祐四年、五年、六年，即辽大安五年、六年、七年也。 毕沅续通鉴云，大安七年四月，夏寇熙河等路。八月，寇怀远砦。九月，寇麟、府二州。十二月，复犯边。 宋史卢秉传，夏酋仁多𠎷丁举国入寇，犯熙河定西城，秉治兵瓦亭，分两路驻靖边砦，指夏人来路曰："吾迟明坐待捷矣。"及明，果至，惊曰："天降也。"冲击之，皆奔溃。

　　按，保安县西南一百里有靖边砦，即靖边镇。熙州镇洮军，本武胜军，治狄道。河州安乡郡，治宁河。府州靖康军治府谷。详宋史地理志。外纪未载战事。

　　八年（壬申—〇九二）夏六月乙丑，夏为宋侵，遣使乞援。〔考异〕李焘长编云，元祐七年二月，游师雄请自兰州定远城至安西城与通渭寨间筑三寨七堡，以固藩篱；不从。时夏相梁叶普专政，屡入寇侵绥德及泾原各处。十月，夏寇环州，章粢大破之于洪德城，斩首千级，俘获万计，梁氏逃归。 毕沅续通鉴云，大安八年十月，夏寇环州及永和诸砦。又，十年三月，夏遣使入贡于宋。环州，本通远军，今环县有永和、平远等八砦。史未言宋侵事。

寿隆元年（乙亥—〇九五）冬十一月甲辰，夏进贝多叶佛经。

二年（丙子—〇九六）冬十二月乙亥，夏人献宋俘。〔考异〕续纲目云，绍圣三年十月，夏寇鄜延，陷金明砦。夏人自得四砦，以画界未定，连岁侵扰，且欲以兰州易塞门二砦；不许。乾顺奉母率众五十万入寇，鄜延二百里间，相继不绝。驰至金明砦，亲督桴鼓，纵骑四掠，金明遂陷，守兵二千八百人，惟五人得脱，将官张舆战死，粮草皆尽。四年三月，知渭州章粢置平夏城、灵平砦以备边，二旬毕功。章惇请绝岁赐，命沿边筑城，凡五十余所。八月，吕惠卿遣将王愍复宥州，奏筑威戎、威羌二城。惇肆开边隙，粢倚惇势，诸路效尤，纷纷进筑，共邀爵赏，国为困弊。 按，绍圣三年、四年，即辽寿隆二年、三年也。 毕沅续通鉴云，寿隆二年二月，夏寇义合砦。八月，寇宁顺砦。张舆作张谕，官皇城使。余同。宋史哲宗纪，绍圣四年正月，王文振败夏人于没烟峡。二月，寇绥德城。三月，寇葭芦城，张构等击走之，折克行破之于长波川，斩二千级。四月，李沂破夏洪州，张存入盐州。八月，王愍复宥州。

李焘长编云，绍圣四年四月，夏寇泾原，统制折可适御却之；张德等陷没，悉赠官。密院言鄜延、环庆、泾原、河东四路斩获首级共二万余。八月，刘安攻夏州，至朗沁沙，大败贼众。十月，北朝牒雄州，称西夏本当朝建立，两曾尚主，近闻南朝屡次侵夺地土，修筑城寨，显有害和好，请退兵毁寨，尽复侵地，否则当遣人别议。章惇谓元丰中曾如此，牒一回，更不复来，检阅果然。所载较详。梁字质夫，建州浦城人。平夏故城在今平凉府固原州北。时出葫芦川，筑二砦于石门峡江口好水河之阴。 续通考云，葫芦河，本名蔚茹河，源出镇原西南颓沙山，下流入泾河。泾河在平凉府城东南白岩发源，至泾州东南入邠州界，东北至西安高陵县界。葭州志云，宋将薛义尝败夏人于葭芦西岭，其山在州西五里，有葭芦川，即诸次水，一名沙河。雍大记云，源自沙漠来，东南流入黄河。见郦道元水经注。

四年（戊寅一〇九八）夏六月戊寅朔，夏为宋攻，遣使乞援。

冬十一月乙巳朔，知右伊勒希巴事萧药师努、_{原作药师奴}枢密直学士耶律俨使宋，讽与夏和。辛酉，夏复遣使求援。〔考异〕续纲目云，元符元年十月，夏寇平夏城，章梁大败之，获其勇将威明阿密。夏不复振。二年三月，辽为夏请和，许之。 毕沅续通鉴云，旧作嵬名阿理。又擒监军穆尔塔布，一作穆尔图卜。外纪未载其将为宋所获事。 李焘长编云，元年正月，吕惠卿奏王愍出界讨贼，斩首千三百余级；将官石福阵亡。诏章梁孙傅进筑天都城等堡寨。寻以奏报失实，坐降官。三月，章惇、曾布欲令诸路会兵取兴、灵；知河东孙览力言不可，谪官。五月，苗履、刘安大败夏兵于大沙堆等处，斩首八百级。十月，刘安、张诚出界讨贼，斩获甚众。西贼攻围平夏城，凡十三日，副将寇士元御却之；郭成追击，复败之。总管王愍大破贼于罗萨尔，斩首千三百级，牲口数万。十二月，泾原经略司言折可适捕到西羌统军威明阿迈、监军穆赉多卜，诏送赴阙。是役也，章梁遣可适出荡羌，六道袭取之，及其家属，俘馘三千，牛羊十万。其所得地即天都山也。百官入贺，鑅等进官。

五年（己卯一〇九九）春正月（乙丑）〔己酉〕（据辽史卷二六道宗纪改），诏李乾顺伐博索摩原作拔思母。〔考异〕西夏外纪作布木喇实，云原作拔母来思。等部。

夏五月壬戌，药师努等还，奏宋罢兵。

冬十一月乙酉，夏遣使来谢。〔考异〕毕沅续通鉴云，元符二年二月，夏遣使告国母丧，且谢罪，宋却之。鄜延钤辖刘安败夏人于神堆。夏告败于辽。辽遣萧德崇代夏乞缓师，仍献玉带。十二月，夏遣令能、威明结进誓表，许通好，岁赐如旧。令能一作凌囊。威明结，一作威明节，又作嵬名济。李焘长编云，元符二年三月，辽泛使萧德崇、李俨见于紫宸殿，曲宴垂拱，盖为夏国游说息兵及还故地也。上令张崇嵒答曰："西人累年犯顺，理须讨伐，何烦北朝遣使？"德崇等唯唯而退。时称有玉带并小系腰，元无封印，馆伴蔡京等诘德崇，答曰："常礼是有司排办，金玉带珠子系腰是国主亲系者，临行时当面付授，故无封印。"诏劄与御药院取旨回答。德崇致国书曰："肇自祖宗开统，神圣贻谋，三朝通五世之欢，二国敦一家之睦，阜安万宇，垂及百年。粤惟夏台，实乃藩辅，累承尚主，迭受封王。近岁以来，连表驰奏：称南兵之大举，入西界以深图；恳求救援之师，用济攻伐之难。理当依允，事贵解和。盖念辽之于宋也，情重祖孙；夏之于辽也，义隆甥舅。必欲两全于保合，岂宜一失于绥存。而况于彼庆历、元丰中，曾有被闻，皆为止退；宁谓辄违先旨，仍事远征。尔复移问稠重，谕言委细；已许令于应接，早复罢于侵争。倘蔽议以无从，虑造端而有自，则于信誓讳兹；谋维与其小不忍以穷兵，民罹困弊；曷若大为防而计国，世固和成。

特戒使报往达诚，素向融淑，律加裕冲，襟德崇俨!"凡留三十七日乃归。宋报国书云："惟西夏之小邦，乃本朝之藩镇；曲加封植，俾获安全。虽于北尝与婚姻之亲，而在南全居臣子之分；含容浸久，变诈多端。爰自累岁以来，无复事上之礼:赐以金缯而不已，加之封爵而愈骄。杀掠吏民，围犯城邑，推原罪恶，在所讨除。聊饬边野，稍修武备，据守要害，控扼奔冲。辄于去岁之冬，复驱竭国之众，来攻近寨，凡涉两旬。自取死伤，数以万计，粮尽力屈，众溃宵归。更为诡诞之辞，往求拯救之力。狡狯之甚，于此可知，采听之间，固应洞晓。必谓深加阻却，乃烦曲为劝和，示以华缄，将之聘币，礼虽形于厚意，事实异于前闻。缅料雅仪，诚非得已，愿于信誓，殊不相关。惟昔兴宗致书仁祖，谕协力荡平之意深，同谋外御之情至，欲全除使无噍类，谓有稽于一举，诚无益于两朝。祖宗贻谋，斯为善美，子孙继志，其可弭忘! 今者，详味缛辞，有所未喻，辄违先旨，谅不在兹。加永念于前徽，宜益敦于大信，相期固守，传示无穷。矧彼夏人，自知困蹙，哀祈请命，屡叩边关，已戒封疆之臣，审观情伪之状。载惟达聪，必亮悯惊。方属清和，冀加保啬。"四月，遣郭知章为回谢使，曹诱副之，仍以一真珠蹙金闹装鞍辔遗辽主，不封角，答玉带与小系腰也。知章至辽，萧德崇语及夏事，请还侵疆，岁赐如旧。知章曰："夏若恭顺修臣子礼，本朝自有恩赏，岂可豫知? 但累年犯边，理宜致讨，因北朝劝和，务敦大信，聊为优容。今既罢问罪，令进誓表，即无可复问也。"所载较详。

续纲目云，七月，洮西安抚王赡取吐蕃邈川、青唐，降其酋辖戬，即阿里库子也。宋史哲宗纪作陇捼建。青唐为鄯州。邈川为湟州，后改乐州。 按，西蕃自嘉勒斯贲以来，世受封爵，因董毡无后，鄂特凌父子篡夺，会部族逼逐，辖正归附，而溪巴温及子隆赞并系房族，初非亲属，迨青唐复叛，仍命隆赞世守青唐云。建炎初，用钱盖言立青唐后益麻党征，赐姓名赵怀思。后为金攻，奔蜀，除观察使。时绍兴五年也。

天祚帝乾统二年（壬午——一〇二）夏六月壬子，夏为宋所攻，遣李造福、田若水求援。

三年（癸未——一〇三）夏六月辛酉，夏遣使请尚公主。

冬十月庚申，复遣使求援。〔考异〕毕沅续通鉴云，是岁，宋童贯、王厚遣兵复河、湟，夏盖闻之而求援耳。

四年（甲申——一〇四）夏六月甲寅，夏遣李造福、田若水求援。

五年（乙酉——一〇五）春正月乙亥，夏遣李造福等求援，且乞侵宋。丁酉，遣枢密直学士高端礼〔考异〕契丹国志作萧良。讽宋罢兵。

三月壬申，以族女南仙为成安公主，下嫁李乾顺。

夏五月壬子，宋遣曾孝广、王戬报聘。

六月甲戌，夏遣使来谢。

冬十二月己巳，夏复乞援。宋遣林洙来议与夏约和。〔考异〕宋史徽宗纪，崇宁四年三月，夏攻（寨）〔塞〕门砦。（据宋史卷二〇徽宗纪改）四月，攻临宗砦，寇顺宁，为刘延庆破。攻湟州北蕃市城，辛叔献击却之。五月，因辽为夏请和，遣翰林学士林摅报聘。八月，遣礼部侍郎刘正夫使辽。 续纲目云，四年三月，夏寇泾原，入镇戎，略数万口，与羌酋希斯罗斯合兵逼宣威城，知鄯州高永年出战，被执，为所杀。贬王厚官。四月，寇鄜延，刘延庆等败之。辽聘宋，宋遣林摅报之。摅失礼，出知颍州。西夏外纪未载宋败事。　地理志，鄯州，旧青唐城，改为西宁州。又，西平北至宣威城五十里。希斯罗斯一作希卜萨罗桑。延庆，保安军人。摅，长乐人。　薛应旂通鉴云，崇宁四年十一月，林摅使辽，蔡京使激怒以启衅，遂恣情不逊；辽人大怒，空客馆，绝烟火三日乃遣还。议者谓怒邻生事，犹除礼部尚书。辽来言，始出知颍州。大观三年，自扬州徙大名，过阙为帝言辽国携贰可取状，盖欲报其辱也。帝始有北伐意。洪皓松漠纪闻云，初，大观中，摅使辽，命习仪，以蕃狗诋伴使，天祚怒，欲致之死，在廷恐兆衅，皆泣谏，杖半百而释之。后天祚穷，将来归，以是故恐不加礼，乃走小勃律。

赵彦卫云麓漫钞云，摅使辽，国中新为碧室如明堂之制，伴使举令曰："白玉石，天子建碧室。"答曰："口耳王，圣人坐明堂。"伴使曰："奉使不识字，只有口耳壬，却无口耳王。"摅语屈，几致辱命焉。然摅实袭陶穀对吴越王语也。

六年（丙戌——〇六）春正月辛丑，遣知北院枢密使事萧塔喇台、原作得里底。〔考异〕毕沅续通鉴作德勒岱，契丹国志作萧保先，官平章事。知南院枢密使事牛温舒使宋，劝归所侵夏地。方大燕，优人为道士装，索土泥药炉，优曰："土少不能和。"温舒遽起，以手藉土怀之，宋帝问其故，对曰："臣奉天子威命来和，若不从，则当卷土收去。"宋帝大惊，遂许夏和。还，加温舒中书令。本传，范阳人，刚正尚节义。咸雍中擢进士第，尝知三司使，国、民并足。

冬十月（己）〔乙〕（据辽史卷二七天祚纪改）亥，宋与夏通好，遣刘正符、〔考异〕宋史作刘正夫。曹穆来告。

〔考异〕续纲目云，政和五年正月，童贯遣刘法败夏兵于古库勒。乃辽天庆五年也。九月，王厚等攻夏臧底河城，败绩，遂大掠萧关。六年正月，刘法攻夏日本多泉城，屠之；种师道克臧底河城。十月，夏寇泾原，屠靖夏城。宣和元年三月，刘法败于统安城，为夏杀。即天庆九年也。寻复与宋和。古库勒，一作古骨龙，城名，在今西宁府碾伯县北，大通卫界，号震武军。日本多泉，作仁多泉，城在西宁府西宁县北。臧底河在米脂砦旁。萧关，属怀德军，去葫芦河十五里。靖夏城，属渭州。 毕沅续通鉴云，宣和元年四月，童贯大破夏兵，平其三城。是时辽事亟，夏不复来告，故外纪均未载。

保大二年（壬寅——一二二）夏六月，李乾顺闻天祚播迁，率兵来援，为金人所败。

三年（癸卯——一二三）夏五月乙卯，李乾顺请天祚临其国。

六月，遣使册乾顺为夏国皇帝，而辽亡矣。〔考异〕康誉之昨梦录云，西夏有竹牛，重数百斤，角甚长而黄黑相间。用以制弓极佳，尤劲健。其近弝黑者谓之后醮，近弰及弝俱黑而弓面黄者谓之玉腰。夏人常杂犀角以市，人莫有知者。 庄绰鸡肋编云，西夏兴州出良弓，中国购得之，每张数百千。太平老人袖中锦云，契丹鞍，夏国剑，高丽秘色，皆为天下第一。他处虽效之，终不及。外纪均未载。

辽史纪事本末卷二十六

齐天萧后之诬　**法天后事附**

圣宗统和十九年（辛丑—〇〇一）夏五月丙戌，册萧氏为齐天皇后。后为承天太后弟乌延原作（隈）〔隗〕因（据辽史卷七一后妃传改）之女，小字菩萨格。原作菩萨哥美而才，尝以草莛为殿式，密付有司，命造清风、天祥、八方三殿。既成，益宠异。所乘车置龙首鸥尾，饰以黄金。又造九龙辂、诸子车，以白金为浮图，各有巧思。夏秋从行山谷间，花木如绣，车服相错，望若神仙。生皇子二，皆不育，至是册为后。〔考异〕宏简录云，后母，公主粘米衮。后年十二选入掖庭。是年，萧后以罪降为贵妃。五月，册后为齐天后。　东都事略云，后为平州节度萧猥思女，隆运甥。有容色，隆绪宠爱之。燕燕亦以隆运故，深爱之。　李焘长编，猥思作锡珪，毕沅续通鉴作辉依。徐乾学后编，册后作六月事。所载各异。　赵翼劄记云，萧后降惠妃，系圣宗原配。为何人女？以何事得罪？后妃传内宜有专传，乃绝无一字，史亦未免疏略。

开泰三年（甲寅—〇一四）春正月壬子，圣宗与后猎瑞鹿原。

五年（丙辰—〇一六）春二月戊戌，皇子宗真生，〔考异〕契丹国志云，名木不孤。史称字雅布济，小字济古尔，生于显州东锥子河。宫人讷木锦原作耨斤。〔考异〕毕沅续通鉴作讷木锦，通鉴辑览作讷木谨，即法天后也。所出，后养为子，〔考异〕李焘长编云，元妃生二子：长名珠卜衮，次名尚达里。所载各异。圣宗顾待隆渥。寻以讷木锦为顺圣元妃。元妃妒恩媚宠，谗后百端，不之信。〔考异〕东都事略云，齐天善琵琶，与乐工燕文显、李有福通。元妃以白隆绪，不见听。又为蓄书投寝中，隆绪得之，曰："此必元妃所为也。"命焚之。契丹国志同，惟李有福作李文福。稍异。毕沅续通鉴云，事略以元妃诬言为实，盖传闻之误。又，燕文显作燕文颇。更异。

太平元年（辛酉—〇二一）冬十一月，册皇子梁王宗真为皇太子。

三年（癸亥—〇二三）秋七月丙戌，以齐天后生辰为顺天节。宋遣薛奎、郭盛来贺。〔考异〕东都事略云，燕燕卒，齐天乃与国事，权势日盛，置宫闱司，补官属，出教命，号仁慈翊圣彰德皇后。后妃传未载。

七年（丁卯一〇二七）秋七月庚子，诏谕驸马萧楚布、原作钿不公主诺木欢：原作粘米衮（尔）（据辽史卷一七圣宗纪，"尔"字衍，今删）。〔考异〕游幸表作涅术衮，系一人。"〔尔〕（同上书补）于后有父母之尊，后或临幸，祇谒先祖，祇拜空帐，失致敬之礼。今后可设像拜谒。"〔考异〕宏简录云，是年，上与后临幸，祇拜后父母空帐，失致敬礼，今后可设像拜谒。语较明晰。

十一年（辛未一〇三一）夏五月，大雨水，诸河横流，皆失故道。

六月丁丑，帝驻跸大福河之北。己卯，崩于行宫。太子宗真即位，是为兴宗。元妃自立为太后，摄国政，曰法天皇后。〔考异〕契丹国志云，圣宗遗命以齐天为皇太后，元妃为太妃。元妃匿之，自立为太后。齐天后生子皆不育，元妃生子，长即今帝也，次曰达妲李，又生楚国公主、燕国公主。承天太后以楚国公主嫁其弟萧姑从撒，为筑城以居，曰睦州，号长庆军，徙户一万实之，曰从嫁户。李焘长编，姑从撒作托郭斯。

薛应旂通鉴云，圣宗疾革，谓子宗真曰："皇后事我四十年，以其无子，命汝为嗣。我死，汝母子切勿杀之。"宏简录云，圣宗疾大渐，法天后令扶后出，詈曰："老物宠亦有既耶？"所载较详。辛丑，法天太后赐驸马萧楚布、原作钿不里国舅萧必塔原作匹敌。〔考异〕外戚表作恒敌。查卷八十八恒德传，止一子匹敌，以功封兰陵郡王。纪、传屡见。是恒敌乃匹敌之讹，系一人。死。〔考异〕宏简录，萧楚布作萧涅卜。时为北府宰相，与国舅萧匹敌均被诬下狱，后另载赐驸马萧钿不里、萧匹敌死，杀其党弥勒奴、观音奴等七人。似此，则涊卜与钮不里系二人。而兴宗纪于萧楚布注云，原作钮不里。钦哀后传注云：原作涊卜，又系一人，未知孰是。契丹国志，匹敌作疋梯，驸马恳特子，幼为承天后襁育之，圣宗视之如子，尚韩国公主，后平渤海，封兰陵王，后媢杀之。连坐如木拙里太师、观音太师、弥勒太师等十余人，皆功臣。骈首诛夷，内外愤叹。刑法志云，时坐仁德姻援得罪者四十余辈，皆被大辟，仍籍其家。所载亦异。又，萧孝先传，兴宗谅阴，召孝先总禁卫事。钦哀后弑仁德后，孝先与萧楚布、萧必塔谋居多。与纪、传又异。疑误。围场都太师**女直珠格尔**、原作著骨里右祗候郎君**详衮**原作详稳**萧雅噜**原作延留。〔考异〕章努传，延留以废立事报渲。另一人。等七人皆弃市，籍其家。迁齐天后于上京。

　　先是，护卫**冯嘉努**、原作冯家奴**耶律吉逊**原作喜孙，字盈隐，永安宫分人，仕终南府宰相，出为东北路详衮。等希旨，诬告萧楚布等谋逆。诏令鞠治，辞连及后。兴宗闻之曰："皇后侍先帝四十年，抚育眇躬，当为太后；今不果，反罪之，可乎？"法天后曰："此人若在，恐为后患。"兴宗曰："皇后无子而老，虽在，无能为也。"不从，卒迁于上京。〔考异〕毕沅续通鉴云，时辽臣惧太后威，无敢言者。枢密使萧朴独上书白其诬，不报；朴感愤，至呕血。后屡言其党，出为东京留守。太后废，召为南院枢密使，封楚王，卒，赠齐王。　本传，字延宁，国舅父房后。延琳叛时，官中书令，奉诏安抚东京，便宜从事。名列外戚表。子道拉，国舅详衮。表未载。

兴宗重熙元年（壬申一〇三二）春，法天太后诬奏齐天后以罪，遣人即上京行弑。后请沐浴以就死，许之。有顷，后崩。年五十。是日，若有见于木叶山阴者，卫从甚严。后追尊为仁德皇后，祔葬庆陵。〔考异〕东都事略云，以小车因于上京。未几，缢杀之。坐死者百余人。契丹国志同，谓以庶人礼葬于祖州北白马山。重熙三年，命改葬祖陵。　按，本传，后迁上京，会车驾春蒐，钦哀虑帝怀鞠育恩，遣人加害。宏简录作自缢。　薛应旂通鉴云，三月，主搜于雪林，耨斤遣人驰至临潢，赐后死。后曰："我实无辜，天下共知，待我浴而后就死。"使者退。比反，则后已死矣。所载各殊。

法天太后萧氏，小字讷木锦，舒噜原作述律太后弟阿古齐原作阿古只五世孙。〔考异〕契丹国志云，父突忽，追封陈王。又云，后为平州节度萧思隈女，隆运甥，有容色，圣宗爱幸特甚，事承天后尤谨。与东都事略所载齐天后事同。疑误。黝面，狠视。其母尝梦金柱擎天，诸子不能上，后至，与仆从皆升，异之。

久之，入宫。尝拂承天太后榻，得金鸡，吞之，肤色光泽胜常，太后惊异曰："是必有奇子。"已而生兴宗，为齐天后所养，如己出。后以兴宗事齐天后谨，不悦。圣宗崩，令冯嘉努等诬奏齐天后与萧楚布等谋乱，徙上京，害之。自为太后，称制，改元景福，以生日为应圣节。

重熙元年（壬申一〇三二）尊为法天应运仁德章圣

皇太后。〔考异〕宏简录云，法天摄政，封曾祖为兰陵郡王，父齐国王，诸弟亦皆王封。　东都事略云，后总国事，多杀其功臣，专用兄弟分监南北蕃、汉事。至家奴授团练、观察、节度使四十余人。幽人无赖者，往往愿为萧氏奴。　契丹国志云，后三兄弟皆尚主封王，纳兄孝穆女为兴宗后，弟高九女为皇弟妃。残忍阴毒，先朝法制变更始尽。姊秦国夫人早寡，见长沙王谢家奴美姿容，杀其妃而妻之。妹晋国夫人喜户部使耿元吉貌美，亦杀其妻妻之。刑政弛紊，临朝凡四年，国中困弊。所载较详。　按，谢家奴后封陈王。卷二十七，天祚乾统六年，南院大王谢家奴。另一人。**三年，后阴召诸弟议，欲立少子重元，重元以所谋白帝。帝收太后〔符〕**（据辽史卷七一后妃传补）**玺**（绶）（同上书删），**迁于庆州七括**原作齐克（按，此处当云"齐克"原作"七括"）**宫。**〔考异〕兴宗纪，三年五月，太后还政于帝，躬守庆陵。宋史略同。　东都事略云，宗真尝以酒一器赐琵琶乐工，萧氏怒，乃加朴棰。宗真疑内品所告，阴遣人杀之，下吏杂治。宗真语人曰："我贵为天子，与囚同答状。"不平，遂率兵逐其母，以黄布车送至庆州守隆绪冢。杀都统高常哥及内侍数十族。契丹国志，乐工为孟五哥，内品系高庆郎。同率兵逐母者为耶律孙谋。又，梁王信宁，番名解里，北大王乌斡子，由祇候郎君授林牙、云中等处节度使、同平章事，与帝同谋逐太后出宫，拜南宰相，封梁王，加尚父致仕。后传云，帝与耶律喜孙、刘三等谋废后，分兵捕诸舅，或死或徙，余党并诛。其不便军民三十余事，立改之。所载各异。

　　八年（己卯—一○三九）**秋七月，兴宗悔，亲驭奉迎**〔考异〕徐乾学后编系于康定九年四月，为重熙九年。契丹国志云，遣中使迎至中京门外，筮日相见，均与史异。又云，帝听讲报恩经，感悟，迎归，母子如初。相去常数十里，阴为之备。　宏简录云，七年春，遣使问安，迎居太安宫。八年，迎至显州，共谒园陵。十一年，奉迎于内殿。二十三年，加上尊号。所载年月又与后传不合。

　按，赵安仁传，幼被俘为黄门令，法天后使伺齐天后动静，无不知者。寻惧祸南奔，齐天后欲诛之，法天后营救得免。后复与帝谋废法天后，充内侍都提点。后还宫，责其离间，不能答。后不知所终。宏简录谓后责安仁，无以答，遂死。又异。侍养，益孝谨。后终不怿。尝召僧论佛法。帝崩，无戚容。〔考异〕毕沅续通鉴云，太后见后悲泣如礼，乃曰："汝年尚幼，何悲痛乃尔！"其狠戾如此。时欲干预政事。郡王特布家奴济哩节诬告其主怨望，非实，当反坐，钦哀言而免。节度使萧白掠详衮迪鲁女强为妻，亦因钦哀言，仅杖而夺其官。兴宗末年，刑政废弛，由后使然。史均未载。

道宗清宁元年（乙未－○五五），尊为太皇太后。三年，崩，谥曰钦哀。

辽史纪事本末卷二十七

渤海延琳之叛　高永昌附

圣宗太平九年（己巳—一○二九）秋八月己丑，东京锡里原作舍利军详衮原作详稳大延琳囚留守、驸马都尉萧孝先及南阳公主，杀户部使韩绍勋、系延徽孙副使王嘉、都指挥萧佛德原作颇得。〔考异〕道宗纪:清宁四年知易州事颇得，另一人。等，遂僭位，号其国曰兴辽，改元天庆。〔考异〕东国通鉴作天兴。初，东辽之地，自神册时来附，未有榷酤盐麹之法，关市之征亦甚宽弛。冯延休、〔考异〕毕沅续通鉴作冯延修。韩绍勋相继以燕地平山之法绳之，民不堪命。〔考异〕续通考云，时耶律制心守上京，有捕获私酤者，制心一饮而尽，笑不治。兴宗时禁职官不得擅造酒糜谷，有婚祭者，有司给文始听。道宗清宁八年十一月，禁南京不得非时饮酒。燕又洊饥，户部副使王嘉复献计造船，使其〔民〕（据辽史卷一七圣宗纪补）谙海（道）〔事〕（同上书改）者漕粟以振燕民。水路艰险，多至覆没。违者捞掠，（按，辽史卷一七圣宗纪，"违者捞掠"作"虽言不信，鞭楚捞掠"，文义为优）民怨思乱。故延琳乘之以起，首杀绍勋、嘉，以快人心。延琳先事与副留守王道平谋，道平弃家走，至行在告变。〔考异〕方舆纪要云，时圣宗畋于黑岭，延琳作乱，副留守王道平走黑岭告变。圣宗卒，葬此，曰永庆陵。在庆州东北，一名庆云山。黑水出其下，水西有夜来山，极高峻，契丹坟墓皆在山之东南麓。又有勃突山，在庆州西北二百里，辽五代祖勃突生此，因名。　契丹国志云，圣宗葬上京西北二百里赤山。所载各异。圣宗即征诸道兵以讨之。时国舅详衮萧必塔原作匹敌。〔考异〕毕沅续通鉴作萧实迪。本传，字苏隐，一名昌裔，恒德子。尚秦晋王公主。为殿前副点检，出为详衮。从平延琳乱，后以齐天后事为法天后所诬，被杀。见上卷。先引兵据其要害，绝其西渡之计。渤海太保夏行美时戍保州，延琳密驰书，使图统帅耶律博诺。原作蒲古。〔考异〕毕沅续通鉴作普古。本传，字提隐，太祖弟苏四世孙。官东京统军使，以功拜特里衮，后为子铁骊所弑。行美阴泄其书，博诺遂杀渤海兵八百人，而断其东路。〔考异〕行美传，渤海人，时总渤海军于保州。延琳使人说与俱叛，行美执送博诺，又杀贼党百人。延琳气沮。又，博诺传，谓博诺入据保州。均未言其使图博诺事。延琳知黄龙、保州皆不附，遂

分兵西取<u>沈州</u>，其节度使<u>萧旺禄</u>原作<u>王六</u>初至，副使
<u>张杰</u>声言欲降，故不急攻。及知其诈，而已有备，
攻之不克而还。时<u>南</u>、<u>北女直</u>皆叛附之，<u>高丽</u>亦稽
贡期。〔考异〕<u>东国通鉴</u>云，<u>延琳</u>遣太府丞<u>高吉德</u>告建国并求援。
<u>延琳</u>，<u>渤海</u>始祖<u>大祚荣</u>七世孙也。又云，<u>显宗</u>二十年十二月，<u>兴辽
国</u>太师<u>大延定</u>引东北<u>女真</u>与<u>契丹</u>相攻，遣使乞援。王与辅臣侍中<u>崔
士成</u>、平章<u>蔡忠顺</u>议，皆言宜修城池，谨烽燧以观变，王从之，自
此路梗不通。所载较详。及诸道兵至，<u>延琳</u>惧，婴城
拒守。

冬十月丙戌朔，命<u>南京</u>留守<u>萧孝穆</u>〔考异〕<u>契丹国
志</u>云，名<u>陈六</u>，<u>法天后</u>兄，其女为<u>兴宗</u>后。小字<u>和多郭沁</u>，旧作<u>胡
独董</u>。<u>本传</u>，字<u>和尔沁</u>，<u>阿古齐</u>五世孙。初官西北招讨都监，击走
<u>珠拉</u>，讨平<u>准布</u>乱，拜北府宰相、平章事、知枢密院事。为都统，
国舅详衮<u>萧必塔</u>副之，率诸军进讨。

十一月丙寅，以<u>沈州</u>节度副使<u>张杰</u>为节度使，
赏其守城之功。其防城进士<u>张人纪</u>、<u>赵陆</u>等二十二
人入朝，试以诗赋，皆赐第，〔考异〕防城，旧作皇城，与
下入朝文义不属，今据<u>永乐大典</u>改正。超授<u>保州</u>戍将<u>夏行美</u>
平章事。

十年（庚午一〇三〇）春三月甲寅朔，详衮<u>萧必塔</u>
至自<u>辽东</u>，都统<u>萧孝穆</u>讨<u>延琳</u>，进攻其城。时<u>萧博
诺</u>〔考异〕<u>毕沅续通鉴</u>作<u>普努</u>，云旧作<u>蒲奴</u>。<u>本传</u>，字<u>留隐</u>，<u>奚王楚
不宁</u>之后。官都监，讨平东京诸叛邑，平<u>吼山</u>贼，以功加侍中，终

奚六部大王。将右翼军，遇贼，战蒲水。中军少却，会左翼军夹攻之，〔考异〕萧孝穆传，副部署萧必塔、都监萧博诺以两翼军夹击，贼溃。据圣宗纪，则必塔方在京。所载互异。先据高丽、女直要冲，使不得求援，贼遂溃，追败之于手山北。〔考异〕萧巴拉传，原作拔剌，字布琳，迪里弟。时将北、南院兵讨延琳，遇于蒲水，南院军少却。至手山，巴拉易两院旗帜，鼓勇力战，破之。纪未载。地理志，手山即驻跸山。唐太宗征高丽，于此勒石纪功。　薛延宠全辽志云，首山，在辽阳城西南十五里，晋司马懿围公孙渊于襄平，有星陨首山，坠城东南。即此。一作手山。　方舆纪要云，山连海州卫界，顶有平石如掌指之状，泉出其中，挹之不竭。唐征高丽，车驾渡辽水，军于马首山。即此。今考驻跸山凡数处：一为首山，唐书称马首，辽史称手山，在辽阳城西南，接海城县界，唐太宗初渡辽水攻辽州驻营之山也；一在安市城外，唐太宗既得辽州、岩州，进攻安市所驻之山，唐书呼为驻跸山，及李勣从战功最多者是也；又，驻跸山，一名六山，即医巫闾也。又，盖平东北十余里分水岭诸山，相传唐太宗驻跸处。又，海城西南十里有平顶山，一名车驾山，亦称唐太宗驻跸处，而首山与安市城外之驻跸山，地志多误为一山。故附订之。见满州源流考。延琳走入城，博诺不介马而驰，追杀余贼。延琳深沟自卫，孝穆围之，筑重城，起楼橹，使内外不能通。城中撤屋以爨。〔考异〕契丹国志云，时渤海大酋栅于金闾上，险峻不可攻。孝穆宣扬德意，招降七百余户。纪未载。驸马延宁与其妹穴地遁去，惟公主吹巴勒原作崔八。按，公主表，圣宗十四女，贵妃生雅克，原作燕哥，第一，封秦国公主，

嫁萧匹勒，原作匹里；法天后生伊木沁，原作岩母堇，第二，封魏
国公主，改适萧惠；硕格原作槊古，第三，封越国公主，下嫁萧孝
忠；萧氏生二女:吹巴勒原作崔八，第四，封南阳公主，嫁萧孝先；
陶格，原作陶哥，第五，封长宁公主，嫁萧扬鲁；萧氏生一女:塔
纳，原作细匿，第六，封荆国公主，嫁萧双宽；马氏生一女:玖格，
原作九哥，第七，封浔阳公主，嫁萧琏；大氏生一女:长寿，第八，
封临海公主，嫁大力秋，坐延琳诛，改适萧缦古；白氏生四女:巴
格，原作八哥，第九，封同昌公主，嫁刘三嘏；实格，原作十哥，
第十，封三河公主，嫁奚王萧噶济；丕绅，原作掔失，第十一，封
仁寿公主，嫁刘四端；泰格，原作泰哥，第十二，嫁萧呼哩；李氏
生一女:赛格，原作赛哥，第十三，封金乡公主，嫁萧托云；艾氏生
一女:兴格，原作兴哥，第十四，嫁萧旺禄。〔考异〕毕沅续通鉴云，
公主为辽主第四女，为守陴者所觉，遇害。萧孝先传，字延宁，尚
南阳公主，即吹巴勒，史盖称其字。又，续通鉴驸马大力，疑即大
力秋也。在后，为守陴者觉而止。

秋八月丙午，东京贼将杨详世密送款，夜开南
门纳王师，擒延琳，渤海平。

冬十一月辛亥，孝穆凯还，戎服见帝，大加宴
劳。封为东平王、东京留守。〔考异〕契丹国志云，封东辽
王，驰马立射五的，时人莫及。　毕沅续通鉴云，东京残破之后，
孝穆抚御流民，为政宽简，民安之。　本传，兴宗立，徙王秦，进
王吴，拜北院枢密使。卒官，赠大丞相、晋国王，谥贞。与人交，
始终如一。所荐拔皆忠直，时称为"国宝臣"。孝先，官北院枢密
使，封楚王。好恶自恣，权倾人主。法天后废，徙王晋，改南京留
守，卒。孝友，官南院枢密使，封丰国公。坐子呼都克与重元谋叛，

伏诛。小字陈留。见八十七卷，北府宰相丰国王。又卷二十二，道宗太康三年被杀，另一人。本传，十年，加政事令，后拜中书令。

　　按，中书令即政事令。考百官志，十年，孝友知中书省事，较为得实。又，孝穆二子：阿拉、萨巴。考圣宗纪太平四年，以孝穆子萧顺为千牛卫将军。百官志同。然孝穆子无名顺者。萨巴传，加千牛卫将军，正与纪合，疑萧顺即萨巴之赐名。阿拉，官北枢密使，萨巴官北宣徽使。均列外戚表。惟阿拉子额哩页未载。　续通考云，孝穆有宝老集行世。子撒八，重熙中尚魏国公主，总知朝廷礼仪，转西北招讨使，封武宁郡王，卒，追封齐王。又，阿剌幼养宫中，重熙末官西北招讨使，封西平郡王，尚晋国长公主，进王陈，为萧革中伤，帝怒，缢杀之。孝穆又有弟名木哲。高九子，官西北招讨使，安边有功，封柳城郡王。又，高九孙名挞不也，太康元年尚赵国公主，为乙辛诬废立事见杀，追封兰陵郡王，孝穆后。又有弟别里剌，道宗皇后父，封赵王。别里剌子名酬斡，年十四，尚越国公主，封兰陵郡王。孝先孙名得里底，天庆三年封兰陵郡王。天祚杀晋王，坐不能伸理，被逐。均见封建考。**萧必塔封兰陵郡王，奚王博诺加侍中，奚王府都监萧阿克展**原作阿古轸**为东京统军使，夏行美为**（惠）〔忠〕**顺**（据辽史卷四一地理志、卷八七夏行美传改）**节度使。**本传，寻迁副部署，从讨富珠哩，获其酋托多罗以归，致仕，卒。**诏渤海旧族有勋劳材力者叙用，余分居来、湿、迁、**（闻）〔润〕（据辽史卷三九地理志改）**等州。**〔考异〕地理志云，易俗县，本辽东渤海民。太平九年，大延琳结构辽东夷叛，围守经年乃降，尽迁于京北，置县居之。又，迁辽县，本辽东诸县，渤海人大延琳叛，擢其谋勇者置左右，后降，戮之，徙其家属于京东北，故名，均隶临潢府。纪未载。越数十年而有高永昌之事。

天祚帝天庆六年（丙申——一六）春正月丙寅朔，东京军乱，杀留守萧保先。户部使大公鼎大定府人，咸雍十年第进士，历州县，部民服化。本渤海人，仕至东京留守。时萧文，字国华，以才干称，历唐古部节度。均见能吏传。闻变，即摄留守事，与副留守高清明集兵讨捕乱党，抚定其民。东京故渤海地。保先系奉先之弟，严酷寡恩，渤海苦之，故有是变。其裨将渤海高永昌僭号，称隆基元年。〔考异〕契丹国志云，高永昌率凶徒十余人入府署杀萧保先。时大公鼎等捕乱党，越三日，登首山门说谕使归，不从；寻出阵于通衢，大公鼎击之，不克，夺门出奔。永昌遂称大渤海帝，改元应顺，据辽东五十余州。　东国通鉴云，睿宗文孝王二十一年，永昌僭号，国号大元，建元隆基。　毕沅续通鉴云，时辽遣萧伊苏、高兴顺招之，不从。史均未载。金史呼实默传，哈斯罕人，始祖兄阿库纳后。父托卜嘉，事辽为太尉。高永昌据东京，招哈斯罕人，众欲归之，呼实默不从，曰："吾远祖兄弟三人，同出高丽。今大圣皇帝之祖入女直，吾祖留高丽，寻归于辽。今皇帝即大位，辽亡有征，吾岂能为永昌之臣哉！"遂率族属降萨哈马珍。营于托辉山下，兵败，奔萨哈，后为哈斯罕七路贝勒，卒，赠骠骑卫上将军。

闰月，遣萧罕嘉努、原作韩家奴张琳讨之。贵德州守将耶律伊都原作余睹。〔考异〕毕沅续通鉴作余都。以广州渤海叛附永昌，国兵击败之。

夏四月，萧罕嘉努与高永昌战，大败。〔考异〕契丹国志云，五月，张琳遣羸卒疑敌，以精骑间道趋沈州，与战，渤海军少却，退保东京。琳率骑径渡太子河，为铁骑所乘，败归。方议再举，忽女真阇母军至，迎敌，大败，孟初、刘思温等死之。琳遁入辽州，尽失军实，坐谪辽兴节度。史未言为金所败。　方舆纪要云，太子河在辽阳卫东北五里。　薛延宠全辽志云，一名东梁河，又名大梁水，源出于罗山，西流五百里，至辽阳城东北五里许，折而西南流，入浑河，合为小口，会辽河入于海。司马懿斩公孙渊父子于梁水之上，即此。或曰，即故衍水，燕太子丹匿于衍水中，后人因名为太子河。　续通考云，浑河源出塞外，西南流，至沈阳卫，合沙河，又西南流，至都司城西北入太子河。沈州，今奉天府是，本沈阳中卫，在辽阳府城北一百二十里。

五月，金兵克东京，擒高永昌。东京州县族人赫伯、原作痕孛道拉原作铎剌。〔考异〕卷二十三，道宗太康元年夷离毕，姓萧，另一人。等十三人皆降金。〔考异〕王宗沐续通鉴云，高永昌时以兵三千屯八甋口，叛入辽阳，旬日至八千人。寻求援于金，且乞并力取辽。金太祖曰：“同力取辽固可，东京边地，汝辄据之以僭大号则不可。若能归款，当授王爵。”永昌不从。乃率诸军伐之。闻张琳军败，永昌大惧，败于城下，遂以五千骑奔长松；辽阳人托卜嘉执之以献，金主杀之，于是东京州县及南路系辽女直皆降于金。　续纲目云，金以斡鲁为南路都统，赏其战功也。

契丹国志云，永昌败，遁入海，女真遣兀室讷波勃堇追及于长松岛，斩之。其溃散汉儿军，多相聚为盗，以千百计，自称云队、海队之类。是永昌非托卜嘉所献。纪载各异。　方舆纪要云，长松，地名，在辽阳东。八甋口在承德县东。

辽史纪事本末卷二十八

重元父子之乱　叛党附　萧阿拉等附

圣宗太平三年（癸亥一○二三）冬十二月己卯，封皇子重元为秦国王。重元，〔考异〕契丹国志作宗元。小字博齐希。原作孛吉只，改作伯奇展。圣宗次子，法天后所生。材勇绝人，眉目秀朗，寡言笑，人望而畏之。至是封秦国王。〔考异〕皇子表，圣宗六子：兴宗第一，重元第二，皇后萧氏生；布古德第三，未详所出；乌格第四，开泰二年为特哩衮；格尔第五，布威氏生；海古勒第六，重熙初王子郎君班详衮，后至上京留守，姜氏生。　按，乌格于开泰二年为特哩衮。圣宗纪，皇子宗训为大内特哩衮，即此人。至五年，兴宗始生，则乌格为兴宗庶兄。因庶出，或表列于后。通考及叶志均称兴宗为圣宗第八子。表称第一，盖系嫡子之长也。又，纪称开泰七年，宗真封梁王，宗元永清节度使，宗简右卫大将军，宗愿左骁卫大将军，宗伟右卫大将军。其名不同，而又只五人，盖名乃后时改易；而狗儿暴卒，故只五耳。宗元疑即重元。宏简录以宗简为布古德，宗愿为乌格，宗伟为海古勒，不知何据。又，圣宗纪统和七年三月，皇子佛宝努生；开泰六年九月，以皇子舒苏生，大赦；太平元年三月，皇子博齐希生，原作勃乙只，表无其名。又，格尔原作狗儿。皇族表实默克子狗儿，另一人。又，道宗纪，清宁元年，以南院大王海古勒为中京留守。四年复自同知东京留守为南院大王，与表异。

续通考云，圣宗子柳城郡王别古特不详所出。仆隈氏生燕王吴哥、南府宰相狗儿；姜氏生混同郡王侯古。纪载各异。

兴宗重熙三年（甲戌一〇三四），法天太后密谋立重元，重元以所谋白帝。帝重之，寻立为皇太弟。

六年（丁丑一〇三七）夏五月庚申，出飞龙厩马赐重元。

秋七月，重元生子，帝赐以诗及宝玩器物，曲赦死罪以下。

七年（戊寅一〇三八）春三月戊戌朔，帝幸重元帐。

冬十二月己巳，以重元判北、南院枢密使事。〔考异〕本传，历北院枢密使、南京留守、知元帅府事。其处戎职，未尝离辇下。先是，契丹人犯法，例须汉人禁勘，受枉者多。因奏五京各置契丹警巡使，诏从之。　续通考云，辽无司隶校尉官，惟五京各置警巡院，官曰警巡使。东京别置军巡院，官曰东京军巡使。中京别置巡逻司，官曰中京巡逻使。重熙十三年，又置契丹警巡院。所载较详。

十一年（壬午—一〇四二）冬十二月甲辰，封重元子尼噜古原作涅鲁古。〔考异〕汪辉祖辽史同名录云，卷二，太祖天赞元年四月，典蓟州军民事，卷八十五辖哩传，太平六年都监，亦作涅里姑；卷八十八博诺传，祖特哩衮；卷九十二道拉传，祖北枢副，五人同名涅鲁古。又，契丹国志，此之涅鲁古作洪孝。毕沅续通鉴作尼噜固。通鉴辑览云，小字伊啰斡，又作邪鲁绾。为安定郡王。

十三年（甲申—一〇四四）秋九月壬申，帝会军于九十九泉，命重元及韩国王萧惠将先锋兵讨西夏，元昊等伏罪，班师。语详西夏封贡事中。

十七年（戊子—一〇四八）冬十一月丁巳，赐重元金券，进封尼噜古为楚王。〔考异〕本传，进王楚，为特哩衮。纪未载。时帝与重元宴，酣，许以千秋万岁后传位，重元大喜，骄纵不法。又因双陆赌居民城邑，帝屡不竞，前后已偿数城。一日，复博，伶人罗衣轻指其局曰："双陆休癡，和你都输去也。"帝悟不复戏。〔考异〕宏简录赐重元金券誓书，系之十八年，稍异。

二十四年（乙未—一〇五五）春三月，重元生子，曲赦行在及长春、镇北徒以下罪。

道宗清宁元年（乙未—一〇五五　按，道宗八月改元）秋八月壬辰，以重元为皇太叔，免汉拜，不名。甲午，遣安抚南京军民。

冬十二月戊子，尼噜古徙王吴，寻复王楚。

二年（丙申—〇五六）冬十一月乙巳，以**重元**为天下兵马大元帅。四顶帽，二色袍，尊宠所未有。〔考异〕道宗纪，时徙封赵国王察克为魏国王，鲁国王和啰噶为宋国王，陈国王阿林为秦国王，吴王尼噜古进封楚国王，百官迁秩有差，以上尊号加恩故也。契丹国志云，以郑王宗元为兵马大元帅，封晋国王，乐郡王宗德进封豳王，中山王宗正进封鲁王，豫章王宗熙进封齐王，节度宗哲进封长沙王。所载又异。

三年（丁酉—〇五七）春三月辛巳，以**尼噜古**为武定节度使。〔考异〕本传谓为清宁二年。

四年（戊戌—〇五八）闰十二月己巳，复赐**重元**金券。会皇太子濬生，**重元**妻入贺，以艳冶自矜，懿德皇后素端重，见之弗善，戒曰："为贵家妇，何必如此！"〔考异〕毕沅续通鉴云，其妻归，骂重元曰："汝是圣宗儿，乃使人以哈屯加我！汝若有志，当笞此婢。"子尼噜古素有其志，故妇言如此。所载较详。

七年（辛丑—〇六一）夏六月丁丑，以**尼噜古**知南院枢密使事。

八年（壬寅—〇六二）春三月戊申朔，楚王萧格原作革致仕，进封郑国王。〔考异〕毕沅续通鉴云，革官北枢密，以谄佞结主知，怙权黩货，戕害忠直。主渐悟其奸，宠遇日衰，故罢。　按，李焘长编云，宗元与其相某谋作乱，及相以贪暴黜，宗元惧，谋愈急。所谓相某者，当指革。以重元为宗元，亦传闻之误。
契丹国志云，宗元性极残忍，每出一死囚，命众聚射，斩而脔之，流血满前，饮啖自若。意趣不臣，常伺时衅。洪基嗣位，奉长乐之命，以为皇叔。后因游猎，乘间弑帝，左右遮救得免。所载较详。

九年（癸卯一〇六三）秋七月丙辰，帝如太子山。在大宁卫西南。戊午，皇太叔重元与其子尼噜古谋乱。先是，尼噜古说其父诈病，俟车驾临问，因行弑逆。至是猎滦水，帝知其谋，用耶律良计，遣人急召。尼噜古知事泄，〔考异〕良传，良告太后转白帝。帝责良曰："汝欲间我骨肉耶？"良曰："臣若妄言，甘伏斧锧！不早备，恐堕贼计。如召不至，可卜其事。"使者及门，羁于帐下。使者以佩刀断帘出；驰白帝，始信。所载较详。遂与其党陈国王辰禄、原作陈六同知北院枢密使事萧呼都克、原作胡睹，字伊逊，孝穆侄。卫王特布原作贴不等凡四百人，诱胁弩手军犯行宫。时南院枢密使许王仁先等率宿卫士卒数千人御之。尼噜古将战，跃马突出，为侍卫详衮渤海阿苏、原作阿（斯）〔厮〕（据辽史卷二二道宗纪改）。本传，字撒班，以功进契丹行宫都部署，历北院大王，加尚父，封赵王。护卫苏射杀之。〔考异〕萧德传，字特们，卓特部人，官南府宰相。值重元乱，力战，斩尼噜古首以献。论功封汉王，加尚父。纪作萧唐古，又未载封王事。李焘长编云，是日戊午，宗元从洪基猎于凉淀，洪基让宗元先行，依山而左，宗元子洪孝以百余骑直前射契丹主，伤臂，又伤马。太师某乘以己马。点检萧福美射杀洪孝。所载均与史异。逆党均族诛。庚申，重元亡入大漠，叹曰："尼噜古使我至此！"遂自杀。〔考异〕本传，重元将战，其党多悔过效顺，各自奔溃。重元既知失计，遂北走。李焘长编云，宗元遁走幽州，自杀。燕京留守耶律明领奚兵入城，授甲，将应之，副留守某将汉兵距焉。会使者以金牌至，遂擒斩明。洪基寻亦至，陈王萧孝友等皆坐诛。先遣来使者数人，皆宗元党，过白沟，悉以槛车载去，诛之。独萧福延以兄福美有功，得免。纪未载。先是，兵将起帐前，雨赤如血，识者知为败亡之兆。

初，重元变作，帝欲幸北、南院，仁先曰："陛下若舍扈从而行，贼必蹑其后；且南、北大王心未可知。"仁先子托卜嘉曰："圣意岂可违乎？"仁先怒，击其首。帝悟，悉以讨贼委之。乃环车为营，（折）〔拆〕（据辽史卷九六耶律仁先传改）行马，作兵仗，率三十余骑陈（抵）〔柢〕（同上书改）柢外。及战，贼众多降，尼噜古中矢死。本传，性阴狠，兴宗一见，谓曰："此人目有反相。"重元被伤，退。仁先以五院部节度使萧塔喇所居近，亟召之，分遣人集诸军。黎明，重元率奚人二千犯帷宫，塔喇兵适至，乃背营而阵，乘便奋击，贼奔溃，追杀二十余里，重元走死。（按，辽史卷九六耶律仁先传作"重元与数骑遁去"）帝执仁先手曰："平贼皆卿功也。"拜北院枢密使，封宋王，加尚父，并为画滦河战图以旌其功。本传，字札林，孟父房后，燕王贵音子。后加裕悦，为伊逊忌，出为南京留守，卒，年六十。议者谓休格后，惟仁先一人而已。后改王晋。〔考异〕兴宗纪，重熙十二年，仁先以北枢密副同知东京留守；十五年，自契丹行宫都部署为南院大王；十九年，自南院大王知北院枢密使事。传载东京为南京，由都部署迁北院大王，清宁初，改南院枢密使，为北院大王。平乱，加北院枢密使，初封吴王，旋封宋，改王辽，后王晋。所载互异。仁先，一字济兰，原作纠邻，小字查剌。传见卷九十六。　续通考云，仁先，隗引子，始封吴王，清宁初，徙王隋，后进王宋，咸雍时改辽王。　又，按，隗引封燕王，岩木之后。岩木，元祖子，身长多能，语言如钟，三为迭剌部夷离堇，年四十五卒，重熙中追封蜀国王。颏昱亦岩木后，封漆水郡王，世宗时为惕隐。化哥，岩木后，道宗时为北枢密，封豳王。仁先弟名义先，封武昌郡王，进王富春，卒，追赠许王。见封建考。　按，隗引，一作贵音，信先父。上以贵音为刺血交，官信先右祗候郎君班详衮。后因信先言，追封贵音燕王。信先于重熙十五年改汉人行宫都部署。传未载。**耶律伊逊**原作乙辛为南院枢密使；**萧罕嘉努**原作韩家奴为殿前都点检，封荆王；本传，字固宁，奚长布抢之后。时闻乱作，驰诣行宫，帝欲出避北、南院，与仁先执辔，固谏乃止。及重元诱奚猎夫来，罕嘉努谕之曰："汝曹去顺效逆，徒取族灭，何若悔过，转祸为福！"均授仗投首降。后徙王吴，终西南招讨使。纪未载。**萧惟信、耶律冯嘉努**原作冯家奴并加太子太傅；按惟信传，时官北面林牙，以功历南京留守，进北院枢密副使。冯嘉努无传，未知即诬告萧楚布者否？**宿卫官萧伊逊**、原作乙辛**回鹘海兰**、原作海邻**纽斡哩**、原作裹里**耶律托卜嘉**；原作挞不也。〔考异〕是年八月，永兴宫使耶律托卜嘉，原作塔不也。有定乱功，为同知点检司事，与卷九十九传所载合。官至北宣徽使，封漆水郡王。又，卷六十二刑法志作挞不也，系一人。**阿苏**、原作阿厮宫分人**济噜克**、原作急里哥**锡默**、原作霞抹**伊逊**、原作乙辛**珠噜**原作只鲁并加上将军；**耶律良**密告逆谋，命隶横帐额尔奇木房，为汉人行宫都部署。**本传**，字**锡纳**。著帐郎君后。时官**敦睦**宫使，以反状密告**道宗**母**仁懿萧太后**。后言于帝曰："此社稷大事，宜早为计!"帝始戒严。太后亲督卫士破逆党。后后梦**重元**曰："臣骨在**太子山**北，不胜寒栗。"即命屋之。良历官同知南院枢密事，**中京**留守。卒，谥**忠成**，赠**辽西郡王**。尝编**道宗**御制清宁集。重熙时，修兴宗起居注，自著**庆会**集。均见续通考。〔考异〕毕沅续通鉴云，**良**，一作**白**。**道宗**纪，**耶律伯**，一作**白**，系一人。**仁懿太后**，**道宗**生母，为**萧孝穆**长女，小字**托里**，原作**挞里**。**兴宗**立，入宫，**生道宗**，重熙四年立为后。**道宗**即位，尊为太后。**太康**二年崩，生二女:长**巴戬**，原作**跋芹**，封**魏国公主**，嫁**萧萨巴**，原作**撒八**，不谐，改适**萧阿苏**，后嫁**萧沃聂**;次**乌拉台**，原作**斡里太**，封**郑国公主**，嫁**萧额哩页**。　**契丹国志**云，**兴宗**酷好沙门，纵情无检，**仁懿**后每伺帝有所失，随时匡谏，多所裨益。又，**兴宗贵妃萧氏**，小字**缬察**，一作**三嬚**。驸马都尉**匹勒**女。选入东宫，即位，立为后。寻以罪降贵妃。续通考云，**太平**八年十一月，诸族备会亲之帐。十二月，太子纳妃**萧氏**，即此。

其余宿卫有功将士，升赏有差。〔考异〕毕沅续通鉴云，时**耶律迪里**赴援，力战，遥授**临海**节度使。**萧约音努**亦以功迁护卫太保。又，北府宰相**姚景行**以疾告归，中道闻变，收集得三百余骑，偕南府宰相**杨绩**勤王。比至，贼已平，主嘉之，赐以逆产。**萧乌页**，原作**乌野**，官护卫太保，从**仁先**平乱，加团练使。**迪里**，原作**敌烈**，字**萨兰**，采访使**吼**后。仕至南院大王兼侍中。**约音努**，原作**乐音奴**，字**布索**，**图鲁卜**后，终**五番部**节度。**景行**，**汉人**，籍**兴中县**，终南院枢密使，兼中书令、太师，卒，赠**柳城郡王**，谥**文宪**。**绩**，**良乡**人，历南院枢密使，封**赵王**，改王**辽西**，加守太保，卒。均见**本传**。**道宗**纪未载。　续通考云，时**兴宗**子**宋魏王**和鲁斡值**重元**乱，夜赴战。初封**越王**，官**上京**留守，徙王**晋**，进王**宋魏**，**乾统**三年，册为

皇太叔。又，<u>秦晋国王阿琏</u>，亦<u>兴宗</u>子，历<u>西京</u>、<u>上京</u>留守。是冬，以南院宣徽使<u>萧玖格</u>为北府宰相，以太保<u>耶律和卓</u>知南院大王事。未知是赏战功否？

　　<u>卫王特布</u>以胁从削爵，流<u>镇州</u>。<u>郑王萧格</u>子，为<u>重元</u>婿。<u>格</u>与逆谋，凌迟死。<u>毕沅续通鉴</u>云，<u>革</u>得幸两朝，恣为奸恶。至是始正典刑，闻者快之。

　　时<u>萧呼都克</u>〔考异〕<u>本传</u>，原作<u>胡睹</u>，<u>孝穆</u>侄。<u>清宁</u>中，代族兄<u>珠展</u>为西北招讨使。时<u>萧格</u>与<u>萧阿拉</u>俱官枢密使，不协，<u>珠展</u>为<u>阿拉</u>所爱，<u>呼都克</u>希<u>格</u>意，发其借官粟事，<u>珠展</u>得罪。<u>呼都克</u>又欲要权，岁时献遗珍玩、畜产于<u>格</u>，二人相爱过于兄弟。又，其族弟<u>迪里</u>，荐<u>萧呼敦</u>可用，<u>呼都克</u>转言于帝，用为（直宿）〔宿直〕（据<u>辽史</u>卷一一四<u>萧胡睹</u>传改）官。及<u>格</u>构陷其兄<u>阿拉</u>，<u>呼敦</u>阴为之助，时人丑之。　按，<u>呼都克</u>传，<u>重熙</u>中，由祇候郎君，俄迁<u>兴圣宫</u>使。考<u>宏简录</u>，系由敞史迁<u>兴圣宫</u>使。尚<u>秦国公主</u>，授驸马都尉，不谐，离婚，复尚<u>齐国公主</u>。而<u>公主</u>表不载其尚主事。　<u>汪辉祖辽史同名录</u>云，<u>呼敦</u>，原作<u>胡笃</u>。卷八十九，<u>耶律庶成</u>妻；卷一百一，<u>传</u>，知枢密院事，三人同名<u>胡笃</u>。<u>毕沅续通鉴</u>谓<u>呼都克</u>即系<u>呼敦</u>，云为<u>萧阿喇</u>从父昆弟。疑误。劝<u>尼噜古速发</u>，信之，中流矢死，是夜，同党挟<u>重元</u>僭位，<u>呼都克</u>自为枢密使。明日，战，败走，<u>至十七泺</u>，投水死。五子，同日诛。<u>本传</u>谓<u>呼都克</u>因位在<u>伊逊</u>下，意不平，遂从逆。

　　余党：南京统军使<u>萧塔喇台</u>、原作（迪）〔迭〕里得（据<u>辽史</u>卷一一四<u>萧迭里得</u>传改）。〔考异〕<u>本传</u>，国舅少父房后。父<u>双古</u>，尚<u>塔纳公主</u>，仕至国舅详衮。<u>公主</u>表同。而<u>外戚</u>表云<u>双宽</u>，原作双谷。即此人。兴圣宫太保库德、原作古迭。〔考异〕本传不知姓氏，而宏简录谓姓耶律。殿前都点检萨尔珠，原作撒剌竹均伏诛。〔考异〕毕沅续通鉴，萨尔珠作萨喇图，云，时在围场，闻变，劫奚猎夫来援。既至，闻尼噜古已死，大恸，劝重元乘夜劫行宫，大事可济。用萧呼敦计，不允。已而阵斩萨喇图，擒特里德、古迪杀之。特里德，少不羁，以详衮从伐夏，失利，决杖削官。古迪，膂力过人，善击鞠。萨喇图尤凶暴。尼噜古与交结，故速败。均见本传。惟塔喇台传谓伐夏获胜，授观察使，进汉人行宫都部署，改西南招讨使，因族弟黄巴家奴告其主私议宫掖事，寝之；事觉，决杖削籍为民。稍异。又，萨尔珠传，劝乘夜劫行宫，呼都克等曰："今夕但可四面围之，勿令外军（同）〔得〕（据辽史卷一一四撒剌竹传改）入，彼何能备?"不从。迟明，投杖走，萨尔珠战死。而呼都克传但谓其党劝乘夜决战，呼都克曰："仓卒中，黑白不分，若内外军相应，则吾事去矣。黎明而发，何迟之有?"重元听其计。明日战，败，呼都克被创，遁。二传所载各异。又，萧特古斯原作图古辞。〔考异〕毕沅续通鉴作图固哩，云旧作图古哩。官南府宰相、北院枢密使，帝及太后倚任之。奸佞黩货，变更法（令）〔度〕（据辽史卷一一一萧图古辞传改）。为枢密数月，引用多重元党，坐免为庶人。后没入兴圣宫，死。

　　其时与萧格同柄政者萧阿拉，原作阿剌字额里埒，原作阿里懒枢密孝穆子。尚秦晋国王公主，累官北院枢密使，封陈王。恶格谄谀不法，争之不能得，请告归。帝恶之，除东京留守。会行色克色原作瑟瑟礼，〔考异〕陈樫五代史补编云，契丹自遥辇氏胡剌可汗制祭山仪，苏可汗制瑟瑟仪，阻午可汗制柴册仪、再生仪，情朴用俭，后世遵之。瑟瑟仪，祷雨之祭也。礼志载色克色仪，若旱，择吉日行礼以祈雨。前期，植百柱天棚。及期，皇帝致奠于先帝御容，乃射柳。帝再射，亲王、宰执以次各一射。中柳者质志柳者冠服，不中者以冠服质之。不胜者进饮于胜者，然后各归其冠服。又，翼日，植柳天棚之东南，巫以酒醴、黍稷荐植柳，祝之。帝、后祭东方毕，子弟射柳。皇族、国舅、群臣与礼者，赐物有差。既，三日雨，则赐多啰伦穆腾马四匹，衣四袭。否则，以水沃之。道宗清宁元年，帝射柳讫，诣风师坛再拜。　按，金史礼志曰，射柳之戏，辽俗也，金因尚之。凡重五日拜天礼毕，插柳为两行，（尚）〔当〕（据金史卷三五礼志改）射者以尊卑为〔序〕，（同上书补）先以一人驰马前导，后驰马以无羽横镞箭射之。既断柳，又以手（按）〔接〕（同上书改）而驰去者为上。断而不能接去者次之。其中而不能断与不能中者为负。每射，必伐鼓以助其气。所载小异。又，礼志载柴册仪甚备，而王易燕北录所纪柴册仪，内有拜日、拜七祖殿、拜木叶山神、拜金神、拜册太后、拜赤娘子、拜七祖眷属毕，次上柴笼受册，次入黑龙殿受贺。行礼罢，又有燕饮。与志迥异。入朝陈时政得失，格以事中伤，帝怒，缢杀之。〔考异〕毕沅续通鉴云，据萧格传曰："会南郊，以例赴阙。"而本纪则因主谒陵来朝。所载各异。太后营救不及，大恸曰："阿拉何罪而遽见杀？"乃厚加赠赙。

性忠果，晓世务，有经济才。议者谓阿拉若在，无重元、伊逊之乱。

又，耶律义先，裕悦仁先弟，官南院宣徽使。恶萧格，言于帝曰："格狡佞喜乱，大用必负国家。"言虽激切，不纳。它日侍宴，帝命群臣博，义先当与格对局，怃然曰："臣纵不能进贤退不肖，安能与国贼博！"帝怒，赖后救得解。历官特哩衮，封富春王，追赠许王。

弟信先，官南面林牙。

辽史纪事本末卷二十九

重熙增币之议

兴宗重熙元年（壬申一○三二）春正月壬辰朔，宋遣任布、王遵范、陈琰、王克善来贺。乙亥，复遣郑向、郭遵范来贺永寿节。

秋七月，以萧达溥、王英秀、萧麓、张素羽贺宋来岁正旦生辰。

冬十一月癸未，宋遣刘随、王德本来贺应圣节。

十二月庚戌，宋遣胥偓、王从益、崔暨、张怀志来贺明岁正旦；杨日严、王克纂来贺永寿节。〔考异〕李焘长编云，仁宗明道元年正月，契丹耶律顺、王义府贺长宁节，舍人夏元正坐捧书失仪，贬官。四月，契丹萧好古、王永孚贺乾元节。八月，以盐铁副使刘随贺契丹主母生辰，祗候王德基副之；开封判官杨日严贺国主生辰，客省副使王克基副之；太常博士胥偃贺国母正旦，舍人王从益副之；监察御史崔暨贺国主正旦，东染院副使赵振副之。寻改张怀志代振。十二月，契丹萧式、张推保贺太后正旦，萧察、夏亨谧贺正旦。时契丹改元重熙，边吏言牒知契丹将大入寇，辅臣争言择帅备边之要，参政薛奎独曰："先帝与契丹约和，岁遗甚厚，必不肯轻背约。"已而果然。所载姓名各异。

二年（癸酉一〇三三）春正月壬辰，宋遣曹琮来告母后刘氏哀，章得象、安继昌来馈母后遗物。即命（延昌）〔兴圣〕宫（据辽史卷一八兴宗纪改）使耶律寿宁、给事中李奎充祭奠使；天德节度使耶律卿宁、大理卿和道亨、河西节度使耶律嵩、引进使马世卿充两宫吊慰使。

秋七月甲子朔，以耶律（楚）〔宽〕（同上书改）、〔考异〕永乐大典作耶律实。高升、耶律迪、王惟允充两宫贺宋生辰使副；耶律师古、刘五常贺宋来岁正旦。

冬十一月甲申，宋遣刘宝、符忠、李昭述、张茂实来谢慰奠。

十二月乙未，宋遣丁度、王继凝来贺应圣节。甲寅，复遣章频、李懿、王冲睦、张纬、李（弦）〔纮〕（同上书改）、李继一来贺永寿节及来岁正旦。

〔考异〕李焘长编云，明道二年正月，契丹耶律霸、韩橘贺长宁节。三月，章献太后崩。四月，遣东上阁门使曹琮告哀于契丹。八月，契丹国主及国母遣耶律信宁、和道亨、耶律嵩、冯世卿来吊慰；耶律守宁、李奎来祭奠。诏契丹所献礼乐甚厚，其于常所遗物外，增黄金三百两。寻遣度支判官刘赛、舍人符惟忠、司封员外郎李昭述、东染院副使张茂实使契丹谢国母及其主。复命兵部员外郎丁度、右骐骥使王继凝贺国母生辰；度支副使李弦、礼宾副使李继一贺国主生辰。刑部郎中章频、礼宾副使李遵懿贺国母正旦，推官王仲睦、祗候郭崇贺国主正旦。崇留不行，以供备库副使张玮副之。十一月，以章频兼侍御史，知杂事。频时奉使契丹，未还，寻卒于紫蒙馆。契丹遣内侍奠祭。命接伴吴克荷护其丧，以锦车驾橐驼载至中京，敛以银饰棺，具鼓吹羽葆，吏士持甲兵，卫送至白沟。诏其子迈乘传护枢归。录用其子。十二月，契丹国母遣萧传、王秀英；国主遣萧丽、张素羽贺正旦。所载姓名互异。纪于章频之卒，系于明年正月。又异。

三年（甲戌—一○三四）秋七月戊子朔，帝始亲政，以耶律庶征、刘六符、耶律睦、薄可久贺宋来岁正旦。

冬十二月，宋遣段少连、杜仁赞来贺明岁正旦，杨偕、李守忠来贺永寿节。〔考异〕李焘长编云，景祐元年三月，契丹国母遣耶律迪、王惟永，国主遣耶律述、高升贺乾元节。五月，以刘随为工部郎中，知应天府。故事，奉使契丹者，遣皇城卒二人与俱，察其举措；使者悉姑息以避中伤。随前使契丹贺国母生辰，以病足痹不能拜，归，为卒所诬，不知信，徙宣州；已而李弦使还，言其枉，乃迁官。八月，度支判官谢绛、阁门祗候李守忠为契旦生辰使副，刑部员外郎杜少连、阁门祗候杜赞为正旦使副。十二月，命张亢知安肃军。时传契丹聚兵幽、涿间，河北皆警。

亢力言非实。参政蔡齐画三策，料其必不渝盟。已而果契丹祭天幽州，以兵屯境上。寻遣耶律师古、刘五常贺正旦。

四年（乙亥一〇三五）夏六月癸丑朔，以耶律信、吕士宗、萧（拱）〔衮〕（据辽史卷一八兴宗纪改）、郭揆贺宋生辰及来岁正旦。

冬十二月庚申，宋遣郑戬、柴贻范、杨日华、张士禹来贺永寿节及正旦。〔考异〕李焘长编云，景祐二年四月，契丹遣耶律庶箴、舍人刘六符贺乾元节。八月，命度支郎杨日华、礼宾副使张士禹贺契丹生辰；太常博士郑戬、祗候柴贻范贺正旦。十二月，契丹耶律睦、薄可久贺正旦。所载各异。

五年（丙子一〇三六）冬十月壬子，宋遣宋郊、王世文来贺永寿节；甲子，以耶律祥、张素民、耶律甫、王泽贺宋生辰及来岁正旦。〔考异〕李焘长编云，景祐三年四月，契丹耶律信、吕士宗贺乾元节。八月，命左正言宋祁、礼宾副使王世文贺契丹生辰；工部郎中李宗咏、祗候崔准贺正旦。十二月，契丹耶律克、郭揆来贺正旦。契丹使还，出京畿，听用乐。时值保庆太后丧故也。所载互异。 王辟之渑水燕谈云，景祐中，蔡君谟作四贤一不肖诗，布在都下，人争传写。契丹使适至，买以归，张于幽州馆。

六年（丁丑一〇三七）冬十二月，遣耶律斡、秦鉴、耶律德、崔继芳贺宋生辰及来岁正旦。〔考异〕李焘长编云，景祐四年四月，契丹耶律祥、张素民贺乾元节。八月，命兵部员外郎谢绛、供备库使张茂实贺契丹生辰；舍人高若讷、夏元正贺正旦。十二月，契丹耶律甫、王泽贺正旦。所载各判。

七年（戊寅一〇三八）春正月戊戌朔，宋遣高若讷、夏元正、谢绛、张茂实来贺正旦及永寿节。

冬十一月癸巳朔，以耶律元方、张泥、韩至德、萧傅贺宋生辰正旦。

十二月癸未，宋遣王举正、张士禹来贺永寿节。〔考异〕李焘长编云，宝元元年四月，契丹耶律干、秦鉴来贺乾元节。八月，遣工部郎中王举正、礼宾副使张士禹贺契丹生辰；右司谏韩琦、左藏库使高继嵩贺正旦。继嵩时得匿名文字，诬其将叛；因琦言复知环州，以舍人王从益代。十二月，契丹耶律德、崔继芳贺正旦。

八年（己卯一〇三九）春正月壬辰朔，宋遣韩琦、王从益来贺。丁巳，禁朔州鬻羊于宋境。

冬闰十二月壬辰，宋遣庞籍、杜赞来贺永寿节。〔考异〕李焘长编云，宝元二年四月，契丹耶律九方、张渥贺乾元节。六月，诏河东安抚使移文谕契丹，以元昊反，已夺官除籍，及缘边益兵之意。八月，命天章阁待制庞籍、祗候杜赞贺契丹生辰；右正言王拱辰、左藏库副使彭再问贺正旦。籍不行，以兵部郎中聂冠卿代。冠卿五世祖师道杨行密，（叛）〔版〕（据宋史卷二九四聂冠卿传改）奏号问政先生，鸿胪卿。及使契丹，主谢曰："君家先世奉道，子孙固有昌者。尝观所著蕲春集，词林清玩。"因自击毬纵饮，命冠卿赋诗，礼遇特厚。韩琦安阳集，使回戏成诗曰："专对惭非出使才，执圭申好敛旌回；礼烦偏苦元正拜，户大犹轻永寿杯。欹枕顿无归梦扰，据鞍潜觉旅怀开；明朝便是侵星去，不怕东风拂面来。"北廷元日，拜礼最烦。永寿节，戎主生辰，其日以大白酹南

卷二十九　重熙增币之议

六三一

使。故云。

九年（庚辰—一〇四〇）春正月丙辰朔，宋遣王拱辰、彭再思来贺。

秋七月癸酉，宋遣郭祯以伐夏来告，遣枢密使杜防报聘。

冬十一月甲子，宋遣苏伸、向传范来贺应圣节。

十二月辛卯，以萧迪、刘三嘏、耶律元方、王惟吉、耶律庶忠、孙文昭、萧绍筠、秦德昌贺宋生辰及来岁正旦。〔考异〕李焘长编云，康定元年正月朔，日食，知谏院富弼请罢宴彻乐。北使在馆，就赐饮食。参政宋庠不可，弼曰：“万一契丹行之，为朝廷羞。”后使北者还云：“契丹罢宴。”如弼言。上深悔之。四月，契丹法天后遣耶律元、王惟吉，主遣萧迪、刘三嘏贺乾元节。七月，遣集贤校理郭稹、供备库副使夏防使契丹，告以方用兵西边也。议者谓元昊潜结契丹，恐并为边患，故遣谕意。主厚礼之，同出观猎，延稹射，一发中走兔，敌人惊愕，主赐以所乘马及他物甚厚。八月，遣刑部员外郎苏绅、左藏库副使向传范贺国母生辰；右正言吴育、祗候冯载贺国主生辰。右正言梁适、西染院副使张从一贺国母正旦；太常丞富弼、供备库副使赵日宣贺国主正旦。十二月，契丹杜防来聘，报郭稹也。国母遣耶律庶忠、孙文昭，主遣萧绍筠、秦德昌来贺正旦。史多未载。 沈括梦溪笔谈云，庆历中，王君贶使辽，宴于混融江，观钓鱼。临归，戎主置酒，谓之曰：“南北修好岁久，恨不得见南朝皇帝兄，托卿为传一杯酒到南朝。”乃自起酌酒，容甚恭，自鼓琵琶，上南朝寿。先是，戎主弟重元蓄异谋，戎主恐其附宋，故特效恭顺。重元后卒以称乱诛。 按，括世父名同，故讳混同江为混融江。君觊，名拱辰。为副者彭再思。见兴宗纪。此重熙九年，即宋康定元年。括谓庆历中。疑误。**十年（辛巳一〇四一）春正月辛亥朔，宋遣梁适**、郓州项城人，颕子。**张从一、富弼**、字彦国，河南人，时官太常丞。**赵日宣来贺。甲子，复遣吴育**、字寿卿，建州建安人。**冯戴来贺永寿节。**

夏六月戊寅，以萧宁、耶律坦、崔禹称、马世良、耶律仁先、刘六符贺宋生辰；耶律庶成、赵成、耶律烈、张旦贺宋来岁正旦。

冬十二月丙子朔，宋遣刘沆、字冲之，永新人。**王整来贺应圣节。**〔考异〕毕沅续通鉴云，沆使辽，馆伴杜防强以酒，沾醉，拂袖起，骂曰："我不能饮，何强为！"后辽使以为言，出知潭州。诏使辽及接伴、送伴燕会，毋过饮，务存大体。沆时官右正言，整官崇仪副使。 刘攽中山诗话云，沆使北，馆客曰："有酒如渑，系行人而不住。"沆应声曰："在北曰狄，听出塞以何妨。"史均未载。 李焘长编云，庆历元年四月，契丹国母遣耶律仁先、张宥，主遣萧福善、王纲来贺乾元节。八月，遣右正言刘沆、崇仪副使王整贺国母生辰；侍御史福昌言、祗候何九龄贺国主生辰；工部郎中张沔、内殿崇班侯宗亮贺国母正旦；兵部员外郎王球、祗候侍其濬贺国主正旦。十二月，代州言契丹旧封界在苏直等见耕之地，而近辄移文，欲以故买马城为界，虑浸有侵耕不便，诏本府谍谕之。契丹国母遣耶律元德、韩永锡，国主遣耶律福、韩保衡来贺正旦。所载各异。**乙未，遣萧英、刘六符使宋。时兴宗闻宋设关河、治壕堑，恐为边患，**〔考异〕沈括梦溪笔谈云，仁宗时，六宅使何承矩守瓦桥关，因其素无关河为阻，建议于陂泽之地，临水为寨。后内侍杨怀敏踵为之，熙宁中又开徐村、柳庄等泺，合滹沱、易、白等水并太河，自保州至沧州，凡八百里，悉为渚涝，倚为藩篱。又，承矩节度沧州，建议于顺安砦西潴水兴屯，于是雄、英、霸州、平戎、破卤、顺安等军兴堰六百里，公私利之。承矩初议潴水，恐谋泄，日泛船置酒高会，赏蓼花，作蓼花游数十首，绘图传至汴京，时人莫喻。　王珪宋会要云，自边吴淀至泥沽海口，绵七州军，且九百里。　按，泥沽海口，即今直沽口也。　李焘长编云，承矩疾，徙齐州，到方七日，卒。缘边军民闻皆挥泪。至雄州，发哀，饭僧。承矩习戎事有方略，能抚绥异俗，北人畏服。李沆、王旦尝为其佐属，均以公辅期之。玉海云，端拱二年二月，以陈恕、樊知古为河北营田使。先是，自岐沟关、君子馆、河朔之地，耕桑失业者众，屯戍倍于往日，故遣恕等为方田，积粟备边。淳化四年，命承矩别置河北沿边屯田，黄懋充判官。咸平元年，马济建议：自静戎军鲍河开渠入顺安威卤军，置水陆营田以隔胡骑，诏石普护其役。六年，知保州赵彬奏：决鸡距泉，又分徐河水南注运渠，置水陆营田；诏王昭逊同领之。明道二年，刘平奏：自边吴淀望赵旷川、长城口，乃契丹出入要害地，东西不及百五十里。今契丹多事，我乘此以引水植稻为名，开方田，四面穿沟渠，纵广一丈，深二丈，两沟间屈曲为径路，才通步兵，引曹、鲍、徐河、鸡距泉分注沟中；地高则用水车汲引灌溉，遂密敕平与杨怀敏渐建方田，塘日益广。景祐二年，知雄州葛怀敏请立木为水则，以限盈缩。庆历二年，申明誓约，两界塘泊如旧，第罢增广。始，怀敏谓塘水捍寇功愈于兵，奏称：臣为陛下置水虎翼军一百万矣。时朝廷重生事边臣利害，必戒勿张皇，使敌有词，怀敏独治塘益急，奏勿妄改水口及塘泊。从之。续通考云，直沽在武清县东南，卫河、白河、丁字沽合流于此入于海。卫河源自卫辉府辉县，经濬县、内黄下流，与淇、漳、滹沱等河合入于海，亦名御河。漳河源发山西界，东南流，经宁晋县，过州境及武邑县，达滹沱河。淇水源出林虑山下，绵历太行而东，至濬县枋头，东流入卫河。又，顺德府平乡县南十里有浊漳河，源出山西潞州发鸠山，流经平乡至南和，即禹贡之漳水也。**与南、北枢密院谋取宋旧割关南十县地故也。庚寅，宋遣张沔、侯宗亮、薛申、侍其濬、施昌言、潘永照来贺永寿节及来岁正旦。丁酉，议侵宋，诏谕诸道。**

十一年（壬午一〇四二）**春正月庚戌，遣南院宣徽使萧特默**、原作特末。〔考异〕本传，字和宁。官北院宣徽使，使宋还，加平章事。契丹国志谓即萧英，国舅大父房后。陈浩辽史考证云，卷二十五，道宗大安九年南院大王，同知南京留守事；卷二十八，天祚天庆二年驸马，南院宣徽使，为汉人行宫都部署；卷七十属国表，天庆八年归金，四人同名特末。兄和尚，字洪宁。官都林牙，使宋贺正旦，将宴，典仪者告班节度下，且以锦服为贶，斥其非礼；寻易以紫服，位视执政，使礼始定。终唐古部节度。**翰林学士刘六符**〔考异〕本传，河间人。祖景，官礼部尚书兼侍中；父慎行，仕至北府宰相。子六人：一德，早世；二元，终上京留守；五常，历武定节度；三嘏，四端，与六符均第进士。嘏、端皆尚主。嘏后与主不谐，奔宋，归，杀之。四端官枢密直学士。六符有志操，能文，由政事舍人擢学士。唐节度刘怦后。　田况儒林公议谓嘏以舅弟方皆委任，贷死，监锢之。稍异。　李焘长编云，嘏恶其妻淫乱，遁至广信军，知军刘贻孙听其自还，尝留所赋诗。及余靖使北，留守仁先言三嘏尚在汉界。时盖携其子及婢从间道走定州，匿望都民杨均庆家。至是，北界复移文索取，诏河北安抚司械送至涿州。

先是，辅臣议厚馆三赧，以诘契丹阴事，谏官欧阳修请留之，杜衍不可，乃还之。周春辽诗话载赧投广信军，献诗曰："虽惭涔勺赴沧溟，仰诉丹衷不为名；寅分星辰将降割，兑方疆寓即交兵。春秋大义惟观衅，王者雄师但有征；救得燕民归旧主，免于通问自称兄。"时宋恐开边隙，因送还辽。景有集四十卷行世，见宋史艺文志。赧所尚主为圣宗第九女同昌公主巴格，原作八哥；四端所尚主为圣宗第十女丕绅，原作挛失，封仁寿公主，皆白氏生。见公主表。又，武白传，先是有讼刘慎行私其子妇者，有司出其罪，圣宗诏白鞠之。白正其罪。使新罗还，权中京留守。时慎行诸子皆处权要，以白断百姓分籍事不直，坐左迁，寻擢左丞知枢密，拜辽兴节度，卒官。

使宋，取晋阳及瓦桥以南十县地，且问兴师伐夏及沿边疏濬水泽、增益兵戍之故。时宋仁宗庆历二年也。兴宗欲一天下，谋取三关，集群臣议。〔考异〕薛应旂通鉴云，契丹主渐长，国内无事，户口蕃息，会元昊反，中国旰食，欲乘衅南侵。南院枢密使萧惠曰："两国强弱，圣虑所悉。宋人西征有年，师老民疲，陛下亲率六军临之，其胜必矣。"北院枢密使萧孝穆曰："我先朝与宋和好，无罪兴师，曲在我；况胜败未可逆料。愿陛下熟察！"卒从惠议。〔考异〕毕沅续通鉴云，辽兴宗纪，上与南北枢密吴国王萧孝穆、赵国王萧固宁，一作贯宁，谋取关南地。据本传则孝穆力谏南侵，未尝与谋，本纪误也。孝穆以六年封吴，九年徙王楚，而纪仍书吴，亦误。又，与谋侵宋者萧惠耳，纪作萧固宁，疑惠亦名固宁也。惠于六年封赵王，至是已徙齐，纪仍作赵，非也。孝穆以言不用，徙南院，其弟孝忠代。及孝忠疾，仍官北院。　续通考云，孝忠尚圣宗第三女槊古，封越国公主。姿质娟秀，礼法自将。钦哀后生。孝忠拜驸马都尉，东京留守，终北院枢密使，追封楚国王。子阿克苏，亦作阿速，官南院枢密使。**宏简录谓清宁中为北府宰相。传未载。遣使索十城，会诸军于燕。惠与太弟帅师压宋境。**〔考异〕契丹国志云，刘六符说其主集兵南侵。与萧英先以书求地，书皆六符所撰。初，涿州进士梁济世尝主文书，得罪，归宋，言于朝。又，知雄州杜惟序亦先以闻。至是，仁宗发书示辅臣，色皆不动。六符疑其书先漏。　李焘长编云，二月，知保州衣库使王果先购得其书稿以闻。且言契丹潜与元昊相结，将必渝盟；请自广信军以西缘山口贼马出入之路，预为控守。诏札付河北安抚司密修边备。崇仪副使王整同提点河北刑狱。诏整尝假六宅使奉使北朝，今北使过境，恐讶其官名不同，特与改此使额。知谏院张方平谏，寻徙他官。诏真定各州预备兵粮。河北强壮，自二月后赴州教阅。委知州拣刺义勇提刑，按视城隍，应修者修。令京东西路造战船五百只赴河北。又载契丹书云："粤自世修欢契，时遣使韬。封圻殊两国之名，方册纪一家之美。盖欲（治）〔洽〕（据契丹国志卷二○契丹兴宗致书改）于绵永，固将有以披陈。切缘瓦桥关南是石晋所割，迄（至）〔乎〕（同上书改）柴氏以代郭周，兴一（旦）〔时〕（同上书改）之狂谋，掠十县之故壤，人神共怒，庙社不延。（致）〔至〕（同上书改）于贵国祖先，肇创基业，寻与（故）〔敝〕（同上书改）境，结为善邻。暨乎太宗，绍登宝位，于有征之地，才定并、汾；以无名之师，克抵燕、蓟，羽（召）〔石〕（同上书改）精锐，御而获退，遂致移镇国强兵，南北三府并内外诸军，弥年有戍境之劳，继日备渝盟之事；始终反覆，前后变常。窃审专命将臣，往平河右，炎凉屡易，胜负未闻；兼李元昊于北朝久已称藩，累曾尚主，克保君臣之道，实为甥舅之亲。设罪合加诛，亦宜垂报。迩者，郭稹（特）〔使〕（同上书改）至，杜防又回，虽具音题，但虞诈牒。已举残民之伐，曾无忌器之嫌，营筑长堤，填塞隘路，开决泄水，添置边军。既潜稔于猜嫌，虑难敦于信睦。傥思久好，共遣疑怀，曷若以晋阳旧附之区，关南元割之县，俱归当国，用康黎人。如此，则益深兄弟之怀，长守子孙之计。缅维英悟，深达悯惊。适届春阳，善绥冲裕。 陆游老学庵笔记云，六符欲大减燕民赋，建议使南朝求割地，俟得增岁币，则减民赋可也。主竟用其策。嗣大臣背约，才以币之十二减民赋。及洪基立，六符为相，请用原议，始如数减燕民租赋。 按，兴宗即位，诏供办者广务耕耘，空闻输纳；家贫者全亏移植，多致流亡。宜通检括，普遂均平。二年八月，复遣使阅诸道禾稼。迨道宗太康六年十二月始载诏减民赋。见续通考。所载较详。

夏六月乙亥，宋遣富弼、张茂实〔考异〕毕沅续通鉴作符惟忠，宋使臣年表谓初遣惟忠，五月病卒，以供备库使张茂实代。奉使来聘，〔考异〕李焘长编载宋复书云："昔我烈考章圣皇帝，保有基图，惠养黎庶，与大契丹昭圣皇帝弭兵讲好，通聘著盟。肆予纂承，共遵（汉）〔谟〕（据契丹国志卷二○宋朝回契丹书改）训，边民安堵，垂四十年。兹者，专致使臣，特诒缄问，且以瓦桥（内）〔旧〕（同上书改）地，晋阳故封，援石氏之割城，述（国）〔周〕（同上书改）朝之复境，系于异代，安及本朝？粤自景德之初，始敦邻国之信，凡诸细故，咸不实怀。况太宗皇帝亲驾并郊，匪图燕壤，当时贵国亟发援兵，既交石岭之锋，遂举蓟门之役，义非反覆，理有因缘。元昊赐姓称藩，禀朔受禄，忽谋狂僭，俶扰边陲，飙议讨除，已尝（问）〔闻〕（同上书改）达，杜防、郭稹，传导备详。及此西征，岂云无报！聘轺旁午，屡闻嫉恶之谈；庆问交驰，未谕联亲之故。忽窥异论，良用恻然！谓将轸于在原，反致讥于忌器。复云营筑堤埭，开决陂塘。昨缘霖潦之余，大为衍溢之患，既非疏导，当稍缮防。岂蕴猜嫌，以亏信睦。至于备塞隘路，阅习兵夫，盖边臣谨职之常，乃乡兵充籍之旧。在于贵境，宁撤戍兵。一皆示于坦夷，两何形于疑阻！（愿）〔顾〕（同上书改）惟欢契，方保悠长。遽兴请地之言，殊匪载书之约！信辞至悉，灵鉴孔昭。两地不得相侵，缘边各守疆界，誓书之外，一无所求。期在久要，勿违先约，谅惟（听）〔聪〕（同上书改）达，应切感思。甫属清和，妙臻戬谷！"翰林学士王拱辰所撰也。见宋仁宗实录，史未载。以书答之。〔考异〕薛应旂通鉴云，特默至，吕夷简奏富弼为馆伴使，与中使迎劳。特默托疾不拜，弼曰："吾尝使北，病卧车中，闻命辄起。今中使至而子不拜，何也？"特默矍然起拜。弼开怀与语，特默感悦，密以其主所欲得者告。弼具以闻。帝令夷简择报聘者，因荐弼。欧阳修引颜真卿使李希烈留之，不报。　契丹国志云，四月，弼等至契丹，谓帝曰："两朝继好垂四十年，一旦求割地，何也？"帝曰："南朝违约，塞雁门，增塘水，治城隍，籍民兵，意将何为？群臣请举兵南向，寡人谓不若遣使求地；求而不获，举兵未晚。"弼曰："北朝忘章圣皇帝之大德乎？澶渊之役，若从诸将言，北兵无得脱者；且两国通好，则人主专其利，而臣下无所获；若用兵，则利归臣下，而人主任其祸。故劝用兵者，皆为身谋尔！"帝大悟。弼曰："塞雁门，备元昊。塘水始于何承矩，事在通好前。城隍皆修旧，民兵亦补阙，非违约也！且晋以卢龙一道（赐）〔赂〕（据契丹国志卷八兴宗纪改）北朝，周取关南地，皆异代事。若各求地，岂北朝之利哉！"帝感其言，遂欲求婚。弼又为解说。帝令再以誓书来。弼归复命。夷简字世夫，蒙正兄子。　续纲目云，主召弼同猎，引弼马自近，谓曰："得地则欢好可久。"弼反复陈其不可状，且言："北朝既以得地为荣，南朝必以失地为辱，兄弟之国，岂可使一荣一辱哉！"主甚感悟。余同。　叶梦得石林燕语云，时王武恭帅定州，敌遣人来觇；得之，皆请斩以徇。武恭特不问。明日，出猎近郊，号三十万，亲执桴鼓，下令曰："具粮糗，视大将军旗所向即驰，后者斩！"觇者归，告敌，皆疑汉兵将深入，无不惧。仁宗遣问计，对曰："咸平、景德边兵二十万屯定武，不分扼要害，故得径犯澶渊。且以阵图赐诸将，皆谨守不敢设方略，缓急不相援，多败。今愿无赐阵图，择将出奇，则无不济！"上然之。　苏辙龙川别志云，时契丹求和亲，馆伴贾昌朝未有以拒之。先是，宗真弟重元用事，横国中，因信使常通书币。仁宗使昌朝谓六符，欲因今使答之，辞曰："此于太后甚善，然于本朝不便。"昌朝因曰："即如此，欲以太宗、真宗之子求和亲，皇帝岂安心乎？"六符不能答，和亲议顿息。史均未载。

秋八月丙申，宋复遣富弼等奉书来聘，乞增岁币银绢，以书答之。〔考异〕续纲目云，契丹声言南下，朝议请城洛阳。因夷简言，建大名为北京。识者尵之。六月，以王德用判定州，大阅士卒。契丹知有备，和议益决。帝复使弼持和亲增币二议，及誓书往，且命受口传之辞于政府。行次，乐寿，启视不符；驰还都，仍易书行。契丹国志载〔回〕（据契丹国志卷二〇契丹回宋誓书补）宋第二书云："章圣皇帝与昭圣皇帝誓书，每岁以绢二十万匹，银十万两助军旅之费。今两朝修好，三纪于兹。关南县邑，本朝传守已久，惧难依从。每年更增绢十万匹，银十万两。恭惟二圣，威灵在天，（顾）〔愿〕（据契丹国志卷二〇契丹回宋誓书改）兹纂承，各当遵奉，共循大体，无介小嫌。余依景德、统和两朝誓书。"王巩闻见近录云，弼受国书五函，皆许其添岁赐也。每出一函，待不从，然后复出之。弼留二函于雄州。既至，抗论不屈，徐出一书，辽人意未厌，复出一书，至于三。辽人密探其箧中止有三书，遂从约。及使还，持二函归，岁减聘币者二十万。　彭百川太平治迹统类云，弼等至契丹清泉淀金毡馆，持国书二、誓书三，以语馆伴仁先。六符问所以然者，弼曰："姻事合，则以姻事誓；能令夏国复归款，则岁币增二十万，否则十万，国书所以有二，誓书所以有三也。"史未载。

九月壬寅，遣北院枢密副使耶律仁先、〔考异〕宋史作仁起，疑传写之误。汉人行宫都部署刘六符使宋约和。

闰月癸未，仁先遣人报宋岁增银绢十万两匹，文书称"贡"，送至白沟；〔考异〕方勺泊宅编云，岁赐辽金三十万两，绢二十万匹。正旦衣著四千匹，银器二千两。生辰衣著五千匹，银器五千两。神宗尝曰："辽曾贡衮冕一袭，其绘星辰在背，疑有所传。"帝喜，宴群臣于昭庆殿。萧惠以首事功，进封韩王。初，仁先与六符使宋，议书"贡"，宋难之。仁先曰："曩者，石晋报德本朝，割地以献，周人攘而取之，是非利害，灼然可见。"六符曰："本朝兵强将勇，海内共知，人人愿从事于宋。若恣其俘获，以饱所欲，与'进贡'字孰多？况（六）〔大〕（据辽史卷八六刘六符传改）军驻燕，万一南进，何以御之？顾小节，忘大患，悔将何及！"宋乃从之。〔考异〕李焘长编载契丹誓书云："两朝修睦，三纪于此，边鄙用宁，干戈载偃。追怀先约，炳若日星。今绵禩已深，敦好如故。关南县邑，本朝传守，惧难依从，别纳金帛之仪，用代赋税之物。每年增银绢各十万两匹，搬至雄州白沟交割。两界（泄）〔溏〕（据契丹国志卷二○契丹回宋誓书改）淀已前开亩者，并依旧例，嗣今以后，不得增添。其堤堰水口，逐时决泄壅塞，量差兵夫，取便修叠疏导，非时霖潦，别至大段涨溢，并不在关报之限。南朝河北沿边州军，北朝自古北口以南沿边军民，除见管数目，依常教阅，无别故不得大段添屯兵马，如有事故添屯，即令关报。余并依前朝誓书。恭惟二圣，威灵在天，（顾）〔愿〕（同上书改）兹纂承，各当遵奉，共循大体，毋介小嫌。且夫守约为信，善邻为义，二者缺一，罔以守国。皇天厚地，实闻此盟。文藏宗庙，副在有司。顾惟不（法）〔德〕（同上书改），必敦大信，苟有食言，必如前誓。”弼与六符言，指帐前高山曰：“此尚可逾，若欲‘献纳’二字，则如天不可得而升也。使臣颈可断，此议决不敢诺。”时契丹实固惜盟好，特为虚声以动中国。中国方困西兵，夷简持之不坚，许与过厚，遂为无穷之害。　续纲目云，弼至契丹，专议增币，且争“献纳”二字，声色俱厉。乃命仁先等与弼偕来。弼入对曰：“二字臣以死拒之，敌气折矣，可勿许也！”帝用晏殊言，竟以“纳”字与之。仍遣梁适持誓书报聘，遂撤兵，通好如故，并无文书称贡事。殊，字同叔，临川人。　韦居安梅磵诗话云，弼使辽，伴使云：“蚤登鸡子之峰，危如累卵。”答曰：“夜宿丈人之馆，安如泰山。”又曰：“酒似线，因针乃见。”答曰：“饼如月，遇食则缺。”伴使服其机警。弼归著奉使别录一卷，其机宜事节，见于此录。又一本，有两朝往来书附于末。见陈振孙直斋书录解题。又，契丹讲和记一卷，不著名氏，载契丹初讲和本末，附庆历增币后契丹誓书。　朱翌猗觉寮杂记云，郑公争“献纳”二字甚切，议者非之。孔子适季孙，其宰曰：“君使人假马，将与之乎？”孔子曰：“吾闻君取于臣谓之取，与于臣谓之赐，臣取于君谓之假，与于君谓之献。”季孙悟，命自今往君有取之，一切不得复言假也。郑公力持，其以此夫。然非博学通古今，其可出疆？　玉海云，庆历四年六月，弼官枢副，上河北守御十二策。自庚辰、壬午年使北，日询土豪父老，博采参较，得之其详。及宋币至，命六（甚）〔符〕（据辽史卷八六刘六符传改）为三司使以受之。六符与参知政事杜防有隙，防以六符尝受宋赂，白其事，本传，防，涿州归义人。第进士，擢枢副，为韩绍芳、刘六符所忌，防待以诚。迁南府宰相。道宗时拜右丞相，卒，赠中书令，谥元肃。按，防拜南府宰相，传载在重熙十二年。生子，帝幸其第。纪载在重熙十三年，游幸表载在十五年（按，辽史卷八六杜防传云："十二年，拜南府宰相，十五年，防生子，帝幸其第"，与表未"异"）。稍异。陈师道后山谈丛云，防为契丹名相，谓和亲为便民，劝世世谨守其约。又虞中国之败约也，凡十年，遣使以事动中国，而坚其约。史未载。出为长宁节度使，俄召为三司使，卒官。〔考异〕契丹国志云，六符事圣宗，为著作郎、中允、詹事、国子祭酒。兴宗时为谏议大夫，使还，擢枢密使、同修国史、政事令。子孙显贵，为节度、观察者十余人。沈炳震廿一史四谱只列六符名于参知政事，未载其为政事令。本传谓为同平章事，而谱载平章事只耶律求翰一人，又无六符名。查兴宗朝为北府宰相者：则萧孝先、萧八撒、撒八宁、萧孝忠、萧惠、萧塔烈葛、萧阿剌、萧孝友、萧革、萧虚烈。为南府宰相者：则萧孝穆、耶律查葛、耶律应稳、张克恭、韩绍芳、耶律喜孙、杜防、耶律高十、韩知白、耶律贴不，六符亦未与其列。志恐误。陈师道后山谈丛云，六符贵，用事，建议割地。及馆客，怒谓郑公曰："公为主言，诸臣利于用兵，不为国计，六符岂欲间两国者耶？"公曰："君宁出此，顾余人为之耳。如宋，不过弥数辈不欲战尔，其以战说者，何限！"六符即喜且惧。然终以此得罪也。　郝经陵川文集，房山先生墓铭曰，汉中山靖王后，后唐卢龙节度使〔伻之裔孙也。自伾〕（据陵川文集卷三五房山先生墓铭补）有幽州，传姓授节数世。入契丹，为王公数十人，如刘六符等，尤其贵显者也，终（于）〔始〕（同上书改）契丹二百余年，入金源氏为燕四大族，号刘、韩、马、赵氏。顾炎武日知录云，辽史刘六符传，似本其家志状，与其祖景同为一传，而有重文。　陆游老学庵笔记云，仁宗尝赐六符扇，飞白书八字，曰："南北两朝，永通和好。"会六符知贡举，乃以"两朝永通和好"为赋，而以宋朝皇帝御书飞白为韵焉。　孔平仲谈苑云，张安道言，尝使辽，方燕见，戎主在廷下打毬，安道见其缨绂诸物鲜明有异，知其为戎主也。不敢显言，但再三咨其艺之精耳。接伴刘六府觉，安道知之，色甚怍云。史均未载。

冬十二月己未，宋遣贺正旦及永寿节使居邸，帝微服往观。〔考异〕李焘长编云，庆历二年四月，契丹国母遣耶律坦、萧宁，主遣马世良、崔禹来贺乾元节。八月，以侍御史程戡、张得一贺契丹国母生辰，太常丞张方平、祇候刘舜臣贺国主生辰，集贤校理杨伟、礼宾副使王仁旭贺国母正旦，盐铁判官方偕、礼宾副使王易贺国主正旦。十月，命右正言梁适回谢契丹国信使，契丹寻遣萧偕来报撤兵。十一月，诏阁门，自今北使不以官高下，并移坐近前。旧例，垂拱殿燕，北使坐在西，皇亲、节度位少后。集英殿大燕，在学士少后，并近南、别行。至是，萧偕言北朝坐南使班高，而南朝坐北使位绝下，既，许升坐。又言与北朝仪制未同。又遇大燕，移参政皆在东，升契丹使坐自此始。又偕初入境，接伴未至，通判梁蒨引至京，坐不俟，命，徙官。杜惟序专遣蒨，徙知沧州。十二月，契丹国母遣耶律庶成、赵成，主遣耶律宁、张旦贺正旦。史均未载。

十二年（癸未一〇四三）春正月辛未，遣耶律迪里、王惟吉谕夏与宋和。还奏罢兵，即遣使报宋。

〔考异〕李焘长编云，庆历三年正月，皇第三子鄂王薨。会契丹使燕辞，及休假无废朝之日，后诏自今复三不视朝。四月，契丹国母遣耶律希烈、马贻教，主遣萧日休、赵为节贺乾元节。八月，遣舍人孙抃、洛苑副使冯行己贺国母生辰，盐铁副使张显之、祗候丁亿贺主生辰。侍御史鱼周询、舍人李惟贤贺国母正旦；工部郎中李铖、祗候赵牧贺正旦。仍命惟贤权更名宝臣，亿为意，以避契丹讳。十二月，契丹国母遣萧运、李坤；主遣耶律顺、郭玮贺正旦。史均未载。

十三年（甲申—〇四四）**夏六月甲午，以将伐夏，遣使告宋。**〔考异〕东都事略云，契丹来告伐夏。时册命元昊为夏国王，使将行而止之，以俟契丹使。富弼曰："若北使未至而行，则事在我出；既至，则恩归契丹矣。"从之。是岁，契丹受礼云中，且发兵；会元昊伐呆儿族，于河东为近，仁宗疑其来袭，弼曰："元昊本约契丹困中国，今契丹背约结好，夏有怨言，故契丹筑威塞州以备之。呆儿屡杀威塞人，契丹疑元昊使之，故为是役，安能合而寇我哉？"或请调发为备，弼固止之。契丹卒不动。

秋九月戊辰，宋遣余靖致赆礼。靖，字安道，曲江人。〔考异〕靖曾两使辽，情益亲，尝为蕃语诗曰："夜筵设罢（侈盛）臣拜洗（受赐），两朝厥荷（通好）情感动（厚重）。微臣雅鲁（拜舞）祝若统（福祷），圣寿铸摆（嵩高）俱可忒（无极）"戎主大笑，遂为醵觞。后御史王平劾其失体，出知吉州。见刘攽中山诗话。　玉海云，谏官余靖于庆历三年十月使契丹，辞，书所当奏事于笏，各以一事为记。上顾见之，指其字令一一尽对，凡数十条，日昃乃罢，盖上之听纳无倦也。本实录。陈振孙直斋书录解题云，庆历正旦国信语录一卷，余靖于庆历三年使北所记。二书均作三年，乃重熙十二年也。与史异。　李焘长编，庆历四年四月，御史李京言，闻契丹筑二城于西北，南接代郡，西交元昊，广袤数百里，尽徙缘边生户及丰、麟俘户居之，使绝归汉之路，违先朝誓书，为贼声援，蓄计不浅。况我前年修故满城、阴城，盟后即为罢役，请下河东安抚诘其罢役。从之。契丹国母遣萧忠孝、刘从顺；主遣萧诣、赵柬之贺乾元节。七月，契丹遣耶律元衡来告伐夏，书略曰："元昊负中国，当诛，故遣林牙耶律祥等问罪，而顽犷不悛，载念前约，深以为愧！今议将兵临贼，或乞称臣，幸无亟许！"其实纳契丹降人，契丹讨之，托中国为名也。遣余靖回谢，复书，略曰："若以元昊于北朝失事大之礼，则自宜问罪，或谓元昊于本朝稍效顺之故，则无烦出师。"矧延州昨奏，元昊已遣杨守素将誓文入界。傥不依初约，犹可沮还；如尽遵从，则亦难却也。八月，遣右正言孙甫如、京使夏防贺国母生辰，太常少卿刘夔、崇仪使杨宗让贺主生辰。秘阁校理张瓌、内园副使焦从约贺国母正旦；御史刘湜、祗候李士勋贺主正旦。十二月，契丹国母遣耶律褒、星齐；主遣萧玖、姚景禧贺正旦，靖前后三使契丹，益习外国语，尝对契丹主为番语诗，御史王平、刘元瑜劾其失使体。元瑜又言知制诰不当兼领谏职，出知吉州。又异。

冬十一月丁卯，以云州为西京。号大同府。于是境内上京曰临潢府，东京曰辽阳府，中京曰大定府，南京曰析津府。凡京五，府六，州军城一百五十六，县二百九，部族五十有二，属国六十。东至海，西至金山暨流沙，北至胪朐河，南至白沟。幅员万里。详见地理志。又兵卫志云，凡二帐，十二宫，一府，五京，共有兵百六十四万二千八百人。

十二月戊申，萧呼都克原作胡睹自夏来归。〔考异〕李焘长编云，庆历四年，兴宗致书仁宗云："蠢尔元昊，早负贵朝，叠遣林牙赍诏问罪，尚不悛心，近诱去边民三二百户，今议定秋末亲领师徒，直临贼境。"又云："恐因北军深入，却附贵朝，或再乞称臣，或依常作贡，缅维英晤，勿赐允从。"是年七月，耶律元衡来告西征，实录具载其书，与此小异。又，庆历五年，致书云："元昊纵其凶党，扰我亲邻，属友爱之攸深，在荡平之亦可。"又云："藩服乱常，致贡修之不谨；亲邻协力，务平定以永绥。"是年正月，耶律宗睦告西征回，两朝誓书，册内载之，实录未书，当考。　毕沅续通鉴云，时辽都监耶律哈里济以贺生辰使宋，馆于白沟驿。及设宴，优人嘲萧惠河西之败，哈里济答以俘石重贵事。辽主闻之，责其失两朝和好，鞭之二百，免其官。纪未载。本传作哈尔吉，一作合里只，字特们，六院巴古济后。后起官北院大王，兼侍中，卒。

十四年（乙酉一〇四五）春三月己卯，宋以伐夏师还，遣使来贺

〔考异〕李焘长编云，庆历五年四月，契丹国母遣耶律祐、刘积善；主遣耶律运、杨哲贺乾元节。八月，遣右正言杨察、新州刺史王克忠贺国母生辰；祠部郎中王尧臣、阁门副使张希一贺主生辰。集贤校理李昭遘、舍人李璋贺国母正旦；御史包拯、舍人郭琮贺正旦。时北馆伴谓拯曰："雄州新开便门，欲诱纳叛人刺候疆事乎？"拯曰："欲刺知北事，自有正门，何必便门也。本朝岂尝问涿州开门耶？"敌折，不复言。使还，具奏。敌自创云州，添置营寨，招集军马，意不可测。宜令执政选任边材，代州尤勿轻授。时欧阳修亦论侵界事。十月，契丹遣耶律翰、王纲来献西征所获马三百匹，羊二万口，又献元龙车一乘。　按，契丹传并不载翰等来使，惟实录、本纪、会要载之，亦不知报聘者为谁？当考。十二月，契丹国母遣耶律观、赵灵龟，主遣耶律同、马公寿贺正旦。　按，庆历五年，即重熙十四年也。昭遘从者盗敌中银杯。从者杖死，昭遘贬知泽州。诏以银杯送敌中，知雄州王仁旭直纳军资库。时称得体。毕沅续通鉴云，十月，辽遣使来致元龙车及所获夏国羊马。寻

诏送伴刘湜:北界边筑寨于银坊城,侵汉界十里,其以誓约谕使人,令毁去之。 郭若虚图画见闻志云,兴宗时,以五幅缣画千角鹿图献宋帝,题年月御画,仁宗命张图于大清楼下,召近臣纵观。藏于天章阁。又尝以所画鹅雁来献,帝作飞白书答之。见长编。史未载。

十八年（己丑—〇四九）春正月己亥,遣北院枢密副使萧惟信以伐夏告宋。

夏六月己巳,宋遣钱逸致赆礼。〔考异〕李焘长编云,庆历六年四月,契丹国母遣萧德、姚居化;主遣萧伸、李云从贺乾元节。七月,遣知制诰王琦、六宅使钱晦贺国母生辰;右司谏钱明逸、舍人杨宗说贺主生辰。侍御史王平、祗候王道恭贺国母正旦;金部郎中许宗寿、内殿承制夏元吉贺正旦。十二月,契丹国母遣耶律洞、石古;主遣耶律宜、韩运贺正旦。庆历七年四月,契丹国母遣萧德润、韩绍文,主遣耶律质、陈咏贺乾元节。七月,遣知谏院吴鼎臣、崇仪副使柴贻庆贺国母生辰;太常博士韩综、供备库副使柳涉贺生辰。刑部郎中崔峰、祗候侍其演贺国母正旦;盐铁判官刘立之、内殿崇班李中祐贺正旦。寻命祗候夏侁代贻庆。十二月,契丹国母遣耶律寿、郑全节;主遣耶律防、韩回贺正旦。庆历八年四月,契丹国母遣萧惟信、赵为航,主遣耶律章、吴湛来贺乾元节。八月,遣太常丞李绚、舍人李珣贺契丹国母生辰,度支判官何中立、祗候郑余懿贺主生辰,工部郎中李仲偓、祗候孙世京贺国母正旦,司勋郎中李永德、祗候康遵度贺正旦。既而绚辞不行,改命集贤校理胡宿。十二月,契丹国母遣萧侣、马咏,主遣耶律庆、王元基贺正旦。庆历六年、七年、八年,即重熙十五、十六、十七年也。史均阙书。又云,皇祐元年三月,萧惟信再告西征,书曰:"元昊伺窥边事,特议讨除,再告边方,欲歼元恶。"而夏国驰告:"元昊云亡,嗣童未识。于今存狡佐,犹怀于背诞。载念非缘逃户,可致亲征;

孰料凶顽，终合平荡。苟有稽于一举，诚无益于两朝。"此书实录具载。　按，长编于萧惟信之来告西征，钱明逸、向传范为回谢使副，皆系之皇祐元年三月。而四月，国母遣萧祐、姚禧；主遣耶律造、李仁友贺乾元节。五月，赐太常博士张硕五品服。先是，安抚王拱辰得契丹宗真所下遗令上之，朝廷以为疑；而硕言此乃隆绪死日所颁者，盖边人规赏而妄陈之尔。验实果然，故有是赐。八月，遣右正言李绚、供备副使曹偕贺国母生辰，度支副使梅挚、祗候李永宝贺生辰；侍御史何郯、祗候柴贻范贺国母正旦；著作佐郎吕溱、祗候魏公佐贺正旦。寻，陈旭言公佐曾为上节，改命舍人侯宗亮。十二月，契丹国母遣耶律瑛、邢熙年；主遣萧能、常守整来贺正旦。史均未载。毕沅续通鉴钱逸作钱明逸。辽史避讳，止称一字。时官知开封府事，吴越王俶裔。考明逸时官翰林学士，为副者荣州刺史向传范。又明逸曾于十五年以右司谏使辽贺生辰。见宋使臣年表。

十九年（庚寅一〇五〇）夏六月甲戌，宋遣使来贺伐夏捷。〔考异〕宋史仁宗纪，皇祐二年三月，契丹告伐夏师还。遣翰林学士赵槩报使，时为副者西上阁门使钱晦。东都事略云，槩聘辽，请赋信誓如山河诗，酌以玉杯，且命刘六符书槩诗于素扇，置之怀袖。纪未载。　李焘长编云，萧惟信于皇祐二年报西征回，则云："爰自首秋，亲临戎境；先驱战舰，直济洪河。寻建浮梁，泊成成垒；六军蓄锐，千里鼓行。"又云："专提骑旅，径趋枭巢，群物货财、戈甲、印绶、庐帐、仓廥、驼橐之属，焚烧殆尽，螫毒寻挫，噍类无遗，非苟窜残旅，全除必矣。"又云："兼于恃险之津，已得行军之路，时加攻扰，日蹙困危，虽悔可追，不亡何待！载想同休之契，颇协外御之情。"史失书。又云，四月，契丹国母遣耶律可久、龚湜；主遣耶律霸、李轲贺乾元节。八月，命工部郎中李柬之、左藏库副使李绶贺国母生辰；户部员外郎李兑、供备副使李赓贺生辰；盐铁判官孙瑜、舍人王道恭贺国母正旦，司勋员外郎寇平、祗候郑余庆贺正旦。十二月，国母遣萧㮚、刘从正，主遣耶律素、李韩贺正旦。史均未载。

二十年（辛卯一〇五一）夏六月丙戌，诏以伐夏所获物遣使遗宋。〔考异〕宋史仁宗纪未载。李焘长编云，皇祐三年四月，契丹国母遣耶律纯、曹昌，主遣萧果、刘永端贺乾元节。八月，命翰林学士曾公亮、左藏库使郭廷珍贺国母生辰，工部郎中王洙、舍人李惟贤贺生辰，屯田郎中燕虔、祗候张克己贺国母正旦，太常博士王珪、祗候曹渥贺正旦。使至靴淀，契丹使刘六符来伴宴，且言耶律防善画，向持礼南朝写圣容以归，欲持至馆中。王洙曰："此非瞻拜之地也。"六符言："恐未得其真，欲遣防再往传绘。"洙力拒之。十二月，国母遣耶律照、荆诗言；主遣萧述、吴昌稷贺正旦。皇祐四年四月，国母遣萧昌、刘嗣复；主遣萧显、刘士方贺乾元节。其国书始去国号，称南北朝。且言书称大宋、大契丹，非兄弟之义。帝召二府议，参政梁适曰："宋之为宋，受于天，不可改。自古岂有无名之国？"又下两制台谏官议，皆谓不可许。乃诏学士院答书，仍旧称大宋、大契丹。后契丹复书亦如故。初，契丹使来，韩综馆伴，使欲书南北朝。综曰："自古未有建国而无号者！"契丹使恐，不复言。八月，遣尸部副使傅永、文思副使潘永嗣贺国母生辰；侍御史张择行、舍人夏侜贺生辰，盐铁判官蒋贲、祗候李中谨贺国母正旦；太常博士韩绛、祗候王易贺正旦。十二月，契丹国母遣耶律元、刘需；主遣萧良德、陆孚贺正旦。按，皇祐三年、四年，即重熙二十、二十一年也。史均未载。　祝穆方舆胜览云，昌元县南二十里老鸦山，有李戬、李㲈兄弟善棋。会敌索棋战于国朝；诏求天下善弈者，蜀帅以戬应诏。敌望风知畏，不敢措手。此系皇祐间事。见杨复吉辽史拾遗补。

二十二年（癸巳—〇五三）冬十二月壬子，诏大臣曰："朕与宋主约为兄弟，欢好岁久，欲见其绘像，可谕来使。"〔考异〕李焘长编云，皇祐五年二月，诏仪鸾司，自今毋得以天下州府图供张都亭驿。初，户部副使傅永言奉使契丹，而接伴者问益州事。且云："曾见驿中画图，故请禁之。"四月，契丹国母遣萧全、王守道；主遣耶律述、田文炳贺乾元节。八月，遣工部郎中周沆、左藏库副使钱昞贺国母生辰；舍人韩贽、供备副使彭再昇贺生辰；户部判官张去惑、内殿崇班夏禧贺国母正旦；右正言贾黯、祗候王咸宜贺正旦。十二月，国母遣耶律庶忠、李仲僖；主遣耶律祁、周白贺正旦。　毕沅续通鉴云，时辽使请观庙乐，帝问宰执，陈执中曰："乐非庙享不作，请以是告之。"枢副孙沔曰："此可告而未能止也，当告之曰：'庙乐之作，歌咏祖功宗德，使者能留与吾祭，则可观。'"帝从之。使者乃止。史均未载。　江邻几杂志云，苏仪甫北使至戎廷，传宣求紫鱼。答曰："虽是某乡中物，偶不赍来。"又曰："某箧中恐有，试搜之。"得获，乃家人纳楮中，忘告之也。又云，高敏之奉使，接伴北使走马坠地，前行不顾，翼日，高马蹶堕地，戎使亦不下马。张唐公将奉使，王景彝曰："某接伴时，旧例，使副每日早先立驿厅，戎使方出相揖；某则不然，先请戎使立墀下，然后前揖登阶。唐公曰："我出疆，彼亦如此，奈何？"遂如旧例。

二十三年（甲午—〇五四）夏四月。〔考异〕李焘长编云，至和元年四月，契丹国母遣耶律秦、赵翊，主遣萧璋、赵徽贺乾元节。八月，遣起居舍人吴奎、礼宾副使郭逵贺国母生辰；主客郎中宋选、都监王士全贺生辰；侍御史俞希孟、舍人夏伸贺国母正旦；直龙图阁卢士宗、祗候李惟宾贺正旦。九月，契丹遣萧德、吴湛来告与夏平。且言通好五十年，主思南朝皇帝，无由一见，尝使耶律防来窃画帝容，未得其真，欲交驰画像观觌，以纾兄弟之情。又乞亲进本国酒馔。不许。　按，交驰画像，朝廷多有议论，赵忭疏其一也。苏颂作孙忭行状云："或虑敌得御容，敢行咒诅；忭言其不然。卒许之。"张唐英政要云，敌后得御容，具仪仗拜（竭）〔谒〕，（据文义改）惊叹。今皆不取。寻遣三司使王拱辰为回谢使，德州刺史李珣副之。见于混同江，置宴钓鱼，每得，必亲酌劝，亲鼓琵琶侑之，谓刘六符曰："南朝少年状元，入翰林十五年矣，故厚待之。"国母爱其少子宗元，欲以为嗣，问曰："南朝太祖、太宗何亲属也？"曰："兄弟也。"曰："善哉！何其义也。"主曰："太宗、真宗何亲属也？"曰："父子也。"曰："善哉！何其礼也。"既而主屏人谓拱辰曰："吾有顽弟，他日得国，恐两朝未得安枕也。"又与主论夏事，讽勿和亲。见拱辰别录。十二月，国母遣耶律昌世、冯见善；主遣萧福延、刘九言贺正旦。宋史仁宗纪，至和元年九月，契丹告夏国平，遣三司使王拱辰报使。赵清献奏议云，拱辰至靴甸赴筵，狂醉无状，致副使宋选、王士全等歌舞失仪。拱辰诗有"两朝信使休辞醉，皆得君王带笑看"之句。辽人号为王万年、王见喜。选坐责，通判宿州，释拱辰不问。扛言："比韩综坐私劝契丹主酒，知许州。嗣泛使欲援综例，杨察以综事止之。今不责拱辰，后将何辞拒之？"诏罚金二十斤。　江休复嘉祐杂志云，冀州城南张耳墓，在送客亭边，戎使林牙者问知州王仲平，告之，不知张耳何代人。大使耶律防谢曰，契丹家翰林学士，名目而已。　薛应旂通鉴云，仁宗以文彦博、富弼同平章事；会辽使耶律防至，王德用与谢于玉津园，防曰："天子以公典枢密，而用富公为相，皆得人矣。"按，耶律襄履传，宋使贺正，写宋主容归。清宁间复使宋，宋主赐宴，瓶花隔面，未得其真，陛辞仅一视，及境以像示钱者，骇其神妙。赵翼劄记云，襄履，即纽斡哩，字海兰，六院巴古济后，卒官太子太师。韩昂图绘宝鉴补遗云，襄履，字德邻，工于画。　契丹国志云，是年夏，主遣使以其画像献宋，求易仁宗御容，以代相见，笃兄弟之情。史均未载于是年，宋史系之明年四月。又异。

二十四年（乙未一〇五五）八月，道宗即位，改元清宁。春正月辛巳，宋遣使来贺，兼馈驯象。

二月己丑朔，召宋使钓鱼、赋诗。〔考异〕蔡絛铁围山丛谈云，李士美尝使辽，赴花宴，戎主坐御床上，后有乌熊皮蒙一物，颇高。及日宴，见数番小儿在其中。余曰："此鲜卑旧俗。如高欢立孝武，以黑毡蒙七人，拜其上，而欢居其一，殆此类也。"庞元英文昌杂录云，余奉使至辽，至松子岭，互置酒，三行，有北京压沙梨，冰冻不可食；伴使耶律筹取冷水浸良久，冰皆外结，已而敲去，冰皆融释。自尔所携柑橘，皆用此法，味如故。　张舜民使辽录云，过芦沟河，伴使曰："恐乘轿危，莫若车渡，极安，且可速济。"南人不晓其法。　阮阅诗话总龟云，吴长文使北诗曰："奚车一牛驾，朝马两人骑。"　王君玉国老谈苑云，滕涉使辽，主客曰："南朝食肉何故不去皮？"涉曰："本朝出产丝蚕，故肉不出皮耳。"又云，赵世长北使，时九月，既宴，荐瓜，主客曰："北方气候诚早，彼恐未也。"对曰："本朝来岁季夏，此味方盛。"　东坡全集云，云庵有墨，铭曰"阳岩镇造"。称是北方墨，陆子履奉使得之者。　吕大临考古图云，携壶，得于京师，高八寸有半，深七寸有半，径寸有三分，容二升二合，无铭识。李氏录曰，苏子容吏部使北，于帐中亲见之。　钱世昭钱氏私志云，燕北风俗，士庶皆自称小人。宣和间，有辽将军韩正归朝，授少保节度使，对中人以上说话，即称小人，中人以下，即称我家。每日到漏舍诵天童经数十遍。

秋八月己丑，兴宗崩。〔考异〕契丹国志系于二十三年。本纪作年四十，东都事略谓年四十三，长编作四十一。纪称谥神圣孝章皇帝，事略、长编均作文成皇帝。所载各异。志云，时南北无事，岁受宋馈百四五十年，内府之储珍异固山积也。先是，日食，正阳客星出于昴。宋著作佐郎刘義叟曰："辽主其死乎?"已而果验。

叶梦得石林燕语云，契丹既修和好，初，隆绪在位，于仁宗为伯；故明肃太后临朝，生辰、正旦，主皆遣使致书太后。本朝亦如之。追兴宗殂，道宗立，其太后则仁宗弟妇也，众议但致书洪基，专达礼意，其报亦如之。最为得体。元祐初，宣仁称制，洪基亦英宗之弟，因用至和故事。**癸巳，遣使报哀于宋。**

九月辛未，遣左伊勒希巴萧穆噜、原作谟鲁**翰林学士韩运以先帝遗物馈宋，且告即位**（按，据辽史卷二一道宗纪，"告即位"为癸酉再遣使，与此非一事也）。

冬十一月甲子，宋遣使来会葬。

十二月丙申，宋遣欧阳修等来贺即位。〔考异〕李焘长编云，至和二年四月，出吴奎知寿州。奎前使契丹，会主加称号，邀使者入贺，不往，因别设次就令观。比还，道与契丹使遇，其国本以金冠为上，纱冠次之，而北使辄欲以纱冠邀汉使盛服，奎不许；杀其礼见之。既而，契丹言每北使至南朝，遇盛礼皆入贺，奎坐是出。郭逵为副，亦责汾州都监。见逵传。己亥，国母遣萧知微、王泽；主遣耶律防、王懿贺乾元节。八月，命翰林学士欧阳修、四方馆使向传范贺国母生辰，右正言刘敞、文思副使窦舜卿贺生辰，知谏院范镇、祗候王光祖贺国母正旦，度支判官李复奎、祗候李克忠贺正旦。因赵抃言，改命柴贻范代克忠。未几，雄州以契丹主丧来奏，改命修、传范贺登宝位，兵部郎中吕公弼、阁门使郭谘为祭奠使，工部郎中李参、舍人夏侄为吊慰使，敞、舜卿贺国母生辰，户部副使张损、舍人王道恭贺生辰。九月，诏为契丹主辍朝七日，禁沿边音乐七日。诏河北州、军,契丹葬日勿举乐。契丹遣耶律元亨来告哀,上为成服于内东门幄殿,百官进名奉慰。十二月,遣萧运、史运来献遗留物,国母遣萧衮、杜宗鄂,主遣耶律达、刘日亨贺正旦;萧缪、寇忠来谢册立。 欧阳发文忠事迹云,先公使契丹,使其贵臣陈留郡王宗愿、惕隐大王宗熙、北宰相萧知足、晋王萧孝友来押宴,曰:“此非常例,以卿名重故尔。”送伴使耶律元宁言,自来不曾如此并差亲贵大臣押宴。 周煇清波杂志云,至和二年,刘敞使契丹,檀州守李翰劳其行役,敞曰:“跋涉不辞,但山路迂曲,自过长兴,却西北行六程到柳河,方稍南行,意甚不快。闻有直路自松亭关往中京才十余程,自柳河二百余里。”翰笑曰:“尽如斯示,乃初踏修馆舍已定,至令迂曲。”王洙宋元史质云,凤翔阎询尝使辽,颇知北方疆理。时主在锡津,迓者王惠导询由松亭往,询曰:“此松亭路也,胡不径葱岭,而迂枉若是,岂非夸大国地广以相欺耶?”惠惭不能对。 按,“锡津”,满州语钓鱼丝线也。旧作“靴淀”,今译改。又,罗愿尔雅翼云,刘原父使辽,时闻顺州山中有异兽如马,食虎豹,戎人不识,以问之,曰:“此所谓驳也。”为言形状、声音,皆是。戎人叹服。 江邻几杂志云,陈执中馆伴北使,问随行,仪鸾司缘何有此名。不能对。或曰,隋大业中,鸾集于供帐库,遂名。见赵德麟侯鲭录。史多未载。

道宗清宁二年 (丙申一〇五六) 春正月。〔考异〕李焘长编云,嘉祐元年正月,契丹使入辞,置酒紫宸殿,使至庭中,上疾作,曰:“趣召使者升殿,朕几不相见。”语言无次,退入禁中。彦博以上旨谕北使云,昨夕宫中饮酒稍多,今不能亲临,遣大臣就驿赐宴,仍授国书。三月,契丹遣萧信、王行己来谢,名为都谢使,以屡遣使恤其丧也。六月,供备库使萧安静领忠州刺史,留再任。安静与契丹争辨宁化军天池庙地界,既定,特擢之。先是,宁化军

天池显应庙在禁地中，久不葺，契丹冒有之。韩琦遣安静抵境上，召其酋豪谕曰："尔尝求我修池神庙，尔移文固在，今曷为见侵也。"契丹无以对，遂归我冷泉村。代州阳武寨地，旧用黄嵬山麓为界。契丹侵耕不已，琦令安静堑地立石限之，自此不敢耕山上。事在皇祐五年正月也。八月，遣知制诰石扬休、文思使沈惟恭贺国母生辰；刑部员外郎唐询、祗候王锴贺生辰；侍御史范师道、供备库副使刘孝孙贺国母正旦；右司谏马遵、祗候陈永图贺正旦。师道疾，以刁约代。十二月，国母遣萧扈、韩孚；主遣耶律煜、韩惟良贺正旦。扈等言阳武寨天池庙侵北界两府。　　按，旧籍阳武寨地，本以六蕃岭为界。康定中北界耕户聂再友、苏直等南侵岭二十余里，代州累移文朔州，朝廷以和好存大体，命徙石峰开垦为限。天池庙属宁化军横岭铺，庆历中北界耕户杜思荣侵入；冷泉村边亦有石峰为表。诏馆伴王洙以图及本末谕扈等。史均未载。

三年（丁酉—〇五七）春二月。〔考异〕李焘长编云，嘉祐二年二月，契丹遣耶律防、陈颙来求圣容；寻命中丞张昇、单州防御使刘永年为回谢使。先是，宗真送其画像及隆绪画像凡二轴，求易真宗及上御容。既许，而宗真殂，遂寝。至是再求，故命昇等谕令，更持洪基画像来，即予之。胡宿谏，不从。至是，契丹果欲先得圣容，昇曰："昔文成，弟也。弟先两兄，于礼为顺。今南朝乃伯父，当先致恭。"契丹不能对，夜以巨石塞其门，众皆恐，永年掷去之，世传永年有神力。四月，契丹国母遣耶律昌福、刘云；主遣萧矩、刘从备贺乾元节。殿中丞赵至忠上契丹地图及杂记十卷。王珪仁宗实录云，献契丹建国子孙图及纂录事三册，又上国俗官称仪物录及蕃汉兵马机事十册，并契丹出猎图。仕辽，官中书舍人兼史职，来归在庆历元年八月也。八月，命盐铁副使郭申锡、左藏库副使王世延贺国母生辰；右司谏吕景初、左藏库副使张利一贺生辰；

度支判官王畴、西染院使李璟贺国母正旦；侍御史吴中复、祗候宋孟孙贺正旦。九月，契丹遣萧扈、吴湛再求御容，且言当致洪基像。十月，命翰林学士胡宿、礼宾使李绶为回谢使，且许以御容。因贺正使置衣箧中，交致焉。十二月，国母遣耶律世达、张嗣复；主遣耶律充、张拱贺正旦。　　邵博闻见后录云，是年秋，辽求仁宗御容，议者虑有厌胜之术。帝曰："吾待彼厚，必不然。"乃遣昇往报。昇字果卿。　　周煇清波杂志云，杜正献以翰林学士馆伴北使，使颇桀黠，语屡及朝政，公摘契丹隐密谕之曰："北朝尝试进士，出圣心独悟赋，无出处，何也？"使愕然语塞。玉海云，嘉祐二年三月，命契丹使观金明池水嬉，赐宴琼林苑。史均未载。

四年（戊戌—〇五八）春正月壬（辰）〔申〕（据辽史卷二一道宗纪改）朔，以太皇太后丧报哀于宋。〔考异〕太后崩于三年冬十二月己巳，至是始往告耳。癸酉，宋遣使奉宋帝绘像来。〔考异〕东都事略云，洪基立，复遣使求御容，仁宗遣张昇送之。其仪仗迎谒，惊为圣人，自许为一都虞候而已。　　续纲目云，辽初求御容，遣张昇报之。复遣其臣萧扈来致其像；乃命胡宿奉御容往。　　契丹国志云，帝以御容于庆州崇奉，每夕，宫人理衣衾，朔望上食，〔食〕（据契丹国志卷九道宗纪补）气尽登台而燎之，曰"烧饭"，惟（视）〔祀〕（同上书改）天与祖宗则然。所载互异。

夏四月丁卯，宋遣使吊祭。〔考异〕李焘长编云，嘉祐三年二月，契丹遣萧福延来告其祖母丧，上为发哀，辍视朝七日。遣侍御史朱处约、宫苑使潘若冲往祭奠；集贤校理李仲师、六宅副使雍规往吊慰。五月，契丹遣耶律嗣臣、刘伸来献其国母遗留物。八月，命度支副使周湛、舍人王咸有贺国母生辰；度支郎中李及之、祗候王希甫贺生辰；度支判官朱寿隆、礼宾使王知和贺国母正旦；太常博士祖无择、祗候王怀玉贺正旦。湛辞，改命吏部杨畋。畋以曾伯祖业尝陷敌辞，以工部郎中王鼎代。朝廷以今契丹母子上弟妇行也，礼不可通问。敕使者但遗书契丹，传达聘物。而契丹人必欲面见使者致书，鼎以礼折之始诎服。自是为常。九月，契丹遣萧鼒、郭竦来谢慰奠。十二月，国母遣耶律通、马佑；主遣耶律维新、王实贺正旦。

五年（己亥一〇五九）夏四月。〔考异〕李焘长编云，嘉祐四年四月，国母遣耶律偁、王观；主遣萧拱、马尧咨贺乾元节。八月，遣元章阁待制唐介、六宅使桑宗望贺国母生辰；侍御史丁诩、左藏库副使刘建勋贺生辰；工部郎中张中庸、左藏库副使冯文显贺国母正旦；太常博士沈遘、供备副使高继芳贺正旦。十二月，国母遣耶律思宁、韩造；主遣耶律皷、王崇贺正旦。五年四月，国母遣耶律格、吕士林；主遣耶律素、张戬贺乾元节。八月，命刑部郎中钱象先、舍人夏伟贺国母生辰；侍御史陈经、祗候郭霭贺生辰；盐铁判官阎询、左藏库副使刘禧贺国母正旦；度支判官王安石、祗候赵元中贺正旦。安石辞，改命校理王绎。十二月，国母遣耶律道、柴德滋；主遣耶律皷、王业贺正旦。六年四月，国母遣萧宸、韩贻孙；主遣萧砺、李庸贺乾元节。闰八月，遣户部郎中张瓃、如京使朱克明贺国母生辰；集贤校理宋敏求、舍人张山甫贺生辰；司封郎中杨佐、供备库副使李宗贺国母正旦；盐铁判官王益柔、祗候王渊贺正旦。十二月，国母遣萧传、鲁昌裔；主遣萧辇、王正辞贺正旦。

按，嘉祐四年、五年、六年，即清宁五年、六年、七年也。史皆阙书。

九年（癸卯一〇六三）春三月，宋仁宗崩，以侄曙为嗣，即位。〔考异〕邵博闻见后录云，仁宗崩，遣使赴于契丹，燕境人无远近皆聚哭。戎主执使者号恸曰："四十二年不谈兵革矣。"陈师道后山谈丛云，仁宗之讣至契丹，葬而来祭以黄白罗为钺，他亦称是。　李焘长编云，嘉祐八年四月，命引进副使王道恭告哀契丹。命契丹贺乾元节使耶律谷等进书，奠梓宫，见上于东阶。始，北使至德清，廷臣有欲却之者，有欲候其至谕令出者，议未决；太常丞邵亢请许其使奉国书置枢前，俾得见上，以安远人。诏从之。学士周沆充馆伴北使，初未许见，诏取书置枢前。使者不肯授阁门，因沆言，使者立授书，然上亦卒见谷等。朝廷未知契丹主之年，沆从容杂他语问使者，出不意，对以实，既而愕然曰："今复兄事南朝矣。"七月，契丹使祭大行皇帝于皇仪殿，遂见上于东朝，上恸哭久之；使言及大行辄出涕，寻辞于紫宸殿，命坐赐茶。故事，当赐酒五行，自是终谅暗，皆赐茶而已。　宋史仁宗纪，嘉祐八年四月癸酉，遣王道恭告哀于契丹。乙亥，复遣韩贽等告即位。六月辛卯，契丹遣萧福延等来吊祭。英宗纪，治平元年八月，宋遣兵部员外郎吕海等四人贺国母生辰、正旦；遣刑部郎中章岷等四人贺国主生辰、正旦。十二月，契丹遣耶律烈等来贺寿圣节；萧禧等贺明年正旦。史及长编均未载。

咸雍元年（乙巳一〇六五）。〔考异〕宏简录云，是岁，宋遣使来定疆界。史未载。　契丹国志云，辽境四至：正西与西夏黄河为界，西南至麟州、府州界，次南近西定州北平山为界，又南至霸州城北界河，又次南至遂城北鲍河为界，又南近东至沧州北海，又南至安肃军白涧河为界，又南近东至登州北海，又南至雄州北拒马河为界，又南至海。所载较详。　按，萧页鲁传，初，为牌印郎君，讨平重元党，迁护卫太保。咸雍元年，使宋议边事，称旨，知殿前副点检事。纪亦未书。

　　二年（丙午一〇六六）春正月丁巳，宋贺正使王严卒，以礼送还。〔考异〕薛应旂通鉴云，正月癸酉，契丹复改国号为辽。续纲目载于太康十年。所纪各异。 毕沅续通鉴云，时主有意南侵，问南院枢密使姚景行曰："宋好生边事，如何？"对曰："自圣宗与宋和好，迨今凡六十年，若以细故用兵，恐违先帝成约。"主以为然。 契丹国志云，是年三月，彗见西方。庚申，晨见于室，本大如月，长七尺许。辛巳，昏见于昴，如太白，长丈有五尺。壬午，孛见于毕，如月，至五日没。史未载。

　　三年（丁未—一〇六七）春三月，宋英宗崩，子神宗即位，〔考异〕毕沅续通鉴作正月。遣使来告哀；即遣右护卫太保萧托卜嘉、原作挞不也。累官契丹都（官使）〔部署〕（据辽史卷九九萧挞不也传改）。〔考异〕卷二十三，太康元年为南院统军；卷二十八，天庆八年副元帅；卷九十八兀纳传，一作挞不也。均系一人。翰林学士陈觉等吊祭。

　　夏六月庚戌，宋遣使馈其先帝遗物。辛亥，复遣陈襄字述古，侯官人。〔考异〕陈襄古灵集云，襄还至咸熙馆，道中有诗曰："土旷人稀使驿赊，山中殊不类中华；白沙有露鸳鸯泊，芳草无情姹妲花。毡馆夜灯眠汉节，石梁秋吹动胡笳；归来揽照看颜色，斗觉霜毛两鬓加。"所著有国信语录一卷。见宋史艺文志。以即位告，即遣知黄龙府事萧特古斯、原作图古辞中书舍人马铉往贺。〔考异〕宋史神宗纪，是岁，宋告哀使为冯行己，告即位为孙坦，报谢为孙思恭。辽吊祭使为萧余庆，贺即位为耶律好谋，贺正旦为萧杰。均与史异。宋史苏寀传，使契丹还，道闻英宗晏驾，契丹置宴，仍用乐，撤之。杨佐传，英宗升遐，奉遗留物再往使，卒于道，均治平四年事。史未载。 李焘长编云，四年正月，契丹贺正使在馆，故事，赐宴紫宸殿。时上不豫，命宰臣就馆宴之。使者不即席。曾公亮责以"赐宴不赴，是不虔君命也。人主不便，必待亲临，非体国也。"使者乃即席。时枢密院召礼官，问贻辽母后书当何称？欲自称重侄，称彼为太母。判太常寺李柬之、宋敏求等请称侄孙、叔祖母。从之。　叶梦得石林燕语云，大辽国信书式：前称月日，大宋皇帝谨致书于大辽国徽号皇帝阙下。入辞，次具使副全衔称，今差某官充某事国信使副，有少礼物，具诸别幅，奉书陈贺，不宣！谨白。其辞率不过八句。回书其前式同，后具所来使衔称某官等，亦不过八句。元祐间，宣仁后临朝，别遣太后使副，以皇帝书达意，式皆如前，但云今差某官充太皇太后某使尔。贺书亦如之。

六年（庚戌一〇七〇）夏四月。〔考异〕李焘长编云，神宗熙宁三年四月，辽遣耶律宽、程冀；国母遣萧禧、张冀来贺同天节。按，南北使往来，长编所书甚详。惟仁宗嘉祐七年及英宗一朝俱未书，至是始备书之。时国信所言辽使至临清驿，迪烈子伊尔根夜刺同宿契丹，死者四人，伤者十二人。除孝赠钱绢外，余未敢支赐。诏伤死者更给对见生饩节衣，朝辞例物等，如病死者例。其迪烈子伊尔根亦准此给。如死，亦以孝赠赐之。八月，命司勋郎中张景宪、供备库副使刘昌祚贺生辰，天章阁待制孙永、供备库使杨宗礼贺国母生辰，主客郎中李立之、内殿承制刘镇贺正旦，直舍人院吕大防、供备库副使张述贺国母正旦。大防辞，改命礼部郎中赵瞻。十二月，辽遣萧遵道、杨规训，国母遣耶律宁、成尧锡贺正旦。熙宁四年四月，辽主遣萧广、张遵度；国母遣耶律犟、张少微贺同天节。八月，遣度支副使楚建中、左藏库副使夏侁贺生辰；秘阁校理韩忠彦、舍人李惟宾贺正旦。兵部员外郎陈绎、皇城使马俥贺国母生辰；司勋郎中王海、文思使郭宗古贺国母正旦。俥辞，以文思副使梁交代。十二月，辽主（辽）〔遣〕（据文义改）耶律纪、邢希古；国母遣耶律德诚、马谭贺正旦。熙宁五年四月，辽主遣耶律适、张霭，国母遣萧利民、王经贺同天节。时河北缘边安抚言北人渔于界河，及夺界河西船，并射伤兵级。诏送伴使晁端彦等谕北使，以朝廷务敦信誓，未尝先起事端，请闻之本朝，严加约束。七月，安石主经略孙永议，尽罢御巡弓手，冯京等争，不从。已而，北界巡马不为止，盗贼滋多，州县不能禁；诏降巡检赵用等官。初，北人渔于界河，因劫界河司虎头船，用等擅纵兵过河，追捕交射，越北界十余里，焚庐舍，拆桥梁，夺渔船，北人以为言故也。时，北人称将礼物来白沟驿，送纳原书作交割，文彦博欲先事理会，安石谓不足校而止。八月，遣司勋员外郎崔台符、皇城副使田谭贺辽生辰；比部员外郎沈希颜、舍人王文郁贺正旦。龙图阁待制邓绾、皇城使曹偃贺国母生辰；度支郎中王克臣、皇城副使刘舜卿贺正旦。绾、克臣辞行，以工部郎中沈起、舍人章衡代。十二月，辽主遣萧瑜、王惟教；国母遣耶律仕、韩煜贺正旦。熙宁六年四月，辽遣耶律宁、马永昌；国母遣耶律昌、梁颖贺同天节。宁等请合使副班为一，乃入见安石，劝上许之。又请嗣后遣使差高官，上许以学士以上官。彦博争，不听。八月，遣太常少卿贾昌衡、左藏库使许咸吉贺生辰；中允蔡确、供备库使李谅贺正旦。龙图阁学士张焘、西上阁门使种古贺国母生辰，金部员外郎范子奇、文思使夏元象贺正旦。十二月，辽遣耶律洞、窦景庸，国母遣耶律荣、梁授贺正旦。　按，熙宁三年、四年、五年、六年，即咸雍六年、七年、八年、九年也。史多未载。　蔡宽夫诗史云，汉南女子韩襄客有闺愁诗曰："连理枝前同设誓，丁香花下共论心。"先公熙宁中迓辽使成尧锡，见遗衣服，刺此联曰："辽人重此句以为佳制。"崇宁三年，辽贺生辰使有谢赐柑表，略曰："聘礼通陈，祝帝龄于紫阙；恩华固异，锡仙实于公邮。方厥包来贡之期，捧兹德惟馨之赐，天香满袖，染淮水之清霜；云

液盈盘，挹洞庭之余润。梓里岂违于遗母，枫朝切愿于献君。感德
滋深，谕言罔既!"骈偶甚工。见吴曾能改斋漫录。 郭若虚图画见
闻志云，余熙宁辛亥冬接伴北使，与其副燕人马诨、邢希古结驷并
辔。希古详敏，有儒者风，从容语及图画曰："燕京有布衣常思言，
善画山水林木，求之者众，不为势力诱，所以难得也。" 王辟之渑
水燕谈云，韩魏公，元勋旧德，夷、夏具瞻。熙宁中留守北都，辽
使每莅境，必先戒其下曰："韩丞相在此，毋得过有需索。"辽使与
京尹书，故事，纸尾止押字，是时悉书名，其为远人畏服如此。每
使至，必问"侍中安否?"后公子忠彦使辽，主问尝使中国者曰:
"国使类丞相否?"曰："类。"即命工图之。张淏云谷杂记同。又，
安阳集有使契丹谢春幡幡胜状，则辽于立春日，固有赐诸国使臣幡
胜之仪。礼志未载。 庞元英文昌杂录云，余使北至雄州，五月二
十一日次白沟驿，是晚雨雹大如拳，屋瓦多碎，彼人云："岁常如
此。"尤有甚者，目所未睹也。宏简录云，蔡卞使辽，辽人闻其名。
适有寒疾，命载以白驼车。车为国主所乘，乃异礼也。

十年（甲寅一〇七四）春三月。〔考异〕契丹国志云，十
年三月，辽遣萧禧诣宋争河东地界，神宗面谕差官，〔与北朝职官就
地头〕（据契丹国志卷九道宗纪补）检视。九月，遣萧素再来议，宋
遣刘忱、吕大忠往，会议于代州境上，指蔚、应、朔三州分水岭土
陇为界，相持久之。十一年三月，萧禧复来，宋遣沈括报聘，得枢
密故牍始议地畔书，指古长城为分界，今所争乃黄嵬山，相距三十
里，议遂决。 续纲目云，刘忱议不合，遣韩缜往，亦与禧争辨。
会沈括表上故牍，帝悦，命括往，凡六会议，竟不可夺；还，为使
契丹图上之，卒用王安石言，使缜如河东，割地与之。凡东西失地
七百里，遂为异日兴兵之端。 宋史吕大忠传，禧复来，神宗但召
执政及刘忱与大忠议，而无遣往代北事。沈括传，至北廷，其相杨

益戒来就议，括得地讼之，籍数十，预使吏士诵之，益戒有所问，则顾吏举以答。　沈括梦溪笔谈云，熙宁中，予使契丹，至其极北黑水境永安山下卓帐，时新雨甫霁，见虹下帐前涧中，两头皆垂涧内，使人过涧，隔虹对立，相去数丈，中间如隔绡縠；自西望东，则见，盖夕虹也。立涧之东西望，则为日所铄，都无所睹。久之，稍稍正东，逾山而去。次日行一程，又复见之。孙彦先曰："虹，雨中日影也。日照雨则有之。"余奉使按边，始为木图，写其山川道路。其初，遍履山川，旋以面糊木屑写其形势于木案上，未几寒冻，木屑不可为，又铄蜡为之，皆欲其轻易赍故也。至官所，则以木刻上之。上召辅臣同观，乃诏边州皆为木图，藏于内府。　韩元吉桐阴旧话云，北使每岁至中国，索食料多不时珍异物，州县骚动。缜使北，入境深，必索猪肉及胃脏，疲于奔命，盖燕北产羊不畜猪，故以困之也。回程与送伴者饮，率尽醉。缜初不病醒，临别痛饮达旦，及叙违马上，几不能相揖。契丹后责伴者失仪，击以沙袋死。

　叶梦得石林诗话云，缜出画界，爱妾刘作乐府赠别，帝知之，遣人追送。刘贡父寄诗调之曰："骠姚不复顾家为，谁谓东山久不归；卷耳幸逢携婉娈，皇华从此有光辉。"按，张方平墓志云，萧禧至，言河东疆事。公言萧扈尝言之，当命馆伴王洙诘之，扈不能对，录其条目付扈以归，因以稿上。禧当辞，卧驿中不起，公语密院吴充曰："禧不即行，使主者日致馈而勿问，使边吏檄敌中充奏行。"禧即辞。是时，方平不在朝，或是再来时耳。　毕沅续通鉴云，辽主以争地，议始耶律普锡，擢南院宣徽使。又，耶律佛德传，原作颇的，官彰国节度。道宗问边事，对曰："自应州至天池，皆我耕牧之地。为宋所侵，烽堠内移，似非所宜。"帝然之。拜北面林牙。后地还，命佛德往定边界。〔还〕，（据辽史卷八六耶律颓的传补）拜南院宣徽使。未知即普锡否。纪均未载。黄嵬山在代州崞县西南，接宁武府界。　李焘长编云，熙宁七年三月，辽遣林牙萧禧致书曰："爰自累朝而下，讲好以来，互守成规，务敦凤契，虽境分二国，克保于欢和；而义若一家，若思于悠永。事如间于违越，理惟至于敷陈。其蔚、应、朔三州土田一带疆里，只自早岁，曾遣使人止于旧封，俾安铺舍，庶南北永据于定限，往来悉绝于奸徒。泊览举申，辄有侵扰，于全属当朝地分，或营修戍垒，或存止居民，皆是守边之尤员，不顾睦邻之大体，妄图功赏，深越封陲。今属省巡，遂令案规，备究端实，谅难寝停。至于缕细之缘由，分白之事理，已具闻达，尽合折移。既未见从，故宜伸报。爰驰介驭，特致柔缄，远亮周隆，幸希详审！据侵入当界地里，所起铺形之处，合差官员同共检照，早令毁撤，都于久来。元定界至，再安置外，其余边境，更有生创事端，委差去使臣到日，一就理会。如此，则岂惟疆场之内，不见侵逾；并于信誓之间，且无违爽。兹实便稳，颙俟准依！"时道宗咸雍十年也。帝许差官共往计会。又言雄州展托关城，许令拆去。报书曰："辱迁使指，来觌函封，历陈二国之和，有若一家之义，固知邻宝，深执信符。独论边鄙之臣，尝越封陲之守，欲令移徙，以复旧常。窃惟两朝，抚有万守，岂重尺土之利，而轻累世之欢。况经界之间，势形可指；方州之内，图籍具存。当遣官司各加覆视，倘事由凤昔，固难询从；或诚有侵逾，何恡改正！而又每戒疆吏，令遵誓言。所论创生之事端，亦皆境候之细故，故已令还使，具达本国。缅料英聪，洞加照悉！"吕惠卿辞也。寻遣韩缜为回谢使。四月，辽遣耶律永宁、韩宗范；国母遣耶律和、赵孝杰贺同天节。八月，遣兵部郎中张刍、皇城使石鉴贺生辰；屯田郎中韩铎、内殿崇班王谨贺正旦。遣知制诰章惇、引进使苗绶贺国母生辰；卫尉少卿宋昌言、左藏库副使郭若虚贺正旦。寻改命许将代惇行。馆伴萧禧问代州事，将屡屈之，乃不敢言。时辽遣萧素、梁颖议地界于代州境上，遣刘忱、萧士元会于大黄平，以吕大忠丁父忧不至也。士元罢，仍令大忠往议，迄不谐。十二月，辽遣耶律宁、李贻训，国母遣耶律用政、李之才贺正旦。熙宁八年正月，敌以河东地界议久不决，复遣萧禧来，诏向宗儒、王泽接伴，寻以王钦臣、夏伸代。辽书略曰："昨驰一介之辖传，议复三州之旧封，萧禧才回，韩缜复至。荐承函翰，备识诚悰。言有侵逾，理须改正，斯见和戒之义，且无违拒之辞。近览所司之奏陈，载详兹事之缕细。谓刘忱等虽曾会议，未见准依，自夏及冬，以日逮月，或假他故，或饰虚言，殊无了绝之期，止有迁延之意。若非再凭缄幅，更遣使人，实虞诡曲以相蒙，罔罄端倪而具达。更希精鉴，遐亮至怀，早委边臣，各加审视，别安戍垒，俾返故常。"云云。令韩缜、张诚一往河东，速定地界，罢大忠。禧久留不肯还；遣右正言沈括、阁门使李评为回谢使，诣敌廷面议。四月，禧辞行。答辽书，略曰："比承使指，谕及边陲，已约官司，偕从辨正，当守封圻之旧，以需事实之分。而信介未通，师屯先集，侵焚堠戍，伤射巡兵，举示力争，殊非和议。至欲当中独坐，特改于臣工；设次横都，又难于宾主。数从理屈，才就晤言，且地接三川，势非一概，辄举西陉之偏说，要该诸寨之提封，屡索文凭，既无据验；欲同案视，又不准从。兹枉轺车，再垂函问，重加聘币，弥见欢悰。特欲辨论，使无侵越，而行人留馆，必于分水以要求；枢府授辞，期以兴师而移拆。岂其历年之信约，遂以细故而变渝？已案舆图，遥为申画，仍令职守，就改沟封。遐冀英聪，洞加照悉！"吕惠卿笔也。又命李宪赍诏示之，许以长连城六蕃岭为界，禧犹不从，故遣括报聘。至雄州，不纳，留二十余日，禧还乃纳。括草遗奏付其兄披。至则与辽相杨益戒议，凡六会不可夺，得其职还。同缜往者有周永清、李评。四月，辽遣耶律京熙、韩诜；国母遣耶律达、刘从祐贺同天节。八月，遣直龙图阁谢景温、文思使高遵路贺辽主生辰，太常丞李定、皇城使李惟宾贺正旦，侍御史张琥、皇城使姚麟贺国母生辰，集贤校理窦偁、皇城使曹通贺正旦。后以文思使王崇拯代遵路，校理孙洙代定，东作坊使向绰代麟。十二月，辽遣耶律世通、李仲咨，国母遣萧达、王籍贺正旦。

按，熙宁七年，即咸雍十年；八年，即太康元年也。史均未载。

太康二年（丙辰—一〇七六）**春三月辛酉，太后崩。壬戌，遣殿前副点检耶律辖呼**原作辖古**报哀于宋。戊寅，以太后遗物遣使馈宋。**

夏六月戊子，宋遣使吊祭。〔考异〕李焘长编云，熙宁九年四月，礼院言辽使告哀。故事，待制以上至宰臣吊于韩亭驿，黑带，去鱼，系鞶。今辽使在馆，闻哀请如故事。从之。时雄州言辽国母以三月六日卒故也。主遣耶律庶箴、韩君授，国母遣耶律测、杜君渭贺同天节。是日，测等已对。诏以闻辽国母服，罢垂拱殿宴与同天节上寿及大燕。令测等成服于开宝寺，百官往慰。令学士院别撰与辽主书，谢国母遣使，致感怆之意，更不报国母书。寻遣户部副使王克臣、阁门副使张山甫为辽祭奠使，太常丞蒲宗孟、阁门副使王渊为吊慰使。辽遣林牙耶律孝淳来告哀，上发哀成服于内东门，群臣进名奉慰。辍视朝七日。辽使见于幕殿。八月，命给事中程师孟、皇城使刘永寿贺辽主生辰；秘阁校理安焘、文思使高遵治贺正旦。辽国母遣林牙萧质、成尧锡来，见紫宸、垂拱二殿，燕，均不作乐。九月，辽回谢使耶律英、韩君仪见于紫宸殿，置酒垂拱殿。馆伴所言耶律英等使人来，言昨萧禧、郭逵回谢，蒙赐珠子及银合，今不蒙赐，非为爱物，恐损体例。臣等言恩赐出自特旨，馆伴无由知。英等再言，诏令送伴使以无此例，婉转谕之。十一月，缜等与北人分画瓦窑场地界，诏依分流南北分水岭为界。弃地七百里，沿边险要举以资敌。敌得乘高以瞰并、代，边民数千家，田庐皆入异域，驱迫内徙，哭声震天。缜用唐隆镇商人燕复为腹心。辽之始谋，出耶律用正，后为相。见苏辙劾疏。十二月，辽耶律运、李遹贺正旦。熙宁十年四月，辽遣萧仪、郑士兼来贺同天节。八月，遣秘书监苏颂、阁门使姚麟贺辽生辰，集贤校理刘奉世、国信使张正矩贺正旦。故事，使北者，冬至日与北人交相庆，是岁，本朝历先契丹一日，契丹固执为是。颂曰："历家算术小异，则迟速不同，谓如亥时节气当交，则犹是今夕；若逾刻，则属子时为明日矣。先后各从本朝之历可也。"契丹不能屈，从之。事闻，上曰："朕思之，此最难处，卿对极得宜。"十二月，辽遣耶律孝淳、李俨贺正旦。 按，熙宁十年，即大康三年也。史均阙书。张舜民画墁录云，颂使辽，姚麟为副，曰："盍载些小团茶乎？"颂曰："此乃供上物，畴敢与辽人？"未几，有贵公子使辽，广贮团茶。自尔辽人非团茶不贵，常以二团易番罗一匹。 叶梦得石林燕语云，苏颂，字子容。过省，赋历者天地之大统，为本场魁。既登第，遂留意历学。元丰中使北，会冬至，彼历先一日，趣使者入贺，其实本正。然势不可从，子容乃为泛论历学，援据详确，戎人莫测，听之。归奏，神宗喜，即问二历孰是？颂以实言，太史坐罚金。元祐初，遂命重修浑仪，制作最精，其学略授冬官正袁惟几，而创为规模者吏部史张士廉。金陷京师，毁合台取浑仪去，其法不传云。 袁氏枫窗小牍云，本朝历凡十变，在建隆曰应天，在兴国曰乾元，在咸平曰仪天，在天圣曰崇天，在治平曰明天，在熙宁曰奉天，在元祐曰观天，在崇宁曰中天，又改纪元，在绍兴曰统天。 玉海云，元丰六年，侍郎苏颂奉诏撰华戎鲁卫信录凡二百二十九卷，事目五卷，总二百册。叙事、书诏、誓书、国信、国书、奉使、驿程、地图、名衔、年表、仪式、赐予、交驰、诏录、书仪、例物、市易、条例、泛使、文移、河东地界边防、契丹世系、国俗、官属、关口、道路、蕃军马州县，终于蕃夷杂录。而经制、方略、论议、奏疏附焉。至绍圣五年，复置局续编焉。 厉鹗宋诗纪事云，颂使北时，赠同事阁使姚麟诗云："山路尽陂沱，行人失险多；风头沙碛暗，日上雪霜和。草浅鹰飞地，冰流马饮河；平生画图见，不料此经过。"吴曾能改斋漫录云，王仲至使辽回，谒恭敏李公，席上赋诗曰："穹庐三月已淹留，白草黄云见即愁；满袖尘埃何处洗，李家池上海棠洲。"

八年（壬戌—一〇八二）春二月己巳，夏获宋将张天一，遣使来献。〔考异〕李焘长编云，元丰元年四月，辽遣耶律永宁、刘沾贺同天节。八月，命知制诰黄履、皇城使姚兕贺生辰；太常博士周有孺、左藏库副使杨从先贺正旦。兕不行，以荣州刺史狄谘代。十二月，辽遣耶律隆、王安期贺正旦。上每愤北人倔强，慨然有恢复幽、燕志，即景福殿库，聚金帛为兵费，因更库名，制诗以揭之，曰："五季失图，猃狁孔炽。艺祖造邦，思有惩艾。爰设内府，基以募士。曾孙保之，敢怠厥志！"凡三十二库。后积羡赢，又揭以诗曰："每虔夕惕心，妄意遵遗业；顾予不武姿，何日成戎捷。"元丰二年四月，辽遣萧晟、张襄贺同天节。八月，命知制诰李清臣、阁门使曹评贺生辰；主客郎中范子渊、皇城使姚兕贺正旦。子渊免行，以太常丞毕仲衍代。九月，太皇太后曹氏崩，令评乘驿还阙，命雄州只以评疾报北界，以舍人刘瑄代。十二月，辽遣萧宁、韩君俞贺正旦，诏送伴李琮以太后丧未葬，勿过白沟桥，给乐人例物如故事。元丰三年四月，辽遣耶律永芳、刘彦先贺同天节。先是，诏辽贺同天使见辞日止赐茶饼。十日，拜表，赐节衣，并遣执政就驿赐御筵。十一日，就驿赐射，多例赐。十三日，不赐御筵。余如故事。以在慈圣年内故也。八月，遣知制诰王存、皇城使刘永保贺辽生辰；太子中允舒亶、左藏库副使王景仁贺正旦。亶辞，以司门员外郎钱勰代。十二月，辽遣萧伟、石宗回贺正旦；北使刘永保回至莫州，遣杨安民赴关，照管般挈付其家。时刘舜卿知雄州，辽遣谍盗城门锁，舜卿密令易去旧镝而大之。数日以锁来归。舜卿曰："吾未尝亡锁也。"引视，纳之不能受，乃惭去。谍者因得罪。初更时，有告以巡马大至，请甲以俟，舜卿不为变，卒无事。诏三司给银千两、金百两听用，间于绳墨之外。元丰四年四月，辽遣耶律祐、韩昭愿贺同天节。十一月，礼院言十二月壬申，慈圣后禫祭；戊寅，辽使见。　谨按，礼曰："是月禫徙月乐。"又曰："禫而醴酒。"今辽使见在禫祭后，未逾月，可以置酒而不可用乐。诏辽使朝见不置酒，就馆赐燕。十二月，辽遣萧福全、郑颛贺正旦。元丰五年四月，辽遣耶律永端、韩资襄贺同天节。五月，诏辽使人，不可礼同诸蕃，付主客掌之，非是，还隶密院。八月，遣宝文阁待制韩忠彦、引进使曹诗贺辽生辰，礼部郎中刘贽、内殿承制张赴贺正旦。辽使赵资睦逆，语及西事，忠彦曰："此固小役也，何问为?"参政王言敷燕于馆，言"夏有何大罪，而中国兵不解也。"忠彦曰："夏罪中国，已报北朝，盍取而视诸!"言敷曰："闻已还兵塞上，如此，则南北之好可保也。"忠彦曰："问罪西夏，于二国之好何与!"及还，资睦曰："先侍中制置西事有攻策，今取城砦数十，侍中见之，快可知也。"归，上嘉劳之。十一月，上批："谍传辽令正旦使赵庭睦觇朝廷西事，命三省密院议定酬应之辞，札与馆伴。"先是，刘挚等使辽，陛辞，值永乐已陷，上面授十余条，预为问答之语。且曰："敌多辩诈，毋为所胜。"对曰："臣以诚信自将，问对之际，不必过为迁就。"上喜曰："诚是。"郊赐茶六十斤，谕曰："非常例也。"十二月，辽遣耶律仪、赵庭睦贺正旦。按，元丰元年至五年，即大康四年至八年也。史均阙书。庞元英文昌杂录云，元丰五年，余充贺辽正旦使，行至神水驿，苦风眩，昏乱不记省，侍吏皆环泣，一夕方稍安。是年，正旦接伴为杜（工）〔刑〕部铉（据文昌杂录卷四改），至深泽县界咯血（按，同上书作"中浴"），几莫救。刘右司挚充同天节接伴，沿路病伤寒，及归，累月方愈。一岁中，奉使者皆得危疾，可怪也。

大安元年（乙丑—一〇八五）夏四月乙酉，宋神宗崩，子哲宗即位，使来告哀。

六月丁丑，遣使吊祭。戊寅，宋遣王真、甄祐等馈其先帝遗物。

秋七月乙巳，遣使如宋贺即位。〔考异〕李焘长编云，元丰六年四月，辽遣萧固、杨执中贺同天节。八月，诏闻契丹遣使夏国及总噶尔，虑是西人干求契丹，欲因和解董毡，可下李宪选使开谕董毡、鄂特凌古，以契丹与总噶尔相去极远，利害不能相及，今监守前后，要约竭力出兵，攻讨西贼。八月，遣起居郎蔡京、阁门使狄咏贺生辰；驾部郎中吴安持、供备库使赵思明贺正旦。京将归前十余日，降出一黄旗，题曰："御容中军旗第一面"。时上有亲征意，京入对，谓为未可取，上以为得安石议论，盖安石临行，尝戒以此。见蔡絛北征纪实，疑饰说，姑存之。九月，苏颂上华戎鲁卫信录。先是，辽使郑颛贺五年正旦，颛明辨有才智，颂馆伴，上命谕颛修信录，欲以固两朝盟好。颛见颂益恭，私觌礼物异常，时复遗颂异锦，即日进之，上曰："宫中所无也。"七年四月，辽遣萧浃、侯摩贺同天节。八月，命鸿胪卿陈睦、阁门使曹诱贺生辰；奉议郎范纯粹、文思副使侍其璀贺正旦。十二月，辽遣耶律襄、贾师训贺正旦。八年三月，帝崩，命舍人宋球告哀于辽，权改名渊。四月，遣中书舍人王震、内殿承制骞育馈遗留物。左司郎中满中行、祗候焦颜叔告登宝位。七月，辽遣耶律琚、王师儒来祭奠；萧杰、韩昭愿来吊慰。八月，太后遣刑部侍郎杨级、皇城使王泽贺生辰，光禄卿吕嘉问、左藏库使刘永渊贺正旦。帝遣户部郎中韩宗道、崇仪使刘承绪贺生辰，朝请郎陈侗、左藏库使高遵治贺正旦。诏太皇太后特送辽主生辰礼物，令御药院依章献太后物数排办。太后复遣龙图阁学士蔡卞、沂州防御使曹评；帝遣中书舍人范百禄、舍人高士敦为回谢辽国使。士敦疾，以知冀州刘惟清代。密院言请依嘉祐故事，北朝吊慰太后，太后问北朝圣体，使人传达礼意，皆自北朝皇帝转达。从之。十一月，辽贺登宝位使琳雅、耶律白及副使牛温舒以下见于紫宸殿，次见太后于崇政殿。十二月，辽贺正旦使萧洽、萧嘉，副使李炎、赵金见太后于崇政殿，次见上于紫宸殿。　按，元丰六年、七年，即大康九年、十年。八年，即大安元年也。史均未书。

叶梦得石林燕语云，哲宗初即位，契丹吊哀使入见，蔡确以衣服特异，恐上骤见畏惧，前一日奏事及之，重复数十语，皆不答。俟语毕，忽正色问："此亦人否？"确言"固是人类，但夷狄耳！"上曰："既是人，怕他做甚！"确悚惕而退。

　　五年（己巳—〇八九）秋九月辛卯，遣使遗宋鹿脯。〔考异〕李焘长编云，元祐元年七月，辽遣耶律纯嘏、吕嗣立贺坤成节。至日，与群臣拜表称贺于内东门。八月，太后命给事中胡宗愈、客省副使李琮贺生辰；直龙图阁高遵惠、左藏库使李嗣徽贺正旦。帝遣中书舍人苏轼、舍人高士敦贺生辰；司勋郎中晁端彦、供备库使杨安立贺正旦。十一月，诏自今北使见辞日，令朝参官起居。十二月，辽遣耶律永昌、刘宥来贺兴龙节；复遣使萧睦、耶律度，副使赵微、刘彦温贺正旦。元祐二年七月，辽遣萧德、张琳来贺坤成节。八月，太后遣户部侍郎张颉、皇城使杨永节贺生辰；太仆少卿王钦臣、西作坊使刘用宾贺正旦。帝遣中书舍人曾肇、皇城使向绰贺生辰，工部郎中盛陶、祇候赵希鲁贺正旦。十一月，辽遣耶律拱辰、韩懿贺兴龙节，及期，上寿于紫宸殿。复遣耶律仲宣、耶律净、郭牧、姚企程来贺正旦。三年六月，辽遣萧孝恭、刘庆孙贺坤成节。八月，太后遣工部侍郎蔡延庆、皇城使刘永寿贺生辰；司农少卿向宗旦、左藏库使高遵礼贺正旦。帝遣给事中顾临、文思副使段绰贺生辰，户部郎中王同老、祗候贾祐贺正旦。十二月，辽遣耶律迪、邓中举贺兴龙节。闰十二月，辽遣萧京、耶律睦，副使刘咏、刘彦昇贺正旦。四年七月，辽遣萧寅、牛温仁贺坤成节。十二月，辽遣耶律常、史善利贺兴龙节；复遣萧永诲、耶律宽，副使刘从诲、姚景初贺正旦。按，元祐元年、二年、三年、四年，即大安二年、三年、四年、五年也。史均未载。　宋使臣年表，大安二年八月，苏轼贺国主生辰，辞不行。五年八月，刑部侍郎赵君锡及翰林学士苏辙等贺国主生辰，故东坡有次韵子由使契丹经涿州见寄四首，与颍滨原唱，均载集中。又，古北口一寺，石刻子由诗，乃使北时作，而辽人刻石者。见陆嘉淑辛斋诗话。又，子由曾作木叶山诗，辛斋夜话云，子由使辽，国人每问大苏学士安否！后经涿州，寄诗曰："谁将家谱到燕都，识底人人问大苏；莫把声名勋蛮貊，恐妨他日卧江湖。"子瞻和曰："毡毳年来亦甚都，时闻鴂舌问三苏；那知老病浑无用，欲向君王乞镜湖。"闻曩时有刻于使馆者，今无存矣。　王士祯香祖笔记云，东坡作墨，以高丽煤、契丹胶为之。陆友墨史云，契丹墨二品，陆子履所得者精品也。滕子济亦得墨一大笏，为龙凤之文，卣曰："镇库万年不毁。"　王辟之渑水燕谈录云，张芸叟使辽，宿幽州馆中，有题子瞻老人行于壁间，闻范阳书肆亦刻子瞻诗数十篇，曰大苏集子。瞻才名重当代，外至夷狄亦畏服如此。芸叟题其后曰："谁题佳句到幽都，逢着胡儿问大苏。"　岳珂桯史云，元祐间，东坡接伴北使，使素闻其名，思以奇困之。其国旧有一对，曰："三光日月星。"遍国中无能属对者，以语坡。坡告其介，先对以"四诗风雅颂"。方共欢赏，坡徐曰：某亦有一对，曰

"四德元亨利"。使欲起辩,坡曰:"尔谓我忘其一耶? 两朝兄弟邦,卿为外臣,此固仁祖之庙讳也。"使大骇服。迄往反不敢复言他。

苏辙栾城集,北使还,上劄子曰:戎主在位,知利害,与民休息,不乐战斗。孙燕王幼弱,欲报父仇,故欲依倚汉人,托附本朝为自固计。接伴耶律恭辈言及和好,咨嗟叹息,谓古所未有。又称道北朝馆待南使之厚,其接伴南使者,皆蒙显擢。

八年(壬申—一○九二) 冬十月庚戌朔,遣使遗宋鹿脯。〔考异〕李焘长编云,元祐五年七月,辽遣耶律永孚、刘彦儒贺坤成节。八月,遣枢密都承旨王岩叟、兵部侍郎范纯礼贺生辰,引进副使王舜封、庄宅使张佑副之;吏部郎中苏注、户部郎中刘昱贺正旦,供备库使郭宗颜、左藏库副使毕可济副之。岩叟、纯礼辞,以中书舍人郑雍、太仆卿林旦代。宗颜病,以阁门陆孝立代。十二月,辽遣萧固、阎之翰贺兴龙节;复遣耶律庆光、萧忠孝,副使赵圭延、韩宷贺正旦。六年四月,郑雍言:昨充北使,伏见朝廷岁以玉带遗辽,恐岁久有时而尽,请自今后苑作玉工拣择精玉旋琢新带,以充岁用。从之。七月,辽遣耶律纯嘏、韩资睦贺坤成节。八月,太后遣中书舍人韩川、皇城使訾虎贺生辰;吏部郎中赵偁、左藏库使王鉴贺正旦。帝遣刑部侍郎彭汝砺、左藏库使曹谘贺生辰;司农少卿程博文、左藏库副使康昺贺正旦。川辞,以户部侍郎韩宗道代。宗道辞,改命汝砺;而汝砺生使,以鸿胪高宗惠代。十一月,辽遣萧偶、王初贺兴龙节;复遣耶律迪、萧仲奇,副使高端礼、刘彦国贺正旦。迪寻殁于滑州,差知通利军赵齐贤充监护使,王遵治丧事,赙赠加等,辍朝一日。迪丧归,州守倅皆致奠。七年七月,辽遣萧迪、王可见贺坤成节。八月,太后遣刑部侍郎王巍、皇城使张藻贺生辰;太常少卿宇文昌龄、供备库使曹谖贺正旦。帝遣兵部郎中杜纯、六宅使郝惟几贺生辰;侍御史吴立礼、祗候向绰贺正旦。

又，十二月，<u>辽遣耶律可举</u>、<u>郑硕贺宋兴龙节</u>；复遣<u>萧昌祐</u>、<u>萧福</u>，副使<u>刘福昌</u>、<u>韩括贺宋正旦</u>。　按，<u>元祐</u>五年、六年、七年，即<u>大安</u>六年、七年、八年也。<u>史</u>均未载。

九年（癸酉一〇九三）冬十月甲子，宋遣使以曹太后丧来告，即遣使吊祭。

冬十二月丙辰，<u>宋</u>以母后遗物来馈。〔考异〕<u>宋史哲宗纪</u>，是岁为<u>元祐八年</u>，<u>高太后崩</u>，非<u>曹氏</u>。<u>史</u>误。<u>宋使臣年表</u>云，按<u>吕陶传</u>，以中书舍人使<u>辽</u>，在<u>哲宗</u>亲政之前，当是此年事。又，<u>东坡有送王敏仲北使诗</u>，<u>施元之注</u>：敏仲名古。以太常少卿使北，亦当在此年。<u>史</u>均未载。<u>朝奉大夫晁道山清话</u>云，<u>元祐五年</u>，先公为<u>契丹贺正使</u>，戎主闻<u>范纯仁</u>以病足补外，<u>吕公著卒于位，谓朝廷阙人</u>。先公曰："见在召用旧人。"及归，尝因便殿奏陈，上曰："通书说与<u>纯仁</u>，未几，先公捐馆舍。八年，<u>纯仁</u>再入相，上首以此告之。　<u>刘跂暇日记</u>云，<u>元祐七年</u>，贺正旦使<u>耶律迪殁于滑州</u>，戎人倒悬其尸，出滓，秽口鼻中，又以笔管刺皮肤，出水，以白矾运尸，令瘦，但令支骨以归。　按，<u>元祐</u>五年、七年，即<u>大安</u>六年、八年也。<u>史</u>未载。　<u>晁公武郡斋读书志</u>云，<u>浮休居士使辽录二卷</u>，<u>元祐甲戌春张舜民奉命使辽谢吊祭所撰</u>。<u>郑介</u>为副。<u>舜民</u>，字<u>芸叟</u>，<u>浮休居士其自号也</u>。　按，<u>宋史宣仁</u>以<u>元祐八年</u>九月崩，遣使告哀于<u>辽</u>。十二月，<u>辽</u>遣使来吊祭，<u>史</u>不书姓名，<u>宋史</u>失书遣使报谢。据此，知为<u>张舜民</u>。但甲戌春为<u>绍圣元年</u>，而<u>晁氏</u>以为<u>元祐</u>者，是年夏四月<u>曾布</u>始请改元故也。见<u>厉鹗辽史拾遗</u>。　<u>张舜民画墁录</u>云，<u>元祐末</u>，<u>宣仁</u>上宾，<u>辽</u>使吊祭，回至<u>滑州</u>死，刳其中央，以头纳孔中，植其足，又取叶数百披搦遍体，以疏别造毂车，方能行。次年春，予被差报谢入<u>蕃</u>，见其辙路方尺余。此<u>蕃国</u>贵人礼也，贱者则燔之以归。<u>耶律之犯</u>，尚矣。又，<u>元祐末</u>，<u>宇文昌龄聘辽</u>，皇城使张璪价焉。张颓龄枢府难其行，璪固请。故事，死于北，朝廷恩数甚渥。北廷棺银，装校三百两。既行，三病三愈，竟复命。上哂其生还。诣政事堂，诸公亦大笑。 周煇清波杂志云，辽遣耶律迪，卒于滑州，赗赠外，加赐黄金百两，使守臣充监护使，内侍驰驿治丧事，辍朝一日。用章频、王咸宜奉使、殁于契丹，北人津送体例，从密院言也。 陆游老学庵笔记云，赵相使北，方盛寒，在殿上，戎主忽顾挺之耳，愕然，（争）〔急〕（据老学庵笔记卷七改）呼小阉，持一小玉合，中有药，色黄，涂挺之耳周匝，去，热如火。既出，主客者贺曰："大使耳若用药迟，且拆裂，甚且全堕而无血。"扣其药价，甚贵，方匕值钱数千。某辈早朝，遇极寒即涂少许，吏卒则以狐溺涂之，亦效。又云，王子韶，元祐末以大蓬送伴北使至瀛。赐宴罢，有振武都头卒，不堪须索，忽（捸）〔操〕（同上书卷二改）白刃入，斫子韶，伤脑及耳，明日不能与戎使相见，告以冒风得疾，北使戏之曰："曾服花药石散否？"以上事皆元祐末，未知系何年。史均未载。

十年（甲戌一〇九四）夏六月辛未，宋遣使来谢吊祭。

寿隆三年（丁丑一〇九七）夏六月辛丑，夏告宋城要地，遣使如宋，谕与夏和。〔考异〕李焘长编云，绍圣四年九月，遣礼部侍郎范镗、舍人向绎如辽贺生辰；太常少卿林师、舍人张宗卨贺正旦。十一月，辽遣耶律永芳、张商英贺兴龙节，复遣萧括、张撝贺正旦。纪未载。 杨复吉辽史拾遗补云，按：中书舍人朱服、右司员外郎时彦奉使，本传不载其年，当在哲宗绍圣中也。 毗陵志，余中于绍圣中使北，不知何年。又，长编载元符二年，塞序辰奏取勘客省帐，茶酒有王晓例，是晓亦从前奉使者也。 王君玉国老谈苑云，吴长文使辽，辽人打围得一鹿，请南使观之。迨夜，数兵煮食其骨，皆呕血。吴左丞留双骨于银器中，云此最补煖，且欲荐之。翼日，银器内皆黑色，乃毒矢所毙尔。不敢泄，埋之而去。长编又云，元符元年八月，遣礼部尚书蹇序辰、皇城使季嗣徽如辽贺生辰；度支郎中王绍、左藏库副使曹朦贺正旦。十二月，辽遣萧昭彦、王宗度贺兴龙节；复遣耶律遵礼、邢秩贺正旦。　按，元符元年，即辽寿隆四年也。纪均未载。

六年（庚辰——〇〇）春二月，宋哲宗崩，弟徽宗即位，遣使吊祭。

夏五月辛卯，宋遣使馈先帝遗物。

六月庚子，遣使贺宋主。辛丑，以有司案牍书宋主“嗣位”为“登宝位”，诏夺宰相郑颙以下官。出颙知兴中府事，韩资让为崇义节度使，韩君义为广顺节度使。〔考异〕李焘长编云，元符二年九月辛酉，曹评生辰副使，李希道正旦副使。十月丁巳，希道死。政和八年正月，韩粹彦传可考。或是绍圣三年、四年，元符元年更详之。本曾布且录。又云，北主是岁于云中甸，受回谢生辰、正旦国信礼。十月，以供备库副使贾裕充贺正旦副使，代李希道。十二月，辽遣耶律应、王衡贺兴龙节；复遣萧括、王庆臣贺正旦。元符三年正月，哲宗崩，遣通事舍人宋渊告哀于辽。史未书。

七年（辛巳——〇一）春正月甲戌，道宗崩于混同江行宫，年七十，谥仁圣大孝文皇帝。梁王即位，遣使告哀于宋。

夏六月甲午，宋遣王潜等来吊祭。〔考异〕宋史徽宗纪，三月，遣给事中谢文瓘、中书舍人上官均等为吊祭使，与史不合。

冬十二月癸巳，宋遣黄实来贺即位。〔考异〕契丹国志云，道宗大渐，戒孙延禧曰："南朝通好岁久，汝性刚，切勿生事。"又戒大臣曰："嗣君若妄动，卿等当力谏之。"帝聪达明睿，端严若神，观书通其大略，神领心解。尝有人讲论语，至北辰居所而众星拱之，帝闻，吾闻北极之下为中国，此岂其地也。潘永因宋稗类钞云，章惇之贬，辽主方食，闻之，放箸而起，称善者再，谓南朝错用此人。又问："何为只若是行遣？"及闻温公相，敕边吏曰："中国相司马矣，慎勿生事开边衅。"续通考云，七年六月，道宗崩于游仙殿，天祚帝因总知翰林事耶律固言，始服斩衰。皇族、外戚、使相、矮墩官及郎君服如之，余官及承应人皆白枲衣巾以入哭临，惕隐、三父房、南府宰相、遥辇、常衮、九奚酋、郎君、夷离堇、国舅详稳、十押撒郎君、南院大王郎君各以次荐奠，进鞍马衣一袭、犀玉带等物，表列其数，读讫，焚表。诸国所赗器物，亲王诸京留守奠祭进赗物亦如之。小殓前一日，帝丧服上香，奠酒哭临。其夜北枢密使、契丹行宫都部署入小殓。翼日遣北枢密、副林牙以所赗器物置之幽宫待葬。礼，灵柩升车，亲王推之至食羖之次；盖辽俗于此刑羖羊以祭，诸臣以次祭至葬所。灵柩降车升舆，帝免丧服，步引至长禄阁。是夕，陵寝授遗物于诸臣，乃出，命帝入，以先帝寝幄过陵前神门之木。初奠，帝、后以下拜祭，循陵三匝而降，再奠如初，辞陵而还。外有宋使祭奠、吊慰仪，又有宋使告哀仪及进遗留礼物仪，并高丽、西夏告终仪。所载甚详。

天祚帝天庆五年（乙未——一一五）秋七月辛未，宋遣使来致助军银绢。〔考异〕契丹国志云，是岁，宋遣罗选、侯益充贺生辰及正旦使。入境道梗，中京阻程，两月不得见天祚而回。史未载。按，徽宗朝使辽者，有工部侍郎王汉之，右司员外郎张叔夜、陈过庭，卫尉少卿韩肖胄，太府少卿卢法原，监察御史李弥大。皆见宋史本传。　施元之注苏诗云，范坦于徽宗时再使辽。时边议萌芽，故非时遣使以观衅。坦言不宜始祸，力辞行。帝怒，责团练副使。　宋使臣年表云，宣和六年，遣国子司业权邦直使辽。其冬，以右司员外郎周武仲贺辽正旦，系天庆十年事。见杨龟山集。周春辽诗话云，少陵诗："黄羊饮不膻。"注曰：大观四年郭随使辽举此诗以问辽使时立爱。立爱曰："黄羊野物，可猎取，食之不膻。"

周煇清波杂志云，徽宗尝出玉盏、玉卮示辅臣曰："欲用此于大宴，恐人以为大华。"京曰："臣昔使北，见有玉盘盏，皆石晋时物，指以示臣曰：'南朝无此。'今用之上寿，于理无嫌。"陈振孙直斋书录解题有李罕使辽见闻录二卷。至官膳部郎中，其奉使年代未详。

辽史纪事本末卷三十

昭怀太子之诬

道宗清宁九年（癸卯—〇六三），封皇长子濬为梁王，〔考异〕宏简录作是年五月丙午，纪未载月日。小字伊啰斡。原作耶鲁斡宣懿皇后萧氏生。幼即好学能文，道宗尝曰："此子聪慧，殆天授欤！"至是六岁，封梁王。明年，从道宗猎，矢连发三中。道宗顾左右曰："朕祖宗以来，骑射绝人，威震天下。是儿虽幼，不坠其风。"后遇十鹿，射获其九。道宗喜，为设宴。

咸雍元年（乙巳—〇六五）春正月辛酉朔，百僚上尊号曰天祐皇帝。册梁王为皇太子，内外官赐级有差。〔考异〕是年八月，客星犯天庙，诏诸路备盗贼、严火禁。见续通考。

五年（己酉—一〇六九）冬十二月甲子，皇太子行再生礼，减诸路徒以下罪一等。

太康元年（乙卯—一〇七五）春三月乙巳，命皇太子写佛书。〔考异〕日下旧闻考云，大觉寺，即金章宗西山八院内之清水院也。寺内龙王堂，辽碑一，僧志延撰。寺旁有僧性音塔。附录，僧志延（旸）〔阳〕台山（据辽文汇卷七阳台山清水院藏经记改，下同）清水院创造藏经记云："（旸）〔阳〕台山者，蓟壤之名峰，清水院者，幽都之胜概。山之名，传诸前古，（院）〔庙〕（同上书改）之兴，止于近代。将构胜缘，旋逢信士，今优婆塞南阳邓公从贵，善根生得，净行日严。咸雍四年三月，舍钱三十万，葺诸僧舍；又五十万，募同志印大藏经，凡五百七十九帙，创内外藏而龛措之。崴事既周，求为之记，聊叙胜因，俾信来裔。咸雍四年，岁次戊申，三月癸（酉）〔未〕（同上书改）朔，四日丙子记。"释明河补续高僧传云，法均，族里未详。兰苗幽潜，珠英秘润，人莫之知；唯京西紫金寺非辱律师异之，收为童子。究律学，谨持犯，得性自然，非矫揉也。虽行在毗尼，而志尚禅悦，寻师求指决者十余年，封被危坐，切甚头然，似有发明者。清宁中，被征较定诸家章钞。或有艳之谋为代者，师力求退，与息贪竞。时议多之。道声遐震，授紫方袍师号。久之，归隐马鞍山，远近挹其清风。咸雍间，上以金台僧务烦剧，须才德并茂者录其事，金以非师不可；命亟下，虽欲退辞不得也。当是时，戒坛肇辟，来集如云，师为大和尚，俨临万众；虽遐荒绝域，冒险轻生，自万里而来，冀一瞻慈范，一领音教，如获至宝而还，似有神物告语而然者。辽主渴想一见。上待以师礼，后妃以下皆展接足之敬。特旨授荣禄大夫、守司空并传戒大师之号。宠以诗章，有"行高峰顶松千尺，戒净天心月一轮"之句。其见重如此。大康元年三月四日，怡然别众而逝，世寿五十五，僧腊三十九。讣闻，辽主悼叹。命太常卿杨温嵠董后事，茶毗，收灵骨，塔于方丈之右。继其道者曰裕窥，守德严戒，有师之风，辽主嘉之，仍袭传戒大师，赐崇禄大夫、检校太尉、提点天庆寺，并赐御制菩提心戒本；命开戒坛说戒，一如师在日。年七十而化。

按，法均，史作法钧，于咸雍六年十二月，与圆释并守司空，系一人。　释智朴盘山志云，辽非觉大师塔，太康三年癸亥七月十七日建。其文曰："师讳非觉，俗姓刘氏，析津良乡人。有大名闻。车驾幸燕，重师道德，诏入内说法，特赐紫衣，并赐号仪范大师。春秋七十二，僧腊四十七，示化大昊天寺，归葬甘泉普济寺。"又，严慧大师，名等伟，俗姓李氏，析津庞村人。太康元年剃落，礼仪范大师为师，从师住慧济寺受戒。宣充三学殿主，赐号严慧。后示疾而终。茶毗，舌根不烬如青莲色。　道宗纪，太康十年正月，复建南京奉福寺浮图。朱彝尊日下旧闻载奉福寺佛顶尊胜陀罗尼幢记曰："京师奉福寺忏悔主、崇禄大夫、检校太尉纯慧大师之息化也，附灵塔之巽位，树佛顶尊胜陀罗尼幢，广丈有尺，门弟子状师实行，以记为请。大师讳非浊，字贞照，俗姓张氏。其先，范阳人，重熙初，礼故守太师兼侍中圆融国师为师。居无何，婴脚疾，乃遁匿盘山，敷课于白伞盖，每宴坐诵持，常有山神敬持，寻克痊。八年冬，有诏赴阙，兴宗皇帝赐以紫衣。十八年，敕授上京管内都僧录，秩满，授燕京管内左街僧录，属鼎驾上仙，驿征赴阙。今上以师受眷先朝，乃恩加崇禄大夫、检校太保；次年，加检校太傅、太尉。师搜访阙章，聿修睿典，撰往生集二十卷进呈。上嘉赞。久之，亲为赞引。寻命龛次入藏。清宁六年春，銮舆幸燕回，次花林，师侍坐于殿，面受燕京管内忏悔主菩萨戒师。明年二月，设坛于本寺。忏受之徒，不可胜纪。九年四月，示疾告终于竹林寺，即以其年五月移窆于昌平县。司空幽国公仰师高躅，建立寺塔，并营是幢，庶陵壑有迁，而音尘不泯。清宁九年五月，讲僧真延撰并书。" 按，周笃析津日记云，广恩寺，辽之奉福寺也。在白云观西南，地名栗园。辽史南京有栗园，萧韩家奴尝典之，疑即此地也。见厉鹗辽史拾遗。括地志云，固安之栗，天下称之为御栗。据此，则栗园当在固安界。

日下旧闻考云，今白云观之西，土人犹呼三教寺，遗址已废。又云，慈悲庵在黑窑厂，庵西偏为陶然亭，庵北院内有辽寿昌五年慈智大德师佛顶尊胜大悲陀罗尼幢并记。又庭前有金天会九年四月石幢四面，皆镂佛像，其三隅刻咒文，皆用西域梵书，而标以汉字，曰："净法界陀罗尼、观音菩萨甘露陀罗尼、智矩如来心破地狱陀罗尼。"余漫渍不可辨。附录，辽慈智师记略云："师讳〔惟〕贼（据辽文汇卷七燕京大悯忠寺故慈智大德幢记补），俗姓魏氏，漷阴田阳人也。卯岁礼悯忠寺守净上人落发，颂白莲经，遇恩得度。后因游方，止于上都，别创精蓝，挂锡而住。大安九年，会门人觉智大师诏赴阙庭，因（连）〔达〕（同上书改）鞑听，乃特赐（慈）〔紫〕衣慈智（同上书改）之号。寿昌四年三月九日，因疾奄化于临燕讲院，至五年四月十三日，葬于京东先师茔侧。师〔行〕（同上书补）以精进，心脂不退；轮以勇健，力挺无畏想。仪范所（□）〔摄〕（原缺一字，同上书补）惠用所诱，贵高憎慢，罔不钦服。其威重如是。心约礼（按，同上书，此处作"心行禅"），身持律，起居动息皆有常节，虽沍寒隆暑，风雨黑夜，礼佛（颂）〔诵〕（同上书改）经，手不释卷，四十余年，凡十二时，未尝阙一。其精进如是！（即至）〔师既〕（同上书改）疾亟，四大将坏，无恋著念，无厌离想，门弟子馈药数四，师报之（去）〔云〕（同上书改）："色身终坏，乌用药为?"言（说）〔讫〕（同上书改），怡然就化。其了悟如是！临终之日，暴风（急）〔忽〕（同上书改）起，昼如暗夜，对面莫睹。洎师迁逝，倏然乃止。门人仰师之德，感师之恩，瘗灵骨于（□）〔其下〕（原缺一字，同上书补），树密幢于其上，欲存不朽，以示将来。时寿昌五年岁次己卯，四月十三日（已）〔乙〕（同上书改）时。门人管内左街僧录判官觉智大师、赐紫沙门文杰、门人参□沙门文伟法师五人：圆心、圆同、圆成、圆翼、圆敛。　咏归录云，普会寺，辽之驻跸寺也，在玉河乡池水村。殿后松一本，极苍古，意辽时所植。松下石幢一，上镌沙门奉航塔记文曰："师讳奉航，俗姓李氏，涿州新城县渠村人。幼入缁门，访道寻师，就至燕京左街驻跸寺，礼祥玉上人为亲教焉。清宁元年受具，自后负笈游方，复归本寺，办修殿宇。大安五年，涿州惠化寺请为提点。寿昌二年秋九月，京兆华严寺请为提点。乾统八年〔四月〕，（据辽文汇卷八僧奉航塔记补）迁化于驻跸之本院。门弟子善（监）〔坚〕（同上书改）葬之祖师茔侧，刻石为窣堵坡，述师实行焉。"

（夏）〔闰〕（据辽史卷二三道宗纪改）四月庚戌，皇孙延禧生。

五月甲子，赐妃之亲及东宫僚属爵有差。

六月丙辰，诏皇太子总领朝政，仍戒谕之。兼知北南枢密院事。〔考异〕毕沅续通鉴云，时主为太子选僚属，以客省使耶律寅吉秉直好义，命为辅导。伊逊谋摇太子，恶寅吉，出为群牧林牙。又云，伊逊请赐牧地，寅吉谏而止，为伊逊忌，除怀远节度使，贬漠北马群太保，卒。纪均未载。　按，耶律音济传原作引吉，字阿括，丕勒部人。疑即寅吉也。所载事亦同。

冬十（二）〔一〕（据辽史卷二三道宗纪改）月辛酉，

宣懿萧后被诬，赐死。杀伶官赵惟一、高长命，并籍其家。后为钦哀皇后弟枢密使惠之女，太子母也。姿容冠绝。工诗，〔考异〕王鼎焚椒录云，后字观音努，清宁元年册为后。方出阁升座，扇开帘卷，忽白练一段吹至前，上有"三十六"三字。后问左右，以可敦领三十六宫对，始大喜。毕沅续通鉴云，主尝如秋山，后从行。至杀虎林，命后赋诗，后应声而成；主大喜，出示群臣。次日，行猎，殪一虎，谓左右曰："力能伏虎，不愧皇后诗矣。"诗曰："威风万里压南邦，东去能翻鸭渌江；灵怪大千俱破胆，那教猛虎不投降。"后作君臣同志华夷同风诗，后亦属和，诗曰："虞廷开盛轨，王会合奇琛；到处承天意，皆同捧日心。文章通鹿蠡，声教薄鸡林；大寓看交泰，应知无古今。"后本传及纪俱未载。善谈论。自制歌词，尤善琵琶。有专房宠。〔考异〕毕沅续通鉴云，国俗尚猎，而主尤善骑射。所乘马号"飞电"，瞬息百里，尝驰入深林邃谷，扈从求之不得。后素慕唐徐贤妃之为人，上疏力谏，略曰："妾闻穆王远驾，周德用衰；太康佚豫，夏社几屋。此游佃之往戒，帝王之龟鉴也。（项）〔顷〕（据续通鉴卷七○宋纪改）见驾幸秋山，不闲六御，特以单骑从禽，深入不测，此虽威神所届，万灵自为拥护，傥有绝群之兽，果如东方所言，则沟中之豕，必败简子之驾矣。妾虽愚暗，窃为社稷（爱）〔忧〕（同上书改）之。惟陛下遵老氏驰骋之戒，用汉文吉行之旨，不以其言为牝鸡之晨而纳之。"主虽嘉纳，心颇厌远，自后稀得进见。纪及后传均未载。好音乐，伶官赵惟一得侍左右。至是，宫婢单登、教坊朱顶鹤诬后与惟一私，枢密使伊逊原作乙辛以闻。诏与张孝杰劾状，附会成狱。〔考异〕毕沅续通鉴云，时北院枢密副使萧惟信闻之，驰语伊逊、孝杰曰："皇后贤能端重，诞育储君，不可以叛家仇婢一语动摇之。"不听。 按，**单登**，**重元**妻婢也。**史未载**。**族诛惟一，赐后自尽，归其尸于家**。〔考异〕**王鼎焚椒录**云，后尝作回心院词，被之管弦，唯伶官**赵惟一**能演此曲，**乙辛**因诬后与**惟一**通。又为**单登**手书**十香词**及己所作**怀古诗**，以是被构。赋**绝命词**自缢。**怀古诗**曰："宫中只**数赵**家妆，败雨残云误汉王；惟有知情一片月，曾窥飞燕入**昭阳**。"**绝命词**曰："嗟薄祐兮多幸，羌作俪兮皇家；承昊穹兮下覆，近日月兮分华。托后钧兮凝位，忽前星兮启曜；虽衅累兮黄床，庶无罪兮宗庙。欲贯鱼兮上进，垂阳德兮天飞；岂祸生兮无朕，蒙秽恶兮宫闱。将剖心兮自陈，冀回照兮白日；宁庶女兮多惭，遇飞霜兮下击。顾子女兮哀顿，对左右兮摧伤；共西曜兮将坠，忽吾吾兮椒房。呼天地兮惨悴，恨今古兮安极；知吾生兮必死，又焉爱兮旦夕。"**史均未载**。 按，**焚椒录鼎叙**曰："**鼎**于**咸**、**太**之际，方侍禁近，会有**懿德皇后**之变，一时南北两宫悉以异说赴权，互为证足，遂使**懿德**蒙被淫丑，不可湔洗。嗟嗟！大墨蔽天，白日不照，其能户说以相白乎？**鼎**妇乳媪之女**蒙哥**，为**乙辛**宠婢，知其奸构最详，而**萧司徒**复为**鼎**道其始末，更有加于妪者，因相与执手叹其冤诬，至为涕淫淫下也。观变以来，忽复数载，顷以待罪**可敦城**，去乡数千里，视日如岁，触景兴怀，旧感来集，乃直书其事，用竢后之良史。若夫以海翻波，变为阴陆，则有**司徒公之实录**在。**大安五年**春三月，前**观书殿学士臣王鼎**谨述。**鼎擢清宁五年**进士第，**道宗纪**作八年，后坐杖黜夺官，流**镇州**，会赦不免，因以诗贻使者，有"谁知天南露，独不到孤寒"之句。帝怜之，召还，复职。是书疑伪托，**徐乾学**尝辨之。见**周春辽诗话**。 **高丽史**云，**崔思诹**为**西京**副留守，**宣宗**驾幸**西京**，时**辽使王鼎**来，思诹为馆伴，闻**鼎**每夜独坐为文，以计取其书奏之，乃谏疏也。其疏极言**辽**太平日久，不修武备，及大宋伐西夏事。史未载。　续通考云，乾统六年，王鼎宰漆水县，时憩于庭，有暴风举卧榻空中，鼎无惧色，但觉枕榻俱高，乃曰："吾中朝正士，邪无干正，可徐置之。"须臾，榻复故处，风遂止。见本传。后既死，太子有忧色，伊逊不自安。会护卫萧和克原作忽古，一作和尔郭，字阿斯里斯，旧作阿斯邻。谋诛伊逊，事觉，下狱。〔考异〕萧珠展传，字实伦，孝穆侄。官北府宰相，封柳城郡王，为伊逊所忌，诬其与萧和克等谋。诏狱无状，出镇顺义军。卒，追王晋、宋、梁三国。纪未载。副点检萧锡沙原作十三，一作实沙，穆尔古纳部人，旧作茂古乃。谓伊逊曰："臣民心属太子，公非阀阅，一日若立，吾辈措身何地？"乃与同知枢密事萧特尔特原作得里特谋构陷焉。

二年（丙辰—〇七六）夏六月壬寅，出北院枢密使伊逊为中京留守。〔考异〕萧岩寿传中京作上京。

冬十月戊戌，召伊逊还，复为北院枢密使。

十一月甲戌，流林牙萧岩寿于威原作乌隗部。本传，伊实部人。性刚直，尚气。为北面林牙，密奏伊逊〔恐有阴谋〕，（据辽史卷九九萧岩寿传补）出之。及复召，流岩寿威路，复诬其与谋废立，杀之，年四十九。赠平章事，绘像宜福殿。〔考异〕萧页鲁传，弟都勒斡，给事北院，素与岩寿善，伊逊诬以罪，戍西北部。坐太子事，减死，锢终身。事直始归里。卒，赠彰义节度使。孩里传，字呼纽，回鹘人。官平章事，会伊逊出守，入贺。及议复召，陈其不可。弗听，出为广利节度使。太子被废，当连坐，诏勿问。自言寿数，卒，官使相。帝命书其言于牍。后皆验。毕沅续通鉴作谐里。　按，太宗纪会同四年十二月，命辖哩劳军，原作谐里，官控鹤指挥使。卷九十三萧惠传，太平时，图吉部节度，均另一人。耶律孟简传，字复易，裕悦乌哲后。当伊逊出时，与耶律庶箴表贺。后坐谪巡磁窑关，流保州。痛太子被害，作放怀诗二十首。事直归里。历昭德节度。庶箴，字辰富，季父房后，庶成弟。时官都林牙。后伊逊起用，庶箴私见而泣，言抗表非所愿，得免。闻者鄙之。子富鲁，皇族表未书。庶成，字辰禄，官枢密直学士，善辽、汉文字，尤工诗，有集行世。与萧罕嘉努、耶律古云等撰实录及礼书，偕枢副耶律德修定法令。帝称善。曾译方脉书。古云，字纠坚，六院部人。工文章，官南院大王，有集曰谷欲集。卷二十五，道宗大安七年知伊实大王事谷欲，另一人。

三年（丁巳—〇七七）夏五月乙亥，伊逊奏，右护卫太保〔察喇〕（据道光四年殿本辽史卷二三道宗纪补）原作查刺。〔考异〕伊逊传作术刺。毕沅续通鉴作扎喇，一作扎拉。等告〔知〕（据辽史卷二三道宗纪补）北院枢密（副）使〔事〕（同上书删补）萧苏色原作速撒。〔考异〕圣宗纪，太平七年萧速撒贺宋正旦，当即此人。卷九十四，九部都详衮，另一人。等八人谋立太子。案治无状，出苏色等三人补外，余杖徙边。〔考异〕时告谋逆，同受赏者尚有室韦察喇及萧宝神努、穆尔古，并加左卫大将军。萧特古斯加监门卫上将军，名未列奸党。至道宗纪清宁九年副宫使宝神努以叛诛，另一人。

六月己卯，伊逊令牌印郎君萧额图珲原作讹都（干）〔斡〕（同上书改），一作额图绛。毕沅续通鉴作额都温。〔考异〕陈浩辽史考证云，卷一百十一有传，官始平节度；卷六十七外戚表；卷二十四道宗纪，大安二年德哷统军使托云孙讹都斡，另一人。

诬首尝预苏色等谋，籍其姓名以告。即令伊逊与耶律仲禧、萧额里页、原作余里也耶律孝杰、杨遵勖、字益诚，范阳人，官北府宰相。与雅克案太子事，不敢正言。时议短之。见本传。雅克、原作燕哥。卷一百十有传，官西京留守。〔考异〕卷六十五公主表，圣宗女同名燕哥。绰奇、萧锡沙等鞫治，杖皇太子，囚之宫中。太子谓雅克曰："吾为储副，复何所求？公当为我辨之。"雅克易其言为欸伏；〔考异〕毕沅续通鉴雅克作延格，云，萧锡沙谓之曰："如此奏，则大事去矣，当易其辞为款伏。"延格如其言奏之。延格狡佞而敏，为伊逊耳目，凡有见闻必以告。所（奏）〔载〕（据文义改）较详。帝怒，废为庶人。太子将出，曰："我何罪至是！"锡沙叱登车，遣卫士阖其扉，徙上京，囚圜堵中。〔考异〕萧罕嘉努传，当太子被诬时，官西南招讨使，封吴王，尝上书力言其冤。不报。萧惟信传，伊逊潜废太子，中外知其冤，无敢言者，惟信数延争不得，加守司徒。纪均未载。伊逊寻遣萧达啰克、原作达鲁古。〔考异〕毕沅续通鉴作达和克。萨巴原作撒巴。〔考异〕伊逊传作撒把，又作撒八。汪辉祖辽史同名录云，卷十九，兴宗重熙十年，东京留守；卷八十七有传，官西北招讨使，武宁郡王；卷二十五，道宗大安九年，围场都管；卷二十八，天祚天庆九年，叛人，姓张；卷二十九，保大二年伏诛，四人同名撒八。　按，重熙六年北宰相萧撒八，疑即官招讨者。往害之。年方二十。留守萧塔坦原作挞得以疾薨闻。帝哀之。命有司葬龙门山。在今宣化府赤城县北。欲召其妃，伊逊复使人杀之以灭口。〔考异〕毕沅续通鉴云，时其子<u>延禧</u>及女<u>延寿</u>俱养于<u>萧怀忠</u>家。<u>伊逊</u>党互相庆贺，聚饮几日。及<u>延禧</u>等寄食久，会宫中<u>李氏</u>进挟谷歌文，主感悟，召入，鞠养于宫中。史均未载。　<u>陈浩辽史考证</u>云，<u>延寿</u>初封<u>楚国公主</u>，进封<u>赵国</u>，嫁<u>萧罕嘉努</u>；乾统中，加<u>晋国大长公主</u>；卷十二，<u>圣宗统和七年</u>，御史大夫及皇女；卷十五，<u>开泰二年</u><u>右皮室详稳</u>；卷十七，<u>太平八年</u>，<u>北敌烈部</u>节度，五人同名<u>延寿</u>。帝后知其冤，悔恨无及。

九年（癸亥一○八三）夏闰六月戊寅，追谥为<u>昭怀太子</u>。以天子礼改葬<u>玉峰山</u>。

乾统元年（辛巳一一○一）冬十月甲辰，上皇考<u>昭怀太子</u>，谥曰<u>大孝顺圣皇帝</u>，庙号<u>顺宗</u>；皇妣<u>萧氏</u>曰<u>贞顺皇后</u>。追谥<u>懿德皇后</u>为<u>宣懿皇后</u>，合葬<u>庆陵</u>。〔考异〕毕沅续通鉴云，天祚虽追尊顺宗，究莫知其瘗所，亦不亟求，后遂不建陵寝。所载稍异。　契丹国志云，后生有神光之异，后入宫为<u>芳仪</u>，进<u>昭仪</u>。<u>道宗</u>立，正位中宫。性情恬淡寡欲。<u>鲁王</u><u>宗元</u>之乱，<u>道宗</u>与同射猎，内外震恐，未知音耗，后勒兵镇帖中外，甚有声称。后崩，葬<u>祖州</u>。　<u>王士祯居易录</u>云，国志萧后传云云，<u>焚椒录</u>所纪<u>耶律乙辛</u>、<u>张孝杰</u>辈诬构赐死之事，绝无一字及之。又，录称后为南枢密<u>萧惠</u>女，而志曰赠平章<u>显烈</u>女，志言勒兵，似娴武略者，而录言幼能诵诗，旁及经史，其所载射虎应制诸诗，及回心院词皆极工，而无一语及武事。且本纪，<u>道宗</u>在位四十七年，改元者三：<u>清宁</u>、<u>咸雍</u>、<u>寿昌</u>。初无<u>太康</u>之号，而录载<u>乙辛</u>密奏：<u>太康</u>元年十月，据宫婢<u>单登</u>及教坊<u>朱顶鹤</u>陈首云云。已上皆抵牾不合，不可解也。　按，辽史宣懿皇后传虽略，而与<u>焚椒录</u>所纪同，盖国志诚疏耳。<u>姚士麟</u>书<u>焚椒录</u>后云，<u>鼎</u>作此录，在谪居<u>镇州</u>时。时<u>乙辛</u>

已囚莱州，孝杰亦死，故敢实录其事。但天祚时，鼎当在，如懿德皇后第二女赵国公主以匡救天祚竟诛，乙辛、孝杰剖棺戮尸，以家属分赐群臣事，并不补录一快观者，何耶？　日下旧闻考云，马鞍山万寿寺内有戒坛，辽咸雍间僧法均始辟之，即唐之慧聚寺，有活动松。坛前辽碑一，乾文阁直学士王鼎撰，大安七年立；金碑一，开府仪同三司致仕韩昉撰，天德四年立。又已泐辽碑一，起复知枢密院直学士虞仲文撰，建福元年立；已泐金碑一，翰林直学士施宜生撰，贞元三年立。此二碑今寺僧犹传其文，而讹脱颇多。戒坛之前为明王殿，殿门右石幢二：刻尊胜陀罗尼咒并序。右幢题识云：太康三年岁次丁巳，奉为故坛主崇禄大夫守司空传菩萨戒大师、特达法幢门人传戒大师、讲经律论赐紫沙门裕经等立。左幢题识云：受戒弟子范阳王鼎撰文，太康元年岁在乙卯建。阶下塔二：右塔为普贤衣钵塔；左塔石刻云：辽故崇禄大夫守司空传菩萨戒坛主普贤大师之灵塔。明正统十三年筑坛如约，道孚建。

当时连及者：宿直官德哷里原作敌里剌等三人，北院宣徽使耶律托卜嘉原作挞不也。本传，字撒班。系出季父房。官永兴宫使，平重元乱，迁怀德节度，改今官。欲杀伊逊及其党，事觉，被执。追封漆水郡王，绘像宜福殿。〔考异〕陈浩辽史考证云，同时，宣徽使同杀，又祇候郎中；卷二十二，道宗清宁九年宿卫官；本卷，咸雍三年右护卫太保；卷二十五，太康九年，西北招讨使，战死；卷二十八，天祚天庆六年，侍御司徒；又是年，东京族人；又是年中丞；又十年，上京留守；卷二十九，保大二年，典禁卫；又四年，国舅详衮；卷三十，雅里，神历时德哷部统军；卷四十八百官志，太康三年，同知度支使事；卷九十九，太康时，同知汉人行宫都部署，十五人同名挞不也。　按，此之挞不也，一作塔不也。卷九十九本传作挞不也，刑法志亦作挞不也，均系一人。

又卷一百十一塔不也传，西北路招讨使，另一人。及其弟辰赍、原作陈留。〔考异〕萧孝友传，小字陈留，疑即此人。卷二十三，太康三年，陈留被杀，另一人。同知汉人行宫都部署萧托卜嘉原作挞不也。本传，字乌拉丹。郡王噶济孙。性刚直。由彰愍宫使，尚赵国公主，拜驸马都尉，改今官。为伊逊所嫉，诬告谋废立事，不胜榜掠，诬伏。上引问，昏瞀不能自陈，遂见杀。追封兰陵郡王，绘像宜福殿。〔考异〕卷二十三道宗纪，六月壬午，杀宣徽使托卜嘉等二人；乙酉，杀耶律托卜嘉及其弟辰赍。 按，二人同名，同死一事。但萧托卜嘉传，未尝为宣徽使，耶律托卜嘉传则以宣徽使见杀。是杀于壬午者为耶律托卜嘉，杀于乙酉者为萧托卜嘉。见陈浩辽史考证。 等二人；始平节度使萨剌原作撒剌。本传，字董隐，南院大王穆尔古孙。性忠直。官北院大王。帝复召伊逊，萨剌谏者三。不听，出镇始平，诬以废立事，遣使杀之。追封漆水郡王，绘像宜福殿，并追赠三子官爵。〔考异〕道宗纪咸雍九年，以南院宣徽使萨剌为南院大王，与传异。 等十人；上京留守苏色本传，字秃鲁董，图鲁卜部人。性沉毅。历官枢副，经略西南边有功。因与伊逊忤，诬其首谋废立，按之无验，改上京留守，寻以前事杀之。方盛暑，尸诸野，色不变，乌鹊不敢过。追封兰陵郡王，绘像宜福殿。及已徙护卫萨巴原作撒拨等六人；东京留守同知耶律和勒博原作回里不。〔考异〕寿隆六年，奚六部大王回里不，另一人。 等皆被害，并杀苏色等诸子，籍其家。〔考异〕耶律古云传，子鄂摩，官汉人行宫副部署。太子被诬，词连鄂摩，帝释之。寻复奏与萧扬珠私议宫壶事，被害。后赠平章事。毕沅续通鉴云，时徙太子党于边。耶律努尝忤伊逊，在徙中，其妻萧意辛为呼图公主女，公主欲使离婚，意辛不可，随在流所，事夫礼敬有加。纪俱未载。

乾统初，御史中丞耶律实噜原作石柳上书请诛奸党，并录顺宗升遐及伊逊构陷等事以闻，不报。论者惜之。卒官静江节度使。子玛格原作马哥同平章事。〔考异〕金史王贲传，字文孺，宛平人。曾祖土方，正直敢言。辽道宗信伊逊之谮，杀其太子，世无敢白其冤者，土方击义钟以诉之。主悟，卒诛伊逊，厚赏土方，授承奉官。史未载。　毕沅续通鉴实噜作实呼，云，以附太子，流镇州，召入为御史中丞。时治伊逊党，多以贿免。实呼上疏请尽诛奸恶，并求顺考瘗所，不报。所载较详。

辽史纪事本末卷三十一

耶律伊逊之奸　奸党附

道宗清宁九年（癸卯一〇六三）夏（六月己丑）〔七月壬戌〕（据辽史卷二二道宗纪改），以耶律伊逊原作乙辛。〔考异〕汪辉祖辽史同名录云，卷二十二，清宁九年宫分人；又，是年护卫官，三人同名乙辛。为南院枢密使。伊逊，字呼图克琨。原作胡都衮，又作胡图克。五院部人。父特尔格，原作迭剌家贫，服用不给，部人号"穷特尔格"。母方娠，夜梦手搏殺羊，拔其角尾。既寤，占之，术者曰："此吉兆也，羊去角尾为王，汝后有子当王。"及生而慧黠。尝牧羊，熟寝，至日昃，父惊觉之，伊逊怒曰："适梦人执日月以食我，我方食月，唼日方半而遽觉，惜不尽食之。"及长，美丰仪，外和内狡。兴宗重熙中为文班吏，掌太保印，陪从入宫。仁懿皇后见其详雅如素宦，令补笔砚吏。兴宗亦爱之，迁护卫太保。道宗即位，以先朝任使，赐汉人户四十，同知点检司事。帝召决疑狱，擢北院同知，历枢密副使。至是，用为南院枢密使。

七年（辛丑一〇六一）春三月庚戌，以伊逊知北院枢密使事，封赵王。

九年（癸卯一〇六三）秋七月壬戌，以讨平重元功，加伊逊太子太傅、北院枢密使，进王魏，赐匡时翊圣竭忠平乱功臣。

咸雍五年（己酉一〇六九），加伊逊守太师，诏四方有军旅，许以便宜从事。由是势震中外，门下馈赂不绝，凡阿顺者蒙荐擢，忠直者被窜逐。〔考异〕毕沅续通鉴云，时辽人谚曰："宁违敕旨，毋违魏王白帖子。"按，文献通考云，洪基幸其臣耶律英弼，累封魏王，北人谚云云，英弼即伊逊之讹。又，金史左企弓传谓萧英弼贼昭怀太子。盖时方易代，传闻异辞也。

太康元年（乙卯一〇七五）夏六月丙辰，皇太子始总朝政，法度修明。伊逊不得逞，谋以事诬皇后。

冬十一月辛酉，后被诬，赐死。太子有忧色，伊逊惧，欲并害之。乘间入奏曰："帝与后如天地并，不可旷。"盛称其党驸马都尉萧锡默原作霞抹。
〔考异〕汪辉祖辽史同名录云，卷二十二，道宗清宁九年宫分人；卷
八十六耶律颎的传，颎的子，北枢密副使，三人同名霞抹。通鉴辑
览作萨满。之妹美而贤。帝信之，册为后。〔考异〕毕沅
续通鉴云，后居二年未有子。其妹嫁伊逊子舒嘉。后称其宜子，遂
离婚，纳于宫中。萧呼哩勒即以女妻舒嘉。恃势横肆，至有无君之
语，朝野侧目。后寻降为惠妃，出居乾陵，还其妹于母家。大安二
年，妃母燕国夫人以巫蛊厌魅皇太孙，事觉，伏诛。妃弟萧酬斡流
乌尔古部。又，锡默系后兄，本纪书为叔，疑误。惠妃，字塔斯，
原作坦思。其妹字额特垮，原作斡特懒。舒嘉，一作苏叶，原作绥
也。妃以厌魅事贬为庶人，诸弟没入兴圣宫。天庆六年召还，封太
皇太妃。后二年，奔黑顶山，卒，葬太子山。萧酬斡，纪作萧绰哈，
封兰陵郡王，除名，置近郡，仍隶兴圣宫。所载各异。时护卫萧
和克原作忽古恶伊逊奸，伏桥下，欲杀之。俄暴雨坏
桥，谋不遂。〔考异〕本传，字阿尔斯兰。性忠直，趫捷多力。
既伏桥下，欲杀伊逊，不果。后又欲杀于猎所，为亲友阻。三年，
复谋杀伊逊及萧特尔特等，事觉，戍边。太子死，召至杀之。后赠
龙虎卫上将军。所载较详。林牙萧岩寿密奏曰："伊逊自
太子秉政，内怀疑惧，又与宰相张孝杰附会，恐有
异图，不可使居要地。"明年夏六月，出伊逊为中
京留守。（按，据辽史卷一一〇耶律乙辛传，此下有"乙辛泣谓人
曰：'乙辛无过，因谗见出'"句，方与下文衔接）〔考异〕毕沅续通
鉴谓伊逊外迁在册后之前，与史及徐乾学后编不合。又云，时伊逊
既出，群称主能纳忠言，宣徽使谐里等各以表贺。详见上卷。纪及
伊逊传均未载。适其党萧锡默言于帝，帝悔，召还，复

为北院枢密使。出岩寿为顺义节度使，寻流于威原作乌隗部。时召近臣议〔召伊逊事〕，（据同上书道光四年殿本补）北面官属无敢言者，耶律萨喇原作撒剌曰："初以萧岩寿奏，出伊逊。若所言不当，宜坐以罪；若当，则不可复召。"累谏不从。〔考异〕萧岩寿传，会伊逊生日，上遣近臣白斯本赐物为寿，伊逊因私嘱白上："臣见奸人在（侧）〔朝〕（据辽史卷九九萧岩寿传改），陛下孤危。身虽在外，窃用寒心。"白斯本还，以闻。后遣人赐以车，谕曰："无虑弗用，行将召矣。"由是反疑岩寿。所载较详。又，宏简录白斯本作布色贝。由是谗谤忠良，斥逐殆尽。复因萧锡沙原作十三之言，夜召萧特尔特原作得里特。〔考异〕太子濬传作特里特，托卜嘉传作特里得，均系一人。谋构太子。遂于三年夏五月，令护卫太保察喇原作查剌。〔考异〕卷一百十伊逊传作术剌，系一人。等诬告萧苏色原作速撒等谋废立。诏案无状而罢。寻令牌印郎君萧额图珲原作讹都（幹）〔斡〕（据辽史卷一一〇耶律乙辛传改）诬首与谋，伊逊等鞫治，逼令具伏。帝怒，命诛萨喇及苏色等。伊逊恐帝疑，引数人庭诘，各令荷重校，绳系其颈，不能出气，均不堪其酷，求速死。反奏曰："别无异辞。"时方暑，尸不得瘗，以至地臭。乃囚太子于上京。寻害之，及其妃。语详昭怀太子事中。〔考异〕毕沅续通鉴云，初，辽太师迪噜妹名常格，操行修洁，自誓不嫁。尝作文述时政，主善其言而不能用。伊逊闻其才，屡求诗，常格遗以回文。伊逊知其讽己，衔之。及太子废，诬以罪，案之无迹。其兄迪鲁谪镇州，因随往。布衣蔬食终其身。有常哥集行世。又，卷八十二常哥传，官北府宰相常哥，另一人。时参政刘伸亦与伊逊忤，出镇雄武。字济时，宛平人。官南院枢密副使。道宗尝谓大臣曰：“今之忠直，耶律玦、刘伸而已。”玦字乌展。约尼森济汗后，官枢密副使。均见本传。

五年（己未—〇七九）春正月，帝将出猎，伊逊奏留皇孙，帝欲从之。同知点检萧兀纳一名托卜嘉。〔考异〕毕沅续通鉴作乌纳。谏曰：“皇孙尚幼，左右无人，愿留臣保护，以防不测。”遂与皇孙俱行。帝始疑伊逊奸。〔考异〕兀纳传，字特默，六院部人。伊逊既害太子，请立魏王淳。兀纳时为北院宣徽使，谏止之。复因保护皇孙事，嘉其忠，封兰陵郡王，比狄仁杰。令辅导皇孙。尚越国公主。拜南院枢密使，北府宰相，历副元帅。一作挞不也，累官契丹都宫使。天祚纪作契丹行宫都部署。会北幸，将次黑山在朵颜卫东，今喀喇沁地。见方舆纪要。之平（定）〔淀〕（据辽史卷一一〇耶律乙辛传改），帝见扈从官多随伊逊后，益恶之，出知南院大王事。加裕悦，原作于越削一字王爵，改封混同郡王。〔考异〕毕沅续通鉴云，时辽定王爵之制，惟皇子仍一字王，余并削降。于是赵王杨绩降封辽西郡王，吴王萧罕嘉努降封兰陵郡王，伊逊亦降封混同。是削一字王爵，初非因事，并非伊逊一人。所载互异。及赴阙入谢，即日遣还，改知兴中府事。〔考异〕史称六年正月辛卯，出知兴中府事。而宏简录云，五年三月壬辰，加于越，出之，以耶律霖为北院枢密使。所载各判。

七年（辛酉一○八一）冬十一月，**伊逊坐以禁物鬻于外国，罪当死。诏击以铁骨朵，囚之来州**。〔考异〕**本传**作莱州。辽置，废城在今锦州府宁远州。纪作十二月辛未。**本传**，时下有司议，法当死。其党雅克独奏当入八议，得减死论。**王易燕北录**云，铁骨朵，亦曰铁爪。番呼发睹。以熟铁打作，八片虚合，或用柳木作柄，约长三尺，两边铁裹。打数不过七下。又，沙袋以牛皮夹缝如鞋底，内盛沙半升，柄以木作胎，亦用牛皮裹，约长二尺。打数不过五百。　刑法志云，沙袋者，穆宗时制。长六寸，广二寸，柄一尺许。又有木剑大棒者，**太宗**时制。木剑面平背隆，大臣犯罪重，欲宽则系之。其数三：自十五至三十；铁骨朵之数，或五或七；有重罪者将决以沙袋，先于胜骨之上及四周系之。又凡杖五十以上者，以沙袋决之。所载甚详。

九年（癸亥一○八三）冬十月，**伊逊谋叛亡入宋，及私藏兵甲，事觉，伏诛**。〔考异〕**本传**，事觉，缢杀之。

天祚帝乾统二年（壬午一一○二）春（三）〔四〕（据辽史卷二七天祚纪改）月，**诏诛伊逊党，徙其子孙于边；发伊逊冢，剖棺、戮尸，以其家属分赐被杀者之家**。

同党张孝杰，重熙中擢进士第一，建州永霸县人。〔考异〕续通考云，重熙二十四年，孝杰及第。诣佛寺，忽迅风吹其幞头与浮图齐，堕地而碎。老僧曰："此人必骤贵，然亦不得其死。"后果验。**累官北府宰相，封陈国公，赐国姓，汉人中贵幸无比**。〔考异〕毕沅续通鉴云，伊逊荐，赐国姓。又谓其忠于社稷，可方唐之狄仁杰。赐名仁杰。许放"海东青"鹘以宠异之。

寻因从猎得头鹅，帝甚喜，命加侍中。所载较详。伊逊之害太子，其谋居多。伊逊败，帝始悟其奸佞，出为武定节度使。〔考异〕毕沅续通鉴云，仁杰久在相位，贪货无厌。时与亲戚会饮，尝曰："无百万两黄金，不足为宰相家。"见本传。　按，道宗朝为北府宰相者：孝杰外，尚有耶律陈留、萧阿速、萧九哥、萧术者、萧兀吉、杨绩、萧余里也、萧挞不也、萧袍里；而南府宰相，则耶律涂孛特、耶律涤鲁、萧德、萧唐古、萧图古辞、耶律蕊奴、萧惟信、赵徽、王棠、耶律燕哥、耶律颇德、耶律巢哥、萧何葛、王绩、耶律王九、窦景庸、王经、杜公渭、耶律铎鲁斡、赵廷睦、耶律斡特剌；宰相则梁颖、韩资让、郑颛。见沈炳震廿一史四谱。坐私贩广济湖盐及擅改诏旨，削爵，贬安肃州。数年归，死于乡。乾统初，剖棺戮尸，籍其家。

耶律雅克，原作燕哥，一作休格，字善宁。〔考异〕陈浩辽史考证云，卷六十五公主表，圣宗女亦名燕哥。又，卷十五，圣宗开泰四年，东京留守；卷十八，兴宗重熙六年，殿前都点检，均名善宁。本传，季父房后，四世祖托鲁，原作铎稳，太祖异母弟。皇子表德祖子无此人。宗室，太师呼鲁苏原作豁里斯子。附伊逊，官北面林牙。讯太子狱，改其言为款伏。及太子废死，伊逊杀害忠良，多其谋。后终南府宰相，西京留守，以疾死。

萧锡沙，摩和纳原作蔑古乃部人，节度都勒斡原作铎鲁斡子。出入伊逊家，官殿前副点检。排击善良，首劝构陷太子，前后皆其计。伊逊复召，亦出其谋。寻由枢副出为保州统军使。乾统初，剖棺、戮尸。二子：<u>的里得</u>、<u>年结</u>，原作念经皆伏诛。

<u>萧额哩页</u>，原作余里也。〔考异〕卷二十八，<u>天庆</u>七年，北院大王，另一人。<u>毕沅续通鉴</u>作<u>呼哩额</u>，<u>孝穆</u>孙，便佞滑稽，尚<u>郑国公主</u>，拜驸马都尉。国舅<u>阿拉</u>次子。附<u>伊逊</u>，由宁远节度使荐为国舅详衮，原作详稳封<u>辽西郡王</u>，北府宰相。太子之祸，多助成之。以女侄妻<u>伊逊</u>子<u>苏叶</u>，原作绥也遂知北院枢密事。恃势横恣，朝野侧目。坐党免官，起西北招讨使。母忧去职，死。

<u>耶律吓噜</u>，原作合鲁。卷一百十一有传。〔考异〕<u>陈浩辽史考证</u>云，卷六十六皇族表，<u>懿祖</u>系尼古察裔曷鲁，系一人。又卷二十八，<u>天庆</u>七年，东北面行军将；卷七十八<u>耶律伊勒哈传</u>，父，检校太师；卷九十三<u>萧托云传</u>，<u>三韩郡王</u>；卷九十六<u>耶律阿苏传</u>，<u>道宗</u>时臣，五人同名合鲁。六院<u>锡里</u>原作舍利<u>尼古察</u>原作裹古直后。柔佞，附<u>伊逊</u>，为北院大王。其弟<u>乌页</u>原作吾也亦党附，官南院大王。<u>伊逊</u>之害太子，杀忠直，吓噜多预其谋，时号"二贼"。

<u>萧特尔特</u>，<u>约尼</u>原作遥辇<u>温汗</u>原作洼可汗宫分人。<u>伊逊</u>用事，甚见倚任。其监送太子赴<u>上京</u>，摧辱倍至，至则筑圜土囚之。官西南招讨使，转国舅详衮。寻坐怨望，以老免死，贬官，(阁)〔阊〕(据辽史卷一一一萧得里特传改)门籍兴圣宫，死。乾统间，二子：<u>得末</u>、<u>额呼</u>原作讹里坐诛。

<u>萧额图珲</u>，国舅少父房后。希<u>伊逊</u>意，诬告废

立事，并云"臣亦预谋，恐事泄连坐"。帝暴怒，太子遇害。由牌印郎君，尚皇女赵国公主，为驸马都尉。〔考异〕公主表，道宗第二女，封赵国公主，下嫁萧托卜嘉，坐太子事被害。其弟额图珲欲逼尚公主，公主以其为奸党，意甚恶之。未几诛。似公主未改适，与道宗纪及本传不合。续通考亦云，讹都斡欲逼尚公主，以其党乙辛，恶之。未几诛。天祚幼，乙辛用事。公主每以匡救为心，竟诛乙辛。大安五年薨。 按，宣懿后生三女：长苏克济，原作撒葛只，封郑国公主，进封魏，下嫁萧；次扎里，原作纠里，封赵国公主，即下嫁萧托卜嘉者；三托里，原作特里，封越国公主，嫁萧绰哈，得罪，离之，改适萧特默。为金所擒。公主从天祚出奔，亦被获。所载甚详。后与伊逊议事不合，衔之，复以衣服僭拟乘舆，被诛。语人曰："前事皆伊告我，恐事彰，杀我以灭口耳！"

萧达啰克，原作达鲁古约尼兆古汗原作潮古可汗宫分人。性奸险。太子废，徙上京，伊逊使与萨巴原作撒八往害之。同留守萧塔坦原作挞得夜引力士至囚室，诈云："有诏召太子。"出，杀之。函其首以归。给云"疾薨"。复恐事白，出入常带佩刀，急即自杀。官国舅详衮。乾统间，大索党人，以赇免，疾死。

耶律托卜嘉，原作挞不也仲父房之后。萧额图珲诬告太子，托卜嘉亦以预谋实其事，授延庆宫副使。乾统间，大索党人，亦以赂免。后官德呼原作敌烈部节度使，以疾死。

辽史纪事本末卷三十二

金人兵起

天祚帝乾统二年（壬午——〇二）冬十月乙卯，国舅萧哈里原作海里。〔考异〕毕沅续通鉴作谐里。叛，劫乾州武库兵甲。命北面林牙赫嘉努原作郝家奴往捕，亡入女直彭楚原作陪术水阿克展原作阿典，改作阿克占部。赫嘉努以不获免官。明年春正月，女直函其首来献。

女直，原作女真，避兴宗讳改。后改号金。〔考异〕北盟会编云，本名朱理真，番语讹为女真。李心传建炎以来系年要录云，其国在汉称伊拢，南、北朝称和奇，隋、唐称默尔赫，五代称女真，本新罗人。其先出靺鞨氏，号勿吉，古肃慎氏地也。元魏时，勿吉有七部，至唐初，只存黑水靺鞨、粟末靺鞨二部。粟末靺鞨始附高丽，姓大氏，嗣保东牟山，后为渤海，称王。黑水靺鞨亦附高丽，尝拒唐太宗于安市。开元中入朝，置黑水府，拜都督，赐姓名李献诚。〔考异〕王溥五代会要云，在京师东北六千余里。开元十年二月，安东都督薛泰请置黑水郡，其酋为都督，置长史一人以监领之。其后服属渤海，朝贡遂绝。迨太祖天显元年，国兵平渤海，而黑水靺鞨来附。其地有混同江，即黑龙江。在江南者入辽籍，号熟女直；在江北者不入辽籍，号生女直。〔考异〕北盟会编云，本高丽朱蒙之遗。世居阿芝川涞流河，后名会宁府。生、熟女真外，尚有东海女真、黄头女真二部。所居地亦名阿木火。熟女真一名合苏欵。来流河，即拉林水。金史地理志，在上京会宁府。今宁古塔地。汪若海麟书云，射鹿以声。自注曰，女真善射，能为鹿鸣，呼群鹿而射之。奉朝贡如例。

其始祖名函普，居完颜部，传至乌古鼐，原作乌古乃。〔考异〕毕沅续通鉴作阿库纳，云旧作乌古纳。凡六世，始拜节度使，称为都太师，〔考异〕薛应旂通鉴云，乌古鼐始役属诸部，会五国富聂赫部巴延玛勒叛，辽致讨；乌古鼐袭而擒之，献于辽。主召见，燕赐加等，拜节度使。始有官属，纪纲渐立。及五国穆延部舍音叛，复击败之。毕沅续通鉴富聂赫作佛宁，云旧作蒲聂。巴延玛勒作巴哩美，云旧作拔乙门。号景祖。卒，子和哩布原作劾里钵，一作合理博。〔考异〕续纲目云，严重多智，因败为功，基业始大，增建官属，统诸部官之长者，称贝勒。子十一，长为乌雅舒，次即阿古达也。嗣，号世祖。卒，弟颇拉淑原作颇剌淑，又作蒲拉舒。嗣，号肃宗。卒，弟英格原作盈哥嗣，亦曰扬割太师。讨纥石烈_{原作赫舍哩}部阿苏。_{原作阿辣}苏来诉，诏止使勿攻。至是，哈里叛，英格擒而献之，得甲五百副，始知国兵易与，益自肆矣。英格寻卒，号穆宗。兄子武雅淑_{原作乌雅束。}〔考异〕续纲目作乌雅舒。嗣，号康宗。卒，弟阿固达_{原作阿骨打。}〔考异〕续纲目作阿古达。自称达贝勒。史愿亡辽录作阿姑打。钟邦直行程录云名文，小字阿古忽。嗣。〔考异〕天祚纪，英格之卒，载在乾统元年，而擒哈里事又系之英格卒后。今从金史世纪改正。

天庆二年（壬辰——一一二）春二月丁酉，帝如春州。〔考异〕地理志无春州。续纲目亦误，盖当作长春州。今为鄂尔罗斯地。又，地理志云，（龙）〔韶〕阳军（据辽史卷三七地理志改）古鸭子河，春猎之地，重熙八年置，隶延庆宫，统县一：长春，本混同江地，燕、蓟犯罪者配流于此。幸混同江〔考异〕续通考云，源出长白山。北流经五国城，又北合松花江，东入海。松花江源出长白山湖中。北流经（南）〔上〕京城，会灰扒江至海，西合混同江。又，兀良河，源出沙漠。南流合洮儿河、脑湿江，入混同江，东入于海。通鉴辑览云，混同江即松花江，在今吉林乌喇城东南，发源长白山，北流会鄂诺河。又东合黑龙等江入于海。鄂诺河旧作鄂媛河，今改。圣宗纪，太平四年，改鸭子河为混同江，塔鲁河为长春河。盖二河均在长春州近地。钓鱼。生女直部长来朝。故事，生女直部长在千里内者皆来朝，置（鱼）“头〔鱼〕宴”（据辽史卷二七天祚纪乙正）。〔考异〕国语解，帝岁时钓鱼，得头鱼，辄置酒张宴，曰“头鱼宴”，与“头鹅宴”同。史及续纲目诸书作鱼头宴。盖误。武珪燕北杂记云，达鲁河钩牛鱼，以其得否占岁好恶。仿中国赏花钓鱼，然非钓也，钩也。达鲁河东与海接，岁正月方冻，至四月而泮。其钩是鱼也，戎主与其母皆设帐冰上，先使人于河上下驱使集，戎主于斫透冰眼中用绳钩掷之，无不中者。遂纵绳令去，其鱼倦，即曳绳出之，谓之得头鱼；遂相与作乐上寿。　按，"达鲁"，满州语饮马处也。今译改作达抡。　周必大二老堂杂志云，赞宁物类相感志引博物志曰：东海有牛鱼，其形似牛。剥其皮悬之，潮水至则毛起，退则毛伏。今东牟有海牛岛，其牛无角、足，似龟，长丈余，尾若鲇焉。王易燕北录云，牛鱼即鲟之大者。程大昌以为牛鱼似牛形，盖祖赞宁之说，其实非也。周麟之海陵外集云，牛鱼出混同江，其大如牛，或云可与牛同价，故名。方以智通雅云，牛鱼，北方之鲔类也。李焘长编云，蕃俗喜罩鱼，设毡庐于河水之上，密掩其门，凿冰为窍，举火照之，鱼尽来凑，即垂钓竿，罕有失者。宋绶等使北，至张司空馆，闻国主在土河罩鱼，以鱼来馈。江休复嘉祐杂志云，鸭渌水牛头鳔，制为鱼形，辽妇人贴面花。纪载各异。**酒半酣，帝临轩，命次第起舞；独阿固达辞。谕之再三，不应。帝语萧奉先以边事诛之。奉先谏，谓恐伤向化心而止。**〔考异〕东都事略云，主以阿骨打顾视不常，欲诛之，萧奉先不可，遂止。初非因不肯起舞也。　契丹国志云，道宗末年，阿骨打入朝，以悟室自随，朝贵与为双陆戏，相争，阿骨打怒，以刀戕其胸，不死。侍臣请诛之，道宗不许；侍臣因以王衍纵石勒、张守珪敕禄山比之。终不听。史亦未载。**阿固达疑帝知其有异志，遂称兵。先并旁近部落。女直卓克算**、原作赵三。〔考异〕卷二十二，道宗咸雍四年，北院大王赵三，姓耶律氏，详耶律那也传，另一人。

阿古齐_{原作阿鹘产}拒之；阿固达虏其家属。二人走诉咸州，_{地理志云，本高丽铜山县地。渤海置铜山郡，地在汉侯城县北，渤海龙泉府南。初号和抢台布城，开泰八年置州，号安东军，治咸平。故城在今奉天府铁岭县。}详衮_{原作详稳}司转送密院。事闻，命送咸州诘责，使自新。后频召之，悉辞不至。

三年（癸巳——三）春三月，阿固达率五百骑突至咸州，吏民大惊。翼日，赴详衮司，与卓克算等庭辨，不屈，送所司问状，遁去。遣人诉于上。仍召不至。

四年（甲午——四）秋（九）〔七〕（据辽史卷二七天祚纪改）月，女直叛，攻宁江州。_{地理志云，号混同军，清宁中置，属东北统军司，治混同县。故城在今吉林乌喇北、混同江东。〔考异〕洪皓松漠纪闻云，州去冷山百七十里，地苦寒，多草木。每春冰泮，戎主必至其地，凿冰钩鱼，放弋为乐。女真来献方物，若鼯鼠之类，各以所产量轻重打搏，谓之打女真。后多强取，女真始怨。暨兵起，首破此州，驯至亡国。冷山去燕山三千里。　杨宾柳边记略云，冷山，土人呼白山，以其无冬夏雪白也。　方舆纪要云，州东北有寥晦城。所载较详。}

初，女直起兵，赫舍哩_{原作纥石烈}部人阿苏_{原作阿踈}不从，遣萨该_{原作撒改}讨之。阿苏弟达呼布_{原作狄故保}来告，诏止之，弗听。阿苏来奔，女直屡索之，不发。_{〔考异〕薛应旂通鉴云，盈格闻阿苏奔辽，留和琢守阿苏城而还。久之，阿苏不敢还，遂攻取其城。}使侍御阿息保〔考异〕

<u>通鉴辑览</u>作<u>爱锡拉布</u>。诘其建城堡之故。曰："若还<u>阿苏</u>，朝贡如故，不然，城未已也。"遂发<u>浑河</u>北在今<u>奉天府承德县</u>南，源出边外，下流至<u>海城县</u>，入<u>辽</u>，即<u>小辽水</u>也。〔考异〕<u>林本裕辽载</u>云，<u>浑河</u>在<u>辽阳城</u>南十里，一名<u>小辽水</u>。 按，<u>汉书</u>及<u>水经注</u>俱云，<u>高句骊县</u>有<u>辽山</u>，<u>小辽水</u>所出。又，<u>明一统志</u>云，<u>蒲河</u>，源出<u>辉山</u>，流经<u>沈阳卫</u>界，入于<u>浑河</u>。诸军，益<u>东北路统军司</u>。〔考异〕<u>续纲目</u>云，主好畋猎，酗酒怠政，岁使市名鹰"海东青"于海上。道出<u>生女直</u>，使者贪纵，部人苦之，乃谋集诸军次<u>寥晦城</u>。 <u>毕沅续通鉴</u>云，<u>宋梁子美</u>初转运<u>河北</u>，倾漕计奉上，至捐缗钱三百万市北珠以进。珠出<u>女直</u>，<u>子美</u>市于<u>辽</u>，<u>辽</u>嗜利，虐<u>女直</u>捕"海东青"以求珠。<u>女直</u>深怨之，而<u>子美</u>用是显。<u>图经志书</u>云，翎之品："海东青"、白"海青"、青"海青"、白黄鹰、黄鹰、皂雕、鸦鹘、赤鹘、兔鹘、角鹰、白鹇、崖鹰、鱼鹰、铁鹞、木鹘鹞、崧儿、百雄、茸垛儿，以上皆为羽猎之雄者。 <u>析津志</u>云，"海东青"产<u>辽东</u>海外，隔数海而至，常以八月十五渡海而来者甚众，古人云："疾如鹘子过<u>新罗</u>"是也。<u>尼噜罕</u>田地是渡海第一程，至则人收之，不能飞动矣。自此始入东国，流人获之，即赎罪，传驿而归。尝询<u>锡宝斋</u>云，"海青"一翅，七日或八、九日始得至<u>尼噜罕</u>，或饥渴多溺死。凡得至此地者，皆健奋，独能破驾鹅之长阵，绝雁鹜之孤骞，云间献奏，臂上功勋，此其功也。"锡宝斋"者，<u>蒙古</u>养禽鸟人也，旧作"昔宝赤"。"尼噜罕"，满州语"画"也，旧作努儿干。今俱译改。<u>志</u>又云，大鹅，又名驾鹅，大者三五十斤，小者廿余斤，俗称"金冠玉体干皂靴"是也。彼中每岁柳林中，湖内多种茨菰诱致之。千万为群，飞放"海青"、鸦鹘，所获多者，大张筵会饮，数宿而返。 <u>姜夔白石道人集</u>契丹歌云："平沙软草天鹅肥，<u>契丹</u>千骑胜打围；皂旗低昂围渐急，惊作羊角凌空飞。海中

健鹘健如许，鞲上风生看一举；万里追奔未可知，划见纷纷落毛羽。"陈元龙格致镜原云，北山产"海青"鸟，小而捷，能擒天鹅；然群燕扑之则坠。亦谓之"海东青"，爪白者尤异。五国城东出头鹅。　叶子奇草木子云，"海东青"能得头鹅者，元朝宫里赏钞五千锭。杨瑀山居新语云，头鹅，即天鹅也。　李焘长编云，辽人皆佩金玉锥，号杀鹅杀鸭锥，每初获，即拔毛插之，以鼓为坐，遂纵饮，最以此为乐。又好以铜及石为锤以击兔，每秋则衣褐裘呼鹿射之，夏以布衣帐毡，借草围棋双陆或深涧张鹰。　吴坰五总志云，辽人致守边兵，独在北曰强军，盖以御女真也。末主好猎，求"海东青"于女真，且抽强军为从卫，后求愈急，强兵日削，遂为女真窥伺。悲夫！**阿固达乃与弟尼雅满**、原作粘罕**瑚实**原作胡舍**等谋，以尼楚赫**、原作银术割**伊呼**、原作移烈**罗索**、原作娄室**栋摩**原作阇母**等为帅，集诸部军擒障鹰官。**〔考异〕薛应旂通鉴云，阿骨打会兵于拉林水，得二千五百人。至辽界，遇渤海军来攻，众少却，辽兵直攻中军。辽耶律色锡坠马，阿骨打射杀之。辽军大奔，蹂践死者什七八。所载较详。**及攻宁江州，萧托卜嘉与战，败绩。**原作挞不野，即兀纳。〔考异〕本传，官东北统军使。尝上书"请乘其未发，举兵图之"。章数上，不听。金兵攻宁江州，战败；留官属守城，自以骑三百渡混同江而西，城遂陷。其孙伊德济死之。坐免官。起上京留守。章努叛，来攻，拒却之。卒，官副元帅。萧托斯和传，宁江陷，天祚召群臣议，托斯和曰："女直国虽小，勇而善射。自执萧哈里，势益张；我兵久不练，若遇强敌，稍不利，诸部离心，不可制矣。今宜大发诸道兵，以威压之，庶可服也。"萧塔喇台曰："如此，徒示弱，但发滑水以北兵，足拒之！"遂不用其计。数月间，边兵屡北，人益不安。　方舆纪要云，滑河，在宁塞县。纪未载。

冬十月壬寅，以守司空萧嗣先为东北路都统，率诸道兵讨之。引军屯出河店，两军对垒。女直兵潜渡混同江掩击，嗣先军溃，崔公义、邢颖、耶律佛哩、原作佛留萧噶克实原作葛十等死之。〔考异〕薛应旂通鉴云，时以司空萧嗣先为都统，萧托卜嘉副之。史愿亡辽录，嗣先作嗣光。　契丹国志云，嗣先等兵屯出河店，临白江；女真潜渡江，未阵来袭，辽军溃，辎械悉为女真所得。出河店即珠赫店。金史太祖纪云，辽都统萧嘉哩等会兵鸭子河北，太祖自将击之。未至鸭子河，会夜，方就枕，若有扶其首者三，寤而起曰："神明警我也。"即鸣鼓举燧而行，遇辽兵击走之，遂登岸，乘风奋击，大败之。所载较详。

十一月壬辰，都统萧敌里等营于沃楞原作斡邻。〔考异〕续纲目作噶琳，通鉴辑览作沃楞，在黄龙府东北。泺东，又为女直所袭，卒死甚众。敌里坐免官。〔考异〕萧兀纳传，与萧敌里拒金兵于长泺，以军败免官。纪未载。　按，金太祖纪，两败俱作萧嘉哩，即敌里，未书嗣先名。今从天祚纪。辛丑，命耶律斡里朵〔考异〕续纲目作鄂尔多，满州语宫也。旧作斡耳朵，今译改。通鉴辑览作鄂尔德。等代之。

十二月，咸、宾、祥三州地理志云，宾州怀化军，本渤海城，统和中置。祥州瑞圣军，兴宗时置，均隶黄龙府。及铁骊、兀舍原作兀惹皆叛入女直。〔考异〕续纲目云，辽人尝言，女真兵满万则不可敌。至是始满万云。　契丹国志云，女真入攻前后，多见天象，或白气经天，或白虹贯日，或天狗夜坠，或彗扫东南，赤气满空，辽兵辄败。史多未载。

五年（乙未——一五）春正月，阿固达称帝，国号
金，改元收国。用铁州降人杨朴策也。〔考异〕史于金称
帝载在天庆七年，今从金史改正。盖五年建号，改元收国；至七年，
改元天辅，非于七年始称帝也。契丹国志、大金国志系于天庆八年，
惟续纲目及通鉴辑览与金史同，时宋政和五年也。并云，改名旻。
色尚白，以乌奇迈为安班贝勒，萨哈舍音为古伦贝勒。宋史云，以
吴乞买为谙班勃极烈，撒改斜也为国论勃极烈。北盟会编又作谙版
孛极烈。纠官也，犹中国总管。自五户孛极烈至万户孛极烈，皆自
统兵。通鉴辑览云，以武奇迈为阿木班贝勒，萨拉噶舍音为固伦贝
勒，名称互异，皆官之最贵者，所谓国相也。　金史国语解，以金
为爱新，所居在爱新水之上，水源于此，因又谓之金源。爱新水，
即今呼尔哈河，在宁古塔城东南。源出吉林乌喇东北，流入混同江，
唐曰忽汗河，金曰金水河。所载较详。

是月，帝使僧嘉努原作僧家奴持书约和，斥金主
名。金遣赛刺一作萨刺。〔考异〕属国表作塞刺，系一人。卷十
六，圣宗开泰五年，鼻骨德长；开泰八年哈斯罕宰相，均另一人。
复书，若归叛人阿苏，迁黄龙府〔考异〕地理志云，龙州
黄龙府，本渤海扶余府，太祖至此崩，有黄龙见，更名。保宁七年，
军将雅尔丕勒叛，府废。开泰九年复置，统县三：黄龙、迁民、永
平。州五：益州，治静远县；安远州，怀义军；威州，武宁军；清
州，建宁军；雍州。皆隶黄龙府。于别地，然后议之。耶律
斡里朵与金兵战于达里库城，败绩。原作达鲁古。〔考
异〕金史作达噜噶，通鉴辑览作达啰克，方舆纪要作斡鲁古。续纲目
云，辽遣都统鄂尔多等戍边，且屯田为长久计。金主自将击之于达

噜噶城，大败之，逐北至阿噜冈，步卒尽殪，并耕具尽失之。所载较详。辑览阿噜作阿娄。

三月，遣耶律章嘉努原作张家奴。〔考异〕通鉴辑览作卓诺。等六人赍书〔使女直〕（据辽史卷二八天祚纪补），书斥其主名，冀以速降。

夏五月，章嘉努持阿固达书还，复遣之往。

六月壬子，章嘉努等还，阿固达复书，亦斥名谕降。萧色埒原作薛剌，一作剌薛。〔考异〕通鉴辑览作齐剌。使金，以不屈见留。

秋七月，都统斡里朵等与金兵战于白马泺，败绩。坐免官。

八月丙寅，以围场使鄂博原作阿不为中军都统，耶律章嘉努原作张家奴为都监，率番、汉兵十万，萧奉先为御营都统，耶律章努原作章奴，字特们。本传，字塔玛雅，旧作特末衍，季父房之后。〔考异〕皇族表作张奴，传载父为察喇，皇族表未列名。充诸行营都部署为副，以精兵二万为先锋。余分五部为正军，贵族子弟千人为硬军，扈从百司为护卫军，北出骆驼口。以都点检萧呼塔噶原作胡睹姑为都统，枢密直学士柴谊为副，将汉步骑三万，南出宁江州。自长春州分道而进，发数月粮，期必灭金。

九月丁卯朔，金陷黄龙府。〔考异〕续纲目云，时金兵攻混同江，无舟以渡。金主使一人导前，乘赭白马径涉，曰："视吾鞭所指而行。"金兵遂济，克黄龙府。史未载。

六年（丙申——一六）夏五月，金兵取沈州，地理志
云，沈州昭德军，本挹娄国地。渤海置州，太宗改兴辽军，后更名，
属敦睦宫，县二：乐郊、灵源。州一：岩州，白岩军，治白岩县。遂
克东京，擒高永昌。东京族人赫伯等降金。

是月，乌舍原作吴十归金。〔考异〕属国表，归金者二人，
同名吴十。

七年（丁酉——一七）春正月，金兵攻春州，国兵
不战自溃，孟古、一作女古皮室四部及渤海人皆降金。
金复下泰州。方舆纪要云，泰州在临潢东南，亦曰德昌军，本契
丹二十部族放牧之地。因黑鼠族众犯龙化州，迁其民于此。金废。
〔考异〕地理志云，黑鼠族，穴居，肤黑，吻锐类鼠，故名。州隶延
庆宫，县二：乐康、兴国。

冬十二月丙寅，都元帅秦晋国王涫遇金军，战
于蒺藜山，败绩；金遂拔显州今锦州府广宁县是。〔考异〕
地理志云，号奉先军，本渤海显德府地。世宗置以奉显陵，即东丹
王墓也。州在医巫闾山东南。应历元年，穆宗复葬世宗于显陵西山，
仍禁樵采。有十三山及沙河。隶长宁、积庆二宫。统州三，县三。
奉先县，本汉无虑县；山东县，本汉望平县；归义县，以渤海户置。
又，嘉州，嘉平军；辽西州，阜平军，本汉辽西郡地，治长庆县；
康州，治率宾县，均属显州。旁近州郡。〔考异〕续纲目云，金
乌楞古攻显州，辽怨军元帅郭药师乘夜袭走之；乌楞古遂与王战，
败绩，追至额勒锦陂，遂拔显州。于是乾、懿、豪、徽、成、川、
惠皆降金。 薛应旂通鉴云，时杨朴言于金主曰："自古英雄开国，

每先得大国封册。"从之。使至辽，值大饥，萧奉先劝辽主许之。史未载岁饥事。又，豪作壕，徽作复，皆辽置。乾、懿、川、壕四州故城皆在今广宁县境；复州故城在今锦州府；义州、惠州故城在今喀剌沁右翼。王宗沐续通鉴，豪作蒙。余同。　方舆纪要云，惠州亦曰惠和军，唐归义州地。辽初俘汉民，于菟麛山下筑城居之，曰惠州。徽、成、懿、壕皆系头下军州，隶上京，详卷九。复州怀德军统县二：永宁、德胜。乾州详卷二十。　薛延宠全辽志云，广宁在辽阳城西二百三十里，本汉辽东无虑县，晋属平州，唐置巫间，守捉城，渤海为显德府地，辽置乾州广德军。复州在辽阳城南四百二十里，辽为迁民县，属黄龙府，后又置复州怀德军。　辽东志云，废懿州在广宁城北二百二十里，辽置。　祝穆舆地要览云，懿州有羊肠河、大斧山。　北蕃地里志云，川州在中京东四百三十里，亦为长宁军。　高士奇松亭行纪云，喜峰，古松亭山也，奇峰削下，腰有洞，高二丈余，深倍之，辽史为松亭关，隶中京留守司。开泰中置泽州，俘蔚州民立寨居之。彭汝砺鄱阳集惠州诗曰："城垒四五尺，闾阎千百家；朝尘疑作雨，暮雪欲飞花。旧寺僧何在？空堂鬼自邪；三更愁不寐，相笑是皇华。"苏辙栾城集惠州诗曰："孤城千室闭重闉，苍莽平川绝四邻；汉使尘来空极目，沙场雪重欲无春。羞归应有李都尉，念旧可怜徐舍人；会逐单于渭城下，欢呼齐拜属车尘。"

八年（戊戌——一八）春正月丁亥，遣耶律努克原作奴哥。〔考异〕卷十一，圣宗统和四年，黄皮室详衮，另一人。通鉴辑览作讷格。等使金议和。

二月，努克等还，复书："能以兄事，岁贡方物，归上、〔中〕京、（据辽史卷二八天祚纪补）〔兴中府〕

（同上书补）三路州县，以亲王、公主为质，还行人及元给信符，并宋、夏、高丽往反书诏表牒，则如约。”

三月，努克复往。

夏五月，努克还，以书来，限此月见报。戊戌，复往，要以酌中之议。金使胡图克琨原作胡突衮。〔考异〕通鉴辑览作呼塔噶。与努克报如前约。

六月丁卯，努克赍宋、夏、高丽书诏、表牒至金。金遣胡图克琨来，只能以兄事，册用汉仪，即如约。

秋八月庚午，努克、托迪原作突迭如金议册礼。

冬十月，持金书来

十二月甲申，议定册礼。

是岁，保安节度使张崇以双州二百户、宁昌节度使刘宏〔考异〕属国表作刘完。以懿州户三千皆降金。通、祺、双、辽地理志云，通州安远军，在扶余国王城，太祖改龙州，圣宗更今名，领县四。祺州，本渤海蒙州地，太祖于此建檀州，后更名，金史作祺；双州保安军，本渤海安定郡，太祖置州，治双城县；辽州见前。四州八百余户与萧博、和哩原作宝、讹里等十五人皆相继降金。

九年（己亥————九）春正月，金遣乌林达原作乌林答。〔考异〕通鉴辑览作乌凌噶。赞谟持书来迎册。

三月丁未朔，遣右伊勒希巴原作夷离毕萧实讷埒

_{原作习泥烈}等册<u>金</u>主为<u>东怀国皇帝</u>。不受，仍遣<u>乌林达赞谟</u>来，册不如式。

九月，至<u>西京</u>。复遣<u>实讷埒</u>、<u>杨立忠</u>〔考异〕<u>属国表作杨近忠</u>。先持册稿使<u>金</u>。

冬十月，复遣使持书还<u>金</u>。

十年（庚子——二○）春二月，<u>金遣乌林达赞谟</u>持书及册文副本来，并责乞兵于<u>高丽</u>。

三月庚申，以册内所定"大圣"二字，与先世称号同，遣<u>萧实讷埒</u>往议。<u>金</u>主怒，和议遂绝。〔考异〕<u>金史诸延温都思忠传</u>，本名<u>伊里布</u>，<u>阿卜萨水人</u>。<u>太祖</u>伐<u>辽</u>时，未有文字，军事皆口授。<u>思忠</u>传达，虽往复数千言，无少误。与<u>辽</u>议和约，<u>思忠</u>与<u>赞谟</u>专对。<u>辽</u>人前后十三遣使，和议终不成。<u>思忠</u>累官中书令，封<u>广平郡王</u>。　<u>洪皓松漠纪闻</u>云，时<u>天祚</u>封<u>阿骨打</u>为国王，留其使，邀请十事，欲为兄弟国及尚主，<u>天祚</u>怒，囚其使不报。按十事：徽号<u>大圣大明</u>，一也；国号<u>大金</u>，二也；玉辂，三也；衮冕，四也；玉刻御前之宝，五也；以兄弟通问，六也；生辰正旦遣使，七也；岁输银绢二十五万两匹，<u>南宋</u>岁赐之半，八也；割<u>辽东长春路</u>，九也；送还<u>女真</u><u>阿骨产</u>、<u>赵三大王</u>，十也。<u>北盟会编</u>载<u>辽</u>册文曰："朕对天地之闳休，荷祖宗之丕业，九州四海，属在统临；一日万几，敢忘重任！宵衣为事，嗣服宅心。眷惟<u>萧慎</u>之区，实界<u>扶余</u>之俗，土滨巨浸，财布中区，雅有山川之名，承其祖父之构，碧云麦野，固须挺于渠材；皓雪飞箱，畴不推于绝驾。封章屡报，诚意交孚，载念遥芬，宜膺多戬。是用遣<u>萧习泥烈</u>等持节备礼，策为<u>东怀国至圣至明皇帝</u>。呜乎！义敦友睦，地列丰腴，惟信可以待人，惟诚可以驯物。戒哉，钦哉，式孚于休！"使至，<u>阿骨打</u>大怒，鞭其使，却回之。天祚纪，谓责册文无兄事之语，不言大金而云东怀，乃小邦怀其德之义。及册文有"渠材"二字，语涉轻侮；若"遥芬"、"多戬"等语，皆非善意，殊乖体式。未言鞭使事。

夏五月，金主亲攻上京，克外郭，留守托卜嘉原作挞不野率众出降。〔考异〕方舆纪要云，金陷上京，延禧谋拒之；至中京；猎于胡土白山。金志云，山在抚州境。即麻达噶山。史未载。

保大元年（辛丑一一二一）夏四月，统军耶律伊都原作余睹率众叛降金（按，伊都降金事，辽史卷二九天祚纪在是年正月，契丹国志卷一一天祚纪为"时方盛夏"，金史卷二太祖纪在五月，疑五月是）。

二年（壬寅一一二二）春正月乙亥，金师克中京，地理志云，中京本秦辽西郡地，幅员千里。当饶乐河南，温榆河北。唐置饶乐都督府，奚酋居之，后内属。圣宗建为中京，号大定府，领州十：恩州怀德军，治恩化县；惠州惠和军，治惠和县；高州治三韩县；武安州治沃野县；利州治阜俗县；榆州高平军，领县二：和众、永和；潭州广润军，治龙山县；松（江）〔山〕州（据辽史卷三九地理志改）胜安军治松（江）〔山〕县（同上书改），并泽州（大）〔北〕安（同上书改）为十州。县九：大定、长（安）〔兴〕（同上书改）、富庶、劝农、文定、升平、归化、神水、金源，共九县。今喀喇沁右翼南有故大宁城废址，即中京也。〔考异〕北蕃地理志云，中京大定府，东为营州界青山岭百七十里西山后；儒州界东南至建州三百三十里，西南至幽州九百里。其泊曰轩车。 李焘长编云，祥符初，李抟等使辽，至中京，城垒卑小，鲜居人。宫中有武功殿，国主居之；文化殿，国母居之。又有东掖、西掖门。 祝穆舆地要览云，大宁路，辽为中京，有瑪瑁山、熊山。契丹国志云，本奚王牙帐所居，东过小河，唱叫（王）〔山〕（据契丹国志卷二二州县载记改）道北，奚王避暑庄有亭台。由古北口至中京北皆奚境，西临马盂山六十里，其山南北一千里，东西八百里，连亘燕京西山。**进下泽州**。地理志云，泽州广济军，本汉土垠县地。太祖俘蔚州民居此。开泰中置州，属中京。县二：神山、滦河。故城在今喀喇沁右翼南，古右北平郡。金改惠州。

二月，金兵败奚王哈玛尔原作霞末**于北安州**，地理志云，号兴化军，本汉女祁县地。圣宗以汉户置，属中京，县一：利民。本汉且居县地，今曰兴州。故城在今热河南喀喇河屯。〔考异〕北蕃地理志云，州在中京西南二百五十里。其墨斗岭，亦名度云岭，唐置墨斗军，使捍御奚界。滦河柳城在州西北五十里，有牛山、有会仙石。苏辙栾城集会仙馆诗曰："北嶂南屏恰四周，西山微缺放溪流；胡人置酒留连客，颇识峰峦是胜游。""岭上西行双石人，临溪照水久逡巡；低头似愧南来使，居处虽高已失身。"彭汝砺鄱阳集过墨斗岭诗云："有鸟羽毛非子规，向人如道不如归；使轺不用君多劝，未到归心已似飞。"苏颂过度云岭诗云："磴道青冥外，攀跻剧箭飞；朔风增凛冽，寒日减清辉。使者手持节，征人泪湿衣；此时仁杰意，心向白云归。"**降其城**。

三月辛酉，帝闻金师将出岭西，遂趋白水泺。在大同府北。**群牧使穆喇韩**原作谟鲁斡（按，辽史卷二九天祚纪"斡"作"斡"）**归金。寻闻金师将及，轻骑遁。殿前点检耶律果巴**原作高八**率卫士降金。**

夏四月，金师取西京。地理志云，西京，本赵云中郡。元魏于此建都邑。唐改云中州，后为云州，后唐为大同军，晋以代

北地来献，因建西京，府曰大同，统州二，县七：大同、云中、天
成、长青、奉义、怀仁、怀安。州二：宏州，领县二：永宁，顺圣；
德州，治宣德县。　　通鉴地理通释云，云州云中郡，本马邑郡云内
之怀安镇。武德元年置北恒州，贞观十四年置定襄县，开元十八年
更名云中州，天宝元年曰云中郡，升大同军节度，会昌三年置大同
都团练使，治云中，乾符五年升大同都防御使为节度使。　　郦道元
水经注云，平城，王莽之平顺也。魏天兴二年，迁都于此。太和十
六年，造太极殿东西堂及朝堂夹建象。魏乾元中，阳端门东西二掖
门，云龙、神虎、中华诸门皆饰以观阁。　　按，魏道武迁都平城，
魏书在天兴元年。　　汪承爵大同府志云，华严寺在府城含和坊，辽
建，奉安诸帝石像、铜像。　　石麟山西通志云，张起岩崇文堂记曰：
云中在辽、金为陪京，即辽国子监。宏敞静深冠他所。　　潘自牧记
纂渊海云，周大同川地，战国赵置云中，汉为雁门郡平城地，辽置
大同县。金龙山在怀仁县西南。又县东有海子，深不可测。　　孙体
元大同县志云，方山在城北五十里，山有拓跋魏二陵及方山宫故基，
禅房山在城西南六十里，上有寺塔，创自辽。　　通典云，云中县有
高柳城参会陂。李吉甫元和郡县志云，纥真山在县东三十里，虏语
纥真，汉言三十里。其山夏积霜雪。县西北有单于台，汉武出长城
塞登此。有长青县，本白登台地。服虔云，去平城七里。如淳云，
今平城东十七里有白登台，台南即白登山。　　石麟山西通志又云，
府城外有刘銮寺。銮，辽人，能塑诸佛像，因以名寺，乃其家佛堂
也。周篔析津日记云，京师像设之奇古者曰刘銮塑，说者疑銮与元
音相近而误。考郝经陵川文集，燕有四贤祠，其像塑自刘銮，则銮
别是一人，著名于正奉之先者也。元史方伎传，刘元，字秉元，蓟
之宝坻人。四贤者，郭隗、乐毅、剧辛、邹衍。拱而侍侧者则燕昭
王也。　　乐史太平寰宇记云，德州有金河水，在紫河镇界内。其泥

色紫，故名。又有阴山道。　按，冀州图曰，云中周回六十里。北去阴山八十里，南去通漠长城百里，即白道川也。当原阳镇北即是阴山路，道通方轨，自外道皆小。　续纲目云，金攻大同府，辽耿守忠救之，为尼玛哈等所败，其众歼焉，西京诸州县皆降金。所载较详。

六月，夏国遣兵来援，为金人所败。〔考异〕薛应旂通鉴云，夏将李良辅将兵三万救辽，金娄宿、斡鲁败之于宜水，追至野谷，洞水暴至，夏人漂没者不可胜计。所载较详。续纲目宣水作宜水，在榆林府东北边外。　东都事略云，宣和中，夏人知中国有事北边，遂与辽书约夹攻中国，天祚不听。金既灭辽，夏人乃与粘罕约犯寨。

秋八月戊戌，帝亲遇金师，战于石辇驿，〔考异〕萧阿息保传、萧图烈传均作石辇铎。续纲目同。通鉴辑览作锡讷图。方舆纪要云，地在大同府西北边外。败绩。

九月，奉圣州降金。

冬十月，蔚州降金。

十二月，金抚定南京。

三年（癸卯——二三）春正月，辽兴军、宜、锦、乾、显、成、川、豪、懿等州地理志云，宜州崇义军，兴宗以定州俘户置，统县二：宏政、闻义。锦州临海军，本辽东无虑县，太祖置州，统州一。（严）〔岩〕州（据辽史卷三九地理志改）保肃军，治兴城县。县二：永乐、安昌（按，据同上书，永乐、安昌属锦州临海军，此处误）。〔考异〕薛延宠全辽志云，宜州，即义州卫，在辽阳城西四百二十里。唐始建城。郭造卿永平府志云，宜州有江南水军，号通吴军垒。祝穆舆地要览云，离营州东行六十里至渝关，五百八十里至锦州。　林本裕辽载云，奉国寺，在义州城内，殿高七丈，佛像称是。一名七佛寺，创于辽开泰中。又，大广济寺，在锦州城内，唐末建有白塔，十三层，高二百五十丈，造于辽清宁间。后降舍利藏之。金高珷有记。降金。

二月，兴中府辽置，即霸州地。地理志云，兴中府为彰武军，古孤竹国，领兴中、营邱、象雷、闾山四县及安德州、黔州。兴中，本霸城县；象雷，以麦务川置；闾山，本汉且虑县。安德州为化平军，黔州为阜昌军。〔考异〕赵一清水经注释云，营邱城在营州南，慕容廆以宥州流人置营邱郡，重熙初析霸州置营邱县，盖因故郡为名也。　潜研堂金石文跋尾云，右安德州创建灵岩寺碑，朝请大夫、守殿中少监、知安德州军州事耶律助撰文，沙门恒劬正书。碑阴记则恒劬撰文，而助篆书。今在兴中故城东南七十里柏山之巅，字画完好，小篆尤工，不减梦瑛、党怀英也。　北蕃地理志云，兴中府在中京东三百里，有松陉岭，本汉柳城县地。郦道元水经注云，燕慕容皝以柳城北、龙山南福地也，使阳裕筑龙城，改柳城为龙城县。十二年，黑龙白龙见龙山，皝往观，祭以太牢，立龙翔祠于山上，号新宫，曰和龙宫，迁都焉。即此地。　郎蔚之隋图经云，鲜卑山在柳城县东南。崔鸿十六国春秋云，慕容廆世居辽左，号东胡，为匈奴所败，分保鲜卑山，因名。　齐召南水道提纲云，兴中城，俗称古尔板苏巴汉城，辽、金时三塔犹存。纪昀姑妄听之云，三座塔，蒙古名古尔板苏巴尔汉，唐之营州柳城县，辽之兴中府也。今为喀喇沁右翼地。降金。归德军及隰、迁、润三州地理志云，归德军，即来州，圣宗置，治来宾县；隰州平海军辽置，治海（阳）〔滨〕县（据辽史卷三九地理志改）；迁州兴善军，本汉阳乐县地，辽置州，治迁民县；润州海阳军，治海（滨）〔阳〕县（同上书改）。俱属来州。降金。〔考异〕赵翼陔余丛考云，天祚纪载是时迁州刺史系高永昌。　按，永昌于天庆六年为金将所杀，安得此时又降金？误也，宜从金史作高永福为是。又，纪载归德节度田灏、隰州刺史杜师回、润州刺史张成皆籍所管户降。

　　夏四月丙申，金师至居庸关，耶律达实原作大石被擒。金师围辎重于青冢，（硬寨）（按，据辽史卷二九天祚纪，"硬寨"属下句，此节删误衍，今删）地理志云，丰州有青冢，即王昭君墓，在今归化城内。金以书来招，回书请和。金人以兵送族属东行，乃遣兵邀战于白水泺，败绩。金以书来议和。

　　五月，回金书，乞为弟若子，量赐土地。

　　四年（甲辰——二四）春正月，金师来攻，帝弃营北遁。特默格原作特母哥叛降金。

　　夏五月，金人以燕京、地理志云，燕京析津府，以燕分野，作析木之津，故名。〔考异〕朱彝尊日下旧闻云，燕角楼在府西南十五里，辽建，今其地犹名燕角。日下旧闻考云，辽燕角楼今无考，惟土地庙之西，其地犹有燕角儿之名。阁读如稿。更考明张树五城坊巷胡同集，于白纸坊亦载有燕角儿，正在广宁门右安门内西南角。是明一统志所载，正指其地。况辽时城址，其半在今外城之西，则今燕角之地，适当其东，辽时楼址，或即在是。　元一统志，辽保宁中，建殿九间，穷极壮丽。慈悲庵北院内有辽寿昌五年慈智大德师佛顶尊胜大慈陀罗尼幢并记。竹林寺，辽道宗八年楚国大长公主舍私第为寺，赐额竹林寺。僧曰："一塔无影真常观。"南五六里为萧太后运粮河。　刘侗帝京景物略云，海子西北隅有数邱，俗呼蚂蚁坟，云是辽将伐金，全军没此。　吴长元宸垣识略云，大觉寺，辽筑义井精舍于开阳门之郭，傍有古井，清凉滑甘，因名。

永平馆，一名碣石馆，辽时朝士宴集之所。　旧闻又云，香山寺，辽中丞阿里吉所舍。殿前二碑，载其始末。碑石光润如玉，目为鹰爪石。　孙承泽春明梦余录云，平辽碑立燕都丰宜门外，使臣韩昉撰文，宇文虚中书，旧有诗云："十丈丰碑势尚空，风云犹忆下辽东；百年功业秦皇帝，一代文章太史公。石断云鳞秋雨后，苔封鳌背夕阳中；行人立马空惆怅，禾黍离离满故宫。" **及蓟、景六州归宋以塞盟。**〔考异〕陈邦瞻宋史纪事本末云，重和元年三月，遣武义大夫马政同高药师浮海使金，约夹攻辽。宣和元年正月，金主与粘没喝议：遣渤海李善庆、女真散睹持国书并生金、北珠等物同马政来聘；寻使军校呼庆送善庆还。二年二月，遣赵良嗣使金。八月，金人来议攻辽及岁币，遣马政报之，如约夹攻。岁币同辽，毋听辽讲和。四年三月，遣童贯、蔡攸勒兵应金，败于白沟及范村，种师道退保雄州。七月，复使刘延庆袭燕京，为萧干败。贯惧得罪，密遣王环如金请夹攻，金分兵三道克燕京。五年正月，贯遣赵良嗣如金，求石晋赂契丹故地，而不知营、平、滦三州非晋赂，乃刘仁恭所献以求援者。至是，王黼悔，欲并得之。复遣良嗣往金，只许燕京及六州。且议代税钱一百万缗；帝曲意从之。四月，金使杨璞以誓书及地来归。所载甚详。张汇节要璞作朴。　周煇清波杂志云，宣和五年，既俞金人乞盟之请，明年遣校书郎卫肤敏假给事中往贺生辰，竣事而旋。常赆外，别赠使介各一玉钱。戎主即宴坐起离席躬奉之。左右传观，皆惊愕太息。钱之制如今之大者。其文皆兵端，岂虞我或觇其国，故外示厚礼，俾叵测欤？钱今藏卫氏。系年要录作檀、顺、蓟、景四州，盖涿、易二州，系宋人自取也。　罗璧识遗云，自石晋割关南十六州，刘仁恭割营、平、滦三州赂契丹，由县北自定武达滦、海，千里失险。欧史四夷附录云，契丹当庄宗、明宗时攻陷营、平二州，唐亦无滦州，刘仁恭并无割地遗契丹事。

王应麟困学纪闻云，唐无滦州。武经总要，易定帅王都驱其民入契丹，因以乌滦河为名以居之。乌滦河，宋史及通考均同，惟史作乌添河，稍异。地理志，滦州永安军，本古黄洛城，在永平府南四十里，太祖以俘户置滦州。滦河环绕，在卢龙山南，为形胜之地。营州，本汉昌黎郡，元魏立营州，唐改柳城郡，又为平卢军，后唐复今名，太祖以居定州俘户，均非仁恭所略也。其说沿通考而误。

方舆纪要云，契丹以定州俘户置广宁县，兼置营州邻海军，后徙昌黎县治此，属平州。顾炎武京东考古录云，昌黎有五：汉书辽西郡之县，八曰（昌）〔交〕黎（据京东考古录改）。通鉴注，昌黎，汉交黎县，属辽西郡，慕容皝自昌黎东践水而进，凡三百里至历林口，是则渝水下流当海口。此一昌黎也。晋书记载慕容皝徙昌黎郡。又云，迁宇文归五万余落于昌黎，当去龙城不远。此又一昌黎也。魏并柳城、昌黎、棘城于龙城，而立昌黎为郡。志云，有尧祠、榆顿城、狼水，即燕之旧都龙城。此又一昌黎也。齐后昌黎之名废，至唐贞观二年更崇州为北黎州，治营州之东北废阳师镇，八年，复为崇州，置昌黎县，后沦于奚，辽史建州永康县，本唐昌黎县地。此又一昌黎也。辽太祖所置营州，其县一曰广宁，金大定末改为昌黎，相沿至今，在永平府城东南七十里。此又一昌黎也。郭造卿永平府志辨昌黎有二，而不知有五，论古者可以无惑焉。又云，晋书平州，禹贡冀州域，周为幽州界，汉属古北平郡，后汉末公孙度自号平州牧，据辽东，治肥如。魏分辽东、昌黎、元菟、带方、乐浪五郡为平州，后还合为幽州。咸宁二年十月，分昌黎、辽东、元菟、带方、乐浪等郡国五置平州，治昌黎，是则公孙度之平州，乃辽东；而咸宁所置之平州乃辽西之柳城，即昌黎也。辽史于平州辽兴军下云，汉末公孙度据，传子康、孙渊。是误以拓跋氏之平州为公孙度之平州矣。又，厉鹗云，辽史既载慕容皝柳城于中京兴中府之下，则平州所属之<u>营州柳城</u>，自属<u>唐</u>时侨置之名，何得复以<u>和龙</u>之地混之乎？<u>明一统志</u>及<u>永州府志</u>俱沿<u>辽史</u>之误。<u>乐史太平寰宇记</u>云，<u>黄洛城</u>，<u>殷</u>诸侯之国，有<u>卑耳溪</u>。<u>管仲</u>从<u>齐桓公</u>伐<u>孤竹</u>至<u>卑耳溪</u>，见<u>登山</u>之神名<u>俞儿</u>。即此。 <u>陈士元滦志</u>云，<u>华严寺</u>，在城西五十里，<u>辽寿昌</u>年建。<u>卑家寺</u>，在城西南七十里，<u>乾统</u>年建。<u>偏凉亭</u>，在城东北五里<u>横山</u>头<u>滦河</u>西岸，<u>辽乾统</u>元年建。

秋八月，<u>萧托卜嘉</u>、原作<u>挞不也</u><u>察剌</u>降<u>金</u>。

九月，<u>建州</u><u>地理志</u>云，<u>建州保静军</u>，<u>唐</u>为<u>昌乐县</u>，<u>太祖</u>置州，统县二。降<u>金</u>。

冬十月，<u>兴中府</u>降<u>金</u>。

五年（乙巳——二五）春正月，<u>党项</u><u>小呼噜</u>原作<u>斛禄</u>。〔考异〕<u>毕沅续通鉴</u>作<u>舒和伦</u>，<u>通鉴辑览</u>作<u>沙呼抡</u>。请<u>帝</u>临其地。<u>金</u>兵忽至，徒步出走，至<u>应州</u><u>新城</u>为<u>金</u>将所获。

辽史纪事本末卷三十三

天祚播迁

道宗寿隆七年（辛巳一一〇一）是年二月后改元乾统春正月甲戌，道宗崩，皇太孙即位，是为天祚皇帝。讳延禧，小字阿果。〔考异〕毕沅续通鉴作阿适。父顺宗，即昭怀太子也。母贞顺萧后。生六岁，封梁王，〔考异〕毕沅续通鉴云，初，伊逊既害太子，因为主言皇弟宋魏国王和啰噶子淳可为储嗣。群臣莫敢言。萧乌纳及萧托辉谏曰："舍嫡不立，是以国与人也。"主犹豫不决。久之，乃出淳于外，封延禧为梁王。

续通考云，道宗以太子为盗所害，太康六年，设旗鼓拽剌六人护卫太孙延禧。十年三月，命知制诰王师儒、牌印郎君耶律固傅导燕国王延禧。寿隆六年十二月，诏延禧拟注大将军以下官。又，契丹国志，初封齐王。由齐王即位。与史异。　按，托辉，一作陶海，旧作陶隗，字乌库哩，旧作乌古邻，宰相辖达六世孙。后因言阿苏不可相，为所陷，免官；起塔布城节度，卒。"阿苏"，满州语网也。旧作"阿速"。**进燕国王、尚书令、大元帅。**〔考异〕道宗喜作字。秦越大长公主舍棠阴坊第为大昊天寺，帝为书碑及额。今在燕京旧城。墨池编以为元碑，误，胡文焕古今碑帖考已辨正。末帝亦能书，尝奉道宗敕写尚书五子之歌，见陶宗仪书史会要。　续通考云，大定二十四年二月，大长公主降钱三百万建昊天寺，给田百顷，每岁度僧尼十人。　周筼析津日记云，昊天寺碑记无一存者，惟有万历间山阴朱敬循一碑。塔址为民侵伐，寺门一井泉，特清冽，不下天坛夹道水也。　日下旧闻考云，寺故基在西便门大街西，道宗碑额外，尚有乾文阁待制孟初碑。见元一统志。又，王恽秋涧集有登昊天寺宝严塔诗云："高标直上跨苍穹，物外方知象教雄；九陌市声开晓色，两都乔木动秋风。遥怜汗马屯湖渚，安得长书附去鸿？寂历村墟野烟外，谁家帘幔夕阳红。"**至是嗣立。**

　　二月壬辰朔，改元乾统，大赦。诏为耶律伊逊原作乙辛**所诬陷者，复其官爵，籍没者出之，流放者还之。乙巳，以北府宰相萧兀纳**一作乌纳，即托卜嘉，字特默，旧作特免。详上卷。**为辽兴节度使，加守太傅。**〔考异〕毕沅续通鉴云，主恶直言，心嗛乌纳，殿直达尔旺哈知之，诬其私借内府犀角；命鞠之，不伏，夺官，降宁边州刺史。自是，廷臣益务柔佞。　范仲熊北记云，天祚身长六尺，善骑射。即位后，拒谏饰非，穷奢极侈，盘于游畋，信用谗谄，纪纲废弛，人情怨怒。

　　洪迈夷坚志云，孙傅家藏宝剑，绝异。夜置庭中暗处，则星象灿列其上。统制赵严自北来，为予弟景裴言。顷天祚在位，日有星陨于燕，彻禁廷，既入土，犹荧荧然，召太史占之，对曰："其下必有异。"掘之，深入七八尺，得铁矿一块，重百余斤，命付八作司铸为十剑。唤一死囚，被以厚甲三重，举剑斫其腰，并三甲皆断。其坚利若是。尝以一与驸马都尉，孙君盖得此云。 续松漠纪闻云，契丹重骨咄犀，犀不大，万株犀无一不曾作带，纹如象牙，带黄色，止是作刀把，已为无价。天祚以此作兔鹘押垂头者，中国谓之腰条皮。 周密云烟过眼录云，伯几曰骨咄犀，乃蛇角也，其性至毒而能解毒。叶森于延祐庚申得骨咄犀刀欛二，看其花纹，如今市中所卖糖糕，或有白点，以手摩之作岩桂香。若摩之无香者，伪物也。

刘郁西使记云，骨笃犀，大蛇之角也，解诸毒。慎懋官华夷鸟兽考云，骨咄犀，蛇角也，一曰蛊毒犀，唐书有古都国，必其所产，今人讹作骨柹耳。辽史作榾柹犀。

三月丁卯，诏以张孝杰家属分赐群臣。召僧法(顺)〔颐〕(据辽史卷二七天祚纪改)放戒于内庭。

夏六月壬寅，以宋魏国王和啰噶原作和鲁斡为天下兵马大元帅。进封其子淳为郑王。丁未，北院枢密使耶律阿苏原作阿思加裕悦。原作于越

是冬十二月(己)〔乙〕(同上书改)巳，诏先朝已行事，不得陈诉。〔考异〕毕沅续通鉴云，时方治伊逊党，其党多赂权贵求宽免，主不悟而下此诏。所载较详。

天祚帝乾统二年(壬午——一〇二)夏四月辛亥，诏诛伊逊党，徙其子孙于边。戮伊逊、特尔特原作得里特尸，以其家属分赐被杀者之家。〔考异〕毕沅续通鉴云，此外尚有张孝杰、萧锡沙亦戮尸。时北枢密使阿苏纳贿，多出奸党罪。萧德勒岱不能制，亦附会之。 马人望传，天祚嗣位，将报父

仇，选人望与萧报恩究其事。人望平心以处，多所全活。改上京副留守。人望，字俨叔。咸雍中第进士，历州县，仕至南院枢密使兼侍中。有操守，人不敢干以私，卒，谥文献。时耶律都勒斡，字伊实扬，季父房后，官南府宰相，所至有声，吏民畏爱。王棠，涿州新城人。擢进士，乡贡、礼部廷试皆第一。历枢副、南府宰相，练达朝政。皆见能吏传。棠有集行世。　续通考云，杨哲，安次人。太平中擢进士乙科，清宁中知南枢密，封赵王。窦景庸，中京人。清宁中第进士，累官知枢密事，监修国史，封陈国公。马绩，良乡人。太平中进士及第，官南枢密使，封赵王。均见本传。　金史左企弓传，字君（财）〔材〕（据金史卷七五左企弓传改），蓟人。第进士。迁来州判官，萧英弼贼昭怀太子，穷治党与，多连引，企弓辨析其冤，免者甚众。史亦未载。

冬十月乙卯，萧哈里原作海里叛，劫乾州武库器甲。命赫嘉努原作郝家奴捕之，哈里亡入阿克展原作阿典部，赫嘉努坐免官。

十一月壬寅，以生日为天兴节。〔考异〕元一统志云，辽乾统二年，沙门了铢作崇孝寺碑铭，谓析津府都总管之公署左有佛寺殿名崇孝。　按，幽州土地记则有唐初军置，而里俗相沿，则谓德宗贞元五年幽帅彭城太师刘庄武公济舍宅为寺，以前殿梁板及后殿左幢文考之，良是。

三年（癸未──一〇三）春正月辛巳朔，帝如混同江。女直函哈里首来献，赐予加等。〔考异〕契丹国志云，哈里奔女直，命图之。数月，独斩其首献，余悉留不遣。是年正月，彗出西方，其长竟天。　毕沅续通鉴云，时萧哈噜言于主，请修边备，北枢密使阿苏力阻之。时（议）〔讥〕（据续通鉴卷八八宋纪改）其以金卖国云，纪均未载。　周篔析津日记云，慈仁寺，亦呼报国寺，盖先有报国寺在寺之西北隅也。今僧院中尚存辽乾统三年尊胜陀罗尼石幢。国朝一统志云，慈仁寺，在广宁门内，本辽、金时报国寺，明宪宗为孝肃周太后弟吉祥建，俗仍呼报国寺。有二松，相传金时旧植，后有毗卢阁，左有松楼。李日华六研斋笔记云，报国寺古松二株，在佛殿前，低枝曲干，偃罩九十余步，望之如青凤展翅；处其下，如山间松棚，六月消夏，尤所宜也。　百川书志云，音韵直指玉钥匙门法一卷，大慈仁寺沙门清泉真空编，凡二十门。

　　周仲士怀柔县志云，云岩寺，在栲栳山，向有道院，辽乾统中，华严祖师居此。有沙门圆揆塔记，祖师义琛，玉田李氏子。幼丧母，事继母以孝闻。长，辞家访道，得清虚修炼之术；父访，令还家，更习儒业，通文史，寿昌五年，试中甲，荐名上，不赴，遂为僧。乾统初，以栲栳砖立小院，受法者二百余人，后染末疾，入定如眠，有红光发于顶面，照满一室。今塔尚存。又，延洪寺，统和六年三月，圣宗尝幸之。析津志云在崇智门内，时称为甲刹。至元犹存。见图经、志书。又，上林汇考云，永清县城西有隆庆寺，地名乂口村，殿前香炉石基，辽乾统年所立。又，金鹊庙，在县南三里，庙祀关侯，草中有辽大安年所立石幢。

六年（丙戌——一〇六）冬十一月戊戌，以和啰噶为义和仁圣皇太叔，封皇子额鲁温原作敖卢斡为晋王，实讷埒原作习泥烈为饶乐郡王。〔考异〕毕沅续通鉴云，封赵王。

天庆二年（壬辰———一二）春二月丁酉，帝如春州，考见上卷。幸混同江（钧）〔钩〕（据辽史卷二七天祚纪改）鱼。命女直阿固达原作阿骨打起舞，辞。欲杀之，

不果。其弟武奇迈、原作吴乞买尼雅满、原作粘罕瑚实原
作胡舍等尝从猎，能呼鹿、刺虎、搏熊。帝喜，辄加
官爵。

秋（七）〔九〕（据辽史卷二七天祚纪、金史卷二太祖纪
改）月，阿固达称兵，先并旁近部族。〔考异〕潜研堂金
石文跋尾云，右释迦定光二佛的身舍弟塔记，在重熙铁塔记之旁，
天庆二年，释慧材撰，文作骈体，亦琅琅可诵。叙重熙十五年铸铁
塔事。以重熙为重和，初疑其误，后读陆游老学庵笔记，乃知改
"熙"为"和"，盖避天祚嫌名。碑文刻于当时，果无误也。辽史亦
未及之。

三年（癸巳——一三）夏闰四月，李弘以左道惑众
作乱，伏诛。

冬十一月甲午，以三司使虞融知南院枢密使
事，西南招讨使萧乐古为南府宰相。〔考异〕兴宗纪景福
元年，横帐郎君乐古，另一人。

四年（甲午——一四）秋七月，诏发浑河北诸军防
女直，女直遂集诸部兵攻宁江州，统军司以闻。时
上在庆州射鹿，略不介意。遣海州今奉天府海城县是。
〔考异〕薛延宠全辽志云，海州卫，在辽阳城南一百二十里。唐置澄
州，辽为海州南海军。 方舆纪要云，今海州卫城亦曰卑沙城，高
丽所筑，幅员九里，或讹为卑奢城。自登、莱海道趋高丽之平壤，
必先出此。隋大业十年，来护儿出海道至卑奢城，败高丽兵，将趋
平壤，高丽惧，请降。唐贞观十八年，伐高丽，张亮自东莱渡海袭
卑沙城，攻拔之。总章初，李世勣复得其地。后复于渤海置南京南

海府，兼置沃州，领县六。辽改置临溟县为州治。又，耀州，本渤海椒州，治岩渊县；滨州柔远军，本渤海晴州，皆隶海州。见地理志。刺史高仙寿统渤海军应援。萧托卜嘉与战于宁江东，败绩。〔考异〕薛应旂通鉴云，十月朔，宁江陷，辽防御使大药师奴被获，阿骨打纵之，使招谕辽人，遂引军还。所载较详。

冬十月壬寅，命东北路都统萧嗣先偕静江节度使萧托卜嘉等往讨女直。女直来袭，军溃，崔公义等死之。其兄奉先惧其弟获罪，奏赦溃军不诛，士益无斗志。

十一月壬辰，都统萧敌里等败于沃棱泺，原作斡邻泺免官。辛丑，以西北招讨使耶律斡里朵为行军都统，副点检萧伊实原作乙薛，一作伊锡，字图敏，国舅少父房后。同知（北）（据辽史卷二七天祚纪删）南院枢密使事耶律章努原作章奴副之。〔考异〕契丹国志云，时番、汉军分出四路：耶律斡里朵，涞流河路，苏寿吉副之；耶律宁黄龙府路，耿钦副之；萧格咸州路，龚谊副之；萧和古努，革谷（按，契丹国志卷一〇天祚纪作"草峪"）路，张维协副之。独涞流河路深入，交锋，稍却，斡里朵误听汉军已遁，即弃营走。　大金国志云，斡里朵既奔，汉军尚余三万众，推武朝彦为都统，复战，大败；余三路各退保其城，悉被攻陷。纪载各异。

十二月，咸、宾、祥三州叛。伊实往援宾州，诸将实喇、原作实娄图烈原作特烈。卷一百十四有传。又，卷二十九，保大三年，突烈为众所杀，与传合，系一人。往援咸州，并为女直所败。

五年（乙未——一一五）春正月，帝下诏亲征。遣僧嘉努原作僧家奴如金议和。都统斡里朵战败于达里库原作达鲁古城。

二月，饶州渤海古欲〔考异〕毕沅续通鉴作摩哩。等反，自称大王。以萧色佛呀原作谢佛留讨之，大败；命南面副部署萧托斯和原作陶苏斡为都统，赴之。

五月，及古欲战，败绩。

六月丙辰，招古欲等，获之。〔考异〕托斯和传，渤海结构头下城，叛，众至三万，托斯和擒其渠魁，斩首数千级，得所掠，悉还其主。兵未尝败，与纪异。字伊实扬，正直，为阿苏所忌，沮不用，后召知南枢密院事。

秋七月，斡里朵与金兵战，败于白马泺，免官。

八月，命萧奉先为御营都统，率诸将分道进兵，帝亲征。

〔九月〕，（据辽史卷二八天祚纪补）尼雅满等以书来，欲求战，帝大怒，下诏，有“女直作过，大军剿除”之语。〔考异〕薛应旂通鉴云，主率蕃、汉兵十余万出长春路，命萧奉先偕章努等以精兵二万为先锋，余分五部，北出骆驼口，别以兵三万出宁江州。骆驼山口在今札赉特西北。北边纪事云，长春州亦曰长春路。通鉴辑览奉先作呼都克，原作胡笃。金主劈面恸哭曰：“始与汝等起兵，盖苦契丹残忍，欲自立国。今主上亲征，奈何？非人人死战莫能当也。不如杀我一族，汝等迎降，转祸为福。”诸军皆曰：

"事已至此，惟命是从。"乙巳，章努反，奔上京，〔考异〕章努传，攻上京，北走降虏。（上）（据辽史卷一〇〇耶律章奴传删）按，"降虏上"，文义难解。考地理志，上京道有降圣州，或系刊刻之讹。见陈浩辽史考证。谋立魏国王淳。遣萧谛里说王，王不从，斩其首以献。已而章努率兵掠庆、（晓）〔饶〕（据辽史卷二八天祚纪改）、怀、祖等州，为文告太祖庙，移檄州县，众至数万。犯行宫，顺国女直阿古齐原作阿鹘产，又作阿果展。击败之。章努诈为使者，欲奔金，为逻者所获，缚送行在，伏诛。

冬十一月，遣驸马萧特默、原作特末林牙萧察喇等将骑兵五万、步卒四十万、亲军七十万至驼门。〔考异〕金史作图门，通鉴辑览作图敏。

十二月乙巳，耶律章嘉努原作张家奴叛。戊申，亲战于科卜多原作护步答。〔考异〕金史作呼岱巴。毕沅续通鉴作呼卜图，通鉴辑览作和斯布达，在混同冈西。冈，败绩。〔考异〕宏简录云，十一月，命萧特末等率兵至驼门。十二月，战于护步答冈，败绩，盖与金战也。又载，耶律张家奴叛，以耶律马哥致讨。

续纲目云，十二月，辽主自幸至驼门，号七十万。金主牒知，因章努反，西还已二日，遂追及于护步答冈，大败之，辽军溃遁，枕藉百余里，所获军资无算。　契丹国志云，八月，天祚亲征。一夕，军中戈戟有光，马皆嘶鸣，咸谓不祥，宰相张琳谓为唐庄宗灭梁之兆。帝喜甚。十一月，与金兵遇，战败，大溃，帝一日夜走五百里，退保长春，女真遂乘胜并渤海、辽阳等五十四州。均与史异。己未，锦州刺史耶律珠展原作术者。〔考异〕汪辉祖辽史同名录云，卷二十，<u>兴宗</u><u>重熙</u>十七年，东北面详衮；卷二十二，<u>道宗</u><u>清宁</u>九年，以叛诛；咸雍二年，北府宰相；卷二十九，<u>天祚</u><u>保大</u>四年，北护卫太保；卷一百七列女<u>萧氏</u>传，<u>萧氏</u>夫；卷一百十三<u>德哷</u>传，<u>大同</u>时，<u>相州</u>偏将，七人同名<u>术者</u>。<u>毕沅续通鉴</u>作<u>珠泽</u>。又异。<u>叛应之，命耶律玛格</u>原作<u>马哥</u>往讨。〔考异〕<u>珠展</u>传，时与<u>章努</u>谋立淳，及闻<u>章努</u>自<u>鸭子河</u>亡去，即往会，遂为游兵执送行在。上问故，对曰："天下大乱，已非<u>辽</u>有，不忍见<u>天皇帝</u>艰难之业一旦土崩，故有此举。"后复问，厉声数上过及社稷危亡之本，遂杀之。据此，则应<u>奴</u>，非应<u>章嘉努</u>。更异。

是岁，<u>阿固达</u>称帝，国号<u>金</u>。

六年（丙申——一六）春二月戊辰，侍御司徒<u>托卜嘉</u>原作<u>挞不也</u>讨<u>章嘉努</u>，战于<u>祖州</u>，败绩。乙酉，遣都部署<u>萧特默</u>原作<u>特末</u>率诸将进讨。戊子，<u>章嘉努</u>诱<u>饶州</u>、<u>渤海</u>及<u>中京</u>贼<u>侯概</u>等万余人，攻陷<u>高州</u>。<u>地理志</u>云，<u>高州</u>，开泰中伐<u>高丽</u>以俘户置，治<u>三韩县</u>。<u>辰韩</u>为<u>扶余</u>，<u>弁韩</u>为<u>新罗</u>，<u>马韩</u>为<u>高丽</u>。<u>圣宗</u>俘三国之遗人置县，属<u>中京</u>。

三月，东面行军副统<u>萧绰哈</u>原作<u>酬斡</u>。〔考异〕卷二十八，<u>天庆</u>六年，族人，同名<u>酬斡</u>。等擒<u>侯概</u>于<u>川州</u>。〔考异〕<u>绰哈</u>传，字<u>额勒本</u>，国舅父房后，尚<u>越国公主</u>。官行军副统军，讨平<u>饶州渤海</u>，击散<u>侯概</u>；未几，<u>东京</u>陷，<u>绰哈</u>战没，赠龙虎卫上将军。纪未载。　<u>潜研堂金石文跋尾</u>云，<u>兴中</u>故城东北六十七里有古城址，周不及三里，<u>辽</u><u>白川州</u>地也。城中有<u>辽石幢记</u>，首云："奉为<u>神赞天辅皇帝齐天彰德皇后</u>万岁，亲王公主千秋，文武百僚恒居禄位，风调雨顺，海晏河清，一切有情，同霑利□。"按，<u>圣宗</u>加上尊号凡六，加<u>神赞天辅</u>，系<u>开泰</u>元年，此云<u>神赞天辅皇帝</u>，则石幢之立，当在开泰以后矣。辽史仁德皇后传，统和十九年，册为齐天皇后。本纪亦同。自后别无加上尊号之事。史文阙略，当据此以补之，但不知在何年耳。又云，亲王者，大丞相晋国王耶律隆运也。记文为长宁节度掌书记、儒林郎、试大理评事、武骑尉王桂撰。后有长宁军节度管内观察处置等使，金紫崇禄大夫、检校太傅、使持节白川州诸军事、白川州刺史兼御史大夫上柱国。丁巳下俱阙，疑书石人名也。辽史地理志，川州，明王安端置，会同三年诏为白川州。安端子察割以大逆诛，没入，省白川州。不知省于何年。金史则云天禄五年去白字。今此幢立于圣宗时，犹云白川州，可见金史考之未审也。左方列衔可辨识者，有银青崇禄大夫兼监察御史、武骑尉、同监曲务都点王元泰，银青崇禄大夫兼监察御史、武骑尉、同监曲务张翼，三司押衙曲务判官兼知商务事翟可行，银青崇禄大夫、检校工部尚书兼御史大夫、上柱国崔宸，儒林郎、试大理评事、守白川州咸康县令、武骑尉王□，银青崇禄大夫，检校左散骑常侍兼殿中侍御史、骁骑尉江涛，观察判官、儒林郎、试大理司直、云骑尉赐绯鱼袋田能成，管内观察处置等使、金紫崇禄大夫、检校太傅、使持节、白川州诸军事、白川州刺史兼御史大夫、上柱国、钜鹿县开国子、食邑五百户耿延□。诸人于史无所表见，惟圣宗纪有昭德军节度使耿延毅，其为一人与否，惜石文断裂，无从知之矣。辽史志百官，于南面尤略。此所载结衔，有散官，有检校官，有宪官，有试秩，有勋，有爵，有赐，有食邑，皆史所未详。至商税曲务都监、同监曲务、曲务判官之设，百官、食货两志，均遗之，所宜特书，以补正史之阙漏也。

夏四月戊辰，亲征章嘉努，诛之，及其叛党，饶州渤海平。〔考异〕阿息保传，是年从阿苏讨章努，加领军卫大将军。阿苏将兵而东，阿息保送至军，乃还。帝怒，鞭三百。后阿苏反，阿息保被擒，因有旧，得免。时阿苏好杀，劝曰："欲举大事，何以杀为？"全活甚众。会阿苏败，乃还。纪均未载。且章努疑是章嘉努之误。阿苏原作阿疏，乾统初，北枢密阿苏，原作阿思，疑另一人。

是年，东京高永昌叛，张琳讨之，不克；金人（考）〔攻〕（据辽史卷二八天祚纪改）陷东京，擒永昌。

〔考异〕契丹国志云，旧例，汉人不预军政。自两战之败，主始疑奉先不知兵，遂召宰相张琳、吴庸付以东征事，计户出军，兵分四路，为女真败。及东京溃陷，坐谪官。乃授淳为都元帅，萧德恭副之。

按，天祚纪，时为副元帅者系上京留守、契丹行宫都部署萧托卜嘉，原作挞不也。所载各异。

七年（丁酉——一七）春二月，涞水县地理志，本汉道县，今县北一里故道城是也。元魏移于故城南，即今县。周大象末改今名，在易州东四十里。有涞水。桑钦水经云，拒马河出代郡广昌县涞山。郦道元注云，即涞水也。贼董庞儿聚众作乱，西京留守萧伊实原作乙薛等破之于易水西。其党复聚，战于奉圣州，大败之。〔考异〕北盟会编云，蔡京招董庞儿降，许王燕地。因上表自号扶宋破虏大将军董才。后兵败入云、应、武、朔，斩牛栏监军，函其首来献。赐姓名赵诩。乞遣兵为援，取中国故地，京大喜，邓洵武谏议为之缓。政和七年，知岢岚军解潜招之，并其党以闻。上召见，陈契丹可取状甚切。至宣和初，竟出师矣。系年要录云，政和七年春，陶悦使辽归，具言敌未可图。会洵武亦言，事得暂止。陶悦奉使录亦云，贯北伐，前军发，悦归奏："事未可图。"乃寝。后因赠秘阁修撰。契丹国志赵诩作赵翊。

周辉清波杂志云，陈公辅，南渡初两为谏官，尝记高拣之言曰：拣尝事蔡京，言童贯欲谋取燕山，度大臣无可议。京方闲居钱唐，会副郑允中使辽，以珍异献辽主，果大喜，置酒密室，独召贯与饮，因撰密室录。归奏，具载辽主盛道京德望，得复相。贯以所谋白京，未敢许，及廷议，王黼先奏赞成之，王安中亦愿书名，议遂决。故贯、黼首被诛戮，惟安中得全腰领，议者怪焉。余观安中居燕山二年，父事药师，脱身归，备知反状，无一语，犹推誉之，希再用。罪无与比。而京与郑允中、余深六七大臣，皆深知不可不力争，岂不真负国家哉！　按，拣为是说，意似尤京。然首建平燕议，招纳李良嗣，良嗣乃上北夷录、平夷书，其谁主之？黼晚乃推行京意。朋奸误国如此。时有谣语："打破筒，拨乃菜，便是人间好世界。"可见人心也。　朱翌猗觉寮杂记云，予在史馆（修）〔读〕（据猗觉寮杂记卷六改）真宗实录，雄州言契丹移辽阳城，言征高丽，且涉女真境，女真众虽少，契丹必不能胜，仍画图以献。又云，辽俗，既葬，必守坟，或云国主欲守其母坟，声言征高丽驻辽阳城也。上以问王旦，对曰："当顾其大者，契丹方固盟好，高丽贡奉累岁不至。"上曰："然！可谕登州俟其旭，如高丽有使来乞师，即语以累年贡奉不入，不敢闻于朝。如有归投者，第存抚之，亦勿以闻。"宣和间，女真遣使海上，结约攻辽，时未闻有以此事奏上者。　张端义贵耳集云，宣和初，高丽求医，帝遣二良医往，岁余方归，奏曰："王馆医甚勤。"谓曰："高丽小国，世受国恩，不敢忘。闻天子用兵，辽实兄弟国，存之犹足捍边，女真乃虎狼，不可交也。愿回告天子早为备。"方舆纪要云，牛栏，山名，在顺义县北二十里。自顺州至檀州渐入山，牛栏是其要地。见王曾上契丹事。高士奇塞北小钞云，牛栏山，相传有中峰洞，洞内金牛时常出见。然山不甚高，远望之，仅蜿蜒一邱耳。辽置牛栏都统领司。见百官志。顾炎武昌平山水记云，洞前石壁有饮牛池，昔有仙人骑牛来游，因名。灵迹山，山东麓潮、白二河合焉。有龙王庙。山东南为漕河营，有城。畿辅山川志亦名金牛山。伊实以功擢北府宰相，加左仆射。本传，字特默，国舅少父房后。讨平董（庞）〔厐〕儿（据辽史卷一〇一萧乙薛传改），历东北统军使，政兼宽猛。金兵至，军溃，坐左迁；起上京留守，卢彦伦以城叛，伊实被执。得释后，为达实所杀。〔考异〕天祚朝为北府宰相，伊实外，尚有萧常哥、萧德恭；而南府宰相，则魏王淳、萧乐古。宰相则张琳、李处温。见沈炳震廿一史四谱。又，契丹国志有宰相吴庸，谱未列其名。

夏五月庚寅，东北面行军将聂呼、原作涅里赫噜、原作合鲁尼格、原作涅哥。〔考异〕卷十八，兴宗重熙六年，同签点检司，另一人。锡库原作虚古等弃市。

秋九月，帝自燕至阴凉河，方舆纪要云，在大宁卫北，发源松林中，流经临潢府南，合于潢河。在今札噜特右翼西北。置渊原作怨军八营，凡二万八千余人，屯卫州〔考异〕当作渭州，辽置，废地在今锦州府宁远县界。胡峤陷北记云，又东行数日，过卫州，有居人三千余家。盖辽所虏中国卫州人筑城居之。地理志云，渭州高阳军，秦国王隆庆女韩国长公主置，系头下军州。葨藜山。在宁远州边外。〔考异〕薛应旂通鉴云，以渤海铁州郭药师等为帅。纪未载。

冬十二月丙寅，都元帅淳败于葨藜山，显州及旁近州郡悉陷。〔考异〕汪藻谋夏录谓葨藜山之败系天庆八年事。与史异。

八年（戊戌——一一八）春正月，东路诸州盗贼蜂起，掠民以充食。

夏五月，安生儿、张高儿聚众二十万作乱，耶律玛格原作马哥等讨之，斩生儿于龙化州，高儿亡入懿州，与霍六格原作霍六哥。〔考异〕毕沅续通鉴作霍石。后降金，以为千户。合。陷海北州，地理志，广化军，世宗以俘户置，在闾山西南海之北，初隶宣州，后属乾州。县一：开义。趣义州，军帅和勒博原作回离保等击败之。

是岁，山前诸路大饥，民相食，斗粟直数（缗）〔縑〕（据辽史卷二八天祚纪改）。〔考异〕续通考云，八年六月，射柳祈雨。时萧文知易州，大旱，百姓忧甚，为文祷之，辄雨。先是，寿隆四年七月，南京蝗，文知易州，属县议捕除之。文曰："蝗乃天灾，捕之何益！但反躬自责。"蝗尽飞去，遗者亦不食苗，寻为乌鹊所食。字国华，外戚之贤者。父直善，安州防御使。文终唐古部节度，高阳勒石颂之。见本传。

九年（己亥——一九）春二月，张萨巴原作撒八作乱，诱中京射粮军，僭号，南面军帅伊都原作余睹讨擒之。

冬十月甲戌朔，耶律辰图努原作陈图奴。〔考异〕毕沅续通鉴作程古努，云旧作陈国奴。等二十余人谋反，伏诛。〔考异〕契丹国志云，契丹屡年困于用兵，应诸州富民自愿进军马，人献钱三千贯，特补进士出身。诸蕃部富人进军献马、纳粟出身，官各有差。因燕王言，令中京燕、云、平三路诸色人收养辽东饥民，候次年等第推恩。官爵之滥，至此而极。纪未载。

保大元年（辛丑——一二一）春正月，枢密使萧奉先使人诬告驸马萧昱等谋立晋王，杀昱等，伊都率众叛入金。〔考异〕洪皓松漠纪闻云，余都姑以十万降，辽军大震。天祚怒国人叛己，命汉儿遇契丹人则杀之。初，辽制，契丹人杀汉儿者皆不加刑。至是，见者必死。国中骇乱，皆莫为用。史未载。

二年（壬寅——一二二）春正月乙亥，金克中京，遂下泽州。帝出居庸关，至鸳鸯泺。〔考异〕方舆纪要云，在云州堡西北百余里，周八十里，今赤城县西北。孙世芳宣府镇志云，自辽、金为飞放之所。　苏颂魏公集云，北人以百骑飞放，谓之罗草。终日获兔数枚，有愧色，谓余曰："道次小围不足观，常时千人以上为大围，则所获甚多，其乐无涯也。"汪藻谋夏录云，契丹马三万余匹，岁牧于雄、霸、沧州两界之间，谓之南征马，意欲夸示中国，实备燕、云缓急之用。　范镇东斋纪事云，契丹牛马有熟时，一如南朝养蚕也。有雪而露出草一寸许，此时牛马大熟，若无雪或雪没草则不熟。　食货志云，太祖为额尔奇木，群牧蕃息，上下给足。及即位，伐河东，下代北郡县，获牛羊驼马十余万。色珍讨女直，复获马二十余万。分牧水草便地，所增无数。咸雍五年，萧托辉为马群太保，奏称：群牧名存实亡，上下相欺，宜括实数以为定籍。厥后，东丹国岁贡千匹，女直万匹，直不古等国万匹，准布及武都温特哩衮各二万匹，西夏、室韦各三百匹，伊埒图、博和哩、鄂罗木、富珠里、铁骊等诸部三百匹。仍禁朔州路羊马入宋，托欢、党项马鬻于夏。以故群牧滋蕃，数至百有余万，诸司牧官以次进阶。天祚初，牛马犹有数万群，每群不下千匹。祖宗旧制：常选南征马数万匹，牧于雄、霸、清、沧间，以备燕、云缓急；复选数万给四时游畋。余则分地以牧，法至善也。至末年，累与金战，番、汉战马损十六七。虽增价数倍，竟无所买。乃冒法买官马从军，诸群牧私卖日多，畋猎亦不足用，遂为金灭。松漠以北旧马，又皆为达实所得矣。闻伊都引金罗索原作娄室贝勒原作字堇。〔考异〕卷一百七列女传，珠展字堇妻萧氏父，同名字堇（按，此处字堇系官称，非人名也）奄至，用萧奉先言，赐晋王死。由是人心解体。伊都引金兵逼行宫，帝率卫兵五千余骑幸云中，遗传国玺于桑乾河。〔考异〕毕沅续通鉴云，金史本纪及宗望传，宗望击败辽主，获其子赵王及传国玺，献于行在。　按，辽史战于白水泺，赵王被执，在保大三年，即金天辅七年。而遗传国玺于桑乾河，在保大元年，即天辅五年。是宗望所获者非即桑乾河所遗者也。二史互异。今从天祚纪载在保大二年。毕氏亦误。

三月辛酉，帝闻金兵将出岭西，遂趋白水泺。行至努克特原作女古底仓，闻金兵迫，计不知所出，乘轻骑入夹山。〔考异〕方舆纪要云，在古云内州北六十里。张钦大同志云，在朔州城北三百四十里。系年要录云，在沙漠北，有泥潦六十里，惟契丹能达，他国不能至，金人每以为恨。所载较详。责萧奉先不忠，并其子逐之，寻并赐死。逐北院枢密使萧塔喇台。原作得里底召托卜嘉典禁卫，以萧僧孝努知北院枢密使事。〔考异〕契丹国志云，天祚谪奉先西南招讨，擢用耶律大悲奴为北枢密使，萧查剌同知密院，间有军国大事，与南面宰执吴庸、马人望、柴谊等参议，皆昏谬不能裁决。谚曰："五个翁翁四百岁，南面北面顿磕睡；自己精神管不得，有甚心情杀女直。"远近传为笑端。及入夹山，金兵至云中，留守萧查剌降。金主自将追天祚，几及，应行宫内库三局珍宝，祖宗二百余年所积，劫掠一空。云中兵变，查剌复拒守，金兵还，攻破之，执马权、韩执谦等，破朔、应诸州。所载较详。　元好问续夷坚志云，云中初降复叛，金人怒其反覆，破城后，驱壮士至榆坡，尽杀之。中有喉丝不断者，枕藉积尸中，复苏，夜见吏卒至，呼姓名皆应，独不呼此人，后竟平复，至七十余病终。又，曹氏小儿被驱，群儿皆击死。至曹，忽二犬突出，触军士仆地，军士怒，逐犬入人家，曹氏儿散走。忽有执黄旗者，大呼禁杀掠儿，因得免。后仕至节度。史未载。诸局百工多亡，凡扈从者，无论（人）〔吏〕（据辽史卷二九天祚纪改）民，皆官之。

是月，秦晋王淳自立于南京，据燕、（营）〔云〕（同上书改）、平及上京、辽西六路。只存沙漠以北，西南、西北两招讨诸蕃部族而已。

夏四月辛卯，西南招讨使耶律佛腾原作佛顶叛降金，云内、宁边、东胜等州地理志云，云内州为开远军，有古哈屯城、大同（州）〔川〕（据辽史卷四一地理志改）、天安军、永济栅、安乐戍〔拂云堆〕（同上书补）。统县二：柔服、宁人。宁边州属（天德军）〔镇西军〕（同上书改）。东胜州统县二：榆林、河滨。〔考异〕唐书地理志，榆林县有隋故榆林宫，东有榆林关，贞观十二年置。又，通考，河滨县，汉河南县地，唐置，东临河岸，为名。　汪承爵大同府志云，云内州，本秦、汉九原县地，唐贞观中立云中都督府，后置横塞军，辽置云内州。西受降城去中受降城百余里，古丰州西北八十里。许尔忠朔州志云，居延川在州北废云内州，一名居延泽，苏武尝困于此，旁有居延城。　舆地广记云，新城北三百里有鹈鹕泉。石麟山西通志云，李陵台在古云内州，台高二丈余。唐置云中都护府，有燕然山，山有李陵台，陵尝登以望汉。其近有拂云堆，堆上有祠。　潘自牧记纂渊海云，君子津在古东胜州界，汉时有大贾赍金行至此，死，津长埋之。后其子至，悉以金付之，因名。　明一统志云，河滨废县在大同府城西五百余里，隋榆林县地，唐析置此县，属胜州。县东北有河滨关，后废，辽复置，属东胜州。　方舆纪要云，云内州，本中受降城地，在大同府西北五百余里。宁边州，在朔州西，号镇西军，即唐隆镇。东胜州，在大同府西五百里，亦曰武兴军，即唐榆林郡。纪载各异。（等州）（据上文删）皆降。阿苏原作阿竦为金师所擒。〔考异〕毕沅续通鉴云，初，起兵以阿苏故，既获，乃杖而释之。或问之，答曰："我破辽鬼也。"所载较详。金已取西京，沙漠以南部族悉降。帝遂遁于额苏抡。原作讹莎烈。〔考异〕国语作鄂索勒，地名。时北部玛克实原作谟葛失，又作玛克锡。赆马、驼、食羊。

　　五月甲戌，都统玛格收集散亡，会于额勒锦，原作沤里谨擢知北院枢密使事。

　　六月，玛克实以兵来援，败于鸿和原作洪灰水，其子托果原作陀古及其属阿敦原作阿敌音均被擒。

　　秋七月乙丑，上京茂巴克实原作毛八十率二千户降金。

　　八月戊戌，亲遇金军，战于石辇驿，考详上卷败绩；都统萧特默原作特末及其侄萨古原作撒古被执。〔考异〕赵良嗣燕云奉使录云，八月十二日战于狗泊之地，生擒契丹都统驸马萧规，天祚引数骑脱身遁。所载稍异。辛丑，会军于欢塔察拉，原作欢挞新查剌金兵追急，弃辎重以遁。〔考异〕薛应旂通鉴云，金主闻天祚在大渔泺，自将亲兵袭之，追及于石辇驿。斡离不力战，短兵接辽兵，围之数重，萧特烈等殊死战，天祚与妃嫔登高阜纵观。余睹指示麾盖，与诸将驰赴之，天祚惊遁，追至乌里质铎。一作谭勒锥图。大渔泺，亦曰鱼儿泺，在古兴和城，即抚州故城。在今张家口外开平卫西四百余里，去宣府三百余里，今为柔远镇。见方舆纪要。

冬十一月乙丑，闻金兵至奉圣州，遂率卫兵屯于埒克塞。原作落昆髓。

十二月，金定西京，帝由萨里原作扫里关出居四部族详衮之家。〔考异〕阿息保传，是岁，魏王僭号，屡招以书。阿息保封书献，因谏曰："东兵甚锐，未可轻敌。"及石辇驿之败，帝遁，召阿息保，不时至，疑有贰心，并怒为淳所招，杀之。阿息保知国将亡，前后谏甚切。及死非其罪，人尤惜之。纪未载。〔考异〕刑法志云，自太康间，伊逊用事，杀戮无辜，上下无复纪律。乾统改元，始窃治奸党，而耶律托卜嘉、萧达啰克等党人之尤凶狡者，皆以赦免。至于覆军失城者，第免官而已。行（营）〔军〕（据辽史卷六二刑法志改）将军耶律聂埒等三人有禁地射鹿之罪，皆弃市。其职官诸局人有过者，镌降决断之外，悉从军。赏罚无章，叛亡接踵，乃务绳以严酷，由是投崖、炮掷、钉割、脔杀之刑复兴焉。或有分尸五京，取心以献祖庙。虽曰天祚救患无策，流为残忍，亦由祖宗有以启之也。

是岁，宋人侵燕以应金，为耶律达实原作大石等所败，遁还；寻复来攻，复败之，追击至涿水而归。〔考异〕薛应旂通鉴云，宣和四年三月，燕王自立，命童贯勒兵十五万巡北边，蔡攸副之，付以三策。郑居中、宇文虚中谏不听。五月，攸陛辞，指二美嫔，请成功归以赏功，帝笑而弗责。分兵两道：命种师道总东路，趋白沟；辛兴宗总西路，趋范村。师道至兰沟甸为耶律大石、萧干等所败；兴宗亦败于范村。范村在涿州西北。师道退保雄州，坐免官。七月，王黼闻淳卒，命贯、攸治兵，刘延庆副之，郭药师为乡导。至良乡，为干败，药师袭燕京，复大败，高世宣死之。延庆烧营遁，追至涿水而去，军资丧尽。燕人作赋及歌诗诮之。药师犹进承宣使。　契丹国志云，凡驻白沟十二日乃还，退保雄州，未言兵败事。　北盟会编云，时真定安抚使赵适疏乞拊存，契丹不报。　东都事略云，辽以败盟责我，追我军至古城南而还。贯归罪于知雄州和诜，奏黜之。遣刘鞈即驿与王介儒议再修好。命诸将分屯。贯自瓦桥关还。　曾敏行独醒杂志云，贯言面奉圣训，不得擅杀北人。作黄旗，大书圣语立军中以誓众。种师道信之，敌薄我军，不战而退，自相蹂践，兵甲填满山谷。知真定府沈积中奏，闻罢师道兵柄，致仕。时蔡京以诗寄其子攸曰："老懒身心不自由，封书寄汝泪横流；百年信誓当深念，三伏征途盍少休。目送旌旗如昨梦，心存关塞起诸愁；缁衣堂下清风满，早早归来醉一瓯。"观此，虽其父亦知其非矣。　周辉清波杂志云，攸副贯北伐，有少保节度使与宣抚副使二认旗从于后，次日执旗兵逃去，二旗亦失。识者知其不祥。既行，徽宗谓其父京曰："攸辞日奏：功成后，要问朕觅念四、五都，知其英气如此。"京但谢以小子无状。二人乃上宠嫔，念四者，阎婕妤也。　吴曾能改斋漫录云，元长所送行诗，盖欲为败事张本，不知首建平燕议，招良嗣，又欲以妖人王仔息服锦袍铁帻为大将军，会伏诛乃止。将明所为，乃推行元长之意，世可尽欺乎？　叶子奇草木子云，天祚亲征阿骨打，刀枪皆放光；童贯出师，无故忽失二认旗。其后兵皆败衄。　蔡绦铁围山丛谈云，贯出师之日，白虹贯日，军行而牙旗折，伯氏继之；抵雄州，地大震；天关地轴，出见于厅事上；龟大如钱，蛇犹朱漆，相逐而行，三帅拜而置诸城北楼真武祠中，已而不见。识者皆知其不祥。　陆游老学庵笔记云，童汪锜能执干戈以卫社稷，本谓幼而能赴国难耳，非姓童也。翟公巽作童贯告词曰："尔祖汪锜。"误也。或曰："故以戏之。" 系年要录云，吴曾曰：宣和四年，金攻辽，使王纬来乞师，许之。时金只檄代州不许受逃亡人，未尝遣使，诸书亦无王纬乞和事。

三年（癸卯——二三）春正月丁巳，奚王和勒博原作回离保僭号。甲子，张珏据平州叛附金。

三月，帝驻跸于云内州南。

夏四月戊戌，金兵围辎重于青冢，硬寨太保特默格原作特母哥窃梁王〔考异〕金史宗望传作宁王。雅里遁，秦王、许王、诸妃、公主、从臣皆陷没。庚子，梁宋大长公主托里原作特里。〔考异〕汪辉祖辽史同名录云，卷一，太祖七年，迷骨离部人；卷十八，兴宗重熙六年，都部署，三人同名托里。亡归。壬寅，金遣人来招。癸卯，答书请和。丙午，金兵送族属辎重东行，帝遣兵邀战于白水泺，赵王实讷堉、原作习泥烈萧道宁被执。乃遣牌印郎君穆喇斡原作谋卢瓦送兔纽金印伪降，遂西遁云内。驸马都尉（阔）〔润〕诺（据道光四年殿本辽史卷二九天祚纪改）原作乳奴诣金降。梁王雅里还。

五月庚申，雅里奔西北部称帝。辛酉，帝渡河，止于金肃军北。地理志云，重熙十二年伐西夏置，隶西南招讨司。属西京，故城在今鄂尔多斯右翼废胜州东北。

冬十月，复渡河，东还，居图鲁卜部。

四年（甲辰——二四）春正月，帝趋都统玛格军。金人来攻，弃营北遁，玛格被执。玛克实来迎，馈送马、驼、粮饷，防卫甚至，封神裕悦王。至乌尔古_{原作乌古}德呀_{原作敌烈}部，以萧伊实知北院枢密使事。

秋七月，天祚得林牙达实兵归，又得阴山室韦玛克实兵，自谓得天助，复谋出师，收燕、云。达实力谏，不听。率诸军出夹山，下渔阳岭，〔考异〕毕沅续通鉴作潼阳岭，疑误。取天德、东胜、宁边、云内等州。南下武州，遇金人，战于昂阿_{原作奄遏下水，方舆}纪要云，在大同府西北二百里，纳大涧、小涧、大汇、小汇四河入于黄河。〔考异〕续通考谓为奄遏下水海。云，水潮无常，所纳又有银海水诸细流。又，古云内州东南百五十里有金河，西流入天瑞泊。又，紫河源出黑峪口；有黑河，源出官山，均至云内州，历东胜州入黄河。复溃，直趋山阴。〔考异〕毕沅续通鉴云，主在夹山，宋欲诱致之。遣番僧赍御笔绢书通意，主许之。遂易书为诏，待以皇弟礼，位燕、越二王上，筑第千间，女乐三百，主大喜。童贯谋往迎。俄而主虑宋不足恃，遂直趋山阴。 按，山阴，本辽河阴县，金改山阴县，属大同府。此云山阴，史臣追叙之文。

秋八月，金主阿固达卒。〔考异〕金史载在保大三年八月，宋史载在宣和五年五月，即保大三年五月也。均与史异。

冬十月，纳图鲁卜部人额尔克_{原作讹哥}。〔考异〕毕沅续通鉴作额格。妻恩克，以额尔克为本部节度使。

十一月，行营兵乱，护卫太保珠展、_{原作术者}锡里_{原作舍利}详衮额布勒_{原作牙不里}等击败之。

五年（乙巳——二五）春正月戊子，帝幸天德。过沙漠，（闻）（据辽史卷三〇天祚纪删）金兵至，徒步走，乘张仁贵马得脱，至天德。己丑，遇雪，无御寒具，珠展进貂裘帽；途次绝粮，珠展进面与枣，坐倚珠展以假寐。余俱啮冰雪以济饥。〔考异〕金史萧仲恭传，本名珠噜准，一作术里者。父特默，官中书令，尚主，道宗季女也。仲恭留弟仲宣侍母，己扈从而西，进衣及干糒，伏冰雪中，主藉以憩。俄俱被获，仕至右丞相、越国王，谥贞简。仲宣与母亦皆见获，仕至武宁节度使。又，舒穆噜荣传，字昌祖，七世祖事辽，封顺国王。主奔天德，荣父特页挺身赴之。既见辽主，委以军事。军败被执，将杀之，尼楚赫曰："彼忠于所事，杀之何以劝后！"遂释之。后从伐宋，卒于军。荣累官开远军节度、山东路都统，卒，官临洮尹。夜宿民家。数日，嘉其忠，拜节度使，遂趋党项。以小呼噜原作斛禄。为西南招讨使。〔考异〕蔡儵北征纪实云，天祚奔，舒和抡、尼雅满讨破其族帐，遂擒其子、后、妃、诸子、宗属，独天祚逸去。　按，此时天祚家属早为金获，非是。

二月，〔考异〕马扩茅斋自叙及汪藻背盟录作保大四年，则为宣和六年秋。惟元符诏旨与童贯贺表均作宣和七年二月，与史合。至应州新城方舆纪要云，即新平城也，在大同府西南百里。东六十里，为金将完颜罗索所获。〔考异〕金史太祖纪谓获之于伊都谷。

秋八月癸卯，至金。丙午，降封海滨王。以疾终，年五十有四，改封豫王，葬于广宁府间阳县乾陵傍。金史地理志云，广宁府旧名镇宁军，本辽显州奉先军，汉望平县地。天辅七年升为府。统县三：广宁、望平、闾阳。即辽乾州，有辽景宗乾陵。**自太祖至此，凡九主，合二百一十九年。**〔考异〕契丹国志云，天祚闻粘罕归国，遂趋渔阳岭。粘罕复回云中，乃奔山金司，与小胡鲁谋归宋与夏。计未决，金使娄宿驰骑至，跪于前曰："奴婢不佞，乃以甲胄犯天威。"因奉觞进，遂俘以还。时从骑尚千余，有精金铸佛，长丈六，他宝称是。遁时值大雪，车马皆有辙迹，遂为所及。初，女真入攻，时灾异屡见，曾有人狂歌于市曰："辽国且亡！"急追之，则人首兽身，连道"且亡"二字，遂入山中不见。又，保大元年春，日旁有青黑色如水波，周回而旋转，将暮而止。蔡絛北征纪实云，金于武、朔境上分兵布三百里，有一人驰骏马走，骑兵围之，即曰："我天祚也。"欲加执缚，犹叱曰："尔敢缚天子耶？"尼雅满因使拜阿固达像，而送至金国。东都事略谓为兀室所擒，送长白山东，筑城居之，四年卒。 毕沅续通鉴云，黑龙江有洛索碑，具载擒天祚事。是擒天祚者为洛索，非粘罕，亦非兀室也。 大金国志云，天祚自亲征败绩后，退保长春州，又退守广平甸，又退保中京，继走燕山；既而西走云中，至于夹山，以保四部族。衙乃用余睹为乡导，自中京由平地松林径赴云中以追之，遂于山金司获之。所载各异。 亡辽遗录载天祚降书云："辽降臣延禧，谨伏斧钺，躬诣大金国俯伏待罪。臣闻人不患其勇，患其为暴也。伏念臣祖宗创二百年之基，承大统位，继子传孙，郊祀上帝，内外欢庆。岂意微臣骨寒命薄，无德可保，不能当此。夙夜惶骇，罔知过咎。冒犯忌讳，若晓霜而遇烈日，扁舟而遭怒涛，众怒竞兴，谮辞蜂起。致兹惭德，激扬圣怒，转加兵师，忧惧之极，如坐炭汤。盖闻轵道之放，荷蒙记恤；况若新安之叹，例受无辜。念汉皇之仁恩，诞敷濡泽；诮项羽之过恶，奚免终伤！臣所恳者，乞谐轵道之留，免效新安之祸。战栗之至，仰干聪听！昧死谨言。"

史未载。朱弁曲洧旧闻云，宣和间，金得天祚，遣使来告，上喜，宴其使。既罢，召张虚白入，语其事。虚白曰："天祚在海上筑宫室以待陛下久矣。"左右皆惊，上亦不怒，徐曰："张胡，汝又醉也。"

晁公武郡斋读书志云，北辽遗事二卷，辽人撰，记女真灭辽事。序曰："辽自阿保机创业于其初，德光恢廓于其后，吞并诸蕃，割据汉界，南北开疆五千里，东西四千里，戎器之备，战马之多，前古未有。子孙继统，二百三十余年。迨至天祚失御，女真称兵，十三年间，举国土崩。古人谓得之难，失之易，非虚言也。 元好问金漆水郡侯耶律公墓志铭云，呜乎！世无史氏久矣，辽人主盟将二百年，如南衙不主兵，北司不理民，县长官专用文吏，其间可记之事多矣。泰和中，诏修辽史，书成，寻有南迁之变，简册散失，世不复见。今人语辽事，至不知起灭凡几，至下者不论也。李焘通鉴长编所附，见及史愿亡辽录、北顾备问等书，多敌国诽谤之辞，可尽信耶？ 按，此文本遗山集，今从张天爵元文类录出。见杨复吉辽史拾遗补正。 闰考云，辽始梁太祖开平元年阿保机称帝，至丙子始改元，终延禧乙巳，共九主、二百一十九年，金灭之。乙巳，宋宣和七年，金天会三年。杨维桢宋辽金正统辨云，凡七主、共二百一十五年。纪载各异。

辽史纪事本末卷三十四

萧奉先误国　塔喇台附

天祚帝天庆二年（壬辰一一一二）春二月丁酉，帝幸混同江（钓）〔钩〕（据辽史卷二七天祚纪改）鱼，枢密使萧奉先扈从。奉先，元妃兄也。外宽内忌。因元妃为帝眷倚，历官枢密使，封兰陵郡王。〔考异〕契丹国志云，奉先本后族，缘恩宫掖，专尚谄谀；朋结中人，互为党与；球猎声色，日蛊上心。由承旨历吏部尚书、政事令兼枢密使。嗣先、保先皆其弟。通鉴辑览谓即呼都克，太和宫分人，云旧作胡笃，字哈准，旧作合术隐。　按，史另列呼敦传，云原作胡笃，字哈准，太和宫分人。尝从帝亲征，为先锋都统，临事犹豫，凡队伍皆以围场名号之。进至拉剌水，与金兵战，败；大军亦却。呼敦工骑射，见帝好猎，每言从禽之乐，以逢其志。天祚悦而从之，国政堕废自此始。据此，则奉先与胡笃，的系二人，未知孰是。又，卷八十九耶律庶成传，<u>庶成妻</u>，与卷一百一知枢密院事萧胡笃同名。见卷二十七。故事，<u>生女直</u>酋长在千里内者，皆朝行在。值（鱼）"头〔鱼〕宴"，（同上书乙正）考详卷三十二。帝临轩，命诸酋次第起舞。至<u>阿固达</u>，原作阿骨打辞不能；再三谕，弗从。帝密谓<u>奉先</u>曰："<u>阿固达</u>跋扈若此，可托以边事诛之。"<u>奉先</u>曰："彼粗人，不知礼义，且无大过，杀之恐伤向化心。设有异志，蕞尔小国，何能为？"帝乃止。

秋九月，<u>阿固达</u>起兵，<u>女直卓克算</u>、原作赵三<u>阿古齐</u>原作阿鹘产拒之，<u>阿固达</u>掠其家属。二人走诉<u>咸州</u>，详衮原作详稳司转送北密院。<u>奉先</u>作常事以闻，只令仍送<u>咸州</u>诘责，使自新。自是屡召不至。

四年（甲午———四）冬十月壬寅，以<u>萧嗣先</u>为东北路都统，率诸将往讨<u>女直</u>。<u>嗣先</u>，<u>奉先</u>弟也。将番、汉军屯出河一作珠赫店，<u>女直</u>潜渡混同江，乘国兵未备，击之，<u>嗣先</u>军溃，获免者十有七人。<u>奉先</u>惧其弟得罪，奏东征溃军所至劫掠，不赦，必为边患。许之，<u>嗣先</u>但免官。由是士无斗志，遇敌即溃，郡县所失日多。

五年（乙未———五）秋八月丙寅，以<u>萧奉先</u>为御营都统，率诸军分道而进，誓必灭<u>金</u>。寻以<u>耶律章努</u>原作章奴之乱，止不行。时章奴以诸行营都部署为奉先副。

见本纪。

六年（丙申——一六）春正月丙寅朔，东京军乱，杀其留守萧保先。保先亦奉先之弟。为政严酷，渤海苦之，故有是变。裨将高永昌因据城僭号，寻为金兵所破，伏诛。〔考异〕契丹国志云，保先，时为东京留守、太师，以女真之难，为高永昌所杀。天庆九年，女真攻破上京，发掘陵寝，取其金银珠玉，奉先皆抑而不奏。天祚问及，犹以不敢毁坏对。其蒙蔽欺罔类如此。本传未载。

保大元年（辛丑——一二一）春正月，萧奉先使人诬告耶律伊都原作余睹结驸马萧昱等谋立其甥晋王。昱等坐诛。初，帝有四子：〔考异〕皇子表，晋王第一，雅里第二，塔鲁第三，赵王第四，秦王第五，许王第六。共六子，不止四子。续纲目云赵王系长子。又，塔鲁封燕王，后累封楚国王。　汪辉祖辽史同名录云，卷三，太宗天显十一年，近侍；卷十，圣宗统和元年，伶人，殉景宗，三人同名塔鲁。长，赵王锡里，亦名实讷埒，原作习泥烈。〔考异〕卷二十八，天庆九年，知左伊勒希巴事，另一人。母赵昭容；弟晋王，小字额鲁温，原作敖卢斡，又作敖鲁干。见卷七十二传，系一人。母文妃；〔考异〕文妃传，萧氏，小字色色，原作瑟瑟，国舅大父房女。乾统初，帝幸耶律挞葛第，见而悦之，匿宫中数月，皇太叔和啰噶劝帝，以礼选纳。三年，立为文妃，生蜀国公主及晋王，尤被宠幸，以柴册加号承翼。善歌诗，女直见逼，帝畋游，疏斥忠臣，因作歌讽谏，其词曰："勿嗟塞上兮暗红尘，勿伤多难兮畏强邻，不如塞奸邪之路兮选取贤臣。直须卧薪尝胆兮激壮士之捐身，可以朝清漠北兮夕枕燕云。"又歌曰:"丞相来朝兮剑佩鸣,千官侧目兮寂无声;养成外患兮嗟何及,祸尽忠臣兮罚不明;亲戚并居兮藩屏位,私门潜蓄兮爪牙兵;可怜往代兮秦天子,犹向宫中兮望太平。"主衔之。赵德麟侯鲭录,后一首除兮字作咏史七言诗,"并居藩屏"作"并连藩翰"。所载各异。**次秦王定、许王宁,皆元妃生。晋王幼,驰马善射,出为耶律隆运后。及长,积有人望,内外归心。喜扬人善,劝其不能,中外称其长者。元妃兄奉先恐其甥秦王不得立,潜图之。文妃姊妹三:长适耶律达哈拉;**原作挞葛里。〔考异〕卷一百三伊都传作挞葛里,系一人。**次文妃;次适伊都。一日,其姊若妹均会军前,奉先使人诬驸马昱及伊都等谋立晋王。**〔考异〕晋王传,保大元年,南军都统伊都与晋王母文妃密谋立之。事觉,伊都降金,文妃被杀。晋王不与谋,免。据此,则实有谋立事,非诬也。皇子表所载亦同。均与纪异。当从纪。**昱与达哈拉坐诛,赐文妃死。**〔考异〕后妃传,元后萧氏,宰相继先五世孙。兄弟奉先等缘宠柄用。金乱,从帝西狩,以疾崩。妹元妃亦从行,以疾卒。德妃萧氏,宰相常格女。生塔鲁,封燕王,薨,妃以忧卒。文妃萧氏,见前。契丹国志作渤海大氏女。生一女,为余里衍,亦作额里鲁,封蜀国公主,后归宗望。元后为金所擒,粘罕纳为次室,余睹之乱,为兀室所杀。张汇节要谓余里衍为余辇公主。粘罕妻,乃辽主元妃。曾生三女,宫人生二女,俱为金获。又,后妃传,后小字多啰罗,原作夺里懒。元妃小字贵格,原作贵哥。德妃小字实古,原作师姑,后加号翼赞。通鉴辑览谓元妃小字锡衮,原作师姑。大金国志云,太子妻余辇公主,为天祚女。粘罕妻为天祚元妃。各因间可入,劝之南侵。 赵德麟侯鲭录云,文妃被害,晋王诵经受诛，母子皆贤也。纪载各异。伊都在军中，闻之，即率众叛入<u>金</u>。遣知<u>奚王</u>府事<u>萧锡默</u>、原作遴买北府宰相<u>萧德恭</u>、大常衮<u>耶律谛里姑</u>、<u>归州</u>观察使<u>萧和尚努</u>四军，太师<u>萧斡</u>将所部兵追之，不及，还。<u>奉先</u>恐诸校继叛，遂劝骤加爵赏，以结众心；封<u>锡默</u>为<u>奚王</u>，<u>德恭</u>试平章事兼判<u>上京</u>留守，余为诸卫上将军。

二年（壬寅——二二）春正月乙亥，帝出<u>居庸关</u>，至<u>鸳鸯泺</u>。闻<u>伊都</u>引<u>金</u>兵至，<u>萧奉先</u>曰："<u>伊都</u>乃<u>王子班</u>之苗裔，此来欲立甥<u>晋王</u>耳。诛<u>晋王</u>，可不战而退。"遂赐<u>王</u>死。〔考异〕<u>薛应旂</u>通鉴云，时或劝王亡曰："安忍为蕞尔之躯，而失臣子之大节乎？"遂就缢而死。所载较详。帝素服三日，杀<u>耶律萨巴</u>原作撒八等。<u>王</u>素得人心，诸军闻其死，无不流涕，由是益解体。<u>伊都</u>引<u>金</u>兵逼行宫。

三月，帝入<u>夹山</u>，始悟<u>奉先</u>之不忠。当<u>金</u>兵之未至也，<u>奉先</u>逢迎主意，言<u>金</u>虽能攻我<u>上京</u>，终不能远离巢穴；迨一旦越三千里，直指<u>云中</u>，计无所出，惟请播迁<u>夹山</u>，帝乃召而责之曰："汝父子误我至此，杀之何益！无从我行，恐军心愤怒，祸必及我。"<u>奉先</u>父子恸哭而去。行未数里，左右缚之送<u>金</u>军。<u>金</u>斩其长子<u>昂</u>，以其次子<u>昱</u>及<u>奉先</u>械送<u>金</u>主，道遇国兵，夺以归，并赐死。〔考异〕<u>契丹国志</u>云，奉先柄国垂二十年，以至于亡。及奔<u>夹山</u>，始逐之，行未十里，为左右所杀。所载稍异。

当是时，与<u>奉先</u>同用事者曰<u>萧塔喇台</u>。原作得里底。〔考异〕<u>续纲目</u>作得勒岱，<u>毕沅续通鉴</u>作德勒岱，<u>通鉴辑览</u>作达尔丹。所载各异。

<u>乾统四年</u>（甲申——〇四）秋七月癸未，以西北招讨使<u>萧塔喇台</u>知北院枢密使事。<u>塔喇台</u>，<u>晋王孝先</u>孙，使相<u>萨木</u>原作撒钵。〔考异〕卷九十五<u>耶律陈家奴传</u>，兄名撒钵，另一人。<u>外戚表</u>云，原作撒磨。子，<u>奉先</u>之叔也。字<u>札林</u>，旧作乣邻。短而偻，外谨内倨。初治<u>伊逊</u>原作乙辛党与，多所纵舍，至是由招讨使改知北密院。

<u>六年</u>（丙戌——〇六）春正月辛丑，遣<u>萧塔喇台</u>等使<u>宋</u>，讽归所侵<u>夏</u>地。

<u>天庆三年</u>（癸巳———三），加<u>萧塔喇台</u>守司徒，封<u>兰陵郡王</u>。<u>女直</u>初起兵，廷臣请乘其未备，举兵往讨，<u>塔喇台</u>独阻之，以至败衄。寻出为西南招讨使。〔考异〕<u>耶律唐古传</u>，时<u>塔喇台</u>以都统率兵与<u>金</u>人战，败绩；<u>唐古</u>请以军法论，且曰："臣虽老病，愿为国破敌。"不纳，听致仕。<u>塔喇台传</u>未载。

<u>八年</u>（戊戌———八）夏四月辛酉，复以<u>萧塔喇台</u>为北院枢密使。时再入密院，宠任益笃。值诸路大乱，飞章告急者络绎而至，不即上闻，有功不录，将校怨怒，军无斗志。

保大二年（壬寅——二二）春正月，金兵至岭东，会耶律萨巴谋立晋王，事觉，帝召萧塔喇台与议，不为申理。王死，人心益离。金兵逾岭，帝西遁，其侄元妃责之曰："尔任国政，致君如此，何以生为？"塔喇台不能答。明日，帝怒，并其子茂萨_{原作}<u>么撒</u>逐之。寻为耶律高善努_{原作}<u>山奴</u>执送金师，得脱归，复为耶律纠坚_{原作}<u>九斤</u>所得，送之燕王。适王僭号，托以不事僭窃，不食，数日死。〔考异〕续纲目云，奉先为左右所杀，塔喇台自知不免，亦绝食死。与史异。子茂萨为金兵所杀。

辽史纪事本末卷三十五

耶律伊都之叛

天祚帝天庆九年（己亥——一九）春二月，帝至鸳鸯泺。贼张萨巴原作撒八诱中京射粮军，僭号，南面军帅伊都讨擒之。伊都，一名伊都古，原作余睹，亦作余都。〔考异〕蔡絛北征纪实作俞睹，邵伯温同。通鉴辑览作伊都古楚。国族之近者也。慷慨尚气义。历官副都统。其妻为帝文妃之妹。文妃生晋王，最贤，国人皆属望。时萧奉先之妹为帝元妃，生秦王。奉先恐其不得立，深忌伊都，将潜图之。

保大元年（辛丑——二一）春正月，萧奉先使人诬告耶律伊都结驸马萧昱及耶律达哈拉原作挞葛里谋立晋王，尊帝为太上皇。时达哈拉之妻会伊都之妻于军中，奉先闻之，因使诬告，杀昱及达哈拉与其妻，文妃赐死。伊都在军中，〔考异〕契丹国志云，时怨军队长罗青汉等作乱，攻锦州，月余不下，赖都统余睹援兵至始惧。寻郭药师杀青汉，就招安。史未载。惧不能自明被诛，即引兵千余，并骨肉军帐叛归金。会大霖雨，道途阻滞，帝遣知奚王府事萧锡默原作遘买等追捕甚急。及诸间山县，地理志云，本汉且虑县，开泰二年以罗家军置，属兴中府。故城在今土默特右翼。诸将议曰："萧奉先恃宠，视吾辈蔑如也。伊都乃宗室雄才，（常）〔素〕（据辽史卷一○二耶律余睹传改）不肯为奉先下。若擒之，则吾辈他日皆然，不如纵〔之〕（同上书补）。"还，绐云："追袭不及。"奉先反劝加爵赏，以结众心。帝从之。〔考异〕宏简录云，余睹，宗室近族子。金兵起，屡请自效，迁金吾卫大将军，为东路都统。军浑河，与金银术可、希尹遇，即遁，被议。会龙化州人张应古降金，余睹复取之；寻又陷。金遗余睹书劝降，遂密送款于咸州路都统，以所部降。赍书入谢，金主抚慰，赐坐，班同宰相，命以旧官领所部。自是，益知辽之虚实矣。史未书遗书劝降事，今从天祚纪。

二年（壬寅——一二二）春正月，帝至鸳鸯泺。耶律伊都引金将罗索原作娄室贝勒原作孛堇奄至，萧奉先曰："伊都乃王子班之苗裔，此来欲立甥晋王耳。若为社稷计，不惜一子，明其罪诛之，可不战而自回矣。"遂赐王死。伊都引金兵逼行宫，帝幸云中。伊都将前锋，攻陷州郡，不测而至。帝闻之，大惊，率卫兵入夹山。〔考异〕宏简录云，金师取中京，命为乡导，与希尹等招抚奚部，后降奉圣州，署置官吏，招集居民，还业者三千余家。所载较详。

伊都在金后为监军，久不调，意不自安，〔考异〕宏简录云，久之，耶律麻吉告其谋叛，杖铎剌七十，释余睹不问。金史麻吉作玛展，铎剌作道拉。乃假游猎，遁入西夏。夏人问曰："汝有兵几何?"对以二三百。夏人不纳，卒。〔考异〕宏简录云，金大举侵宋，以为右都监，擒宋将郝仲连等。宗翰留之西京，复谋反，为耶律奴哥等所告，遂亡去。其党燕京统军萧高六伏诛，蔚州节度使萧特谋自杀，边部斩余睹及诸子，函其首以献。　契丹国志云，余睹入金，为西军大监军。寻谋反，为悟室所觉，诛燕京统军。余睹父子亡入夏，不纳；投鞑靼，为所围，父子皆死，党与俱伏诛。契丹之黠、汉儿之有声者，皆不免。纪载各异。

辽史纪事本末卷三十六

北辽魏王之变 雅里附

天祚帝乾统元年（辛巳——〇一）夏六月乙巳，进封北平郡王为郑王，名淳，小字聂呼。原作涅里兴宗第四孙，南京留守宋魏王和啰噶原作和鲁斡，字阿尼雅，兴宗第二子。〔考异〕契丹国志云，燕王洪道，番名叱地好，道宗同母弟也。颇有武略。库莫奚侵扰，诏洪道讨之。洪道伏兵林中，佯败走，奚掠辎重，洪道与伏兵合击之，尽殪。后渤海高颜乐反，又命洪道讨之。终燕京留守，封燕王。 按，皇子表无洪道名，疑即和啰噶也。见杨复吉辽史拾遗补。兴宗三子，皆仁懿萧后生。道宗第一、和啰噶第二、子阿尼雅，原作阿辇。考本纪重熙十年十月，皇子胡卢斡里生，今改库鲁噶里，或系一人。阿林第三、原作阿连，字额勒本，原作讹里本。均见皇子表。又，重熙四年六月，皇子宝信努生，表无其名。之子。〔考异〕续通考云，和鲁斡三子：一、漆水郡王石笃；二、匡义节度使远；三、即魏王。道宗清宁初，太后鞠养之。既长，笃好文学。昭怀太子遇害，道宗欲以为储副，用萧兀纳亦作乌纳等谏而止。嗣与耶律拜萨巴原作白斯（本）〔不〕（据辽史卷三〇天祚纪附耶律淳传改）善，道宗怒，出为彰圣节度使，至是封郑王。〔考异〕东都事略云，王守燕十二年，人号燕王。又谓之覃湘大王。蔡絛北征纪实称为九大王。

三年（癸未——〇三）冬十一月丙申，以郑王为东京留守，进封越国王。〔考异〕北辽纪作乾统二年。

六年（丙戌——〇六）冬十月庚辰，以越国王为南府宰相。进封魏国王（按，据辽史卷二七天祚纪，耶律淳封魏国王在是年十一月）。首议制两府礼仪。父薨，即令袭职，守南京。冬夏入朝，宠冠诸王。

天庆五年（乙未———五）秋九月乙巳，东征，都监耶律章努原作章奴济鸭子河，与魏王子阿萨尔原作阿撒等三百余人亡归。已而反，奔上京，谋立魏王。帝遣驸马萧昱领兵诣广平淀〔考异〕营卫志云，冬巴纳曰广平淀，在永州东南，旧作捺钵，行猎之所。地理志云，永州永昌军，东潢河，南土河，二水合流，故号永州，隶彰愍宫。县三：长宁、义丰、慈仁。土河即今老河，发源喀喇沁，经敖汉、翁牛特诸部落，会于锡讷穆棱，即所谓潢河也。宋绶上契丹事云，木叶山在中京微北，本阿保机葬处，又为祭天之所，东向设毡，屋署曰省方殿，后有二大帐。次北毡，屋曰庆寿殿，国主帐在毡屋西北。　契丹国志云，契丹有二水：一、土河，本名北乜里没里，又名陶猥思没里，源出中京西马孟山，东北流；一、潢河，本名裹罗个没里，又名女古没里，源出饶州西南平地松林，直东流至木叶山，合流为一，谓之广平淀，一名白马淀。昔有男女至此，相与为夫妇，即契丹始祖也。后立庙于山上，祭之，必刑白马杀灰牛，用其始来之物也。　彭汝砺鄱阳集云，广平甸，广大平易。初至单于行在，左曰紫府洞，右曰桃源洞，总谓之蓬莱宫，殿曰省方殿。其左金冠紫袍而立者数百人，皆酋豪；其右青紫而立数十人。山棚前作花槛，有桃杏杨柳之类，前为丹墀，又十步为龙墀殿，皆设青花毡。其阶高二三尺，阔三寻，纵杀其半。由阶而登谓之御座。　明一统志云，木叶山在辽东，广宁中屯卫东三十里。所载各异。护后妃，行宫实达尔原作小底。辽著帐户司有承应小底，局官。伊逊原作乙信持书驰报魏王。适章努遣王妃亲弟萧谛里〔考异〕章努传及北辽纪作敌里外，尚有萧雅鲁，共二人。雅鲁原作延留。卷十八，兴宗景福元年六月，详衮，弃市，另一人。以所谋来说，密令左右拘之。有顷，伊逊等持御札至，立斩谛里等首以献。单骑间道诣广平淀待罪，帝遇之如初。章努寻伏诛。

六年（丙申——一一六）夏六月庚辰，进封魏王为秦晋国王、都元帅，赐金券，免汉拜礼，不名。许自择将士，乃募燕、云精兵。东至锦州，队长武朝彦作乱，收斩之。会金兵至，战于阿尔展图，原作阿里轸斗败绩，收亡卒数千人拒之。寻入朝，释其罪。

诏南京刻石纪功。〔考异〕契丹国志云，自张琳败后，国人皆谓王贤而忠，付以东征，士必乐为用，招辽人为兵，可报怨。乃授都元帅，听辟官属，募饥民二万余，谓之怨军。科派支遣，境内骚然。未几，太常少卿武朝彦叛，谋杀燕王，获免。朝彦南奔，为张关羽所杀。所载较详。

七年（丁酉——一七）秋八月丙寅，命都元帅秦晋王赴沿边，会四路兵马防秋。

冬十二月丙寅，与金军战于蒺藜山，败绩。〔考异〕契丹国志云，天庆八年正月，燕王将讨怨军而遇女真于徽州之东，未阵而溃。是夕，有赤气若火光，军中以为凶兆，皆无斗志。王与麾下五百骑退保长泊鱼务。于是女真入新州，节度王从辅出降。女真将阇母又大败怨军于显州。纪载各异。

保大二年（壬寅——一二二）春三月，秦晋国王自立于南京，号天锡皇帝，改元建福。降封天祚帝为湘阴王。〔考异〕北盟会编载诏曰："大道既隐，不行揖逊之风；皇天无私，自有废兴之数。事易德效，人难力为。朕幼保青宫，长（编）〔归〕（据三朝北盟会编卷五改）朱邸，虽为人情之久系，谁云神器之可求？欲避周公之嫌，未忘季札之节。奈何一旦之无主，至使兆民之求君！推戴四从，讴歌百和。不敢负祖宗之业，勉与揽帝王之权；尚虑篡图之为难，庶期复辟之有待。近得群臣之奏，概陈前主之非。所谓慑谏矜能，比顽弃德，躁动靡常节，平居无话言，室家之杼柚成空，更滋淫费；陵庙之衣冠见毁，不辍常（田）〔畋〕（据契丹国志卷一一天祚纪改）。汉嫡之戮，实出无名；伋妻之乱，尤不可纪。迄无悛改，以至播迁，伊戚自贻，大势已去。是谓绝四海之望，安得冒一人之称，宜削徽名，用昭丕德。方朕心之牵爱，尚不忍从；奈群议之为公，正复见请。是以勉稽故事，用降新封。呜乎！进退惟公，废兴有义，岂予小子，欲专位号之崇；盖徇众情，以为社稷之计。凡在闻听，体朕意焉！

　　先是，帝出奔，诏留宰相张琳、沈州人。李处温与王守燕。处温闻帝入夹山，数日，命令不通，即与弟处能、子奭，外假渊原作怨军，内结都统萧斡原作干谋立王，遂率诸大臣耶律达实、原作大石左企弓、虞仲文、曹勇义、康公弼，集蕃、汉百官、诸军及父老数万人诣王府，处温邀张琳白其事，琳不可。处温等请王受礼；王方出，奭即以赭袍被之，令百官拜舞山呼。王辞不获，已而从之。〔考异〕北辽纪云，奚王和勒博、林牙耶律达实等引唐灵武故事，议立王。王不从，官属劝进曰："主上蒙尘，中原扰扰，若不立王，百姓何归？宜熟计之！"遂即位。似非专出处温父子谋，与天祚纪、处温传均异。以处温守太尉，琳守太师，十日一朝，平章军国大事。〔阳以元老尊之，实则〕（据辽史卷一〇二张琳传补）不复与政。〔考异〕琳传，处温召琳，琳辞曰："王虽帝胄，初无上命，摄政则可，即真则不可。"处温曰："今日之事，天人所与，不可易也。"琳虽有难色，亦勉从之。　宏简录云，琳心怀郁悒，时年已高，令子弟上降表于金，诏燕京以琳田宅财物并给还之。则是琳降金，而本传但载郁悒而卒。所纪各异。左企弓守司徒；曹勇义知枢密院事；虞仲文参知政事；〔李奭为少府少监〕、（据辽史卷二九天祚纪补）提举翰林医官；李奭、陈祕等十余人曾与大计，并赐进士及第，授官有差。以萧斡为北院枢密使。军旅之事，悉委达实。〔考异〕毕沅续通鉴云，时患兵少，斡建议籍东、西奚及岭外南北大王诸部，得万余户，户选一人为军，谓之"瘦军"，散处涿、易间，肆为侵掠，民甚苦之。史未载。驸马都尉萧旦知枢密院事。放进士李宝信等一十九人。改渊军为常胜军。肆赦。〔考异〕毕沅续通鉴云，时将肆赦，燕京父老俱言内库都点检刘彦良奸佞，道引天祚为失德之事；其妻倡也，出入禁中，并为国害。乃枭其夫妇首于市，然后大赦。 北盟会编云，时下诏谕国中，曰："自我烈祖，肇创造之功，至于太宗，恢廓清之业，故得奄有区夏，全付子孙。迩后纂承，罔不祗肃。传二百祀之逾远，得亿兆人之底宁。盖太平或弛于细娱，而内治多遗于外患，以是边鄙生兹寇仇，渐为蔓草之难图，公肆长蛇之荐食，敢来问鼎，直欲争衡。敌垒尚遥，王师自溃。兵非不锐，事止失和，故使乘舆，越在草莽。地隔不果，相赴旬余，莫知所归；三边荡摇，百姓震慑，惧不相保，谓将畴依？咸云六合为家，不可一日无主。共戴眇质，用登至尊；皆出素衷，尚惭丕德。又念与其长天下之乱，曷若复我家之功，苟其宗社不移，亦曰神灵所望。势不克避，理当共知。呜乎！朕以久处王藩，历更政务，凡民疾苦，与事便宜，靡所不知，亦曾熟虑。自今以后，革弊为先，所期俾四海用宁，不敢以万乘为乐。敢告遐迩，予不食言！"史未载。据有燕、（营）〔云〕（据辽史卷二九天祚纪改）、平及上京、辽西六路。是为北辽。封其妻萧氏为德妃，普贤女也。

　　夏六月，王寝疾，闻帝传檄致讨，与处温等议，不合。遣使报宋，免岁币，结好。宋人发兵问罪，击败之。〔考异〕契丹国志云，四月，燕王遣萧挞敛也、王居元充告谢使诣宋，不纳。宋遣童贯等勒兵巡边，贯使张宝、赵忠赍书谕燕王，使举国内附，书略曰："吴越钱俶，西蜀孟昶等归朝以来，世世子孙，不失富贵。况辽之与宋，欢好百年，诚能举国内附，则恩数有加；苟怀执迷，后时失机，恐有彭宠之祸起于帐中。"王斩其二使。又，眉山集载唐庚谕幽、燕，檄云："我国家运启汉符，疆包禹迹，际天所覆，无不统临；尽海以还，悉皆臣妾。措函生于寿域，跻寰宇于圣涯。惟燕督亢之图，得古幽州之域，鼓刀屠肆，俱怀义烈之风；击筑行歌，咸有英雄之气。向因石晋割陷于辽，爰整吊民之旅，不违徯后之期，复千里之河山，拯一方之涂炭。傥能舍逆取顺，信赏当倍常科，录可用之耕甿，蠲无名之暴敛，应令陷溺，复睹太平。"又令赵翊遣使说谕易州土豪史成，使起兵献城，为史成执送燕京斩之。五月，复遣马扩持徽宗手诏，谕王纳土。王虽不从，心亦怀惧。扩过白沟，汉儿刘宗吉出见，许献涿州，付以二旗。

续纲目云，五月，贯至高阳关，用知雄州和诜计，降黄榜及旗，述吊民伐罪意，有豪杰以燕京献者，除节度。及兵败，班师。辽使来言曰："女真之叛本朝，亦南朝之所甚恶也。今射一时之利，弃百年之好，结强大之邻，基他日之祸，谓为得计，可乎？"贯不能对。师道复请许和，贯密劾之，黼怒，责致仕。 陆游老学庵笔记云，宣和末，妇人鞋底尖以二色合成，名错到底。竹骨扇以木为柄，旧矣，忽变为短柄，止插至扇半，名不彻头。皆服妖也。寻遣使奉表于金，乞为附庸。事未决，俄薨，年六十。伪谥曰孝章皇帝，庙号宣宗，葬燕京西香山永安陵。〔考异〕祝穆舆地要览云，宛平，本幽都县，香山在其西。 徐善冷然志云，香山寺阯，辽中丞阿里吉所舍。殿前二碑载舍宅始末，光润如玉，白质素章。寺僧目为鹰爪石。又云，寺即金之会景楼。 按，阿里吉，今译改"阿勒弥"，满州语声誉也。 宋启明长安可游记云，香山有乳峰石，时时嘘云雾，类匡庐香炉峰，故名。**北盟会编云，宣和六年四月戊申，知燕山府王安中奏，府西香山寺，在府〔昊〕天宁寿观、（据三朝北盟会编卷一九补）昊天延寿寺甘露降，奉旨，许拜表称贺。** 　**刘侗帝京景物略，香山卧佛树，大三围，花九房，叶七开，实三棱，西域种也。**

遗命，遥立天祚帝子秦王定为帝，萧德妃为皇太后，称制，改元德兴，放进士李球等百八人。时宋兵来攻，战败之。由是人心大悦，兵势日振。宰相李纯等潜纳宋兵、**〔考异〕天祚纪，通宋者李处温父子，事觉，被诛。** 　**朱胜非秀水闲居录，约降者辽相李俨，均与北辽纪异。** 民为内应，抱关者被杀甚众。翼日，攻内东门，卫兵力战，宋军大溃，逾城走，死者相藉。**〔考异〕续纲目云，七月，王黼闻魏王死，遣贯、攸再举，以刘延庆为都统制，朝散郎宋昭上书谏，且请诛黼、贯及良嗣。除名，窜海州。九月，辽将郭药师以涿、易二州降，授恩州观察使。十月，延庆袭燕京，子光世为后继，遣大将高世宣、杨可世与药师倍道进，甄五臣夺迎春门以入，萧斡巷战，药师与可世败，遁，光世逾约不至，世宣战死。延庆烧营遁，士卒蹂践死者百余里。** 　**北盟会编云，药师，铁州人。契丹以为神将，领常胜军，本谓之怨军。天祚恶其反覆，与群下谋杀怨军，故药师等反，杀其首领而降。都统萧斡拜为金吾大将军，守涿州。其下有四将，号彪官，每彪五百人，共只二千人，后增至五万人。赵良嗣燕云奉使录云，药师初闻易州降，有意归宋，会萧斡来涿，药师疑其图己，因谋叛。说斡，斡不从而出，遂囚萧余庆，追赵鹤寿等，奉表降。表曰：“臣生幽昧之乡，未被文明之化，常思戴日，何啻望霓？迩者，天祚皇帝，怠弃銮舆，越在草莽；**

万姓无依栖之地，五都有板荡之危。虽宣宗嗣国，旋致奄忽；女后摄政，尤难抚绥；诚天命之有归，非人力所能致。臣等纵属多难，莫生异心，盖所居父母之邦，不可废臣子之节。今契丹自为戎首，窃稔奸谋，燔烧我里庐，虔刘我士女，报之以德，抚乃以仇，以是思戴舜以同心，耻助桀而为虐。今将所管押马步军，用伸恳悃，伏愿皇帝，特开天地之恩，许入风云之会。实所愿也，非敢望焉！宣和四年九月十日。　按，封有功编年云，时知易州高凤与通守王琮以易州降，涿州留守郭药师以涿州降。会编谓均在九月，陈均九朝编年备要同。而东都事略与宋史连为一事。事略又作八月。所载各异。封氏又云，药师于宣和四年十月，以常胜军入燕，时燕人马贤良献诗曰："闻道将军晓入燕，满城和气接尧天，油然瑷瑷三千士，雨洗兵戈二百年。"

秋九月，太后使萧容、韩昉如宋，奉表称藩；宋不纳。〔考异〕北盟会编载萧后表云："盖闻溟海纳污，繁众流而毕会；太阳舒照，岂爝火以犹飞。方天下之大同，故圣人之有作，拊心悼往，饮泣陈辞。伏念妾先世乘唐、晋之季年，割燕、云之外地。暨逢圣运，已受齐盟；义笃一家，誓传百禩。孰谓天心改卜，国步多艰，先王遇板荡之余，励兴复之志，始历推戴，奄致沦殂。爰属惸嫠，俾续禴祀。常欲引干戈而自卫，与社稷以偕亡。伏念生灵重罹涂炭，与其蹈执迷之咎，曷若为奉上之勤！伏遇皇帝陛下，四海宅心，兆人为命，敷文德以柔远，奋武烈以训时，必将拯救黎元，混一区宇。仰承严命，敢稽归款之诚；庶保余生，犹荷永绥之惠。今差永昌宫使萧容、乾文阁直学士韩昉等，诣阙奉表，陈奏以闻。"史未载。　曾敏行独醒杂志云，韩昉来见童贯、蔡攸于军中，愿除岁币，复结和亲，且言女真蚕食各国，今若大辽不存，则必为南朝忧，唇亡齿寒，不可不虑。（兴）〔贯〕（据独醒杂志卷八改）

与攸叱出之，昉大言于庭曰："辽、宋结好百年，誓书具存，汝能欺国，独能欺天耶？"昉去，贯亦不以闻。所载又异。　周密浩然斋雅谈云，韩子苍挽中山韩帅诗曰："金絮盟犹在，灰钉事已新。"后村以为语妙而意婉，盖宣、靖之祸，自灭辽取燕始。上句指韩，下句指童、蔡也。

　　冬十一月，太后五奉表于金，求立秦王，不许。以兵守居庸关。〔考异〕封氏编年云，时奉表使金者为平章事张炎、都官员外郎张仪。　方舆纪要云，关在昌平州西北二十四里。详见卷一。及金兵至关上，崖石自崩，戍卒多压死，不战而溃。〔考异〕薛应旂通鉴云，金兵度关而南，辽统军都监高六等纳款于金。金主至燕京，自南门入，宰相左企弓等奉表请罪。释之，命还旧职，而遣企弓等抚定各州县。于是五京皆为金有。毕沅续通鉴高六作皋陆，通鉴辑览作高陆。　史愿亡辽录云，金兵逼城，左企弓集百官议，未定，统军副使萧一信开启夏门，放金兵入，金遣北枢密韩秉传旨，不杀，催文武官僚出丹凤门投降。所载各异。太后乃出古北口，趋天德军。见天祚帝，帝杀之。〔考异〕契丹国志云，萧后议所往，大石欲归天祚，有宣宗驸马萧教迭曰："今日固合归天祚，然而有何面目相见？"大石命左右牵出斩之。传令军中：有异议者斩。所载较详。降王为庶人，除其属籍。〔考异〕北盟会编云，天祚闻淳卒，下诏曰："天命至大，不可以力回；神器至公，未闻以智取。古今定论，历数难移，是以圣人戒于盗窃。故秦晋国王淳，九族之内，推为仲叔之尊；百官之中，未有人臣之重。趋朝不拜，文印不名；尝降玺书，别颁金券；日隆恩礼，朕实推崇，众所共知，无负于尔！比因寇乱，遂肆窥觎，外徒有周公之仪，内实稔子带之恶。不顾大义，欲偿初心，任用小人，谋危大宝，僭称帝号，私授天官；指斥乘舆，伪造符宝；轻发文字，肆赦改元；以屠沽商贾为翼戴之臣，以佞媚狙诈处清密之任，不逾累月，便至台阶；刑狱滥冤，纪纲紊乱；纵恣将士，剽掠州城，致我燕人陷于涂炭。天方悔祸，神不助奸，视息偷存，未及百日。一身殄灭，绝嗣覆家，人鬼所仇，取笑天下。而又辄申遗令，擅建长秋；妄委妇人，专行伪命。罪诚难贷，令在必行。假其余生，庸示宽大。据淳大为不道，弃义背恩，坏戾祖宗，朕不敢赦！所授官封，尽行削夺。萧氏降为庶人，改姓虺氏。呜乎！仰观天意，俯顺舆情，勉而行之，朕亦不忍。且仲尼作春秋而乱臣贼子惧，后之为臣子者，可不慎欤！"史未载。

同时，梁王雅里者，天祚帝第二子也，字萨兰。原作撒鸾七岁，欲立为太子，弗果。别置禁卫，封梁王。

保大三年（癸卯——一二三），金人围青冢（冢）寨（据辽史卷三○天祚纪附耶律雅里传删），雅里在军中，太保特默格原作特母哥挟之出走，间行至阴山。闻天祚失利趋云内，雅里驰赴。时扈从者千余人，多于天祚。天祚虑特默格生变，但诘责而已。

天祚渡河，欲奔夏。队帅耶律迪里原作敌烈，亦作敌列。〔考异〕王宗沐续通鉴作特列。等复劫之北走。至沙岭，见蛇横道而过，识者以为不祥。〔考异〕续通考云，兴宗时，萧柳从伐高丽，遇大蛇当路，前驱者请避。柳曰："壮士安惧此！"拔剑断蛇，而卒破敌。圣宗时，萧蒲奴幼孤，佣医家牧牛，伤人稼，屡被笞。医者每见蒲奴熟寝，有蛇绕身，异之。教以读书，不数年，涉猎经、史，善骑射，仕终奚六部大王。盖龙种也。后三日，群僚共立为帝，〔考异〕食货志云，时迪里等逼立雅里为帝，令群牧人户运盐泺粟，人户侵耗，议籍其产以偿。雅里自定其直；粟一车一羊，三车一牛，五车一马，八车一驼。从者曰："今一羊易粟二斗尚不可得，此直太轻。"雅里曰："民有则我有，如令尽偿，众何以堪？"事虽无及，然使天未绝辽，斯言亦足以收人心矣。纪未载。　金史太宗纪云，时辽官多啰、约索等劫其子雅里立之。

　系年要录云，辽亡林牙达锡以残众奉天祚子梁王北奔。　洪皓松漠纪闻云，国亡，达锡降金，后惧祸，遁归，深入商安（按，据松漠纪闻上，"商安"原作"沙子"，此盖清人改译），立梁王为帝。按，达锡即达实。所载各异。改元神历。命士庶上便宜。以迪里为枢密使，特默格副之。

　　性宽大，恶诛杀。每取唐贞观政要及林牙资忠所作治国诗，令侍从读之。诸部相继来附。迪里劾西北招讨使萧扎里原作纠里。〔考异〕汪辉祖辽史同名录云，卷二十五，道宗大安十年积庆宫使；卷六十五公主表，道宗女，三人同名纠里。荧惑众心，志有不臣，与其子玛尼原作麻涅并诛之。以约苏原作遥设为招讨使，与诸蕃战，数败，杖免官。已而荒怠，好击鞠，特默格切谏，乃不复出。后猎扎拉原作查剌山，一日而射黄羊四十、狼二十一，因致疾，卒，年三十。

　　耶律珠拉原作术烈。〔考异〕皇族表作述烈，系一人。通鉴辑览作珠尔。薛应旂通鉴云，系兴宗孙。继立，亦败。〔考异〕

萧图烈传，原作（突）〔特〕烈，（据辽史卷一一四萧特烈传改）字讹都椀。天祚与金战于石辇驿，图烈伺间急攻。及天祚溃遁，图烈收集散亡，后为中军都统。天祚奔夏，图烈与乌哲劫雅里立为帝，自为枢密使。雅里卒，复立珠拉，并为乱兵所杀。　按图烈亦作特烈，疑即迪里也。卷一百十四有传。又卷二十九，保大三年十一月突烈，为众所杀，与传合，系一人。毕沅续通鉴迪里作萧迪里，云为乱兵所杀，特默格附于金。纪载各异。

辽史纪事本末卷三十七

李处温父子稔祸

天祚帝保大二年（壬寅——一二二）春正月，帝幸云中，诏留宰相李处温等与秦晋国王守燕。处温，析津人。祖仲禧，值奸臣伊逊原作乙信诬陷太子，附会其狱，得官南院枢密使，赐国姓，封韩国公。伯父俨，字若思，登咸雍进士第。太康初为将作少监，累擢参知政事。道宗晚年倦勤，各令掷骰，官之，俨得胜采，迁知枢密院事，封越国公，亦赐国姓。〔考异〕续通考云，此外，赐国姓者尚有：韩德让、北院宣徽使刘霂、枢密副使王观、都承旨杨兴工。其后述律氏因国亡，改姓石抹氏。又，王易燕北录有光禄大夫乙逸，姓名同音。见名疑。其妻邢氏有美色，尝出入禁中，俨教之曰："慎勿失上意。"

由是权宠益固。〔考异〕陆游老学庵笔记云，宋绍圣中，蔡京馆辽使李俨，因留久，方饮，忽持盘中杏曰：“来未（开）花〔开〕（据老学庵笔记卷四乙正），如今多幸。”京即举梨谓之曰：“去虽叶落，未可轻离。”又俨尝作菊花赋献道宗，主作诗题其后曰：“昨日得卿黄菊赋，碎剪金英填作句；袖中犹觉有余香，冷落西风吹不去。”侯延庆退斋闲雅录云，宣和初，刘远守祁州，尝接辽使李处能，俨子，号李状元家，燕人之最以学著者，闻其自述亦如此。元张继孟𦡧括辽主辞，寄蝶恋花云：“昨日得卿黄菊赋，细剪金英题作多情句；冷落西风吹不去，袖中犹有余香度。沧海尘生秋日暮，玉砌雕阑，落叶鸣疏雨；江总白头心更苦，索琴犹写幽兰谱。”继孟手书于卷。予尝见之钱芳标莼鲈词话。道宗大渐，俨与阿苏原作阿思同受顾命。寻封漆水郡王。尝修皇朝实录七十卷。〔考异〕续通考云，大安元年十一月，史臣进太祖以下七帝实录，疑即俨所进也。又，大安四年四月，召枢密直学士耶律俨讲尚书洪范。俨传未载。雅与北院枢密使萧奉先有旧，执政十余年，善逢迎取媚，天祚帝又宠任之，卒，赠尚父，谥忠懿。〔考异〕契丹国志云，俨柄国政凡十五年。女真之祸，与奉先蒙蔽，以至亡国。性巧善谀，与牛温有隙，各竞朋党，温不能胜。子处贞，太常少卿；处（兼）〔廉〕（据辽史卷九八耶律俨传改）同知中京留守，处能少府少监。宏简录处兼作处廉，余同。

按，史列传只有牛温舒，并无牛温。所载又异。奉先荐其侄处温为相，处温因奉先有援己力，倾心阿附，以固权位，而贪污尤甚，所接引皆小人。

三月，帝入夹山，数日，命令不通。处温与族弟<u>处能</u>、〔考异〕<u>天祚纪</u>云，与弟<u>处能</u>。据<u>俨</u>传，则系从父弟，而<u>处温</u>本传乃称为族弟。所载各异，今从<u>本传</u>。子<u>奭</u>，外假<u>渊</u>原作怨军声援，结都统<u>萧斡</u>原作斡。〔考异〕<u>通鉴辑览</u>谓与<u>和勒博</u>系一人。辨见下卷。谋立<u>魏王</u>，召<u>奭</u>、汉官属诣王府劝进。王出，<u>奭</u>即持赭袍衣之，遂称天锡皇帝。以<u>处温</u>守太尉，<u>处能</u>直枢密院，<u>奭</u>为少府少监。<u>左企弓</u>以下，授官有差。

夏六月，王寝疾，闻帝传檄<u>云内</u>、<u>朔</u>、<u>武</u>、<u>应</u>、<u>蔚</u>诸州，合诸<u>蕃</u>精兵五万骑，约以八月入<u>燕</u>，并遣使问劳，索衣裘、茗（果）〔药〕（据<u>辽史</u>卷二九天祚纪改）。王甚惊，命南、北面大臣议。而<u>处温</u>与<u>萧斡</u>等有迎秦拒湘之说，从其议者东立，惟都部署<u>耶律宁</u>西立，且曰："天祚果能以诸<u>蕃</u>兵大举夺<u>燕</u>，则是天数未尽，岂能拒之？否则，<u>秦</u>、<u>湘</u>，父子也，拒则皆拒。自古安有迎子而拒其父者？"<u>处温</u>等欲杀之。王叹曰："忠臣也，安可杀？天祚果来，吾有死耳，复何面目相见耶！"已而王薨，遗命立<u>秦王定</u>为帝。<u>德妃</u>为太后，称制。

先是，王自知不起，密授<u>处温</u>蕃、汉马步〔军〕（据<u>辽史</u>卷一〇二<u>李处温</u>传补）都元帅，意将属以后事。及病亟，<u>萧斡</u>等矫诏，召南面宰执入议。独<u>处温</u>称疾不至，阴聚勇士为备。王薨，<u>萧斡</u>拥兵立<u>萧后</u>，

〔考异〕契丹国志云，萧后兄弟坐章努诛，天祚囚后于上京。女真破，得出，又囚于中京。王立始归，至是德萧斡，封为越王。史未载。召处温至，时方多难，未欲即诛，但追毁元帅札子。处能惧祸及，落发为僧。〔考异〕东都事略云，处温聚武勇二千人，从间道乞王师为援。王卒，秘不发丧。斡会百官于球场，宣言立萧后，迎秦王。群臣无敢异。斡召处温，欲斩之；处温来，后以时方多艰，不欲诛大臣，毁元帅宣札。未言处能为僧事。史又无间道乞援事。

时有（武）〔永〕清（同上书改）人傅遵说随郭药师入燕，被擒，具言处温尝遗易州富民赵履仁书，〔考异〕北盟会编，履仁外，尚有刘耀。履仁授朝散大夫，耀授均州宣抚使，准备差使。所载更详。达宋帅童贯，欲挟萧后纳土归宋。后执处温诘之，对曰："臣父子于宣宗有定策功，宜世蒙宥，岂可使因谗获罪？"后曰："向使魏王如周公，则终享亲贤之名于后世。误王者皆汝父子，何功之有？"〔考异〕天祚纪云，处温父子惧祸，南通童贯，欲挟萧后纳土于宋；北通于金，欲为内应。按，本传未言通金事，而北辽纪又以潜纳宋兵作宰相李纯。所载各异，今从本传。悉数其罪数十，赐死；斫其子奭而磔之。籍其家，得钱七万缗，〔考异〕契丹国志云，得见钱十余万贯。宏简录云，得钱七十万缗。今从天祚纪。金玉宝器称是。皆为相数月所取也。〔考异〕契丹国志云，处温以其子奭尝与赵良嗣善，因与贯通，潜以帛书相赠答。及宋得燕山，追封处温为广阳郡王，子奭为保宁节度使，以其家为庙，录其孙一人。　北盟会编云，马扩自燕归，良嗣闻首台为处温，喜谓贯曰："某与处温尝结莫逆交，同约南奔，于北极庙拈香为盟，欲共图契丹。"贯遂令募牒者投书，得马柔吉等，令结义士，开门迎降，处温因令子奭答以帛书。宋史良嗣传言，顷在北朝，与燕中豪士刘范、李奭及族兄柔吉三人，约拔燕、蓟归朝。所载各异。

辽史纪事本末卷三十八

奚酋僭号

天祚帝天庆八年（戊戌——一一八）夏六月丁卯，贼霍六格原作霍六哥陷海北州，趣义州，军帅和勒博击败之。和勒博，一名翰，原作回离保。卷一百十四有传。〔考异〕卷二十六，道宗寿隆元年知奚六部大王事回里不，为本部大王，疑系一人；卷二十三，太康三年东京留守同知和勒博，亦作回里不，另一人。国语解，"和勒博"，满州语联络也，又，被唬住也。旧作回离保，今译改。字绥兰，原作授懒。〔考异〕通鉴辑览作纽抡。奚王忒邻〔考异〕通鉴辑览作特哩。之后。善骑射，与其兄必埒里原作鳖里剌。〔考异〕卷二十三，道宗太康二年，封皇后父必哷哩为赵王；卷六十七外戚表作别里剌，均另一人。齐名。天庆初，官北女直详衮，原作详稳兼知咸州路兵马事，改东京统军。即而诸蕃入寇，悉破之，迁知奚六部大王，兼总知东路兵马事。〔考异〕蔡絛北征纪实称为四军大王。　续纲目云，奚铁骊王和勒博叛，降女真，已而逃归。时宋政和四年，即辽天庆四年也。金史亦云，甲午岁，太祖破耶律色锡诸将，连战皆捷，奚铁骊王和勒博以所部降，未几遁归于辽。据此，则和勒博尝有降金之事。史未载。

保大三年（癸卯——一二三）春正月丁巳，知北枢密院事奚王和勒博即箭笴山在抚宁县东北百里，今亦名茶盆山。〔考异〕方舆纪要云，石门之北峰，高万仞，陵峦杳深。辽史谓迁州有箭笴山，是也。奚回离保于此称夷帝，金人击平之。稍异。自立，僭号奚国皇帝，称天复元年。〔考异〕奚和勒博传，明年，金兵由居庸关入，和勒博自立。　按，明年，原作是年。考续通鉴，金兵至居庸关及和勒博僭立，并保大三年事，而天祚纪，金兵至居庸作保大二年，和勒博僭立作保大三年。传上文云保大二年，今改是年为明年。又，宏简录，和勒博为契丹汉人行宫都部署。传未载。设奚、汉、渤海三枢密院，改东、西节度使为二王，分司建官。命都统玛格原作马哥讨之。

夏五月，和勒博为众所杀。时奚人巴札、原作巴辊罕嘉努原作韩家奴等引兵击附近契丹部落，劫掠人畜，群情大骇。会和勒博为郭药师所败，一军离心。〔考异〕方舆纪要云，宣和五年，萧幹出卢龙岭，攻破景州。景州，今蓟州遵化县。卢龙岭在永平府西一百九里，即古卢龙寨。又败宋兵于石门镇，遂陷蓟州，寇掠燕城，为药师败，幹走死。　地理志，景州清安军，本蓟州遵化县，重熙中置。遵化县本唐平州买马监，为县。　唐书地理志云，景州，贞元三年析沧州置，长庆元年废，二年复置，太和四年又废。是景州之名，亦沿前代之旧。

张杰遵化县志云，松亭山，邑东北百二十里，多古松。其峰下削，腰有洞，高二丈余，深倍之。禅林寺，邑东北二十五里。姚秦宏始中僧至道建，称云昌寺，辽重熙间僧志纪重修，改今名。　曹学佺名胜志云，独固门，一名龙门，在遵化县南十里，上合下开。开处高六丈许，水自悬崖倾泻而下，触石成井，声轰如雷。　高士奇松亭行纪云，石门峡在遵化西五十里，有"石将军"在峡西，高三丈。

王存元丰九域志云，遵化县福泉山下水沸出，温可燖鸡，旁引为池，方平如鉴。**其党耶律阿古齐**原作阿古哲〔考异〕东都事略作白得哥，契丹国志作得哥，毕沅续通鉴作裕古泽。**与其甥伊实**原作乙室**巴沁**原作八斤〔考异〕金史作巴锦。尚有家奴伯特赫。**等杀之，**〔考异〕金史本传云，初，太祖破辽兵于达噜噶城，九百奚营来降。至是，和勒博死，奚人以次附属。各置明安、穆昆领之。

契丹国志云，保大二年二月，李处温结都统萧斡立魏王，宋师来侵，遣斡将兵击败之。王卒，斡矫诏立萧后。十月，宋兵攻燕，斡复还击，大败之。三年正月，斡与后出奔至松亭关。议所往，太后欲归天祚，辽军从之。斡，奚人也，欲就奚王府立国。奚渤海军从之，乃称神圣皇帝，改元天兴。六月，克蓟、景二州。七月，为药师击败于腰铺，被执，其党夔离不在峰山，亦败，生擒阿骨鲁太师。宏简录所载与史本传略同，惟峰山作蜂山。被擒者阿鲁太师，其妻阿古自刭死。　叶梦得避暑录话云，澶渊未修好以前，志在取燕，未尝不经营。故流俗言甚喜而不可致者，皆曰如获燕王头。宣和末，北方用师，其大酋夔离不尝王燕，为边害，朝论必欲取之。未几，大将斩夔离不，函其首以献，诏藏之大社头库，天下皆上表贺，其实非也。士大夫传以为笑曰，遂获燕王头耶。所载各异。**伪立凡八月**。〔考异〕续纲目云，宣和五年正月，和勒博自称奚帝，为药师败，阿古齐杀之。与史同。而八月又载都统萧斡称帝改元天嗣，破景、蓟州，遂攻燕，药师败之，斡走死，又另一人。 按，通鉴辑览云，辽史天祚纪：都统萧斡谋立淳。而纪北辽事则作和勒博。又和勒博传所载皆斡事，而宋史徽宗纪复作库里布，所载诏书，乃皆言萧斡事。盖萧斡即和勒博，一人而两名互见，史家未经刊定。及考金史和勒博传云，奚有五世族，世与辽婚，因附姓舒噜氏。舒噜，辽后族，后改萧氏，而和勒博一名翰，翰即斡之转音，故从其本族则称和勒博，从其附姓则称萧斡。续纲目误分为二。又一正月，一八月，皆称奚帝，皆为药师败。历观三史，并无二人同称奚帝，药师传亦无两败奚人之事，今从天祚纪作和勒博，而附考证于后，较为明晰。又，库里布旧作夔离不，见契丹国志。辑览似尚有误。

辽史纪事本末卷三十九

张珏归宋

天祚帝保大二年（壬寅——二二）夏六月，萧德妃称制于南京，遣锡凌阿原作时立爱，字昌寿，涿州新城人。知平州，地理志云，本秦、汉辽西、右北平二郡地。隋改平州。太祖天赞二年取之，号辽兴府，统营、滦二州，为平州路。平州，辽兴军。统县三：卢龙、安喜、望都。州二：滦州，领县三：义丰、马城、石城；营州，领县一：广宁，均属平州，与卷一所载略异。〔考异〕宋琬永平府志染庄社记云，契丹时，辽兴军鬲尧者行货，路收一卵于篋，归置锦囊系脐下，月余，出蛇如簪。饲之以肉，每出便饲，渐长盈丈，围将尺许，尧虽倾篋居之，而力不能任矣。乃纵于野，任其自食。尝命以名曰雅，抚首似不能忍别，雅知人恋恋然，但不能言而去。数岁益大，始食野禽，继而噬人，有司制之无策，闻于契丹，榜募能捕者。尧知其必雅，乃应募而抵放处，呼其名而至，叙故旧而数其罪，蛇遂俯首伏诛，其血流及近村，土石悉染红，而庄以名。庄老以尧能施恩除害而祀之，雅能知恩服罪而配焉。是岁，里人修祠落成，纪其岁月。金至宁元年仲秋辛卯，兴平路猛安蒲察孟里记。周春曰：余辑辽诗话，遍阅十六州志乘，无足采者，即辽时事迹寥寥，惟永平府志所载染庄社记最为奇异，堪入齐谐之志，几同海枣之谈。因作绝句咏之曰："国士酬知己，由来未足夸；报恩拼一死，不见染庄蛇。" 按，辽兴军即今永平府。飌尧，姓名甚奇，虽大昊苗裔，而堪入夏氏奇姓通也。飌，疑即飌，古风字；尧，疑即光字之讹。以代张珏。〔考异〕金、宋二史珏作觉。贾子庄陷燕记作壳，曹勋北狩见闻录作珏。

珏，平州义丰人。初为辽兴军节度副使，民推珏领州事。珏知国必亡，练丁蓄马，籍丁壮为备。至是锡凌阿至，拒弗纳。〔考异〕金史时立爱传，时官辽兴节度，金遣韩询入平州招降，立爱请先下诏抚谕，许之，并命沃赫阿里为之副。至张觉为留守，乃去平州归乡里。是立爱先已官平州，不得云珏拒而不纳也。二史未知孰是？金帅尼雅满原作粘罕入燕，首问平州事于康公弼，曰："珏狂妄寡谋，虽有乡兵，何能为？示以不疑，图之未晚。"金人乃招锡凌阿赴军前，加珏临海节度使，仍知平州。寻又欲遣兵取平州擒珏。公弼曰："若加兵，是趣之叛也。"请往觇之。珏曰："辽之八路，七路已降，独平州未解甲者，防萧幹原作幹耳！"厚赂公弼而还。事遂寝。金复改平州为南京，加珏〔试〕（据辽史卷二九天祚纪补）**平章事兼留守。**〔考异〕续纲目云，平州军乱，节度使萧迪里遇害，珏领州事，集兵得五万人，马千匹。契丹国志云，珏登进士第，因乡兵经过，杀节度使萧谛里，珏招安息乱，以功权知平州事。余均同。

四年（甲辰——二四）**夏五月，金归燕京及蓟、景六州于宋。燕之大家及左企弓、康公弼、曹勇义、虞仲文皆东迁。燕民流离，不胜其苦。入平州，言于留守珏曰："宰相左企弓不谋守燕，使吾民流亡失所。公今临巨镇，握强兵，尽忠于辽，必能使我等复归乡土，惟公是望。"珏召诸将领议，皆曰："闻天祚兵势复振，出没漠南。公若仗义勤王，奉迎天祚，以图中兴，先责左企弓等叛降之罪而诛之，尽归燕民，使复其业，而以平州归宋，则宋无不接纳，平州遂为藩镇矣。即后日金人加兵，内用平**（州）〔山〕（同上书并金史卷一三三张觉传改）**之军，外得宋为之援，又何惧焉！"时翰林学士李石智而多谋，与之议，亦合。乃遣张谦率五百余骑，召宰相左企弓、**字君材，蓟人。读书通左氏春秋。**曹勇义、**广宁人。**枢密使虞仲文、**字质夫，宁远人。四岁作诗，赋煎饼有"鱼目蝉声"之句。其雪花诗曰："琼英与玉蕊，片片落前池；问著花来处，东风也不知。"仕金至平章政事，封濮国公。诗载中州集中。见元好问续夷坚志。又善画人、马、墨竹，学文湖州。见夏文彦图绘宝鉴。**参知政事康公弼**字伯起，宛平人。**至滦河西岸，使赵秘校**〔考异〕契丹国志作赵能。往数十罪，曰："天祚播迁夹山，不即奉迎，一也；劝皇叔秦晋王僭号，二也；诋讦君父，降封湘阴，三也；天祚遣知阁王有庆来议事而杀之，四也；檄至，有迎秦拒湘之说，五也；不议守燕而遽降，六也；不顾大义，臣事于金，七也；根括燕财，取悦于金，八也；使燕人迁徙失业，九也；教金人发兵先下平州，十也。尔有十罪，所不容诛。"左企弓等无以对，皆缢杀之。〔考异〕金史列传，惟左企弓被杀，余均令终，与史异。今从天祚纪。仍称保大三年，画天祚像，朝夕谒，事必告而后行，称辽官秩。

六月，榜谕燕人复业，恒产为常胜军所占者悉还之。燕民大悦。

是月，翰林学士李石更名安弼，偕故三司使高觉〔考异〕毕沅续通鉴云，原名履。往燕山，说宋帅臣王安中曰："平州带甲百万，珏有文武材，可用为屏翰；不然，将为肘腋患。"安中深然之，令安弼、党诣宋。宋诏安中与詹度厚加安抚，〔考异〕续纲目云，帝初令詹度第羁縻之，而度促其内附，珏请降，王黼劝帝纳之，赵良嗣谏不听，坐削五阶。北盟会编云，张觉欲通韩庆民，结四军窥燕，徽宗密谕詹度招谕，觉遂遣张钧、张敦固来纳土。又，安弼作汝弼。

史愿亡辽录，时学士赵敏修，辽相李俨子处能自海岛赴阙，出入王黼、蔡攸第，劝纳觉。　按宋史，珏归宋载在宣和五年，即保大三年也，天祚纪系于四年，恐误。见毕沅续通鉴。宏简录云，金遣刘彦宗及斜钵往谕平州，一郡勿扇动，下诏谕南京官吏，止坐首恶，余释之。 陆游老学庵笔记云，宣和中，保和殿下种荔支成实，徽庙手摘以赐燕帅王安中，并赐诗曰："保和殿下荔支丹，文武衣冠被百蛮；思与廷臣同此味，红尘飞鞚过燕山。"免常赋三年。复建平州为泰宁军，拜珏节度使。令宣抚司出银绢数万犒赏，并加安弼、党为徽猷阁待制。〔考异〕毕沅续通鉴，此外尚有卫甫、赵仁彦。

时金将栋摩 原作阇母。〔考异〕通鉴辑览作多昂摩。屯来州，闻之，即率兵先入营州，珏以精兵万骑击败之。寻谍知珏出迎宋使，举兵来袭，珏不得归，奔燕。金克三州，始来索珏。王安中取貌类者斩之，使持去。金察其伪，以兵来取，安中乃杀珏，函其首送金。〔考异〕续纲目云，珏奔燕，张敦固等出降金；金遣还谕城中。城中人杀其使者，立张敦固为都统，闭门拒守。及安中函珏首并二子送金，于是燕降。将及常胜军皆泣下，郭药师曰："金人欲珏即与，若求药师，亦将与之乎？"安中惧，请罢，以蔡靖代知府事。 契丹国志云，珏初纳款，仍通好萧幹，遣迎天祚，图兴复。燕人李汝弼、高党先被掳，后珏放归，说宋纳降，珏被袭出走，为药师所获。余同。 史愿亡辽录云，觉为药师获，藏常胜军中。金来索，帝不欲与；安中与药师再三执奏，乃缢杀之。东都事略云，童贯、蔡攸还京，盛称张觉材武，可捍金人。乃以金华纸赐诏书，使击金人。金逻得之，遂袭破平州，杀张敦固。 毕沅续通鉴云，金克平州，得宋所赐诏旨。其弟怀御笔将奔燕山，以其母为金人所得，复往投之，而珏及妻已为金戮，并得珏弟所怀御笔，金人大怒，旋举兵攻燕山矣。所载较详。

辽史纪事本末卷四十

耶律达实之立

天祚帝保大二年（壬寅一一二二）春三月，耶律达实原作大石。〔考异〕契丹国志作大实，系年要录作达锡，通鉴辑览作达什。与宰相张琳、李处温等立秦晋国王为帝。达实，字（秉）〔重〕德（据辽史卷三〇天祚纪附耶律大石传改），太祖八代孙也。通辽、汉文字，善骑射，登天庆（八）〔五〕（同上书改）年进士第，擢翰林应奉，升承旨。国俗以翰林为林牙，故称达实林牙。历泰、祥二州刺史，辽兴节度使。至是，因金兵日逼，天祚播越，与诸大臣谋立王为帝以守燕。达实专掌军旅事。王薨，尊其妻萧德妃为太后，称制决事。及金兵至，后归天祚，被杀，而责达实曰："我在，汝何敢立王？"对曰："陛下以全国之势，不能拒敌，弃国远遁，即立十王何害？"帝无以答。赐酒食，赦其罪。

三年（癸卯——二三）夏四月，金兵至居庸关，达实被擒。

秋九月，达实归自金。〔考异〕天祚纪，金兵临居庸关载在是年十一月，而四月内未书（按，考辽史卷二九天祚纪，明载夏四月"丙申，金兵至居庸关，擒耶律大石"。则此处未曾详察耳）。

契丹国志云，大实降女真，与粘罕为双陆戏，争道，粘罕欲杀之，大实即弃妻携五子宵遁。粘罕怒，以其妻配部落之最贱者，不屈，射杀之。史未言双陆争道事。　毕沅续通鉴云，时达实壁龙门东，金都统鄂啰遣洛索等攻之，生擒达实。亦载在金克南京之后。与史略同。惟宏简录云，金兵入居庸关，大石自古北口亡去，以其众袭奉圣州，为娄室所获，并降其众。斡离不袭天祚，以为乡导。既而亡归，预谋立魏王；王卒，复立其妻。据此，则大石预谋立王，乃系被擒亡归之后，与史异，恐是传闻之误。

四年（甲辰——二四）秋七月，帝欲出兵复燕、云，达实力谏曰："自金人初陷长春、辽阳，则车驾不幸广平淀，而都中京；及陷上京，则都燕山；及陷中京，则幸云中；自云中而播迁夹山。向以全师不谋战备，使举国汉地皆为金有。国势至此，而方求战，非计也。当养兵待时而动，不可轻举。"不从。遂杀萧伊实原作乙薛。〔考异〕通鉴辑览作伊锡。及博

勒和，原作坡里括。〔考异〕毕沅续通鉴作博勒果。置北、南
面官属，自立为王，〔考异〕西辽纪云，达实预谋立魏王，后
归，天祚责之，达实不自安，遂杀伊实等而自立，非因谏复燕、云
事。今从天祚纪。率所部西去。过黑水，见白达达〔考
异〕卷六十九，部族表作白达旦。详衮崇乌噜，原作床古儿〔崇
乌噜〕（据辽史卷三〇天祚纪附耶律大石传补）献马驼。西至
哈屯城，原作哈吞。旧作可敦。驻北庭都护府，会威武、
崇德、会蕃、新、大林、紫河、驼等七州及大黄室
韦、德呀、原作敌剌。〔考异〕部族表作敌烈，系一部。昂吉
尔、原作王纪剌察察哩、原作茶赤剌约喜、原作也喜布古
德、原作鼻古德。〔考异〕部族表作鼻骨德，系一部。纳喇、原作
尼剌达尔干、原作达剌乖塔密里、原作达密里默尔吉、原作
密儿纪和卓、原作合（住）〔主〕（同上书改）乌库哩、原作乌
古里准布、原作阻卜博克硕宽、原作普速完唐古、呼穆
苏、原作忽母思希达、原作奚的济勒贝原作纠而毕。〔考异〕部
族表作纪而毕，系一部。十八部王众，谕曰："我祖宗艰
难创业，历世九主，历年二百。金以臣属，逼我国
家，残我黎庶，屠翦我州邑，使我天祚皇帝蒙尘于
外，日夜痛心疾首。我今仗义而西，欲借力诸蕃，
翦我仇敌，复我疆宇。惟尔众亦有轸我国家，忧我
社稷，思共救君父、济生民于难者乎？"遂得精兵
万余，器仗具备。〔考异〕洪皓松漠纪闻云，大实深入沙子，立
天祚子梁王而相之。金遣余都姑追之不及。沙子者，不毛之地，风

起扬尘，不能辨色，或高数丈，绝无水草，人多渴死。大实走，凡三昼夜始得度，故不能穷追。辽马数十万牧于碛外，金未之取，悉为达实所得。今辽王、大实皆亡，辽余党犹居其地。赵子砥燕云录云，沙子里者，在沙院西北，去金国四千里，广有羊马，南接天德、云内，北连党项国南关口。天祚子赵王见在金门御寨。许王者，元妃所生，年十八九，今在沙子。天祚之弟大石林牙已立为主，称天辅皇帝。兵马数十万，待时兴举。按，二书所纪，全与辽史不合。史本纪载雅里为敌烈所立，非大石也。皇子表载天祚六子赵王从天祚至白水泺，为金获；许王至青冢泺，为金获。大石宵道，入西域，至起儿漫，立为天祐皇帝，安所得许王而立之乎？此皆传闻之误。见厉鹗辽史拾遗。刘壎隐居通义云，沙子在契丹后，弥数千里。往者，女真既灭契丹，其臣大石林牙携其子三昼夜逾沙子，立之。数十年，粘罕不能近。续通考云，敌烈，辽太宗与穆、景之世，岁来贡。后辽主为金所逼，归于其部，耶律大石乃有其地。

　　五年（乙巳——二五）春二月甲午，达实以青牛白马祭天地、祖宗，整旅而西。先以书谕回鹘王必里克原作毕勒哥。〔考异〕毕沅续通鉴作必勒哈，通鉴辑览作伯勒格。曰：“昔我太祖北征，过巴噶罕原作卜古罕城，即遣使至甘州，招尔祖乌穆珠，原作乌母主尔祖即表谢，是与尔国非一日之好也。今我将西至大食，假道尔国，其勿致疑。”王得书，即迎至邸，宴饯加礼。由是兵行万里，归者数国，获马、驼、牛、羊、财物不可胜计，军势日盛。

　　至塔什干，原作寻思干。〔考异〕通鉴辑览作塔什罕。李志常长春真人西游记云，西南至寻思干城，万里外回纥国最佳处，契丹都焉，历七帝。盛如梓庶斋老学丛谈云，讹打剌西千余里，有大城曰寻思干。寻思干者，西人曰肥也。耶律楚材湛然居士集有河中府诗十首。寻思干地，西辽称河中府。刘郁西使记云，二月二十四日，过赤、堵两山间，土平民夥，沟洫映带，多故垒坏垣，盖契丹故居也。计其地，去和林万五千里而遥。三月八日，过寻思干，城大而民繁。所载较详。西域诸国举兵十万，号呼喇繖，原作忽儿珊。〔考异〕毕沅续通鉴作呼拉沙。来拒战。率师分三道迎击，遣六院司大王萧额哩埒、原作斡里剌。〔考异〕通鉴辑览作鄂啰洛。招讨副使耶律松山等攻其右；枢密副使萧扎伦布、原作剌阿不，又作查剌阿不，系一人。〔考异〕毕沅续通鉴作苏拉布。招讨使耶律穆苏原作术薛等攻其左；自以众攻其中。呼喇繖大败，僵尸相望。驻军凡九十日，回回国王来降，贡方物。

西至奇尔玛勒，原作起儿漫。〔考异〕通鉴辑览作克埒木，毕沅续通鉴作奇尔爱雅。方舆纪要云，地在唐庭州西南。庭州旧车师后王庭也。舆地广记，庭州在流沙西北，汉为乌孙故地，东汉为车师后王庭，历代为胡虏居。唐灭高昌，突厥以其地来降，置庭州，改曰北庭大都护府。后陷吐蕃。领县四：金满、轮台、后庭、西海。称帝。时甲辰岁二月五日也。年三十八，号格尔干，原作葛儿罕。〔考异〕毕沅续通鉴作噶尔汗曰天祐皇帝，改元延庆。追谥祖父为嗣元皇帝，祖母为宣义皇后，册其妃萧氏为昭德皇后。自萧额哩埒等四十九人祖、父，封爵有差。

延庆三年（丙午——二六）班师东归，马行二十日，得善地，遂建都城，号呼逊鄂尔多。原作虎思斡耳朵。〔考异〕盛如梓庶斋老学丛谈云，湛然居士国初扈从西征，有西游记，述其事曰：出阴山有阿里马城，西有大河曰亦列，其西城曰虎思窝鲁朵，即西辽之都。附庸城数十。　金史粘割韩奴传云，大定中，回纥移习览三人至西南招讨司贸易，自言："本国回纥邹括番部，所居城名骨斯讹鲁朵。先时契丹至，不能拒，因臣之。近岁，契丹使其女婿阿本斯领兵五万，北攻叶不辇等部族，不克而还。"是岁，粘拔恩君长撒里雅（宣）〔寅〕特斯（据金史卷一二一粘割韩奴传改）率（属）〔康〕里（同上书改）部长孛古及户三万余求内附，乞纳前大石所降牌印，受朝庭牌印。诏遣使慰问。　杨复吉云，按西域闻见录云，伊犁之北有青可斯察汉，疑即骨斯讹鲁朵也。钱大昕云，天祚出军夹山在保大四年七月，达实西去即甲辰岁。其明年二月甲午整旅而西，兵行万里，驻军塔什干凡九十日。又西至奇尔爱雅，而后受册即位，其所历日月久矣，不特非甲辰二月，恐亦非乙巳二月也。

延庆十一年（甲寅—二三四），改元康国。

是年三月，以萧额哩埒为兵马都元帅，前同知枢密院萧札伦布副之；耶律燕山为都部署，耶律特尔格原作铁哥为都监，率七万骑东征。谕曰："今汝其往，信赏必罚，与士卒同甘苦，择善水草立营垒，量敌而进，毋自取祸败也！"行万余里无所得，牛马多死，勒兵而还。以康国十年殂，在位二十年，庙号德宗。〔考异〕耶律楚材湛然居士集云，大石林牙，辽宗臣，挈众而亡。不满二十年，克西域数十国，幅员数万里。传数主，凡百年。颇尚文教，西域至今思之。　刘祁北使记云，大石者，在回纥中。昔大石林麻，辽族也，太祖爱其俊辨，赐之妻，而阴蓄异志，因从西征，挈其孥亡入山后；鸠集举纠，经西北逐水草居，行数载抵阴山，雪石不得前，乃屏车，以驼负辎重入回鹘，攘其地而国焉。日益强，僭号德宗，立三十余年。　金史粘割韩奴传云，天会八年，遣耶律余睹、石家奴、拔离速追讨大石，征兵诸部，不从，石家奴至兀纳水而还，余睹闻大石在和州北，恐与夏合，遣使索之。报曰：小国与和州壤地不相接，且不知大石所在也。皇统四年，回纥遣使入贡，言大石与其国为邻，今已死。诏遣韩奴与其使俱往，遇大石，被执，大骂不屈，乃杀之。此时大石已死，疑系仁宗夷列也。　长春真人西游记云，晚至南山下，即大石林牙其国，亡辽后也。林牙领众数千走西北，移徙十余年，方至此地。经夏秋无雨，流河灌溉，百谷用成。左山右川，延袤万里，传国凡百年。所载甚详。**遗命昭德萧后称制。名塔布布延**原作塔不烟**号感天皇后，改元咸清，摄政七年。**

　　子伊里原作夷列。〔考异〕通鉴辑览作伊哷。**立，改元绍兴。籍民十八岁以上得八万四千五百户。在位十三年，殂，庙号仁宗。**

　　子幼，遗命其妹博克硕宽原作普速完。〔考异〕毕沅续通鉴作布沙堪。刘祁北使记云女弟甘氏。**称制，改元崇福，号承天太后。后与驸马萧图噜卜**原作朵鲁不。〔考异〕毕沅续通鉴作都尔木。**弟巴噶济苏尔**原作朴古只沙里。〔考异〕毕沅续通鉴作博果济萨里。**通，出驸马为东平王，杀之。驸**

马父额哩垿以兵围其宫，并射杀之。在位十四年。

仁宗次子珠勒呼原作直鲁古。〔考异〕通鉴辑览作卓勒古，卷一百八，太宗时太医直鲁古，另一人。立，改元天禧，在位三十四年。奈曼原作乃蛮王库楚勒伺其出猎，伏兵擒之，而据其位。库楚勒，原作屈出律。〔考异〕通鉴辑览作楚察里。毕沅续通鉴作库楚类，云据元史。库楚类即迪延汗子。元太祖本纪，三年戊辰，征库楚类汗，汗奔契丹。 按，珠勒呼之被擒，在癸酉年，去戊辰仅六年。既云库楚类据其位，所称契丹，又是何国？元圣武亲征录云，库楚类以数人奔契丹王菊尔可汗，岂袭衣冠而据位为菊尔可汗，而非库楚类耶？元史云，太祖元年丙寅，征乃蛮大阳罕子屈出律罕，与脱脱奔也儿的石河上。三年戊辰冬，再征脱脱及屈出律罕，时斡亦剌部等遇我前锋，不战而降，因用为乡导。至也儿的石河讨蔑里乞部，灭之，脱脱中流矢，死，屈出律奔契丹。圣武亲征录作曲出律可汗，云以数人脱走，奔契丹王菊而可汗。己巳春，畏吾儿国王亦都护闻上威名，遂杀契丹主所置监国少监，欲求议和。钱大昕十驾斋养新录云，圣武亲征记所称契丹王菊儿汗，即直鲁古也。辽史，大石以甲辰岁即位，号葛儿汗子孙，盖世袭其号。元史曷思麦里传，初为西辽阔儿汗，近侍曰阔，曰菊，曰葛，音皆相近。曷思麦里亦直鲁古旧臣，降元，从哲伯为先锋，克乃蛮，斩其主曲出律，盖为直鲁古报仇，尚在太祖庚辰岁，与戊辰屈出律奔契丹，相去十三年矣。纪载各异。尊珠勒呼为太上皇，朝夕问起居，以侍终焉。辽绝。前后凡九十年，号为西辽。〔考异〕沈炳震廿一史四谱，西辽起德宗大石延庆元年甲辰，即徽宗宣和六年，尽直鲁古天禧三十四年壬戌。五主，合七十八年。谓大石在位止十二年，延庆二年，康国十年。与史异。 元史太祖纪，<u>太祖</u>称帝之八年癸酉春，<u>耶律琉格</u>自立为<u>辽王</u>，改元元统。十年十一月来朝，以其子<u>实沙</u>入侍。<u>实沙</u>，一作<u>斜阁</u>。十三年戊寅伐<u>西夏</u>，<u>夏</u>主<u>李遵顼</u>出走<u>西凉</u>。<u>契丹</u>六哥据<u>高丽江东城</u>，命<u>哈真</u>、<u>札刺</u>率师平之，<u>高丽王瞰</u>遂降。　<u>王宗沐续通鉴</u>云，<u>琉格</u>为<u>金</u>北边千户。<u>金</u>疑<u>辽</u>遗民有他志，<u>琉格</u>不自安，遁至<u>龙安</u>，众至十万，称王，大败<u>金</u>将<u>和硕</u>兵，尽有<u>辽</u>东州县，遂都<u>咸平</u>。后降<u>蒙古</u>为元帅，居<u>广宁</u>。　<u>欧阳元高昌偰氏家传</u>云，<u>偰理伽</u>，年十六袭国相，<u>答刺罕</u>时，<u>西契丹</u>方强，威制<u>高昌</u>，命太师<u>僧少监</u>来围其国，恣睢淫侈，王患之，谋于<u>偰理伽</u>，对曰："能杀<u>少监</u>，挈众归<u>蒙古</u>，彼且震骇矣。"遂率兵围<u>少监</u>。<u>少监</u>避兵于楼，升楼斩之。　<u>元朝秘史</u>云，鼠儿年，<u>太祖</u>起兵征<u>乃蛮</u>。牛儿年，<u>屈出鲁</u>、<u>脱脱阿</u>相合于<u>额儿的失不都儿麻</u>，<u>太祖</u>追及之，杀<u>脱脱阿</u>，<u>屈出鲁</u>奔<u>合赖乞塔部</u>。又命<u>者别</u>追<u>屈出鲁</u>，至<u>撒里昆</u>而止。　<u>元史曷思麦里传</u>云，初为<u>西辽阔儿罕</u>近侍，后为<u>谷则斡儿朵</u>所属<u>可散八思哈</u>长官。<u>太祖</u>西征，<u>曷思麦里</u>率<u>可散</u>等城酋长迎降，大将<u>哲伯</u>以闻。帝命<u>曷思麦里</u>从<u>哲伯</u>为先锋，攻<u>乃蛮</u>，克之，斩其王<u>曲出律</u>。<u>哲伯</u>命<u>曷思麦里</u>持<u>曲出律</u>首往徇其地，若<u>可失哈儿</u>、<u>押儿</u>、<u>牵斡端</u>诸城，皆望风归附。　<u>钱大昕十驾斋养新录</u>云，<u>寻思干</u>，本<u>回回</u>故地，亦作<u>邪米思干</u>。<u>太祖</u>纪，十五年五月，克<u>寻思干城</u>。又曰，十六年春，帝攻<u>卜哈儿</u>、<u>薛迷思干</u>等城，似乎重出。考<u>西游记</u>，言<u>乃满</u>即<u>乃蛮</u>，失国，依<u>大石</u>，士马复振。盗据其土，继而<u>算端</u>西削其地。天兵至，<u>乃满</u>寻灭，<u>算端</u>亦亡。然则十五年所克者，<u>乃蛮</u>主<u>屈出律</u>，篡<u>西辽</u>而据其地者也。既克之后，复背<u>蒙古</u>而附<u>算端</u>，故次年再攻之。<u>算端</u>，即<u>算滩</u>，<u>回回</u>部长之号，亦作<u>逊丹</u>。若<u>元遗山刘氏碑</u>所称<u>契丹</u>余族，是为<u>西辽</u>。盖<u>屈出律</u>虽篡夺，犹袭<u>辽</u>衣冠，不改国号，故有<u>西辽</u>之称。其云古<u>续儿国</u>，殆以<u>西辽</u>主世袭<u>菊儿汗</u>之号。"续""菊"音相近而讹。夷朵，即辽史之干耳朵。斜迷思，即西游记之邪米思干乎？　按，此数则与辽史无涉，因厉鹗辽史拾遗有屈出律出奔，元史不详所终，故录补于此。见杨复吉辽史拾遗补。元好问遗山集大丞相刘氏先茔神道碑云，车驾征契丹余族，是为西辽，历古续儿国讹夷朵等城，战合只，破之，遂征逊丹之斜迷思于普花，见拒，印度嗊木连破其军二十余万。　元史云，十四年己卯夏六月，西域杀使者，帝亲征。十八年癸未夏，避暑八鲁湾川，皇子术赤、察合台、窝阔台及八剌之兵来会，遂定西域诸城。十九年甲申，帝至东印度国，角端见，班师。厉鹗云，按屈出律出奔，元史不详所终，至耶律留哥为辽人之苗裔，西域诸国为契丹之余族，故备述其事，以终辽纪焉。六哥，疑即留哥之讹音也。十驾斋养新录又云，西辽世次纪年，唯见于辽史天祚纪末，它书皆无之，今当以辽史为正。纪曰，大石以甲辰岁自立，改元延庆，即宋宣和六年，在位二十年殂，则宋绍兴十三年癸亥也。其妻称制，号感天皇后，当是绍兴十四年甲子，称制七年而卒，则宋绍兴二十年庚午也。大石子夷列嗣位，在绍兴二十一年辛未，立十三年而殂，则宋隆兴元年癸未也。其妹称制，号承天太后，当在宋隆兴二年甲申，称制十四年而被杀，则宋淳熙四年丁酉也。夷列子直鲁古嗣位，在宋淳熙五年戊戌，立三十四年而为乃蛮灭，则宋嘉定四年辛未也。辽史称西辽更迭相承，凡九十年，以大石在位二十年，合之二后三主，恰八十八年。然则延庆当有十年，并康国十年，乃合在位二十年之数。惟辽史于延庆三年建都之后，即云改延庆为康国元年，又云康国十年殁，似大石在位止十二年，未免自相矛盾。明人续纲目、续通鉴者，大率因此致误。商氏续纲目、薛氏、王氏续通鉴，所载岁月，俱未足信。又，辽史于直鲁古死，只云辽绝，未言其年系何干支也。诸家编年书皆系以辛酉，当宋嘉泰元年，不知何据？予谓大石官为林牙，颇通今古，其改元也，假兴复之名以号召诸部，必不遽称帝也。<u>延庆</u>改年，当在甲辰之春，其时犹未至<u>西域</u>，若称帝，则当于<u>延庆</u>三年，盖用<u>汉</u>、<u>晋</u>故事，俟<u>天祚</u>凶问至而后百官劝进耳。若建都，改元康国，则必在<u>延庆</u>十一年，<u>西游记</u>所谓移徙十余年，方至此地者也。如是，则<u>大石</u>在位二十年之说定，而<u>直鲁古</u>之亡，必在辛未，而不在辛酉，决然可信矣。

辽史纪事本末卷末

引用书目

钦定大清一统志

钦定满洲源流考

钦定日下旧闻考

钦定辽金元三史国语解

钦定八旗姓谱

钦定全唐诗

御批通鉴辑览

史记　司马迁

史记正义　张守节

史记索隐　司马贞

山木篇　庄周

淮南鸿烈解　刘安

别录　刘向

尚书集注　孔安国

周礼全解

周孔总义　宋昌绂

尔雅翼　罗愿

尔雅疏　郭璞

山海经注　郭璞

前汉书　班固

汉书注　应劭

汉书注　颜师古

后汉书　范晔

汉官仪　刘攽

帝王世纪　皇甫谧　　　　　　新唐书音训　窦苹

世史类编　　　　　　　　　　元和郡县志　李吉甫

水经　桑钦　　　　　　　　　唐会要　王溥

水经注　郦道元　　　　　　　酉阳杂俎　段成式

搜神记　干宝　　　　　　　　朝野佥载　张鷟

博物志　张华　　　　　　　　经典释文　陆德明

鸿雪录　　　　　　　　　　　大唐西域记　释辨机

辰象考　　　　　　　　　　　旧五代史　薛居正

百川书志　　　　　　　　　　法苑珠林　释道世

上林汇考　　　　　　　　　　新五代史　欧阳修

五德运补　　　　　　　　　　五代史纠谬　刘羲仲

大象列星图　　　　　　　　　五代史纂误　吴缜

群书汇考　　　　　　　　　　五代史阙文　王禹偁

正闰考　　　　　　　　　　　五代会要　王溥

广雅　张揖　　　　　　　　　五代通录　范质

魏书　魏收　　　　　　　　　五代史补　陶岳

魏台访议　　　　　　　　　　五朝春秋　王轸

后魏诸州地记　　　　　　　　五代春秋　尹洙

北周书　令狐德棻　　　　　　五代纪　孙冲

隋书　魏征　　　　　　　　　后唐太祖纪年录

隋图经　郎蔚之　　　　　　　庄宗实录　赵凤

十六国春秋　崔鸿　　　　　　明宗实录　姚颉

旧唐书　刘昫　　　　　　　　废帝实录　张昭

新唐书　欧阳修、宋祁　　　　晋少帝实录　窦正固

后汉高祖实录　苏逢吉

隐帝实录　张昭

后周太祖实录　张昭远

世宗实录　王溥

五代史补编　陈柽

十国纪年　刘恕

九国志　路振

玉堂闲话　王仁裕

唐余纪事　陈霆

唐余录　王皞

唐年补录　贾纬

唐末见闻录　阎自若

备史　贾纬

幽懿录　王淑之

初学记　徐坚

北梦琐言　孙光宪

南唐书　马令

南唐书　陆游

南唐逸事　郑文宝

江表志　郑文宝

传国玺语　郑文宝

南唐烈祖实录　高远

元宗实录

江南野史　龙衮

江南别录　陈彭年

江南录　汤悦

稽神录　徐铉

吴录　徐铉

江淮异人录　吴淑

吴越备史　钱俨

晋阳见闻要录　王保衡

洛中纪异录　秦再思

十国春秋　吴任臣

辽史　脱脱等

契丹国志　叶隆礼

北廷杂记　赵志忠

阴山杂录　赵志忠

虏廷须知　陈昉

燕山丛录　徐昌祚

燕北录　王易

契丹录

燕北杂记　武珪

北庭事实　文惟简

晋朝陷蕃记　范质

陷北记　胡峤

入边录

契丹官仪　余靖

庆历正旦国信语录　余靖

奉使行程录　富弼

奉使别录　富弼

上契丹事　王曾

沂公笔录

北边备对　程大昌

熙宁正旦国信录　窦卞

演繁露　程大昌

考古编　程大昌

松漠纪闻　洪皓

续松漠纪闻　洪皓

奉使行程录　许亢宗

北狩见闻录　曹勋

奉使录　陶悦

使辽见闻录　李罕

纪使辽事　薛映

使辽图抄　沈括

行程录　钟邦直

使燕语录　富轼

使北语录　刘敞

入蕃录　宋敏求

使北录　范镇

东斋纪事　范镇

戴斗奉使录　王曙

上契丹事　宋绶

奉使录　寇瑊

戴斗怀柔录　赵安仁

使辽录　张舜民

画墁录　张舜民

乘轺录　路振

接伴送语录　沈季长

揽辔录　范成大

桂海虞衡志　范成大

燕云奉使录　赵良嗣

燕云录　赵子砥

茅斋白叙　马扩

封氏编年　封有功

裔夷谋夏录　汪藻

金人背盟录

陷燕记　贾子庄

亡辽录　史愿

出塞记　钱良择

冀越集记　熊大古

使范　王晋

北行日录　楼钥

乾道奉使录　姚宪

辽载　林本裕

焚椒录　王鼎

星命秘诀　耶律纯

东都事略　王偁

南宋书　钱士升

宋史纪事本末　陈邦瞻

太平广记　李昉等

太平御览　李昉等

册府元龟　王钦若

玉海　王应麟

困学纪闻　王应麟

通典　杜佑

续通典　宋白

通志　郑樵

文献通考　马端临

续文献通考　王圻

资治通鉴　司马光

通鉴考异　司马光

通鉴目录　司马光

稽古录　司马光

通鉴释文　司马康

通鉴地理通释　王应麟

通鉴地理通释纠谬　张庚

通鉴注　胡三省

通鉴外纪　刘恕

续通鉴长编　李焘

宋元通鉴　薛应旂

甲子会纪　薛应旂

续通鉴　王宗沐

续宋通鉴　刘时举

通鉴续编　陈桱

通鉴后编　徐乾学

续资治通鉴　毕沅

紫阳纲目　朱熹

名臣言行录　朱熹

纲鉴会编　叶沄

纪年通谱　宋庠

编年通载　章衡

续纲目　商辂

宋元史质　王洙

建炎以来系年要录　李心传

朝野杂记　李心传

路史　罗泌

清异录　陶毂

东斋录

山堂考索　章俊卿

山堂肆考　彭大翼

太平寰宇记　乐史

舆地广记　欧阳忞

舆地纪胜　王象之

括异志　张师正

元祐分疆录　游师雄

青箱杂记　吴处厚

熙宁日录　王安石

涑水纪闻　司马光

温公日记　司马光

丛苑

玉壶清话、玉壶野史、湘山
　野录　释文莹

挥麈前录、后录、三录、余
　话、投辖录　王明清

后山谈丛　陈师道

金石录　赵明诚

东坡志林　苏轼

苏氏题跋　苏轼

龙川别志　苏辙

古史　苏辙

曾氏日录　曾布

贾黄中谈录　张洎

梦溪笔谈、补笔谈、清夜录
　　沈括

闻见近录、随手杂录、甲申
　杂记　王巩

钱氏私志　钱世昭

百一编　王铚

聚米图经　赵珣

郡斋读书志　晁公武

桐阴旧话　韩元吉

闻见录　邵伯温

闻见后录　邵博

辨诬录　韩忠彦

中山诗话　刘攽

后村诗话　刘克庄

孙升谈圃　刘延世

长安图记　吕大临

珩璜新论　孔平仲

谈苑　孔平仲

游宦纪闻　张世南

杨文公谈苑

金陀粹编、愧郯录、桯史
　　岳珂

东京梦华录　孟元老

大定录　王举

能改斋漫录　吴曾

丁未录　李丙

云麓漫钞　赵彦卫

博雅

石林燕语、石林诗话、避暑
　录话　叶梦得

东观余论　黄伯思

麈史　王得臣

泉志　洪遵

墨庄漫录　张邦基

钱谱　董逌

梁溪漫志　费衮

瓮牖闲评　袁文

厚德录　李元纲

蒙斋丛谈　郑景望

闲窗括异志　鲁应龙

昨梦录　康誉之

读书敏求记　钱曾

默记　王铚

萤雪丛说　俞元德

谑名录

神仙通鉴　薛大训

名山秘录

枫窗小牍　袁氏

神仙传

会海菁华

画史

春明退朝录　宋敏求

画品　李廌

悦生随抄　贾似道

图画见闻志　郭若虚

宣和书画谱　米芾

画继　邓椿

五代名画补遗　刘道醇

玉堂杂记、二老堂杂记、诗
　　话　周必大

老学庵笔记、避暑漫钞、家
　　世旧闻、清尊录　陆游

秘阁闲谈　吴淑

画述　孙畅之

兰亭考　桑世昌

籀史　翟耆年

续清夜录　王铚

画鉴　汤垕

罗氏识遗　罗璧

画评　牛戬

绘事备要　王毓贤

域冢记　皇甫鉴

建炎笔录　赵鼎

蓬窗日记　陈全之

莼鲈词话　钱芳标

苕溪渔隐丛话　胡仔

西溪丛话　姚宽

渑水燕谈录　王辟之

春渚纪闻　何薳

冷然志　徐善

湘素杂记　黄朝英

四朝闻见录　叶绍翁

钓矶立谈　史虚白子

临汉隐居诗话　魏泰

东轩笔录　魏泰

诗话总龟　阮阅

辛斋诗话　陆嘉淑

诗史　蔡宽夫

梅涧诗话　韦居安

岁寒堂诗话　张戒

记纂渊海　潘自牧

默记　张戒

萍洲可谈　朱彧

苏诗注　施元之

西清诗话、铁围山丛谈、北
　征纪实、国史后补　蔡絛

容斋四笔、夷坚志、续夷坚
　志　洪迈

西行录　刘涣

冷斋夜话　释惠洪

小字录　陈思

清（辉）〔波〕杂志　（据四库

全书总目卷一四一子部杂家类
　改）周辉

北辕录　周辉

独醒杂志　曾敏行

五总志　吴纲

曲洧旧闻　朱弁

宾退录　赵与时

步里客谈　陈长方

侯鲭录　赵德麟

野客丛书　王楙

野获编　沈德符

耆旧闲谈　陈鹄

泊宅编　方勺

墨客挥犀　彭乘

鸡肋编　庄绰

遂昌杂录　郑元祐

暧车志　郭（篆）〔象〕（据同
　上书卷一四二子部杂家类改）

随隐漫录　陈世崇

毗陵志　邹补之

退斋闲雅录　侯延庆

盘山志　释智朴

猗觉寮杂记　朱翌

群书会元、截江网

蒙达备录　孟珙　　　　　　庶斋老学丛谈　盛如梓

遂初堂书目　尤袤　　　　　　玉堂嘉话　王恽

直斋书录解题　陈振孙　　　　高昌偰氏家传　欧阳元

莆田郑氏书目　　　　　　　　草木春秋　叶世奇

连江世善堂书目　陈第　　　　禁扁　王士点

金陵黄氏书目　黄虞稷　　　　元文类　（张）〔苏〕天爵

图绘宝鉴　夏文彦　　　　　　　（据元文类改）

宋辽金正统论　谢端　　　　　永乐大典

宋辽金正统辩　杨维桢　　　　名胜志　曹学佺

敬斋古今黈　李冶　　　　　　珍珠船　陈继儒

墨史　陆友　　　　　　　　　古今诗话　陈继儒

西使记　刘郁　　　　　　　　谷城山房笔麈　于慎行

西域闻见录　　　　　　　　　丹铅录　杨慎

元一统志　　　　　　　　　　郊游记　杨士奇

述征记　　　　　　　　　　　韩门缀学　汪绍韩

元朝秘史　　　　　　　　　　霏雪录　刘绩

鲁斋遗书　许衡　　　　　　　玉芝堂谈荟　徐应秋

归田类稿　张养浩　　　　　　通雅　方以智

皇元圣武亲征录　　　　　　　国史经籍志　焦竑

隐居通义　刘埙　　　　　　　大事记续编　王祎

长春真人西游记　丘处机　　　浮溪文粹　胡尧臣

癸辛杂识、齐东野语、志雅　　六研斋笔记　李日华

　堂杂钞、浩然斋雅谈　周密　石墨镌华　赵崡

云烟过眼录　周密　　　　　　古今碑帖考　胡文焕

书史会要　陶宗仪

图绘宝鉴补遗　韩干

蓉塘诗话　姜南

草木子　叶子奇

长安客话　蒋一葵

尧山堂外纪　蒋一葵

明一统志　李贤

诗薮　胡应麟

武功志　康海

图书编　章汉

京东考古录、昌平山水记、

　日知录　顾炎武

水道提纲　齐召南

北平古今记　孙承泽

水经注释　赵一清

春明梦余录　孙承泽

漠北日记　张鹏翮

读史方舆纪要　顾祖禹

盘山纪游集　查为仁

人海记　查慎行

归田后录　朱定国

义门读书记　何焯

析津日记　周篔

元混一方舆胜览　祝穆

筠廊偶笔　宋荦

宸垣识略　吴长元

格致镜原　陈元龙

五城坊巷胡同集　张树

吉金贞石志、日下旧闻　朱

　彝尊

日下旧闻补　朱昆田

西神脞说　严绳孙

诸史拾遗、十驾斋养新录、

　金石文跋尾　钱大昕

廿二史考异、宋辽金元朔闰

　考　钱大昕

扈从　东西巡日录、松亭行

　纪、天禄识余　高士奇

塞北小钞、金鳌退食笔记

　高士奇

十七史商榷　王鸣盛

潜邱劄记　阎若璩

廿一史四谱　沈炳震

西河诗话　毛奇龄

廿二史劄记、陔余丛考　赵翼

纪元汇考　万斯同

补历代史表　万斯同

宋诗纪事　厉鹗

姑妄听之　纪昀

三余赘笔　都卬

香祖笔记、居易录　王士祯

碣石丛谈　郭造卿

考古图　吴鸿

倚晴阁杂钞　魏坤

臆乘　杨伯岩

塞外橐中集　夏之璜

黔书　田雯

天下金石志　于奕正

鸿书　刘仲逵

帝京景物略　刘侗

麟书　汪若海

华夷鸟兽考　慎懋官

暇日记　刘跂

燕都游览志　孙国枚

柳边纪略　杨宾

渌水亭杂识　成德

枣林杂俎　谈迁

长安可游记　宋启明

湛园杂记　姜宸英

鸭江行部志

太平老人袖中锦

图经志书

清类天文分野之书

潞沙笔缀

畿辅山川志

负暄野录　陈樵

幽州土地记

黄图杂志

陕西通志　刘於义

江南通志　赵宏恩

山西通志　石麟

顺天府志

十三州志

大同府志　汪承爵

里道记

永平府志　宋琬

括地志

延安府志

葭州志

昌平州志　崔学履

蔚州志　刘生和

隆庆州志　谢庭珪

冀州志　熊相

宣府镇志　孙世芳

朔州志　许尔忠

迁安县志　白夏

涿州志　唐舜卿　　　　　中山志

密云县志　刘效祖　　　　析津志

易水志　林烴章　　　　　雍大记　何景明

乐亭县志　潘敦复　　　　安阳集　韩琦

恒岳志　王瀋初　　　　　临川集　王安石

易州志　戴铣　　　　　　文忠全集　欧阳修

保安县志　黄榜　　　　　东坡全集　苏轼

霸州志　钱达道　　　　　栾城集　苏辙

大同县志　孙体元　　　　鄱阳集　彭汝砺

大同志　张钦　　　　　　公是集　刘敞

顺义县志　杨霆　　　　　彭城集　刘攽

潔县志　张祥　　　　　　武溪集　余靖

玉田县志　王大智　　　　嵩山集　晁说之

三河县志　王自谨　　　　隆平集　曾巩

良乡县志　牛象坤　　　　魏公集　苏颂

怀柔县志　张仲士　　　　梁溪集　李纲

丰润县志　石邦政　　　　蠡海集　王逵

固安县志　苏志皋　　　　贵耳集　张端义

东安县志　张文举　　　　田承君集　田昼

武清县志　许铤　　　　　丁年集　李瀚

新城县志　何济　　　　　省斋文稿　周必大

宝坻县志　　　　　　　　古灵集　陈襄

遵化县志　张述　　　　　白石道人集　姜夔

涿鹿志　史恒德　　　　　画墁集　张舜民

乐静集记残经　李昭玘　　辽僧西河续高僧传

石湖集　范成大　　　　　辽金台僧法均藏骨塔记

拙轩集　王寂　　　　　　辽赵遵仁涿鹿山云居寺续镌

金门集　李琪　　　　　　　　石经记

牧庵集　姚燧　　　　　　辽沙门志才云居寺续秘藏石

蜕庵集　张翥　　　　　　　　经塔记

金台集　纳新　　　　　　辽幽州僧行均龙龛手鉴

遗山集　元好问　　　　　辽驻跸寺沙门奉航塔记

陵川集　郝经　　　　　　辽御史大夫李内贞墓志铭

秋涧集　王恽　　　　　　辽燕京归义寺天王殿前碑

湛然居士集　耶律楚材　　辽会同九年奉福寺王公石

呆斋集　刘定之　　　　　　　幢记

梓溪集　舒芬　　　　　　辽会同中佛顶尊胜陀罗尼幢

礼部集　吴师道　　　　　　　记　二篇

曝书亭集　朱彝尊　　　　辽兴中府古释迦佛舍利记

吴文恪集　吴士玉　　　　辽沙门方俨易州兴国寺太子

潜研堂集　钱大昕　　　　　　诞圣邑碑

问次斋稿　　　　　　　　辽沙门善制燕京大悯忠寺观

稼堂杂钞　均见日下旧闻考　　音地宫舍利函记

辽王正燕山云居寺碑　　　辽僧志愿京师仙露寺藏舍利

辽非觉大师塔记　　　　　　　佛牙石匣记

辽驻跸寺沙门奉航幢记　　辽李仲宣盘山祐唐寺千佛像

辽沙门志光重修云居寺记　　　讲堂碑记

辽白川州石幢记　　　　　辽宋璋宝坻广济寺佛殿记略

附　录

有关辽、金史纪事本末的两个奏折

其一

光绪二十九年十月十七日，江西学政臣吴士鉴奏：儒臣潜心经籍，恳恩嘉奖片。

再，我朝稽古右文，士多朴学，其有著述赅博、卓然成家者，历经臣工进呈乙览，如山东之郝懿行、江南之汪士铎等，迭蒙谕旨嘉奖，海内士林传为盛事。兹查有前任江西峡江县训导李有棠，系萍乡县优贡，潜心经籍，富有述作，独于史学尤为专门，著辽、金二史纪事本末九十二卷，于两朝政治、掌故区别条流，穷源竟委。其体例悉仿宋袁枢通鉴纪事本末、明陈邦瞻宋、元史纪事本末，而于他书互有异同者，详加质证，注于其下，名曰"考异"。臣细读其书，纪述淹赅，考订完密。且治辽、金二史，较之他史尤为繁难，盖以元初史臣率尔撰述，采摭未广，译语多歧。今得此书，博考群编，蔚为巨制，实为乙部中不朽之作。

该教官年逾六旬，淡于荣利，养亲事毕，即不再仕。其胞弟有棻，官至布政使。该教官尤不肯轻入城市，与闻公事，实为敦品积学之儒。

臣谨将原书装潢成帙，恭呈御览。可否饬下南书房翰林阅看？如蒙谕旨，量予嘉奖，洵足以振朴学而励真儒。臣愚昧之见是否有当，伏乞圣鉴训示。谨奏奉。

朱批：另有旨，钦此！

本日内阁奉上谕：江西学政吴士鉴，呈进前峡江县训导李有棠所著辽、金二史纪事本末一书，据称"考订完密"，请"量予嘉奖"等语，着发交南书房阅看后再行请旨，钦此！

其二

光绪二十九年十月二十三日，礼部尚书、协办大学士、南书房行走臣徐郙等，为遵旨阅看覆奏事。

窃臣等奉旨，发下江西学政吴士鉴奏进前峡江县训导李有棠所著辽、金二史纪事本末一函，臣等公同阅看。谨按史家之例，炎汉以来，不过纪传、编年二体，自宋袁枢创为纪事本末，遂使纪传、编年贯通为一。其后如陈邦瞻、谷应泰等，沿其条例，各有纂述，列诸四库，灿乎有文。惟辽、金二史，异同互见，疏漏滋多，钱大昕考异、赵翼劄记等书曾枚举之，诚以钩稽搜辑，从事良难，故纪事之作久付阙如。今该员以类排纂，成书九十二卷，用力甚勤，而于政治得失之间尤多深意，足备几余乙览。其应如何嘉奖之处，臣等未敢擅拟。伏候圣裁，谨奏。

　　本日内阁奉上谕：前据江西学政吴士鉴奏进前江西峡江县训导李有棠所著辽、金二史纪事本末一书，发交南书房阅看，兹据奏称，该员排纂成书，"用力甚勤"等语，李有棠着赏给内阁中书衔，以示嘉奖。钦此！

辽史人名
清元异译对照表

几点说明

一、本表系根据清道光四年刊刻的殿本《辽史》编制，凡经改译的人名（包括字、异称等）皆录。

二、《辽史》人名，有的系姓，有的不系姓，为了查核方便，两种情况皆立目。如耶律驴粪，改译成了耶律富垿，由于《辽史》有省姓径称驴粪的地方，故驴粪亦列为一目。

三、凡多人同名，如这些同名改译时没有歧译，则只列其中一个，如挞不也，改译成了托卜嘉，因其他同名皆如此改译，就不再一一开列了。

四、凡一人多名，改译时有的作了统一，有的未作统一，如达不也、挞不也、塔不也，皆改译作托卜嘉，为了便于核查，皆一一列目。

五、改译时还出现了不少新的多人同名现象，如王八改译成了旺布，而洼普亦改译成了旺布，这些都分别立目。

六、本表按改译过的人名拼音首字母排列，如第一字相同，排列顺序暗取第二个字的拼音首字母，如第二字相同，则暗取第三字的拼音首字母，以此类推。

七、《辽史纪事本末》人名，特别是注改译前原作某，时有错乱，本表则皆以《辽史》为准。

清译名	元译名	清译名	元译名
A		阿勒扎	阿里只
		阿里	阿烈
阿巴	阿钵	阿里沙密	阿理撒米
阿巴该	阿不割	阿林	阿琏
阿巴该	阿不葛	阿噜达兰	曷鲁挞览
阿不礼	阿不礼	阿穆尔	阿没里
阿达	爱的	阿尼雅	阿辇
阿敦	阿敌音	阿撒尔	阿撒
阿尔嘉	隘离辖	阿实达枢宾	阿史德枢宾
阿尔斯兰	阿斯怜	阿苏	阿疎
阿尔图	阿里睹	阿苏	阿思
阿古	阿聒	阿苏	阿厮
阿古齐	阿古只	阿苏	阿速
阿古齐	阿骨只	阿雅噶	窊邑改
阿古齐	阿鹘产	阿雅翁主	蔼因翁主
阿古齐	遏古只	爱新	阿辛
阿古齐	鼂古只	安巴达	阿不底
阿古质	阿固质	安巴坚	阿保机
阿固达	阿骨打	安巴萨哈勒	阿钵撒葛里
阿克达	阿果达	安格	安哥
阿克展	阿古真	安图	安端
阿拉	阿剌	安图	安抟
阿勒巴	阿剌保	安扎	安只
阿勒达	阿离底	谙达	按答
阿勒达	阿里底		
阿勒坦	阿鲁敦		

清译名	元译名	清译名	元译名
		宝信努	宝信奴
B		保诺延	蒲奴隐
巴尔	拔剌	贝	倍
巴尔	暴里	贝勒	孛堇
巴尔诺延	盆讷隐	绷果	勃括
巴尔苏	并里尊	必里克	毕勒哥
巴噶济苏尔	朴古只沙里	必里克	毕离遏
巴格	八哥	必埒哩	辟离剌
巴古	拔姑	必埒哩	鳖里剌
巴古济	勃古哲	必繳	芯扇
巴古济	蒲古只	必塔	毗牒
巴罕	霸暗	必塔	匹敌
巴戬	跛芹	璸都	盆都
巴拉	拔剌	伯克齐	白可久
巴拉汗	巴剌可汗	伯勒格	拔剌哥
巴兰	八剌	伯勒格	跛剌哥
巴哩	霸里	伯哩	怕里
巴哩岱	拔里	伯垆	白缕
巴宁	班裹	伯垆	欻烈
巴图	勃突	博克硕宽	普速完
巴雅尔	排押	博勒岱	勃勒底
巴雅尔	排雅	博勒和	坡里括
巴雅尔	排亚	博罗哩	勃鲁里
巴延	泮泱	博诺	盆奴
巴扎	巴辄	博诺	蒲姑
宝神努	宝神奴	博诺	蒲古

清译名	元译名	清译名	元译名
博诺	蒲奴	布拉	拨剌
博齐希	勃己只	布喇	扑里
博硕和	拍撒葛	布雷	婆丹
博斯齐	巴速董	布琳	别勒隐
博斯齐	补疎只	布琳	仆里
卜克	勃葛	布琳	蒲邻
卜威	桃隈	布琳	蒲领
卜威	桃委	布琳	蒲宁
卜威	桃畏	布琳	普领
布达	普达	布琳	普宁
布达拉	婆底里	布抡	勃鲁恩
布当	不擓	布伦	渤鲁恩
布当	泼单	布色	蒲苏
布尔古	蒲骨	布威氏	仆隗氏
布尔锦	拔里堇	布延	伯阴
布格	不葛一		
布格	仆果	**C**	
布古德	鼻姑得	策格	册哥
布古德	别古特	察布	雏保
布哈	陪阿	察尔吉	抄里只
布呼	怖胡	察噶扎	查割折
布克达哩	蒲打里	察克	册割
布库	铺姑	察克	查哥
布库	普古	察克	查葛
布库王	普古王	察喇	茶剌
布魁	布猥	察喇	查喇

清译名	元译名	清译名	元译名
察喇	察邻	吹丹	雏搭
察实	常思	吹古	春古
察实	常思	吹绷大王	锄窘大王
长格	长哥	春博里	楚补里
长托迪	秃的	春博里	楚不鲁
长托果斯	秃骨撒	绰卜鄂博	楚阿不
常格	常哥	绰哈	嘲瑰
钞沙	十三	绰哈	酬斡
超默特	锄勃德	绰呼	楚古
彻珍	查只	绰奇	抄只
辰格	陈哥	慈实努	慈氏奴
辰嘉努	陈家奴		
辰赉	陈留	**D**	
辰禄	陈六		
陈扎衮（旺玖）	陈昭衮（王九）	达巴噶	敌八哥
持特	乞得	达达哩	达打里
持特	乞的	达尔丹	特里典
崇乌噜	床古儿	达尔罕	达剌干
崇乌鲁	春古里	达尔罕	达剌干
楚布	出伏	达哈	搭纮
楚布	锄不里	达罕	大汉
楚齐格尔巴尔斯	喘只葛拔里斯	达呼布	狄故保
楚实勒	除室	达库济	达骨只
楚旺	酬宛	达勒达	敌答
楚珠尼	出烛你	达勒达	迭里特
吹巴勒	崔八	达勒达	迭栗底
		达里库	的烈古

清译名	元译名	清译名	元译名
达里塔	达里底	迪里	低烈
达里塔	达里迭	迪里	敌烈
达林	达凛	迪里	涤冽
达噜噶	敌鲁古	迪里	迭里
达鲁	的鲁	迪辇伊啰斡	迪辇乙里婉
达鲁	迪里古	东巴尔斯	东扒里厮
达鲁	敌鲁	栋尔	东儿
达鲁	敌禄	栋摩	阇母
达鲁	涤鲁	都勒斡	铎卢斡
达纳	大奴	都沁	铎轸
达年	敌辇	都塔济	突地稽
达年扎里	迪辇姐里	都图	独朵
达年扎里	迪辇祖里	杜王门努	杜王门奴
达实	大石	堆音	铎碗
大悲努	大悲奴	多尔济	嗳里只
当达里	闼德里	多和	铎遏
道拉	夺剌	多科	铎括
道拉	铎剌	多啰	多里
道士努	道士奴	多啰	咄啰
德勒宾	迪离毕	多啰啰	夺里懒
德垎哩	敌里剌		
德垎哩	铁剌里	**E**	
德呼	迭剌		
德呼	迭烈	额伯哩	阿不里
德呼	牒蝎	额布勒	阿不吕
迪里	的烈	额布勒	牙不里
		额尔古济	葛鲁只

清译名	元译名	清译名	元译名
额尔克	讹哥	鄂罗木	斡鲁母
额古德	斡古得	鄂摩	兀没
额勒本	讹里本	谔尼	魏宁
额勒格	二哥	恩克	谙葛
额哩垮	阿里懒		
额哩垮	斡里剌	**F**	
额哩森王	沤里僧王	冯嘉努	冯家奴
额哩页	余里也	佛德	颇的
额哩音	阿鲁隐	佛古宁公主	蒲割颣公主
额哩音	余里衍	佛哩	佛留
额噜温	敖卢斡	佛门	蒲马
额哷	讹里	佛宁	蒲辇
额哷页	讹里野	佛宁	蒲撚
额特垮	讹特懒	佛努	佛奴
额特垮	斡特剌	富鲁	蒲鲁
额特垮	斡特懒	富僧额	蒲速宛
额图珲	讹都斡		
额图珲	讹笃斡	**G**	
鄂博	阿不	噶楚噶	干勤哥
鄂博库	阿不固	噶济	高九
鄂德	斡得	噶拉	葛剌
鄂尔多	月里朵	噶老	可老
鄂克沁	奥骨祯	格尔干	葛儿罕
鄂勒博	阿鲁勃	格图肯	可突干
鄂勒欢	阿剌恍	根敦	恳笃
鄂啰啰	斡里鲁	縠登	狗丹

清译名	元译名	清译名	元译名
古	涸	哈勒布	吼阿不
古尔	怀里	哈里	海里
古格	古哥	哈里	海璨
古齐	高七	哈玛尔	胡末里
古云	古昱	哈玛尔	霞马
古云	骨欲	哈玛尔	霞末
固宁	贯宁	哈斯	海思
固宁	括宁	哈陶津汗	痕德堇可汗
固页公主	骨浴公主	哈准	寒真
观音努	观音奴	哈准	合术隐
冠格	冠哥	海古勒	侯古
贵格	贵哥	海兰	孩邻
贵音	瑰引	海兰	海邻
果巴	高八	海兰	颏领
果哈	贯海	韩布格	韩毗哥
果实	高十	韩高嘉努	韩高家奴
果珍	过折	韩果桑	韩郭三
		韩果实	韩高十
H		韩吉逊	韩喜孙
		韩简	韩楷
哈达拉	赫底里	韩色实	韩谢十
哈尔吉	合里只	罕巴	韩八
哈尔吉	合理只	罕都	痕笃
哈尔玛	辖马	罕嘉努	韩家奴
哈济	韩九	罕齐	韩七
哈喇	曷剌	罕扎	痕只
哈喇噶扎尔	曷葛只里		

清译名	元译名	清译名	元译名
杭爱	航斡	和斯	护思
浩善	侯哂	和索哩	胡思里
和尔郭勒济	忽古质	和塔拉	胡挞剌
和尔郭勒济	胡古只	和塔拉	豁得剌
和尔沁	忽突堇	和珍	还金
和尔沁	胡都堇	和卓	合术
和尔沁	胡独堇	和卓	合住
和尔沁	胡笃堇	和卓	划者
和尔沁	胡突堇	赫伯	痕孛
和费延	虎酝	赫伯舍	曷不吕
和古典	胡古典	赫辰	何辰
和古典	胡骨典	赫德	痕德
和克	忽古	赫嘉努	郝家奴
和克	虎骨	赫勒纳	曷鲁宁
和克岱	活骨德	赫噜	合禄
和克台	核国底	赫噜	曷鲁
和拉汗	胡剌可汗	赫鲁	合鲁
和勒博	何鲁不	鸿观	弘古
和勒博	曷鲁泊	呼都克	胡睹
和勒博	回离保	呼敦	胡笃
和勒博	回离不	呼敦公主	胡独公主
和勒敦	和卢睹	呼尔察	胡离只
和琳	回琏	呼喇	忽剌
和抡	合鲁隐	呼喇巴	忽鲁八
和抡	曷鲁恩	呼喇济	胡里只
和啰木萨噶	何鲁扫古	呼喇台	鹘离底

清译名	元译名	清译名	元译名
呼兰	胡懒	黄巴	黄八
呼勒布	曷里喜	霍六格	霍六哥
呼勒希	胡里室	霍实	赫石
呼哩	忽烈	霍实	回室
呼哩	胡劣	霍实	霍石
呼哩木	忽没里		
呼噜古	胡吕古	**J**	
呼鲁苏	豁里斯	吉琳	解领
呼纽	鹘碾	吉逊	喜孙
呼纽	胡辇	吉逊	盈隐
呼实布	纥石保	济古尔	只骨
呼图克	胡都古	济古尔	质古
呼图克琨	胡都衮	济喇	直刺
呼图克琨	胡突衮	济勒台	解里德
呼图哩	胡特鲁	济噜克	急里哥
呼逊	胡损	济鲁古	直鲁衮
呼逊奚	胡逊奚	济色古勒	只撒古
瑚噜古	胡鲁古	嘉哩	解里
瑚实	胡舍	嘉们	夏陌
华格	华割	纠坚	休坚
华格	滑哥	玖格	九哥
华格	化哥		
华格	化葛	**K**	
华喇	画里	科尔罗	窟鲁里
华沙	划沙	科科里	化葛里
华沙	划设	科里	课里

清译名	元译名	清译名	元译名
科里	括里	拉珠萨哈廉	剌只撒古鲁
科里	阔里	喇布	列阿不
可汗努	可汗奴	喇呼鼐	劳骨宁
克酬	曷主	喇勒济	辖剌己
克酬	可丑	老君努	老君奴
克特	肯德	李库克	李窟哥
课努	课奴	哩巴	里拔
崆郭啰	控骨离	埒富	驴粪
扣肯	古昆	埒富	旅坟
库楚埒	屈出律	埒克	剌哥
库春	坤长	埒克	剌葛
库德	古迭	埒克	腾哥
库济	骨只	埒哩	别里剌
库眷	浑敞	琳巴	林八
库克	窟哥	琳沁	剌乾
库克	魁可	琳沁	陵青
库克克齐	库古只	瑠格	刘哥
库哩	屈列	瑠格	留哥
库鲁噶哩	胡卢斡里	瑠嘉努	刘家奴
奎玛里	枯莫离	瑠智格	留只哥
琨	控温	砻丕勒汗	辟遏可汗
		隆科	老古
L		隆科	娄国
		隆伊特	隆益答
拉呼	了古	娄	老
拉呼摩哩	鹘末里	鲁呼	李胡
拉拉	聊了		

清译名	元译名	清译名	元译名
鲁克都	老古得	莽密	麻门
鲁库	劳古	茂巴克实	毛八十
鲁库	略姑	茂萨	么撒
鲁塔王	勒得王	孟古公主	萌古公主
啰木萨噶	阿鲁扫姑	弥勒努	弥勒奴
罗卜科	卢不姑	敏达苏	萌得斯
罗卜科	卢仆古	敏达苏	猛达斯
罗卜科	鲁不古	摩绰	末缀
罗布尔古	涅剌溥古	摩多	没答
罗汉努	罗汉奴	摩多	磨朵
罗索	列率	摩多	默啜
罗索	烈束	摩欢	摩会
罗索	娄室	摩哩	牟里
		摩约	买友
M		默赫特	密骨德
		默克特	弥古特
玛	谋洼	默勒济	弥里吉
玛格	马哥	穆尔	弥里
玛古纳	弭姑乃	穆尔古	谋鲁姑
玛克实	谟葛失	穆尔古	谋鲁古
玛鲁	麻鲁	穆济	抹只
玛鲁	马六	穆克德	弥骨顶
玛摩约	摩敏欲	穆喇斡	谟鲁斡
玛尼	麻涅	穆喇斡	谋卢瓦
玛诺勒	马奴	穆喇斡	谋鲁斡
满达	麻答	穆里	胡母里
满图古尔	麻都骨		

清译名	元译名	清译名	元译名
穆色克	猛撒葛	尼哩（纳尔珲）	女里（涅烈衮）
		尼噜古	涅里姑
N		尼噜古	涅鲁古
纳尔珲	泥离衮	尼噜古	涅鲁衮
纳尔珲	涅里衮	尼雅满	粘罕
纳尔珲	涅烈衮	年结	念经
纳尔珲阿巴	涅里衮阿钵	聂赫	涅合
纳喇苏	涅里思	聂哷	泥礼
纳哩	涅离	聂哷	泥里
纳琳	涅邻	聂哷	涅勒
纳默库	那母古	聂哷	涅里
纳穆尔	粘米里	宁古	念古
纳苏	那沙	宁古齐	尼古只
纳望舒克	乃方十	纽欢	女瑰
鼐尔琨	涅剌昆	纽勒珲	裹里曷
讷哷库	涅里括	纽纽	挐女
讷哷台	涅里底	纽斡哩	裹里
讷默库	涅木古	农古	女古
讷默库	粘睦姑	努尔苏	耨里思
讷木锦	耨斤	努克	奴哥
能登	能典	努克特	奴古达
尼楚赫	银术割	努展	乃展
尼格	涅哥	诺观	裹衮
尼古察	裹古直	诺观	奴瓜
尼古察	裹古只	诺木衮	粘衮
尼勒坚	泥里吉	诺木欢	涅木衮

清译名	元译名	清译名	元译名
诺木欢	粘米衮		
诺木欢	粘木衮	**R**	
诺苏	糯思	荣格	荣哥
		润诺	乳奴
P			
		S	
怕克戬	雱金	萨巴	撒把
彭嘉	平甲	萨巴	撒八
丕勒	婆儿	萨巴	撒跋
丕勒布密	仆里鳌米	萨巴	撒板
丕绅	擘失	萨巴	撒版
匹勒	匹里	萨巴	撒本
菩萨格	菩萨哥	萨巴	撒拨
菩萨努	菩萨奴	萨布	赛保
普尔布	颇白	萨布巴哩岱	赛保里
普尔布	蒲离不	萨尔珠	撒剌竹
普格	蒲哥	萨该	撒改
普努宁	普奴宁	萨古	撒古
普贤努	普贤奴	萨哈勒	撒葛里
		萨哈勒	撒合
Q		萨结	撒给
齐苏	楚思	萨喇	赛剌
齐苏	屈戍	萨喇达	萨剌德
奇善汗	奇首可汗	萨喇勒	实鲁里
且罗	楷落	萨喇勒	斯鲁里
球格	求哥	萨喇勒	速鲁里

清译名	元译名	清译名	元译名
萨喇图	撒剌都	色实	谢十
萨剌	撒剌	色珍	斜轸
萨兰	撒懒	森济汗	鲜质可汗
萨兰	撒鸾	僧额	僧遏
萨里布	撒里本	僧嘉努	僧家奴
萨里布	撒里卜	僧库埒	双骨里
萨满	撒抹	珊苏库	神速姑
萨满嘉哩	萨敏解里	善福	衫福
萨木	撒钵	舍音	世音
萨木	撒磨	时威	奥隈
萨木实	辖麦室	实德努	拾得奴
萨纳噶	思奴古	实都	石笃
赛格	赛哥	实格	十哥
赛音巴宁	撒八宁	实公	十公
繖布斡	撒不碗	实古	师姑
繖察	三嫭	实喇	实娄
桑古	嗓姑	实喇	匣列
缫古	扫姑	实喇坚安巴	辖剌仅阿钵
缫古	扫古	实埒	石老
缫古	娑固	实埒	习尔
缫古	慥古	实噜	石柳
色佛呼	谢佛留	实噜	实鲁
色克	撒割	实噜	室鲁
色勒迪	撒剌的	实伦	石鲁隐
色勒迪	沙剌迭	实默克	匣马葛
色色	瑟瑟	实默克	霞马葛

清译名	元译名	清译名	元译名
实纳齐	斜涅赤	苏汗	苏可汗
实讷	斜宁	苏克	遂哥
实神努	十神奴	苏克济	撒葛只
寿格	寿哥	苏拉	叔剌
淑格	淑哥	苏兰	述兰
舒古鲁	曷古鲁	苏圬	述澜
舒古鲁	蜀古鲁	苏圬	恤烈
舒古宁	苏古涅	苏噜克	随鲁
舒噜	失鲁	苏色	苏撒
舒噜	述吕	苏色	苏散
舒噜氏	述律氏	苏色	速撒
舒僧格	速撒哥	苏叶	绥也
舒舒	慎思	苏扎纳	殊只你
舒苏	矧思	绥兰	率懒
舒苏	矧斯	绥兰	桵懒
舒苏	属思	索纽	粹你
刷	稍瓦	索纽	速宁
双库赫	稍古葛	索诺木	僧奴
双宽	双古		
朔格	朔刮	**T**	
硕格	槊古		
硕罗	室罗	塔布布延	塔不烟
苏布特	撒保特	塔拉	铁剌
苏尔台	窣离底	塔拉	帖剌
苏尔威汗（达年扎里）	阻午可汗（迪辇俎里）	塔喇噶	迭烈割
		塔喇噶	塔列葛
		塔剌	惕剌

清译名	元译名	清译名	元译名
塔剌噶	搭烈葛	特哩衮	迪里姑
塔剌噶	挞烈哥	特哩衮	提离古
塔剌噶	踏剌葛	特哩衮	题里姑
塔勒满	特离敏	特烈	挞列
塔哩济	塔里直	特烈	挞烈
塔鲁	挞鲁	特默	特么
塔玛噶	图木葛	特默	特兔
塔纳	钿匿	特默	特抹
塔斯	坦思	特默	特末
塔雅克	台押	特默格	特母哥
台吉	台札	特穆尔	特末里
唐古	唐果	特依顺	台哂
唐古	唐筈	通古	同葛
唐古	棠古	通古	铜刮
唐古里	塔古里	通果	同括
唐古特	唐骨德	通特古斯	屯秃古斯
陶格	陶哥	通特古斯	屯秃古斯
陶罕	陶瑰	图伯特	涂孛特
特卜库	敌不古	图丹	独攧
特布	贴不	图古勒	秃骨里
特彻布	铁剌不	图古勒	图骨
特尔格	迭剌哥	图罕	图赶
特尔格	迭烈哥	图勒珲	徒离骨
特古斯	秃古斯	图勒锦	图鲁窘
特古斯	图古斯	图勒锦	陀罗斤
特古斯	吐古斯	图烈	特烈

清译名	元译名	清译名	元译名
图噜库	徒鲁骨	托津	喘引
图噜琨	屠鲁昆	托里	挞里
图噜森	吐勒斯	托里	特里
图鲁卜	突里不	托里	秃里
图鲁卜	突吕不	托纽	秃宁
图鲁卜	突吕不也	托纽	图宁
图鲁木	吐鲁没	托纽	团宁
图们	图木	托诺	秃馁
图们通古	图木同刮	托诺	屯奴
图敏	都敏	托色	迪子
图图尔噶	屯秃葛	托斯和	陶苏斡
土默特	秃没	托音	铎稳
推勒	颓剌	托云	图欲
推勒伊德	退欲德	托云	颓昱
托卜嘉	达不也	托允	咄于
托卜嘉	塔不也		
托卜嘉	挞不也	**W**	
托迪	突迭	完颜罗索	完颜娄室
托多	图独	王嘉努	王家奴
托多啰	陶得里	王门努	王门努
托多啰	突迭里	旺布	洼普
托果	讨古	旺布	王八
托果	陀古	旺玖	王九
托果斯	脱古思	旺禄	王六
托海	秃开	威赫	猥货
托辉	陶隈	威乌克	委笓

清译名	元译名	清译名	元译名
温	隈恩	乌穆珠汗	乌母主可汗
温可汗（约尼汗）	洼可汗（遥辇可汗）	乌纳	乌辇
		乌纳哈喇	温纳何剌
文殊努	文殊奴	乌绅	欧辛
斡	洼	乌苏	绾思
斡格	哇哥	乌延	隈引
斡格	蛙哥	乌延	沃衍
斡拉	斡腊	乌页	吾也
斡尼奇伊	瓦泥乞移	乌云	兀欲
乌巴	乌八	乌云	勿于
乌达	兀迭	乌展	吾展
乌尔古	乌骨	乌哲	屋只
乌尔古绰	乌古者	乌哲	屋质
乌尔古纳	兀古匿	乌哲图	乌昭度
乌格	五哥	乌珠	兀术
乌古察	乌古札	无上汗	无上可汗
乌库哩	乌骨里	吴嘉努	吴家奴
乌库哩	兀古邻	武雅淑	乌雅束
乌拉丹	斡里端		
乌拉台	斡里太	**X**	
乌勒呼	乌鲁古	希卜苏	奚叔
乌里	兀里	希达	奚底
乌林达赞谟	乌林达赞谟	希达	辖德
乌鲁	骨里	希达	辖底
乌鲁斯	欧里思	希沙	时瑟
乌呼济	乌里只	希斯	遐搭

清译名	元译名	清译名	元译名
奚和勒博（绥兰）	奚四离保（按懒）	辖达	辖特
奚和硕鼐	奚和朔奴	辖哩	洽礼
奚玛鲁	奚马六	辖哩	辖里
奚斡里	奚瓦里	辖哩	霞里
奚乌页	奚乌也	辖哩	项烈
锡都	信笃	辖哩	谐里
锡尔丹	斜离底	辖哩	谐理
锡尔格	辖剌哥	辖鲁	小六
锡衮	斯奴古	辖塔哩	辖得里
锡衮	辛古	贤格	贤哥
锡吉尔	寻吉里	萧阿古齐（萨巴）	萧阿古只（撒本）
锡库	削古	萧阿古齐	萧阿骨只
锡库	肖古	萧阿古齐	萧遏古只
锡库	虚古	萧阿克展	萧阿姑轸
锡喇伊啰斡	谐领己里婉	萧阿拉（额哩埒）	萧阿剌（阿里懒）
锡兰	霞赖	萧阿里	萧阿烈
锡里雅	辖剌干	萧阿噜岱	萧阿鲁带
锡凌阿	时立爱	萧阿苏	萧阿速
锡哗	习罗	萧安巴达	萧阿不底
锡伦	新罗	萧安图	萧安博
锡默	霞抹	萧巴噶	萧把哥
锡纳	习撚	萧巴噶济苏尔	萧扑古只沙里
锡沙哩	霞实里	萧巴拉（布琳）	萧拔剌（别勒隐）
锡实	辖式		
喜格	喜哥		

清译名	元译名	清译名	元译名
萧巴雅尔(哈纳)	萧排押（韩宁）	萧达哈	萧搭纥
萧拜牲	萧拜石	萧达哩	萧打里
萧宝神努	萧宝神奴	萧达林	萧挞凛
萧贝勒	萧孛堇	萧达鲁	萧迪里古
萧必塔	萧匹敌	萧达鲁	萧敌鲁
萧伯	萧白	萧达鲁	萧敌禄
萧伯哩	萧袍里	萧达啰克	萧达鲁古
萧博	萧宝	萧岱尔	萧鹝里
萧博诺	萧蒲奴	萧道拉（绥兰）	萧夺剌（揆懒）
萧布达	萧普达	萧道拉	萧铎剌
萧布库	萧普古	萧迪里（哈准）	萧敌烈（寒真）
萧布伦	萧渤鲁恩	萧迪里（尼噜	萧敌烈（涅鲁
萧布希	萧婆项	古）	衮）
萧察喇	萧查剌	萧都勒斡（萨	萧铎卢斡（撒
萧长格	萧长哥	巴）	板）
萧常格（和尔	萧常哥（胡独	萧都勒斡	萧铎鲁斡
沁）	堇）	萧额哩垿	萧斡里剌
萧辰赉	萧陈留	萧额哩页	萧余里也
萧崇	萧春	萧额垿	萧讹里
萧楚布	萧锄不	萧额鲁哩	萧阿剌里
萧楚布	萧锄不里	萧额特垿	萧斡特剌
萧楚布	萧涅卜	萧额特垿	萧斡特懒
萧绰班	萧啜不	萧额图珲	萧讹都斡
萧绰哈	萧酬斡	萧额图珲	萧讹笃斡
萧慈实努	萧慈氏奴	萧佛德	萧颇得
萧达尔罕	萧达干	萧佛努	萧佛奴

清译名	元译名	清译名	元译名
萧噶济	萧高九	萧呼都克（伊逊）	萧胡睹（乙辛）
萧噶克实	萧葛十		
萧格（华格、和尔沁）	萧革（滑哥、胡突堇）	萧呼敦（哈准）	萧胡笃（合木隐）
萧观音努（伊聂）	萧观音奴（耶宁）	萧呼哩	萧呼列
		萧呼哩	萧呼烈
萧郭啰	萧高六	萧呼哩木（瑚穆里）	萧忽没里（胡母里）
萧果巴	萧高八		
萧哈噶	萧何葛	萧呼塔噶	萧胡睹姑
萧哈济	萧海只	萧瑚噜古	萧胡鲁古
萧哈里（伊德森）	萧海璨（寅的晒）	萧黄巴	萧黄八
		萧嘉哩	萧解里
萧哈里	萧海里	萧纠坚	萧休坚
萧罕都（裕勒沁）	萧痕笃（兀里轸）	萧玖格	萧九哥
		萧库克克齐	萧酷古只
萧罕嘉努（固宁）	萧韩家奴（括宁）	萧哩巴	萧里拔
		萧埒哩（必埒哩）	萧别里剌（鳖里剌）
萧和尔沁	萧胡独堇		
萧和克（阿尔斯兰）	萧忽古（阿斯怜）	萧留智格	萧留只哥
		萧瑠格	萧留哥
萧和尚努	萧和尚奴	萧瑠实	萧柳氏
萧和斯	萧护思	萧鲁库	萧劳古
萧和卓（和抡）	萧合卓（合鲁隐）	萧玛尼	萧麻涅
		萧茂萨	萧么撒
萧赫噜	萧合鲁	萧茂萨	萧磨撒
		萧默赫特	萧眉古得

清译名	元译名	清译名	元译名
萧默色	萧缅思	萧实喇	萧夏喇
萧穆喇斡（和琳）	萧谋鲁斡（回琏）	萧实喇	萧虚列
		萧实刺	萧辖刺
萧穆里	萧胡母里	萧实噜	萧实鲁
萧穆噜	萧谟鲁	萧实噜	萧室鲁
萧尼古	萧涅衮	萧实讷	萧神奴
萧尼古尔	萧年骨烈	萧实讷圬	萧习泥烈
萧尼噜古	萧涅鲁古	萧双宽	萧双古
萧年结	萧念经	萧苏克济	萧撒葛只
萧农古	萧女古	萧苏色	萧素撒
萧匹勒	萧匹里	萧苏色	萧速撒
萧普尔布（绥兰）	萧蒲离不（桜懒）	萧塔布布延	萧塔不烟
		萧塔布布延	萧挞不衍
萧萨巴	萧撒八	萧塔喇噶	萧塔列葛
萧萨巴	萧撒板	萧塔喇噶	萧塔烈葛
萧萨古	萧撒古	萧塔喇台（和尔沁）	萧迭里特（胡都堇）
萧萨满	萧撒抹		
萧萨木	萧撒钵	萧塔喇台（扎林）	萧得里底（纠邻）
萧萨木	萧撒磨		
萧赛音巴宁	萧撒八宁	萧塔哩济	萧塔里直
萧缫古	萧扫古	萧塔坦	萧挞得
萧缫古	萧慥古	萧陶罕	萧陶瑰
萧色佛哷	萧谢佛留	萧特尔格	萧塔葛
萧色哷	萧辞刺	萧特尔特	萧得里特
萧僧孝努	萧僧孝奴	萧特尔特	萧得裹特
萧绅图	萧神睹	萧特尔特	萧特里特

清译名	元译名	清译名	元译名
萧特古斯（和宁）	萧图古辞（何宁）	萧托纽	萧图宁
萧特烈	萧挞列	萧托斯和（伊实扬）	萧陶苏斡（乙辛隐）
萧特们	萧特末隐	萧托云	萧图玉
萧特默（和宁）	萧特末（何宁）	萧旺禄	萧王六
萧特默	萧特兔	萧威乌克	萧隈洼
萧特依顺	萧台哂	萧威乌克	萧隗洼
萧图格	萧徒骨	萧沃聂	萧窝匿
萧图古斯	萧特古斯	萧斡（博迪、辖哩）	萧干（婆典、项烈）
萧图烈	萧特烈	萧乌尔古	萧乌古
萧图噜卜	萧朵鲁不	萧乌尔古纳	萧兀古匿
萧图鲁卜	萧突吕不	萧乌里	萧吴留
萧图们	萧图木	萧乌埒济	萧乌里只
萧图们	萧徒门	萧乌延	萧隗因
萧托卜嘉（特默）	萧挞不也（特兔）	萧乌页	萧乌野
萧托卜嘉（乌拉丹）	萧抵不也（斡里端）	萧希达	萧霞的
萧托多	萧图独	萧锡兰	萧霞赖
萧托果（固宁）	萧讨古（括宁）	萧锡里岱	萧斜里得
萧托果斯（固宁）	萧脱古思（贯宁）	萧锡默	萧遐买
萧托欢	萧吐浑	萧锡默	萧霞抹
萧托辉（乌库哩）	萧陶隗（乌古邻）	萧锡沙	萧十三
萧托里	萧特里	萧锡实	萧辖式
		萧辖达	萧辖特
		萧辖哩	萧辖里
		萧休格	萧朽哥

清译名	元译名	清译名	元译名
萧雅噜	萧延留	萧章吉特	萧张九
萧雅噜	萧燕六	萧哲库	萧只古
萧扬阿克	萧阳河	萧珠克	萧昭古
萧扬格	萧杨哥	萧珠圬哩	萧术鲁列
萧扬结	萧杨九	萧珠圬哩	萧术鲁烈
萧扬鲁	萧杨六	萧珠噜	萧只鲁
萧扬珠	萧约直	萧珠展（实	萧术哲（石鲁
萧药师努	萧药师奴	伦）	隐）
萧页噜（和尔	萧迁鲁（胡突	萧珠展	萧术者
沁）	堇）	萧卓琳	萧啜里
萧伊德济	萧移敌蹇	霄格	小哥
萧伊济	萧要只	小呼噜	小斛禄
萧伊库	萧寅古	谢嘉努	谢家奴
萧伊聂	萧耶宁	兴格	兴哥
萧伊实	萧乙薛	星哈	尚海
萧伊逊	萧乙辛	星莽	仙们
萧音济	萧因吉	休格	休哥
萧约噶	萧爻括	休格	朽哥
萧约噶	萧友括	学顺	洽睿
萧约音努（布	萧乐音奴（婆		
雷）	丹）	**Y**	
萧扎拉纳	萧查剌宁		
萧扎剌	萧札剌	雅布济	夷不堇
萧扎里	萧纠里	雅尔噶	押剌葛
萧扎伦布	萧查剌阿不	雅尔噶	牙里果
萧扎伦布	萧剌阿不	雅尔不勒	燕颇
		雅克	燕哥

清译名	元译名	清译名	元译名
雅克尼尔	延泥里	耶律阿苏	耶律阿厮
雅里	爻里	耶律爱努	耶律爱奴
雅噜	亚剌	耶律爱实	耶律安十
雅鲁	耶鲁	耶律安巴坚	耶律阿保机
雅斯哈	撒葛	耶律安巴萨哈勒	耶律阿钵撒葛里
雅斯哈	罨撒葛		
雅图噶	亚达哥	耶律安图	耶律安搏
雅逊	牙新	耶律安图	耶律安端
扬阿克	阳阿	耶律巴拜	耶律把八
扬珠	爻直	耶律巴格（乌库哩）	耶律八哥（乌古邻）
杨殊	岩木		
药师努	药师奴	耶律巴古济（保诺延）	耶律勃古哲（蒲奴隐）
耀库济	尧骨		
耶律阿古齐	耶律阿古哲	耶律巴古济（塔拉、赫德、实默克）	耶律蒲古只（帖剌、痕德、匣马葛）
耶律阿古齐	耶律阿古只		
耶律阿古齐	耶律罨古只		
耶律阿古质	耶律阿固质	耶律巴戬	耶律跋芹
耶律阿克展	耶律阿古真	耶律巴哩岱（海兰）	耶律拔里得（孩邻）
耶律阿勒扎	耶律阿里只		
耶律阿里	耶律阿列	耶律巴哩岱	耶律拔里
耶律阿林（额勒本）	耶律阿琏（讹里本）	耶律巴延	耶律泮泆
		耶律拜萨巴	耶律白斯不
耶律阿穆尔（布琳）	耶律阿没里（蒲邻、蒲宁）	耶律宝信努	耶律宝信奴
		耶律必坷哩	耶律辟离剌
耶律阿萨尔	耶律阿撒	耶律必缴	耶律芯扇
耶律阿苏	耶律阿思		

清译名	元译名	清译名	元译名
耶律必舒（珍戬）	耶律必摄（簸堇）	耶律察喇	耶律查剌
耶律必舒	耶律鼻舍	耶律昌珠（诺木衮）	耶律昌术（粘衮）
耶律毕老	耶律匹鲁	耶律常格	耶律常哥
耶律瑛都	耶律盆都	耶律超	耶律巢
耶律伯（锡纳）	耶律白（习撚）	耶律超格	耶律巢哥
耶律伯	耶律良	耶律彻珍	耶律查只
耶律博克硕宽	耶律普速完	耶律辰甫	耶律陈甫
耶律博诺（和尔沁）	耶律盆奴（胡独堇）	耶律辰格	耶律陈哥
		耶律辰嘉努	耶律陈家奴
耶律博诺	耶律蒲古	耶律辰赉	耶律陈留
耶律博诺	耶律蒲奴	耶律辰禄	耶律陈六
耶律博齐希	耶律勃己只	耶律辰图努	耶律陈图奴
耶律博希齐	耶律孛吉只	耶律楚	耶律寔
耶律布达	耶律补得	耶律吹巴勒	耶律崔八
耶律布古德（萨兰）	耶律别古特（撒懒）	耶律春博里	耶律楚不鲁
		耶律绰哈	耶律嘲瑰
耶律布库	耶律普古	耶律绰哈	耶律酬斡
耶律布勒图	耶律仆里笃	耶律达尔丹	耶律特里典
耶律布琳	耶律蒲宁	耶律达哈拉	耶律挞葛里
耶律察克（乌绅、额哩森王）	耶律察割（欧辛、沤里僧王）	耶律达哈拉	耶律挞曷里
		耶律达喇（和抡）	耶律敌剌（合鲁隐）
耶律察克	耶律查哥	耶律达勒达（海兰）	耶律迭里特（海邻）
耶律察克	耶律查割		
耶律察克	耶律查葛	耶律达勒达	耶律迭栗底

清译名	元译名	清译名	元译名
耶律达噜噶	耶律敌古	耶律迪里（裕勒泌）	耶律觏烈（兀里轸）
耶律达噜噶	耶律涤鲁		
耶律达鲁（缴布斡）	耶律敌鲁（撒不碗）	耶律迪里	耶律的烈
		耶律迪里	耶律低烈
耶律达鲁（伊聂）	耶律的琭（耶宁）	耶律迪里	耶律涤冽
		耶律迪里	耶律迭里
耶律达鲁	耶律的鲁	耶律都勒斡（伊实扬）	耶律铎鲁斡（乙辛隐）
耶律达鲁	耶律敌禄		
耶律达年	耶律迪辇	耶律都勒斡	耶律铎斡
耶律达实	耶律大石	耶律都木达	耶律独迭
耶律大悲努（纠坚）	耶律大悲奴（休坚）	耶律都沁	耶律铎轸
		耶律都沁	耶律铎臻
耶律大师努	耶律大师奴	耶律额伯哩	耶律阿不里
耶律道拉	耶律铎剌	耶律额哩音	耶律余里衍
耶律道士努	耶律道士奴	耶律额噜温	耶律敖卢斡
耶律德布	耶律敌不	耶律额特埒（伊实扬）	耶律斡特剌（乙辛隐）
耶律德呼（苏兰）	耶律牒蜡（述兰）		
耶律德呼（伊勒都堪、特尔格）	耶律迭剌（云独昆、迭烈哥）	耶律鄂摩	耶律兀没
		耶律冯嘉努	耶律冯家奴
		耶律佛宝努	耶律佛宝奴
耶律德呼	耶律牒蠕	耶律佛德（萨巴）	耶律颇的（撒版）
耶律迪里（博斯齐）	耶律敌烈（巴速董）	耶律佛哩	耶律佛留
		耶律佛腾	耶律佛顶
耶律迪里（乌纳）	耶律敌烈（乌辇）	耶律富鲁（努展）	耶律蒲鲁（乃展）

清译名	元译名	清译名	元译名
耶律噶济	耶律高九	耶律哈尔吉（特门）	耶律合里只（特满）
耶律噶拉（扣肯）	耶律葛剌（古昆）	耶律哈噶	耶律合葛
耶律噶老	耶律可老	耶律哈喇托辉	耶律曷鲁突愧
耶律噶勒毕	耶律曷里必	耶律哈勒布	耶律吼阿不
耶律高嘉努	耶律高家奴	耶律哈里（萧尔琨）	耶律海里（涅剌混）
耶律高善努	耶律高山奴	耶律哈密喀	耶律核麦哥
耶律格尔（图噜琨）	耶律狗儿（屠鲁昆）	耶律哈斯	耶律海思
耶律恭噶	耶律孔阿	耶律哈雅	耶律河阳
耶律古尔锦	耶律胡离轸	耶律海古勒（额勒本）	耶律侯古（讹里本）
耶律古齐（和尔沁）	耶律高七（胡都堇）	耶律韩福努	耶律韩福奴
耶律古云（纠坚）	耶律谷欲（休坚）	耶律韩格	耶律韩哥
耶律古云（穆喇齐）	耶律古昱（磨鲁堇）	耶律罕巴（药师努）	耶律韩八（药师奴）
耶律古云	耶律骨欲	耶律罕齐	耶律韩七
耶律观音努	耶律观音奴	耶律罕扎	耶律痕只
耶律官努	耶律官奴	耶律翰拉	耶律斡腊
耶律贵音	耶律瑰引	耶律浩善（托纽）	耶律侯哂（秃宁）
耶律果巴	耶律高八	耶律和尔郭勒济	耶律胡古只
耶律果玖	耶律郭九	耶律和克（海兰）	耶律虎古（海邻）
耶律果啰	耶律国留	耶律和克	耶律忽古
耶律果桑	耶律郭三		
耶律果实	耶律高十		

清译名	元译名	清译名	元译名
耶律和克丹（胡古典、和古典）	耶律和古典（胡骨典、胡古典）	耶律鸿观（和尔沁、呼图克琨）	耶律弘古（胡笃堇、胡睹衮）
耶律和勒博（实讷、噶勒毕）	耶律何鲁不（斜宁、曷里必）	耶律呼哩（苏色）	耶律胡吕（苏撒）
耶律和勒博	耶律回里不	耶律呼哩	耶律胡劣
耶律和啰噶（阿尼雅）	耶律和鲁斡（阿辇）	耶律呼鲁苏	耶律豁里斯
耶律和啰木萨噶（乌库哩）	耶律何鲁扫古（乌古邻）	耶律呼图克	耶律胡睹
耶律和啰木萨噶	耶律阿鲁扫古	耶律呼图克	耶律胡都古
耶律和卓	耶律合术	耶律呼图克琨	耶律胡睹衮
耶律和卓	耶律合住	耶律华格	耶律滑哥
耶律赫伯	耶律痕孛	耶律华格	耶律化哥
耶律赫德	耶律痕德	耶律华格	耶律化葛
耶律赫嘉努	耶律郝家奴	耶律华喇	耶律划里
耶律赫勒纳	耶律曷鲁宁	耶律华喇	耶律画里
耶律赫噜（和尔沁）	耶律合鲁（胡都堇）	耶律吉逊	耶律喜孙
耶律赫噜	耶律合禄	耶律济古尔	耶律质古
耶律赫鲁（琨）	耶律曷鲁（控温）	耶律济色古勒	耶律只撒古
		耶律嘉哩（布当）	耶律解里（泼单）
耶律赫特	耶律恒特	耶律接兰	耶律绥兰
耶律鸿观（巴尔诺延）	耶律弘古（盆讷隐）	耶律纠坚	耶律九斤
		耶律玖格	耶律九哥
		耶律科科里	耶律化葛里
		耶律科里	耶律课里
		耶律可汗努	耶律可汗奴

清译名	元译名	清译名	元译名
耶律克酬	耶律曷主	耶律默勒济	耶律迷离己
耶律库鲁噶里	耶律胡卢斡里	耶律穆尔古	耶律磨鲁古
耶律朗布	耶律狼不	耶律穆尔古	耶律谋鲁姑
耶律朗德	耶律狼德	耶律穆济	耶律抹只
耶律埒富	耶律驴粪	耶律穆济	耶律末只
耶律埒克（绥兰、萨喇、巴尔）	耶律刺葛（率懒、撒剌、暴里）	耶律穆苏	耶律术薛
		耶律纳喇苏	耶律涅里思
耶律瑠格	耶律刘哥	耶律纳延（伊实年）	耶律那也（移斯辇）
耶律瑠格	耶律留哥		
耶律瑠嘉努	耶律刘家奴	耶律鼐尔琨（实默克）	耶律涅剌昆（霞马葛）
耶律隆科（密逊）	耶律娄国（勉辛）	耶律尼古察（页卜肯根）	耶律裒古直（岩母根）
耶律隆科（萨兰）	耶律老古（撒懒）	耶律尼古呼	耶律裒古里
耶律鲁库	耶律乐姑	耶律尼噜古（伊啰斡）	耶律涅鲁古（耶鲁绾）
耶律罗卜科	耶律鲁不古	耶律尼噜古	耶律涅里姑
耶律罗卜科	耶律吕不古	耶律泥格	耶律涅哥
耶律罗汉努	耶律罗汉奴	耶律聂�	耶律泥礼
耶律玛格（额特埒）	耶律马哥（讹特懒）	耶律聂哷	耶律泥里
耶律玛古	耶律马五	耶律聂哷	耶律聂里
耶律玛鲁	耶律麻鲁	耶律聂哷	耶律涅里
耶律玛鲁	耶律马六	耶律聂哷	耶律雅里
耶律摩绰	耶律末掇	耶律纽斡哩（海兰）	耶律裒履（海邻）
耶律摩哩	耶律末里	耶律纽斡哩	耶律裒里

清译名	元译名	清译名	元译名
耶律农古	耶律女古	耶律赛格	耶律赛哥
耶律努	耶律奴	耶律缫古	耶律扫古
耶律努克	耶律奴哥	耶律色勒迪	耶律斜里底
耶律努克特	耶律奴古达	耶律色实	耶律谢十
耶律努哷克特	耶律涅离骨德	耶律色珍	耶律斜轸
耶律诺观	耶律奴瓜	耶律珊苏库	耶律神速
耶律诺木欢	耶律涅木衮	耶律实迪	耶律斜的
耶律诺木欢	耶律粘米衮	耶律实都	耶律石笃
耶律怕克戬	耶律雾金	耶律实格	耶律十哥
耶律彭嘉	耶律平甲	耶律实公	耶律十公
耶律丕绅	耶律擎失	耶律实喇	耶律石剌
耶律普努宁	耶律蒲奴宁	耶律实垿	耶律硕老
耶律普贤努	耶律普贤奴	耶律实噜（楚旺）	耶律石柳（酬宛）
耶律仁努	耶律王奴	耶律实噜（苏呼）	耶律释鲁（述澜）
耶律瑞努	耶律蕊奴	耶律实噜（伊实扬）	耶律室鲁（乙辛隐）
耶律萨巴	耶律撒八	耶律实默克	耶律匣马葛
耶律萨布（萨布巴哩岱）	耶律赛保（赛保里）	耶律实纳齐（萨剌、堆音）	耶律斜涅赤（撒剌、铎碗）
耶律萨尔珠	耶律撒剌竹	耶律实讷垿	耶律习泥烈
耶律萨哈勒（绥兰）	耶律撒哈（率懒）	耶律实神努	耶律十神奴
耶律萨结	耶律撒给	耶律释绅努	耶律释身奴
耶律萨喇	耶律撒剌	耶律淑格	耶律淑哥
耶律萨兰	耶律撒懒	耶律舒	耶律稍
耶律萨兰	耶律撒鸢		
耶律萨木	耶律撒钵		

清译名	元译名	清译名	元译名
耶律舒库尔	耶律朔骨里	耶律陶格	耶律陶哥
耶律舒苏	耶律属思	耶律特布	耶律贴不
耶律双宽	耶律双古	耶律特尔格	耶律迭剌
耶律朔格	耶律朔刮	耶律特尔格	耶律铁哥
耶律硕格（穆克德）	耶律朔古（弥骨顶）	耶律特哩衮	耶律提离古
耶律硕格	耶律槊古	耶律特烈（尼噜古）	耶律挞烈（涅鲁衮）
耶律苏克	耶律遂哥	耶律特默	耶律特么
耶律苏克济	耶律撒葛只	耶律特默	耶律特抹
耶律苏拉	耶律叔剌	耶律特默	耶律特末
耶律苏兰	耶律述兰	耶律题木	耶律汀
耶律苏色	耶律苏撒	耶律图丹（和尔沁）	耶律独㩎（胡独堇）
耶律苏色	耶律速撒	耶律图勒锦（额哩音）	耶律图鲁窘（阿鲁隐）
耶律苏叶	耶律绥也		
耶律苏叶	耶律遂英	耶律图烈	耶律术烈
耶律索纽	耶律速宁	耶律图鲁卜	耶律突吕不
耶律塔拉	耶律帖剌	耶律托卜嘉（和尔沁）	耶律挞不也（胡独堇）
耶律塔喇台	耶律特里底		
耶律塔剌	耶律惕剌	耶律托卜嘉	耶律塔不也
耶律塔剌	耶律帖剌	耶律托多	耶律秃朵
耶律塔鲁	耶律挞鲁	耶律托多	耶律吐朵
耶律塔纳	耶律钿匿	耶律托里	耶律特里
耶律塔雅克	耶律台押	耶律托色	耶律迪子
耶律泰格	耶律泰哥	耶律托色	耶律题子
耶律唐古（富僧额）	耶律棠古（蒲速宛）	耶律托实	耶律团石

清译名	元译名	清译名	元译名
耶律托云（托纽）	耶律頽昱（团宁）	耶律乌苏	耶律偶思
耶律完	耶律宛	耶律乌苏	耶律绾思
耶律王嘉努	耶律王家奴	耶律乌延（札拉、珠垮哩）	耶律沃衍（札剌、只剌里）
耶律旺玖	耶律王九	耶律乌页	耶律吾也
耶律旺禄	耶律王六	耶律乌展	耶律吾展
耶律威乌克	耶律隈洼	耶律乌哲	耶律屋只
耶律威乌克	耶律隗洼	耶律乌哲	耶律屋质
耶律斡（达年）	耶律洼（迪辇）	耶律希达（纳尔珲）	耶律辖底（涅烈衮、涅里衮）
耶律斡格	耶律哇哥		
耶律斡格	耶律蛙哥	耶律希达	耶律奚低
耶律乌尔古	耶律乌骨	耶律希斯	耶律哂斯
耶律乌尔古巴	耶律乌不吕	耶律希斯	耶律奚骞
耶律乌尔古巴	耶律乌古不	耶律锡里雅	耶律辖剌干
耶律乌格	耶律吴哥	耶律锡呼	耶律喜罗
耶律乌津	耶律吴九	耶律锡默	耶律霞抹
耶律乌克	耶律温	耶律辖哩（达年）	耶律洽礼（敌辇）
耶律乌库哩	耶律兀古邻		
耶律乌拉噶	耶律乌鲁斡	耶律辖哩（乌库哩）	耶律谐理（乌古邻）
耶律乌拉噶	耶律吾剌葛		
耶律乌拉台	耶律斡里太	耶律辖鲁	耶律兴老
耶律乌里	耶律兀里	耶律贤格	耶律贤哥
耶律乌鲁斯	耶律欧里思	耶律谢嘉努	耶律谢家奴
耶律乌鲁斯	耶律欧里斯	耶律兴格	耶律兴哥
耶律乌鲁斯	耶律沤里思	耶律休格	耶律休哥
耶律乌舍	耶律吴士		

清译名	元译名	清译名	元译名
耶律学顺（雅逊）	耶律洽睿（牙新）	耶律伊勒给（苏色）	耶律夷腊葛（苏散）
耶律雅尔噶（达年）	耶律牙里果（敌辇）	耶律伊里	耶律夷列
耶律雅克	耶律燕哥	耶律伊木沁	耶律岩木堇
耶律雅里	耶律爻里	耶律伊实扬	耶律乙辛隐
耶律雅鲁	耶律耶鲁	耶律伊逊（胡图克琨）	耶律乙辛（胡睹衮）
耶律雅斯哈	耶律罨撒葛	耶律伊逊	耶律宜新
耶律扬鄂特	耶律杨五	耶律音济	耶律引吉
耶律扬鲁	耶律杨六	耶律裕勒沁	耶律汙里轸
耶律扬珠（布尔锦）	耶律瑶质（拔里堇）	耶律约尼	耶律燕奴
耶律杨珠（达年）	耶律岩木（敌辇）	耶律约苏	耶律遥设
耶律页	耶律野	耶律允古	耶律匀骨
耶律伊伯格勒（锡纳）	耶律乙不哥（习撚）	耶律扎里	耶律纠里
		耶律扎林	耶律纠邻
耶律伊德实（爱新）	耶律寅底石（阿亲）	耶律扎穆（呼喇济）	耶律只没（和鲁堇）
耶律伊都（伊都姑）	耶律余睹（余都姑）	耶律章嘉努	耶律张家奴
		耶律章奴（塔玛雅）	耶律章奴（特末衍）
耶律伊济（乌里、伊德森）	耶律羽之（兀里、寅底哂）	耶律章努	耶律张奴
		耶律章乌克	耶律章瓦
耶律伊勒都堪（托音）	耶律云独昆（铎稳）	耶律哲鲁	耶律郑留
		耶律珠拉	耶律术烈
		耶律珠勒呼	耶律直鲁古

清译名	元译名	清译名	元译名
耶律珠展（能登）	耶律术者（能典）	伊勒希	牙里辛
耶律卓巴勒	耶律术不鲁	伊楞古	易鲁姑
耶律卓克算	耶律赵三	伊楞古	俞鲁古
页卜肯根	岩母根	伊里	谒里
页刺该	耶刺改	伊垎	雅里
页页	押雅	伊垎	移烈
伊德森	寅底哂	伊垎达衮	余卢睹姑
伊德实	寅底石	伊林	乙凛
伊都	余睹	伊啰勒（伊兰）	耶刺里（牙懒）
伊都姑	余都姑	伊啰斡	耶鲁绾
伊尔岱	夷离底	伊啰斡	耶鲁斡
伊济	要只	伊木沁	岩母斤
伊拉齐	亚里只	伊木沁	岩母堇
伊喇	夷列	伊聂	耶宁
伊喇	益刺	伊聂济	寅底吉
伊兰	牙懒	伊聂济	寅尼吉
伊兰	夷懒	伊实	乙实
伊兰汗（齐苏）	耶澜可汗（屈戍）	伊实巴沁	乙室八斤
伊勒必	榆烈比	伊实年	移斯辇
伊勒都堪	云独昆	伊实扬	乙辛隐
伊勒都齐	匀德恝	伊特凌结	乙灵纪
伊勒哈	夷腊葛	伊逊	乙辛
伊勒呼	益古	伊逊	乙信
伊勒希	牙里斯	镱甭	术乃
		音德尔	意德里
		音济	因吉

清译名	元译名	清译名	元译名
英格	杨割	扎穆	质睦
于固灵	于骨邻	扎扎	纠哲
余古纳	余古赧	札拉	札剌
裕勒沁	汙里轸	张萨巴	张撒八
裕勒沁	兀里轸	章吉特	张九
裕允	郁于	章嘉努	张家奴
渊（巴噶、庸安）	月碗（婆姑、容我）	章努	张奴
		章努	章奴
约啰	看里	兆古汗	嘲古可汗
约罗岱	秃里底	兆古汗	昭古可汗
约尼汗	遥辇可汗	赵锺格	赵锺哥
约尼色佛呼	遥辇谢佛留	哲伯埒	术不里
约苏	遥设	哲伯埒	术里补
		哲琳	哲里
Z		珍戬	篯堇
		郑嘉努	郑家奴
扎卜库	札不哥	直格	直哥
扎干	秫干	重格	重哥
扎古雅	昭古牙	珠巴克	术不姑
扎喀	札葛	珠尔	术里
扎拉图	阿睹	珠格尔	著骨里
扎里	纠里	珠克	招古
扎林	纠邻	珠克	昭古
扎噜特	查剌底	珠拉	术烈
扎穆	遮母	珠勒格	只里姑
扎穆	柘母	珠勒呼	直里姑
扎穆	只没		

清译名	元译名	清译名	元译名
珠勒呼	直里古	珠展	术哲
珠勒呼	直鲁古	珠展	术者
珠勒呼	侄里古	准布大王	阻卜大王
珠勒呼	只里姑	准格尔	壮骨里
珠勒呼	只里古	卓巴勒	术不鲁
珠埒哩	术鲁列	卓克算	赵三
珠埒哩	只剌里	卓库	酌古
珠噜	只鲁	卓琳	啜里
珠噜准	术里者	卓沁	卓真
珠奇	据曲